KB157108

HANGIL
GREAT BOOKS

인류의 위대한 지적 유산

HANGIL
GREAT BOOKS
11

인간의 조건

한나 아렌트 지음 | 이진우 옮김

한길사

HANGIL
GREAT BOOKS
11

Hannah Arendt
The Human Condition

Translated by Lee Jin Woo

THE HUMAN CONDITION by Hannah Arendt
Copyright © 1958 by the University of Chicago
All right reserved.
Korean Translation Copyright © 2019 by Hangilsa Publishing Co., Ltd.
This translation published by arrangement with The University of Chicago Press,
Chicago, Illinois, USA through Imprima Korea.

1975년 한나 아렌트가 죽기 직전에 찍은 사진.

아렌트와 남편 하인리히 블뤼허(1950).
1940년에 아렌트와 결혼한 블뤼허는 평생의 동반자가 되었다.

한스 요나스가 그린 마르틴 하이데거의 초상(1925/26).
아렌트가 마르부르크 대학에 있었을 때, 하이데거는 그의 스승이었다.

아테네의 아크로폴리스와 파르테논 신전.
고대 그리스의 폴리스는 인간의 정치적 행위능력이
가장 잘 구현된 사회로서 공론 영역의 대표적인 예다.

라파엘로가 그린 「아테네 학당」(로마 바티칸 박물관 소장).
나란히 걸어나오는 두 사람이 플라톤과 아리스토텔레스다.

갈릴레오 갈릴레이(1564~1642).
그는 17세기의 대표적인 사상가였지만 당시에는 영향력이 별로 크지 않았다.

리옹의 교회에서 설교하는 칼뱅.
근대 초기에 신과학 발달이나 신대륙 발견보다
유럽사회를 더 동요시켰던 사건은 종교개혁이었다.

윌리엄 이빗의 작품(셰필드 도시박물관, 1854).
유럽의 산업혁명은 노동의 절대화를 가져와
인간이 자연의 필연성에 완전히 예속되는 결과를 초래했다.
위의 그림은 영국의 중공업도시 셰필드를 그린 것으로
집과 공장 그리고 산업도시의 필수적 여건인 운송수단의 모습을 통해
산업도시의 전형적인 모습을 보여준다.

카를 마르크스(존 메이열 작, 런던, 1875).
마르크스가 사유의 절대화로 인한 인간소외의 과정을 분석했다면,
아렌트는 세계소외 과정을 역추적하고자 했다.

아내와 딸과 함께 나일 강에서 새 사냥을 즐기는
고대 이집트의 귀족(기원전 1400년경의 이집트 벽화).
아렌트는 노동·작업·행위를 인간의 활동적 삶의 세 가지 구성요소로 보았다.
그러나 고대에는 노동을 하지 않고도 살 수 있는 사람이 있었다.

가족과 함께 있는 영국의 실업자(1936).
현대의 인간은 노동을 하지 않고는 살아갈 수 없다.
허름한 벽과 낡은 옷들 그리고 너저분하게 널린 가재도구와는 달리
아이들의 표정은 밝기만 하다.

카를 야스퍼스(1913).
야스퍼스는 하이데거를 떠나온 아렌트의 박사 논문을 지도했다.
아렌트는 야스퍼스에게서 진정한 세계시민의 모습을 발견하고
자신의 정치적 견해에 깊은 영향을 받았다.

인간의 조건

한나 아렌트 지음 | 이진우 옮김

한길사

인간의 조건

제3장 노동

제4장 작업

제5장 행위

제6장 활동적 삶과 근대

일러두기

- 이 책은 한나 아렌트(Hannah Arendt)가 쓴 『인간의 조건』(*The Human Condition*, The University of Chicago, 1998, 2nd ed.)을 번역한 것이다.
- 원서의 이탤릭체는 고딕으로 표기했다.
- 라틴어와 그리스어는 이탤릭체로 표기했다.
- 각주의 *는 옮긴이가 독자의 이해를 돕기 위해 넣었다.

근본악을 경험하고 세계애로 사유하다

세계와 그곳에 거주하는 사람들은 동일하지 않다.
세계는 사람들 사이에 놓여 있다.[1]
• 한나 아렌트

1. 생애: 사유와 행위의 여정

"모든 것이 가능하다"는 전체주의적 믿음은 이제까지 모든 것이 파괴될 수 있으며, 인간의 본질마저도 파괴될 수 있다는 것만을 증명한 것처럼 보인다. 그러나 모든 것이 가능하다는 것을 입증하려는 시도를 통해 총체적 지배는—본래 원한 바는 아니지만—근본악(惡)이 실제로 존재하며, 이 악은 인간들이 벌할 수도 없고 용서할 수도 없다는 데 있다는 사실을 발견했다. 불가능한 것이 가능하게 되었을 때, 그것은 이제 처벌할 수도 없고 용서할 수도 없는 근본악이 되었다는 사실이 드러났다. 이 근본악은 결코 이해될 수 없으며 자기 이익, 탐욕, 시기심, 권력욕, 원한, 비겁함 또는 그 밖에 있을 수 있는 악한 동기들에 의해 설명될 수도 없다. 그렇기 때문에 이에 대한 인간의 모든 반응은 무력할 수밖에 없다. 어떤 분노도 이를 복수할 수 없으며, 어떤 사람도 이를 견뎌낼 수 없으며, 어떤 우애도 이를 용서할 수 없으며, 어떤 법도 이를

---

1) Hannah Arendt, "On Humanity in Dark Times: Thoughts about Lessing", in *Men in Dark Times*, New York, Harcourt, Brace & World, 1968, p.12.

처벌할 수 없다."[2]

여기서 비교적 길게 인용한 이 글은 아렌트(Hannah Arendt)의 철학적 사유와 정치적 행위의 동기를 가장 극명하게 드러내고 있다. 한 사상가를 이해하는 데는 물론 여러 가지 방법이 있을 수 있다. 사상가가 살았던 역사적 배경을 통해 그의 사상을 이해하는 것이 하나의 방법이라면, 그가 궁극적으로 사유하고자 했던 핵심주제를 간파함으로써 사상의 가닥을 잡는 것은 또 다른 하나의 방법일 것이다. 그러나 사유를 통해—헤겔(Hegel)이 『법철학』에서 철학의 과제로 제시하고 있듯이—자신의 시대를 포착하지는 않는다 하더라도 적어도 자신의 시대에 대응하고자 하는 사상가를 대상으로 한다면, 사상으로 포착된 시대정신과 사유의 핵심주제는 일치할 것이다. 아렌트는 바로 '전체주의'로 특징지어지는 시대를 사유와 행위로 '살았던' 사상가이기 때문에, 그녀의 사상은 동시에 21세기의 문턱에까지도 그림자를 드리우는 시대정신을 담고 있다.

아렌트는 유대인으로서 근대적 근본악을 온몸으로 경험하고, 철학자로서 이를 극복할 수 있는 인간의 조건을 철저하게 사유한 삶을 살았다. 그녀는 철저하게 자신의 삶을 사유했고, 동시에 자신의 사상을 살고자 노력했다. 그 철저함에 있어서는 오직 로자 룩셈부르크(Rosa Luxemburg)만이 아렌트를 능가할 수 있을지 모른다. 실제로 아렌트는 그녀가 1954년과 1955년 노트르담 대학과 버클리 대학에서 정치철학적 주제에 관한 강의를 했을 때 사람들에게서 제2의 룩셈부르크라는 평가를 받았다.[3] 룩셈부르크와 마찬가지로 유대인 아렌트는 1906년

2) Hannah Arendt, *The Origins of Totalitarianism*, New York, 1951, 1973, p.458, p.459.

3) Elisabeth Young-Bruehl, *Hannah Arendt: For Love of the World*, New Haven/London, Yale University Press, 1982, p.294.
   강의를 마쳤을 때 한 사람이 "로자 룩셈부르크가 다시 돌아왔다"고 했는데, 아

10월 14일 칸트의 도시 쾨니히스베르크 출신인 아버지 파울(Paul) 아렌트와 어머니 마르타(Martha) 아렌트의 외동딸로 태어났다. 당시 아렌트 가족은 하노버 근처의 린덴에서 살고 있었는데, 아버지가 병으로 직업을 포기할 수밖에 없게 되자 다시 고향인 쾨니히스베르크로 돌아가 아버지가 40세의 나이로 1913년 10월 죽을 때까지 그곳에서 살았다. 20세기 초 쾨니히스베르크 주민의 대부분은 러시아인들이었지만, 약 5천 명의 유대인이 살고 있었다. 아렌트의 친가와 외가의 조부모들은 모두 계몽주의와 자유정신을 추구하는 시민계급에 동조하는 개혁 유대주의에 속해 있었다.

아렌트의 조부모들이 여전히 유대인 상인의 배경을 갖고 있었다면, 아렌트의 부모들은 시민 중산층으로 상승함으로써 주로 의사, 변호사, 교육자, 음악가들과 교류했다. 아렌트의 어머니 세대는 라헬 바른하겐(Rahel Varnhagen) 이래 처음으로 상당한 수의 여성 문학가, 예술가, 음악가들을 배출한 첫 번째 세대였다. 아렌트의 어머니 역시 딸들도 직업을 가질 수 있도록 교육을 해야 한다는 깨어 있는 생각을 가졌으며, 실제로 딸의 성장과정을 아주 상세하게 기록하는 성의를 보였다. 그러나 아렌트의 유년기는 아버지의 병환 때문에 그늘져 있었다. 그녀는 어렸을 적부터 인형보다는 책과 이야기에 훨씬 많은 관심을 가졌다고 한다. 그러나 우리가 여기서 일차적으로 주목해야 하는 것은 그녀가 계몽된 유대교 환경에서 성장했다는 점이다. 자신이 유대인이라는 아렌트의 의식과 이 사실과의 지성적 대결은—히틀러의 등장, 망명, 유대인 학살 등으로 이어지는—외면적 상황에 의해 강요된 것이 아니라 이미

렌트는 이를 '대단한 찬사'로 받아들였다고 한다. 아렌트는 룩셈부르크, 시몬 베이유(Simone Weil), 에디트 슈타인(Edith Stein)과 함께 4대 유대인 여성 철학자로 꼽힌다. 이에 관해서는 Reiner Wimmer, *Vier jüdische Philosophinnen. Rosa Luxemburg, Simone Weil, Edith Stein, Hannah Arendt*, Tübingen, Attempo Verlag, 1990을 참조할 것.

어린 시절부터 시작되었다. 아렌트는 어렸을 때 집에서는 한 번도 '유대인'이라는 말을 들어본 적이 없었으나, 길거리에서 다른 어린이들에게 반유대인적 욕설을 듣고 나서 비로소 "내가 다른 사람들과 다르게 보인다"는 사실을 알게 되었다고 고백한다. 이와 더불어 그녀에게는 '비록 독일 국적을 갖고 있지만 독일 민족에게 속한다고 생각하지 않는' 의식이 생겨난다. 이러한 의식은 "사람은 머리를 숙여서는 안 된다, 사람은 저항해야 한다!"는 어머니의 신념에 의해 강화된다. 만약 선생님이 반유대인 발언을 하면, 그 자리에서 일어나 집으로 돌아오라고 어머니는 딸에게 지시했다.[4] 아렌트는 유대인이라는 존재, 즉 자기가 속해 있는 사회에서 타자라는 사실을 항상 의식하며 성장했다. 그렇기 때문에 그녀는 어렸을 적부터 독립적이고 고집이 세었다고 한다.

아렌트는 이미 학창 시절에 문학과 철학에 관한 해박한 지식 덕택에 학우들의 구심점이 되었다. 그녀는 열여섯에 이미 임마누엘 칸트(Immanuel Kant)의 『순수이성비판』『이성의 한계 안에서의 종교』 그리고 칼 야스퍼스(Karl Jaspers)의 『세계관의 심리학』을 읽었다. 그뿐만 아니라 그녀의 주위에는 이미 마르부르크에서 마르틴 하이데거(Martin Heidegger)의 첫 강의를 들은 친구도 있었다. 아렌트는 한 선생과의 충돌로 수업거부를 주도했기 때문에 퇴학당하게 된다. 아렌트는 그 후 베를린 대학에서 2학기 동안 라틴어와 그리스어 그리고 로마노 과르디니(Romano Guardini)의 수업을 듣는다. 그러나 대학에서 정식으로 학업을 마치기 위하여 아렌트는 여섯 달 동안 준비하여 1924년 동급생들보다 한 해 빠르게 아비투어를 획득했다. 아렌트는─그녀가 훗날 '사유 왕국의 숨은 왕'이라고 명명한 바 있는─하이데거의 명성에 끌려 1924년 가을부터 마르부르크에서 철학 공부를 시작했다.

---

4) Albert Reif(Hrsg.), *Gespräche mit Hannah Arendt*, München, 1976, pp.15~17에서 인용.

아렌트는 그 외에도 하이데거의 친구인 신학자 루돌프 불트만(Rudolf Bultmann)의 강의도 듣지만, 그녀의 철학적 관심은 주로 『존재와 시간』을 준비하고 있었던 하이데거의 강의에 영향을 받았다. 아렌트는 당시를 회상하며 이렇게 적고 있다. "사람들이 경험했던 것은 순수활동으로서의 사유가 지식욕과 인식욕에 의해 몰리지 않고서 하나의 열정이 될 수 있으며, 또 이 열정은 다른 모든 능력과 재능을 지배하기보다는 정리한다는 사실이었다."[5] 이미 알려진 바와 같이 아렌트는 열여덟에서 스물한 살까지 마르부르크에 머무는 동안 하이데거와 애정관계를 가졌다. 20년 뒤에 하이데거는 아렌트에게 "이 시기에 그녀는 자신의 활동의 영감이었으며, 열정적 사유의 자극이었다"[6]고 고백했다. 이 시기가 아렌트에게도 철학적 사유의 싹이 트는 시기였음은 두말할 나위도 없다.

그 밖에도 마르부르크에서 아렌트는 많은 사유의 동반자들을 만난다. 그녀는 이곳에서 평생 친구 한스 요나스(Hans Jonas)를 알게 되고,[7] 또 첫 번째 남편 귄터 슈테른(Günther Stern)―훗날 그는 우리에게 '귄터 안더스'(Günther Anders)라는 필명으로 더 알려진다―과 만나게 된다. 이들 중에서도 아렌트는 "긴장감, 목표에 대한 집중력, 좋은 것에 대한 본능적 감각, 본질에 대한 탐구, 심오함 등으로 인해 일종의

---

5) Hannah Arendt, "Martin Heidegger ist achtzig Jahre alt", *Menschen in Finsteren Zeiten*, München, 1989, p.176. 하이데거와 아렌트 사이의 애정관계를 증명해주는 서한들은 독일 마르바흐(Marbach)의 서고(Deutsches Literaturarchiv)에 보관되어 공개되지 않고 있다.

6) Elisabeth Young-Bruehl, 앞의 책, p.50.

7) 한스 요나스, 『책임의 원칙: 기술시대의 생태학적 윤리』, 이진우 옮김, 서광사, 1994를 참조할 것. 요나스는 우리에게 『책임의 원칙』(*Das Prinzip Verantwortung*)의 저자로 알려진 유대인 사상가다. 요나스와 아렌트는 각각 하이데거에게 결여되어 있는 윤리적·정치철학적 관점을 나름대로 발전시킴으로써 그의 철학적 사상을 보완하고 심화시켰다.

마법적 분위기를 풍겼다"[8]고 한다. 아렌트는 하이데거와의 관계가 이루어질 수 없다는 것을 알고 나서 1925년 마르부르크를 떠나 프라이부르크의 에드문트 후설(Edmund Husserl)에게로 옮겨 간다. 그러나 박사학위는 하이데거의 권유와 추천으로 당시 하이델베르크에 있던 야스퍼스에게서 받는다. 야스퍼스와의 만남은 아렌트의 철학적 사유에 있어 하나의 전기가 되었다. 그는 아렌트에게 하이데거와 그의 은둔적이고 신비적인 철학에서 벗어나 정치적 사유의 영역을 발견하게끔 만들었던 것이다.

아렌트가 20세기의 세계적 철학자인 하이데거와 야스퍼스가 자신들의 주저를 구상하고 집필할 때 이들을 알게 되었다는 것은 사실 우연의 일치라고 하기에는 너무나 커다란 행운이었다. 아렌트가 『존재와 시간』을 집필하는 하이데거에게 '영감과 자극'이 되었듯이, 그녀가 야스퍼스를 만났을 때 그는 세 권으로 된 『철학』을 집필하고 있었다. 아렌트의 주저인 『인간의 조건』이 '노동' '작업' '행위'의 삼중 구조로 이루어졌으며 또 순수활동으로서의 사유를 다루고 있는 그녀의 유고작 『정신의 삶』역시 '사유' '의지' '판단'의 삼중 구조를 갖추고 있는 것은 야스퍼스의 영향 때문이라고 할 수 있다. 아렌트는 1928년 마침내 하이델베르크에서 「아우구스티누스에 나타난 사랑의 개념」이라는 논문으로 박사학위를 취득한다. 아렌트는 이 시기에 또한 낭만주의 시대의 유대인 바른하겐의 운명에 관심을 갖게 되는데, 이는 아렌트가 유대인으로서의 자신의 정체성에 관해 사유하게 되는 계기가 되었다.[9]

아렌트는 유대인이라는 자신의 출생이 정치적 문제가 되었을 때 사

---

8) Elisabeth Young-Bruehl, 앞의 책, p.61.
9) Hannah Arendt, *Rahel Varnhagen: Lebensgeschichte einer deutschen Jüdin aus der Romantik*, München, 1959, 1981, p.208. 아렌트는 이 전기를 다음의 말로 끝맺는다. "전체적으로 반유대인적인 사회에서……사람들은 반유대인주의에 스스로를 동화시킬 때에만 오직 사회에 동화할 수 있다."

유뿐만 아니라 행위로써 이에 대응한다. 그녀는 1933년 파리로 망명하여, 그곳에서 시온주의자들과 함께 활동한다. 그곳에서 그녀는 미리 망명온 남편과 재회를 하지만 결혼은 실패하여 1937년 이혼하게 된다. 아렌트는 파리에서도 베르톨트 브레히트(Bertolt Brecht), 발터 베냐민(Walter Benjamin), 슈테판 츠바이크(Stefan Zweig) 같은 저명한 지성인들과 교류하게 되는데, 그중에는 1940년 두 번째로 결혼하여 평생의 동반자가 된 하인리히 블뤼허(Heinrich Blücher)도 있었다.

아렌트는 피레네 산맥을 넘어 1941년 결국 뉴욕에 오게 된다. 그녀는 이곳에서도 유대인을 위한 활동을 계속한다. 1946년에서 1948년까지 뉴욕의 한 출판사 책임편집자로 활동하며, 그 후 1963년 시카고 대학 교수가 될 때까지 자유집필가로서 『전체주의의 기원』(1951), 『인간의 조건』(1958) 외에도 『과거와 미래 사이』(1961), 『혁명에 관하여』(1963) 등의 많은 글을 발표한다.

1960년 5월 24일 나치 전범 아돌프 아이히만(Adolf Eichmann)이 잡혀 이스라엘로 압송되었을 때, 아렌트는 『뉴요커』라는 잡지에 이 재판과정을 특파원으로서 추적하겠다고 제안한다. 이 재판과정에 관한 아렌트의 견해는 『예루살렘의 아이히만』이라는 저서로 출판되는데, 아렌트는 이곳에서 '악의 평범성'이라는 개념을 발전시켜 지성계의 물의를 빚게 된다.[10] 아이히만이 유대인 말살이라는 반인륜적 범죄를 저지른 것은 결코 그의 악마적 성격 때문이 아니라 아무런 생각 없이 자신의 직무를 수행하는 '사고력의 결여' 때문이라는 것이다.[11] 결코 어리석음과 동일하지 않은 이 사고력의 결여가 어떻게 한 인간을 세기의 범죄자로 만들 수 있단 말인가?

---

10) Elisabeth Young-Bruehl, "The Banality of Evil", 앞의 책, p.337.

11) Hannah Arendt, *Eichmann in Jerusalem. Ein Bericht von der Banalität des Bösen*, München, 1964, p.16.

아렌트는 이때부터 이 문제에 집중하게 된다. 아렌트는 1967년 시카고 대학에서 뉴욕의 망명자들이 주로 강의했던 학교(New School for Social Research)로 옮겨 활동한다. 1970년 10월 31일 남편이 사망하자 아렌트는 심각한 실존적 위기에 처하게 되지만, 결국 철학과 고독한 사유의 자유로 이를 극복하게 된다. 이때부터 아렌트는 『인간의 조건』에서 남겨놓았던 문제들, 즉 사유 · 의지 · 판단의 정신적 활동들을 체계적으로 서술하기 시작한다. 이 3부작의 마지막 부분인 '판단'을 구상하고 집필하던 1975년 12월 4일 그녀는 친구들을 접대하는 도중 심장마비로 세상을 뜨게 된다. 그녀의 삶은 앞에서 살펴본 바와 같이 유대인으로서 가질 수밖에 없었던 타자적 실존으로 출발하여 신체적 활동과 정신적 활동의 양축으로 구성된 인간의 실존조건에 대한 사유로 점철되어 있다. 그녀는 현실로부터 괴리된 이념을 쫓기보다는 오히려 현실 속에서 실현될 수 있는 이념을 추구했다. 그렇기 때문에 그녀의 철학과 사상은 항상 현실 문제에 대한 비판적 글쓰기를 통해 표현된다. 그녀가 1959년 함부르크 시로부터 '레싱 상'을 받고, 1967년 '프로이트 상'을 수상한 것도 모두 그녀 자신의 활동적 삶(*vita activa*)에 대한 증거들이다.

유대인으로서 그녀에게 던져진 철학적 화두는 "어떻게 근본악이 이 세상에 있을 수 있는가"였다. 1928년의 학위논문 「아우구스티누스에 나타난 사랑의 개념」에서 시작하여 『전체주의의 기원』과 『인간의 조건』을 거쳐 『정신의 삶』에 이르는 아렌트의 철학적 여정은 바로 이 물음에 대한 대답의 시도였다.

다음에서 우리는 우선 그녀의 철학적 실마리가 되었던 '근본악'의 의미를 살펴보고, 이를 극복하기 위한 방법으로서 그녀가 성찰하고 있는 인간의 조건의 성격과 구조를 서술한다. 끝으로 그녀의 철학이 우리에게 던지는 철학적 의미를 살펴보고자 한다.

2. 전체주의와 근본악

아렌트가 『전체주의의 기원』에서 서술하고 있는 근본악은 바로 그
녀의 사유와 행위에 있어 핵심적 동기를 이루고 있다. 근본악의 개념으
로—그녀의 전기작가 영-브륄(Young-Bruehl)이 정확하게 지적하고
있듯이—"아렌트의 연구가 겨냥하는 탄도는 그 철학적 목표에 적중했
다"[12]고 할 수 있다. 그녀에게 유대인 집단수용소에 대한 전율과 공포
는 바로 '근본악에 대한 전율과 공포'를 의미한다. 그렇다면 『전체주의
의 기원』에서 시작하여 『인간의 조건』을 거쳐 그녀의 유고작 『정신의
삶』에 이르기까지 사상적 실마리가 되었던 근본악은 도대체 무엇을 의
미하는가?[13] 삼중 구조를 갖고 있는 『인간의 조건』과 『정신의 삶』이 아
렌트의 주저라고 한다면, 『전체주의의 기원』은 이 두 저서를 연결시켜
주고 있는 사상적 동기라고 할 수 있다. 아렌트에 의하면 전체주의적
지배의 본질은 인간에게서 인간성을 완전히 박탈하고 또 인간의 무용
성을 증명함으로써 인간을 완전히 배제하고자 하는 태도에 있다. 전체
주의적 이데올로기의 본래 목표는 인간실존의 외면적 조건을 개혁하
는 데 있지 않으며 사회적 질서를 혁명적으로 변혁시키는 데 있지도 않
다. 전체주의는 근대 이래로 우리의 삶을 지배하고 있는 전체주의적 과
정에 부응하여 인간본성 자체를 변형시키고자 한다고 아렌트는 진단
한다.

그렇다면 우리를 지배하고 있는 '전체주의적 과정'이란 무엇을 뜻하
는가? 그것은 인간이 필요 없는 유토피아를 건설하겠다는 목표 아래

---

12) Elisabeth Young-Bruehl, 앞의 책, p.205. 이 책은 아렌트의 생애와 사상에 관한
  풍부한 정보와 자료를 담고 있을 뿐만 아니라 그녀의 사상체계를 균형 있는 시
  각으로 서술하고 있다.
13) Hannah Arendt, *The Life of the Mind*, Vol. One: *Thinking*, Vol. Two: *Willing*,
  New York, Hartcourt Brace Jovanovich, 1978.

궁극적으로는 인간을 쓸모없게 만드는 모던적 태도를 의미한다. 급속한 인구팽창, 지속적인 과학과 기술의 발전 그리고 이에 따른 고향 상실의 증대로 특징지어지는 시대에 대중들은 실제로 공리주의적 범주의 의미에서 보면 '남아돌아 쓸모없게' 된다. 아렌트에 의하면 근본악은 이와 같이 인간을 쓸모없게 만들고자 하는 전체주의적 체계 속에서 탄생했다는 것이다. 이런 관점에서 보면 모든 것을 자신의 기술적 통제하에 두고자 하는 근대의 인간중심주의는 그 자체로 이미 전체주의적 요인을 함축하고 있다. 유대인을 과학적으로 말살하고자 했던 나치정권은 바로 이와 같은 전체주의가 구체적으로 표현된 것이라고 할 수 있다. 아렌트는 이렇게 유대인으로서 겪을 수밖에 없었던 자신의 시대적 운명 속에서 근대적 인간과 인간의 조건을 사유할 수 있는 실마리를 발견한다.

근대와 근대적 인간은 주지하다시피 코페르니쿠스적 혁명이라는 기호를 달고 탄생했다. 그것은 세계의 중심이 인간과 지구로 옮겨졌음을 뜻한다. 이와 같은 인간중심주의는 "우리는 우리가 스스로 만든 것만을 이해할 수 있다"는 작위성의 이데올로기를 동반한다. 우리가 이해할 수 없고 서술할 수 없는 신(神)을 배제하면, 모든 관심이 우리가 알수 있고, 만들 수 있고, 행할 수 있는 것으로 집중됨은 어찌보면 지극히 당연한 일이다. 이런 관점에서 보면 근대의 이데올로기는 다음과 같은 지극히 간단한 명제로 표현될 수 있다. 가능한 것은 만들고, 가능하지 않은 것은 가능하게 만들어라. "모든 것이 가능하다"는 전체주의적 믿음을 가지고 근대인은 자신과 이 지구를 하나의 실험장으로, 즉 작위성의 실험장으로 만들었다.

그런데 이 전체주의적 실험을 통해 위험에 처하게 된 것은 다름 아닌 인간의 본질이다. 그것은 전체주의가 인간을 과학적 실험의 대상으로 삼는 반인륜적 범죄를 저질렀기 때문만은 아니다. 전체주의의 보다 심각한 위험은 오히려 근대인이 가능성의 영역을 확장하기 위하여 자기 자신을 끊임없는 실험 대상으로 삼는다는 데 있다. 나치정권의 전체주의적 악몽에서 깨어난 지금, 우리는 어쩌면 전체주의적 실험이 인간의 본성을 파괴할 수 있을지는 몰라도 변화시킬 수는 없다고 안도의 숨을 쉴지도 모른다. 그렇지만 우리는 이 전체주의적 실험이 항상 제한된 정도로만 실행되었을 뿐만 아니라 전체 세계가 전체주의에 의해 완전히 통제되기 이전에는 그 결과를 전혀 알 수 없다는 점을 잊어서는 안 된다. 나치정권에 의한 전체주의의 실험이 실패로 끝났다고 해서, 누가 감히 '가능한 모든 것을 만들고 또 불가능한 것은 가능하게 만들고자 하는' 전체주의가 끝났다고 단언할 수 있는가? 여기서 우리는 나치정권보다 더 깊은 곳에 뿌리 내리고 있는 기술적 전체주의 경향에 주목할 필요가 있다. 그렇기 때문에 아렌트는 오늘날 전체주의적 경향이 전체주의적 국가뿐만 아니라 '세계의 도처에서' 발견된다고 말하면서, 전체주의적 지배의 핵심적 체계는 전체주의적 정권이 몰락하는데도 살아남을 것이라고 진단한다.

그렇다면 전체주의적 국가가 멸망하고 민주주의가 전 지구에 보편화된 포스트모던 시대에 발견될 수 있는 전체주의와 근본악은 어떤 성격을 띠고 있는가? 불가능한 것을 가능하게 만들고자 온갖 노력을 다하는 기술시대에 우리가 이해할 수도 용서할 수도 없는 근본악은 어떤 것인가? 아렌트가 『전체주의의 기원』에서 근본악의 성격과 동인을 정치철학적 관점에서 파헤쳤다면, 『인간의 조건』에서는 기술시대의 근본악을 철저하게 분석함으로써 활동적 삶의 가능성을 탐측하고 있다.[14] 아렌트가 말하고 있는 가장 기초적인 인간의 조건은 두말할 나위도 없이 '지구'다. "지구는 바로 인간의 조건의 핵심이다." 그러나 이

---

14) Hannah Arendt, *The Human Condition*, Chicago, University of Chicago Press, 1958. 독일어판: *Vita activa oder Vom tätigen Leben*, München: Piper, 1967, 1981. 이 책은 영어판을 기본으로 하고 좀더 명료하게 서술된 독일어판을 참조하여 번역했음을 밝혀둔다.

명제는 역설적 의미를 담고 있다. 지구는 한편으로 인간이 인위적 수단의 도움 없이 살 수 있는 거주지이지만, 다른 한편으로 인간은 스스로 만들어놓은 인공세계를 가진다는 점에서 다른 동물과 구별된다. 인간은 자신이 살 세계를 스스로 창조한다는 점에서 자연과 구별된다.

인공세계를 건설하면 할수록 인간이 자연환경과는 멀어지는 것은 지극히 당연한 일이다. 그러나 자연적 생명세계와 인위적 인공세계는 대립적이기보다는 오히려 상호보완적 관계에 있다. 왜냐하면 인간은 자연과의 신진대사를 통해서만 자신의 생명을 유지할 수 있기 때문이다. 그러므로 과학과 기술은 인간실존의 자연적 조건을 파괴하지 않는 한도 내에서 인공세계를 건설해야 한다. 그러나 과학과 기술은 가능한 한 인간을 자연적 속박으로부터 해방시켜 인간에 의해 완전히 통제될 수 있는 인공세계를 구축하려는 경향을 갖고 있다. 아렌트는 이를 기술시대에 내재하고 있는 전체주의적 경향이라고 말한다. 만약 생명체로서의 인간에게 부여된 자연적 필연성에서 완전히 벗어나는 것이 근본적으로 불가능하다면, 불가능한 것을 가능하게 만들고자 하는 과학과 기술의 시도는 바로 기술시대의 근본악이라고 할 수 있다. 즉 기술시대의 근본악은 바로 우리가 살고 있는 '지구로부터 탈출하고자 하는 것'이다. 왜냐하면 그것은 곧 인간의 조건의 파괴를 의미하기 때문이다.

우리는 과연 인간의 삶을 위한다는 명목 아래 인간의 조건을 파괴하는 기술의 근본악을 이해할 수 있는가? 이를 처벌하거나 용서할 수 있는가? 만약 기술의 절대화와 전 지구적 보편화를 포스트모던적 조건이라고 한다면, 아렌트의 『인간의 조건』은 포스트모던적 조건에 대한 철학적 성찰에 다름 아니다.

모든 철학이 놀라움에서 출발하듯이, 아렌트의 철학도 전체주의에 대한 전율과 공포에서 시작한다. 어떻게 이 지상에서 용서할 수 없는 일이 일어날 수 있는가? 우리가 어떤 일을 하기에 도대체 근본악이―우리가 원치 않는데도―실존할 수 있는 것인가? 이런 질문은 다음의 질문으로 압축된다. "우리가 활동할 때 우리가 진정 행하는 것은 무엇인가?" 아렌트 사상의 핵심을 이루고 있는 이 질문은 21세기의 문턱에 선 우리에게도 여전히 타당하다. 왜냐하면 인간의 모든 기술행위는 인간에게 치명적일 수 있는 '반(反)의도적' 효과를 이미 산출하기 시작했기 때문이다. 그렇기 때문에 아렌트는 이렇게 묻는다. "반드시 신 자체는 아니라고 할지라도 하늘에 계신 인간의 아버지인 신의 거부로 시작했던 근대의 인간해방과 세속화가 하늘 아래 모든 피조물의 어머니인 지구를 거부하는 매우 치명적인 결과로 끝이 나야만 하는가?"

3. 기술시대와 '인간의 조건'

유대인으로서 겪을 수밖에 없었던 근본악의 경험은 아렌트로 하여금 인간과 지구의 유한성을 토대로 이 세계를 사랑할 수 있는 관점을 추구하도록 만들었다. 그녀의 최초의 철학적 저서라고 할 수 있는 『인간의 조건』은 라틴어 개념 콘디티온 후마나(Condition humana)의 번역 용어로서 이미 인간존재가 제한되어 있다는 사실을 암시하고 있다. 그러나 아렌트 자신이 이 저서를 아모르 문디(Amor Mundi, 世界愛, love of the world)로 불러주기를 바랐듯이, 『인간의 조건』은 세계에 관해 단순히 관조하고 성찰하는 형이상학적 전통을 넘어서 인간답게 살아갈 수 있는 실천철학적 방향을 제시한다.[15]

아렌트는 이 책에서 인간의 조건들, 인간적 활동들 그리고 이러한 활동들이 실행되는 장소에 관해 다루고 있다. 인간실존의 조건들은 한마디로 말해서 인간이 살아갈 수 있는 전제조건들이다. 예컨대 인간이 실존하기 위해서는 첫째, 하나의 생명으로서 살아 있어야 하며, 둘째, 생

---

15) 이에 관해서는 Elisabeth Young-Bruehl, 앞의 책, p.324. 영-브릴이 아렌트의 전기에 '세계의 사랑을 위하여'라는 부제를 붙인 것도 바로 이 때문이다.

성과 소멸을 거듭하는 자연의 필연성으로부터 벗어난 영속적인 자신의 세계가 있어야 하며, 셋째, 말과 행위를 통해 이 세계를 공유할 수 있는 다른 사람들이 있어야 한다. 그렇기 때문에 아렌트는 생명·세계성·다원성을 인간실존의 세 조건이라고 명명한다.

아렌트는 이 조건들에 각각 고유한 활동의 양식을 부여한다. 생명으로서 산다는 것은 신진대사를 통한 자연과의 소통을 의미하는 까닭에 노동은 생명의 조건에 부합하는 인간의 기초적 활동이다. 따라서 노동하는 동물(*animal laborans*)로서 인간은 자연의 필연성에 예속되어 있다. 다음으로 인간에게 비교적 영속적인 세계를 제공하는 활동은 바로 작업이다. 인공세계를 구성하는 사용물을 생산하는 작업은 따라서 수단과 목적의 범주, 즉 도구성의 지배를 받는다. 예컨대 책상의 제작이 목수의 작업 목표이듯이, 생산과정은 최종생산물을 산출함으로써 끝이 난다. 이때 생산과정은 목적을 생산하기 위한 수단으로 기능한다. 그렇다면 우리가 창조하는 인공세계의 목적은 어떻게 결정되는가? 아렌트는 이렇게 모든 사람에게 의미 있는 공동의 세계에 관해 논의하는 기초적 활동을 행위라고 규정한다. 행위는 노동의 필연성과 작업의 도구성, 그 어느 것도 절대화되지 않도록 하고 동시에 서로 유기적 관계를 맺도록 만드는 인간의 기초적 활동이다. 이렇게 노동의 활동은 생명의 조건에, 작업의 활동은 세계성의 조건에, 행위의 활동은 다원성의 조건에 부합한다.

그러나 아렌트는 이러한 세 가지 조건들이 더욱 근본적인 조건들에게로 환원된다고 주장한다. 그것은 바로 탄생성과 사멸성의 조건이다. 생명·세계성·다원성이 인간의 기초적 활동에 부합하는 인간실존의 조건들이라고 한다면, 탄생성과 사멸성은 이들을 근본적으로 가능케 한다는 점에서 선험적 성격을 띠고 있다. 인간이 필연성에 의해 지배받는 생명체로 태어나지 않았다면 생존을 위해 노동할 필요도 없으며 또 죽지 않아도 된다면 굳이 영속적인 인공세계를 건설할 필요도 없을 것이다. 그런데 탄생성과 사멸성은 우리가 이 유한한 지구에서 살 수밖에 없는 존재라는 사실에서 추론된다. 그렇기 때문에 아렌트는 지구를 가장 핵심적인 인간의 조건이라고 정의하는 것이다. 따라서 아렌트의 사상을 정확하게 이해하려면, 우리는 세 가지 인간의 조건들을 탄생성과 사멸성의 맥락에서 이해해야 한다. 다시 말해 노동·작업·행위의 활동들과 이에 부합하는 실존조건들은 우리가 우리의 거주공간인 지구를 떠나서는 살 수 없다는 사실을 인식할 때에만 독자적 의미를 획득한다.

이런 관점에서 보면 전체주의는—그것이 정치적이든 아니면 기술적이든 간에—인간의 탄생성과 사멸성을 부정하고 모든 것을 영구화하려는 태도를 의미한다. 그러나 전체주의는 인간 자체를 목적으로 대하지 않고 수단으로 삼기 때문에 궁극적으로는 수단만을 영구화할 뿐이다. 목적이 없으면 시작이 있을 수 없다. 따라서 전체주의는 인간가치를 실현할 수 있는 세계창조라는 새로운 시작을 불가능하게 만든다.

그렇다면 현대사회는 왜 목적이 없기 때문에 끝나지 않는 끊임없는 생산의 과정을 절대화하게 되었는가? 이 물음에 답하기 위해서 우리는 우선 세계애의 사상을 처음으로 발전시킨 아렌트의 학위논문을 살펴볼 필요가 있다. 아렌트가 지상의 삶보다는 신국을 높이 평가한 아우구스티누스에게서 바로 세계애의 관점을 발전시킨 것은 시사하는 바가 크다. 아렌트에 의하면 아우구스티누스는 사랑을 아페티투스(*appetitus*, 욕망)와 카리타스(*caritas*, 자비)의 이중적 관점에서 서술한다. 아페티투스는 인간의 활동을 완전히 충족시키는 궁극적 선에 대한 욕망을 의미한다. 그것은 공포와 궁핍으로부터 전적으로 해방된 완전선을 추구한다. 그렇다면 우리가 동경하는 선은 죽음 없는 삶, 즉 우리의 삶을 위협하는 미래가 없는 완전한 현재일 것이다. 따라서 이 영원을 추구하는 인간의 욕망은 지상의 유한하고 덧없는 삶을 극복해야 한다. 만약 인간의 욕망이 지상의 삶을 극복한다면, 이 욕망은 카리타스가 된다.

그런데 아렌트가 문제삼는 것은 바로 이 천상의 삶에 대한 사랑, 즉 카리타스다. 왜냐하면 그것은 완전한 선을 위하여 인간의 고향인 이 세계를 희생시켜야 하고, 천상의 것을 사랑하기 위하여 지상의 것을 경멸해야 하기 때문이다. 그 밖에도 지상의 것에 묶여 있는 덧없는 인간이 어떻게 카리타스를 실행할 수 있는가 하는 실천적 문제가 제기된다. 이에 대해 아우구스티누스는 이 세계를 필요로 하지 않는 정신의 자족성을 주장한다. 정신은 본래 신에 의해 모든 인간에게 주어진 능력이기 때문에 자신의 정신을 추구하는 자기애는 이미 올바른 이웃사랑과 동시에 신에 대한 사랑을 포함하고 있다는 것이다. 이는 두 가지 의미를 지니고 있다. 한편으로는 인간이 세상을 초월해 있는 신을 추구할 때에만 이웃을 사랑할 수 있다는 것이며, 다른 한편으로는 모든 인간에게 주어져 있는 정신을 추구할 때에만 신을 사랑할 수 있다는 것이다.

완전선으로서의 신은 인간욕망의 목표일 뿐만 아니라 동시에 ― 신이 정신을 창조했기 때문에 ― 모든 욕망의 기원이기도 하다. 완전선의 실현이 우리가 추구하는 미래라고 한다면, 정신의 창조는 이를 시작한 과거다. 시작이 존재하지 않는다면 선을 실현하고자 하는 인간의 행위는 있을 수 없는 것이다. 아렌트는 이와 같이 행위를 가능케 하는 실존의 조건을 탄생성이라고 명명한다. 아렌트는 한편으로 현실과 세계에 대한 아우구스티누스의 부정적 태도를 거부하지만, 다른 한편으로 탄생성의 개념은 적극적으로 수용한다. 왜냐하면 세계를 부정하는 어떤 완전선의 추구도 결국은 탄생성의 조건을 스스로 파괴하기 때문이다. 따라서 아렌트의 철학은 이 유한한 세계를 사랑하면서 동시에 새로운 시작을 가능케 할 수 있는 행위양식의 발견을 목적으로 한다.

아렌트가 박사학위 논문에서 발전시킨 '탄생성'의 개념은 인간의 조건의 핵심을 이룬다.[16] 아렌트에 의하면 인간은 죽을 수 있는 유일한

---

16) 『인간의 조건』, 제34장을 볼 것. 이에 관해서는 Patrica Bowen-Moore, *Hannah Arendt's Philosophy of Natality*, London, 1989를 참조할 것.

존재일 뿐만 아니라 시간과 세계 속으로 태어남으로써 자신의 고유한 세계를 시작할 수 있는 존재로 이해된다. 인간이 죽을 수밖에 없기 때문에 욕망의 존재가 되었다면, 인간이 기억하는 하나의 의식적 존재로 규정된 결정적 사실은 우리가 탄생을 통해 이 세계에 들어섰다는 탄생성 때문이다. 그렇기 때문에 아렌트는 『인간의 조건』에서 "인간사의 영역인 세계를 '자연적' 황폐화로부터 구원하는 기적은 다름 아닌 탄생성"이라고 단언하면서, "인간의 행위능력은 존재론적으로 이 탄생성에 뿌리를 내리고 있다"고 주장한다.

그렇다면 우리는 어떻게 노동이 절대화된 현대사회의 생산과정으로부터 벗어나 인간에게 유의미한 새로운 세계를 시작할 수 있는가? 이 물음에 대한 대답은 일단 노동이 인간의 유일한 활동이 아니라 다른 여러 활동양식들 중의 하나에 불과하다는 사실에 대한 인식으로부터 출발해야 한다. 다시 말해 탄생성의 회복은 인간의 조건에 대한 성찰로 시작해야 하는 것이다. 그렇기 때문에 아렌트는 서론에서 "우리가 최근에 겪었던 경험과 공포를 고려하여 인간의 조건을 다시 사유해보자"고 제안한다. 그녀는 학위논문을 통해 인간은 죽음이라는 공통의 공포를 나누어 갖고 있으며, 이 공포에 관한 공통의 지식을 통해 서로에 대한 사랑을 갖고 있다는 것을 인식한 바 있다. 그렇다면 나치의 전체주의를 겪은 포스트모던 시대에 우리에게 공동체 의식을 일깨워줄 '공통의 공포'는 과연 무엇인가? 아렌트는 그것은 바로 "사유하지 않음"이라고 단언하면서, 이제는 우리가 도대체 무엇을 행하는가를 사유해야 한다고 말한다. 아렌트는 인간의 정신적 활동(*vita contemplativa*)을 제외하고 오직 인간의 신체적 활동들(*vita activa*)을 '노동' '작업' '행위'로 범주화하여 해명함으로써 일종의 정치철학적 인간학을 발전시키고 있다.[17]

그렇다면 아렌트가 인간의 활동을 분석하게 된 결정적 동기는 무엇인가? 그것은 간단히 말해서 현대사회에서 인간의 정치적 행위능력이 상실되었기 때문이다. 아렌트에 의하면 전체주의는 근본적으로 정신적 차원에서의 '사유하지 않음'과 실천적 차원에서의 '정치적 행위능력의 상실'에 의해 야기되었다고 진단한다. 아렌트는 고대의 폴리스를 정치적 행위능력이 가장 잘 전개된 사회로 설정하면서, 근대 기술문명의 발달과 더불어 활동적 삶 내에서 이루어진 위계질서의 전도를 설명한다. 예컨대 고대에서는 가장 낮은 단계에 속해 오직 노예들의 일로만 여겨졌던 노동이 근대에 들어와 보편적 의미를 획득하게 된다. 고대의 폴리스에서 노동이 단지 생존에만 기여하는 까닭에 자유 시민에게는 어울리지 않는 것으로 판단되었다면, 오늘날 노동은 모든 시민의 보편적 활동으로 부상한 것이다.

마찬가지로 폴리스 내에서 사적 영역에 속해 있던 경제는 근대에 들어와 공적인 것이 되었으며, 이제 경제는 거꾸로 정치를 지배하여 자유로운 시민들의 자치로 이해되었던 정치적 행위는 자율성을 상실하게 된다. 활동적 삶의 둘째 범주인 작업이 본래 갖고 있는 의미 역시 근대의 노동사회에서 퇴색한다. 작업은 본래 대상을 만들고 동시에 세계를 구성하는 인간의 가장 기초적인 행위다. 그러나 근대의 노동사회에서 작업은 더 이상 생산품의 지속성, 즉 사용가치보다는 부단한 유통과정에서 생산되는 소비가치에 의해서 규정된다. 세계를 구성하는 작업은 이제 삶의 보존과 삶의 향락을 지향하는 노동의 차원으로 전락한 것이다.

그러나 근대사회가 비록 노동사회로 정의된다고 할지라도, 이 사회는 동시에 노동으로부터의 해방과 탈출을 추구한다. 과학과 기술을 비롯해 모든 종류의 사회적 발전은 '노동으로부터의 해방'이라는 한 가지 목표를 향해 달려가는 것처럼 보인다. 그렇기 때문에 직업의 활동은

---

17) 이에 관해서는 Bhikhu Parekh, *Hannah Arendt and the Search for a New Political Philosophy*, London, 1981; Margret Canovan, *The Political Thought of Hannah Arendt*, London, 1974; Melvyn Hill(ed.), *Hannah Arendt: The Recovery of the Public World*, New York, 1979를 참조할 것.

종종 돈을 벌기 위한 활동으로만 이해된다. "우리가 노동을 할 때는 집에 있지 않다"는 카를 마르크스(Karl Marx)의 비유적 표현을 상기하지 않더라도, 오늘날 대부분의 노동자들은 오직 자유시간에 쓸 수 있는 돈을 벌기 위하여 노동하는 것처럼 보인다. 고대의 폴리스에서 여가와 자유시간(Skholē)은 자유로운 시민들이 공론 영역에서 다른 시민들과 공동의 관심사에 관해 논의할 수 있기 위한 전제조건이었다면, 사적 삶의 향유로 이해되는 현대의 여가와 자유시간은 모든 활동의 목표가 된 것이다. 이런 맥락에서 신체적 노동을 부담과 고통으로 여기는 것은 지극히 당연한 결과다.

여기서 활동적 삶과 관련하여 두 가지 심각한 물음이 제기된다. 우리는 과연 노동에서 해방될 수 있는가? 노동에서 해방된다는 것은 동시에 그것을 통해 우리가 궁극적으로 성취하고자 했던 다른 활동의 가능성을 박탈하는 것은 아닌가? 고대의 폴리스에서 자유인들이 노동에서, 필연성의 영역에서 벗어나고자 했던 것은 그들이 공론 영역에서 정치적 행위를 하기 위해서였다. 근대의 유토피아적 이상이라고 할 수 있는 노동으로부터의 해방은 그것이 실현되면 결국 인간에게서 모든 행위의 가능성들, 즉 활동적 삶 자체를 박탈할 것이다. 왜냐하면 노동으로부터의 해방은 인간을 노동의 고통과 노고로부터 구원할 수 있는 편의수단의 끊임없는 생산을 야기하기 때문이다. 만약 생산이 궁극적으로 추구하는 목적이 존재하지 않는다면, 작업과 행위는 결국 모두 지속적 생산이라는 노동에 예속된다. 따라서 끊임없는 생산의 자동화과정은 인간을 노동에서 해방시키기보다는 오히려 다른 두 가지 활동, 즉 작업과 행위를 노동 차원으로 전락시킨다. 그렇기 때문에 아렌트의 분석은 우선 '노동' '작업' '행위'의 세 활동양식이 갖고 있는 독자적 의미를 밝히는 데 집중된다.

만약 노동·작업·행위가 모두 인간실존에 필수적인 조건을 구성한다면, 우리는 결코 노동에서 완전히 해방될 수 없다. 노동은 인간이 자연의 다른 생명체와 유기적 관계를 맺을 수 있는 유일한 활동인 까닭에, 노동의 포기는 곧 생명의 포기를 의미한다. 마찬가지로 인간에 의해 창조된 문화, 즉 인간이 스스로 산출한 도구·기계·작품의 세계는 그 자체로 인간실존의 조건이 된다. 자연은 인간에 의해 만들어진 것이 아니라 오직 인간의 목적을 위해 유용하게 변형되고, 작업되고, 사용될 뿐이라는 점에서 우리는 물론 자연과 문화, 자연과 세계를 구별할 수 있다. 그렇지만 인간의 노동과 작업의 결과들은 인간의 실존에 있어 충분조건은 아니라고 하더라도 필연적 전제조건이 된다. 왜냐하면 인간은 자신의 목표를 실현하기 위해서는 스스로 활동적이 되어야 하며 또 자유롭게, 즉 자신의 의지에 따라 자연의 과정에 간섭하여 자신의 세계를 창조해야 하기 때문이다.

오늘날 기술문명은 이제 자연에 예속되어 있는 인간의 실존조건을 무력화시킬 정도로 자연을 지배하고 있다. 그렇다고 해서 인간이 과연 자연으로부터 완전히 벗어날 수 있는 것인가? 여기에서 우리는 활동적 삶의 세 양식들이 아무리 독자적 성격을 갖고 있다 하더라도 일종의 규범적 위계질서를 갖고 있어야 함을 간파할 수 있다. 노동의 절대화는 인간을 자연의 필연성에 완전히 예속시키며, 작업의 절대화는 인간에게서 자연적 성격, 즉 탄생성과 사멸성을 파괴함으로써 행위의 가능성을 완전히 박탈한다. 그렇기 때문에 아렌트는 노동과 작업이 궁극적으로는 행위에 의해 통합되어야 한다고 말함으로써 행위 자체를 인간활동의 규범적 토대로 제시한다.

"세계가 언제나 존재하고 있는 바의 세계가 되기 위해서는 지상에서 살 동안의 거처인 인공적 세계는 행위와 말에 적합한 장소여야만 하고, 삶의 필연성에는 전적으로 무용할 뿐만 아니라 세계와 세계의 사물을 생산하는 제작의 다양한 활동과는 본질상 다른 활동들의 장소가 되어야만 한다. 우리는 여기서 플라톤과 프로타고라스 중 하나를 선택할 필요가 없으며 만물의 척도가 신인지 인간인지를 결정할 필요도 없다. 확실한 것은 생물학적 삶과 노동의 강제적 필연성은 그 척도가 될 수 없으며 마찬가지로 제작과 사용의 실용적 도구주의도 그 척도가 될 수 없다는 점이다."

4. 세계애와 지구의 의미

아렌트는 인간의 활동적 삶과 인간의 조건에 관한 체계적 분석을 통해 '행위'와 '공론 영역'이라는 규범적 척도를 발견한다. 그러나 아렌트는 이와 같은 체계적 분석을 제6장「활동적 삶과 근대」에서 서술하고 있는 역사적 분석과 결합한다. 제6장을 시작하는 35절의 제목 '세계소외'와 이 장의 마지막 절이기도 하면서 이 책을 끝맺는 45절의 제목 '노동하는 동물의 승리'는 아렌트의 역사적 분석의 방향과 성격을 이미 극명하게 드러내고 있다.

아렌트의 역사적 분석에 따르면 근대의 과정은 인간에게는 점점 더 증대하는 세계소외의 과정이다. 그렇기 때문에 아렌트는 역사적 분석을 통해 "근대의 세계소외, 즉 지구로부터 우주로의 탈출과 세계로부터 자아 속으로의 도피라는 이중적 의미의 세계소외를 추적하고자" 한다. 실제로 아렌트가 체계적 분석을 통해서 '인간의 조건에서 비롯되기 때문에 영속적이며 인간의 조건 자체가 변하지 않는 한 상실될 수 없는 일반적 인간능력'을 밝혔다면, 역사적 분석을 통해서는 '세계소외'의 과정과 원인을 폭로하고 있다. 전자를 통해서, 지상에서의 삶을 의미 있게 만드는 공론 영역이 다원성을 특징으로 한다는 지구의 규범적 성격이 드러났다면, 후자를 통해서는 인간을 세계로부터 소외시켜 인간의 삶과 활동을 획일화하는 기술문명의 논리가 폭로된다. 마르크스가 사유의 절대화로 인한 인간소외의 과정을 분석했다면, 아렌트는 인간이 거주할 수 있는 공간으로서의 소유[18](所有)가 상실되면서 야기되는 세계소외의 과정을 역추적한다.

근대의 과정은 세계소외의 과정이다. 아렌트에 의하면 세계소외는 한편으로 노동이 다른 활동들을 제압하여 생명만을 최고의 선으로 만드는 과정이지만 다른 한편으로는 인간의 활동들이 이루어지는 거처가 상실되는 과정이기도 하다. 지구가 인간의 유일무이한 거처이며 또 인간의 조건 역시 이 지구와 밀접하게 연관되어 있다는 사실이 자명하다면, 아렌트의 정치철학은 바로 지구의 가장 시급한 현안으로 대두되고 있는 포스트모던 시대의 규범적 방향을 제시한다. 그렇다면 우리가 삶의 편의를 증대시키는 과학과 기술이 발전하는데도 인간의 거처를 상실하게 된 까닭은 무엇인가? 이 물음에 대한 아렌트의 대답은 간단하다. 그것은 사적 영역과 공론 영역의 경계선이 사라졌기 때문이라는 것이다. 이 경계선의 소멸과 더불어 '사적인 것'과 '공적인 것'의 의미 역시 변질되었음은 두말할 나위가 없다.

　　아렌트에 의하면 공적이라는 것은 근본적으로 두 가지 의미를 가진다. 첫째, 공적인 것은 "공중 앞에 현상하는 모든 것은 누구나 볼 수 있고 들을 수 있기 때문에 가장 폭넓은 공공성을 가진다." 나뿐 아니라 다른 사람에 의해서도 하나의 현상으로 지각되는 것만이 현실성과 실재성을 갖는다는 점을 고려하면, 공적인 것은 모든 사람에게 지각되는 현상들의 현실이다. 둘째, 그것이 우리 모두에게 공통적이라는 점에서 공적인 것은 '세계 자체'를 의미한다. 그렇기 때문에 공적인 것은 우리가 그 안에서 사적으로 소유하고 있는 '장소'와 엄격하게 구별된다. 이 두 가지 의미를 종합해보면 공적인 것은 우리가 말과 행위를 통해 우리의 인격을 드러내는 구체적 행위의 공간과 장소로서의 '공론 영역'이다.[19) 이 공론 영역은 물론 유기체적 인간이 움직일 수 있는 제한된 공

---

18) 아렌트는 "마르크스가 생각한 자기소외가 아니라 세계소외가 근대의 징표가 되었다"고 단언한다.

19) 근대에 들어와 사회 개념이 발전하는 과정에서 '공적인 것'과 '사적인 것'은 구체적 의미를 갖기보다는 특정한 사태를 서술하는 '추상적' 개념으로 기능

간으로서의 지구와 자연과 직접 일치하지는 않는다. 왜냐하면 공론 영역은 공동의 관심사에 관한 인간의 말과 행위를 통해 비로소 구성되기 때문이다. 그러나 인간의 조건인 탄생성과 사멸성이 인간이 지구적 존재라는 사실에 토대를 두고 있듯이, 공론 영역의 몰락은 바로 인간의 구체적 거주지인 지구의 파멸로 이어진다.

　그런데 고대의 폴리스에서 사적인 것과 공적인 것은 모두 '세계'의 관점에서 파악되었다. 이곳에서 사적 영역은 자유인이 공론 영역에서 행위할 수 있는 토대이며 전제조건이기는 하지만 본질적인 것이 결여된 곳으로 인식되었다. 본래 '사적'(private)이라는 말은 그 어원이 말해주고 있듯이 '무엇이 박탈된'(privative)이라는 뜻을 가지고 있다. 그렇다면 사적 영역에 박탈되어 있는 인간의 본질은 무엇인가? "타인이 보고 들음으로써 생기는 현실성의 박탈, 공동 사물세계의 중재를 통해 타인과 관계를 맺거나 분리됨으로써 형성되는 타인과의 '객관적' 관계의 박탈, 삶 그 자체보다 더 영속적인 어떤 것을 성취할 수 있는 가능성의 박탈"이 그것이다. 사적 영역은 곧 타인의 부재다. 노동을 통해 인간의 필연적 욕구를 충족시키고 생존을 보존하는 사적 영역은 세계를 구성하는 데 필연적 전제조건이기는 하지만 충분조건은 아닌 것이다. 그러나 고대 폴리스에서 사적 영역은 현실성이 결여된 세계이지 결코 세계의 박탈은 아니다. 다시 말해 사적 영역은 오늘날처럼 공론 영역으로

하고 있다. 그러나 고대의 폴리스에서 이 두 용어는 인간의 삶과 밀접한 연관이 있는 '구체적' 개념으로 사용되었다. 우리가 사적인 것과 공적인 것을 단순히 추상적인 대립 개념으로 사용할 경우에는 이 용어가 본래 지시하고자 하는 본래의 구체적 의미가 상실된다. 따라서 폴리스는 공동의 관심사에 관한 자유인들의 말과 행위를 통해 비로소 구성되는 공간을 의미하는 까닭에 공적 영역보다는 '공론 영역'(公論領域)으로 표현하는 것이 사태에 더욱 부합한다. 독일어 외펜틀리히카이트(Öffentlichkeit) 역시 말과 행위를 통해 공유된 세계로서 '공론 영역'을 의미한다. 이에 관해서는 J. Habermas, *Strukturwandel der Öffentlichkeit*, Neuwied, 1962를 참조할 것.

부터 완전히 단절되어 주관적 욕구와 가치에만 예속되어 있는 친밀성의 영역이 아니다. 친밀성은 세계의 박탈이라는 의미에서 '무세계성'이다.

예컨대 아렌트는 근대에 들어와 노동과 사유가 절대화됨으로써 사적인 것이 오히려 공론 영역을 지배하게 되었다고 분석한다. 사회의 발생은 실제로 "사적 활동이 가정의 어두운 내부에서 벗어나 공론 영역의 밝은 곳으로 이전된 것"을 말한다. 이로 말미암아 사적인 것과 공적인 것을 구분하던 경계선이 사라졌을 뿐만 아니라, 마르크스가 국가를 사적인 소유주들의 보호장치라고 비판하듯이 공적인 것은 사적 영역으로 변질되었다. 그렇다면 복지국가적 성격을 띠고 있는 현대사회는 공적 조직을 통해 사적인 것을 보호하고 확대하는 데 성공했는가? 아렌트의 뛰어난 통찰력은 이 물음에 대한 대답에서 유감없이 발휘된다. 아렌트는 "공론 영역이 소멸되는 마지막 단계는 필연적으로 사적 영역의 제거라는 위험을 수반한다"고 단언한다. 공론 영역이 사라지면 사적 영역도 사라진다는 것이다.

여기서 우리는 사적 영역과 공론 영역이 필연적 상호의존 관계에 있음을 알 수 있다. 고대의 폴리스에서 그리스인들은 사적 영역을 공론 영역을 위해 희생시키지도 않았으며, 이들 두 영역은 오히려 공존의 형식으로만 존재할 수 있다고 확신했다. 이러한 사실은 소유 개념의 변천 과정에서도 명확히 드러난다. 소유는 본래 "세계 속의 특정한 장소와 결합되어 있었으며, 그렇기 때문에 움직일 수 없는 부동산의 성격을 가질 뿐만 아니라 이 장소에 거주하고 있는 가정과 완전히 일치했다."[20] 그렇기 때문에 고대에서는 재산의 몰수보다 거처 자체를 실질적으로 파괴하는 추방이 훨씬 중한 벌이었다. 가장은 가난하다고 해서 결코 세

---

20) Hannah Arendt, *Vita activa oder Vom tätigen Leben*, München, 1981, p.60. 영어판 p.61을 참조할 것. 독일어판이 사태를 더 명료하게 서술하고 있다.

계 내에서 가지는 자신의 지위와 시민권을 상실하지 않는다. 이런 의미에서 보면 소유(所有)는―한자 개념 역시 암시하고 있듯이―'장소의 가짐'이다. 소유가 마음대로 처분할 수 있는 점유 또는 부와 동일하지 않다는 사실은 고대의 정치에 있어서 본질적이다. 그런데 근대의 자본주의 과정에서 소유는 점차 구체적 공간과 장소의 성격을 상실하고 자의적으로 점유, 처분, 양도할 수 있는 동산의 성격으로 변질되었다. 역설적으로 표현하면, 부의 증대가 결코 행위의 가능성을 확대하지 않는다는 것이다. 이런 맥락에서 아렌트는 현대사회가 잠재적으로 부유할지는 모르지만 본질적으로 '소유가 없는 사회'라고 주장한다.

노동이 절대화되고 소유가 사유로 변질되면서, 우리는 말과 행위를 통해 공유할 수 있는 거주 공간을 상실했다. 우리는 이제 공동세계에 대한 관심을 잃어버렸으며, 우리 자신이 공동세계에 의해 구별되거나 결합되어 있다고 느끼지 않는다. 그렇다면 서로 공유하는 공동세계 없이 각자의 이기적인 동기와 욕구에 따라 행동하는 사람들을 하나의 사회로 결집시킬 수 있는 방법은 무엇인가? 구체적인 공동세계 없이 사람들을 하나로 묶을 수 있는 유일한 원리는 '무세계성'이라고 아렌트는 말한다.

무세계성은―아우구스티누스의 사랑 개념에서 살펴보았듯이―구체적 현실과 세계에 예속되지 않고 이를 초월하는 원리다. 그런데 "무세계성은 세계가 지속되지 않을 것이라는 가정에서 출발할 때에만 정치적 현상이 된다." 무세계성이 정치를 지배한다는 것은 21세기의 문턱에서 우리가 처해 있는 포스트모던적 조건이기도 하다. 왜냐하면 인간은 이제 유사 이래 최초로 우리의 거주지인 지구를 떠나려 하고 있으며, 핵분열과 융합을 통해 오직 태양에서만 얻을 수 있는 에너지를 이 지상에서 실현하려 하기 때문이다. 간단히 말해서, 근대의 과학과 기술은 이 지상에서 본래는 불가능한 것을 가능하게 만들려고 온갖 노력을 기울인다. "세계소외가 근대사회의 방향과 발전을 규정했다면, 지구소외는 근대과학의 기호가 된 것이다." 과학과 기술의 발전은 이처럼 공론 영역의 상실과 밀접한 관련이 있다.

여기서 우리는 글머리에서 서술했던 근본악의 문제와 다시 부딪치게 된다. 모든 것이 가능하다는 전체주의적 믿음은 과학과 기술의 발전에 깊게 뿌리를 내리고 있다. 나치정권이 전체주의의 정치적 실험이었다면, 과학적 전체주의는 이제 '전 세계와 지구를 도구화'하고 있는 것이다. 그러나 가능한 모든 것을 실현하고 가능하지 않은 것을 가능하게 만들려는 전체주의가 결국 인간의 본질마저 파괴할 수 있다는 것을 우리는 배우지 않았는가? 과학과 기술을 비정치적인 것으로 파악한다면, 우리는 역사의 경험에서 아무것도 배우지 못할 것이다. 만약 우리가 지상의 존재인 우리에게 천부적으로 주어진 모든 것을 우리 스스로 만든 인공적 사물들로 대체하려 한다면, 우리는 '인간의 고유한 실존에 대한 반란'을 꾀하고 있는 것은 아닌가? 왜냐하면 현재 우리의 능력은 지구상의 모든 생명체를 파괴할 수 있다는 것을 의심할 여지가 없기 때문이다. 그렇기 때문에 아렌트는 이렇게 말한다.

"과연 우리가 과학과 기술의 새로운 지식을 이런 목적을 위해 사용하기를 원하는가 하는 것이 문제다. 이 문제는 과학적 수단으로 결정될수 없다. 그리고 그것은 가장 우선적인 정치적 문제이기 때문에, 그 결정을 전문과학자나 직업정치가에게 결코 맡길 수 없다."

그것은 인간 자체의 실존과 관련된 것이기 때문에 우리 모두의 책무다. 만약 우리의 실존과 운명을 자연뿐만 아니라 기술의 자동적 과정에 내맡기지 않으려 한다면, 우리는 이제라도 인간의 조건과 행위의 가능성에 관해 진지하게 사유해야 할 것이다. 왜냐하면 정치적 전체주의가 생각 없는 모든 사람의 산물이었듯이, 생각하지 않고 행위하지 않는다면 우리는 지구와 인간의 멸망을 가져올지도 모르는 기술적 전체주의에 동조할 것이기 때문이다.

우리가 이해할 수도 없고 용서할 수도 없는 '근본악'이 바로 아무런 생각도 하지 않는 '악의 평범성'에서 기인한다는 사실은 지구와 인간의 조건으로부터 벗어나려는 미래의 인간에 대한 경고다.

"악의 평범성 같은 현실의 결여와 생각 없음이 인간에게 내재할지도 모르는 모든 악한 충동들이 결합해서 더 많은 재난과 불행을 일으킬 수 있다는 사실이 우리가 예루살렘에서 배울 수 있었던 교훈이었다."[21]

1996년 7월 25일
이진우

---

21) Hannah Arendt, *Ein Bericht um der Banalität des Bösen*, München, 1964, p.16.

2018년 개정판 서문

  소련의 인공위성 스푸트니크(Sputnik)는 지구의 궤도를 돌도록 인
간이 만든 최초의 물체이며 한나 아렌트(Hannah Arendt, 1906-75)가
『인간의 조건』에서 자신의 주장을 전개하는 점성술 기호다. 아렌트는
"1957년 인간이 만든 지구-태생의 한 물체가 우주로 발사되었다"라고
했으며, 이 사건은 "원자를 그 이하의 단위로 쪼갠 사건보다도 그 중요
성에서 뒤지지 않는다"라고 말한다(77쪽). 그래서 지름이 약 59센티
미터에 빛나는 금속 구체는 버섯구름의 무서운 암흑보다 더 중요하다.
『인간의 조건』의 첫 번째 주제는 과학, 그리고 앎의 과학적 방식과 기
술로 인한 인간경험의 전환이다. 두 번째 주제는 우리가 과학의 유혹과
위험뿐 아니라 과학이 지닌 자명한 장점과 보상을 눈으로 볼 수 있는
오늘날 과학과 나란히 작동할 수 있는 정치적 사유의 힘을 부활시킴으
로써 과학에 대한 인간의 권위를 복구할 수 있는 방법을 탐구하는 것
이다.
  아렌트는 스푸트니크 바로 다음에 원자 분열을 언급하면서 책을 시
작하는 첫 점성술 기호에 두 번째 점성술 기호를 더한다. 따라서 이 책
은 과학적 유혹—우리 지구인들이 지구에서 해방될지도 모른다는 기
쁜 전망—의 기호인 동시에 그 위험에 대한 경고의 기호를 달고 시작
한다. 유혹이 위험보다 우선권을 지니는 것은 단지 전자가 후자를 위한
길을 닦아주기 때문이다. 과학은 우리에게 우리가 정치에 종지부를 찍

고 또 인간의 조건을 확실한 해결책으로 처리할 수 있는 일련의 기술적 문제로 바꿀 수 있다고 생각하라고 유혹한다. 이러한 유혹에서 흘러나오는 위험을 아렌트는 책의 말미에서 분명하게 말한다. "전례가 없고 전도양양한 인간 활동의 분출과 더불어…… 역사상 유례가 없을 정도로 가장 무감각하고 무기력한 수동성의 상태로 끝날 수 있다"(441쪽).

아렌트는 현상학으로 알려진 철학적 전통에서 자기 방향의 좌표를 일정 정도 취한다. 다시 말해 '인간의 조건'에 대한 통찰을 얻기 위한 출발점으로 일상생활의 현상에 주의를 기울인다는 것이다. 그녀는 주변 세상을 탐구하고, 평범한 경험에서 모든 인간 활동을 공리적 기능으로 축소하거나 결과의 계산이나 비용과 편익의 합계로 축소한다. 또한 그녀는 행위에 연역법을 기계적으로 적용하는 방식에 의존하는 알고리즘으로 축소하는 습관이 생겨나고 있음을 관찰한다. 중요한 점은 현상학의 주류인 그녀의 스승 하이데거와는 반대로 그녀는 현상을 그렇게 환원주의적으로 다루는 것을 일상경험의 병리현상, 즉 자연스럽고 필수적인 현상으로 보지 않는다는 것이다. 그녀에게 그것들은 진정한 '존재'가 그 현상 뒤로 사라지는 것, 고통스럽기는 하지만 반드시 꼭 그래야만 되는 것은 아닌 존재의 실종인 것이다. 그 대신 그녀는 그런 환원주의적 접근을—패첸 마켈(Patchen Markell, 1969-)의 표현을 빌리면[1]—'지배'의 문제로 생각한다. 다시 말해 그것은 패권을 행사하는 어떤 지적 패러다임을 갖고 삶에 대해 가능한 해석을 지배하느냐의 문제다.

아렌트의 주장에 따르면, 과학적 사고의 두 가지 핵심적 특성이 인간의 경험을 변형시킨다. 첫 번째 특성은 원인과 결과로서 사물의 작동방

---

1) Patchen Markell, "Hannah Arendt and the Architecture of *The Human Condition*", 그리고 Markell, "Arendt's Work: On the Architecture of *The Human Condition*," College Literature 38, no. 1 (2011 겨울), pp.15-44.

식에 초점을 맞춘다. 이는 기계가 인간의 추론을 대체하도록 한다. 기계는 당연히 인간보다 훨씬 더 빠른 계산기다. 아렌트는 이렇게 썼다. "관조만이 전적으로 무의미한 인간경험으로 변한 것은 아니다. 사고 자체도 '결과를 계산하는 것'이 됨으로써 두뇌의 한 기능으로 변했다. 그 결과 인간보다 훨씬 더 이런 기능을 잘 수행하는 전자 도구들이 고안되었다"(441쪽). 우리가 어떤 목적을 추구해야만 하고 또 왜 그래야 하는가 하는 물음은, 과학이 사물의 작동방식을 설명할 수 있는 더 강력한 힘을 발전시키고 또 자원이나 권력을 지닌 사람이 우연히 원하는 것, 예를 들면 핵무기를 만들기 위한 기술적 해결책을 고안할 수 있는 더 강력한 힘을 발전시킬 때 희미해졌다. 사실 아렌트가 말한 것처럼 사람들이 그녀의 책에서 얻었으면 좋겠다고 생각한 것은 "매우 단순하다. 우리는 무엇을 하고 있는가를 생각해보자는 것이다"(82쪽).

수동성에 대한 과학의 관련성을 보여주는 작금의 사례는 어렵지 않게 발견된다. 2014년 '국가 과학 아카데미'에서 나온 보고서인 『미국에서 구금의 증가: 원인과 결과 탐구』는 이런 주제를 잘 보여준다. 보고서는 지난 30년 동안 미국의 형사 사법제도에서 구금의 급속한 증가에 대한 원인을 찾으려 했고, 방대한 양의 선행 연구들을 살펴보고 범죄율을 추적했으며, 투옥에 대한 감시활동에서 변화의 영향, 선거 정책에 관한 주제 등에 대한 메타-분석을 제시했다. 그들은 강력하고 충격적인 결론에 도달한다. "사법 영역에서 경험적 증거 그 자체는 정책에 이르는 길을 보여줄 수 없다. 미국의 구금률은 지난 40년간 극적으로 증가했지만 규범적인 원칙에 대한 명시적이고 명료한 표현은 지금까지 분명 없었다. 규범적 원칙들은 법학과 통치 이론에 깊이 뿌리를 내리고 있으며, 경험적 증거를 보충해 미래의 정책과 연구를 이끌기 위해 필요하다"(강조는 대니엘 앨런).[2] 간략히 말해, 보고서의 저자들은 최근 몇

---

2) National Research Council of the National Academies, *The Growth of*

십 년에 걸쳐 이루어진 형사사법 정책의 변화를 추동한 것은 계량화를 통해 대답할 수 없는 종류의 질문에 초점을 맞춘 사회과학자들의 실증 작업이라는 점을 시인했다. 또한 그들은 "구금의 사용에 관한 국가의 최근 정책 토론에서 원칙에 대한 광범위한 토론은 분명 없었다는 점"[3]을 인정했다. 정책 입안자들은 처벌의 원칙에 관해서가 아니라 원인과 결과에 관해서만 토론해왔다. 즉 구금이 범죄를 증가시키는가 아니면 감소시키는가? 그것은 재범율과 어떤 관계가 있는가 등을 토론해온 것이다. 정책의 무대에서 규범적 토론이 없다는 바로 이 점에서 보고서의 저자들은 형사 사법 정책에 관해서 아렌트가 좀더 광범위하게 지적하는 것, 다시 말해 '우리가 무엇을 하고 있는지 생각하는 데' 실패했다는 점을 인정한 것이다.

탈정치화로 귀결되는—또는 더 적절하게 표현하면 "우리가 무엇을 하고 있는지 생각하는 것"에 대한 참여의 실패로 귀결되는—과학의 두 번째 핵심 특성은 수학에 대한 과학의 의존이다. 아렌트는 이렇게 말한다. 과학자들(그녀는 이 책에서 이 폭넓은 범주를 자주 사용한다)은 "말이 힘을 잃은 세계에서 움직인다 (…) 오늘날 과학은 수학적 기호로써 '언어'를 채택하라고 강요받고 있기 때문이다. 원래 진술을 줄여서 표현하기 위한 수단이던 기호언어는 이제 결코 말로 번역될 수 없는 진술을 담고 있다"(80쪽). 수학화는 하나의 고유한 언어이지만, 그렇다 하더라도 그것은 인간이 의지하는 공통의 언어구조, 즉 인간이 역사를 들려주고 인간이 행위할 항로를 선택하고 삶에 의미를 부여하는 언어구조에 파열을 야기한다. 여기서 아렌트는 아리스토텔레스에게 주파수를 맞춘다. 인간은 정치적인 동물이다. 그들이 정치적인 까닭은

Incarceration in the United States: Exploring Causes and Consequences(Washington DC: The National Academies Press, 2014), p.8, 333.

3) 같은 곳, p.7.

그들에게 언어가 있기 때문이다. 그녀는 이렇게 말한다.

"말로 표현할 수 없는 진리가 존재할 수도 있다. 이 진리는 단독으로 살아가는 인간, 즉 비정치적인 인간에게는 매우 중요할 수도 있다. 그러나 이 세계에서 행위하며 살아가는 다수의 인간은 서로 소통하고 또 자신과 타인에게 통하는 말을 할 때에만 의미를 경험할 수 있다."(80쪽)

마침 공교롭게도 아렌트의 예언, 즉 수학적 언어에 대한 의존도가 증가하는 것이 반드시 정치적 참여의 감소를 가져올 것이라는 예언이 옳았음을 과학이 우리에게 보여줄 수 있다. 최근 연구자료는 과학을 강조하는 교육은 그런 교육을 받은 사람들이 탈정치화와 연관이 있다는 점을 밝혔다. 예컨대 인문학부 졸업생들의 정치 참여율과 STEM(과학, 기술, 공학, 수학) 졸업생들의 정치적 참여율 사이에는 통계적으로 유의미한 차이가 있다.[4] 미국 교육부 자료들은 2008년 대학졸업자 가운데 인문학을 전공한 졸업생들의 92.8퍼센트가 졸업 후 적어도 한 번 이상 투표권을 행사했다는 것을 보여준다. STEM 전공자의 경우 그 비율은 83.5퍼센트다. 1993년 인문학 졸업생의 44.1퍼센트는 졸업 후 10년 안에 공공기관에 어떤 식으로든 글을 쓴 반면, STEM 졸업생의 경우 그 비율은 30.1퍼센트다. 학부 졸업생으로서 학생들은 대체로 사회문화적 배경이 비슷하기 때문에 이는 다른 특성이 정치 참여의 차이를 설명해야 한다는 점을 시사한다.

물론 학생들이 인문학이나 STEM 전공을 스스로 선택했기 때문에 이 자료들은 그들이 받은 교육의 효과를 반영한다기보다 단지 그 학생

---

4) 이 단락과 다음 단락에 나오는 자료들에 관해서는 Danielle Allen, *Education and Equality*(Chicago: University of Chicago Press, 2016), pp.43-46을 참조할 것.

들의 기본 특징을 반영하는 것일 수도 있다. 그러나 학생들이 이미 지닌 정치적 관심의 수준을 통제한 정치학자 선샤인 힐리거스(Sunshine Hillygus)의 연구에서도 같은 패턴이 등장한다. 힐리거스가 연구한 대학 졸업생들에게서 나타나는 정치 참여도의 차이는 K-12(미국교육제도)에 반영되었다. 높은 SAT(대학수능시험) 언어 점수는 정치참여 가능성의 증가와 연관되고, 높은 SAT 수학 점수는 정치 참여 가능성의 감소와 연관된다. 다시 말해 SAT 점수에 대한 사회경제적 영향은 언어나 수학 점수에서 동일한 방향으로 영향을 미치기 때문에 참여 가능성과 연관되는 이 차이, 즉 어떤 특수한 학과영역의 성취와 정치참여의 준비도 사이의 관계에 관해 우리에게 분명 무언가를 말해줄 것이다. 물론 연관 관계의 확인이 인과 관계의 증명은 말할 것도 없고 인과 관계를 확인할 수 있는 것도 아니다. 그러나 좀더 섬세한 언어구사력을 지닌 사람들이 시민 생활에 참여할 준비가 더 되어 있다는 점은 확실하다. 과학을 강조하는 교육을 받은 사람들에게서 나타나는 시민참여의 축소는 분명 아렌트가 서론에서 본 그 위험한 수동성의 한 조짐이다.

수학화나 단순한 '계산'과 같은 과학적 형태의 사유에 대한 아렌트의 비판을 고려해볼 때, 독자들은 내가 이 자료를 제시하는 태도가 반어적인 것은 아닌지 궁금해할 것이다. 그러나 이는 아렌트의 비판을 오해하는 것이다. 과학적 사고의 도구들은 강력하고 매우 가치 있다. 요점은 그것들을 버리자는 것이 아니라 그것들이 제공하는 지식을 통합해 우리 인간이 지금 무엇을 하고 있는지, 무엇을 해야 하는지 그리고 왜 그것을 하는지에 관해서 폭넓고 풍부한 대화를 하는 것이다. 과학은 안내자가 아니라 지원자다. 자신들이 무엇을 하는지 생각할 준비가 되어 있는 인간에게—목발, 도구, 가속기 같은—지원을 해준다. 초판이 나온 지 60년이 지난 지금 『인간의 조건』을 다시 읽으면서 나는 아렌트의 혜안에 가장 큰 충격을 받았다. 지난 60년 동안 과학 그리고 이와 연관된 현상인 테크노크라시(Technocracy)는 더욱 강력하게 성장했다.

내가 말하는 테크노크라시는 정치적 문제들은 경제학, 기후과학, 유전체학 등 해당 분야의 전문지식으로 무장한 정책 전문가들에 의해 결정되어야 한다는 요즘의 흔한 기대를 의미한다. 우리의 반평등주의적 경제 상황과 분열을 초래하는 정치 상황은 인간 삶의 많은 것을 탈정치화함으로써 우리가 현재 거둬들이고 있는 쓰디쓴 과실이라고 나는 생각한다. 거의 20년 동안 통찰력 있는 경제학자 대니 로드릭(Dani Rodrik, 1957-)만이 예외적으로 세계 경제의 '불가능성 정리(定理)', 다시 말해 "민주주의와 국가 주권 그리고 세계 경제통합은 상호 양립할 수 없다"는 점을 주장해왔다.[5] 그는 이 세 가지를 모두 동시에 이루기는 불가능하다고 주장한다. 그러나 경제-정책의 입안자들은 20년 동안 마치 여기에 비극적 선택은 없는 것처럼, 성장의 문제는 순전히 테크노크라시의 문제이며 올바른 조세 정책이나 시장 제도를 통해 관리할 수 있는 것처럼 일을 처리해왔다. 핵심적이고 근본적인 정치적 질문들을 인식하고, 시민들에게 판단력을 교육하고 계발하는 프로젝트를 추구하는 방식으로 여러 정치적 질문에 대처하지 않았다. 정책 입안자들은 2008년 경제 대침체로 충격을 받게 되며, 그로부터 채 10년이 가기도 전에 ─ 겉보기에만 안정적인 것으로 드러난 ─ 기존 정치환경을 뒤집어엎는 포퓰리즘의 쓰나미로 다시 한번 충격을 받는다.

기후 변화의 정치를 다루면서 우리가 경험한 힘겨운 투쟁은 분명 과학과 정치적 사고 간의 이상한 교착 관계의 산물이다. 이런 교착 관계는 과학이 자신의 역할이 안내가 아니라 보조와 지원이라는 점을 인정하지 않기 때문이고 정치적 사고는 과학 자체의 가치를 인정하지 않기 때문에 생긴다. 나는 아렌트가 이런 이슈에 대한 우리의 수동성 또는

---

5) 로드릭의 블로그 게시물 "세계 경제의 피할 수 없는 3중 딜레마"(*Dani Rodrik's weblog*, June 27, 2007, http://rodrik.typepad.com/dani_rodriks_weblog/2007/06/the-inescapable.html)에서 나오는 이 인용문은 로드릭의 책 *The Globalization Paradox*(New York: Norton, 2012)의 주장을 요약한 것이다.

정체된 상태에 전혀 놀라지 않았을 것이라 확신한다. 반대로 테크노크라시와 기술 관료 본인들이 계속해서 정치에 놀라고 있다. 우리의 정책 입안자들이 정치의 폭발적 분출에 놀란다는 사실은 우리가 무엇을 하고 있는지 생각하고 우리가 우리의 세계를 다시 정치화하는 법을 배울 때까지는 여전히 위험하고 나쁜 영향을 줄 것이다. 나는 과학을 권좌에서 퇴위시킨다는 희망으로 이 말을 하지 않는다. 우리는 과학에 의한 놀라운 인간잠재력의 실현을 축하할 수 있고 또 축하해야만 하기 때문이다. 그러나 나는 과학을 정치적 사유와 재결합하고, 계산과 알고리즘 지능을 판단과 재결합해야 할 시간이 왔다고 생각한다. 바로 이것이 아렌트가 몇십 년 전에 우리에게 요청했던 일이고, 이 요청은 내가 생각하기에 더욱 시급해졌다.

탈정치화는 분열과 불평등으로 이어진다는 주장은 분명 우리의 직관에 반한다고 말할 수도 있다. 실제로, 『인간의 조건』이 우리에게 짊어지게 하는 무거운 짐은 왜 정치화가 좋은 일인지를 인식시켜준다는 것에 있다.

『인간의 조건』에서 아렌트는 잘 알려진 바와 같이 노동, 작업, 행위라는 세 가지 핵심적 인간 활동의 내용과 의미에 관해 자세히 설명한다. 노동은 우리가 생물학적 필요에서 수행하는 것, 달리 표현하면 우리가 먹기 위해 하는 일을 말한다. 거기에는 성적 재생산과 자녀 양육에 헌신하는 에너지를 모두 포함한다. 작업은 창조적인 노력을 말한다. 물리적이든 문화적이든 사물을 만들고 우리의 세계를 빚어내고 다른 사람들과의 사회적 관계를 정착시키는 창의적인 노력에서 수행하는 일을 말한다. 노동과 작업은 서로 겹치는데, 우리가 맺은 낭만적인 관계가 우리의 사회적 기술의 산물이며 우리가 생물학적 재생산을 추구하는 맥락을 창조해내기 때문이다. 마지막으로 다원적인 다원성의 조건에서 우리 정치적 조직체의 행위 과정에 관한 집단적 결정에 도달하기 위해 분투하는 정치적 존재로서 우리가 함께 경주하는 노력을 행위라고 한다.

　아렌트는 이 세 가지―노동, 작업, 행위―인간의 '활동'이 우리가 서 있는 공간에서의 거리를 어떻게 줄일 수 있는지 보여준다. 이 활동들은 우리의 다원성 또는 차이를 생산적 참여로 전환하는 세계를 함께 만들어갈 기회를 우리에게 제공한다. 우리가 서로에게 거주할 수 없고 차가운 방의 네 모퉁이에서 무장한 이방인으로서가 아니라 서로에게 보이고 서로를 알 수 있게 만든다. 세 번째 '활동'인 행위는 정치적 영역에 속하는데, 아렌트는 종종 다른 인간들의 활동에서 행위를 구출하는 것에만 집중하는 것처럼 보인다고 해석하기도 했다. 그러나 실제로 정치적인 것과 정치화를 구출하는 것은 그보다 더 복잡한 일이다. 노동과 작업 역시 과학적 분석이―그것이 경제학자의 분석이든 엔지니어나 컴퓨터 과학자의 분석이든―깨부수고 축소했던 범주들이다. 우리가 지금 자동화로 인해 목적에 관한 그 어떤 감각도 없이 살아갈 것을 걱정하는 것과 똑같이 아렌트의 동시대인들도 같은 걱정을 했다.

　아렌트의 책에서 근본적이고 서로 연관된 세 가지 인간 활동을 광범위하게 구조함으로써, 정치도 구조된다. 아렌트의 기획은 노동, 작업, 행위를 서로 분리하는 것이 아니다. 그들을 구별함으로써 그들의 상호작용과 더욱 중요하게는 각각의 활동을 다른 활동들과 함께 분명히 표현하는 것이다. 그렇게 하면서 아렌트는 노동, 작업, 행위를 사람들의 서로 다른 범주들로 각각 배치해왔던 수 세기 동안의 전통을 뒤집는다. 그 대신 아렌트는 이 세 영역이 모든 인간과 관련된 것이라 주장한다. 정치의 과제는 이 세 활동이 우리 각자의 삶에서 서로 관계를 맺는 조건을 규정하는 것이다. 정치의 부활은 각각의 민주 시민 또는 시민 대리인의 능력을 회복시켜 인간적 경험의 상황을―노동과 작업의 기회와 관련해 그들에게 무엇이 가능한지―진단하고 이런 상황에 대응할 수 있는 정치적 작업을 지속하게 하는 것이다.

　자연과학이든 사회과학이든 삶은 과학보다 더 빠르게 움직인다. 공장이 문을 닫는다. 사람들은 일자리를 잃고 우울증으로 고통받는다. 사람들은 죽음을 맞기도 하고 오랜 세월 동안 감옥에 가기도 한다. 이로 인해 사회과학자들은 가설을 세우고, 자료를 수집하고, 실험한다. 입증하거나 입증하지 못하기를 되풀이한다. 그렇게 계속된다. 우리가—대규모 투옥 또는 세계화로 인한 경제 붕괴 또는 기후 변화 같은—너무나 곤란한 사회 문제에 부딪히면 우리는 이해의 보폭을 더 넓혀야 한다, 우리는 우리가 무엇을 하고 있는지 생각하기 위해 사유할 수 있는 모든 도구를 사용해야 한다. 나는 분별 있고 인식하고 배우고 일을 처리하고 느끼는 존재로서 과학이 완벽하게 설명서를 만들어 제공하기 전에 판단할 수 있다. 당신도 그렇게 할 수 있으며, 그렇게 우리는 어떤 일이 행해져야 할지를 결정하는 방법에 관해 논쟁하고, 거기서 나온 서로 다른 판단을 토론할 수 있다. 우리가 무엇을 하고 있는지 생각한다는 것의 의미가 바로 이것이다.

물론 할 수 있다면, 우리는 우리의 판단을 상세히 설명하고 엄격한 과학적 또는 사회과학적 연구를 통해 입증할 수 있다. 그러나 과학은 현실을 따라잡을 수 없으며 우리가 무엇을 해야 하는 말해주지 않는다. 여기서 중요한 것은 과학이 이런 한계가 있다는 것이다. 우리는 현재 살아 있는 생생한 현실을 이해할 수 있는 다른 도구들로 과학을 보완해야 한다. 아렌트는 우리가 무엇을 해야 하는지 과학보다 더 많이 말해주지 않는다. 그 대신 그녀는 사유의 도구들과 사유가 만드는 활동, 즉 노동, 작업, 행위의 도구들을 우리에게 되돌려주려고 한다. 이 선물들을 내밀고 정치적 사유의 모델을 만들면서『인간의 조건』은 우리 시대에 꼭 필요한 치료책을 제공한다.

2018년
대니엘 앨런

1998년 개정판 서문

"인간의 창조와 함께 시작의 원리도 세상에 존재하게 되었다.
⋯⋯예상할 수 없는 새로운 것이 시작된다는 것은
시작의 본질에 속하는 성격이다."(『인간의 조건』, p.276)

1

아렌트는 분명 시작의 이론가다. 그녀의 모든 책은 (전체주의의 새로운 공포와 관련된 것이든 아니면 새로운 혁명의 여명과 관련된 것이든) 예기치 못한 것에 관한 이야기들이며 무엇인가 새로운 것을 시작할 수 있는 인간 역량에 관한 성찰이다. 이것들은 그녀의 사상에 스며들어 있다. 아렌트는 1959년 『인간의 조건』을 출간하면서 그녀 자신도 예기치 못한 무엇인가를 세상에 내보냈다. 그리고 40년 후에도 이 책의 독창성은 여전히 두드러진다. 그 어떤 장르에도 속하지 않는 이 책을 성공적으로 모방한 사람도 없고, 문체와 방식도 여전히 매우 독특하다. 비록 아렌트가 제자를 모으거나 사상의 학파를 세우려 노력하지는 않았지만, 그녀는 독자들로 하여금 세계와 인간사를 바라보는 새로운 방식에 눈뜰 수 있게 한 위대한 교육자였다. 그녀가 소홀히 다루어진 경험의 구석구석을 해명하는 방식은 종종 새로운 구별을 시도하는 것이다. 그 구별들 중 많은 것은, 관습적 이원론이 마치 그녀의 지성적 상상력을 너무나 제한하는 것처럼, 삼중적이다. 『인간의 조건』에는 구별이 잔뜩 들어 있다. 노동·작업·행위의 구별. 권력·폭력·힘의 구별. 지구와 세계의 구별. 소유와 부의 구별. 그리고 그 밖의 많은 것들이 종종 어원학적 설명에 의해 규명된다. 그러나 이러한 구별들은 현대의 상투적인 말에 이의를 제기하는 보다 논쟁적인 방식과 결합되어 있다. (확실히 이 책에서 가장 예기치 못한 특성이라고 할 수 있는데) 그녀는 우리가 당연시하는 사고와 행동 방식을 비판적으로 바라볼 수 있는 아르키메데스적 점을 고대 그리스에서 발견하기 때문이다. 2,500년 전에 살았던 사람들의 경험에서 중요한 교훈을 얻을 수 있을지도 모른다는 그녀의 조용한 추정 자체는 진보에 대한 현대적 믿음에 이의를 제기한다. 『인간의 조건』에서 다루는 문제를 이해하기 힘들다고 생각하는 많은 독자가 느끼는 어리둥절함은 그리스인들에 대한 지속적인 언급으로 배가된다. 확실히 자리 잡은 그 어떤 패턴도 따르지 않는 이 길고 복잡한 글쓰기 작품은, 예기치 못한 통찰들로 가득하지만 분명하고 명백한 논증적 구조는 결여되어 있다. 그러므로 서론의 방식으로 제기해야 할 가장 긴박한 물음은 다음과 같다. 아렌트는 실제로 무엇을 하고 있는 것인가?

책이 어렵지만 그런데도 매력이 있다는 것은 모두 그녀가 대단히 많은 일을 동시에 하고 있다는 사실에서 기인한다. 처음 읽어보면 쫓아갈 수 있는 것보다 훨씬 많은 사상의 가닥들이 뒤엉켜 있지만, 반복해서 읽으면 놀랄 만하다. 그렇지만 그녀는 결코 관습적으로 이해된 방식으로 정치철학을 쓰지 않는다. 다시 말해서 철학적 논증들로 뒷받침된 정치적 처방을 제공하는 일은 하지 않는다. 그런 장르에 익숙한 독자들은 인간의 행위능력에 관한 아렌트의 설명을 강조함으로써 『인간의 조건』에서 그와 같은 것을 발견하려고 애쓴다. 이 책에는 현대사회에 대한 비판이 가미되었기 때문에 그녀가 정치적 행위의 유토피아, 즉 일종의 새로운 아테네를 제시하려는 의도를 가졌다고 추정하고 싶은 유혹을 느낄 것이다. 이러한 캐리커처가 전적으로 근거 없지는 않다.

아렌트는 확실히 참여 민주주의에 끌렸다. 그녀는 베트남 전쟁을 반대하는 미국인들의 시위부터 단명한 1956년 헝가리 혁명 동안의 풀뿌리 시민 '의회'의 형성에 이르기까지 시민 활동의 발생에 대한 열광적 관찰자였다. 행위할 수 있는 능력이 있을 법하지 않은 상황에서조차 늘 존재한다는 사실을 우리에게 상기시키는 것은 확실히 그녀의 여러 목적 중 하나다. 정치적 사상가로서 그녀의 역할이 미래를 위한 청사진을 제공하거나 모든 이에게 무엇을 해야 할지를 말해주는 것이라는 점을 그녀는 단호하게 부정한다. '정치철학자'라는 칭호를 거부하면서 그녀는 플라톤 이래 모든 정치철학자들이 저지른 실수는 정치의 근본조건을 무시한 것이었다고 주장한다. 정치는 복수의 사람들 사이에서 이루어지며, 그들 누구나 행위를 할 수 있고 무엇인가 새로운 것을 시작할 수 있다는 것이 정치의 근본조건이다. 이런 상호작용에서 발생하는 결과들은 우연적이고 예측할 수 없으며, "다수가 동의해야 하고 정치적으로 해결해야 할 실천적 문제들이지 결코 이론적으로 고찰하거나 한 사람의 의견으로 해결될 문제들이 아니다."

그렇다면 정치철학이 아니다. 정말이지 이 책의 상당량은 표면적으로는 정치에 관한 것처럼 보이지 않는다. 노동과 작업에 관한, 그리고 현대 과학과 경제적 성장의 함의에 관한 긴 분석들은 정치 자체보다는 정치를 위한 배경과 관련이 있다. 행위에 관한 논의조차 특별히 정치적인 행위와는 부분적으로만 관계가 있다. 이 책이 출간되고 얼마 안 되어 아렌트는 스스로 『인간의 조건』을 그녀가 계획했지만 이 책은 (완성되지 않은) 정치이론에 관한 훨씬 더 체계적인 저작을 위한 "일종의 입문"이라고 기술했다. "핵심적인 정치적 활동이 행위이기" 때문에 노동이나 작업처럼 행위와 혼동되는 "다른 인간활동들과 행위를 분리하는"[1] 예비적 명료화 작업을 수행할 필요가 있다고 그녀는 설명했다.

---

1) 『인간의 조건』이 출간된 후 아마 1959년에, 록펠러 재단에 제출된 연구 제안서. Correspondence with the Rockefeller Foundation, Library of Congress MSS Box 20, p.013872.

그리고 이 책의 가장 명백한 조직 원리는 인간의 조건을 위한 근본적인 세 가지 활동 형식에 관한 현상학적 분석에 있다. 동물로서의 인간의 생물학적 삶에 부합하는 노동, 인간이 지상에 건립하는 대상들의 인공 세계에 부합하는 작업 그리고 별개의 개인으로서 우리의 다원성에 부합하는 행위. 아렌트는 이 구별들과 (그 안에 함축된 활동들의 위계질서가) 철학 및 종교적 우선권에 의해 형성된 지적 전통 내에서 무시되었다고 주장한다. 그렇지만 이 책에는 현상학적 분석 이상의 것이 상당히 많다. 또한 인간활동에 관한 전통적 정치철학의 잘못된 서술에 대한 아렌트의 비판보다 훨씬 더 많은 것을 함축하고 있다. 왜냐하면 그러한 관심사들이 현대 사건에 대한 그녀의 대응에 의해 틀이 짜였기 때문이다. 그녀가 서론에서 "오직 우리가 행하는 것을 사유하겠다"는 제안을 밝혔을 때 그녀가 마음먹은 것은 인간활동에 관한 일반적 분석이 아니라 "우리가 가장 최근에 겪은 경험과 공포를 고려하여 인간의 조건을 다시 사유하는 것"이라는 점을 분명히 하고 있다. 그렇다면 어떤 경험과 공포인가?

2

서론은 새롭게 시작할 수 있는 인간 역량을 드러내는 사건들 중의 하나에 관한 반성으로 시작한다. 1957년 첫 번째 우주위성의 발사. 아렌트는 이를 "다른 사건의 중요성, 심지어 핵분열에도 뒤지지 않는 사건"으로 기술한다. 그녀가 이 책 작업을 하고 있을 때 일어난 1956년 헝가리 혁명과 마찬가지로 예측하지 못한 이 사건은 그녀의 생각들을 재조정하게 했지만, 동시에 이미 이루어진 관찰이 옳다는 것을 입증했다. 인간의 힘을 보여준 이 놀라운 사건에 모든 사람이 자부심이나 외경심을 갖고 환영하지는 않았다. 오히려 아렌트는 인류가 지구로부터 벗어날 수도 있다는 신호로 생각했다고 말하면서 "이제까지 주어졌던 인간실존에 대한 이 반란"은 이미 얼마 전부터 진행 중이었다고 지적한다. 지구에서 하늘로 탈출함으로써, 그리고 핵 기술 같은 대규모 사업을 통해 인간은 자연적 한계에 성공적으로 도전하고 있으며, 현대 과학이 공공 토론에 쉽게 접근할 수 없기 때문에 정치적 문제들을 제기하는 것은 훨씬 더 어려워졌다.

아렌트의 서론은 이 주제에서 "마찬가지로 위협적인 다른 사건으로" 옮겨간다. 이 사건은 언뜻 보기에는 이상하게도 서로 연관성이 없는 것처럼 보인다. 자동화의 출현. 우리를 힘든 노동의 짐에서 해방시키면서 자동화는 "노동자의 사회"에서 실업을 야기한다. 이 사회에서 모든 직업은 생계의 방법으로 여겨진다. 이 책이 진행되면서 인간활동에 관한 현상학적 분석의 틀은 짜여지고, 명백하게 연관이 없는 이 두 주제들 사이의 변증법적 대비가 점진적으로 전개된다. 한편으로 우주 시대의 여명은 인간이 그야말로 자연을 초월한다는 사실을 보여준다. 현대과학이 "지구로부터 소외된" 결과, 새로운 일을 시작할 수 있는 인간 역량은 모든 자연적 한계들에 의문을 제기하고 미래를 놀라울 만큼 열어놓는다. 다른 한편, 아렌트가 "세계로부터의 소외에" 이르기까지 추적한 발전 과정에서 점점 더 효과적인 생산과 소비에 몰두하는 현대의 자동화 사회는 우리로 하여금 자연 법칙에 의해 지배받는 동물 종처럼 단순하게 행동하고 생각하도록 만든다.

자신의 역량과 책임을 의식하지 못하는 인간 동물은 지구를 위협할 수 있는 힘을 떠맡기에 적절하지 않다. 이러한 결합은 전체주의에 관한 아렌트의 초기 분석에도 가득하다. 전체주의는 신념들의 모순적 결합이 추진한 허무주의적 과정으로 서술된다. 한편에는 "모든 것이 가능하다"는 신념이 있고, 다른 한편에는 인간은 자연이나 역사 법칙의 지배를 받지만 이 자연과 역사를 위해서는 전적으로 없어도 되는 동물 종에 지나지 않는다는 신념이 있다. 이러한 생각의 반향은 놀랍지 않다. 왜냐하면 『인간의 조건』은 본래 전체주의에 관한 아렌트의 작업과 연결되어 있기 때문이다. 두 저서는 함께 현재의 인간이 겪고 있는 곤경에 대해 굉장히 독창적이고 매력적인 진단을 담고 있다.

이 책은 아렌트가 1956년 4월 시카고 대학교에서 진행한 월그린(Charles R. Walgreen) 재단 강연들에서 발전한 것이다. 이 강연들은 "마르크스주의 내의 전체주의적 요소"에 관한 훨씬 더 방대한 프로젝트에서 나온 결과물들이다. 나치의 반유대주의와 인종주의의 선행 사건들을 상당 부분 다루고 있지만 스탈린의 살인적인 계급투쟁관의 마르크스주의적 배경은 전혀 다루지 않은 『전체주의의 기원』(*The Origins of Totalitariauism*)을 끝낸 뒤 아렌트는 이 프로젝트에 착수했다. 원래 그녀의 새로운 대규모 기획은 마르크스 이론의 어떤 특징들이 이러한 재앙에 기여했는가를 고찰하는 것이었다. 막상 시작해보니 그녀의 대대적인 조사는 너무나 방대하고 숨은 문제점이 많아서 마르크스 책은 집필되지 않았다. 그러나 이와 연관된 일련의 많은 사상이 『인간의 조건』으로 흘러들어왔다. 마르크스가, 아렌트가 작업과 노동으로 서로 부른 다른 인간활동들을 혼합했다는 면에서 정치적 행위를 치명적으로 오해했다는 결론이 특히 그렇다.

정치적 행위를 무엇을 만드는 것으로 이해하는 것은 아렌트의 견해로는 위험한 오류다. 그녀가 작업으로 명명한 활동인 '만드는 것'은 공예가가 원료를 강제로 자신의 모형에 맞추는 일이다. 원료는 이 과정에서 발언권이 없다. 또한 사람은 새로운 사회를 만들거나 역사에 남을 일을 행하기 위한 원료로 주조되지 않는다.[2] 자신의 역사를 만드는 '사람'에 관한 이야기는 오해의 소지가 있다. 왜냐하면 (아렌트가 끊임없이 우리에게 상기시키는 것처럼) 그런 인격은 없기 때문이다. "지구

---

2) 볼셰비키 혁명을 찬탄하는 무솔리니의 언급은 아렌트의 관점을 분명히 보여준다. "다른 사람들이 대리석이나 금속으로 작업하는 것처럼 레닌은 사람을 갖고 작업한 예술가다." Alan Bullock, *Hitler and Stalin: Parallel Lives*, London: Fontana Press, 1993, p.374에서 인용.

위에 살고 세계에 거주하는 것은 사람들이지 사람이 아니다." 정치를 '만드는 것'으로 생각하는 것은 이론상으로는 인간의 다원성을 무시하는 일이고, 실천적으로는 개인들을 강제하는 것이다. 그렇기는 하지만 아렌트는 마르크스가 정치에 대한 특별한 오해를 서구 정치사상의 위대한 전통으로부터 물려받았다고 생각했다. 플라톤이 아테네 민주주의에 등을 돌리고 이상적 도시국가를 위한 계획에 착수한 이래 정치철학자들은 인간의 가장 핵심적인 정치적 특성들을 체계적으로 무시하는 방식으로 정치에 관한 글을 써왔다. 즉 인간은 다수이고, 인간은 누구나 새로운 관점과 행위능력을 갖고 있으며, 이러한 정치적 역량들이 파괴되지 않는 한 그들은 깔끔하고 예측할 수 있는 모형에 맞지 않는다는 사실을 무시했던 것이다. 『인간의 조건』에서 아렌트의 주요 목적 중 하나는 이 도외시된 인간 역량들을 되찾고 해명함으로써 정치철학의 전체 전통에 이의를 제기하는 것이다.

그러나 정치철학 비판만이 마르크스에 관한 그녀의 성찰에서 유래하는 이 책의 대주제는 아니다. 비록 마르크스가 솜씨 좋은 용어를 사용하면서 만드는 것을 말하고 있기는 하지만 실제로는 동물의 삶, 즉 노동에 훨씬 가까운 생산과 소비의 관점에서 역사를 이해했다고 아렌트는 주장한다. 인간의 역사를 예측할 수 있는 과정으로 파악하는 그의 시각은 유일무이하고 사멸적인 개인들의 이야기가 아니라 특정 종(種)의 집단적 생명-과정의 이야기다. 이 과정이 혁명을 통해 자유의 영역, 으로 이어질 수 있다는 마르크스의 추정은 잘못되었다고 아렌트는 생각했지만, 그녀는 생산과 소비에 전념하고 가차 없이 자신의 길을 가는 인간 종의 집단적 삶 속에 깊이 감춰져 있는 개인성에 관한 마르크스의 서술에는 매우 놀랐다. 그녀는 이것이 현대사회의 특성을, 즉 경제적 관심이 정치와 인간의 자의식을 모두 지배한다는 특성을 드러내는 서술이라고 생각했다. 따라서 인간활동에 관한 아렌트의 현상학과 뒤얽혀 있는 두 번째 대주제는 '노동자 사회'의 부상에 관한 그녀의 설명이다.

'사회적인 것'이라는 주제는 이 책에서 가장 이해하기 힘들고 논쟁적인 측면들 중의 하나로 남아 있다. 많은 독자는 사회적 관심에 대한 아렌트의 경멸 투의 언급들을 공격했고, 아렌트가 현대사회의 순응주의적 물질주의를 비판하면서 영웅적 행위의 삶을 권장하려 한다고 추측했다. 그러나 이렇게 읽으면 이 책의 복합적인 측면을 놓친다. 왜냐하면 이 책의 다른 핵심주제는, 현대사회를 생기게 한 바로 그 과정을 포함해서, 행위자의 통제를 넘어서는 새로운 과정을 시작하는 행위의 **위험**에 관한 것이기 때문이다. 인간의 조건에 관한 아렌트의 분석에서 핵심적인 것은 오래 지속되는 인간세계의 문명화된 실존을 위해 필수적인 것이다. 인간세계는 자연의 과정으로부터 우리를 보호하고 우리의 사멸적 생명을 위한 안정적 환경을 제공하기 위해 지상에 건립되었다. 사람들이 둘러앉은 식탁처럼 세계는 "사람들을 관계시키고 동시에 분리시킨다." 다른 관점에서 세상을 바라보는 타인들과 인간세계를 공유하는 경험만이 우리로 하여금 현실을 둘러보고 또 공유된 공통감각을 발전시킬 수 있게 만든다. 그것이 없다면 우리는 각자 우리의 느낌, 욕구, 욕망만이 현실성을 갖는 주관적 경험에 내맡겨진다.

최근 몇 세기 동안 인간세계에 대한 가장 주요한 위협은 (마르크스가 지적한 것처럼) 모든 안정성을 파괴하고 모든 것을 움직이게 만든 경제적 현대화였다. 이 변화를 피할 수 없는 역사적 과정의 일부라고 생각한 마르크스와는 달리, 아렌트는 그것을 우연적인 인간행위의 비의도적 효과로까지 추적한다. 특히 종교개혁 과정에서 수행된 교회 재산과 소작농 재산의 대규모 몰수를 추적한다. 왜냐하면 재산은 (세대를 거쳐 세습되는 토지에 대한 권리라는 의미에서) 소유주에게 그 안정성의 유지에 대한 관심을 부여함으로써 문명사회를 유지하는 주요한 보루였기 때문이다. 16세기의 재산몰수로 시작한 대변화는 이중적이었다. 하나는, 세계의 안정에 관심을 갖고 있던 소작농들이 신체적 욕구를 충족하기 위한 노력에 몰두하는 날품팔이 노동자로 바뀌었다는 점이다. 다른 하나는, 안정 재산이 유동적 부, 즉 마르크스가 매우 잘 기술한 역동적 효과를 가진 자본으로 전환되었다는 점이다. 사람들은 자신들이 오래가도록 만들어진 물건의 안정적 세계에 거주하는 대신 가속화된 생산과 소비의 과정 속에 빠져들었다는 사실을 발견했다.

아렌트가 자동화의 함의를 성찰할 때까지 생산과 소비의 과정은 자연적 욕구를 만족시키는 수준을 훨씬 넘어섰다. 관련된 여러 활동과 방법 그리고 소비재는 정말 모두 대단히 인공적이었다. 그러나 그녀는 이 현대적 인공성이 예전의 문명들이 거주했던 안정적이고 세계적인 인공물과는 매우 다르다고 지적한다. 물건, 가구, 주택들은 그 자체로 소비품목이 되었다. 반면 자동 생산과정들은 인간이 적응해야만 하는 유사-자연적 리듬을 띠게 되었다. 그녀는 이렇게 말한다. "이것은 마치 세계의 한복판에서 진행되는 생물학적 과정이자 세계를 둘러싼 순환적 자연과정이라는 이중적 의미의 자연으로부터, 사람의 손으로 만든 구조물인 세계를 보호하고 분리하는 경계선을 우리가 억지로 무너뜨려서 항상 위협받는 세계의 안정성을 자연에 내맡기고 포기하는 것과 마찬가지다"(이 책, 218쪽). 『인간의 조건』의 다른 부분에서 그녀는 "자연적인 것의 비자연적 성장" 또는 "생명과정의 해방"이 일어나는 것을 기술한다. 왜냐하면 현대화는 생산과 소비와 번식을 증대시키고 또 과거 어느 때보다 더 많이 생산하고 소비하는 엄청나게 확장된 인류를 생기게 하는 데 대단히 탁월한 것으로 판명되었기 때문이다. 이런 경제적 관심사들이 (이전의 모든 문명에서 그랬던 것처럼 가계의 사생활 속으로 감춰지는 대신) 공공의 관심과 공동 정책의 핵심이 된 이후, 세계의 대대적인 파괴 그리고 스스로를 소비욕망의 관점에서 생각하려는 경향의 증가가 우리가 치러야 할 비용이라는 것이 그녀의 주장이다.

그렇지만 그녀의 논증은 우리 모두가 노동에 몰입된 상태에서 간신히 벗어나 행위를 해야 하는 것임을 암시하지 않는다. 노동행위의 현대적 패권은 인간이 행위하는 것, 즉 새로운 시작을 하거나 새로운 과정을 개시하는 것을 중단했다는 것을 의미하지 않는다. 과학과 기술이 '자연 속으로의 행위'의 각축장이 되었다는 것을 의미한다. 사람들이 스스로를 동물 종으로 생각하는 경향이 점점 더 커졌을 때 동시에 그 한계를 초월하는 그들의 능력이 과학적 발명에 의해 극적으로 드러났다. 왜냐하면 노동자들이 고통을 받는 '세계소외'의 대응상대는 과학자들 사이에 퍼져 있는 '지구소외'다. 아르키메데스는 오래전에 만약 자신이 서 있을 수 있는 장소를 발견했다면 지구를 움직일 수 있을 것이라고 선언했다. 반면, 아렌트는 (갈릴레오 시대부터 현재의 우주 기술자와 핵 과학자에 이르기까지) 사람들이 지구를 우주의 관점에서 바라볼 수 있는 방법을 발견했고 또 (새로운 시작을 할 수 있는 인간 특권을 행사함으로써) 생명의 미래 자체를 위협할 수 있는 지점에 이르기까지 자연의 한계에 도전했다고 주장한다. 현재의 곤경에 대한 그녀의 진단에 따르면, (불가해한 결과를 갖고 있는 과정들을 방출하는) 프로메테우스적 힘들은, 소비에 너무나 빠져 있어 인간세계에 대한 책임을 맡을 수 없거나 인간의 정치적 역량을 이해할 수 없는 사회에서 실행된다. 그녀는 서론에서 (그 자체 공통의 인간세계의 상실과 연관된) '생각 없음'이 "우리 시대의 가장 두드러진 특징 중 하나"라고 말한다. 그녀가 큰 소리로 사유하는 목표는 분명 다른 사람들에게서 사유를 불러일으키는 것이었다.

3

아렌트의 목적이 사유와 토론을 유발하는 데 있었다면 그녀는 확실히 성공했다. 그녀의 많은 저작처럼 『인간의 조건』은 격렬한 논쟁의 대상이었다. 이 작품만큼 몇 사람은 천재의 작품으로 간주하고 다른 사람들은 논박할 가치도 없다고 간주하는 엇갈린 평가를 받은 현대 정치이론서는 거의 없다. 많은 학자는 이 책의 정통적이지 않은 양식에 몹시화를 냈다. 주류 논쟁들에 주의를 기울이지 않으면서 아렌트는 자신만의 용어를 정의하지도 않고 또 관습적 논증을 사용하지도 않고 분석을 시작한다. 또한 이 책에 관한 정치적 논란도 급속도로 번졌다. 노동하는 동물(*animal laborans*)에 관한 논의와 사회적 관심에 대한 분석으로 아렌트는 대다수의 좌파에게도 인기를 잃었다. 그러나 행위에 관한 그녀의 설명은, 몇몇 시민권 운동가와 철의 장막 뒤의 사람들을 포함한, 다른 급진주의자들에게 희망의 메시지와 격려를 주었다. 1960년대 학생운동 시기에는 『인간의 조건』이 참여 민주주의의 교본으로 취급되었다. 이 운동과 연계됨으로써 거꾸로 이 책의 비판은 낯설어졌다.

아렌트의 사상이 (젠더에 관한 관심, 그녀의 인종과 하이데거와의 애정관계에 관한 관심처럼 그녀 자체로 기꺼이 받아들여지지는 않았을 것이라는 이유에서) 큰 관심을 불러일으킨 최근에는 이 책의 중요성은 광범위하게 인정받고 있지만, 그 의미는 여전히 논쟁거리로 남아 있다. 이처럼 서로 가닥이 뒤엉킨 복잡성 때문에 이 책은 다양하게 읽을 수 있는 여지가 많이 있다. 아리스토텔레스주의자, 현상학자, 하버마스주의자, 포스트모더니스트, 페미니스트 그리고 다른 많은 사람은 이 풍부한 직물의 다양한 가닥에서 영감을 얻었다. 출간 이후 40년이라는 기간은 책의 지속적인 중요성을 평가하기엔 충분하지 않다. 만약 우리가 이렇게 복잡한 책으로부터 하나의 핵심주제를 뽑아낸다면, 그 주제는 정치의 치명적 중요성을 상기시키고, 우리의 정치적 역량과 그것들이 제공하는 위험과 기회들에 관한 올바른 이해를 상기시키는 것임에 틀림없다.

인간의 조건에 관한 아렌트의 설명은 인간이 일을 시작하고 일련의 사건을 출발시킨다는 의미에서, 행위하는 피조물이라는 사실을 상기시킨다. 이것은 우리가 그 함의를 이해하든 이해하지 못하든 계속 행하고 있는 그 무엇이다. 그 결과 인간세계와 지구 자체는 모두 우리가 자초한 재앙에 의해 완전히 파괴되어왔다. 그녀가 (17세기부터 20세기 초까지) ‘현대’라고 명명한 것을 바라보면서, 그녀는 하나의 모순적 상황을 진단한다. 즉 급진적 경제과정이 인간행위에 의해 시작된 반면 이와 관련 있는 사람들은 점차 자신이 사회경제적 힘의 조류 위에 떠 있는 속수무책의 표류자라고 생각했다. 두 추세는 전통적으로 가계를 위한 사적인 일이었던 경제 활동에 공공의 관심이 새롭게 집중되는 현상과 연관된다고 그녀는 믿는다.

그러나 서론에서 그녀는 자신이 책에서 다루고 있는 ‘현대’는 이제 지나갔다고 말한다. 왜냐하면 핵 기술의 도래는 인간과 자연 거주지 사이의 오랜 상호작용 과정에서 “이제까지 알려지지 않은 새로운 시대”를 시작했기 때문이다. 만약 그녀가 오늘날 살아 있다면, 권력과 무력감이라는 익숙한 주제의 새로운 변주를 지적했을 것이다. 권력과 무력감은 이제까지 사적 영역에 은폐되어 있던 자연적 기능이 공적 영역에서 모습을 드러내는 것과 관계가 있다. 한편으로, 자연의 굴레를 터뜨리는 새로운 과정을 시작할 수 있는 힘을 가진 유전공학의 도래는 인간의 초월과 그녀가 “주어진 것대로의 인간실존에 저항하는 반란”으로 명명한 것을 뚜렷이 확인시켜준다. 다른 한편으로, 스스로를 동물로 생각하는 우리의 자기이해는 생산뿐만 아니라 재생산에 예기치 않은 압박을 가한다. 최근에서야 공론장에서 허용된 성 문제들은 급속도로 다른 주제들을 공적 담론으로부터 밀쳐내는 것처럼 보인다. 반면, 신-다윈주의 과학자들은 우리에 관한 모든 것이 유전자에 의해 결정된다고 믿으라면서 우리를 부추긴다.

권력과 책임 사이의 간격이 한층 더 벌어진 것처럼 보이기 때문에 그녀가 인간행위 능력을 상기시키는 것과 “우리가 행하는 것을 사유하려는” 그녀의 시도는 특히 시의적절하다. 그렇지만 우리는 그녀가 말하는 것을 주의 깊게 들을 필요가 있다. 왜냐하면 우리는 그녀의 메시지를 너무 쉽게, 무기력 상태를 떨치고 일어나 사건을 떠맡고 우리 자신의 미래를 의식적으로 만들라는 인류에 대한 호소로 오해할 수 있기 때문이다. 이런 방식으로 책임을 질 수 있는 '인류'는 없다는 것이 이 유사 마르크스주의적 시나리오가 가지는 문제점이다. 인간은 복수이고 사멸적이다. 기적적인 개방성과 절망적인 우연성 모두를 정치에 부여하는 것은 바로 이러한 인간의 조건의 특성들이다.

『인간의 조건』에서 가장 용기를 북돋워주는 메시지는 인간 탄생성과 시작의 기적을 상기시키는 것이다. 우리의 사멸성을 강조하는 하이데거와는 대조적으로 아렌트는 인간사의 믿음과 희망은 새로운 사람들이 지속적으로 세계에 태어난다는 사실에서 나온다고 주장한다. 그들 모두는 유일무이하고, 또 이전의 행위로 인해 가동된 일련의 사건들의 연쇄를 방해하거나 방향을 바꿀 수도 있는 새로운 시작의 능력을 갖고 있다. 그녀는 행위가 "기적을 만들어내는 인간의 유일한 능력"이라고 말하면서, 인간사에서 기대하지 않은 것을 기대하는 것은 매우 타당하며, 사회가 정체상태에 빠져 있거나 멈출 수 없는 과정에 처해 있는 것처럼 보일 때조차 새로운 시작들은 결코 배제될 수 없다는 점을 지적한다. 이 책이 출간된 이래 정치의 예측불가능성에 관한 그녀의 의견들은 타당성이 분명히 확인되었다. 특히 공산주의의 붕괴가 그렇다. 1989년의 혁명은 특히 아렌트적인데, 그것은 사람들이 "협력하여 행위하기" 시작할 때 어떻게 권력이 갑자기 생겨날 수 있는지를, 또 권력이 어떻게 강력한 정권에게서 예기치 않게 사라질 수 있는지를 보여주기 때문이다.

만약 그녀의 행위 분석이 어두운 시대의 희망적 메시지라면, 그것은 또한 경고를 담고 있다. 왜냐하면 행위가 갖고 있는 기적적인 예측불가능성의 이면은 그 효과를 통제할 수 없는 것이 사실이기 때문이다. 행위는 일을 움직이게 만든다. 우리는 우리의 계획들이 공공 무대에서 다른 사람들의 계획과 얽힐 때 일어날 수 있는 일을 통제하기는커녕, 자신이 시작한 계획의 효과조차 예견할 수 없다. 그러므로 행위는 심히 불만스러운 것이다. 왜냐하면 그 결과들은 행위자가 의도했던 것과는 매우 다르게 나타날 수 있기 때문이다.

플라톤 이래의 정치철학자들이 정치를 예술작품을 만드는 것으로 간주하고, 이상적 모델로 행위를 대체하려고 시도했던 것도 다수 행위자들 사이에서 이루어지는 행위의 '무계획성' 때문이다. 이상적 모델을 보고 이 모델에 맞게 자신의 신하들을 주조하는 철학자 왕을 비롯해, 모든 사람이 저자의 청사진에 부합하는 완벽한 사회를 만들려는 계획들이 연이어 정교하게 다듬어졌다. 유토피아들의 기이한 불임증은 그들 안에 그 어떤 시작의 여지와 다원성의 공간이 없다는 사실 때문에 생겨났다. 아렌트가 이런 논지를 펼친 지 이제 40년이 되었지만, 주류 정치철학은 여전히 동일한 덫에 걸려 있어, 행위와 다원성을 진지하게 받아들이지 않으려 한다. 그들이 찾고 있는 유토피아 이론은 너무나 합리적이고 설득력이 있어 아직 태어나지 않은 세대들조차도 받아들일 수밖에 없는 이론이다. 그렇게 실제의 정치무대에서 이루어지는 협상행위의 무계획적 우연성을 쓸모없는 것으로 만든다.

아렌트는 행위의 곤경에 대한 몇 가지 해결책이 있다고 말하지만, 그 범위가 제한되어 있음을 강조한다. 하나는 명백히 멈출 수 없을 것 같은 과정을 중단하거나 정치를 다른 방향으로 돌리기 위해 추가적인 행위를 할 수 있는 영구적인 가능성이다. 그러나 그것은 과거의 피해를 치유하거나 예측할 수 없는 미래를 안전하게 할 수는 없다. 용서하고 약속할 수 있는 인간의 역량만이 이 문제들을, 그것도 부분적으로만 다룰 수 있다. 현재의 많은 정치 조직체가 그런 것처럼 과거의 잘못에 대한 지루한 일련의 복수, 그것도 또 다른 복수만을 유발하는 복수에 직면했을 때 용서는 이 연쇄과정을 끊을 수 있다. 남아프리카에서 인종간에 이루어진 최근의 화해 시도들은 아렌트적 관점을 인상적으로 서술한다. 그러나 그녀가 언급한 것처럼 어느 누구도 자신을 용서할 수는 없다. 다른 사람과의 예측할 수 없는 협동만이 그럴 수 있다. 몇몇의 악은 용서를 넘어서도 존재한다. 게다가 행위에 의해 시작된 결과들의 연쇄를 끊는 이 방식은 오직 인간적인 결과들에만 효과가 있다. 핵반응을 실험하거나 종의 멸종을 야기하는 '자연 속으로의 행위'에 대해서는 용서를 통한 해결책이 없다.

새로운 여러 계획들의 예측할 수 없는 결과에 대처하는 다른 방식은 약속을 하고 그 약속을 지키는 인간의 역량이다. 자기 자신에게 한 약속들은 신뢰성이 없다. 그러나 다수의 사람들이 함께 모여 스스로 미래를 위해 의무를 떠안을 때 그들이 창조한 약속은 "불확실성의 바다" 속에 "예측가능성의 섬"을 던져놓을 수 있다. 그것은 새로운 종류의 확약을 창조하고, 그들에게 권력을 집단적으로 행사할 수 있도록 한다. 계약, 조약, 헌법들은 모두 이런 종류의 것들이다. 그것은 유엔 헌법처럼 대단히 강력하고 신뢰할 수 있는 것일 수도 있고 또는 (히틀러의 뮌헨 합의처럼) 그것이 쓰여 있는 종이만큼의 가치도 없는 것일 수도 있다. 다른 말로 표현하면, 약속은 철학자들의 상상에서 도달할 수 있는 가설적 합의와는 매우 다르게 전적으로 우연적이다.

아렌트는 행위를 높이 산 것으로 잘 알려져 있다. 특히 아테네 시민들이 공론 영역에서 동료들과 관계를 맺을 때 획득한 불멸의 명성에 관해 말한 구절이 매우 유명하다. 그러나 『인간의 조건』은 똑같은 비중으로 행위의 위험을 다룬다. 인간의 주도적 계획에 의해 시작되고 이제 통제에서 벗어나려는 무수한 과정들을 다룬다. 아렌트는 물론 우리가 무력한 동물이 아니라는 점을 상기시킨다. 우리는 그 이상의 행위를 할 수 있고, 그런 과정을 중단하기 위한 주도권을 행사할 수 있고, 합의를 통해 그것들을 통제하려는 시도를 할 수 있다. 그러나 '자연 속으로의 행위'에 의해 아무 생각 없이 시작된 과정들을 통제하는 것이 물리적으로 어렵다는 사실을 제외하더라도, 그녀는 우리에게 다원성 자체가 불러오는 정치적 문제들을 상기시킨다. 원칙적으로는 만약 우리 모두가 협력할 것을 동의한다면, 우리는 커다란 권력을 행사할 수 있다. 그러나 복수의 인격들 사이에서 동의에 이르는 것은 쉽지 않으며, 다른 행위자들의 파괴적 주도권으로부터 안전하지 않다.

새로운 천 년의 문턱에 서 있기 때문에 우리가 할 수 있는 가장 안전한 예상은 이미 시작된 과정이 지속되고 있지만 열린 미래가 인간의 무수한 주도적 계획들의 무대가 될 것이고, 그것이 현재 우리의 상상력을 넘어설 것이라는 점이다. 어쩌면 다른 예상을 하는 것이 너무 무모한 일이 아닐 수도 있다. 미래의 독자들은 『인간의 조건』에서 사상의 양식과 토론의 여지를 발견할 것이다. 이 비범한 책에서 상이한 실마리와 주제들을 집어 들고 발전시킬 것이다. 그것이 아렌트에게 더 잘 어울릴 것이다. 그녀가 자신의 삶의 마지막을 바라보면서 말한 것처럼.

"네가 쓴 무엇인가를 세계로 내보내어 그것이 공공의 것이 될 때마다, 누구나 자신의 마음이 가는 대로 그것을 다룰 수 있는 자유가 있음은 명백하다. 또 그래야만 한다. 나는 이에 대해 아무런 불만이 없다. 당신이 독립적으로 생각해온 것을 무슨 일이 있어도 장악하려 해서는 안 된다. 당신은 오히려 다른 사람들이 그 생각을 갖고 하는 일부터 배우려 해야 한다."[3]

마가렛 캐노번

---

3) Remarks to the American Society of Christian Ethics, Library of Congress MSS Box 70, 1973, p.011828.

서론

1957년 인간이 만든 지구태생의 한 물체가 우주로 발사됐다. 이 물체는 거기서 몇 주 동안 태양이나 달, 별과 같은 천체들이 회전하는 동일한 중력의 법칙에 따라 지구를 공전했다. 인간이 만든 이 위성은 달도 아니고 별도 아니었다. 다시 말해 지구의 시간에 묶여 있고 언젠가 죽을 운명의 인간에게는 영원하게 느껴질 시간 동안 궤도를 따라 움직이는, 그런 천체가 아니었다. 그런데 이 물체는 잠시 동안이나마 하늘에 머물러 있을 수 있었다. 마치 일시적으로 웅대한 천체의 일원이 된 것처럼 무수한 천체들 속에 거주하며 움직였다.

이 사건은 원자를 그 이하의 단위로 쪼갠 사건보다도 그 중요성에서 뒤지지 않았고, 아마 당시의 불편한 군사적·정치적 상황만 아니었다면 폭발적인 환영을 받았을 것이다. 그런데 매우 이상하게도 이 기쁨은 승리감에서 온 것이 아니었다. 하늘을 향해 고개를 들면 이제 자신이 만든 것을 볼 수 있던 인간의 마음을 가득 채운 것은 인간능력과 지배력이 엄청나다는 자랑도 놀라움도 아니었다. 그 순간 표현된 즉각적인 반응은 인간이 지구라는 감옥에서 탈출할 수 있는 첫걸음을 내디뎠다는 안도감이었다. 어떤 미국 기자가 내뱉은 말이지만 단지 우연한 실수로 하지는 않았을 이 이상한 진술은 20여 년 전 러시아의 탁월한 과학자 장례식에서 본 오벨리스크에 새긴 구절을 무의식중에 떠올리게 했다. "인류는 지구에 영원히 속박된 채 있지는 않을 것이다."

이런 생각은 그 당시 지극히 흔하고 평범한 것이었다. 이 느낌은 세계 도처에서 인간들이 과학적 발견과 기술발전을 따라잡고 익히는 일에 결코 느리지 않았으며 오히려 그 반대로 수십 년 앞서 있었다는 것을 보여준다. 다른 측면에서도 그렇지만 여기에서도 과학은 인간이 꿈에서나 예견했던 것을 실현하고 확증했다. 물론 이 꿈은 부질없지도 않았고 엉뚱하지도 않았다. 여기서 새로웠던 것은 이 나라의 가장 저명한 일간지가 그때까지 인기 없던 공상과학소설 속에 파묻혀 있던 이야기를 일면 기사로 불러냈다는 사실이었다. (이런 소설이 대중의 정서와 욕구를 전달하는 매체가 될 자격이 있었지만 누구도 관심을 가지지 않았다는 것은 불행한 일이다.) 우리는 말의 진부함 때문에 장례식 오벨리스크의 그 구절이 실제로 얼마나 특별한 것이었는지를 간과해서는 안 된다. 기독교도가 비록 지구를 눈물의 계곡이라 부르고 철학자들이 육체를 정신이나 영혼의 감옥으로 생각하기는 했지만, 인류 역사상 어느 누구도 지구를 인간 육체의 감옥으로 생각한 적이 없으며 '여기'에서 달까지 실제로 가려는 열성을 보인 적도 없었다. 신 자체는 아니더라도 하늘에 있는 인간의 아버지인 신을 거부하면서 시작되었던 근대의 인간해방과 세속화가 하늘 아래 모든 피조물의 어머니인 지구를 거부하는 매우 치명적인 결과로 끝나야 하는가?

지구는 가장 핵심적인 인간의 조건이다. 우리 모두가 아는 것처럼 지구는 우주에서 인간이 별다른 노력 없이 그리고 그 어떤 인공물도 없이 움직이고 숨 쉴 수 있는 거주지를 제공하는 유일한 곳이다. 인간실존은 인공적 세계를 가진다는 점에서 단순히 동물적인 환경과 구분된다. 그러나 생명 자체는 이런 인공적 세계 밖에 있으며, 인간은 이 생명을 통해 살아 있는 다른 모든 유기체와 관계한다. 현재 진행되는 위대한 과학적 연구의 상당수는 인간생명을 '인공적'으로 만듦으로써 인간을 자연의 자녀에 속하게 하는 마지막 끈조차 없애려고 한다. 시험관에서 생명을 만들려는 시도, 즉 "능력이 증명된 사람을 현미경으로 추출하여 동결시킨 생식세포를 혼합하여 크기와 모양, 기능을 변화시켜 좀더 우월한 인간을 만들려는" 시도는 지구라는 감옥에서 탈출하려는 희망과 동일한 것이다. 인간의 수명을 100년 넘게 연장시키려는 희망도 마찬가지로 인간의 조건을 벗어나려는 바람에서 비롯되었다.

과학자들이 100년 안에 만들 수 있다고 말하는 미래 인간은 이미 주어진 대로의 인간실존에 대한 반항심에 사로잡혀 있는 것처럼 보인다. 즉, 이 미래 인간은 아무런 대가 없이 주어진(세속적으로 말하자면) 알지 못하는 곳에서 온 이 공짜 선물을 자신이 만든 것으로 바꾸고자 할 것이다. 우리가 이런 교환을 실행할 능력이 없다고 의심할 이유는 없다. 마찬가지로 우리의 능력이 지구상의 모든 생물을 파괴할 수 있다는 것도 의심할 여지가 없다. 중요한 것은 우리가 과연 과학과 기술의 새로운 지식을 이런 목적에 사용하기를 원하는가 하는 문제다. 이 질문은 과학적 수단으로 결정될 수 없다. 그것은 일차적으로 정치적인 문제이기 때문에 전문과학자나 직업정치가의 결정에 맡길 수 없다.

이런 가능성은 여전히 먼 미래의 문제이지만, 과학의 위대한 승리가 가져온 최초의 부메랑 효과는 이미 자연과학 내부에서 감지되었다. 수학의 정식으로 증명되고 기술적으로 입증된 근대적 자연과학적 세계관의 '진리들'이 더 이상 보통의 말과 사유로 표현되지 못한다는 점이 드러난 것이다. 근대의 '진리들'이 개념적이고 정합적으로 말해지는 순간, 그것은 "'삼각 원'만큼은 아니겠지만, 에르빈 슈뢰딩거(Erwin Schrödinger)가 말한 '날개 달린 사자'보다는 훨씬 더 무의미한 진술"이 될 것이다. 이 상황이 최종적인 것인지 우리는 아직 모른다. 그러나 지구에 묶인 피조물이지만 마치 우주의 거주자처럼 행동하기 시작한 우리 인간들에게도 행하기는 하지만 결코 이해할 수는 없는, 다시 말해 사유하면서 그에 대해 진술할 수는 없는 것들이 있을 수 있다. 이는 사고의 물질적·물리적 조건을 구성하는 두뇌가 우리가 행하는 것을 쫓아가지 못하고 그 때문에 이제부터 우리의 생각과 말을 대신해줄 기계가 필요해지는 상황과 유사하다. 지식(근대적 의미에서의 방법론적 노하우)과 사유가 영원히 결별했다는 것이 사실로 밝혀진다면, 우리는 무기력한 노예가 될 것이다. 물론 우리가 만든 기계의 노예는 아니겠지만 우리 자신의 방법론적 지식의 노예가 될 것이다. 즉 그 기술이 얼마나 살인적이든 상관없이, 기술적으로 가능한 모든 기계 장치의 손아귀에 내맡겨진 생각 없는 피조물이 될 것이다.

아직 불확실한 이 최종적인 결론은 도외시하더라도, 과학이 만든 상황은 정치적으로 아주 중요한 의미를 지닌다. 말의 적실성(的實性)이 문제되는 곳에서는 어디에서나 정치가 작용한다. 말은 인간을 정치적 존재로 만들기 때문이다. 우리는 현 상태의 과학적 업적에 합당한 문화적 태도를 가지라는 충고를 너무 자주 듣는다. 우리가 이 충고를 받아들인다면, 그것은 곧 말이 무의미해지는 삶의 방식을 열렬히 옹호하는 것과 같다. 오늘날 과학은 수학적 기호로써 '언어'를 채택하라고 강요받고 있기 때문이다. 원래 진술을 줄여서 표현하기 위한 수단이던 기호언어는 이제 결코 말로 번역될 수 없는 진술을 담고 있다. 과학자가 과학자 **자격으로서** 내린 정치적 판단을 불신하는 편이 현명한 이유는 핵무기 개발을 거부하지 않은 그들의 '도덕적 성격' 결여 때문도 아니고, 또 핵무기를 일단 개발하면 핵무기 사용에 관한 협의에 그들이 거의 영향을 미칠 수 없다는 사실을 이해하지 못한 그들의 순진함 때문도 아니다. 그것은 그들이 이제 말이 힘을 잃은 세계 속으로 진입했기 때문이다. 말로 표현할 수 없는 진리가 존재할 수도 있다. 이 진리는 단독으로 살아가는 인간, 즉 비정치적인 인간에게는 매우 중요할 수도 있다. 그러나 이 세계에서 행위하며 살아가는 다수의 인간들은 서로 소통하고 또 자신과 타인에게 통하는 말을 할 때에만 의미를 경험할 수 있다.

마찬가지로 바로 우리 옆에 다가와 있는 결정적이고 위협적인 사건은 자동화의 출현이다. 자동화는 몇십 년 안에 공장을 텅 비게 만들 것이고, 인간을 가장 오래되고 가장 자연스러운 짐, 즉 노동의 짐과 필연성의 속박에서 해방시킬 것이다. 여기서도 인간의 조건의 근본적인 측면이 위기에 처해 있지만 그에 대한 반기, 즉 노동의 '수고와 고통'에서 벗어나려는 바람은 근대적 현상이 아니라 기록된 역사만큼이나 오래되었다. 노동으로부터의 자유 자체는 새롭지 않다. 이 자유는 한때 가장 확고한 특권을 가진 소수의 사람만이 향유할 수 있었다. 이런 점에서 과거의 모든 시대가 꿈꾸었지만 이룰 수 없었던 것을 성취하기 위해 과학의 진보와 기술의 발전이 이용되었던 것은 아닌가 하는 생각이 든다.

하지만 이는 겉의 현상만 보고 하는 이야기다. 근대는 이론적으로 노동을 예찬했고 결과적으로 모든 사회를 노동 사회로 변형시켰다. 소원은 동화에서처럼 소원 자체가 좌절되고 실패하는 순간에 이루어진다. 노동의 속박에서 해방되어야 할 것은 노동자 사회다. 그런데 이 노동자 사회는 해방을 위해 투쟁할 만한 가치가 있는 더 높은 차원의 더 의미 있는 활동을 알지 못한다. 사람들이 노동의 방식으로 함께 살아가기 때문에 평등해진 이 사회에는 인간의 다른 능력을 회복시킬 수 있는 정치적 귀족이나 영적인 귀족 또는 어떤 다른 계급도 남아 있지 않다. 대통령이나 왕, 수상조차 자신들의 업무를 사회생활을 위해 필요한 직업의 관점에서 생각한다. 지식인들 가운데 생계를 위해서가 아니라 작업의 관점에서 일을 한다고 생각하는 고독한 개인들이 있다. 우리는 지금 노동이 없는 노동자 사회, 즉 인간에게 남아 있는 유일한 활동이 없는 사회가 가능할 수도 있다는 상황에 직면해 있다. 이것이 최악의 상황이라는 점은 분명하다.

이런 당혹감과 중대한 문제에 대해 이 책은 어떤 답도 제시하지 않는다. 그런 답은 매일매일 주어진다. 그것은 다수가 동의해야 하고 정치적으로 해결해야 할 실천적 사안이지 이론적으로 고찰하거나 한 사람의 의견으로 해결될 문제가 아니다. 우리는 마치 하나의 해결책이 있는 양 이 문제를 다루어서는 안 된다. 내가 앞으로 제안하고자 하는 것은 우리가 가장 최근에 겪은 경험과 공포를 고려하여 인간의 조건을 다시 사유해보자는 것이다. 이는 명백히 사유의 문제다. 사유하지 않음, 즉 경솔하고 무분별하며 완전히 혼란에 빠져 있거나 아니면 하찮고 공허한 '진리들'을 자기만족을 위해 되풀이하는 것은 우리 시대의 뚜렷한 특징처럼 보인다. 여기서 나의 제안은 단순하다. "우리는 무엇을 하고 있는가"를 생각해보자는 것이다.

"우리는 무엇을 하고 있는가"는 이 책의 핵심주제다. 이 책은 인간의 조건의 가장 기초적인 구성 요소들을 다룬다. 즉 전통적으로 또 현재의 견해에 따라 모든 인간의 영역 내에 존재한다고 여겨지는 활동들을 다룬다. 이런 이유를 포함한 여러 이유 때문에 나는 가장 순수한 최고의 인간활동인 사유는 여기서 논의하지 않겠다. 그래서 이 책은 체계적인 부분에서는 노동·작업·행위에 국한하여 논의할 것이다. 그에 대한 논의가 이 책의 주요 부분을 차지한다. 역사적인 부분에서는 근대를 마지막 장에서 다룬다. 그러나 서양 역사를 통해 우리가 알고 있는 많은 활동의 위계질서 안에서 어떤 다양한 상황들이 전개되었는지는 이 책 전체에서 다룰 것이다.

그런데 근대는 현대세계와 같지 않다. 학문적으로 볼 때, 17세기에 시작된 근대는 20세기 초에 끝났다. 우리가 살고 있는 현대세계는 정치적으로는 원자폭탄이 처음 폭발했을 때 시작되었다. 나는 이 책의 배경이 되는 현대세계는 논의하지 않을 것이다. 나는 한편으로, 인간의 조건에서 비롯되어 인간의 조건 자체가 변하지 않는 한 결코 잃어버릴 수 없는 영속적이며 일반적인 인간능력을 분석하는 것으로 논의를 제한할 것이다. 다른 한편, 나는 여기서 역사적 분석을 시도하려 한다. 이 분석의 목적은 현대세계의 소외현상, 즉 지구에서 우주로 탈출한다는 의미에서의 소외와 세계의 근원인 자아 속으로 도피한다는 의미에서의 소외를 추적하는 것이다. 이로써 알 수 없는 새 시대의 출현에 압도당하는 시점에 이른 사회의 본질을 이해하는 데 그 목적이 있다.

제1장 인간의 조건

1. 활동적 삶과 인간의 조건

활동적 삶(*vita activa*)이라는 개념으로 나는 인간의 세 가지 근본 활동, 즉 노동·작업·행위를 표현하고자 한다. 이 활동들이 근본적인 까닭은 인간이 지상에서 삶을 영위할 때 주어져 있는 기본 조건들과 각각 일치하기 때문이다.

노동은 인간 신체의 생물학적 과정과 일치하는 활동이다. 신체의 자연발생적 성장, 신진대사와 부패는 노동에 의해 생산되어 삶의 과정에 투입된 생명 필수재에 묶여 있다. 노동의 인간적 조건은 삶 자체다.

작업은 인간의 실존에서 비자연적인 부분에 상응하는 활동이다. 인간의 실존은 '인간 종'의 영원한 순환에 완전히 들어맞지 않으며 개별적인 인간의 사멸성이 인간 종의 불멸가능성으로 보상받지도 않는다. 작업은 모든 자연적 환경과는 분명하게 다른 '인공적'인 사물세계를 제공한다. 각각의 개별적 삶은 그 경계 안에 자리 잡고 있지만, 이 세계 자체는 개별적 삶보다 더 오래 지속되고 이를 초월하는 것으로 여겨진다. 다시 말해 작업의 인간적 조건은 세계성이다.

행위는 사물이나 물질의 매개 없이 인간들 사이에서 직접적으로 이루어지는 유일한 활동이다. 행위는 다수성이라는 인간의 조건, 즉 한 인간이 아니라 다수의 인간이 이 지구상에 살고 세계에 거주한다는 사실과 일치한다. 인간의 조건의 모든 측면은 어떤 식으로든 정치와 연관되기는 하지만, 이 다수성은 모든 정치적 삶의 '필요조건'일 뿐만 아니라 '가능조건'이라는 의미에서 절대적 조건이다. 그러므로 가장 정치적인 민족이었던 로마인의 언어에서 '살다'와 '사람들 사이에 존재하다'(*inter homines esse*)는 동의어였고 또 '죽다'와 '사람들 사이에 더 이상 존재하지 않는다'(*inter homines esse desinere*)는 동의어였다. 그런데 행위의 인간의 조건은 가장 기초적인 형태로 『성경』의 「창세기」에도 들어 있다("하느님은 남자와 여자, 그들을 창조하셨다"). 만약 이런 식의 인간 창조 이야기가 다른 식의 이야기, 즉 하느님이 원래 '그들'이 아니라 단수의 '그'(아담)를 창조하셨고 그래서 수많은 사람은 번식의 결과라는 이야기와는 원칙적으로 다르다는 점을 우리가 이해한다면 말이다.[1] 인간이 같은 모델을 무한 반복하여 재생산할 수 있고 그 모델

---

1) 고대 그리스 이후의 정치사상을 분석할 때, 창조의 이야기에 대한 두 가지 성서 해석 중 어떤 것이 인용되는지를 알아보면 언제나 많은 것을 깨닫게 된다. 이것은 나사렛 예수의 가르침과 바울의 가르침 사이에 나타나는 차이의 뚜렷한 특징이다. 남편과 아내의 관계를 논하면서 예수는 「창세기」 1장 27절을 언급한다. "태초에 그들을 만드신 이가 남자와 여자를 만드셨다는 것을 너희들은 읽어본 적이 없느냐"(「마태복음」 19장 4절). 반면에 바울은, 비록 후에 "남자는 여자 없이 존재하지 못하며 여자도 남자 없이 존재하지 못한다"(「고린도전서」 11장 8-12절)라고 말함으로써 남자에 대한 여자의 종속성을 약화시키고 있지만, 여자는 '남자에게서' 창조되었고 따라서 '남자를 위해' 창조되었다고 주장한다. 이 두 주장의 차이점은 여자의 역할에 관한 태도의 차이 이상을 함축하고 있다. 예수는 신앙이 행위와 밀접한 연관이 있다고 생각하지만(33절 이하 참조) 바울은 신앙을 우선 구원과 관계가 있는 것으로 파악한다. 특별히 이와 연관되는 것이 아우구스티누스의 태도다(『신국론』 *De civitate Dei*, 제12권 21장). 그는 「창세기」 1장 27절을 전적으로 무시하고, 인간과 동물의 차이점만을 본다. 인간이 '단일자의 개체로서' 창조된 반면, 모든 동물은 '다수의 무리 속에 살도록' 명령을 받았다. 아우구스티누스에게 창조 이야기는 동물적 삶의 종차적 특징을 강조하는 데 유용한 기회를 제공한다. 그러나 이 특성은 인간실존의 유일

의 본성과 본질이 어떤 물건의 특성이나 본질처럼 예측할 수 있는 것이라면, 행위는 불필요한 사치일 것이고 또 일반적인 행동법칙을 가지고 변덕스럽게 간섭하는 일에 불과할 것이다. 어떤 누구도 지금까지 살았고 현재 살고 있으며 앞으로 살게 될 다른 누구와 동일하지 않다는 점에서만 모든 인간은 동일하다. 이 때문에 다수성은 인간 행위의 조건인 것이다.

세 가지 활동과 각각의 조건들은 인간실존의 가장 일반적인 조건, 즉 탄생과 죽음, 탄생성과 사멸성과 밀접하게 연관되어 있다. 노동은 개인의 생존뿐 아니라 종의 삶까지 보장한다. 작업과 그 산물, 즉 인간의 인공물(artifact)은 유한한 삶의 무익함과 인간적 시간의 덧없음에 영속성과 지속성을 부여할 수단을 제공한다. 행위가 정치적 조직의 건설과 보존에 참여하는 한 그것은 기억의 조건, 다시 말해 역사의 조건을 창출하는 것이다. 행위와 마찬가지로 작업과 노동도 탄생성에 뿌리를 둔다. 즉 작업과 노동이 이방인으로서 세상에 태어나는 새내기들의 끊임없는 유입에 맞추어 세상을 마련하고 보존하는 임무와 이를 예견하고 처리하는 임무를 떠안는다면, 탄생성에 뿌리를 둔다고 할 수 있다. 그러나 이 세 가지 중에서 행위는 탄생성이라는 인간의 조건과 가장 밀접한 관계를 가진다. 탄생에 함축된 새로운 시작은 새내기가 어떤 것을 새롭게 시작할 능력, 즉 행위능력을 가질 때에만 생각할 수 있다. 이와 같이 창발성의 의미에서 행위의 요소, 즉 탄생성의 요소는 인간의 모든 활동에 들어 있다. 더욱이 행위는 정치적 활동 그 자체이기 때문에 사멸성이 아닌 탄생성은 정치적 사상의(형이상학적 사상이 아닌) 핵심 범주가 된다.

인간의 조건은 인간이 삶을 영위하는 여러 조건이라는 의미보다 더 큰 의미가 있다. 인간은 접촉하는 모든 것이 즉시 자신의 실존조건이

성과는 전혀 다른 것이다.

된다는 점에서 조건에 의해 제한된 존재라 할 수 있다. 활동적 삶이 펼쳐지는 세계는 인간활동의 산물로 이루어진다. 인간 없이는 존재하지 않았을 이 사물들은 그럼에도 불구하고 창조자인 인간을 제약한다. 지상에서 이미 영위하는 삶의 조건 외에도 인간은 그 조건들을 가지고 끊임없이 자신만의 조건들을 스스로 창조해내기도 한다. 이 조건들은 인간이 만들었고 또 충분히 변할 수 있는 것이지만, 그럼에도 불구하고 자연적인 사물과 동일하게 제약적인 힘을 지닌다. 인간의 삶과 지속적인 관계를 맺는 것은 무엇이든 인간의 실존조건이라는 성격을 가진다. 인간이 무엇을 하든 항상 조건적 존재라고 하는 것은 바로 그 때문이다. 저절로 들어왔든 인간이 노력해서 들여왔든 상관없이 인간의 세계로 들어온 것은 무엇이나 인간의 조건의 한 부분이 된다. 세계의 사실성이 인간의 실존에 가하는 충격은 제약적인 힘으로 느껴지고 인식된다. 세계의 객관성, 즉 세계의 대상적 또는 사물적 성격과 인간의 조건은 상호보완적이다. 인간의 실존은 조건적 실존이기 때문에 사물이 없으면 불가능하고, 사물이 인간실존의 조건이 되지 못한다면 한낱 아무 상관없는 품목 덩어리, 즉 비-세계일 뿐이다.

오해를 피하기 위해 부언한다면, 인간의 조건은 인간의 본성과는 다르며, 인간의 조건과 일치하는 인간의 활동과 능력의 총계가 인간의 본성을 구성하지도 않는다. 사유나 이성과 같이 우리가 여기서 논의하거나 고려하지 않은 것들을 설명하고 아주 상세하게 열거한다고 할지라도, 이 모든 것은 결코 인간실존의 본질적 특성을 구성하지는 않는다. 즉 그것 없이는 인간의 실존이 인간답지 못하다는 의미에서의 본질적 특성 말이다. 우리가 상상할 수 있는 인간의 조건의 가장 극단적인 변화는 인간이 지구에서 다른 행성으로 옮겨가는 것이다. 완전히 불가능하다고 할 수 없는 이런 사건의 함의는 인간이 이제는 지구가 제공하는 조건과는 완전히 다른 인공적인 조건에서 살아야만 한다는 것이다. 노동·작업·행위 그리고 우리가 알고 있는 방식의 사유는 더 이상 아무의미가 없을 것이다. 그러나 지구에서 온 이 가상의 이주자는 여전히 인간일 것이다. 그의 '본성'에 관한 우리의 유일한 진술은 그들이 여전히 조건적인 존재라는 것이다. 설령 그들의 조건이 이제 상당할 정도로 스스로-만든 것일지라도.

인간본성의 문제, 즉 "나 자신이 하나의 문제가 되었다"는 아우구스티누스의 문제는, 개인심리학적 의미에서든 일반적인 철학적 의미에서든 이제 대답할 수 없는 것처럼 보인다. 우리는 주변의 모든 자연적 사물의 본질을 인식하고 결정하고 규정할 수 있다. 그러나 우리 자신에 대해서는 결코 그렇게 할 수 없을 것이다. 이는 마치 우리가 우리 자신의 그림자를 뛰어넘으려는 것과 같은 일이기 때문이다. 더욱이 사물의 본질 또는 본성이라고 할 때와 동일한 의미에서 인간이 본질이나 본성을 가졌다고 할 수는 없다. 다시 말해 우리가 어떤 본질이나 본성을 가지고 있다면, 오로지 신만이 그것을 알 수 있고 정의할 수 있을 것이다. 이때 필수불가결한 조건은 신이 '무엇'에 관해 말하는 식으로 '누구'에 대해서도 말할 수 있어야 한다는 것이다.[2]

---

2) 인간학적 물음을 최초로 제기한 것으로 인정받는 아우구스티누스는 이 점을 매우 잘 알고 있었다. 그는 '나는 누구인가'와 '나는 무엇인가'라는 물음을 구별한다. 첫 번째 물음은 인간이 자신에게 묻는 것이다("그래서 나는 나 자신을 향하여 나에게 말한다. 너는 누구인가?*tu, quis es?* 그리고 나는 '사람'이라고 대답한다",『고백론』*Confessiones*, 제10권 6장). 두 번째 물음은 신에게 묻는 것이다("신이시여 나는 무엇입니까? 나의 본질은 무엇입니까?"*Quid ergo sum. Deus meus? Quae natura sum?*, 제10권 17장). 인간이라는 위대한 신비, '거대한 심연' (*grande profundum*) 속에는(제4권 14장)—비록 인간 안에 있지만—"인간 정신이 알지 못하는 인간적인 어떤 것(*aliquid hominis*)이 있습니다. 신이시여, 인간을 창조하신 당신은 인간에 관한 모든 것을 알고 계십니다"(제10권 5장). 따라서 내가 이 텍스트에서 인용한 구절 중 "내 자신이 하나의 문제가 되었다" (*quaestio mihi factus sum*)는 신 앞에서 제기되는 물음이다. "신의 눈에 나는 내 자신에게 하나의 문제가 되었다"(제10권 33장). 간단히 말해 "나는 누구인가" 에 대한 대답은 단순히 "너는 한 인간이다. 인간이 무엇인지 몰라도 하여튼 그

그런데 당혹스러운 점은 '자연적' 성질을 가진 사물에 적용가능하고 고도로 발달한 유기적 생명체인 인간에게도 제한적으로 적용가능한 인간의 인식 양식이 우리는 누구인가라는 물음 앞에서는 무력하다는 것이다. 바로 그 때문에 인간의 본질을 규정하려던 모든 시도는 결국 신적인 것의 구성, 즉 철학자의 신으로 귀결되었다. 이 철학자의 신을 자세히 들여다보면 플라톤 이래 인간에 대한 이념으로 밝혀진다. 물론 '신성'이라는 철학적 개념이 인간의 능력과 자질을 개념화한 것이라고 폭로한다고 해서 이것이 신의 비존재를 증명하거나 논증하는 것은 아니다. 그러나 인간의 본질을 규정하려는 시도들이, '초인간적인 것'을 연상시키는 까닭에 신적인 것과 동일시하는 생각으로 자연스럽게 이어진다는 사실은 '인간본성'이라는 개념 자체를 의심하게 만든다.

다른 한편 인간실존의 여러 조건들—삶 자체, 탄생과 사멸성, 세계성, 다수성 그리고 지구—은 우리가 무엇인지 '설명'해줄 수 없고 우리가 누구인지 대답해줄 수 없다. 이 조건들은 결코 우리의 절대적 조건이 될 수 없다는 단순한 이유에서 그렇다. 마찬가지로 인간을 다루는 인류학, 심리학, 생물학 등의 여러 학문과 구별되는 철학의 입장이 그랬다. 우리는 현재 지구라는 조건에서 살고 있고 앞으로도 살겠지만, 그럼에도 우리가 단순히 지구에 묶여 있는 피조물은 아니라는 점을 과학적으로 증명했다고 말할 수 있을 것이다. 근대적 자연과학의 승리가 위대한 이유는 진정으로 우주적인 관점, 다시 말해 자의적으로 또 분명하게 아르키메데스적 관점을 취해서 지구 밖에서 지구에 묶여 있는 자연을 생각하고 다루었다는 데 있다.

러하다"이다. 그리고 "나는 무엇인가"라는 물음에 대해서도 인간을 만든 신만이 대답할 수 있다. 인간본질에 관한 물음은 신의 본질에 관한 물음과 마찬가지로 신학적 물음이다. 이 두 물음은 신의 계시를 통해서만 해결될 수 있다.

2. 활동적 삶이라는 개념

활동적 삶이라는 개념은 전통의 짐을 과다하게 지고 있다. 이 개념은 정치사상의 전통만큼이나 (더 오래되지는 않았지만) 오래되었다. 서양 정치사상의 전통은 서양의 모든 정치적 경험을 파악하고 개념화하지는 않았지만 특정한 역사적 상황에서, 즉 소크라테스의 재판 및 철학자와 폴리스 간의 갈등에서 유래했다. 이 전통은 이 경험과는 직접적 관련이 없는, 과거 초창기의 많은 경험도 배제했다. 이런 경향은 마르크스까지 이어지는데, 그의 저작에서는 이런 식의 배제가 매우 선택적인 방식으로 이루어졌다. 그 용어 자체는 중세철학에서 아리스토텔레스의 **정치적 삶**(*bios politikos*)이란 개념의 라틴어 번역어로서 이미 아우구스티누스에게서 등장한다. 그러나 아우구스티누스가 사용하는 **바쁜 삶**(*vita negotiosa*)이나 **능동적 삶**(*vita actuosa*)이라는 용어는 여전히 공적·정치적 문제에 종사하는 삶이라는 본래의 의미를 반영하고 있다.[3]

아리스토텔레스는 사람이 자유롭게, 즉 삶의 필연성이나 거기서 비롯되는 여러 관계와는 아무런 상관없이 선택할 수 있는 세 가지 삶(*bioi*)의 방식을 구별했다. 이런 선택의 전제조건인 '자유'는 자신의 생계에 기여하는 모든 생활방식을 배제한다. 여기에는 생존의 필연성과 주인의 지배라는 두 가지 강제성에 예속된 노예적 삶의 방식인 노동뿐 아니라 자유로운 장인의 생산적 삶과 상인의 탐욕적 삶도 배제된다. 간단히 말해 자발적이든 비자발적이든, 평생이든 일시적이든 자유롭게 움직이거나 활동할 수 있는 능력을 상실한 모든 사람이 제외된다.[4] 이

---

3) 아우구스티누스, 『신국론』, 제19권 2장과 19장을 보라.

4) William L. Westermann("Between Slavery and Freedom", *American Historical Review*, Vol.L, 1945)은 "장인은 제한적인 노예의 조건에서 살아간다는 아리스토텔레스의 말은 장인이 작업 계약을 하면 자신의 자유로운 지위를 구성하는 네 요소 중 두 가지, 즉 경제활동의 자유와 제한 없는 이동의 권리를 포기하지

와 다른 나머지 세 가지 삶의 방식은 필수적이지도 단순히 실용적이지도 않은 사물, 즉 '아름다운 것'과 연관된다는 점에서 공통점이 있다. 즉 아름다운 것을 주어진 그대로 소비하며 육체적 쾌락을 향유하는 삶, **폴리스**의 국사에 관여하는 삶(폴리스에서는 탁월함이 아름다운 행위를 낳는다), 마지막으로 영원한 것을 탐구하고 관조하는 데 헌신하는 철학자의 삶(영원한 것의 지속적인 아름다움은 인간이 개입해서 얻어지는 것도 아니고 인간이 그것을 소비한다고 해서 변하지도 않는다).[5]

활동적 삶이라는 개념의 사용에서 아리스토텔레스와 중세의 주요 차이점은 아리스토텔레스에게 **정치적 삶**이란 행위(*praxis*)를 강조하는 정치적 인간사의 영역만을 분명하게 지시한다는 점이다. 행위는 인간사를 확립하고 유지하는 데 필요한 활동이다. 그 반면 노동과 작업은 자율적이고 참된 삶의 방식인 비오스(*bios*)를 구성하는 데 필요한 품위를 갖지 못한 것으로 여겨졌다. 노동과 작업은 인간의 필요와 욕구에 구속되어 필요하고 유용한 것을 생산하는 까닭에 자유로운 활동이 될 수 없었기 때문이다.[6] 삶의 정치적 방식이 이런 평가에서 제외될 수 있

만, 이런 포기가 한정된 기간 동안 자발적으로 이루어진다는 것을 의미한다"라고 주장한다. 베스터먼이 인용한 증거를 통해 알 수 있는 것은 당시의 사람들은 자유를 '지위' '인격적 불가침성' '경제활동의 자유' '제한 없는 이동의 권리'로 구성된다고 이해했다는 점이다. 따라서 노예 신분은 '이 네 가지 요소의 결여'였다. 『니코마코스 윤리학』(*Nicomachean Ethics*, 5권)과 『에우데모스 윤리학』(*Eudemian Ethics*, 1215a35 이하)에서 아리스토텔레스는 '삶의 방식'을 열거하면서 장인의 삶의 방식은 언급조차 하지 않았다. 그에게 장인(*banausos*)이 자유롭지 않다는 것은 명백했다(『정치학』*Politics*, 1337b5). 그러나 그는 '영리적 삶'을 언급하면서 그것이 '충동에 의해 이루어지는 것'이라는 이유로 삶에서 제외시킨다(『니코마코스 윤리학』, 1096a5). 그 기준이 자유라는 사실은 『에우데모스 윤리학』에서도 강조하고 있다. 그는 자발적으로 선택한 삶만을 나열해 보여준다.

5) 아름다운 것과 필요하고 유용한 것의 대립에 대해서는 『정치학』, 1333a30 이하와 1332b32를 보라.

었던 것은 폴리스의 생활에 대한 그리스인의 이해 때문이다. 그들에게 폴리스의 삶은 아주 특별하고 자유롭게 선택된 형태의 정치적 조직이 지 질서정연한 방식으로 사람들을 모아둘 수 있는 행위의 형태를 의미 하지는 않았다. 그리스인과 아리스토텔레스가 인간의 삶이 늘 어떤 형 태의 정치 조직을 필요로 하며 백성에 대한 지배는 특별한 방식의 삶을 구성한다는 점을 몰랐던 것은 아니다. 그들은 오히려 폭군적 삶의 방식 은 '단지' 필연적이기 때문에 자유로운 삶으로 간주될 수 없고 **정치적** **삶**과 아무 관계가 없다는 점에 주목했다.[7]

고대 도시국가의 몰락과 함께―아우구스티누스는 시민으로 산다 는 것이 과거에 어떤 의미였는지를 이해한 마지막 사람인 것 같다― **활동적 삶**이라는 용어는 특별한 정치적 의미를 잃고, 세상사에 대해 모 든 종류의 적극적인 참여를 뜻하게 된다. 그러나 그 결과 작업과 노동 이 인간활동의 위계질서에서 더 높이 올라가서 이제 정치적 삶과 동 일한 존엄성을 가지게 된 것은 결코 아니다.[8] 오히려 그 반대로 행위 는 이제 지상에서 살아가는 데 반드시 필요한 것들 중의 하나로 인식되 었기 때문에 관조(라틴어 *vita contemplativa*로 번역된 그리스 개념 *bios thēorētikos*)만이 유일하게 자유로운 삶의 방식으로 남게 되었다.[9]

행위를 포함한 다른 모든 활동보다 관조가 우월하다는 생각은 기독

---

6) 자유로움과 필요하고 유용한 것의 대립에 대해서는 같은 책, 1332b2를 보라.
7) 전제적 지배와 정치의 구별에 대해서는 같은 책, 1277b8을 보라. 전제군주는 '필요한 것'에만 관심을 두기 때문에 자유인일 수 없다는 논증에 대해서는 같 은 책, 1325a24를 보라.
8) 노동에 대한 근대의 평가는 기독교에서 기원한다는 일반적 견해에 대해서는 이 책 44절 이하를 보라.
9) 이에 관해서는 토마스 아퀴나스, 『신학대전』 ii. 2. 179, 특히 제2장을 볼 것. 이 곳에서는 **활동적 삶**이 현재 삶의 필요에서 나온다고 서술되어 있다. *Expositio in Psalmos*, 45. 3. 여기에서 정치적 조직체는 삶에 필요한 모든 것을 발견해야 하 는 과제를 부여받는다.

교에서 유래하지 않는다. 그 기원을 우리는 플라톤의 정치철학에서 발견할 수 있다. 플라톤의 정치철학에 의하면, 폴리스를 이상적으로 재조직하는 일은 철학자가 탁월하게 통찰한 지도에 따라야 하고 또 그 일은 철학자의 삶의 방식을 가능하게 하는 목적 외에 어떤 다른 목적도 갖지 않아야 한다. 아리스토텔레스는 여러 종류의 삶의 방식을 구분하는데―쾌락적 삶은 여기서 미미한 역할만을 한다―이때에도 관조(*thēoria*)를 이상으로 삼는다. 삶의 필연성과 타인의 강요로부터 자유롭다는 의미를 가진 고대의 자유에 (중세의) 철학자들은 정치적 활동으로부터의 자유(*skholē*)와 절제를 더한다.[10] 세상사에 말려들지 말고 이 세상의 모든 사업으로부터 자유로워지라는 후대 기독교의 주장은 고대 말기 철학의 의식적 무관심(*apolitia*)에서 발생하여 계승되었다. 고대에서 소수의 철학자들만 요구하던 것이 이제 만인의 권리로 여겨지게 된다.

인간의 모든 활동을 포괄하지만 절대적으로 고요하다는 의미의 관조라는 관점에서 규정되는 **활동적 삶**은 그리스어 '비오 폴리티코스'(*bios politikos*, 정치적 삶)보다는 그리스어 '아스콜리아'(*askholia*) ― 아리스토텔레스가 모든 활동을 지칭하기 위해 사용한―와 더 밀접하게

10) 라틴어 오티움(*otium*)과 비슷하게 그리스어 스콜레(*skholē*)는 일차적으로 정치적 활동으로부터의 자유를 의미하지 단순히 여가시간을 뜻하지 않는다. 비록 이 두 단어가 노동과 삶의 필연성으로부터의 자유를 의미하기 위해 사용된다 하더라도 말이다. 어떤 경우에도 오티움과 스콜레는 걱정과 염려로부터 자유로운 조건을 지시한다. 노동과 작업에서 벗어나 완전한 자유를 향유하는 아테네 시민의 일상생활에 대한 탁월한 묘사는 Fustel de Coulanges, *The Ancient City*, Anchor, 1956, pp.334~336에서 볼 수 있다. 이 책을 보면 시간을 소모하는 정치활동이 어떻게 도시국가의 구성조건이 되는지를 누구나 쉽게 납득할 수 있다. 아테네의 법률은 시민이 중립적 입장을 취하게 허용하지 않는다. 당파 싸움에서 어느 편에도 서지 않으려는 사람들에게 시민권을 박탈했다는 사실을 기억한다면, 이런 일상적인 정치생활이 얼마나 근심으로 가득한 삶이었는지 쉽게 추측할 수 있다.

연관된다. 일찍이 아리스토텔레스가 그랬던 것처럼 고요와 고요하지 못함, 외부 물리적 운동의 완전한 거부와 온갖 종류의 활동을 구분하는 것은 정치적 삶의 방식과 이론적 삶의 방식을 구분하는 것보다 훨씬 더 중요하다. 왜냐하면 전자의 구분은 결국 세 가지 삶의 방식 각각에서 발견될 수 있기 때문이다. 전쟁이 오직 평화를 위해 수행되듯이 모든 종류의 활동, 심지어 단순한 사유 과정도 관조의 절대적 고요에서 완성되기 때문이다.[11] 신체와 영혼의 운동이나 언술과 추리의 운동 등 모든 운동은 반드시 진리 앞에서 멈춘다. 고대의 존재 진리이든 기독교의 인격신 진리이든 진리는 완벽한 인간적 고요에서 그 모습을 드러낸다.[12]

전통적으로 **활동적 삶**이란 개념은 근대 초기까지 '불-안정'(*nec-otium, a-skholia*)이라는 부정적 함의를 떨쳐버리지 못했다. 이런 의미를 지닌 이 개념은 스스로 존재하는 것과 인간에게 의존하는 것을 구분하고 자연스러운(*physei*) 것과 규범적인(*nomō*) 것을 구분하는 그리스인의 태도와 밀접하게 연관된다. 활동보다 관조를 우선시하는 태도는 인간의 손으로 만든 작품은 어떤 것이나 미와 진리의 측면에서 우주와 같을 수 없다는 확신에서 기인한다. 우주는 외부, 즉 신이나 인간의 어떤 간섭과 도움 없이도 영원히 스스로 움직인다. 이 영원성은 인간의 모든 운동과 활동이 완전히 정지할 때에만, 죽을 운명을 가진 인간의 눈에 드러난다. 이런 고요의 태도와 견주어 볼 때 **활동적 삶** 안의 모든 구분과 분류는 사라진다. 관조의 관점에서 보면, 고요함이 방해받는 한, 관조에 필요한 고요를 방해하는 것이 무엇인가는 중요하지 않다.

---

11) 아리스토텔레스, 『정치학』, 1333a30~33을 보라. 아퀴나스는 관조를 모든 외연적 운동의 정지(*quies ab exterioribus motibus*)로 정의한다(『신학대전』 ii. 2. 179. 1).

12) 아퀴나스는 영혼의 고요함을 강조하고 **활동적 삶**을 권유하는데, 그것이 '내적 열정'을 소모시키고 따라서 내적 열정을 '조용하게 만들기' 때문에, 관조를 위해 준비하는 역할을 한다는 이유에서다(『신학대전』 ii. 2. 182. 3).

그러므로 전통적으로 활동적 삶의 의미는 관조적 삶(*vita contemp-lativa*)에서 나왔다. 활동적 삶이 제한적이나마 인정을 받은 까닭은 인간의 육체가 관조를 원하도록 만드는 데 일조를 했기 때문이다.[13) 기독교는 사후의 삶에 대한 신앙을 토대로 하고, 이 신앙의 지복은 관조의 기쁨으로 표현된다.[14) 그래서 기독교는 활동적 삶을 파생적이고 부차적인 위치로 강등시키는 일을 종교적으로 승인했다. 그러나 이런 위치가 결정된 시기는 사유와 추론과는 다른 인간능력인 관조를 발견한 시기와 일치한다. 관조는 소크라테스학파에서 발견되었고, 그 이후 내내 형이상학과 정치사상을 지배해왔다.[15) 이 전통의 여러 근거를 논의하는 일은 내가 지금 목적을 둔 관점에서는 불필요하다. 이 근거들은 역사적 상황들, 즉 폴리스와 철학자들 사이에 갈등을 야기하고, 그로 인해 우연하게도 철학자의 삶의 방식으로서의 관조를 발견하게 만들었던 역사적 상황보다 더 깊숙이 놓여 있다. 인간의 조건의 다른 측면에서 그 근거들을 찾아야만 할 것이다. 인간의 조건의 다양성은 **활동적 삶**의 여러 갈래에서 끝나는 것이 아니며, 사유와 추론의 운동을 **활동적 삶**에 포함시킨다 하더라도 거기서 끝나지는 않을 것이다.

---

13) 아퀴나스는 **활동적 삶**과 인간이 동물과 공유하는 신체의 욕구와 필요 사이의 관계에 대해 분명한 태도를 취한다(『신학대전』ii. 2. 182. 1).

14) 아우구스티누스는 자비의 의무가 부과하는 능동적 삶의 '짐'(*sarcina*)에 관해 말한다. 관조에서 얻는 '달콤함'(*suavitas*)과 '진리의 기쁨'이 없다면 견딜 수 없는 것이다(『신국론』, 제19권 19장).

15) 육체를 가졌다는 인간의 조건에 대한 철학자들의 저 오랜 분개는 삶의 필연성에 대한 고대인의 경멸과 같지 않다. 필연성에 예속되는 것은 육체적 실존의 한 측면일 뿐이다. 육체가 이 필연성에서 자유로워진다면, 그리스인들이 미(美)라고 부른 '순수현상'의 능력을 가질 수 있다. 플라톤 이래 철학자들은 육체적 욕구에 구속된다는 것에 대한 분개에다 모든 종류의 운동에 대한 분개를 추가했다. 철학자는 완전한 고요 속에서 살기 때문에, 도시에는 그의 육체만 거주할 뿐이라고 플라톤은 말한다. 정치로 일생을 보낸 사람과 대립되는 이 분주한 육체(*polypragmosynē*)에 대한 비난의 기원이 여기 있다.

그러므로 여기서 내가 제안한 **활동적 삶**이라는 개념의 사용이 전통과 명백하게 모순된다면, 그 이유는 내가 그 구별의 근저에 깔린 경험의 타당성을 의심해서가 아니라 그 구별에 처음부터 내재하는 위계질서의 타당성을 의심하기 때문이다. 그렇다고 해서 내가 진리를 계시로, 즉 인간에게 본질적으로 주어진 어떤 것으로 생각하는 전통적 진리 개념을 의문시하는 것은 아니다. 또 그에 관해 논의하고 싶은 것은 더더욱 아니다. 내 주장은 다음과 같다. 전통적인 위계질서에서 관조에 지나친 무게를 두는 것은 **활동적 삶** 안의 여러 구분과 갈래를 흐리게 만든다는 것이다. 또한 이런 상황은 근대가 전통과 단절하고 마르크스와 프리드리히 니체(Friedrich Nietzsche)가 이런 전통적 위계질서를 전복했음에도 불구하고 겉보기와는 달리 근본적으로 변하지 않았다는 것이다. 철학적 체계나 기존 가치의 소위 '뒤집기'가 지닌 본질적 특성 때문에 이런 전도가 이루어지는 개념적 틀은 거의 변치 않고 남아 있다.

근대의 전복과 전통적 위계질서의 공통점은 하나의 포괄적 원리 없이는 어떤 질서도 확립될 수 없기 때문에 인간의 모든 활동의 근저에 하나의 중심적인 관심사가 있다는 가정이다. 이 가정은 옳지 않다. **활동적 삶** 개념을 사용할 때 나는 이 모든 활동의 근저에 있는 관심은 관조적 삶이라는 중심적 관심과 같지도 않고 또 그보다 낫거나 못하지도 않다는 점을 전제로 한다.

3. 영원성과 불멸성

이 세상의 일에 능동적으로 참여하는 다양한 방식과 관조에서 정점에 도달하는 순수 사유가 두 가지 전혀 다른 주요 관심사에 상응한다는 사실은 "사유형 인간과 행위형 인간이 각자 다른 길을 걷기 시작한 이래"[16], 다시 말해 소크라테스학파에서 정치사상이 발생한 이래 여러 방식으로 분명하게 드러났다. 그러나 정치 영역이 인간에게 고차원의 활동을 위한 공간을 제공하지 못한다는 사실을 철학자가 발견했을 때—소크라테스가 발견했다는 것이 증명되지는 않았지만, 그가 발견했을 것이라 생각한다—그들은 이미 알려진 것에 추가로 어떤 다른 것을 발견한 것이 아니라 폴리스를 지배해왔던 원리를 대체할 한 차원 높은 원리를 발견했다고 생각했다. 대립적인 이 두 원리를 보여줄 수 있는 지름길은 다소 피상적이기는 하지만 불멸성과 영원성의 차이를 회상하는 일일 것이다.

불멸성은 시간 안에서 영속하는 것, 이 세상에서 불멸의 삶을 영위하는 것을 말한다. 그리스인은 이런 불멸성이 자연과 올림피아의 신들에게 주어졌다고 생각했다. 영원히 되풀이되는 자연, 또 죽지 않고 늙지 않는 신들과 달리 인간은 신들의 불멸적인 삶과 마주해야 했지만 영원한 신의 지배를 받지는 않았다. 인간은, 불멸이지만 영원하지는 않은 우주 속에서 유일하게 죽어야 하는 존재다. 우리가 헤로도토스를 믿는다면, 이 둘(영원한 신과 불멸의 신)의 차이점을 그리스인은 잘 알고 있었던 것처럼 보인다. 그리스인의 이런 자기이해는 철학자의 개념적 명료화에도 앞서고 또 영원한 것에 대한 그리스인의 독특한 경험—개념적 명료화의 근거—에도 앞선다. 비가시적인 신에 대한 아시아인의 숭배와 믿음의 형식을 논하면서 헤로도토스는 시간과 삶과 우주를 넘어서 있는 (오늘날 우리가 말하곤 하는) 초월적 신과 비교해서 그리스의 신들은 인간의 특성, 즉 인간과 같은 형태는 아니지만 인간과 같은 본성(의인적, *anthrōpophyeis*)을 가지고 있다고 분명히 말한다.[17] 불멸성

---

16) F. M. Cornford, "Plato's Commonwealth", *Unwritten Philosophy*, 1950, p.54를 보라. "페리클레스의 죽음과 펠로폰네소스 전쟁은 사유하는 인간과 행위하는 인간이 각각 다른 길을 가기 시작했던 순간을 보여준다. 이 두 길은 스토아학파의 현인들이 자기 나라의 시민이기를 포기하고 세계시민이 될 때까지 더욱 넓게 갈라질 운명이었다."

17) 헤로도토스는 페르시아인들을 "신들에 관한 어떤 이미지도 신전도 제단도 갖

에 대한 그리스인의 관심은 죽을 운명을 가진 개별적인 인간의 삶을 둘러싸고 있는 불멸적인 자연과 신을 경험하면서 생겨난다. 모든 것이 불멸적인 우주의 질서 안에서 사멸성은 인간실존의 특성이 된다. 인간은 '죽을 운명의 존재'다. 동물과 달리 인간은 생식을 통해 자신의 불멸적 삶을 보장받는 그런 종의 구성원으로서 존재하지는 않기 때문이다.[18] 인간의 사멸성은, 탄생에서 죽음까지 전개되며 기억할 수 있는 이야기를 가진 개별적 삶이 생물학적 삶에서 발생한다는 사실에서 비롯된다. 이런 개별적 삶의 특이성은 직선적 운동 과정을 가진다는 점이다. 다시 말해 생물학적 순환운동의 삶을 벗어난다는 것이다. 움직이는 모든 것은 순환적 질서를 따르는 우주에서 직선을 따라 움직인다는 사실 자체가 바로 사멸성이다.

　'죽을 수밖에 없는' 인간의 과제이자 잠재적 위대성은 존재할 가치가 있는 것이며 또 어느 정도 영속적으로 존재하는 것을 산출한다는 데 있다. 다시 말해 작업·행위·언어의 능력을 가진다는 데 있다.[19] 그래

고 있지 않으며 오히려 이것들을 어리석은 짓으로 간주한다"라고 보고한 후, 이는 신들을 의인적, 즉 인간의 본성을 가진 존재로 또 신과 인간은 같은 본질을 가졌다고 믿은 그리스인들과는 달리 페르시아인들은 그렇게 믿지 않았음을 보여주는 것이라고 설명한다.

18) 아리스토텔레스, 『경제학』(Economics), 1343b24를 보라. 자연은 순환을 통해 종의 존재의 영원성을 보장해주지만, 개별자에게는 그 존재의 영원성을 보장할 수 없다. "생명체에게 생명은 존재다"라는 동일한 사상이 『영혼론』(On the Soul), 415b13에서도 나타난다.

19) 그리스어에는 '작업'과 '행위'의 구분이 없다. 만약 지속적이고 기억될 수 있을 정도로 위대하다면, 이것들은 모두 **작품**(erga)이라 불린다. 철학자들이 생산하는 것(poiein)과 행위하는 것(prattein)을 구별했을 때, 비로소 만들어진 생산품(poiēmata)과 삶과 연관된 실용품(pragmata)이라는 명사가 폭넓게 사용되기 시작했다(플라톤의 Charmides, 163을 보라). 호메로스는 그때까지 프라그마타(pragmata)라는 단어를 몰랐다. 플라톤에게서 이 단어는 '인간사'로 번역되고 고통과 무상함의 의미를 가진다. 헤로도토스에게서도 프라그마타는 이와 동일한 의미를 가질 수 있다.

서 죽을 운명의 인간은 이것들을 통해 자신을 제외한 모든 것이 불멸하는 우주에서 자신의 위치를 발견한다. 불멸적인 행위업적과 사라지지 않을 흔적을 뒤에 남기는 능력으로 인해 인간은―개별적으로는 죽을 수밖에 없는데도―불멸성을 획득하고 스스로를 신적 본성을 가진 존재로 확증한다. 인간과 동물의 차이는 인간 종 자체에 의해 분명하게 드러난다. 자신을 항상 최고의 존재로 증명하고(최고임을 입증한다는 뜻의 동사 *aristeuein*은 다른 언어에서 찾을 수 없다) 사라질 것들보다 불멸의 명예를 좋아하는 가장 뛰어난 자(*aristoi*)만이 참된 인간이다. "자연이 제공하는 쾌락에 만족하는 자", 그는 동물처럼 살다가 죽는 자다. 이것은 헤라클레이토스에게서 발견되는 생각이다.[20] 이런 생각은 소크라테스 이후의 어떤 철학자에게서도 나타나지 않는다.

현재 우리의 맥락에서 소크라테스와 플라톤 중 누가 엄격한 형이상학적 사유의 참된 핵심으로서 영원한 것을 발견했는지는 중요하지 않다. 많은 사상가 가운데 소크라테스만이―다른 많은 점에서도 그렇듯이 이 점에서도 독특한데―자신의 사상을 기록하지 않았다는 사실은 소크라테스를 지지하는 중요한 이유다. 왜냐하면 어떤 사상가가 영원성에 관심을 둔다 하더라도 자신의 사상을 기록하려고 의자에 앉는 순간 그의 관심은 영원성에서 자기 사상의 흔적을 남기는 방향으로 옮겨갈 것이기 때문이다. 그는 **활동적 삶**으로 들어가서 잠재적 불멸성을 선택한 것이다. 한 가지는 확실하다. 영원한 것과 철학자의 삶에 대한 관심이 불멸성의 추구, 즉 폴리스 시민들의 삶의 방식인 **정치적 삶**과 내적으로 모순되고 갈등관계에 있는 경우는 플라톤이 유일하다.

영원한 것에 대한 철학자의 경험, 플라톤에게서는 '말할 수 없는' (*arrhēton*) 것으로, 아리스토텔레스에게서는 '(해당하는) 말이 없는' (*aneu logou*) 것으로, 그 이후에는 역설적으로 '정지한 지금 시간'(*nunc*

---

20) 헤라클레이토스, 『단편』, B29(Diels, *Fragmente der Vorsokratiker*, 4th ed., 1922).

stans)으로 개념화된 이 경험은 인간사의 영역 밖에서만 그리고 인간의 다원성 밖에서만 발생할 수 있다. 이것을 우리는 플라톤의『국가론』에 나오는 '동굴의 우화'에서 알 수 있다. 여기서 철학자는 동료들과 함께 묶여 있던 족쇄를 풀고 해방될 때 완전한 '개체'가 되어 동굴을 떠난다. 타인을 동반하지도 타인을 뒤따르지도 않는다. 정치적으로 말해, 죽는다는 것이 '인간들 사이에서 존재하기를 그치는 것'이라면 영원한 것을 경험하는 것도 일종의 죽음이다. 이 죽음이 실재적인 죽음과 유일하게 다른 점은 어떤 살아 있는 피조물도 오랫동안 이를 견뎌낼 수 없기 때문에 이 죽음은 최종적이지 않다는 것이다. 중세의 사유에서 **관조적 삶**과 **활동적 삶**이 구분되는 것도 바로 이 때문이다.[21] 그러나 불멸적인 것의 경험과 달리, 영원한 것의 경험이 상응하는 어떤 활동도 갖지 않고 어떤 활동으로도 변형될 수 없다는 점은 중요하다. 인간 내면에서 말을 수단으로 삼아 전개되는 사유 활동조차도 그런 경험에 분명 부적합할 뿐 아니라 그런 경험 자체를 방해하고 불가능하게 만들기 때문이다.

관조(*theōria*)는 영원한 것에 대한 경험을 서술하는 말이다. 이는 불멸성에 속하는 다른 모든 태도와 구별된다. 철학자들이 영원함을 발견하게 된 것은 아마 이들이 불멸성이나 영속성을 찾는 **폴리스**의 가능성을 의심했기(그 의심은 정당했다) 때문일 것이다. 또한 영원함을 발견하면서 받은 충격으로 인해 불멸성의 추구를 한낱 헛된 일로 경멸하지 않을 수 없었을 것이다. 그 때문에 철학자들은 고대 도시국가와 그것에 영감을 주는 종교에 대해 공식적으로 반대 입장을 취했던 것이다. 그러나 영원성에 대한 관심이 불멸성을 향한 다른 열정에 궁극적으로 승리한 것은 철학사상 때문이 아니다. 서양에서 배타적인 종교의 지위를 가지고 개인의 영원한 삶의 복음을 설파하는 기독교의 부상과 더불어 로

---

21) *In vita activa fixi permanere possumus; in contemplativa qutem intenta mente manere nullo modo valemus*(아퀴나스,『신학대전』ii . 2. 181. 4).

마제국이 멸망했는데, 로마제국의 멸망은 죽을 운명인 인간의 손으로 만든 모든 것이 결코 불멸적일 수 없다는 것을 분명하게 증명했다. 기독교의 부상과 로마제국의 멸망은 모두 지상에서 불멸성을 추구하는 노력을 헛되고 불필요한 것으로 만들었다. 더욱이 이들은 **활동적 삶**과 **정치적 삶**을 거의 관조의 시녀로 만들었다. 그로 인해 근대에서 나타난 세속화와 전통적 위계질서에서 파생된 행위와 관조 간의 전도도 본래 **활동적 삶**의 원천이자 중심이었던 불멸성에 대한 추구를 망각에서 구하지는 못했다.

제2장 공론 영역과 사적 영역

4. 인간: 사회적 동물인가 정치적 동물인가

활동적 삶, 즉 어떤 일을 능동적으로 행하는 인간의 삶은 늘 사람들과 그들이 만든 사물세계에 뿌리를 두고 있다. 어떤 인간의 삶도 사물세계에서 벗어나거나 그것을 초월하지 못한다. 사물과 사람은 인간활동의 환경을 구성하는데, 이런 환경이 없다면 인간의 활동은 무의미할 것이다. 그러나 이 환경, 우리가 태어난 세계도 인간의 활동 없이는 존재할 수 없다. 만들어진 물건의 경우처럼 인간의 활동이 세계를 생산하고, 경작지의 경우처럼 인간의 활동이 세계를 돌보기 때문이다. 정치적 조직체가 그렇듯이 조직화를 통해 세계를 세우는 것도 인간의 활동이다. 모든 인간의 삶, 심지어 광야에 사는 은자의 삶도 타인이 있다는 사실을 직간접적으로 증명해주는 세계 없이는 결코 가능하지 않다.

사람들이 함께 살아간다는 사실이 모든 인간활동의 조건이기는 하지만, 그중에서도 행위는 결코 인간사회 밖에서 이루어질 수 없다. 완전히 고립된 채 노동하는 존재가 인간이 아니라 말 그대로 **노동하는 동물**이라 말하기도 하지만, 노동활동은 타인의 현존이 필요 없을 수도 있다. 작업하고 공작하며 또 혼자서만 거주하는 세계를 건설하는 인간은 공작인(fabricator)일 수 있지만, **호모 파베르**(*homo faber*, 제작인)은 될 수 없다. 그는 인간에게만 있는 특별한 성질을 잃어버린, 그래서 오히려 신과 같다고 할 수 있을 것이다. 물론 창조주는 아니지만, 플라톤이 그의 신화 중 하나에서 묘사했던 신적인 조물주(*divine demiurge*) 말이다. 오직 행위만이 인간의 배타적 특권이다. 짐승도 신도 행위능력은 없다.[1] 행위만이 타인의 지속적인 현존을 전제조건으로 삼는다.

행위와 인간의 공동생활에서 나타나는 이런 특별한 관계는 아리스토텔레스의 **정치적 동물**(*zōon politikon*)이 일찍이 세네카에게서 **사회적 동물**(*animal socialis*)로 번역된 사실을 정당화하는 듯하다. 이것은 후에 토마스 아퀴나스(Thomas Aquinas)의 표준적 번역으로 바뀐다(*homo est naturaliter politicus, id est, socialis*: 인간은 본성적으로 정치적이다. 즉 사회적이다).[2] 무의식적으로 '정치적'이라는 말을 '사회적'이라는 말로 대체한 것은 정치에 대한 그리스인의 원래 견해가 어느 정도로 사라졌는지를 어떤 정교한 이론보다 더 잘 말해준다. 'social'이라는 단어

---

1) 호메로스의 신들은 오직 인간과 관련해서 행위하고 멀리서 인간들을 지배하거나 인간사에 간섭하는데, 이 사실은 꽤 주목할 만하다. 신들 간의 갈등과 투쟁은 주로 그들이 인간사에서 어느 편을 드는가 하는 문제로 인해 발생하거나 도덕과 관련해 생겨나는 상충된 편애 때문에 일어난다. 이때 인간과 신들이 함께 행동하는 이야기들이 나타난다. 결국 올림포스 산의 회합에서 신들이 모든 결정을 내린다 하더라도, 먼저 시작한 것은 인간들이다. 내가 생각하기에, 이런 '협력'은 호메로스의 구절 "인간과 신의 행위들"(*erg' andrōn te theōn te*, 『오디세이』*Odyssey*, I. 338)에서 암시되고 있다. 시인은 신들과 인간들의 이야기를 노래한 것이 아니라, 그들의 행위를 노래한다. 마찬가지로 헤시오도스의 *Theogony*는 신들의 행위가 아니라 세계의 창조를 다룬다(116). 그것은 어떻게 사물들이 부단히 반복되는 생식과 출생을 통해 존재하는가를 이야기한다. 뮤즈의 하인인 이 시인은 '나이 든 인간의 명예로운 행위와 축복받은 신들을' 노래한다. 그러나 내가 아는 한 어디에서도 신들의 명예로운 행위를 노래하지 않았다.
2) 이것은 타우린(Taurine)의 아퀴나스판 *Index Rerum*에서 인용한 것이다. '*politicus*'라는 단어는 텍스트에서 보이지 않는다. 그러나 이 인덱스는 『신학대전』(i. 96. 4; ii. 2. 109. 3)에서 아퀴나스가 의미하고자 하는 것을 정확하게 요약하고 있다.

의 어원이 로마어이고 그리스어나 그리스 사상에는 이에 해당하는 단어가 없다는 사실은 이 오역에 결정적이지는 않더라도 상당한 의미를 부여한다. 그러나 라틴어 *societas*의 용법은 원래 제한적이긴 하나 분명한 정치적 의미를 지니고 있었다. 다른 사람을 지배하거나 범죄를 도모하기 위해 조직을 만드는 경우처럼 *societas*는 특별한 목적을 위해 사람들이 서로 동맹을 맺는 것을 의미했다.[3] 나중에 **인류사회**(*societas generis humani*)라는 개념이 통용되면서 이 '사회적'이라는 용어는 근본적인 인간의 조건이라는 일반적 의미를 얻기 시작한다.[4] 플라톤과 아리스토텔레스는 인간이 동료를 떠나 살 수 없다는 것을 모르지 않았으며, 이 사실에 무관심하지도 않았다. 그러나 그들은 그것을 인간 특유의 특성이라고 생각하지 않았다. 반대로 동료와 함께 산다는 것은 동물과 인간의 공통점이었다. 그 때문에라도 이 특성은 인간에게 근본적인 것이 아니었다. 인간 종 사이의 자연적이고 단순한 사회적 교제는 생물학적 삶의 필요에 의해 인간에게 부과된 일종의 한계로 여겨졌다. 생물학적 삶은 동물로서의 인간에게도, 또 다른 동물의 삶에도 동일한 것이었다.

그리스 사상에 따르면 정치적 조직체를 가질 수 있는 인간의 능력은, 그 중심이 가정(*oikia*)과 가족인 자연적 결사체와는 다를 뿐만 아니라 완전히 대립적이다. 도시국가의 발생은 인간이 "사적 생활 외에 두 번째 삶이라 할 수 있는 **정치적 삶**을 부여받았음을 의미한다. 이제 모든 시민은 두 가지 존재 질서에 속하게 되고, 그의 삶에서 자신의 것

---

3) 리비우스에게는 지배의 **결사체**, 코르넬리우스 네포스에게는 범죄자의 **결사체**(*Societas regni* in Livius, *societas sceleris* in Cornelius Nepos). 그런 동맹은 상업적 목적을 위한 것으로 결론지을 수 있다. 그래서 아퀴나스도 상인들 간의 '진정한 **결사체**'는 '투자가 본인도 위험을 함께 질 때에만', 다시 말해 동업이 진정한 동맹일 때에만 존재한다고 주장한다(W.J. Ashley, *An Introduction to English Economic History and Theory*, 1931, p.419).

4) 나는 이후부터 '인류'(man-kind)를 인간 종을 지칭하는 데 사용할 것이다. 그러나 이것은 인간 전체를 의미하는 '인류'(mankind)와는 구별된다.

(*idion*)과 공동의 것(*konon*)은 분명하게 구분된다.[5] 고대 그리스의 씨족집단인 프라트리아(*phratria*)와 필레(*phylē*)처럼 혈족에 의존하는 모든 조직 단위를 해체함으로써 폴리스의 토대가 구축된 것은 아리스토텔레스의 의견이나 이론이 아니라 단순한 역사적 사실이었다.[6] 인간의 공동체에 나타나는 필요한 모든 활동 중에서 두 활동만이 정치적 활동으로 간주되었고, 아리스토텔레스가 정치적 삶이라 부른 것을 구성한다고 여겨졌다. 그것은 행위와 언어(*lexis*)다. 행위와 언어로부터 인간사의 영역(*ta tōn anthrōpōn pragmata*)이 발생하며 단순히 필요하거나 또는 유용하기만 한 모든 것은 이 영역에서 배제된다.

도시국가를 확립해야만 사람들이 전 생애를 정치적 영역 속에서 행위와 토론으로 보낼 수 있었던 것은 확실하다. 그러나 이 두 능력이 같

---

5) Werner Jaeger, *Paideia*, 1945, III, 111.

6) 『고대도시』(*The Ancient City*, Anchorn, 1956)의 서론에 따르면 쿨랑주(Fustel de Coulanges)의 주요 논제는 "같은 종교"가 고대의 도시조직과 고대의 도시국가를 형성했음을 보여주는 데 있지만, 그는 가족 종교에 기반을 둔 씨족체제와 도시체제는 "실제로 적대적인 지배 형태로서 ……도시가 존속하지 못하거나 아니면 시간이 지나면서 도시가 가족을 파괴할 것이라는" 언급을 많이 하고 있다. 이 위대한 저서에 이런 모순이 나타나는 것은 그가 로마와 그리스의 도시국가를 함께 다루려 했기 때문인 것 같다. 그는 베스타(Vesta) 숭배가 "매우 일찍부터 그리스에서는 약화되었지만, 로마 시대에는 쇠퇴하지 않았다"는 점을 인식하고 있었지만, 자신의 증거와 범주를 주로 로마의 제도와 정치에 의존했다(p.146). 가정과 도시 사이의 간격은 로마보다 그리스에서 훨씬 더 넓었다. 또한 호메로스와 폴리스의 종교인 올림피아 종교는 가족과 가정의 오래된 종교와 별개의 것으로 더 우월했다. 로마가 통일되어 제2의 건국을 한 후 가정의 여신인 베스타는 '도시 화덕'(city hearth)의 수호자이자 공식적으로 정치 숭배의 대상이 된 반면, 그녀의 그리스 동료 헤스티아(Hestia)는 그리스의 유일한 시인인 헤시오도스가 처음 언급했을 뿐이다. 그는 의식적으로 호메로스와 반대 입장을 취하면서 가정과 가정에서의 삶을 예찬했다. 폴리스의 공식 종교와 관련해 헤스티아는 올림피아 12신이 회합한 자리에서 자기 자리를 디오니소스에게 내주어야만 했다(Mommsen, *Römische Geschichte*, 5th ed., Book I, ch.12; Robert Graves, *The Greek Myths*, 1955, 27. k).

은 종류에 속할 뿐 아니라 둘 다 최고의 능력이라는 확신은 **폴리스**의 확립에 앞서 이미 소크라테스 이전의 사상에도 있었다. 호메로스가 말하는 아킬레스의 위대함은, 우리가 그를 "위대한 행위를 하는 자, 위대한 말을 전하는 자"로 생각할 때에만 이해할 수 있다.[7] 근대에서 이해했던 것과는 달리 그러한 말들이 위대한 것으로 여겨졌던 것은 위대한 사상을 표현해서가 아니다. 오히려 그 반대다. 『안티고네』(*Antigone*)의 마지막 행에서 알 수 있듯이 강력한 반격에도 답변을 할 수 있는 '위대한 말들'(*megaloi logoi*)의 능력이 아마 고대의 사유를 지도했던 것 같다.[8] 사유는 언어에 비하면 부차적이다. 그러나 언어와 행위는 동시대

---

7) 이 구절은 Phoenix의 연설에 나온다(『일리아드』*Iliad*, ix. 443). 그것은 전쟁과 사람들이 자신을 드러낼 수 있는 공적 공간인 **아고라**(*agora*)를 위한 교육을 언급하고 있다. 이를 번역하면 다음과 같다. "(너의 부친은) 이 모든 것, 즉 위대한 말을 하고 위대한 행위를 하는 자가 되도록 너를 가르치라고 내게 명하셨다" (*mythōn te rhētēr' emenai prēktēra te ergōn*).

8) 『안티고네』의 마지막 행(1350-1354)을 문자 그대로 번역하면 다음과 같다. "But great words, counteracting (or paying back) the great blows of the overproud in old age." 이 행의 내용은 우리가 이해하기에는 너무 곤혹스런 것이어서 이 행의 순수한 의미를 그대로 읽어낼 수 있는 역자를 찾기란 거의 힘들다. 그러나 예외가 있는데, 횔덜린의 번역이 그것이다. "높은 어깨를 과시하는 저 힘찬 행동에 복수를 하는, 저 위대한 시선, 당신은 나이가 들어 사유하는 것을 가르쳐주었습니다"(Grosse Blicke aber,/Grosse Streiche der hohen Schultern/Vergeltend,/Sie haben im Alter gelerht zu denken). 플루타르크가 보고하고 있는 한 일화는 매우 저급한 수준이긴 하지만 이와 같은 행위와 말의 관계를 보여주고 있다. 어떤 사람이 한번은 데모스테네스(Demosthenes)를 찾아가서 얼마나 무시무시하게 두들겨 맞았는지를 이야기했다. "그러나 당신은 어떤 고통도 받지 않았습니다." 그 사람은 목소리를 높여 소리쳤다. "내가 어떤 고통도 받지 않았다고요?" "지금 나는 상처받고 고통스러워하는 누군가의 목소리를 듣고 있습니다"라고 데모스테네스는 대답했다(Lives, "Demosthenes"). 이러한 말과 사유의 고대적 관계를 마지막으로 보존하고 있는 것은 키케로의 "*ratio et oratio*"라는 구절이다. 그러나 사유가 단어를 통해 표현된다고 생각하는 우리에게 말과 사유에 대한 이런 관계는 부재한다.

적이고 동등한 것이자 동일한 지위와 종류에 속하는 것이다. 이것이 본래 의미하는 바는 폭력의 영역 밖에서 대부분의 정치적 행위가 이루어지는 한, 말을 통해 실행될 뿐만 아니라 더 나아가 적절한 순간에 적절한 말을 발견하는 것이 ― 이 말에 담겨 있는 정보와 의사소통의 내용과는 상관없이 ― 행위라는 점이다. 오직 순전한 폭력만 말이 없다. 이런 이유 때문에 폭력은 결코 위대할 수 없다. 고대 말기에 전쟁과 수사의 기술이 정치적 교육의 중요한 두 과목으로 부상했을 때조차 그것은 여전히 **폴리스** 이전의 옛 경험과 전통의 영감을 받고 발전했으며 그것에 종속된 채로 남아 있었다.

모든 정치적 조직체 중에서 가장 수다스런 조직체라고 불렸던 (이 이름이 전혀 근거 없지는 않다) **폴리스**를 경험하면서 그리고 더욱 결정적으로는 이 경험에서 탄생된 정치철학에서도 행위와 말은 점점 더 분리되었고 마침내 서로 분리되어 독자적인 활동이 되었다. 강조점은 행위에서 말로 옮겨졌다. 다시 말해서 우연히 발생하거나 행해진 무엇에나 답변을 주고 대응을 하며 적절한 조치를 취하는 특별히 인간적인 방식으로서의 말보다는 설득의 수단으로서 말이 강조되었다.[9] 정치적이라는 것, 즉 **폴리스**에서 생활한다는 것은 힘과 폭력이 아니라 말과 설득을 통하여 모든 것을 결정함을 의미한다. 그리스인들은 설득하기보다 폭력으로 사람을 강요하고 명령하는 것이 전(前)정치적으로(pre-political) 사람을 다루는 방식이라고 생각했다. 이 방식은 **폴리스** 밖의

---

9) 이와 같은 발전의 특징은, 모든 정치가가 '수사학자'로 불렸으며 공적으로 말하는 기술인 수사학은 철학적 언설인 변증법과는 구별되는 것으로서 아리스토텔레스는 수사학을 설득의 기술로 정의했다는 점이다(*Rhetoric*, 1354a12 이하, 1355b26 이하를 보라). (이 구별은 플라톤에서 유래한다. 『고르기아스』 *Gorgias*, 448) 우리는 이런 의미에서 테베의 몰락에 대한 그리스인의 견해를 이해해야만 한다. 즉 테베의 몰락은 그들이 군사훈련만을 중시하고 수사학은 무시했기 때문이다(Jakob Burckhardt, *Griechische Kulturgeschichte*, ed. Kroener, III, 190을 보라).

생활, 즉 가장이 전제 권력을 휘두르는 가정과 가족생활의 특징이며 또는 아시아의 야만적인 제국의 전형적인 생활이다. 제국의 전제주의는 흔히 가정의 조직과 유사했다.

인간은 정치적 동물이라는 아리스토텔레스의 정의는 가정생활에서 경험하는 자연적 결사체와는 무관할 뿐만 아니라 오히려 대립된다. 우리는 이 정의를 인간은 이성과 언어를 가진 동물(*zōon logon ekhon*)이라는 유명한 두 번째 정의와 함께 생각할 때에만 완전히 이해할 수 있다. 이성적 동물(*animal rationale*)*이라는 이 정의의 라틴어 번역은 '사회적 동물'과 마찬가지로 근본적인 오해에서 기인한다. 아리스토텔레스는 인간에 대한 일반적인 정의를 내리려고도, 인간이 가진 최고능력을 규정하려고도 하지 않았다. 그에게 인간의 최고능력은 로고스(*logos*), 즉 언어 또는 이성이 아니라 누우스(*nous*), 즉 관조의 능력이었다. 관조의 주된 특징은 그 내용을 말할 수 없다는 점이다.[10] 이 유명한 두 가지 정의로 아리스토텔레스는 폴리스에서 당시 통용되던 인간에 대한 의견과 정치적 삶의 방식에 대한 의견을 정식화했다. 이 의견에 따르면 폴리스 외부의 모든 사람, 로고스가 없는(*aneu logou*) 노예와 이방인들이 박탈당한 것은 언어의 능력이 아니라, 언어와 언어만이 의미를 만들 수 있는 그리고 서로 토론을 하는 것이 모든 시민의 주된 관심이 되는 삶의 방식이다.

'정치적'이란 단어를 '사회적'이란 단어로 옮기면서 생긴 라틴어 번역의 가장 심각한 착오는 아퀴나스가 가정 지배의 본질과 정치적 지배의 본질을 비교하는 논의에서 가장 분명하게 드러난다. 가부장은 왕과

---

10) 『니코마코스 윤리학』, 1142a25와 1178a6 이하.

* '아니말 라티오날레'(*animal rationale*)는 인간에 관한 그리스의 고전적 정의인 '*zoon logikon*' '*zoon logon echon*'의 라틴어 번역용어다. 인간이 다른 동물들과 구별되는 종차적 특성이 '이성을 갖고 있다'(*logon echone*)는 점이라고 강조한 아리스토텔레스의 입장이 이 용어에 반영되어 있다.

유사성을 지니지만 가장의 권력은 왕의 권력만큼 '완전하지' 못하다. 그리스와 폴리스뿐만 아니라 서양의 고대국가 전체에서 전제권력은 가정, 즉 노예와 가족을 다스리는 가부장(*paterfamilias*), 즉 주인(*dominus*)의 권력보다 위대하지도 않고 '완전하지도' 않다는 사실이 자명했다.[11] 그 이유는 결합된 가부장들의 권력이 도시 통치자의 권력과 대등하거나 이 권력을 견제해서가 아니라, 보다 적절히 말하자면 절대적이고 저항할 수 없는 지배와 정치적 영역은 상호배타적이기 때문이다.[12]

5. 폴리스와 가정경제

정치적인 것과 사회적인 것을 동일시하는 오류는 그리스어 용어들이 라틴어로 번역되어 로마-기독교 사상에 적용된 것만큼이나 오래되었지만, 이 문제는 근대로 들어와, 특히 사회의 근대적 개념에서 다시 아주 복잡해진다. 사적 영역과 공론 영역의 단순한 구분은 가정과 정치 영역의 구분과 일치하며, 이 두 영역은 고대의 도시국가가 발생한 이래 뚜렷이 구별되는 실체로서 존재해왔다. 그러나 사적 영역도 공론 영역도 아닌 사회적 영역의 출현은 엄격히 말하면 비교적 새로운 현상이다. 이 현상의 기원은 근대의 출현과 일치하며 그 정치적 형식은 국민국가다.

지금 우리에게 중요한 문제는 이런 발전 때문에 공론 영역과 사적 영

---

11) 아퀴나스, 앞의 책 ii. 2. 50. 3.

12) 그러므로 지배자(*dominus*)와 가부장(*paterfamilias*)은 신하(*servus*)와 노예(*familiaris*)와 마찬가지로 동의어다. *Dominum patrem familiae appellaverunt; servos······ familiares*(Seneca, *Epistolae*, 47. 12). 이전에 로마 시민의 자유는 로마 황제가 도미누스(*dominus*)라는 명칭을 채택했을 때 사라졌다. 그것은 "아우구스티누스 황제와 티베리우스 황제도 여전히 저주와 모욕적인 욕설인 것처럼 배척했던 명칭이다"(H. Wallon, *Historiae de l'esclavage dans l'antiquité*, 1847, III, 21).

역, 폴리스의 영역과 가정·가족의 영역, 끝으로 공동세계와 관련된 활동과 생계유지와 관련된 활동의 단호한 구분을 이해하기가 매우 어렵게 되었다는 것이다. 그런데 이런 구분에 의거해야만 고대의 정치사상은 자명해진다. 그 구분의 경계선이 우리에게 분명치 않아 보이는데, 그것은 우리가 민족집단이나 정치적 공동체를 가족의 이미지로, 즉 그 일상사를 거대한 범국가적 가계행정의 차원에서 처리되는 가족의 이미지로 이해하기 때문이다. 이런 발전에 상응하는 과학적 사상은 정치학이 아니라 '국민경제' '사회경제' 또는 **민족경제**(Volkswirtschaft)다. 이 모든 표현은 일종의 '집단적 가정관리'를 지시한다.[13] 경제적으로 조직되어 하나의 거대한 인간가족의 복제물이 된 가족 결합체를 우리는 '사회'라 부르고 사회가 정치적 형태로 조직화된 것을 '국가'라 부른다.[14] 그러므로 고대인은 '경제'와 관련된, 다시 말해 개인의 삶과 종의 생존과 관련된 것은 무엇이나 비정치적인 가정사로 이해했기 때문에, 우리가 '정치경제'라는 용어 자체가 모순적이라는 점을 깨닫기는 매우 어렵다.[15]

---

13) 군나르 뮈르달(Gunnar Myrdal, *The Political Element in the Development of Economic Theory*, 1953, p.xl)에 따르면, '사회경제' 또는 '집단적 가정관리'(*Volkswirtschaft*)라는 관념은 '세 가지 주요 테제' 중의 하나인데, "그 시작에서부터 경제학에 침투해 있던 정치적 사고는 이들을 중심으로 형성되었다."

14) 이것은 국민국가와 사회가 중세의 왕국과 봉건제로부터 발생했고 중세 봉건제 안에서 가족과 가계가 고대와는 달리 중요했다는 사실을 부인하는 것은 아니다. 그러나 그 차이점은 분명하다. 중세 봉건제 안에서 가족과 가정은 서로 독립적이었다. 그래서 특정 지역을 대표하고 동등한 사람들 중 제1인자(*primus inter pares*)로서 중세 영주를 지배하던 왕실 가계는 절대직 지배자가 그러하듯이 한 가정의 가장인 척하지 않았다. 중세의 '국가'는 가족들의 집합체였다. 그 구성원들은 자신들을 전체 국민을 구성하는 한 가족의 구성원으로 생각하지 않았다.

15) 이 구별은 아리스토텔레스의 위작 『경제학』의 첫 문단에 분명하게 드러난다. 왜냐하면 여기서 아리스토텔레스는 가정의 전제적 일인 지배체제(*mon-archia*)

역설적으로 도시국가와 공론 영역이 가정과 가계라는 사적 영역의 희생 위에 이루어졌다는 점은 분명하다.[16] 비록 가정의 전통적인 신성함이 고대 로마보다 그리스에서 덜 분명하게 드러나기는 했어도 완전히 상실된 적은 없다. 폴리스가 시민들의 사생활 침해를 방지하고 각자의 소유를 둘러싼 경계선을 신성한 상태로 유지한 것은 우리가 알고 있는 것처럼 사적 소유를 존중해서가 아니다. 가정이 없는 남자는 세계의 일에 참여할 수 없다는 사실 때문이었다. 왜냐하면 그에게는 자기 것이라고 할 수 있는 거처가 없기 때문이었다.[17] 사적 생활을 무화(無化)시키는 지점까지 공론 영역을 확장하고 사적 소유를 폐지하려는 계획을 세운 플라톤조차 제우스에 대해 큰 존경심을 가지고 경계선의 보호자인 헤라카이오스에 관해 언급했고, 시민들의 사유지 가운데 세워진 경계 말뚝인 **호로이**(*horoi*)를 신성하다고 여기면서도 모순이 있다고 생각하지 않았다.[18]

가정영역의 뚜렷한 특징은 공동생활이 전적으로 필요와 욕구에 의해 움직인다는 것이다. 그 추진력은 삶 그 자체다─플루타르크에 의하

에 이와 전적으로 다른 조직인 폴리스를 대립시키고 있기 때문이다.

16) 아테네의 경우 솔론의 입법에서 그 전환점을 볼 수 있다. 쿨랑주가 부모 부양을 자식의 의무로 규정한 아테네의 법률에서 가장이 권력을 상실한 증거를 찾는 것은 정당하다(앞의 책, p.315, p.316). 그러나 가장의 권력은 도시의 이해와 상충될 때에만 제한되었지 가족 구성원 개개인을 위해 제한된 적은 없었다. 그래서 자식을 팔고 유아를 유기하는 것은 고대에 줄곧 지속되었다(R.H. Barrow, *Slavery in the Roman Empire*, 1928, p.8을 참조하라. 가장권*patrica potestas*의 다른 권리들은 폐기되었다. 그러나 유아 유기의 권리는 374년까지 남아 있었다).

17) 시민들이 수확물을 분배하여 공동으로 소비하도록 하면서도 각자의 토지에 대해서 절대적 소유권을 인정하는 법률을 가진 도시가 그리스에 있었다는 것은 이런 구별과 관련해 흥미로운 사실이다. 쿨랑주는 이 법률을 '유일한 모순'이라 부른다(Coulanges, 앞의 책, p.61). 그러나 이것은 모순이 아니다. 고대인들은 이 두 유형의 소유가 아무런 공통점이 없다고 생각했기 때문이다.

18) 『법률』(*Laws*), 842를 보라.

면 가정의 신인 페나테스는 "우리를 살아 있도록 하고 우리의 신체에 영양을 공급해주는 신"이다[19] — 이 삶은 개체의 유지는 종족의 보존을 위해 타인과의 교제를 필요로 한다. 개체의 유지가 남자의 임무이고 종족의 보존이 여자의 임무라는 것은 명백한 사실이며, 부양을 위한 남자의 노동과 출산하는 여자의 노동은 자연적 기능으로서 똑같이 삶의 절박함에 묶여 있다. 그러므로 가정의 자연적 공동체는 필연성의 산물이고 거기에서 이루어지는 모든 활동은 필연성의 지배를 받는다.

이와는 반대로 폴리스의 영역은 자유의 영역이다. 두 영역 사이에 연관성이 있다면, 생활에 필수적인 것을 가정에서 익히는 일이 폴리스에서의 자유의 조건이라는 점이다. 정치가 사회를 보존하는 유일한 수단은 아니다. 즉 정치가 중세의 '신앙 사회', 존 로크(John Locke)의 '소유 개인주의 사회', 토마스 홉스(Thomas Hobbes)의 '무정하게 소득에 몰두하는 사회', 마르크스의 '생산자의 사회', 우리 시대의 사회처럼 '직업을 가진 자의 사회', 사회주의와 공산주의 국가의 '노동자 사회' 등의 보존을 위한 유일한 수단일 수 없다. 모든 경우 사회에서 자유만이 정치적 권위를 제한하는 것이 필요하고 정당화될 수 있다. 자유는 사회적인 것의 영역 안에 위치하고 권력과 폭력은 정부의 독점권이 된다.

그리스의 모든 철학자는 폴리스의 삶에 적대적이었지만, 그럼에도 불구하고 자유가 전적으로 정치적 영역에 속한다는 사실을 당연시했다. 또 그들은 필연성은 전(前)정치적 현상으로서 사적인 가정조직

---

19) Coulanges, 앞의 책, p.96에서 인용. 플루타르크에 대한 언급은 *Quaestiones Romanae* 51을 참조. 쿨랑주는 그리스와 로마 종교의 저승신만을 일방적으로 강조함으로써 이 신들이 단순히 죽은 신이 아니라는 것, 숭배는 단순히 '죽음 숭배'가 아니라는 것, 마지막으로 초기의 종교는 동일한 과정의 두 측면인 삶과 죽음에 봉사했다는 것을 간과했다. 삶은 흙에서 와서 흙으로 되돌아간다. 탄생과 죽음은 단지 지하의 저승신들이 지배하는 동일한 생물학적 과정의 서로 다른 두 단계다.

의 특징이며 강제와 폭력은 필연성을 극복하고―노예를 지배함으로써―또 자유롭기 위한 수단으로서, 예컨대 노예를 지배하기 위한 수단으로서 이 사적 영역에서 정당화된다는 사실을 당연시했다. 모든 인간이 필연성에 예속되어 있다는 사실은 타인에 대한 폭력을 정당화한다. 폭력은 세상의 자유를 위해 삶의 필연성으로부터 해방되고자 하는 인간의 전정치적 행위다. 이런 자유는 그리스인이 행복한 삶(eudaimonia)이라 부른 것의 근본적인 조건이다. 행복한 삶은 우선 부와 건강에 의존하는 객관적 상태다. 가난하거나 아프다는 것은 신체의 필연성에 구속되어 있음을 의미하고 노예가 된다는 것은 인간의 폭력에 예속된다는 의미다. 노예의 양면적이고 이중적인 '불행'은 노예의 주관적인 행복과는 전적으로 무관하다. 그러므로 가난한 자유인은 매일 변하는 노동시장의 불안정을 정규직보다 선호한다. 왜냐하면 정규직은 자신이 원하는 것을 할 수 있는 자유를 제한하는 까닭에 이미 노예상태로 느껴지기 때문이다. 그래서 사람들은 가혹하고 고통스러운 노동을 가내노예들의 안일한 생활보다 선호했다.[20]

　그러나 가장이 가족과 노예에게 행사하는 전정치적 힘 또는 인간이 '정치적 동물'이기에 앞서 '사회적'이기 때문에 필수적인 것으로 간주되는 전정치적 힘은 혼돈의 '자연상태'와는 아무런 공통점이 없다. 17세기 정치사상에 의하면, 이 자연상태의 폭력에서 벗어날 수 있는 길은 권력과 폭력의 독점권을 가진 정부를 세워 '모두를 공포 속으로 몰아넣는 만인에 대한 만인의 전쟁상태'를 없애는 것이었다.[21] 반대로

---

20) 크세노폰의 *Memorabilia*(ii. 8)에 나오는 소크라테스와 에우테루스의 토론은 꽤 흥미롭다. 에우테루스는 필요에 의해 자신의 신체로 노동해야 하는 자다. 그는 자기 신체가 이런 삶을 오래 견딜 수 없기 때문에 노년에는 궁핍해질 것이라 확신한다. 그러나 그는 여전히 노동이 구걸보다 낫다고 생각한다. 그 때문에 소크라테스는 '아주 부유해서 하인이 필요한' 누군가를 찾아보라고 권한다. 에우테루스는 자신은 하인 신분(*douleia*)을 견딜 수 없다고 대답한다.

우리가 이해하는 지배와 피지배 개념, 정부와 권력 개념들과 이것들이 지시하는 규정된 질서는 전정치적 개념으로 또 공론 영역보다는 사적 영역에 속하는 것으로 여겨졌다.

가정이 가장 엄격한 불평등의 장소인 반면, 폴리스는 오직 '평등'만을 고려한다는 점에서 가정과 뚜렷이 구별된다. 자유롭다는 것은 삶의 필연성이나 타인의 명령에 예속되는 것이 아니고 또 타인에게 명령하는 것도 아니다. 자유롭다는 것은 지배하거나 지배받는 것을 의미하지 않는다.[22] 따라서 가정 영역 안에 자유는 존재하지 않는다. 왜냐하면 가정의 지배자인 가장은 가정을 떠나, 모든 사람이 평등한 정치적 영역으로 들어갈 수 있는 힘을 가질 때에만 자유롭다고 간주되기 때문이다. 확실히 이런 정치적 영역의 평등성은 우리의 평등 개념과 아무런 공통점이 없다. 그것은 자신과 동등한 사람들 사이에 살고 이 사람들하고만 관계 맺는 것을 의미하며 또 실제로 도시국가 주민의 대다수를 차지하는 '불평등한 자'의 존재를 전제로 한다.[23] 그러므로 근대와는 달리 정의와 무관한 평등이 자유의 필수적 본질이었다. 즉 자유롭다는 것은 지배관계에 내재하는 불평등에서 벗어나서 지배와 피지배 둘 다 존재하지 않는 영역에서 활동하는 것을 의미했다.

---

21) 홉스, 『리바이어던』(*Leviathan*), 1부 13장 참조.

22) 다른 형식의 지배를 논하는 글 중에 헤로도토스의 글이 가장 유명하고 미려한 참고문이다(iii. 80-83). 그리스에서 평등(*isonomie*)의 수호자인 오타네스(Otanes)는 "지배하는 것도 지배받는 것도 원치 않는다"라고 말한다. 그러나 아리스토텔레스가 자유인의 삶이 전제군주의 삶보다 낮고 전제군주에게는 자유가 없다(『정치학』, 1325a24)고 말한 것은 이와 동일한 태도다. 쿨랑주에 따르면 타인의 지배를 표현하는 말인 *rex, pater, anax, basileus*와 같은 그리스·라틴어 단어는 원래 가정의 지배관계를 지시하던 말이자 노예가 주인을 부르던 말이다(앞의 책, pp.89 이하, p.228).

23) 이 비율은 차이가 있으며, 스파르타에 대한 크세노폰의 보고는 다소 과장되었다. 스파르타의 시장 주민 4,000명 중 외국인은 고작 70명 정도였다(*Hellenica* iii. 35).

그러나 근대와 고대 정치관의 근본적 차이를 대립의 관점에서 분명히 파악할 수 있는 가능성은 여기서 끝난다. 근대에서는 사회적 영역과 정치적 영역의 구분이 훨씬 덜 선명하다. 정치는 단지 사회의 기능일 뿐이고 행위와 언어 그리고 사유는 사회적 이해관계의 상부구조라는 사실은 마르크스의 단순한 발견이나 고안이 아니다. 이는 근대의 정치경제학자에게서 무비판적으로 수용한 것으로 여러 자명한 가정들의 일부다. 이러한 정치의 기능화로 인해 두 영역 사이의 심각한 심연을 감지하는 것조차 불가능하게 되었다. 그리고 이것은 이론이나 이데올로기의 문제가 아니다. 왜냐하면 사회의 발생, 즉 가계(*oikia*) 또는 경제활동이 공론 영역으로 부상함에 따라 가계 유지와 과거의 사적 영역이었던 가족과 관련된 모든 문제가 이제 '집단적' 관심이 되었기 때문이다.[24] 근대에서 이 두 영역은, 마치 멈추지 않는 삶의 과정 속에 흐르는 파도처럼 끊임없이 서로 뒤섞인다.

고대인들이 가정이라는 좁은 영역을 초월하여 정치 영역으로 진입하기 위해 매일 '넘어야' 했던 심연이 사라진 것은 근본적으로 근대의 현상이다. 사적 영역과 공론 영역 사이의 심연은 비록 그 중요성이 상실되고 위상도 완전히 변했지만, 중세까지는 여전히 존재했다. 로마제

---

24) Gunnar Myrdal, 앞의 책을 보라. "한 가정의 가장처럼 사회는 그 구성원들을 위해 살림을 꾸려나가야 한다는 생각이 경제용어에 깊이 뿌리내리고 있다. 독일어 국민경제학(Volkswirtschaftslehre)은 공동의 목적과 가치를 가지는 경제활동의 집단적 주체가 존재한다는 것을 암시한다. 영어에서 '부(wealth) 이론'과 '복지(welfare) 이론'도 유사한 생각을 표현하는 말이다"(p.140). "사회의 살림 유지를 그 기능으로 하는 사회경제는 무엇을 의미하는가? 우선 말은 자신의 가정 살림을 책임지는 개인들과 사회의 유사성을 암시하거나 함축하고 있다. 애덤 스미스(Adam Smith)와 제임스 밀(James Mill)은 이런 유사성을 구체적으로 설명했다. 실천적 정치경제와 이론적 정치경제의 구분에 대한 폭넓은 인식이 생겨나고 존 스튜어트 밀(John Stuart Mill)이 비판한 뒤부터 이 유추는 강조되지 않았다"(p.143). 이 유추가 더 이상 사용되지 않은 까닭은 발전하면서 가족단위를 흡수한 어엿한 대체물이 되었기 때문이다.

국의 몰락 후 가톨릭교회가 과거에 자치 정부의 특권이었던 시민권의 대체물을 인간에게 제공했다고 말하는 것은 옳다.[25] 일상생활의 암울함과 신성한 모든 것을 따라다니는 장엄한 광채 사이의 중세적 긴장은 많은 부분에서 사적인 것이 공적인 것으로 이동한 고대적 상승과 일치한다. 물론 차이점은 분명하다. 교회가 아무리 '세속적'이 되었다 하더라도, 신앙인의 공동체를 유지시키는 것은 본질적으로 내세에 대한 관심이다. 종교적인 것을 공적인 것과 동일시하기는 약간 어려워도, 봉건제에서 세속적인 영역은 고대의 사적 영역과 완전히 동일했다. 봉건 시대의 특징은 모든 활동이 사적인 가정 영역으로 흡수되어 오로지 사적 의미만을 가지게 되고, 그 결과 공론 영역은 없어졌다는 점이다.[26]

이렇게 사적 영역이 확장되면서 고대의 가장과 봉건군주의 차이점도 나타났다. 봉건군주는 자신의 지배 권한 안에서 정의를 실현할 수 있었지만 고대의 가장은 가정을 온화하게 또는 가혹하게 다스리든 정치 영역 밖에서는 법과 정의를 알지 못했다는 점이 특징적 차이점이다.[27] 모든 인간활동이 사적 영역에서 이루어지고 모든 인간관계가 가

---

25) R.H. Barrow, *The Romans*, 1953, p.194.

26) 르바쇠르(E. Levasseur, *Histoire des classes ouvriéres et le de l'industrie en France avant 1789*, 1900)가 중세 노동 조직의 특징이라고 주장하는 것은 중세의 공동체 전체에도 타당하다. "모든 사람은 각자 자기 집에서 살았고 또 스스로의 힘으로 살았다. 귀족은 자신의 영지에서, 농민은 자신의 경작지에서, 그리고 도시인은 자신의 도시에서 살았다"(p.229).

27) 『법률』에서 플라톤이 권하는 노예에 대한 공정한 대우는 정의와 무관하며, "노예를 고려해서가 아니라 우리 자신을 고려해서 권고하는 것이다." 두 가지 법, 즉 정치적 법인 정의와 가정의 법인 지배의 공존에 대해서는 H. Wallon, 앞의 책, II, 200을 보라. "그런데 법률은 아주 오랫동안 가장의 영역에 침투해 들어가는 것을 삼갔다. 법률은 여기에서도 다른 법이 지배한다는 사실을 인정했다." 가정사, 노예관리, 가족 관계 등과 관련하여 고대, 특히 로마의 사법부는 근본적으로 무제한적인 가장의 권력을 제한하기 위해 고안되었다. 전적으로 '사적인' 노예들은 정의상 법의 영역 밖에 존재하며, 따라서 주인의 지배에 종속되어

정이라는 범례에 의존해서 형성되는 경향은 특히 중세의 직업조직체인 길드로까지 거슬러 올라가고 심지어 상업사회 초기와도 연결된다. 상업사회에서 " '회사'라는 말과 '같은 빵을 먹는 사람' '같은 빵과 포도주를 먹는 사람들' 같은 표현은 원래 결합가정을 의미한다."[28] 중세적 개념인 '공동선'(共同善)은 결코 정치적 영역의 존재를 암시하는 것이 아니다. 다만 사적 개인들이 물질적·정신적으로 공동의 이해관계를 갖고 있음을 알려준다. 또한 이는 그들 중 한 사람이 이런 공동의 이해관계를 위해 일할 경우에만 사적 개인들은 사생활을 유지하고 생업에 종사할 수 있음을 보여주는 것이기도 하다. 정치에 대한 기독교의 태도가 근대의 태도와 근본적으로 다른 점은 '공동선'의 인식이 아니라 사적 영역의 배타성이며, 사적 이해관계에도 공적 의미를 부여하는 특이한 중간영역, 즉 '사회'의 부재다.

그러므로 세속의 영역에만 관심을 기울였던 중세의 정치사상이 보호받는 가정생활과 폴리스에서의 가혹한 노출 사이의 간격에 무관심할 뿐 아니라 가장 기본적인 정치태도 중의 하나인 용기의 미덕을 인식하지 못했다는 것은 놀랍지 않다. 정치에 과거의 존엄성을 다시 부여하고자 비상한 노력을 하면서 그 간격을 감지하고 이를 넘기 위해서는 용기가 필요하다는 것을 이해한 고대 이후의 유일한 정치이론가가 니콜로 마키아벨리(Niccolò Machiavelli)였다는 사실이 놀라울 뿐이다. 그는 이것을 '용병대장이 천한 조건에서 높은 지위로 출세한 것'으로, 즉 모든 사람의 공통적 처지가 영광스럽게 빛나는 위대한 행위로 상승한 것으로 묘사했다.[29]

있다. 시민이자 주인인 자만이 법의 지배를 받는다. 이 법은 도시국가를 위해 결국 가정에서 가장의 권력을 제한하기도 했다.

28) W.J. Ashley, 앞의 책, p.415.

29) 어떤 영역에서 보다 높은 영역으로 또는 어떤 지위에서 높은 지위로의 '상승'은 마키아벨리가 반복해서 다루는 주제다(특히 『군주론』 중 Syracuse의 Hiero

모험과 영광스러운 일에 착수하고 나중에는 오로지 국사에 헌신하기 위해 가정을 떠나는 일은 용기를 요구한다. 왜냐하면 사람들은 가정 내에서만 우선 자신의 생명과 생존에 대한 염려에 몰두할 수 있기 때문이다. 정치 영역에 들어가고자 하는 사람은 누구나 우선 자기 생명을 버릴 준비가 되어야 한다. 생명에 대한 지나친 사랑은 자유에 방해가 되고 이는 동시에 노예성의 확실한 표시다.[30] 그러므로 용기는 가장 우수한 정치적 미덕이 되었다. 용기를 소유한 사람만이 내용과 목적에서 정치 공동체에 소속될 수 있고 그래야만 삶의 필요성이 모든 사람에게 ─노예든 야만인이든 그리스인이든 상관없이─ 부과한 '단순한 공존' 도 극복할 수 있었다.[31] 아리스토텔레스가 시민의 삶이라 부른 '좋은 삶'은 단지 일상의 삶보다 더 훌륭하고 더 평안하고 더 고상한 생활이

를 다루는 6장과 7장 그리고 *Discouses*, 2권 13장을 보라).

30) "솔론 시대에 노예는 죽음보다 더 못한 존재로 여겨졌다"(Robert Schlaifer, "Greek Tjeories of Slavery from Homer to Arisotle", *Harvard Studies in Classical Philology*, 1936, XLVII). 그때 이후 생명에 대한 사랑(*philopsychia*)과 비겁함은 노예의 본성과 동일시되었다. 그래서 플라톤은 이들이 노예가 되기보다 죽음을 선택하지 않았다는 사실에서 노예의 본성적 노예성을 증명했다고 믿었다(『국가론』, 386A). 이와 유사한 관점은 노예들의 불평에 대한 세네카의 대답에서 발견된다."자유가 그렇게 가까이 있는데, 그러나 거기의 모든 사람은 아직 노예인가"(EP. 77. 14). 또는 "어떻게 죽어야 할지 모르는 사람에게 삶은 노예이다"(*vita si moriedi virtus abest, servitus est*, 77. 13). 고대의 노예관을 이해하고자 할 때, 대다수의 노예는 전쟁에 패한 적이었고 노예로 태어난 사람은 단지 몇 퍼센트에 지나지 않았다는 사실을 기억해야 할 것이다. 로마공화국의 노예들은 대체로 로마의 지배를 받지 않는 지역 출신인 반면 그리스의 노예들은 주인과 같은 민족이었다. 그들은 자살하지 않음으로써 자신들의 노예적 본성을 입증했다. '용기'가 우월한 정치적 덕성이었던 까닭에 그들은 자신의 '본성적' 비가치성, 즉 시민이 되기에 부적합하다는 것을 스스로 보여주었다. 노예에 대한 이러한 태도는 로마제국에서 변했는데, 그 이유는 스토이시즘의 영향과 높은 비율의 노예들이 태어날 때부터 노예였기 때문이었다. 그러나 로마에서도 *labos*는 베르길리우스(Vergilius)에 의해 불명예스러운 죽음과 밀접한 연관이 있다고 여겨졌다(*Aenies*, vi).

아니라 이와는 질적으로 다른 삶이다. 단순한 삶에서 드러나는 필연성을 지배하고 노동과 생산으로부터 자유로우며 모든 피조물이 자신의 생존에 대해 갖는 내적 충동을 극복하는 정도에 있어서 더 이상 생물학적 과정에 얽매이지 않게 되었을 때 이를 '좋은 삶'이라 부를 수 있다.

그리스의 사상은 명확하고 정확하게 그 정치의식의 바탕을 이루는 이 구분을 표현한다. 생계만을 목적으로 하고 삶의 과정을 유지하는 데 이바지하는 모든 활동은 정치 영역에 등장할 수 없었다. 이것은 무역과 수공업을 포기하고 이를 근면한 노예와 이방인에게 넘겨주는 매우 위험한 거래의 대가였다. 그래서 아테네는 막스 베버(Max Weber)가 생생하게 묘사했듯이 '소비하는 무산자'를 가진 '연금국가'(pensionopolis)가 되었다.[32] 비록 가정과 **폴리스**의 경계선이 여기부터 이미 지워지기 시작하지만, 플라톤과 아리스토텔레스의 정치철학에서 **폴리스**의 진정한 성격은 여전히 명확하다. 특히 플라톤은 **폴리스**의 사례와 예증을 사적인 삶의 일상경험으로부터 이끌어낸다. 플라톤을 계승하는 아리스토텔레스도 잠정적으로는 **폴리스**의 역사적 기원이 삶의 필연성과 연관되어 있고 **폴리스**의 내용과 내재적 목적만이 단순한 삶을 '좋은 삶'으로 초월시킬 수 있다고 생각한다.

너무나 자명하여 곧 진부한 것이 되어버린 소크라테스학파 이론의 이러한 측면들은 당시에는 가장 혁명적이고 새로운 것이었다. 그것은 정치적 삶의 실제 경험에서 나온 것이 아니라 그러한 삶의 짐을 벗고

---

31) 자유인은 용기를 통해 자신을 노예와 구별했다는 사실이 크레타의 시인인 히브리아스(Hybrias)의 시 주제였다. "나의 부는 창과 검이자 아름다운 방패, 그러나 창과 검 그리고 신체를 보호하는 방패를 감히 갖지 못하는 자, 그 자는 두려움으로 무릎을 꿇고, 그리하여 나를 신이자 위대한 왕이라 부르리라"(Eduard Meyer, *Die Sklaverei im Altertum*, 1898, p.22에서 인용).

32) Max Weber, "Agraverhältnisse im Altertum", *Gesammelte Aufsätze zur Sozial- und Wirtschaftsgeschichte*, 1924, p.147.

자 하는 바람의 결과였다. 가장 자유로운 삶의 방식조차도 여전히 필연성과 연관되어 있고, 그것에 예속되어 있다는 것을 논증하는 것만이 이 바람을 정당화할 수 있는 유일한 방법이라고 철학자들은 생각했다. 그러나 플라톤과 아리스토텔레스에게는 실제적인 정치적 경험의 배경이 너무나 강하게 남아 있어서 그들은 가정과 정치적 삶의 영역 사이의 구분을 결코 의문시하지 않았다. 삶의 필연성을 가정에서 극복하지 않고서는 삶도 '좋은 삶'도 가능하지 않다. 그러나 정치는 결코 삶을 위해서 존재하지 않는다. 폴리스의 구성원에 관해 말한다면, 가정생활은 폴리스에서의 '좋은 삶'을 위하여 존재할 따름이다.

6. 사회의 발생

사회의 출현은 가사 활동의 문제와 조직 형태가 가정의 어두운 내부에서 공론 영역의 밝은 곳으로 이전된 것을 말한다. 이로 말미암아 사적인 것과 공적인 것을 구분하던 옛 경계선은 불분명해졌고, 두 용어의 의미와 이것이 개인과 시민의 삶에 대해 지녔던 중요성도 거의 식별할 수 없을 정도까지 변했다. 우리는 공동세계 밖에서 오직 '자신의 것'(*idion*)의 사생활로 일생을 보내는 삶을 '백치와 같은 삶'(idiotic)이라고 정의한 그리스인의 생각에 동의할 수 없으며, 사생활은 공적 존재로부터의 일시적 피난처일 뿐이라는 로마인의 생각에도 동의할 수 없다. 우리는 오늘날 사적인 것을 친밀성의 영역이라 부른다. 고대 그리스에서는 전혀 알지 못했던 이 영역의 초기 형태는 후기 로마에 이르러 비로소 발견된다. 그러나 이 영역의 고유한 다면성과 다양성을 근대 이전에는 알지 못했다.

이것은 단순한 강조점 이동의 문제가 아니다. 이 단어 자체가 보여주듯이, 고대의 정서에서 '사생활'의 박탈적 특성은 매우 중요했다. '사생활'은 문자 그대로 어떤 것이 박탈당한 상태를 의미하는데, 그것도 인간의 능력 중 최고이자 최상인 인간적인 것이 박탈당했음을 의미한다. 사적인 삶만을 사는 사람, 노예처럼 공론 영역에 들어가지 못하는 사람, 이방인처럼 공론 영역을 세우지 않는 자는 완전한 인간이 아니다. 우리는 '사생활'(privacy)이라는 단어를 사용하면서 이제 더 이상 박탈을 떠올리지 않는다. 이는 부분적으로 근대 개인주의로 인해 사적 영역이 매우 풍요해진 덕택이다. 그러나 근대의 사생활이 정치적 영역만큼 사회적 영역과 예리하게 대립하고 있다는 사실은 중요하다. 사회적 영역의 내용을 사적 문제로 생각한 고대인은 이 대립을 알지 못했다. 역사적으로 중요한 사실은, 친밀한 사람들의 보호처로서 가장 적절하게 기능하는 근대 사생활의 경우에는 정치적 영역과 대립하는 것이 아니라 사회적 영역과 대립한다는 점이다. 그러므로 사생활은 사회적 영역과 좀더 밀접한 관련이 있다.

친밀성을 최초로 해명했을 뿐만 아니라 어느 정도 친밀성에 대한 이론가라 할 수 있는 사람은 장 자크 루소(Jean-Jacques Rousseau)다. 그는 특이하게 장 자크라는 이름만으로도 자주 인용되는 위대한 저자다. 그가 자신의 이론을 발견하게 된 계기는 국가의 억압에 대한 반항이 아니라 사회가 인간의 마음을 참을 수 없을 정도로 왜곡하고 인간의 가장 내밀한 영역까지 침투하는 것에 대한 반항이었다. 그때까지 인간의 마음은 어떤 특별한 보호도 필요로 하지 않았다. 마음의 친밀성은, 사적인 가정과는 달리, 세계 안에 스스로를 구현할 수 있는 객관적 장소를 가지고 있지 않다. 마찬가지로 마음의 친밀성이 저항하는 대상인 사회도 이 세계에서 공적 공간만큼 확실한 자리를 얻을 수 없다. 루소에게 사회적인 것과 친밀성은 차라리 인간실존의 주관적 양태였다. 그의 경우 장 자크가 마치 루소라 불리는 인간에게 반항하는 것 같았다. 근대의 개인과 그의 무한한 갈등, 사회에 편히 있지 못하고 사회 밖에서도 살지 못하는 무능력, 항시 변하는 기분과 근본적으로 주관적인 개인의 정서생활은 모두 마음의 반항에서 생겨났다. 루소 개인에 대해 아무리

의심스러워도 루소가 발견한 것의 확실성은 의심의 여지가 없다. 18세기 중반부터 1860~70년 이후까지 놀랄 만큼 시와 음악이 개화되고 전적으로 사회적 예술형식인 소설이 발전했으며 그리고 동시에 모든 공적 예술, 특히 건축의 현저한 쇠퇴는 사회적인 것과 친밀한 것 사이의 밀접한 관계를 증언하기에 충분하다.

루소와 낭만주의자들은 사회에서 친밀성을 발견했고, 그런 사회에 반항했다. 반항은 특히 사회의 평준화 요구, 오늘날 모든 사회에 내재하는 것으로서 우리가 순응주의라 부르는 경향을 겨냥하고 있다. 이 평등의 원칙이—이 원칙에 의거하여 우리는 토크빌(A. Tocqueville) 이후의 순응주의를 비난한다—사회적·정치적 영역에서 권리를 주장할 수 있는 충분한 시간을 갖기도 전에, 반항이 일어났다는 사실을 기억해야 한다. 어떤 민족이 평등한 또는 불평등한 사람으로 이루어졌는가는 순응주의의 관점에서는 별로 중요하지 않다. 왜냐하면 사회는 언제나 그 구성원이 하나의 의견과 하나의 이해관계만을 가질 수 있는 거대한 가족 구성원인 것처럼 행동하기를 요구하기 때문이다.

근대에 들어와 가족이 해체되기 이전에는 가장이 공동의 이익과 일치된 의견을 대변했고, 가장은 그에 맞게 가족 구성원을 지배하고 그들 사이에 일어날 법한 분열을 억제했다.[33] 사회의 부상과 가족의 쇠퇴가 놀랍게도 시기적으로 일치한다는 사실을 통해 우리는 실제로 가족 단위가 이에 상응하는 사회집단 안으로 흡수되었다는 것을 알 수 있다. 동등한 신분을 가진 사람들 간의 평등과는 전적으로 다른 이 집단 구성원 간의 평등은, 가장의 전제권력 앞에서 누리는 가족구성원의 평등을 상기시킨다. 단 예외가 있다면 자연스럽게 성장한 공동 이익과 다수에

---

33) 세네카의 언급은 이를 잘 설명해준다. 그는 높은 교육을 받은 노예(진정으로 모든 고전을 아는 자)가 아주 무식한 주인에 대해 가지는 유용성을 논의하면서 다음과 같이 부언한다. "주인이 아는 것은 집안 식구가 아는 것과 같다"(Ep. 27. 6. R.H. Barrow, *Slavery in the Roman Empire*, p.61에서 인용).

의해 하나로 일치된 의견의 힘이 강력히 요구되는 사회에서는, 실질적으로 공동의 이익과 올바른 의견을 대변하는 일인에 의한 통치가 반드시 필요하지는 않다는 점이다. 순응주의는 이런 근대적 발전의 최종단계에서 나타나는 특징적인 현상이다.

일인지배, 고대인들이 전형적인 가정의 조직형태라고 말했던 군주제적 지배는, 알다시피 절대군주의 궁정가족이 사회질서의 최상부를 형성하지 않는 오늘날 사회에서는 일종의 익명의 지배로 변형되었다. 그러나 이 익명의 지배, 즉 추정된 하나의 경제적 사회이익, 마찬가지로 추정된 상류사회의 일치된 의견은 인격성을 상실했다고 지배하는 것을 중단하지는 않는다. 가장 사회적인 형식의 정부, 즉 관료제(전제주의와 절대주의에서는 일인지배가 그 첫 단계이나 국민국가에서는 관료제가 마지막 단계)에서 알 수 있듯이, 익명의 지배도 당연히 지배다. 어떤 상황에서는 이것이 가장 잔인하고 독재적인 지배가 될 수 있다.

사회가 모든 발전단계에서—예전에는 가정과 가계가 그랬던 것처럼—행위의 가능성을 배제한다는 것이 결정적으로 중요하다. 그 대신 사회는 각 구성원으로부터 일정의 행동을 기대하며, 다양하고 수많은 규칙들을 부과한다. 이 모두는 구성원을 '표준화'시키고, 예의바르게 행동하도록 만들며, 자발적 행위나 탁월한 업적을 갖지 못하게 한다. 루소 덕분에 우리는 상류사회가 이를 요구한다는 것을 알게 되었다. 이들의 관습은 개인을 언제나 사회구조 안에서의 그들의 지위와 동일시한다. 문제는 이와 같은 사회적 지위와 개인의 동일화다. 그 구조가 18세기 반봉건사회의 실제 서열인지 아니면 19세기 계급사회에서의 자격인지 아니면 오늘날 대중사회의 기능인지는 중요하지 않다. 반대로 대중사회의 발생은 이전의 가족단위가 겪었던 것처럼 다양한 사회집단이 하나의 사회로 흡수되는 고통을 겪었음을 암시한다. 대중사회의 출현과 더불어 사회 영역은, 몇 세기의 발전을 거쳐 마침내 특정한 공동체의 모든 구성원을 평등하게 그리고 같은 정도로 구속하고 지배하는 지점에 이르렀다. 어떤 상황에서도 사회는 평등화 경향을 보이는데, 근대세계에서 평등의 승리는 사회가 공론 영역을 정복했고 차별과 차이는 이제 개인의 사적 문제가 되었다는 사실을 정치적·법적으로 승인하는 것에 불과하다.

이런 근대적 평등은 사회에 내재하는 순응주의에 기초하고 있고 또 행동이 인간관계의 최고 양태인 행위를 대체했기 때문에 가능하다. 그러므로 근대의 평등은 모든 면에서 고대의 평등과는 다르며, 특히 그리스 도시국가의 평등과는 매우 다르다. 이곳에서 소수의 '평등한 사람' (*homoioi*)에 속한다는 것은 곧 그런 동류집단 안에서 살 수 있다는 것을 의미했다. 그러나 공론 영역 자체인 **폴리스**는 격정적인 정신으로 충만했다. 이곳에서는 모두가 다른 사람과 구분되는 자신의 특성을 부각시켜야 했고, 독특한 행위와 업적을 통해 자신이 최고(*aien aristeuein*)라는 것을 보여주어야만 했다.[34] 달리 말해 공론 영역은 개성을 위해 준비된 곳이다. 그것은 사람들이 바꿀 수 없는 진정한 자신의 모습을 보여줄 수 있는 유일한 장소다. 이런 기회를 잡기 위해, 또 기회 포착을 가능케 하는 정치적 조직체에 대한 애정으로 각 개인은 배심관, 방어, 공적 업무 관리 같은 부담을 기꺼이 안으려 했던 것이다.

근대 경제학은 이와 동일한 순응주의에 기인한다. 즉 사람은 행동할 뿐이지 다른 사람을 고려하여 행위하는 것이 아니라는 가정에 뿌리를 둔다. 경제학의 탄생은 사회의 발생과 일치하며, 그것은 주요한 기술적 도구인 통계학과 더불어 가장 우수한 사회과학이 되었다. 경제학은 근대에 이르기까지 윤리학과 정치학에서 별로 중요하지 않은 부분이었다. 이 학문은 사람들이 경제활동에 관해서도 다른 활동에서와 같이 행

---

34) "언제나 최고가 되어 타인들을 능가하라"(*Aien aristeuein kai hypeirochon emmenai allōn*)는 호메로스의 영웅들의 주요 관심사다(『일리아드』, vi. 208). 호메로스는 "그리스인의 교육자였다."

위한다는 가정에 기반을 두고 있다. 경제학은 사람들이 사회적 존재가 되어 한결같이 일정한 행동유형을 따르고 규칙을 따르지 않는 사람은 비사회적·비정상적이라고 간주될 경우에만 과학적 성격을 획득할 수 있다.[35]

통계학의 법칙은 많은 사람에게 오랜 기간 적용될 경우에만 타당하다. 행위나 사건은 통계학의 관점에서는 단순한 일탈이나 동요일 뿐이다. 통계학은 자기 정당화를 위해 위대한 업적이나 사건은 일상사나 역사에서 드물게 발생한다는 사실을 지적한다. 그러나 일상적 관계의 의미는 일상생활이 아니라 흔치 않은 업적을 통해 드러난다. 마찬가지로 어떤 역사적 시기는 그것을 밝혀주는 소수의 사건 속에서 그 의미를 드러낸다. 다수의 사람에게서 오랜 시간을 통해 포착되는 법칙을 정치와 역사에 적용하는 것은 주요 문제 자체를 고의로 없애려는 기도다. 일상적 행동이나 자동적 추세가 아닌 모든 것을 하찮은 것으로 간주해서 배제한 다음 정치와 역사의 의미를 찾으려는 것은 희망 없는 일이다.

---

35) "애덤 스미스에서부터 정치경제를 일차적으로 '과학'으로 개념화했다." 고대와 중세에는 이 개념을 몰랐고, 교회법 학자의 교의도―최초의 완벽한 경제적 교의로서, '과학'이 아니라 '기술'이라는 점에서 근대 경제와는 달랐다―이를 몰랐다(W.J. Ashley, 앞의 책, pp.379 이하). 고전경제학에 의하면 인간은 능동적 존재인 한, 오로지 자기 이익 때문에 행동하고 단 하나의 욕망, 즉 취득의 욕망에 의해 움직인다. 애덤 스미스는 "누구의 의도도 아닌 목적을 추동시키기 위한 보이지 않는 손"을 도입함으로써 하나의 동기를 가진 최소한의 행위도 과학의 확립을 주도할 수 있는 창발성을 가진다는 점을 증명하고 있다. 마르크스는 개인적·인격적 이익을 집단적·계급적 이익으로 대체하고 이 계급이익을 양대 계급인 자본가와 노동자로 환원함으로써 고전경제학을 더욱 발전시켰다. 이렇게 함으로써 고전경제학이 다수의 모순적 갈등을 보았던 곳에서 그는 오직 하나의 갈등만을 보게 된다. 마르크스의 경제체계가 보다 일관적이고 정합적이며 그의 선임자보다 훨씬 더 '과학적'인 이유는 일차적으로 그가 '사회화된 인간'을 제시했다는 점에 있다. 그의 사회화된 인간은 행위하는 존재이기보다 자유경제학의 '경제적 인간'이다.

그러나 우리가 다수를 취급할 경우, 통계의 법칙은 거의 타당하기 때문에 모든 인구증가는 분명 타당성의 증대와 '편차'가 현저히 감소함을 의미한다. 그 정치적 의미는 어떤 정치 조직체의 인구가 많으면 많을수록 정치적 요소보다 사회적 요소가 공론 영역을 더 구성한다는 것이다. 가장 개인주의적이고 (이기적인 것과 구별하여) 조화로운 정치 조직체로 우리에게 알려진 그리스 도시국가 사람들은, 행위와 언어를 강조하는 **폴리스**가 시민의 수를 엄격히 제한할 때에만 유지될 수 있다는 것을 분명하게 알고 있었다. 전제주의가 일인지배든 다수 지배든 간에 단순하게 모인 다수의 사람은 거의 자동적으로 전제주의적 지배형태로 나아가려는 경향을 보인다. 현실의 수학적 조작인 통계학은 근대 이전에는 알려지지 않았다. 그러나 그리스인들은 통계학의 방식으로 처리할 수 있는 사회적 현상들, 즉 다수, 순응주의의 중시, 행동주의, 인간사에서의 자동주의 등을 페르시아 문명과 구별되는 자신들만의 특성으로 이해했다.

　사람이 많으면 많을수록 더욱더 비슷하게 행동하게 되고 더욱더 다른 행동을 관용하지 못한다는 사실은, 우리에게는 불행한 것이지만 행동주의에 관한 진리이고 또 그 '법칙'의 타당성을 보여준다. 이것은 통계학의 방법으로 변동을 평준화하는 데서 알 수 있다. 실제로 행위는 행동의 급류를 막을 수 없을 것이고 사건들도 그 자체의 의미, 즉 역사적 시대를 밝혀주는 능력을 점점 상실할 것이다. 통계의 일률성은 결코 과학의 무해한 이상이 아니고 사회의 은밀한 정치적 이상도 아니다. 사회는 틀에 박힌 일상생활 속에 완전히 침몰하여 사회 자체에 내재하는 과학적 통찰과 조화를 이룬다.

　통계의 결정에 내맡겨져 과학적으로 정확하게 예측할 수 있는 획일적 행동은 '고전'경제학의 토대인 자연적 '이해의 조화'라는 자유주의적 가설로는 설명될 수 없다. '공산주의의 허구'를 도입한 이는 마르크스가 아니다. 다시 말해 '보이지 않는 손'이 인간의 사회적 행동을 이끌고, 상충하는 이해관계를 조화시키는 하나의 사회적 이익이 존재한다고 가정한 자는 마르크스가 아니라 자유주의 경제학자들이었다.[36] 마르크스가 그들과 다른 점은 조화라는 가설적 허구뿐만 아니라 당시의 사회에서 드러났던 모습 그대로의 갈등이 실재하고 있음을 진지하게 받아들였다는 점이다. '인간의 사회화'가 자동적으로 모든 이해관계의 조화를 산출한다는 그의 결론은 옳다. 그리고 모든 경제이론의 기초가 되는 '공산주의의 허구'를 현실 속에서 확립할 것을 제안했다는 점에서 마르크스는 그의 자유주의적 스승보다 더 용감했다. 그러나 마르크스가 이해하지 못했던 것은―그 당시로는 이 사실을 이해하기 어려웠을 것이다―공산주의 사회의 맹아는 이미 국민경제의 현실 속에서 싹트고 있었고, 계급 간의 이해관계가 아니라 이미 낡아버린 국민국가의 전제적 구조가 공산주의의 완전한 발전을 방해했다는 사실이다. 사회의 원만한 기능을 방해한 것은 '뒤처진' 계급들의 행동을 간섭하고 여전히 사회에 영향을 미쳤던 전통의 잔재임이 분명하다. 사회의 관점에서 이 잔재들은 '사회세력들'의 완전한 발전을 저해하는 단순한 방해 요소일 뿐이었다. 전통의 잔재들은 더 이상 현실과 일치하지 않았으며, 그래서 하나의 이해관계라는 과학적 '허구'보다 어떤 의미에서는 훨씬

---

36) 사회주의가 아닌 자유주의적 공리주의는 "지지할 수 없는 사회의 단일성에 관한 '공산주의적 허구'에 필연적으로 이르게 되며, 공산주의적 허구는 대부분의 경제학 저서에 암시되어 있다"는 것은 뮈르달의 저명한 저서의 주요 명제다 (Myrdal, p.54, p.150). 그의 결론은 복지 또는 국부(commonwealth)라 부르는 한 가지 이해관계가 전체 사회를 지배한다고 가정하는 경우에만 경제학은 과학이 될 수 있다는 것이다. 결론적으로 자유주의 경제학자들을 인도한 것은 항상 '공산주의'의 이상, 즉 '전체 사회의 이익'이었다(p.194, p.195). 이 논증의 맹점은 "사회를 단일 주체로 생각해야만 한다"는 주장에 이른다는 점이다. 그러나 단일 주체는 정확히 인식될 수 없는 그 무엇이다. 우리가 그것을 인식하려고 노력한다면, 그것은 사회적 활동이 몇몇 개인이 의도한 결과물이라는 근본 사실로부터 단일 주체를 추상화하려는 시도에 불과하게 된다(p.154).

더 '허구적'이었다.

사회가 모든 영역을 장악하기 위해서는, 그것이 어떤 종류든 상관없이, '공산주의적 허구'를 항상 필요로 한다. 이 허구의 뚜렷한 정치적 특징은 사회가 '보이지 않는 손', 즉 익명에 의해 지배된다는 것이다. 우리가 전통적으로 국가나 정부라 부르는 것은 여기에서 단순한 행정으로 대체된다. 이 사태를 마르크스는 '국가의 소멸'이란 개념으로 정확히 예견했다. 그러나 그는 혁명만이 국가를 소멸시킬 수 있다고 생각하는 잘못을 저질렀다. 더욱이 사회의 완전한 승리가 결국 '자유 왕국'의 출현을 의미한다고 생각한 것은 더욱 잘못된 것이었다.[37]

근대에서 사회가 승리한 정도, 즉 행동이 행위를 대체하는 것으로 시작해 개인의 지배가 관료제, 즉 익명의 지배로 바뀌면서 끝난 승리의 정도를 우리가 가늠하고자 할 때, 인간활동의 제한된 영역의 행동유형만을 구성하는 학문인 경제학이 사회의 주도 학문이었다가 결국 완전히 포괄적인 주장을 하는 사회과학이 사회의 주도 학문이 되었다는 점을 기억하는 것이 중요하다. '행동과학'으로서 사회과학은 인간 자체를 그리고 그의 모든 활동을, 조건반사적으로 행동하는 동물의 수준으로 환원하는 것이 목적이다. 경제학의 행동규칙은 단지 제한된 계층의 국민에게 그리고 단지 특정한 활동에 대해서만 적용될 수 있었기 때문에 경제학이 사회 초기단계의 학문이라면, '행동과학'의 발생은 분명 이런 발전의 마지막 단계를 보여준다. 이때 대중사회는 국가의 모든 계층을 점령하고 '사회적 행동'은 모든 생활영역의 기준이 된다.

사회가 탄생한 이후, 즉 가계와 가사활동이 공론 영역의 사안이 된 이후, 사회가 보다 최근에 확립된 친밀성의 영역과 그 이전의 정치적·

---

37) 근대사회에 대한 마르크스의 적실성을—대체로 무시되는 측면이지만—명쾌하게 해명하는 글을 보려면 Siegfried Landshut, "Die Gegenwart im Lichte der Marxschen Lehre", *Hamburger Jahrbuch für Wirtschafts- und Gesellschaftspolitik*, 1권, 1956을 참조할 것.

사적 영역을 잠식하여 성장하는 것은 피할 수 없는 추세다. 이것은 부단히 성장한다는 특징과 더불어 새로운 사회적 영역이 가진 뚜렷한 특징 중 하나다. 우리는 지난 3세기에 걸쳐 지속적으로 성장이 가속화되는 현상을 관찰할 수 있었다. 이런 부단한 성장의 힘은 삶의 과정 자체가 여러 형식의 통로를 거쳐 공론 영역으로 변하게 만든 것이 사회라는 사실에서 기인한다. 가정이라는 사적 영역은 삶의 필연성, 개인의 보존과 종의 지속을 관리하고 보장하는 영역이다. 친밀성의 발견 이전에 사적 생활이 가진 특징 중 하나는 인간이 이 영역에서 진정한 인간으로서가 아니라 동물의 한 종으로서만 실존했다는 점이다. 바로 이 때문에 고대인은 사적 영역에 지독한 경멸을 보냈다. 사회의 출현으로 이 영역 전체에 대한 평가는 변했지만 그 본질은 달라지지 않았다. 모든 유형의 사회가 가지는 획일적 성격, 즉 하나의 이해와 의견만을 허용하는 순응주의는 결국 인류의 단일성에 뿌리박고 있다. 인류의 단일성은 환상이 아니고 고전경제학의 '공산주의적 허구'와 같은 단순한 과학적 가설 이상이기 때문에, 사회적 동물로서 인간을 최고의 지배자로 만들고 세계적 차원에서 종의 보존을 보장하는 대중사회는 동시에 인간성을 말살할 수도 있다.

사회가 삶의 과정 자체를 공적으로 조직하는 것은 아마 새로운 사회적 영역이 비교적 최단시간 안에 모든 근대의 공동체를 노동자와 직업인의 사회로 변형시켰다는 사실에서 가장 명확하게 드러난다. 달리 말해 이 공동체들은 삶을 유지하기 위해 필요한 한 가지 활동의 주변으로 집중되었다. (노동자의 사회를 구현한다고 해서 모든 구성원이 노동자나 생산자가 될 필요는 없다. 노동계급의 해방과 다수결의 원칙이 이 계급에 부여하는 엄청난 잠재적 권력도 여기서 중요하지 않다. 중요한 것은 사회의 모든 구성원이 무슨 일을 하든 자신의 활동을 자신과 자기 가족의 생계유지 수단으로 파악한다는 것이다.) 단지 살기 위해 상호의존한다는 사실이 공적 의미를 획득하고 단순히 생존에 관련된 활동이 공적으로 등장하는 곳이 '사회'다.

활동이 사적으로 또는 공적으로 수행되는가 하는 문제는 결코 무의미한 문제가 아니다. 공론 영역의 성격은, 어떤 활동이 여기에 속하는가에 따라 변하는 것이 분명하지만 활동 자체도 자신의 본질을 상당히 변화시킨다. 어떤 조건에서나 노동활동은 가장 기본적이고 생물학적인 의미에서의 삶의 과정에 예속되어 있으며 수천 년 동안 변함없이 삶의 과정의 영속적인 순환 속에 갇혀 있었다. 정치적 조직체가 항상 영원을 위해 건설되었고 그것의 법은 인간의 운동에 부과된 한계로 이해되었다는 사실을 기억한다면, 노동에 공적 지위를 부여하는 것은 노동의 과정적 성격을 제거하는 것이 아니라 오히려 단조롭게 순환하는 반복 운동으로부터 이 과정을 해방시켜 급속하게 진행되는 발전으로 변형시키는 것이다. 이로 말미암아 인간이 거주하는 전 세계는 단지 몇 세기 만에 완전히 변했다.

노동을 배척하여 사적 영역 안에 머물게 하던 제한에서 노동이 해방되자마자—노동의 해방은 노동계급의 해방이 아니다. 그 반대다—모든 유기체의 삶에 내재하는 성장의 요소가 갑자기 유기체의 삶을 점검하고 균형을 이루게 하는 부패의 과정을 완전히 극복하여 성장할 수 있는 것처럼 보였다. 삶의 과정은 사회적 영역 속에 자신의 공론 영역을 확립했는데, 사회적 영역은 자연적인 것이 부자연스럽게 성장하도록 만들었다. 한편으로 사적인 것과 친밀한 것, 다른 한편으로 (이 말의 좁은 의미에서) 정치적인 것은 이 성장뿐만 아니라 사회나 부단히 성장하는 사회적 영역에 대해서도 스스로를 방어할 수 없음이 입증되었다.

자연적인 것의 부자연스러운 성장은 보통 끊임없이 가속화되는 노동생산성의 증가를 말한다. 부단한 증가에서 가장 중요한 요소는 산업혁명 이전에 일어난 분업에서 볼 수 있는 노동의 조직화다. 노동생산성에서 두 번째로 중요한 요소인 노동과정의 기계화조차 이런 노동의 조직화에 기반을 둔다. 조직화의 원리 자체는 분명 사적 영역이 아닌 공

론 영역에서 발생하지만, 분업은 오로지 공론 영역의 조건 아래서 노동
활동이 이룰 수 있는 발전이며 결코 가정의 사생활에서는 발생할 수 없
는 것이었다.[38] 우리는 노동의 혁명적 변형과정에서와 같은 탁월한 업
적을 삶의 어떤 다른 영역에서도 획득한 적이 없다. 이로 인해 우리는
노동이라는 단어의 동사적 의미(그것은 언제나 거의 참을 수 없는 '고
통과 수고', 따라서 신체의 손상과 관련된다. 오직 극단적 비참과 가난
만이 노동하는 이유였다)를 상실하게 된다.[39] 긴박한 필연성이 삶을

---

38) 여기 이후부터 나는 '분업'이라는 용어를 한 활동이 분업화되고 원자화되어 수
많은 세부 조작 단계가 되는 근대의 노동조건에서만 사용한다. 그러나 직업 전
문화에서 비롯되는 '분업'에는 사용하지 않는다. 후자는 사회를 하나의 단일
주체로 생각해야 한다는 가정에서만 그렇게 분류될 수 있는데, 이때 '보이지 않
는 손'은 주체의 욕구를 그 구성원들 사이에서 세분화된 형태로 충족시킨다. 이
것은 성별 노동 분업이라는 이상한 생각에도 해당된다. 어떤 저자들은 성별 분
업을 가장 근원적인 분업이라 생각하기도 한다. 이 생각은 인류, 즉 인간 종을
단일 주체로 전제한다. 인간 종은 남자와 여자의 노동을 나눴다. 똑같은 논증
이 고대에도 사용되었는데 (예를 들어 Xenophon, *Oeconomicus*, vii. 22) 강조점
과 그 의미는 매우 다르다. 주된 구분은 안에서, 즉 가정에서 지내는 삶과 밖, 즉
세계에서 보내는 삶의 구분이다. 후자만이 인간에게 가치 있는 삶이다. 분업사
상을 위한 필수적인 가정인 남녀평등 관념이 없었다(n. 81과 비교). 고대는 직
업상의 전문화만을 알았다. 추측해보면 이 전문화를 결정하는 것은 자연적 자
질과 재능이었다. 따라서 일꾼 수천 명을 필요로 하는 금광 작업은 힘과 기술에
따라 배분되었다(P. Vernant, "Travil et nature dans la Grèce ancienne", *Journal
de psychologie normale et pathologique*, Vol.LII, No.1, 1955).

39) '노동'에 해당하는 모든 유럽어, 라틴어 및 영어의 labor, 그리스어 *ponos*, 프
랑스어 travail, 독일어 Arbeit는 고통과 수고를 의미하며, 따라서 탄생의 고통
을 의미한다. Labor는 labare(짐을 지고 비틀거리다)와 같은 어근을 가진다.
*ponos*와 *Arbeit*는 '가난'(그리스어 *penia*와 독일어 Armut)과 동일한 어근을 가
진다. 고대에서 노동을 옹호한 몇 안 되는 사람으로 간주되었던 헤시오도스
도 *ponon alginoenta*(고통스러운 노동)을 인간을 혹사시키는 첫째 악이라고 말
했다(*Theogony*, 226). 그리스 용법에 대해서는 H. Herzog-Hauser, "Ponos", in
Pauly-Wissowa를 보라. 독일어 Arbeit와 arm은 모두 외롭고 무시당하고 항복
했음을 의미하는 독일어 arbma에서 파생되었다. Kluge/Götze, *Etymologisches*

유지하기 위해 노동을 필수불가결한 것으로 만드는 반면, 탁월성은 노동에서 기대하기가 가장 힘든 것이었다.

그리스인들은 아레테(*aretē*)로, 로마인들은 비르투스(*virtus*)로 불렸던 탁월성은 늘 공론 영역에만 주어졌다. 사람들은 공론 영역에서만 타인을 능가하거나 타인으로부터 자신을 구별할 수 있다. 공론 영역에서 수행되는 모든 활동은 사생활에서는 결코 얻을 수 없는 탁월성을 획득할 수 있다. 탁월성의 획득을 위해서는 정의상 타인의 현존이 늘 요구된다. 이 현존은 동등한 동료에 의해 구성된 형식성을 필요로 하며, 동등한 사람들이나 열등한 사람들의 우연적이고 친숙한 현존이어서는 안 된다.[40] 사회적 영역이 탁월성을 익명으로 만들고 사람들의 업적보다 인류의 진보를 강조하며 공론 영역의 내용을 변화시켜 알아볼 수 없는 것으로 만든다 하더라도, 이 영역조차 공적인 수행과 탁월성의 관계를 완전히 파괴할 수는 없었다. 근대에 들어와 공적으로 수행되는 노동이 특이한 방식으로 완벽해진 반면, 우리의 행위 및 언어능력은 이전에 가졌던 자질의 상당 부분을 잃고 말았다. 왜냐하면 사회의 발생으로 인해 행위 및 언어능력은 친밀한 영역과 사적 영역 안으로 추방당했기 때문이다. 이 심각한 불일치는 공적인 주목을 받았다. 우리의 기술능력과 일반 인문학의 발전 간의 시간적 지체, 자연을 지배하고 변화시키는 물리학과 사회를 변화시키고 통제하는 방법을 알지 못하는 사회과학 사이의 시간적 지체에 이 모순의 책임이 있다고 그들은 주장했다. 너무

Wörterbuch, 1951을 보라. 중세 독일어에서 그 단어는 *labor, tribulatio, persecutio, adversitas, malum*을 번역하기 위해 사용되었다(Klara Vontobel, *Das Arbeitsethos des deutschen Protestantismus*, Dissertation, Bern, 1946을 보라).

40) 노예의 시대가 엄습했을 때 제우스가 인간 탁월성의 반을 빼앗아갔다는(『오디세이』, xvii. 320 이하) 자주 인용되는 호메로스의 사상은 노예였던 에우마이오스의 입을 통해 말해진다. 이것은 비판도 도덕적 판단도 아니다. 단지 객관적 서술이다. 노예는 탁월성을 보여줄 수 있는 공론 영역에 진입할 수 없었기에 탁월성을 상실했다.

나 자주 지적되어 다시 반복할 필요가 없는 논증의 다른 오류들을 도외시하더라도, 이 비판은 인간의 심리에서 일어날 수 있을 만한 변화에만 관심을 가진다. 인간이 살고 있는 세계의 변화가 아니라 소위 행동유형의 변화에 관심을 가진다. 공론 영역의 부재나 현존을 구체적 세계의 실재만큼이나 부적절하다고 여기는 이 심리학적 해석은, 세계가 인간 활동의 공간을 제공하지 않는다면 어떤 활동도 탁월해질 수 없다는 관점에서 볼 때, 상당히 의심스럽다. 교육이나 천재성 그리고 재능도 공론 영역의 구성적 요소를 대신할 수 없다. 공론 영역은 인간이 탁월성을 발휘하는 적절한 장소다.

7. 공론 영역: 공통적인 것

'공적'이라는 용어는 서로 밀접하게 연관되지만 완전히 일치하지 않는 두 현상을 의미한다. 첫 번째로 용어는 누구나 공중 앞에 나타나는 모든 것을 보고 들을 수 있고 따라서 가능한 한 가장 폭넓은 공공성을 가진다는 것을 의미한다. 우리에게는 현상이—나뿐만 아니라 다른 사람도 보고 들을 수 있는 것—실재를 구성한다. 공적으로 들리고 보이는 과정에서 생겨나는 실재와 비교할 때 친밀한 내적 삶의 가장 강력한 힘—마음의 열정, 정신의 사유, 감각의 즐거움—조차도, 그것이 탈(脫)사적, 탈개인적으로 변형되어 공적 현상에 적합한 형태를 가지지 않는다면 그것을 가질 때까지는 불확실하고 비현실적일 수밖에 없다.[41] 그러한 변형들은 일반적으로는 대부분 이야기 속에서 개인적 경험을 예술적으로 전환할 때 일어난다. 그러나 이러한 변형을 입증하기

---

41) 이것은 또한 '생존했던 노예의 성격 묘사를 글로 표현하는 것'이 불가능하고, ……그들이 자유롭고 악명 높게 되기까지 인격체라기보다 그림자 같은 존재로 남아 있는' 이유다(R.H. Barrow, *Slavery in the Roman Empire*, p.156).

위하여 반드시 예술가의 형식을 언급할 필요는 없다. 우리가 사생활과 친밀성에서만 얻을 수 있는 경험에 관해 이야기할 때마다 우리는 이 경험을, 일종의 실재성을 획득할 수 있는 영역으로 집어넣는다. 물론 이 경험들은 강렬하지만 이전에는 결코 그 정도의 실재성을 갖지 못했다. 우리가 보는 것을 같이 보고 우리가 듣는 것을 같이 듣는 타인이 있기에 우리는 세계와 우리 자신의 실재성을 확신한다. 근대가 발생하여 공론 영역이 쇠퇴하기 전에는 결코 알려지지 않았던 사적 영역의 친밀성은 이제 완전히 발전하여 주관적 감정과 사적인 느낌을 더욱 강화하고 풍부하게 할 것이다. 그러나 이런 강화는 항상 세계와 인간이 실재한다는 확신을 상실하는 대가를 치러야만 가능할 것이다.

우리가 알기에 가장 강렬한, 다른 경험을 모두 잊게 할 정도로 강렬한 느낌인 신체적 고통의 경험은 가장 사적이며 그래서 누구에게도 전달할 수 없는 경험이다. 이것은 공적 현상에 적합한 형태로 변형될 수 없는 유일한 경험일 뿐만 아니라 실제로 어떤 다른 것보다 더 빨리, 더 쉽게 잊어버릴 수 있을 정도로 우리의 현실감을 박탈한다. 나 자신도 '인지할 수' 없게 되는 가장 극단적인 주관성에서 외부세계의 삶으로 건너가는 다리는 여기에 없는 듯하다.[42] 고통, 달리 말해 '사람들 사이에서 존재함'을 의미하는 삶과 죽음 사이의 한계 경험인 고통은 너무나 주관적인 느낌이다. 동시에 고통은 사물과 인간의 세계와는 동떨어진 것이어서 어떤 모습도 가질 수 없다.[43]

---

42) 나는 여기서 릴케가 임종 때 지은, 잘 알려지지 않은 고통에 관한 시 한 편을 인용한다. 제목이 없는 이 시의 첫 줄은 다음과 같다. "오라 그대여, /내가 인정하는 마지막 사람, /신체의 조직 속에 들어 있는 그대 절망적 고통이여." 시는 다음 구절로 끝맺는다. "저기서 알아보지 못하게 타오르는 자 여전히 나인가? /나는 기억들을 새겨 넣지 않는다, /오 삶이여, 삶 그것은 바깥에 있다는 것, /활활 타는 불꽃 속의 나, 나를 아는 자 아무도 없다."

43) 고통의 주관성과 쾌락주의 및 감각주의의 모든 변형에 대한 이 주관성의 의미에 관해서는 15절과 43절을 보라. 살아 있는 자에게 죽음이란 근본적으로 현상

우리의 현실감은 현상이 있다는 사실과 사물이 은폐된 존재의 어둠에서 벗어나 스스로를 드러낼 수 있는 공론 영역이 있다는 사실에 의존한다. 그래서 사적이고 친밀한 삶을 비추는 희미한 빛도 결국 그 광력을 공론 영역의 보다 강한 빛에서 얻는다. 그러나 공적인 무대에 있는 타인의 지속적인 현존에서 오는 강력한 빛을 견뎌내지 못하는 것도 많다. 공론 영역에서는 보고 듣기에 적절하고 그럴 가치가 있다고 생각되는 것만이 공적인 빛을 견딜 수 있다. 따라서 그렇지 못한 것들은 자동적으로 사적인 문제가 된다. 사적인 관심이 일반적으로 부적절하다는 의미는 아니다. 반대로 우리는 매우 중요한 문제들이 오직 사적 영역에서만 살아남을 수 있음을 안다. 예컨대 사랑은 우정과는 달리 공적으로 드러나는 한, 끝나거나 없어진다. ("사랑한다는 말을 결코 하지 마세요. /사랑은 말할 수 없는 것입니다.") 사랑에 내재하는 무세계성 때문에 사랑을 통해 세계를 변화시키고 구원하려는 모든 정치적 시도는 우리에게 거짓되고 왜곡된 것으로 비친다.

공론 영역이 부적절하다고 생각하는 것이 너무나 황홀하고 매혹적이라서, 온 국민은 이것에 관심을 가지고 또 자신들의 삶의 방식으로 택할 수도 있다. 그러나 그렇다고 해서 그 본질인 사적 성격이 변하지는 않는다. '작은 것'에 대한 근대인의 기쁨은 20세기 초 시를 통해 전 유럽에 퍼졌지만 그 고전적 모습은 프랑스 국민들의 작은 행복(petit bonheur)에서 찾을 수 있다. 한때 위대하고 영광스럽던 공론 영역이 쇠퇴한 이래 프랑스인들은 '작은 것'으로 행복해지는 기술에서 전문가

으로부터 사라지는 것이다. 그러나 고통과 달리 죽음은 마치 삶 속에 현상하는 것과 같은 측면이 있다. 이것이 늙음이다. 괴테는 언젠가 늙는다는 것은 "현상으로부터 점점 물러나는 것"이라고 말했다. 이 말이 참이라는 것과 이런 사라짐의 과정은 고대의 거장들인 렘브란트, 레오나르도 다빈치 등이 그린 자화상에서 구체적으로 나타난다. 초상화의 강렬한 눈빛은 꺼져가는 육신을 밝혀주고 지배하는 것처럼 보인다.

되었다. 네 벽으로 둘러싸인 그들 자신의 공간 안, 즉 보석상자와 침대, 탁자와 의자, 개와 고양이 그리고 꽃병 사이에서 행복을 느끼고 나아가 이것들을 보살피고 애정을 쏟는다. 급속한 산업화가 어제의 것을 폐기 처분하여 오늘에 적합한 물건을 생산하는 세계에서 이 작은 행복은 이 세상에서 마지막으로 순수하게 인간적인 구석일지 모르겠다. 이런 사적인 것의 확대, 즉 온 국민이 일상 위에 퍼뜨린 매력은 이제 사적인 것(기쁨)이 공적인 것이 되어 공론 영역을 구성하게 되었음을 의미하지 않는다. 오히려 그 반대다. 공론 영역은 국민의 삶에서 거의 완전히 사라졌고, 곳곳에서 위대성이 아니라 매력이 위세를 떨치게 된다. 왜냐하면 공론 영역이 위대한 것으로 간주되던 시기에도 그것은 부적절한 것을 포용할 능력이 없어서 호감을 끌지 못했기 때문이다.

둘째, '공적'이라는 용어는 세계 자체를 의미하는데, 여기서 세계란 우리 모두에게 공동의 것이고 우리의 사적 소유지와는 구별된다. 그러나 이 세계는 인간이 움직일 수 있는 제한된 공간이자 유기체 삶의 일반조건으로서의 지구 또는 자연과는 다르다. 세계는 차라리 인간이 손으로 만든 인공품과 인위적 세계에 거주하는 사람들 사이에서 일어나는 사건과 연관된다. 세계에서 함께 산다는 것은, 탁자가 그 둘레에 앉는 사람들 사이에 자리 잡고 있듯이 사물의 세계도 공동으로 그것을 취하는 사람들 사이에 존재한다는 것을 의미한다. 모든 사이(in-between)가 그러하듯이 세계는 사람들을 맺어주기도 하고 분리시키기도 한다.

공론 영역은 공동세계와 마찬가지로 우리를 결집시켜주지만 서로 공격하고 덤벼들지 못하게 한다. 대중사회에서 일차적으로 우리가 견디기 힘든 것은 적어도 사람들의 수 때문은 아니다. 사람 사이에 존재하는 세계가 사람들을 결집시키고 관계를 맺어주며 서로 분리시키는 힘을 상실했기 때문이다. 이런 상황의 불가사의는 영혼의 강령술과 비슷하다. 즉 테이블에 둘러앉은 사람들은 어떤 마술의 속임수 때문에 갑

자기 중앙의 테이블이 없어지는 것을 본다. 그래서 서로 마주보고 앉아 있던 두 사람은 더 이상 떨어져 있지 않지만 동시에 만질 수 있는 그 무엇에 의해 서로 완전히 분리되어 있다.

공동세계에 대한 관심을 잃고 공동세계에 의해 자신들이 서로 결합되거나 분리된다고 느끼지 않는 사람들을 하나의 공동체 안에서 결집시킬 수 있을 만큼 강한 원리는 역사적으로 단 하나밖에 없다. 세계를 바꿀 수 있는 사람들 간의 유대를 발견하는 것이 초기 기독교철학의 주된 정치적 과제였다. 기독교의 '형제애'와 자비에 근거한 인간관계의 확립을 제안한 사람은 아우구스티누스였다. 자비는 그 무세계성으로 인해 일반적 사랑의 경험과 분명 일치하지만, 동시에 세계처럼 사람들 사이에 존재하는 어떤 것이라는 점에서 사랑과 구별된다. "강도들도 자기들끼리는(inter se) 이른바 이웃사랑이라는 것을 가지고 있다."[44] 기독교의 정치원리를 보여주기 위해 위와 같은 놀라운 예증을 선택한 것은 실로 잘한 일이다. 왜냐하면 사람들 간의 유대감인 자비는 자신의 공론 영역을 확립하지는 못해도 기독교의 주된 정치원리인 무세계성에는 매우 적합하기 때문이다. 만약 세계 자체가 불행한 곳이고 인간이 세계가 존재하는 한이라는 조건부로 세계에서 활동한다는 사실을 이해하기만 한다면, 자비는 성자의 무리든 범죄자의 무리든 본질적으로 무세계적인 사람들이 세계를 헤쳐 나갈 수 있도록 하는 데 가장 적합하다.[45] 기독교 공동체의 비정치적이고 비(非)공적인 성격은 일찍이 공동체(corpus)는 하나의 '육체'를 이루어야 하고 그 구성원은 가족의 형제처럼 행동해야 한다는 요청 속에 표현되어 있다.[46] 공동생활의 구조

---

44) *Contra Faustum Manichaeum*, v.5.

45) 물론 이것은 여전히 아퀴나스 정치철학의 전제조건이기도 하다(앞의 책 ii. 2. 181. 4).

46) 공동체(*corpus rei publicae*)라는 용어는 기독교화되기 이전의 라틴어에서 통용되었지만, 공화국 자체를 가리키기보다 이곳에 거주하는 주민이라는 의미

는 가족 관계를 모델로 형성되었다. 이 관계가 비-정치적이고 심지어 반-정치적이라고 알려져 있었기 때문이다. 공론 영역은 가족구성원 사이에는 존재한 적이 없었다. 따라서 기독교 공동체의 삶이 오직 사랑의 원리에 의해서만 지배되었다면 그로부터 공론 영역은 발전하지 못했을 것이다. 우리가 역사를 통해 그리고 이웃사랑이 정치질서의 원리로 시도된 유일한 공동체인 수도원의 규율에서 알 수 있듯이, '현세적 삶의 필연성'[47]을 위한 활동도 타인이 있는 데서 수행되기 때문에 그 자체가 일종의 반(反)세계를, 즉 수도원 안에 공론 영역을 세우는 위험을 야기한다. 이 위험은 부가적 규칙과 규제를 필요로 할 만큼 심각했다. 우리 논의의 맥락에서 가장 적절한 규제의 예는 탁월함과 그에 따른 자긍심의 발휘를 금지시켰다는 사실이다.[48]

무세계성은 세계가 지속되지 않을 것이라는 가정에서 출발할 때에만 정치적 현상이 될 수 있다. 그러나 이 가정의 필연적 귀결은 무세계성이 어떤 형태로든 정치무대를 지배할 것이라는 것이다. 이와 같은 사태는 실제로 로마제국의 몰락 이후 발생했고, 다른 이유로, 매우 다르지

를 가진다. 즉 주어진 정치영역이다. 상응하는 그리스어인 소마(*sōma*)는 기독교 이전의 그리스에서는 정치적 의미로 사용되지 않았다. 이 비유는 바울에게서 처음 등장하며(「고린도전서」 12장 12-27절) 초기의 모든 기독교 저자에게서도 나타난다(예를 들어 Tertullian, *Apologeticus*, 39 또는 Ambrosius, *De officiis ministrorum* iii. 3. 17을 보라). 모든 사람이 하나의 신체와 같다(*quasi unum corpus*)고 한결같이 가정하는 중세 정치이론에서도 이것은 가장 중요한 것이 되었다(Aquinas, 앞의 책 ii. 1. 81. 1). 그러나 초기의 저자들이 집단 전체의 발전을 위해 필요한 구성원들의 평등을 강조한 반면, 나중에는 수장과 구성원, 수장의 지배할 의무와 구성원의 복종 의무 사이의 차이를 강조했다(중세시대에 대한 설명으로는 Auton-Hermann Chroust, "The Corporate Idea in the Middle Ages", *Review of Politics*, Vol.VIII, 1947을 보라).

47) 아퀴나스, 앞의 책 ii. 2. 179. 2.
48) E. Levasseur, 앞의 책, p.187, 베네딕트 규율 57항을 보라. 만약 수도승이 자신의 일에 자긍심을 가지게 되면, 그는 그 일을 포기해야 한다.

만 훨씬 더 불행한 형식으로 우리 시대에 다시 발생할 것 같다. 세속적인 것에 대한 기독교적 금욕주의는, 인간 손의 산물인 인공물이 생산자인 인간과 마찬가지로 유한하다는 확신에서 나올 수 있는 유일한 결론은 아니다. 오히려 반대로 동일한 확신은 세속적인 사물의 향유와 소비와 모든 방식의 거래를 촉진시킬 수 있다. 이 거래에서 세계는 모두에게 **공통적인 것**(koinon)으로 이해되지 않는다. 공론 영역이 존재하게 되고 이후에 세계가 사람들을 결합시키는 사물 공동체로 변형된 것은 오로지 세계의 영속성 때문이다. 세계가 공적 공간을 가지려면, 세계는 한 세대만을 위해 건립되어서는 안 되고 살아 있는 자들만을 위해 계획되어서도 안 된다. 세계는 죽을 운명인 인간의 수명을 초월해야 한다.

이러한 지상의 잠재적 불멸성 속으로의 초월이 없다면 정치도, 또 엄격히 말하자면 어떤 공동세계나 공론 영역도 불가능하다. 기독교가 이해하는 공동선―모두에게 공통적인 영혼의 구원―과는 달리, 공동세계는 태어나면서 들어가 죽어서는 뒤에 남겨두는 무엇이다. 세계는 미래로도 과거로도 우리의 수명을 초월한다. 세계는 우리가 오기 전에 이미 있었다. 우리는 거기에서 잠깐 체류할 뿐이지만, 세계는 우리를 넘어 지속된다. 우리는 우리의 동시대인들뿐만 아니라 선조와 후세들과 이 세계를 공유한다. 그러나 이 공동세계가 교체되는 세대들보다 더 오래 지속하려면 공론 영역 속에 등장해야 한다. 공론 영역의 공공성만이 우리가 시간의 자연적인 파멸로부터 보존하기를 원하는 모든 것을 수용하여 수 세기에 걸쳐 빛을 발하게 할 수 있다. 지금은 더 이상 그렇지 않지만, 우리 이전 시대의 사람들은 수 세기 동안, 단지 자신이 소유하거나 타인과 공유하는 어떤 것이 자신들의 현세적 삶보다 더 오래 영속되기를 원했기 때문에 공론 영역에 참여했다. (그래서 노예에 대한 저주의 본질은 자유와 가시성의 상실일 뿐만 아니라 비가시적인 존재방식 때문에 "존재의 흔적도 남기지 못하고 사라져버리지" 않을까 하는 이들의, 즉 어둠 속에 사는 사람들의 두려움이기도 하다.)[49] 근대에 들어와 공론 영역의 소멸을 입증할 증거로서 불멸성에 대한 염려가 거의 완전히 사라졌다는 사실보다 더 명확한 것은 없을 것이다. 물론 불멸성에 대한 염려는 영원성에 대한 형이상학적 염려와 동시에 상실되었기 때문에 그 의미가 다소 가려져 있긴 했다. 영원성에 대한 형이상학적 염려는 철학자들의 **관조적 삶**의 문제이기 때문에 우리가 현재 고려할 사안이 아니다. 그러나 불멸성에 대한 염려는, 불멸성을 추구하는 것을 사적인 허영의 악덕으로 간주하는 통상적 분류가 증명하듯이, 여전히 고려된다. 어떤 사람이 진지하게 지상에서의 불멸을 추구하는 일은 현대의 상황에서는 일어날 법하지 않기 때문에 이 주장을 허영심으로 생각하는 것도 아마 정당할 것이다.

아리스토텔레스의 유명한 구절, 즉 "우리가 인간사를 고찰할 때 단지 우리가 인간인 까닭에 인간적인 면만을 완강히 주장해서도 안 되고, 우리가 죽는 존재인 까닭에 사멸성을 주장해서도 안 되며, 오히려 그 반대로 사멸적 존재인 인간이 어느 정도로 불멸성의 가능성을 가질 수 있는지를 생각해야만 한다"는 구절이 논리적으로 타당하게 바로 그의 정치적 저서에 들어 있다는 점을 잊어서는 안 된다.[50] 로마인에게는 공화국(*res publica*)*이 그렇듯이, 그리스인에게 **폴리스**는 개인적 삶의 무상성에 대항하는 무엇보다도 분명한 보증서다. 다시 말해 **폴리스**는 무

---

49) 로마 대학교에서 열린 노예의 성격에 대한 토론에서 배로(R.H. Barrow, *Slavery in the Roman Empire*, p.168)는 이렇게 말했다. "살아 있는 동안의 좋은 동료애와 품위 있는 장례식에 대한 확신 ……묘비명의 더없는 영광, 이 마지막 순간에 노예는 우울한 기쁨을 맛보게 된다."

50) 『니코마코스 윤리학』, 1177b31.

* '레스 푸블리카'(*res publica*)는 구체적이고 실재적인 사태를 의미하는 명사 '레스'(*res*)와 '공적인' 또는 '국가와 관련된'의 의미를 가진 형용사 '푸블리카'(*publica*)의 합성어로서 영어로는 common wealth 또는 republic으로 번역된다. 여기서는 '로마 공화정'과의 연관관계를 고려하여 공화국으로 옮겼다.

상하기만 한 모든 것을 막아주고 비교적 영속적인 것들을 허용하는 공간, 즉 죽을 운명의 인간에게 불멸성을 보장하는 공간이다.

사회가 눈부시게 발전하여 공적 우월성을 획득한 이후, 근대가 공론 영역을 어떻게 생각하는가를 애덤 스미스는 적의 없이 성실하게 기술하고 있다. 그는 이렇게 말한다. "일반적으로 문인이라 불리는 부유하지 않은 종족에게 공적인 찬사는 언제나 그들이 받는 보상의 일부분을 이룬다. 즉 물리학자에게는 그것이 상당한 보상이 되고, 법률전문가에게는 훨씬 더 큰 보상이 되며, 시인이나 철학자에게는 공적인 찬사가 보상의 전부가 된다."[51] 여기서 공적 찬사와 돈을 통한 보상은 본질상 같고 서로 대체할 수 있다는 것은 자명한 사실이다. 공적 찬사도 사용하거나 소비할 수 있고, 음식이 어떤 필요를 충족시키듯 오늘날의 지위도 필요를 충족시킨다고 말할 수 있다. 음식이 배고픔을 충족시킨다면 공적 찬사는 개인적 허영심을 충족시킨다. 이런 관점에서 실재성은 타인의 공적 현존에 의해서가 아니라 필요의 절박성에 의해 증명된다. 필요성이 있고 없고는 그로 인해 고통을 겪은 사람만이 증명할 수 있다. 음식에 대한 필요는 삶의 과정 자체에서 그 실재성을 증명할 수 있는 토대를 가진다. 이 때문에 전적으로 주관적인 배고픔의 고통이, 홉스가 공적 찬사에 대한 욕구를 지칭하기 위해 사용한 '공명심'(功名心)보다 더욱 실재적이라는 것은 분명하다. 하지만 타인이 이 욕구를 기적적으로 동감한다 하더라도, 그것은 그 무용성 때문에 공동세계처럼 견고하고 지속적이기는 어렵다. 이때 중요한 것은 근대에 시나 철학에 대한 공적 찬사가 부족했다는 것이 아니다. 공적 찬사가 사물을 시간의 파괴로부터 구해주는 공적 공간을 구성하지 못한다는 사실이다. 공적 찬사의 생산과 소비가 매일 훨씬 더 증가함에도 불구하고 그 무용성으로 인해 가장 무용한 금전적 보상이 오히려 더욱 '객관적'이고 실재적인 것

---

51) 『국부론』(*Wealth of Nations*), 1권, 10장(1권의 p.95, p.120).

이 되었다.

이러한 '객관성'―그 유일한 토대는 모든 필요를 충족시킬 수 있는 공통분모로서 돈인데―과는 달리 공론 영역의 실재성은 수많은 측면과 관점들이 동시에 존재한다는 사실에 근거한다. 이 측면과 관점들 속에서 공동세계는 스스로를 드러내지만, 이것들에 공통적으로 적용되는 척도나 공통분모는 있을 수 없다. 공동세계가 모두에게 공동의 집합장소를 제공할지라도, 여기에 모이는 사람들의 위치는 상이하다. 두 사물의 위치가 다르듯이, 한 사람의 위치와 다른 사람의 위치는 일치할 수 없다. 타자에 의해 보이고 들리는 것이 의미가 있는 까닭은 각자 다른 입장에서 보고 듣기 때문이다. 이것이 공적 삶의 의미다. 이와 비교해서 가장 부유하고 만족스러운 가정생활조차 자신의 입장을 연장한 것에 불과하다. 사생활의 주관성은 가정 안에서 연장되고 확대되어, 그 무게가 공론 영역에서 느껴질 수 있을 정도로 강해질 수 있다. 그러나 이 가족 '세계'는 한 대상이 다수의 관찰자에게 제시하는 여러 측면들의 총계로부터 생겨나는 실재성을 얻을 수 없다. 사물들이 정체성을 잃지 않고도 많은 사람에 의해 다양한 관점에서 관찰될 수 있을 때, 그래서 그 사물 주변에 모인 사람들이 극도의 다양성 속에서도 동일한 것을 볼 경우에만 세계의 실재성은 진정으로 그리고 확실하게 나타날 수 있다.

공동세계의 조건에서 실재성을 보증하는 것은 이 세계를 구성하는 사람들의 '공통적 본성'이 아니라, 입장과 관점이 다양한데도 모든 사람은 언제나 같은 대상에만 관심을 갖는다는 사실이다. 만약 대상의 동일성이 해체되어 더 이상 식별될 수 없다면, 인간의 공통본성 또는 대중사회의 인위적인 순응주의도 공동세계의 파괴를 막을 수 없다. 공동세계의 파괴에 앞서 먼저 다양한 관점이―그 속에서 공동세계는 스스로의 모습을 드러낸다―파괴된다. 공동세계의 파괴는 근본적인 고립의 조건에서, 즉 독재의 경우처럼 누구도 자신 이외의 사람들과 협동하고 의사소통할 수 없는 조건에서 일어날 수 있다. 그러나 대중사회 또는 대중적 히스테리의 조건에서도 일어날 수 있다. 여기서 우리는 모든 사람이 갑자기 한 가족의 구성원처럼 행동하는 것을 본다. 각자는 이웃의 관점을 확대하거나 연장할 뿐이다. 이 두 예에서 사람들은 완전히 사적으로 변한다. 다시 말해 그들은 타인을 보지도 듣지도 못하고, 타인도 그들을 보지도 듣지도 못한다. 그들은 모두 자신들만의 고유한 경험의 주관성에 갇혀 있다. 동일한 경험이 수없이 반복된다 할지라도, 이 주관성과 그 속에서 겪은 경험의 특수성은 없어지지 않는다. 공동세계는 한 측면에서만 보고 한 관점만을 취해야 할 때 끝이 난다.

8. 사적 영역: 소유

원래 '박탈된'이라는 의미를 가진 '사적'이라는 용어는 공론 영역의 다양한 의미와 관련되어 있다. 완전히 사적인 생활을 한다는 것은 우선 진정한 인간에게 필수적인 것이 박탈되었음을 의미한다. 타인이 보고 들음으로써 생기는 현실성의 박탈, 공동 사물세계의 중재를 통해 타인과 관계를 맺거나 분리됨으로써 형성되는 타인과의 '객관적' 관계의 박탈, 삶 자체보다 더 영속적인 어떤 것을 성취할 수 있는 가능성의 박탈, 사적 생활의 이 박탈성은 타인의 부재에 기인한다. 타인에게 관심을 가지는 한, 사적 인간은 나타나지 않으며, 따라서 그는 마치 존재하지 않았던 것처럼 된다. 사적인 인간이 행하는 것은 무엇이나 타인에게는 아무런 의미도 없고 중요하지도 않다. 그에게 중요한 것은 다른 사람에게 관심거리가 되지 못한다.

근대에서 타인과의 '객관적' 관계와 이 관계들이 보장하는 현실성의 박탈은 고독이라는 대중적 현상을 낳았다. 관계의 박탈성이 드러난 가장 극단적이고 반인간적 형태가 고독이다. 그 이유는[52] 대중사회가 공

---

52) 대중현상으로서 근대의 고독에 대해서는 David Riesman, *The Lonely Crowd*,

론 영역뿐만 아니라 사적 영역도 파괴하고 인간이 세계에서 차지하는 자리뿐만 아니라 사적인 가정—여기서 인간들은 한때 세계로부터 보호받는다고 느꼈고, 세계에서 배제된 사람조차 가정의 따뜻함과 가족생활의 제한된 현실성에서 (세계의) 대체물을 발견할 수 있었다—마저도 빼앗아가기 때문이다. 가정과 가족생활이 내밀한 사적 공간으로 발전하게 된 것은 로마인의 뛰어난 정치 감각 덕분이다. 이들은 그리스인과 달리 공적인 영역을 위해 사적 영역을 희생시키지 않았으며, 이두 영역은 공존의 형식으로만 존재할 수 있다고 생각했다. 로마에서 노예가 처한 삶의 조건이 아테네보다 낫지는 않았다 할지라도, 어떤 로마의 작가가 주인의 가정과 노예의 관계는 공화국과 시민과의 관계 같다고 믿었던 것은 주목할 만하다.[53] 그러나 가정의 사적 생활이 아무리 참을 만했다 할지라도 그것은 결코 대체물 이상은 될 수 없었다. 아테네에서와 마찬가지로 로마에서도 사적 영역이 오늘날 우리가 정치활동보다 더 높은 차원으로 분류하는 활동, 즉 그리스에서의 부의 축적과 로마에서의 예술과 과학에 대한 헌신 같은 활동을 위해 충분한 공간을 제공했다 하더라도, 박탈의 의미를 갖는 것은 변함이 없었다. 어떤 상황에서는 부유하고 높은 교육을 받은 노예를 산출할 수도 있는 '자유주의적인' 태도는, 부가 그리스의 폴리스에서는 현실성이 없었고 철학자라는 사실이 로마 공화정에서는 대단하지 않았음을 의미할 뿐이다.[54]

　박탈이라는 사적 생활의 특성, 즉 제한된 가정 영역에서만 일생을 보

　　1950 참조.

53) Plinius Junior, quoted in W.L. Westermann, "Sklaverei", in Pauly-Wissowa, Suppl. VI, p.1045.

54) 로마와 그리스에서 부와 문화에 대한 평가가 이처럼 달랐다는 증거는 많다. 그런데 이 평가가 동시에 노예의 지위와 얼마나 일관되게 일치했는지를 주목하는 것은 흥미롭다. 로마의 노예는 로마 문화에 큰 역할을 했지만 그리스에서는 큰 역할을 하지 못했다. 그리스에서 노예들은 경제생활에서 매우 중심적인 역할을 했다(Westermann, in Pauly-Wissowa, p.984를 보라).

내는 삶이 본질적인 어떤 것을 박탈당한 삶이라는 의식은 점차 약화되어 기독교 발생 이후 사라졌다. 기독교적 근본 계율과 구별되는 기독교의 도덕성은 모든 사람이 자신의 일에만 관심을 두어야 하고 나아가 정치적 책무는 하나의 부담으로서 신자들의 행복과 구원을 위해 공적인 문제에 대한 그들의 근심을 덜어줄 목적에서만 수행될 수 있다고 주장했다.[55] 다른 문제에서처럼 이 문제에서도 200년 동안 내려온 근대의 근본 가정들을 총괄하고 개념화하여 하나의 프로그램으로 만든 마르크스가 결국 모든 공론 영역의 '소멸'을 예견하고 희망할 정도로, 이런 기독교적 태도가 세속화된 근대까지 유지되었다는 사실은 놀랍다. 이에 대한 기독교와 사회주의자의 관점에는 차이가 있다. 전자는 정부를 인간의 죄 때문에 어쩔 수 없는 필요악으로 보는 반면, 후자는 결국 그것을 폐지하기를 원한다. 이것은 공론 영역 자체에 대한 평가의 차이가 아니라 인간본성에 대한 평가의 차이다. 마르크스의 '국가 소멸'이 공론 영역의 소멸 이후에 이루어지는지 공론 영역이 아주 제한된 범위의 정부로 변형된 후에 이루어지는지를 공론 영역과 인간본성에 대한 마르크스의 관점에서 알아내기는 불가능하다. 마르크스의 시대에 이미 정부는 약화되기 시작했다. 즉 전국적인 '가정 관리'로 변하기 시작했고 결국 오늘날 정부는 보다 제한되고 익명적인 행정 영역으로 해체되기에 이르렀다.

공론 영역이 소멸되는 마지막 단계가 필연적으로 사적 영역의 제거

---

55) 아우구스티누스(『신국론』 xix. 19)는 이웃의 이익을 지향하는 카리타스의 의무에서 **오티움**과 관조의 한계를 본다. 그러나 "능동적인 삶에서 우리가 갈망해야 하는 것은 명예나 권력이 아니라 우리가 지배하는 사람들의 복지다." 이런 종류의 책임이 정치적 책임보다 가족에 대한 가장의 책임과 비슷하다는 것은 명백하다. 자신의 일에 힘쓰라는 기독교의 계율은 「데살로니가전서」 4장 11절에서 나온다. "조용히 너의 일을 하기를 힘쓰라"(*prattein ta idia*, 여기서 *ta idia*는 공적인 공동의 일 *ta koina*과 반대되는 것으로 이해된다).

라는 위험을 수반한다는 것은 공론 영역과 사적 영역 관계의 본질인 것 같다. 또한 모든 토론이 결국 사적 소유가 바람직한가 하지 않은가에 대한 논의로 변한 것도 우연이 아니다. '사적'이라는 단어는 고대 정치 철학의 관점에서도 소유와 관련된 박탈적 성격이 없으며 일반적인 공론 영역과도 대립하지 않는다. 소유는 사적 영역에 속하지만 언제나 정치적 조직체에 중요한 것으로 생각되는 특성을 분명 가지고 있었다.

사적 영역과 공론 영역의 밀접한 관계는 가장 기초적인 수준인 사적 소유의 문제에서 명확해진다. 이 관계는 근대에 들어와 소유와 부가 동일시되고 다른 한편으로 무소유와 가난이 동일시됨으로써 오해의 여지가 더 많아졌다. 소유와 부가 역사적으로 어떤 사적인 문제나 관심사보다 공론 영역과 더 많이 연관되고 적어도 형식적으로는 공론 영역으로 진입하여 안전한 시민이 되기 위한 중요한 조건이 되면서, 이 오해는 자못 심각한 문젯거리가 된다. 이 때문에 소유와 부는 결코 같지 않고 본질이 완전히 다르다는 사실이 쉽게 망각될 수 있다. 한 개인의 부는 사회 전체의 연간 수입에서 그가 차지하는 몫으로 이루어진다. 그래서 실제로 또는 잠재적으로 부유하지만 동시에 소유가 없는 사회들이 도처에서 출현한다는 사실은 소유와 부가 관련이 없다는 것을 보여준다.

빈민의 소유권 박탈로 시작하여 신흥 무산계급의 해방으로 진행된 근대 이전에, 모든 문명화는 사적 소유의 신성함을 기반으로 이루어졌다. 반대로 부는 사적으로 소유되든 공적으로 배분되든 간에 신성한 것으로 간주되지 않았다. 원래 소유는 세계의 특정 부분에서 자신의 자리를 가지고 그렇게 함으로써 정치적 조직체에 소속되는 것, 즉 공론 영역을 구성하는 가족의 가장이 되는 것 이상도 이하도 아니었다. 이와 같이 사적으로 소유한 세상의 한 부분은 이를 소유하는 가족과[56]* 완

---

56) 쿨랑주는 "가정의 참된 의미는 소유다. 그것은 들, 집, 돈 그리고 노예를 지칭한다"(Coulanges, 앞의 책, p.107)고 주장했다. 그러나 이 '소유'는 가족에 속한 것

전히 동일한 것이어서 시민의 추방은 단순히 그의 재산의 몰수를 의미하는 것이 아니라 거처 자체의 실질적 파괴를 의미했다.[57] 외국인이나 노예의 부는 어떤 경우에도 이런 소유를 대신할 수 없었다.[58] 가난하다고 해서 가장이 자신의 세계에서 누리는 지위와 그 결과인 시민권을 박탈당하지 않았다. 예전에는, 지위를 잃어버린 가장은 자동적으로 시민권을 상실하고 법의 보호를 받지 못했다.[59] 이러한 사적 생활의 신성함은 숨겨진 것의 신성함과 같다. 즉 다른 모든 피조물처럼 지하세계의 어둠으로부터 생겨나와 다시 그 어둠으로 돌아가는, 죽을 운명을 가진 인간의 처음과 끝, 탄생과 죽음의 신성함과 비슷하다.[60] 가정 영역

으로 여겨지지 않았다. 오히려 그 반대다. '가정'은 화덕에 속한 것이고, 화덕은 땅에 속한다(p.62). 요점은 다음과 같다. "재산은 화덕과 가정이 속해 있는 무덤처럼 확고하다. 없어지는 것은 인간이다."

* 전통사회에서 화덕은 가정생활의 중심이었다. 가정이 속해 있는 소유의 부동적 성격을 강조하기 위해 가정-화덕-땅의 유기적 관계가 비유적으로 서술되고 있다.

57) 르바쇠르는 중세 공동체의 토대와 공동체의 일원이 될 수 있는 조건에 대해 언급했다. "그와 같은 허가권을 취득하기 위해서는 도시에 거주하는 것만으로는 충분하지 않았다. 집을 소유해야만 했다." 그 밖에도 다음과 같은 사상이 있다. "공동체에 대해 공공연하게 퍼부은 모든 욕설은 집의 파괴와 죄인의 추방을 초래했다"(E. Levasseur, 앞의 책, p.240).

58) 이 구별은 노예의 경우 가장 분명하다. 노예는 고대인이 이해하는 의미의 소유를 갖지 못한다 할지라도(자신의 거처가 없다는 것) 결코 근대적 의미에서의 무산자는 아니다. *peculium*(노예가 사적으로 소유하는 것)은 상당한 양이었고 심지어 자신의 노예를 거느렸을 정도다. 배로는 '가장 천한 계급이 가졌던 소유'에 관해 말하고 있다(R.H. Barrows, *Slavery in the Roman Empire*, p.122. 이 저작은 *peculium*에 관한 가장 훌륭한 보고서다).

59) 쿨랑주는 고대에 아들은 부친이 살아 있는 동안에는 시민이 될 수 없다는 아리스토텔레스의 말을 전하고 있다. 부친이 죽은 후에야 비로소 장남은 정치적 권리를 향유했다(Coulanges, 앞의 책, p.228). 로마의 평민(*plebs*)은 원래 가정을 갖지 못한 사람으로 구성되었으며, 따라서 그것은 로마 시민(*populus Romanus*)과는 분명히 구별되었다고 그는 주장한다.

60) "이러한 종교는 모두 각 집의 담 안에 갇혀 있었다. Hearth, Lares, Manes, 이 신들은 모두 숨겨진 신 또는 내부의 신이라 불렸다. 키케로가 말했듯이 이 비밀스

의 비박탈적 성격은 원래 그것이 공론 영역으로부터 감춰야 하는 탄생과 죽음의 영역이라는 사실에서 기인한다. 가정은 이런 일들을 인간의 눈에 안 보이도록 감추고, 인간의 지식이 침투할 수 없도록 보호하는 곳이었기 때문이다.[61] 인간이 태어날 때 어디에서 왔으며 죽을 때 어딜 가는지를 몰랐기 때문에 가정은 은폐된 영역이었다.

도시국가에게 중요한 의미를 가지는 것은, 숨겨져 있어서 공론 영역과 아무 상관 없는 가정의 내부가 아니라 밖으로 드러나는 그 현상이다. 가정 영역은 한 가정과 다른 가정 사이의 경계선을 통해 도시국가의 공론 영역에 모습을 드러낸다. 법률은 원래 이 경계선을 의미했다.[62] 경계선은 (그리스 이전의) 고대에서는 공론 영역과 가정 영역 간에 실재하는 하나의 공간, 즉 일종의 무인도로서[63] 두 영역을 보호해

_____

러운 종교 행위는 모든 사람에게 반드시 필요한 것이었다"(Coulanges, 앞의 책, p.37).

61) 이 모든 영역을 공동으로 또 유사-공적인 것으로 경험하기 위해 엘레우시스 제전이 베풀어졌다. 이 제전은 모두가 공유했는데도 그 본질상 은폐되어 공론 영역으로부터 감추어져야 할 것이었다. 누구나 이 제전에 참여할 수 있지만, 누구도 이에 대해 말할 수 없었다. 이 제전은 말할 수 없는 것에 관계한다. 말로 표현할 수 없는 경험은 비정치적이고, 그래서 정의상 반정치적이다(Karl Kerenyi, *Die Geburt der Helena*, 1943~45, pp.48 이하). 이 제전이 탄생과 죽음의 비밀에 관계한다는 점은 핀다로스(Pindar)의 단편이 증명한다. "거기서 (비밀을) 전수받은 자는 삶의 끝과 제우스가 준 시작을 안다"(*oide men biou teleutan, oiden de diosdoton archan*, 단편 137a).

62) 법률의 그리스어인 노모스(*nomos*)는 분배하다, 소유하다 그리고 거주하다를 의미하는 네메인(*nemein*)에서 파생된 단어다. 노모스는 법률과 울타리가 결합하여 만들어졌다는 것이 헤라클레이토스의 단편에 분명하게 나타나 있다. "사람은 법과 울타리를 위해 싸워야 한다"(*machesthai chrē ton dēmon hyper tou nomou hokōsper teicheos*). 법률의 로마어 *lex*는 전적으로 다른 의미를 가진다. 그것은 사람들을 타인과 분리시키는 울타리라기보다 사람들 사이의 형식적 관계를 가리킨다. 그러나 경계선과 공론 영역과 사적 영역(*Livius*)을 구분하는 경계선의 신인 테르미누스(Terminus)는 이에 상응하는 그리스의 신들(*theoi horoi*)보다 훨씬 더 숭배를 받았다.

줄 뿐만 아니라 동시에 서로 분리시켰다. 폴리스의 법률이 이러한 고대의 이해를 뛰어넘고 있는 것은 확실하지만, 고대의 공간적 의미는 여전히 남아 있다. 도시국가의 법률은 정치적 행위의 대상(정치적 활동이 우선 법률을 제정하는 것이라는 생각은 로마에 그 기원이 있지만 본질적으로는 근대적이며 그것을 가장 위대하게 표현한 바는 칸트의 정치철학에서 찾을 수 있다)이 아니며 모든 근대 법률이 여전히 그런 것처럼 모세 십계명의 '해서는 안 된다'에 의존하는 금지 목록도 아니었다. 법률은 문자 그대로 담이었다. 담이 없다면 집의 집합체인 도시(*asty*)만 존재하지 정치적 공동체인 도시국가는 존재할 수 없다. 담벽과 같은 법률은 신성했다. 그러나 정치적으로 중요한 것은 담 자체가 아니라 그 안에 들어 있는 것이었다.[64] 담 없이 소유가 있을 수 없는 것처럼 법의 담벽 없이 공론 영역은 존재할 수 없다. 담이 가족의 생물학적 삶의 과정과 소유를 보호하는 경계라면, 법률은 정치적 삶(공론 영역)을 둘러싸고 보호하는 울타리였던 것이다.[65]

그러므로 근대 이전에 사적 소유가 공론 영역에서 활동하기 위한 자명한 조건으로 간주되었다고 말하는 것은 정확하지 않다. 사적 소유는 그 이상을 의미했다. 사적 영역은 공론 영역의 다른 측면, 어둡고 숨겨진 측면 같은 것이었다. 정치적 삶을 사는 것이 인간존재의 가장 높은

---

63) 쿨랑주의 말에 따르면 그리스 법률은 두 건물이 서로 닿지 못하도록 되어 있었다(Coulanges, 앞의 책, p.63).

64) 폴리스(*polis*)라는 단어는 원래 '둥근 담'과 비슷한 것을 의미했다. 라틴어 *urbs*도 마찬가지로 '원'(circle)의 관념을 표현하는 단어이며 *orbis*와 같은 단어에서 파생했다. 우리 시대의 단어인 town에서 우리는 동일한 연관성을 발견한다. 도시는 원래 독일어 Zaun과 같이 무엇을 둘러싸는 울타리를 의미한다(R.B. Onian, *The Origins of European Thought*, 1954, p.444, n.1을 보라).

65) 따라서 법률제정자는 시민일 필요가 없었으며, 그래서 자주 외부에서 초빙되었다. 그의 작업은 정치적인 것이 아니다. 그러나 정치적 삶은 그가 법률제정을 완료한 후에야 시작될 수 있다.

성취를 의미한다면, (노예처럼) 자기 소유의 사적 장소를 갖지 못하고 산다는 것은 더 이상 인간이 아님을 의미한다.

생계의 수단을 제공하는 사적인 부가 정치적 의미를 획득한 것은 소유와는 다른 기원을 가지며, 역사적으로도 나중에 발생했다. 우리는 앞서 고대에서는 필연성과 가정의 사적 영역이 동일시된다고 말했다. 가정에서 모든 사람은 스스로 삶의 필연성을 극복해야 했다. 자신의 사생활은 처분했지만, 노예처럼 주인의 지배를 받지 않았던 자유인은 여전히 가난 때문에 '압박'을 받을 수 있다. 가난은 자유인을 노예처럼 행동하게 한다.[66] 그러므로 사적인 부가 공적 생활을 위한 조건이 되었던 것은 부의 소유주가 재산의 축적에 종사했기 때문이 아니다. 반대로 사용과 소비의 수단을 소유하기 위해 일할 필요가 없었기 때문에 공적 활동을 위해 자유로울 수 있었다.[67] 공적 생활은 삶 자체의 매우 절박한 필요가 충족되어야만 가능하다. 이를 위한 수단이 노동이다. 그래서 부유한 사람은 흔히 노동자의 수, 즉 소유한 노예의 수로 평가된다.[68] 여

---

66) Demosthenes, *Orationes*, 57. 45. "가난 때문에 자유인은 노예가 하는 천한 일을 수없이 많이 하게 된다"(*polla doulika kai tapeina pragmata tous eleutherous hē penia biazetai poiein*).

67) 공론 영역의 일원이 되기 위한 이 조건은 중세 초기에도 여전히 존재했다. 영어로 쓰인 『예법서』(*Books of Customs*)는 "도시의 장인과 자유인을 여전히 엄격히 구별하고 있다. ……만약 장인이 아주 부유해져서 자유인이 되기를 원한다면 그는 우선 자신의 재능을 포기하고 집에 있는 모든 도구를 없애야만 한다"(W.J.Ashley, 앞의 책, p.83)고 말한다.

68) 다른 저자들과는 다르게 쿨랑주는 시민의 '여가'보다 시민에게 요구되었던 시간과 힘을 소모하는 활동을 더 강조한다. 그는, 생계를 위해 일해야 하는 자는 시민이 될 수 없다는 아리스토텔레스의 말은 편견이기보다 단지 사실을 서술한 것으로 이해하는데, 이것은 옳은 생각이다(Coulanges, 앞의 책, pp.335 이하). 부의 소유자의 지위와 무관하게 부 자체가 시민의 자격조건이 된 것은 근대적 발전의 특징이다. 시민이 된다는 것은 이제 단순한 권리에 불과하며, 특별한 정치적 활동과 상관이 없다.

기서 소유를 가진다는 것은 삶의 필연성을 지배함으로써 잠재적으로 자유로운 사람, 즉 자신만의 삶을 초월하여 모든 사람이 공동으로 참여하는 세계에 들어가는 사람이 된다는 의미를 가진다.

구체적인 공동세계의 출현, 즉 도시국가의 발생과 더불어 비로소 이런 종류의 사적 소유권은 특별히 정치적인 의미를 가지게 되었다. 그러므로 그 유명한 '천한 일에 대한 경멸'은 호메로스의 세계에서는 발견될 수 없다. 만약 소유주 각자가 정치적 삶을 영위하는 데 재산을 사용하지 않고 재산을 늘리려고만 한다면, 그는 자신의 자유를 기꺼이 희생하고 자진하여 노예가 될 수밖에 없는 존재, 즉 필연성의 종이 되고자 하는 것과 같다.[69]

근대 초기까지 이런 종류의 소유는 신성한 것이 아니었다. 수입의 원천으로서 부가 가족이 거주하는 땅 조각과 일치하는 사회, 즉 본질적으로 농업사회에서만 이 두 유형의 소유는 일치하게 된다. 즉 모든 소유가 신성하다고 생각하는 것이다. 어쨌든 사적 소유를 '사적으로 소유한 부'라고 이해한 근대의 사적 소유 옹호자는 사생활의 적절한 확립과 보호 없이는 자유로운 공론 영역도 존재할 수 없다는 전통에 호소할 이유가 없었다. 근대사회에서 거대한 규모로, 또 지금도 여전히 진행

---

69) '고대세계의 경제사 연구에서 유명한 수수께끼, 즉 일정지점까지 발전했음에도 불구하고 예상했던 진보를 이루지 못한 채 산업은 정체되었으나 로마인들은 다른 분야, 즉 공공의 업무와 군대의 대규모 조직화에서 탁월한 능력과 철저성을 보여준' 이유에 대해 이것은 그 해답처럼 생각된다(R.H.Barrow, *Slavery in the Roman Empire*, p.109, p.110). '공공 업무'와 마찬가지로 사적 영역에서도 동일한 조직화의 능력을 기대한다면 이는 근대의 여러 조건에 기인하는 편견일 것이다. 저명한 글에서 막스 베버는 고대 도시가 '생산중심이기보다 소비중심'이며 고대 노예 소유주는 "고리업자(rentier)였지 자본가(Unternehmer)는 아니었다"는 사실을 주장했다(Max Webber, 앞의 책, p.13, pp.22 이하, p.144). 고대 저자들이 경제 문제에 무관심했고 이 분야의 자료가 부족한 까닭에 베버의 논증은 더욱 가치 있다.

되는 부의 축적은 농민들의 소유권 박탈로 시작되었는데, 이것은 다시 금 종교개혁 이후[70] 교회와 수도원의 재산을 몰수한 부수적 결과였다. 그런데 이런 축적과정에서 사적 소유는 중요하게 취급되지 않았고 오 히려 부의 축적에 방해가 되기 때문에 늘 희생되어야 했다. "소유라는 것은 도둑질한 것이다"라는 피에르 프루동(Pierre Joseph Proudhon) 의 격언은 근대 자본주의의 기원에 대한 진리를 담고 있다. 프루동조차

---

70) 어떤 소유도 없이 오직 자기 손으로 일하면서 살아가야 하는 노동계급의 역사 는 이 계급이 늘 존재해왔다는 소박한 가정으로 인해 그 전체가 고통의 역사 였다. 그러나 알고 있듯이, 고대에는 노예조차 소유했으며 이른바 자유노동자 는 '가게소유자, 무역상인, 장인'으로 구성되어 있었다(R.H. Barrow, *Slavery in the Roman Empire*, p.126). 그래서 파크(M.E. Park, *The Plebs Urbana in Cicero's Day*, 1921)는 장인이 항상 어떤 종류의 소유자로 나타나기 때문에 어떤 자유 노동자도 존재하지 않았다고 결론 내린다. 애슐리는 15세기까지 중세시대의 상황을 전체적으로 알려준다. "아직까지 대규모의 임금노동자 계급, 즉 근대 적 의미의 '노동계급'(working class)은 존재하지 않았다. 여기서 노동자도 장 인으로 올라갈 수 있지만 대부분 더 높은 지위에 오를 수 없던 사람들을 의미 한다. 그러나 14세기에도 도제로 몇 년간 일하는 것은 가난한 사람들이 반드시 통과해야 하는 단계였다. 대부분은 도제 일을 마치자마자 장인이 되었다"(W.J. Ashley, 앞의 책, p.93, p.94). 그런데 고대의 노동계급은 자유롭지도 못했고 소 유도 하지 못했다. 노예해방을 통해 로마의 노예는 자유를 얻었고 아테네의 노 예는 자유를 구매했다. 하지만 그들은 자유노동자가 된 것이 아니라 즉시 독립 적인 상인이나 장인이 되었다(대부분의 노예들은 자유는 장사하기 위해 소유 하고 있는 돈이라고 생각했다. R.H. Barrow, 앞의 책, p.103). 중세에는 근대적 용어의 의미에서 노동자(worker)가 된다는 것은 인생의 일시적 단계이자 어 른이나 장인이 되기 위한 준비단계였다. 중세에 고용되어 노동한다는 것은 예 외적인 일이었다. 독일의 일용노동자(루터의 『성경』 번역에서의 Tagelöhner) 또는 프랑스의 manœuvres는 촌락 밖에서 살았고 빈민과 동일시되었다. 영 국에서는 '노동하는 빈민'으로 불렸다(Pierre Brizon, *Histoire du travail et des travailleurs*, 1926, p.40). 더욱이 『나폴레옹 법전』 이전에 자유노동을 다루는 어 떤 법률 조항도 없었다는 것은(W. Endemann, *Die Behandlung der Arbeit im Privatrecht*, 1896, p.49, p.53) 노동계급이 최근에 발생했다는 것을 결정적으로 보여준다.

사적 소유의 몰수라는 처방을 의심하여 받아들이기를 주저했다는 사실은 매우 의미 있다. 그는 사적 소유의 폐지가 빈곤이라는 악을 치료할 수 있을지도 모르지만 보다 더 큰 악인 전제주의를 야기할 수 있다고 생각했다.[71] 그가 소유와 부를 구별하지 않았던 까닭에 이 두 통찰은 그의 저작에서 모순을 일으키는 것 같지만, 사실 모순되지 않는다. 부의 개인적 전용은 결국 사적 소유를 중요시하지 않는다. 그것은 오직 부를 축적하는 과정의 사회화일 뿐이다. 사적인 것은 어떤 형태든 모두 사회적 '생산성'의 발전을 방해할 뿐이며, 따라서 사적 소유권의 인정은 사회적 전유의 부단한 증대를 위해 무효화되어야 한다는 것은 마르크스의 생각이 아니라 실제로 이런 사회의 본질 자체다.[72]

9. 사회적인 것과 사적인 것

우리가 앞서 사회적인 것의 발생이라 불렀던 것은 역사적으로 사적 소유의 관리가 사적인 관심사에서 공적인 관심사로 변하던 시기에 이루어졌다. 사회가 처음 공론 영역으로 들어갔을 때, 그것은 소유주의 조직으로 위장했다. 이 소유주들은 부를 통해 공론 영역에 접근하기보다 더 많은 부를 축적하기 위해 공론 영역의 보호를 요구했다. 장 보댕(Jean Bodin)의 말을 빌리면, 통치는 왕의 일이고 소유는 신하의 일

---

71) 프루동 사후에 출판된 *Théorie de la propriété*, p.209, p210에 있는 "소유는 도둑질"이라는 천재적인 해석을 참조할 것. 이 책에서 프루동은 "이기적이고 악마적인 본성"을 가진 소유야말로 "국가의 전복 없이 전제체제에 저항할 수 있는 가장 효과적인 수단"이라고 말한다.
72) 오늘날의 자유경제학자들(이들은 자신을 모두 보수주의자라 부른다)이, 부의 사적인 전유가 개인의 자유를 보장해준다는, 다시 말해 소유와 동일한 역할을 한다는 낙관론을 어떤 근거로 정당화하는지를 나는 보여주지 못했다. 직업사회에서 이 자유는 국가의 보호 아래서만 안전하다. 심지어 국가가 아니라 직업을 분배하고 개인별 사유의 몫을 결정하는 사회가 이 자유를 항시 위협하고 있다.

이었다. 그래서 왕의 의무는 신하들의 소유를 보호하는 것이었다. 최근에 지적되었듯이 '연방'(The commonwealth)은 대체로 '공동의 부'(common wealth)를 위해 존재했다.[73]

이전에 사적인 가정의 영역으로 추방된 활동의 결과였던 공동의 부가 공론 영역을 인수하게 되었을 때, 사적 전유는 — 과거로부터 성장하여 미래의 세대를 위해 지속하려는 경향이 있는 공동세계보다 훨씬 덜 영속적이고 그 소유주의 사멸성에 더 상처받기 쉬운 — 세계의 지속성을 (근저에서부터) 파괴하기 시작했다. 부는 개인의 생애 동안 모두 소모될 수 없을 정도로 축적되었고 개인을 넘어서서 가족이 부의 소유주가 될 수 있었다. 그러나 부가 아무리 오랫동안 지속된다 할지라도, 그것은 늘 사용되고 소비되는 대상으로 남았다. 자본의 주요 기능은 보다 많은 자본의 증식인데, 부가 이런 자본이 되는 경우에만, 사적 소유는 세계에 내재하는 영속성과 동등한 성격을 가지게 되거나 그것에 가까운 것이 된다.[74] 그러나 영속성의 본질은 다르다. 사적 소유는 안정적 구조의 영속성이기보다 과정의 영속성이다. 영속적인 부의 축적과정이 없다면, 부는 즉시 사용과 소모를 통해 분해되는 반대의 과정으로 전락한다.

그러므로 공동의 부는 결코 우리가 말한 공동세계의 의미에서 공동(common)의 것이 될 수 없다. 그것은 엄격히 사적인 것으로 남는다. 아니 그렇게 남으려 했다. 더 많은 부를 위한 경쟁적 투쟁으로부터 사적 소유주 상호 간의 충돌을 막아주는 정부만이 공통적인 것이었다. 근

---

73) R.W.K. Hinton, "Was Charles I a Tyrant?", *Review of Politics*, Vol.XVIII, January, 1956.

74) 로마법에서 채무의 원리에 사용되었던 라틴어 빌린 돈의 총계(*caput*)에서 파생된 '자본'(capital)에 대해서는 W.J. Ashley, 앞의 책, p.429, p.433, n.183을 보라. 18세기의 저자들만이 '이윤을 창출하기 위해 투자되는 부'라는 근대적 의미의 '자본'을 사용하기 시작했다.

대적 정부 개념에서 사람들이 공통으로 가지는 유일한 것은 그들의 사적 이해관계뿐이다. 근대적 정부 개념의 이런 명백한 모순은 마르크스를 괴롭히기는 했으나 더 이상 우리에게는 문제되지 않는다. 왜냐하면 우리는 근대 초기에 전형적이었던 사적인 것과 공적인 것의 모순이 사적 영역과 공론 영역 간의 차이가 완전히 소멸됨으로써, 즉 이 두 영역이 사회적 영역에 흡수됨으로써 나타난 일시적 현상이라는 것을 알기 때문이다. 공적인 것이 사적인 기능을 하는 까닭에 공적인 것은 사라지고 사적인 것이 유일한 공동의 관심사로 남았다. 사적인 것이 사라져서 결과적으로 이 두 영역이 모두 없어지면 인간실존에 어떤 결과가 초래될지를 이해하는 데 우리는 마찬가지 이유에서 훨씬 더 유리한 입장에 있다.

이런 관점에서 보면 근대에서 친밀성을 발견한다는 것은 외부세계에서 도피해 개인의 내적 주관성 안으로 들어가는 것을 말한다. 주관성은 과거 사적 영역이 보호하던 은신처였다. 우리는 사적 영역이 사회적 영역으로 해체되는 과정을 부동산이 동산으로 변형되는 것에서 가장 분명하게 관찰할 수 있다. 이 과정에서 결국 로마법에서의 대체물(*fungibiles*)과 소비물(*consumptibiles*)의 구분에 해당하는 소유와 부의 구분은 무의미해진다. 왜냐하면 모든 구체적인 '대체가능한 사물'은 '소비'의 대상이 되기 때문이다. 모든 대체가능한 사물은 그 '위치'에 의해 결정되는 사용가치를 상실하고, 항상 변하는 교환가능성에 의해 결정되는 사회적 가치만을 획득한다. 이 교환가능성의 변동은 돈이라는 공통분모와 관련을 맺음으로써 단지 일시적으로 고정될 수 있다.[75] 소유 개념에 대한 가장 혁명적인 기여는 이와 같은 실재적인 것의 사회적 소멸과 밀접하게 연관된다. 새로운 소유 개념에 따르면 소유는 어떤

---

75) 중세의 경제이론은 돈을 공통분모나 척도로 인식하지 못하고 소비재의 하나로 간주했다.

방식으로든 소유주가 획득하는, 고정되고 확고히 자리 잡은 세계의 한 부분이 아니다. 그 반대로 소유의 기원은 인간 자신, 즉 신체와 침해할 수 없는 신체적 힘을 소유한 인간이다. 마르크스는 이를 '노동력'이라 부른다.

따라서 근대의 소유는 세계적 성격을 잃고 인간 속에 자리 잡는다. 즉 개인이 일생을 마쳐야만 상실할 수 있는 그 무엇이 된다. 역사적으로 신체의 노동이 소유의 원천이라는 로크의 가정은 매우 의심스럽다. 그러나 믿을 만한 유일한 소유가 기술과 노동력뿐인 조건에서 이미 우리가 오래전부터 살고 있다는 사실을 놓고 볼 때 이 가정은 거의 진리가 된 것 같다. 부가 공적 관심사가 된 이후 그것은 사적 소유권이 거의 관리할 수 없을 정도로 성장했다. 마치 공론 영역이 사적인 이해관계를 위해서 부를 이용하던 자에게 복수를 하는 것처럼 보인다. 여기서 가장 심각한 위협은 부의 사적 소유를 폐지하는 것이 아니라 세계에서 차지하는 자신의 구체적 장소라는 의미에서의 '사적 소유'를 폐지하는 것이다.

사적 영역의 제거에서—친밀성도 사적 영역을 대신할 만한 확실한 대체물은 아니다—비롯되는 인간실존의 위험을 이해하기 위해서는 사적인 것의 비박탈적 성격을 고려하는 것이 가장 최선이다. 사적인 것은 친밀성보다 먼저 발견되었고 또 그와 무관하다. 우리가 공동으로 소유하는 것과 사적으로 소유하는 것의 차이점은 우선 우리가 매일 사용하고 소비하는 사적 소유물이 공동세계의 그 어떤 것보다 우리에게 더 절박하다는 점이다. 로크가 지적하듯이, 소유가 없다면 "공동의 것은 소용이 없다."[76] 공론 영역의 관점에서 봤을 때 자유가 박탈된다는 부정적 측면만 두드러지는 사적 영역의 필연성은, 인간의 보다 높은 소망이나 열망의 절박함과는 비교할 수 없는 추진력을 가진다. 이것은 인간

---

76) 로크, 『정부론』(*Second Treatise of Civil Government*), sec. 27.

의 모든 부유한 공동체를 위협하는 무관심과 창발성의 상실을 방지하고자 한다.[77] 필연성과 삶은 매우 밀접하게 연관되어 있어서, 필연성이 완전히 제거된 곳에서는 삶 자체가 위협받는다. 필연성의 영역은 자유의 확립을 통해 자동적으로 제거되는 것이 아니다. 필연성의 제거는 오히려 자유와 필연성의 경계를 불분명하게 만들 따름이다. (자유에 대한 근대의 논의에서 자유는 인간실존의 객관적 상태로 이해되지 않고, 결정되지 않은 의지인가 결정된 의지인가 하는 해결될 수 없는 주관성의 문제로 제시되거나 필연성과는 무관하게 진행된다. 이 논의들은 모두 자유로운 것과 필연성에 속박된 것 사이의 객관적이고 구체적인 차이점을 인식하지 않으려는 경향을 보인다.)

사적인 것의 두 번째 비박탈적 특성은 사적 소유의 네 벽이 공적 세계로부터 숨을 만한 유일한 장소를 제공한다는 점이다. 다시 말해 사적 소유의 네 벽이 공적 세계에서 진행되는 모든 것과 보이고 들리는 공공성으로부터 보호하는 은신처를 제공한다. 오로지 공론 영역에서, 즉 타인들이 있는 곳에서만 보내는 삶은, 흔히 말하듯 천박해진다. 이런 삶은 가시성을 보유하지만, 동시에 어두운 곳에서도 볼 수 있는 능력을 잃어버린다. 매우 현실적이고 비주관적인 의미에서 그 깊이를 잃지 않으려면, 이 어두움은 반드시 숨겨져 있어야 한다. 공공성의 빛으로부터 은폐되는 이 어두움을 보장할 수 있는 유일한 곳은 사적으로 소유한 장소, 즉 그 안에 숨을 수 있는 장소뿐이다.[78]

사적인 것의 비박탈적 특성은 사람들의 사생활 박탈이 위협받을 때 가장 잘 드러나지만, 근대 이전의 정치 조직체가 사적 소유를 실제로

---

77) 노동과 빈곤을 예찬한 고대 저자는 비교적 소수에 불과한데, 이런 위험에 대한 인식에서 고무되어 이와 같은 예찬을 했던 것이다(G. Herzog-Hauser, 앞의 책 참조).

78) 가정의 내부를 의미하는 그리스어 *megaron*과 라틴어 *atrium*은 어둠과 암흑이라는 강한 의미가 있다(Mommsen, 앞의 책, p.22, p.236).

다루는 방식은 사생활의 존재와 중요성을 항상 의식했다는 점을 시사한다. 그러나 이를 의식할 때, 사람들은 사적 영역 안의 활동을 직접 보호하기보다 세계의 다른 부분들, 특히 공적 세계로부터 사적 소유를 분리하는 경계선을 보호했다. 한편 근대 정치경제이론의 뚜렷한 특징은, 그것이 사적 소유를 중요한 문제로 보는 경우 사유자의 사적 활동을 강조하고 동시에 실질적인 소유 자체를 희생하면서도 부를 축적하기 위해서는 정부의 보호가 필요하다는 것을 강조했다는 점이다. 그러나 공론 영역에서 중요한 것은 사적 상인의 진취적 정신이 아니라 시민의 집과 정원을 둘러싸는 울타리다. 사회에 의한 사적 생활의 침해, 즉 '인간의 사회화'(마르크스)는 몰수를 통해서 가장 효과적으로 수행되었다. 그러나 이것만이 유일한 방법은 아니다. 다른 측면에서도 그렇지만 여기서도 사적 영역, 특수하게는 사적 소유의 점진적 '소멸'이라는 확실한 과정이 사회주의 또는 공산주의의 혁명적 수단을 대체할 수 있다.

정치적 조직체의 관점이 아닌 사생활의 관점에서 보면, 사적 영역과 공론 영역의 차이점은 보여야 하는 것과 감춰야 하는 것의 차이점과 같다. 사회에 저항하는 근대에 와서야 비로소 숨겨진 영역이 친밀함의 조건에서 얼마나 풍부하고 다양하게 존재할 수 있는지를 발견할 수 있었다. 그러나 놀라운 것은 역사의 태초부터 지금까지 인간실존과 관련된 신체적 부분, 삶의 과정 자체의 필연성과 관련된 모든 것이 언제나 사생활 안에서 숨겨지기를 요구했다는 점이다. 삶의 과정의 필연성은 근대 이전에는 개인의 생활과 종의 생존에 이바지하는 모든 활동을 포괄했다. "자신의 신체를 가지고 삶의 필요를 위해 봉사하는"[79] 노동자와 자신의 신체로 종의 신체적 생존을 보장하는 여자들은 숨겨져 있었다. 여자와 노예는 같은 범주에 속하며, 그들은 누군가의 소유일 뿐만 아니라 그들의 삶이 신체의 기능에 바쳐져 '근면했기' 때문에 숨겨져야 했다.[80]

---

79) 아리스토텔레스,『정치학』, 1254b25.

'자유로운' 노동자가 사적인 가정의 은신처를 잃었던 근대 초기에 노동자들은 감옥 안에서 늘 감시당하는 범죄자처럼 공동체와 격리되어 숨겨졌다.[81] 근대가 노동자와 여자를 역사적으로 거의 동일한 순간에 해방시켰다는 사실은, 신체의 기능과 물질에 대한 관심을 더 이상 숨길 필요가 없다고 생각하는 시대적 특징으로 간주해야 한다. 우리 자신의 문명에서조차 엄격히 감추어져야 하는 몇몇 은밀한 것의 잔재가—신체의 본질에서 기인한다는 가장 본래적 의미에서의—'필연성'과 관련이 있다는 사실은 이 현상의 본질을 나타내는 분명한 징표다.

10. 인간활동의 지위

사적 영역과 공론 영역의 구별이 필연성과 자유, 무상성과 영속성, 수치와 명예의 대립과 일치할지라도, 필수적인 것, 무상한 것, 수치스러운 것의 적절한 장소가 사적 영역뿐이라는 주장은 잘못되었다. 두 영역의 가장 근본적인 의미 가운데 하나는 감춰야 할 것이 존재한다는 사실이고 다른 하나는 존재하기 위해서는 반드시 공적으로 드러나야 할 것이 있다는 사실이다. 이 현상들이 기존 문명의 어디에서 발견되는지 고려하지 않고 고찰하면, 우리는 인간의 모든 활동이 세계에서 자신의

---

80) 아리스토텔레스는 여자의 삶을 *ponētikos*라 부른다(Aristotle, *On the Generation of Animals*, 775a33). 여자와 노예는 같은 부류로서 함께 살았고 심지어 가장의 아내조차 자유로운 다른 여자들과 살지 못했다. 그래서 신분상의 지위는 출생보다는 일 또는 기능에 더 많이 의존했다. 이 사실은 왈롱이 아주 잘 제시하고 있다(H. Wallon, 앞의 책, I, pp.77 이하). 그는 "신분의 혼란과 모든 가사 기능의 분할"에 관해 말한다. "여자들은 노예들과 함께 집안 생활의 습관적 일들을 했다. 그녀들의 신분이 어떠하든 간에 노동은 그들의 고유한 일이었다. 전쟁이 남자들의 고유한 일인 것처럼."

81) 17세기 공장의 작업조건에 관해서는 Pierre Brizon, *Histoire du travail et des travailleurs*, 4th ed., 1926, p.184를 보라.

적절한 위치를 가리킨다는 것을 알 수 있다. 이는 **활동적 삶**의 주요 활동인 노동·작업·행위에서도 마찬가지다. 그런데 이 현상에 대한 극단적인 예가 있는데, 그 이점은 그것이 정치이론에서 상당한 역할을 했다는 것이다.

절대적 의미의 선(善)은 그리스·로마제국에서의 '무엇을 위해 좋은' 또는 '탁월한'과는 구별되는데, 이는 기독교의 발생과 더불어 비로소 우리에게 알려졌다. 그 이후 우리는 선한 일을 인간행위의 근본적인 가능성 중의 하나로 생각해왔다. 우리가 잘 알고 있는 초기 기독교와 **공화국** 간의 적대감을 테르툴리아누스(Tertullianus)는 다음의 공식, "공적으로 문제되는 것이 우리에게는 가장 낯선 문제다"라고 요약했다.[82] 이런 적대감은 일반적으로 초기의 종말론적 기대의 결과로 이해되었는데, 로마제국의 멸망이 세계의 종말은 아니라는 사실을 경험한 후에야 종말론적 기대는 직접적인 의미를 상실하게 되었다.[83] 그러나 기독교의 내세성은 여전히 다른 뿌리를 가지는데, 아마 나사렛 예수의 가르침과 훨씬 더 밀접한 관련이 있을 것이다. 어쨌든 기독교의 내세성은 세계의 소멸에 대한 믿음과는 무관하기 때문에 우리는 세계로부터의 기독교적 소외가 종말론적 기대의 명백한 좌절을 그렇게 쉽게 극복할 수 있었던 진정한 내적 이유를 예수의 가르침에서 찾으려는 유혹을 받게 된다.

예수가 말과 행위로 가르친 활동은 선의 활동이다. 선은 보이거나 알려지지 않으려는 경향이 있다. 공론 영역에 대한 기독교의 적대감, 즉 가능한 한 공론 영역을 멀리하는 삶을 살고자 한 초기 기독교의 경향은

---

82) Tertullian, 앞의 책, 38.

83) 이런 경험의 차이는 부분적으로 아우구스티누스의 놀라운 건전함과 테르툴리아누스의 정치관의 소름끼치는 구체성 간의 차이를 설명해준다. 두 사람 모두 로마인이었으며, 근본적으로 로마의 정치적 삶을 통해 자신들의 사상을 형성했다.

모든 믿음과 종말론적 기대와는 무관하게 선한 일에 대한 헌신에서 오는 자명한 결과로 이해할 수 있다. 왜냐하면 선행은 공적으로 알려지는 순간, 자체의 고유한 성격인 선, 즉 오로지 선 자체를 위해서만 행한다는 성격을 잃기 때문이다. 선이 공개적으로 드러나게 되면, 조직된 자비나 유대성의 행위처럼 유용할지는 모르나 더 이상 선은 아니다. 그러므로 "남에게 보일 염려가 있으니 사람들 앞에서 자선을 베풀지 않도록 조심하라." 선은 오로지 남이 알지 못하거나 심지어 당사자도 알지 못할 때 존재할 수 있다. 자신이 선한 일을 하고 있다는 것을 아는 자는 선하지 않으며, 고작해야 사회에 유용한 사람이거나 교회의 의무에 충실한 사람이다. 그러므로 "오른손이 하는 일을 왼손이 모르게 해야 한다."

선의 이 부정적 성질, 즉 외부로의 현상적 표출의 결여는 역사적인 나사렛 예수의 등장 자체를 매우 역설적 사건으로 만들었다. 이것이 바로 예수가 인간은 누구도 선할 수 없다고 생각하고 가르친 이유임은 확실하다. "누가 나더러 선하다고 부릅니까, 하느님 외에는 누구도 선하지 않습니다."[84] 이와 같은 확신은 탈무드의 의로운 사람 36명에 관한 이야기에서 표현되고 있다. 이 이야기에서 하느님은 이들을 위해 세계를 구원하나, 그들이 누구인지는 아무도 모르며 심지어 자신들조차 모른다. 우리는 어떤 인간도 지혜로울 수 없다는 소크라테스의 위대한 통찰을 상기한다. 이 통찰에서 지혜에 대한 사랑 또는 철학이 생겨난다. 예수의 생애와 영향은 선에 대한 사랑이 어떤 인간도 선할 수 없다는 통찰에서 어떻게 생기는지를 증명하는 것 같다.

---

84) 「누가복음」 18장 19절. 같은 사상이 「마태복음」 6장 1-18절에 있다. 여기서 예수는 '위선'과 '드러내어 경건한 체'하는 것에 대해 경고한다. 경건은 "인간에게는 나타날 수 없다." 오직 하느님만이 경건하다. 그는 "비밀리에 오시는 분이다." 신이 '인간에게 은혜를 베푼다는 것'은 맞는 말이다. 표준 번역이 주장하는 것처럼 '공개적으로' 은혜를 베풀지는 않는다. 독일어 Scheinheiligkeit는 단순히 나타나기만 해도 위선이 되는 종교적 현상을 아주 적절하게 표현하는 단어다.

지혜사랑과 선사랑은 철학함과 선한 일을 행함이라는 활동으로 구체화된다. 그러나 이 활동들의 공통점은, 사람들이 인간을 **지혜롭고 선**할 수 있다고 생각하는 순간 언제나 그 활동들이 바로 끝난다는 데 있다. 행위의 순간을 넘어 더 지속할 수 없는 것을 존재하게 하려는 시도는 불합리한 결과만을 낳을 뿐이다. 스스로에게 **현명할** 것을 요구했던 고대 후기의 철학자들은 시칠리아의 전제군주 팔라리스(Phalaris)의 유명한 놋쇠 황소 속에서 산 채로 구워진다 해도 행복할 것이라는 어리석은 주장을 하고 있다. "선하라, 그리고 다른 뺨을 내어주라"는 기독교의 주장도 은유적으로 받아들이지 않고 실제 삶의 방식으로 취한다면 마찬가지로 어리석은 것이다.

그러나 선사랑과 지혜사랑에서 유래된 활동 사이의 유사성은 여기서 끝이 난다. 두 활동이 모두 공론 영역에 대립하는 것은 사실이지만, 선의 경우는 매우 극단적이어서 우리의 목적에 보다 적절한 사례가 된다. 파괴되지 않기 위해서 절대적으로 숨겨져야 하고 나타나지 않아야 하는 것은 오직 선뿐이다. 플라톤과 함께 철학자가 인간사의 '동굴'을 떠나기로 작정한다 할지라도 적어도 그는 자신으로부터 숨을 필요는 없다. 이데아의 하늘 아래서 그는, 존재하는 모든 것의 진정한 본질을 발견할 뿐만 아니라 '자기와 자기 자신'(eme emautō) 간의 대화에서 자신을 발견한다. 자기와의 대화에서 플라톤은 사유의 본질을 분명하게 보았다.[85] 홀로 있다는 것은 자기 자신과 함께 있음을 의미한다. 따라서 사유하는 것은 모든 활동 중에 가장 고독한 것이지만, 전적으로 상대나 동료 없이 이루어지는 것은 아니다.

어쨌든 선을 사랑하는 자는 결코 고독한 삶을 영위할 수 없다. 그러나 타인과 함께하고 타인을 위하는 그의 삶은 본질적으로 누구도 목격하지 않아야 하고 특히 그 자신도 알지 못해야 한다. 그는 고독한 것

---

85) 이 격언은 플라톤에게서 빈번히 나타난다(특히 『고르기아스』, 482를 보라).

이 아니라 혼자여야 한다. 타인과 함께 살 때도 그는 그들로부터 숨어야 하며 자신이 하는 것을 그 자신도 몰라야 한다. 철학자는 항상 자신에게 동무가 되는 자신의 사유에 의존할 수 있다. 반면 선한 행위는 결코 누구와도 동행할 수 없다. 선한 행위는 행해진 순간 잊혀야 한다. 왜냐하면 모든 기억은 행위의 '선한' 성질을 파괴하기 때문이다. 더욱이 기억될 수 있는 사유는 사상으로 고정될 수 있으며, 사상은 자신의 존재를 기억에 의존하는 모든 사물과 같이 유형의 사물로 변형되어, 쓰인 페이지나 인쇄된 책처럼 인간이 생산한 사물세계의 한 부분이 된다. 선한 일은 즉시 망각되어야 하기 때문에 세계의 부분이 될 수 없다. 선한 일은 왔다가 가며 어떤 흔적도 남기지 않는다. 선한 일은 이 세계에 속하지 않는다.

선한 일에 내재하는 이 무세계성 때문에 선을 사랑하는 자는 근본적으로 종교적 모습을 취하며 고대의 지혜와 같이 선 자체는 본질적으로 인간에 속하지 않는 것, 즉 초인간적 성질을 가진다. 그러나 고독과 달리 홀로 있음이 모두에게 닥칠 수 있는 경험이듯이, 선사랑도 지혜사랑과는 달리 소수만이 경험하는 것은 아니다. 어떤 의미에서는 선과 홀로 있음은 지혜와 고독보다 정치와 더 밀접한 관계를 맺고 있는 것 같다. 그러나 철학자의 모습을 한 고독만이 진정한 삶의 방식이 될 수 있으며, 이와 반대로 보다 일반적 경험인 홀로 있음은 다원성이라는 인간의 조건과 너무 모순되는 것이어서 잠시라도 견디기 힘들기 때문에 신의 동행을 필요로 한다. 이때 신은 인간실존을 완전히 무화하지 않는다는 조건에서 유일하게 상상할 수 있는 선한 일의 증인이다. 종교적 경험 특유의 내세성은, 그것이 계시된 진리를 수동적으로 맞이하는 통상적인 경험이 아니라 활동으로서의 진정한 사랑의 경험으로 세계 안에서 자신을 드러낸다. 다른 모든 활동과 마찬가지로 이 경험은 세계를 떠나지 않고 반드시 그 속에서 실행된다. 이러한 내세성의 표출은, 다른 활동들이 이루어지고 또 의존하는 세계와 동일한 세계에서 나타난다 할지라도, 근본적으로 부정적인 본질을 가진다. 세계로부터 도망치고 그 거주자를 피해 숨어버림으로써, 이 경험은 세계가 인간에게 제공하는 공간, 특히 모든 것과 모든 사람이 타인에게 보이고 들릴 수 있는 공론 영역도 부정한다.

그러므로 삶의 일관된 방식인 선은 공론 영역 안에서는 불가능할 뿐만 아니라 파괴적이다. 선행의 파괴적 성질을 가장 날카롭게 의식한 사람은 마키아벨리다. 그가 인간에게 "선하게 되지 않는 방법"을 감히 가르치기도 한 유명한 구절도 있다.[86] 이 구절의 의미가 인간이 사악하게 되는 방법을 배워야 한다는 것이 아니라는 점은 부언할 필요도 없을 것이다. 물론 다른 이유에서지만 범죄 행위도 타인이 보거나 듣지 못하게 해야 한다. 마키아벨리가 생각하는 정치 행위의 기준은 고대와 마찬가지로 명예다. 사악함은 선과 마찬가지로 명예롭게 빛날 수 없다. 그러므로 "명예가 아니라 권력을 얻고자 하는" 모든 방법은 사악한 것이다.[87] 은둔처에서 밖으로 나온 사악은 뻔뻔스러워져서 공동세계를 직접 파괴한다. 은둔처에서 밖으로 나와 공적 역할을 하고자 의도하는 선은 더 이상 선이 아니라, 타락하여 가는 곳마다 타락을 낳는다. 따라서 마키아벨리는 교회가 이탈리아 정치를 타락시킨 이유가 교회가 세속사에 관여했기 때문이지 신부나 수도사의 개별적인 타락 때문은 아니라고 주장한다. 세속적 영역을 지배하는 종교의 딜레마에 대한 대안, 즉 공론 영역이 종교 단체를 타락시켜 스스로 타락하든지 또는 종교단체는 부패하지 않지만 대신 공론 영역을 완전히 파괴하든지 하는 것은 그에게 불가피하다. 따라서 마키아벨리가 보기에는 개혁 교회가 훨씬 위험스러웠다. 그는 개혁 교회에 대해 큰 존경을 표하면서도 매우 염려스러운 눈길로 그 시대의 종교부흥, 즉 '새로운 수도원'을 지켜보았다.

---

86) 『군주론』, 15장.
87) 같은 책, 8장.

개혁 교회는 수도원장과 성직자의 방탕 때문에 종교가 몰락하는 것을 막기 위해 사람들에게 선하게 살고 '악에게 저항하지 말라'고 가르친다. 그 결과 "사악한 지배자들이 원하는 대로 악을 행하게 되었다."[88]

　우리가 선행이라는 극단적 예를 선택한 까닭은 그것이 사적 영역에서조차 익숙한 것이 아니었기 때문이다. **활동적 삶**의 활동 중에서 어떤 것이 공론 영역에 드러나고 어떤 활동이 사적 영역에 숨어야 하는가를 결정할 수 있는 판단기준, 즉 각각의 정치적 공동체가 가진 판단기준들은, **활동적 삶** 각각의 본질과 일치한다는 사실이 이 예에서 분명히 드러난다. 이 문제를 제기함으로써 나는 **활동적 삶**의 활동들 모두를 — 주로 관조적 삶의 관점에서만 **활동적 삶**을 다루었던 전통은 이상하게도 이 **활동적 삶**의 표현들을 무시했다 — 분석하려는 것은 아니다. 오히려 나는 **활동적 삶**의 정치적 의미를 확실하게 규정하고자 한다.

---

88) *Discouses*, 3권, 1장.

제3장 노동

이번 장에서 마르크스는 비판받을 것이다. 명시적이든 암시적이든 마르크스의 풍부한 관념과 통찰을 빌려 생계를 꾸려갔던 많은 저자가 이제 전문적인 반마르크스주의자가 되겠다고 결정한 시기에 이런 비판을 하는 것은 불행한 일이다. 이런 과정에서 어떤 이는 이 순간 마르크스가 '부양했던' 세대들을 잊은 채 마르크스 스스로 생계를 유지하지 못했다는 사실을 발견하기도 한다. 이런 어려움 속에서 나는 뱅자맹 콩스탕(Benjamin Constant)이 루소를 공격하도록 강요당했을 때 했던 진술을 회상해보고자 한다.

"내가 위대한 사람을 중상, 모략하는 자와 자리를 함께하지 않을 것은 확실하다. 만약 내가 한 부분에서라도 그들의 의견에 동의한다면 나는 나 자신을 의심하게 될 것이다. 그리고 그들과 의견을 같이했던 나 자신을 위로하기 위해서…… 나는 되도록 이런 거짓 친구들을 거부하고 멀리해야 한다고 생각한다."[1]

---

1) "De la liberté des anciens comparée a celle des modernes(1819)", reprinted in *Cours de politique constitutionnelle*, 1872, II. 549.

11. 우리 신체의 노동과 우리 손의 작업[2]

내가 제안한 노동과 작업의 구별은 생소하다. 이 구별을 지지하는 현상적 증거는 매우 분명해서 무시할 수 없다. 그러나 여기저기 흩어져 발견되는 발언들, 저자가 자기 이론에서도 더 이상 발전시키지 못한 발언들을 예외로 친다면, 역사적으로 볼 때 근대 이전의 정치사상적 전통이나 대다수의 노동이론에서 이 구별에 대한 지지를 찾을 수 없다. 그러나 이렇게 역사적 증거가 없는데도 명료하고 완강한 증거가 하나 있다. 다시 말해 고대와 근대의 모든 유럽 언어는, 우리가 같다고 생각해왔던 활동들을 뜻하는 말로 어원적으로 무관한 두 단어를 가지고 있으며, 사람들이 집요하게 동의어로 사용함에도 불구하고 그 두 단어를 보존해왔다는 사실이다.[3]

그래서 노동하는 신체와 작업하는 손에 대한 로크의 구별은 한편으로 '자신의 신체로 삶의 필연성에 봉사하는 노예나 길들여진 동물',[4] 또는 그리스 숙어 신체로 일하는 자(*tō sōmati ergazesthni*)처럼 신체노동을 하는 자를 생각나게 한다. 다른 한편으로 독일어의 수공업자(Handwerker)에 상응하는 단어, 고대 그리스어의 장인(*cheirotechnēs*)

---

2) 로크, 『정부론』, sec. 26.
3) 그리스어는 *ponein*과 *ergazesthai*를 구분하고, 라틴어도 *laborare*와 *facere* 또는 *fabricari*를 구분하는데, 이들은 동일한 어근을 가진다. 프랑스어에서도 *travailler*와 *ouvrer*를 구분하고 독일어도 arbeiten과 werken을 구분한다. 이 모든 경우에 'labor'를 뜻하는 단어들에서만 고통과 수고라는 부차적 함의가 뚜렷이 드러난다. 독일어 Arbeit는 본래 농노가 장원에서 행하는 노동에만 적용되었을 뿐 Werk라 부르는 장인의 작업을 가리키지는 않았다. 프랑스어 travailler는 보다 오래된 labourer를 대체했는데, 이 단어는 *tripalium*, 즉 고문이라는 단어에서 파생된 것이다. Grimm, *Wörterbuch*, pp.1854 이하와 Lucien Fèbre, "Travail: évolution d'un mot et d'une idée", *Journal de psychologie normale et pathologique*, Vol.XLI, No.1, 1948.
4) 아리스토텔레스, 『정치학』, 1254b25.

이라는 단어를 상기시킨다(그러나 여기서도 노동과 작업은 이미 동일한 것으로 취급된다. 왜냐하면 이때 사용된 말은 노동[labor, *ponein*]이 아니라 작업[work, *ergazesthai*]이었다). 그러나 언어적으로 가장 중요한 측면에서 두 말을 동의어로 사용했던 고대 언어가 그러했듯이 근대의 용법 또한 이에 상응하는 명사를 만들지 못했다. 여기서 우리는 다시 완전한 일치를 발견한다. 명사로서 '노동'은 노동의 결과인 완결된 생산품을 지시하지 않고 오히려 동명사로 분류되는 동사적 명사로 남는다. 반면 생산품 자체는 한결같이 '작업'이란 단어에서 도출된다. 현재 이 단어의 용법이 근대의 실질적인 발전과 밀접하게 연관되어 있어 '노동'(work)이라는 단어의 동사형이 낡은 것이 되었다 하더라도 그러하다.[5]

고대에서 이를 구별하는 것이 간과되어 그 의미가 검토되지 못했던 이유는 매우 분명하다. 원래 노동에 대한 경멸은 필연성에서 벗어나 열정적으로 자유를 추구하는 노력과 어떤 흔적이나 업적, 기억할 만한 위대한 일을 남기지 않은 모든 수고에 대한 성급한 조바심에서 생겨났다. 그런데 **폴리스**의 생활이 시민들의 시간을 점점 더 많이 요구하게 되고 또 정치활동 외의 모든 활동은 삼가야 한다(*skholē*)고 주장함으로써 노동에 대한 경멸은 확대되었고, 마침내 육체적 수고를 요하는 모든 일이 그 대상이 되었다. 도시국가가 안정적으로 발전하기 전인 초기 정치적 관습에서 전쟁포로에 불과한 노예(*dmōes* 또는 *douloi*)와 시민의 일꾼

---

5) 이것은 프랑스어 ouvrer와 독일어 werken에 해당되는 경우다. 이 두 언어에서 현재 통용되는 영어의 'labor'의 용법과 다른 용법을 가졌던 travailler와 arbeiten은 고통과 수고라는 본래의 의미를 거의 상실했다. 그림(Grimme, 앞의 책)은 19세기 중반에 이러한 발전을 기록하고 있다. "좀더 오래된 언어에서는 *molestia*와 힘든 노동의 의미가 지배적이었고, *opus*와 *opera*의 의미는 약했던 반면, 현재의 언어에서는 후자의 의미가 전면에 등장하고 전자는 드물게 쓰일 뿐이다." 세 언어 모두에서 work, æuvre, Werk라는 명사가 예술작업의 지시에 사용되는 경향을 점점 많이 보여주고 있다는 점은 흥미롭다.

으로서 데미우르고이(*dēmiourgoi*)는 구별되었다. 전자는 다른 전리품과 함께 승자의 가정으로 보내져 가정의 동거인(*oiketai* 또는 *familiares*)으로서 자신과 주인의 삶을 위해 노예의 일을 했다. 후자는 일반 시민의 일꾼이었는데 사적 영역 밖이나 공론 영역 안에서 자유롭게 다닐 수 있었다.[6] 솔론이 아테네와 헤파이스토스의 아들로 묘사했던 이 수공업자들의 이름도 나중에는 바나우소이(*banausoi*)라 불렸는데, 이들의 주된 관심은 기술이지 시장이 아니었다. 폴리스가 투입된 노동의 양에 따라 직업을 분류하기 시작한 것은 기원전 5세기 후반부터다. 그래서 아리스토텔레스는 이 직업을 '신체가 가장 많이 소모되는' 가장 천한 일이라 말했다. 그가 바나우소이에게 시민권을 인정하지 않았다 하더라도 양치기와 화가에게는 예외를 인정하려 했던 것 같다(그러나 농부와 조각가에게는 허용하지 않았다).[7]

---

6) J.P. Vernant, "Travail et nature dans la Grèce ancienne"(*Journal de psychologie normale et pathologique*, LII, No.1, January–March, 1955)을 보라. "호메로스와 헤시오도스에게서 데미우르고이라는 용어는 오늘날의 '제작자'(ouvrier)와 같은 장인의 기원을 서술하지 않는다. 그것은 가정 밖에서 공중(*dēmos*)을 위해 행해지는 모든 활동을 말한다. 예컨대 예언자, 군사, 음유시인들과 마찬가지로 목수와 대장장이 같은 장인을 일컬었다.

7) 『정치학』, 1258b35 이하. 바나우소이에게 시민권을 허용할지에 관한 아리스토텔레스의 관점에 대해서는『정치학』iii. 5를 보라. 그의 이론은 당시 현실과 상당히 일치한다. 자유노동, 작업, 상업에 종사하는 인구 중 80퍼센트가 시민이 아니었다. 즉 그들은 이 계급으로 올라간 '이방인'(*katoikountes* 그리고 *metoikoi*) 또는 해방된 노예였다(Fritz Heichelheim, *Wirtschaftsgeschichte des Altertums*, 1938, I, 398 이하). 야콥 부르크하르트는 저서 *Griechische Kulturgeschichte*(Vol.II, secs, 6 and 8)에서 바나우소이 계급에 누가 속하는지에 대한 당시 그리스인의 견해를 살펴보던 중, 조각가에 대해 언급하는 논문이 없다는 사실을 발견했다. 음악과 시에 관해서는 많은 에세이가 전해진다는 점을 고려할 때 이는 우연이 아님을 알 수 있다. 대단한 우월감을 가졌거나 심지어 거만했던 유명 화가들의 이야기는 상당히 많은 반면 조각가의 일화는 이에 비교할 바가 못 된다. 화가와 조각가에 대한 이런 평가는 여러 세기 동안 지속되었다. 르네상스 때도 이런 평가를 발견할 수 있는데, 당시 조각은 천한 예술로

우리는 나중에 그리스인들이 노동에 대한 경멸과는 무관하게 장인이나 호모 파베르 기질을 불신하는 데 나름의 이유가 있었다는 점을 알게 될 것이다. 그러나 이 불신이 특정 시기에만 나타나는 반면, 인간활동에 대한 고대인의 평가는—헤시오도스처럼 노동에 찬사를 보낸 것

간주되었다. 반면 그림을 그리는 것은 자유로운 기술과 천한 기술의 중간 위치를 차지했다(Otto Neurath, "Beiträge zur Geschichte der Opera Servilla", *Archiv für Sozialwissenschaft und Sozialpolitik*, Vol.XLI, No.2, 1915를 보라).

그리스 도시국가에서 소모되는 시간과 노력으로 직업을 판단했다는 사실은 양치는 목자의 삶에 대한 아리스토텔레스의 이야기가 뒷받침한다. "인간의 삶의 방식에는 많은 차이가 있습니다. 가장 게으른 삶은 양치기의 삶입니다. 그들은 노동(*ponos*)을 하지 않고서도 가축으로부터 식량을 획득하고 여가(*skholazousin*)를 즐기기 때문입니다"(『정치학』, 1256a30 이하). 아마 당시의 의견을 따랐겠지만, 여기서 아리스토텔레스가 게으름(*aergia*)과 스콜레를—게으름이 마치 스콜레의 전제조건인 것처럼—함께 언급한다는 점은 흥미롭다. 그런데 스콜레는 특정한 활동을 삼간다는 의미를 가졌는데, 이때 '삼가는 것'은 정치활동의 조건이 된다. 일반적으로 말해 게으름과 스콜레는 같지 않다는 점을 알아야 한다. 게으름은 우리가 알고 있는 뜻과 동일하지만 스콜레의 삶을 게으른 삶으로 생각해서는 안 된다. 스콜레와 게으름의 동일화는 폴리스 내부의 발전의 특징을 나타낸다. 크세노폰의 보고에 의하면, 소크라테스는 헤시오도스의 글귀를 인용했다는 이유로 고소당했다. "작업을 한다는 것은 수치가 아닙니다. 오히려 게으름(*aergia*)이 수치입니다." 학생들에게 노예적인 영혼을 주입했다는 이유로 소크라테스는 고소당했다(*Memorabilia*, I, 2, 56). 역사적으로 시민의 시간과 에너지를 엄청나게 요구하는 비정치적인 모든 직업에 대한 폴리스의 경멸과 단지 생명의 유지를 위한 활동에 대한 보다 근본적이고 보편적인 경멸을 반드시 구별해야 한다.—생존을 위한 활동(*ad vitae sustentationem*)은 18세기에도 여전히 노예의 일(*opera servilia*)로 정의되었다. 호메로스의 세계에서 파리스와 오디세우스는 집을 짓고 여동생 나우시카는 오빠들의 빨래를 했다. 이 모든 것은 호메로스적 영웅의 자기만족이고 그 인격의 독립성과 우월성이다. 보다 위대한 독립성을 의미하는 한, 그것은 천하지 않다. 그러나 같은 일이 인격적 독립이 아니라 생존을 위해 행하는, 그래서 주권의 표현이 아니라 필연성에 예속된다면, 그것은 노예적이다. 호메로스가 장인 솜씨에 대해 다르게 평가했다는 것은 물론 잘 알려진 사실이다. 그 참된 의미는 Richard Harder가 최근 작품인 *Eigenart der Griechen*(1949)에서 잘 보여준다.

으로 추정되는[8] 사람들을 포함하여—필요에 의해 필연적으로 수행하는 신체의 노동은 노예적이라는 확신에 근거하고 있다. 그러므로 육체노동으로 이루어지지 않지만 자신을 위해서가 아니라 삶의 필수품을 공급하기 위해 수행되는 직업들은 모두 노동의 지위와 같다. 직업의 평가와 분류가 시기와 장소에 따라 변하는 이유가 바로 여기에 있다. 노예만이 노동과 작업에 참여했다는 이유로 고대제국에서 노동과 작업이 경멸을 받았다는 견해는 근대 역사가의 편견이다. 고대인들은 다른 방식으로 생각했다. 삶의 유지에 필요한 것을 제공하는 직업들은 모두 노예적 본질을 가지기 때문에 노예의 소유는 반드시 필요하다고 생각했다.[9] 정확히 이 이유 때문에 노예제는 옹호되고 정당화되었다. 노동하는 것은 필연성에 의해 노예가 되는 것을 의미한다. 그리고 이런 노예화는 인간 삶의 조건에 내재한다. 사람은 살아가는 데 필요한 것들의 지배를 받기 때문에 필연성에 종속된 노예들을 강제로 지배해야 자유를 얻을 수 있다. 노예를 길든 동물과 비슷한 존재로 변형시키기 때문

---

8) 헤시오도스는 노동(*ponos*)과 작업(*ergon*)을 구별한다. 작업만이 선한 싸움의 여신인 에리스에 속한다(*Work and Days*, 20-26). 그러나 다른 일과 마찬가지로 판도라의 상자(90 이하)에서 노동은 프로메테우스가 '간교하게 제우스를 속였기' 때문에 내린 제우스의 벌이었다. 그때 이후로 '신들은 인간들에게서 생명을 감추었으며'(42 이하) '빵을 먹고 살아야 할 인간'에게 저주를 내렸다. 더욱이 헤시오도스는 노예와 가축이 농사일을 하는 것은 당연하다고 생각한다. 그는 일상적 삶을 예찬하는데, 그리스인이 이렇게 생각한다는 것 자체가 무척 특이하다. 그러나 그의 이상은 노동자이기보다 신사 농부인데, 이 사람은 집에만 머물고 바다에 나가 모험하거나 아고라에서 공적인 일에(29 이하) 관여하지 않고 자기 일에만 전념하는 자다.

9) 아리스토텔레스는 노예에 대한 유명한 논의를 "필연성 없는 삶도 좋은 삶도 불가능하다"는 말로 시작한다. 노예를 지배하는 것은 필연성을 지배하는 인간적인 방식이고 따라서 자연에 반하지(*para physin*) 않는다. 삶 자체가 노예의 지배를 요구한다. 그러므로 플라톤과 아리스토텔레스는 삶의 필수품을 제공하는 농부를 노예로 분류한다(Robert Schlaifer, "Greek Theories of Slavery from Homer to Aristotle", *Harvard Studies in Classical Philology*, Vol.XLVII, 1936).

이었다.[10) 그러므로 주인의 노예해방을 통한 노예의 지위변화와 어떤 직업을 공적으로 적합한 것으로 부상시킨 일반적인 정치 환경의 변화는 자동적으로 모두 노예적 '본질'의 변화를 수반했다.[11)

나중에는 변했지만, 원래 고대의 노예제도는 값싼 노동력을 확보하기 위한 수단이거나 이윤착취의 수단이 아니었다. 오히려 노예제도는 노동을 삶의 조건에서 제외하기 위한 시도였다. 사람이 다른 형태의 동물적 삶을 공유하는 것은 인간적인 것이 아니었다. (우연하게도 이런 생각은 노예가 인간적 본질을 갖지 못한다는 그리스의 이론을 오해하게 만든다. 아리스토텔레스는 분명히 이 이론을 주장했지만 임종 시 그의 노예를 해방시켰다. 그러나 이 행위는 근대인의 생각처럼 일관성이 없는 것이 아니다. 그는 인간이 될 수 있는 노예의 능력을 부인한 것이 아니라, '사람'이란 단어가 완전히 필연성에 예속되는 인간 종의 구성원을 지칭하기 위해 사용되는 것만을 부정했다.)[12) **이성적 동물**이라는 말에서 '동물'이란 단어의 사용은 문제가 있지만, 이와 달리 **노동하는 동물**의 개념에서 사용된 '동물'이란 단어는 전적으로 정당하다. **노동하는 동물**은 한 종일 뿐이고 기껏해야 지구에 거주하는 동물 종 중 최고

---

10) 에우리피데스가 모든 노예를 '나쁘다'고 말한 것은 이런 의미에서다. 노예는 모든 것을 위장의 관점에서 생각한다(*Supplementum Euripideum*, ed. Arnim, frag.49, No.2).

11) 따라서 아리스토텔레스는 '자유로운 과제'(*ta eleuthera tōn ergōn*)를 위탁받은 노예는 존엄한 인간으로 다루고 노예처럼 대하지 말라고 권고했다. 다른 한편, 로마제국이 형성된 첫 세기 동안은 **공적 노예**(*servi publici*)가 특정한 공적 기능을 수행했는데, 이런 일이 더 높은 평가와 존중을 받게 되자 관리들의 일을 실제로 대신했던 이 **공적 노예**들은 제복(toga)을 입거나 자유로운 여자와 결혼할 수 있게 되었다.

12) 아리스토텔레스에 의하면, 노예에게 없는 두 자질은—이 자질의 결핍으로 노예는 인간이 아니라고 여겨진다—스스로 숙고해서 결정하는 능력(*to bouleutikon*)과 앞날을 예견하여 선택하는 능력(*proairesis*)이다. 물론 이것은 노예가 필연성에 예속되어 있다는 사실을 보다 분명히 말해주는 것일 뿐이다.

의 종일 뿐이다.

고대에서 노동과 작업의 구분이 무시되었다는 것은 놀랍지 않다. 사적인 가정과 공적인 정치영역, 가정의 동거인인 노예와 시민인 가장, 사적인 영역 속에 감춰야 하는 활동과 보고 듣고 기억할 만한 가치가 있는 활동을 구별하는 것은 다른 모든 차이를 무색하게 만들었고 결국 한 가지 기준만 남게 되었다. 상당한 양의 시간과 노력을 사적 영역과 공적 영역 중 어디에다 소모했는가? 그 일을 하게 된 동기는 사적인 일에 대한 배려(*cura privati negotii*)인가 공적인 일에 대한 배려(*cura rei publicae*)인가?[13] 정치이론의 발생과 더불어 철학자는 관조를 다른 모든 활동과 대립시킴으로써 활동들 사이의 구별을 없앴다. 심지어 정치활동조차 필연성의 지위로 평준화되었고 이제 필연성은 **활동적 삶**에 고유한 활동들의 공통분모가 되었다. 우리는 기독교 정치사상에서도 도움을 기대할 수 없다. 이 정치사상은 철학자가 한 구별을 수용하여 세련되게 만들었고, 소수를 위한 철학과 달리 만인을 위한 종교는 모든 인간의 삶을 구속할 수 있는 보편적 타당성을 그 구별에 부여했다.

그러나 모든 전통을 뒤집고 행위와 관조의 전통적 지위뿐만 아니라 **활동적 삶** 안의 전통적 위계질서를 뒤집으며 모든 가치의 원천인 노동을 예찬하고 전통적으로 이성적 동물이 차지했던 지위로까지 노동하는 동물을 끌어올린 근대가 노동하는 동물과 호모 파베르, '신체에 의한 노동과 손에 의한 작업', 이 양자를 분명히 구별하는 하나의 단일 이론을 제시하지 못했다는 것은 얼핏 보기에도 놀라운 일이다. 대신 우리는 우선 생산적 노동과 비생산적 노동의 구별을, 그보다 조금 후에 숙련 작업과 비숙련 작업의 구별을 발견하는데, 이 두 구별은 마지막에 모든 활동을 신체노동과 정신노동으로 나눔으로써 열외로 밀려난다. 마지막 구분이 가장 근본적인 구분으로 간주되었기 때문이다. 그러나 세 구

---

13) 키케로, *De re publica*, v.2.

별 중에서 생산적 노동과 비생산적 노동의 구별만이 문제의 핵심을 찌른다. 위대한 이론가인 애덤 스미스와 마르크스가 논증의 전체 구조를 이 구별 위에 세웠다는 사실은 우연이 아니다. 근대에서 노동의 지위가 상승한 근본적인 이유는 노동의 '생산성' 때문이었다. (신이 아니라) 노동이 인간을 창조하고 (이성이 아니라) 노동이 인간을 다른 동물과 구별한다는 마르크스의 불경스러운 생각은, 모든 근대인이 동의하는 바를 가장 급진적이고 일관성 있게 정식화한 것에 불과하다.[14]

더욱이 애덤 스미스와 마르크스가 세계를 부유하게 만들지 못하는 것에는 노동이란 이름을 붙일 수 없다는 듯이 비생산적 노동을 기생적

---

14) '인간노동을 통한 인간의 창조'는 청년기 이후 마르크스가 가장 일관되게 고수하는 생각 중의 하나다. 이 생각은 *Jugendschriften*에서는 여러 변형된 모습으로 나타난다(「헤겔 변증법 비판」에서 마르크스는 헤겔도 그와 같은 생각을 하고 있다고 보았다. *Marx-Engels Gesamtausgabe*, Part I, Vol.5, Berlin, 1932, p.156, p.167을 보라). 마르크스가 인간을 노동하는 동물로 정의함으로써 이성적 동물이라는 전통적인 인간규정을 실제로 대체하려 했다는 사실은 문맥 속에 분명히 드러난다. 『독일 이데올로기』(*Die Deutsche Ideologie*, p.568)의 한 문장이 이 이론을 더욱더 뒷받침하는데, 이 문장은 훗날 삭제되었다. "인간 개인들이 자신을 동물과 구별시킨 최초의 역사적 행위는 그들이 사유한다는 사실이 아니라, 삶의 수단을 생산하기 시작했다는 것이다." 「경제철학 수고」(같은 책, p.125)와 「신성 가족」(같은 책, p.189)에서도 비슷한 정식이 등장한다. 엥겔스(Friedrich Engels)도 이와 비슷한 정식을 여러 번 사용했다. 예를 들면 「가족의 기원에 관하여」의 1884년 서문과 「원숭이에서 인간으로 이행하는 과정에서 노동의 역할」이라는 1876년 뉴스 기사에서도 사용했다(Marx-Engels, *Selected Works*, Vol.II, London, 1950). 인간을 동물과 구별하는 것은 노동이라고 처음으로 주장한 사람은 마르크스가 아니라 흄(David Hume)이다(Adriano Tilgher, *Homo Faber*, 1929; English ed., *Work; What It Has Meant to Men through the Ages*, 1930). 흄의 철학에서 노동은 중요한 역할을 하지 못하기 때문에 노동은 단지 역사적 관심의 대상일 뿐이다. 흄의 입장에서 노동은 인간의 삶을 더 생산적으로 만들기보다는 더 고통스럽게 만든다. 그러나 이 맥락에서 흄이 사유와 추론은 동물과 구별되는 인간의 특징이 아니라고 되풀이하여 주장하고 동물도 사유와 추론의 능력이 있음을 증명하려 했다는 사실을 언급하는 것도 흥미로운 일이다.

이고 일종의 노동의 왜곡이라고 경멸했을 때, 그들의 견해는 일반적인 근대의 의견과 일치한다. 마르크스도 애덤 스미스와 함께 '천한 하인'을 경멸했다. 천한 하인은 "게으른 손님처럼 소비를 하고서도 그 보답으로 아무것도 남기지 않는다."[15] 그러나 이 천한 하인들, 즉 순전히 생계를 위해 일하고 생산이 아닌 소비의 충족을 위해 필요했던 가정의 동거인들은 근대 이전의 모든 시대가 노동과 노예를 동일시하면서 염두에 두었던 사람들이다. 이들이 자신의 소비에 대한 보답으로 남긴 것은 주인의 자유다. 여기서 주인의 자유는 현대어로 말하면 주인의 잠재적 생산성을 의미한다.

달리 말해 생산적 노동과 비생산적 노동의 구별에는, 편견일지는 모르지만, 작업과 노동의 보다 더 근본적인 구분이 포함되어 있다.[16] 아무것도 남기지 않고 수고를 한 시간만큼 수고의 결과도 빨리 소비되는 것이 노동의 특징이다. 이런 수고는 무상성에도 불구하고 더할 수 없는 긴박성에서 생겨났으며, 삶 자체가 그것에 달려 있기 때문에 어떤 다른 것보다 강력한 힘이 그 동기가 된다. 서구인의 전례 없는 실질적 생산성에 압도되어 모든 노동을 작업으로 간주한 일반적인 근대와 마르크스는 호모 파베르가 더 적합한 표현인데도 노동하는 동물을 말하는 경

---

15) 『국부론』, II. 302.
16) 생산적 노동과 비생산적 노동의 구별은 생산계급, 소유계급, 비생산계급을 구분한 중농주의자들에 의해 이루어졌다. 그들은 모든 생산성의 원천이 지구의 자연적 힘에 있다고 생각했기 때문에 그들에게 생산성의 기준은 새로운 물건의 창출과 연관이 있지 인간의 필요와 욕구와는 무관한 것이었다. 따라서 유명한 웅변가의 시조인 미라보(Mirabeau) 후작은 그들의 노동이 인간의 욕구에 필수적이고 사회에 유용함에도 불구하고 생산적이지 않은 노동자 계급을 불모의 사람들이라 부르며, 돌을 절단하는 작업과 돌을 생산하는 작업의 차이를 비교하면서 결과가 없는 작업과 생산적인 작업의 구별을 증명하려 했다 (Jean Dautry, "La notion de travail chez Saint-Simon et Fourier", *Journal de psychologie normale et pathologique*, Vol.LII, No.1, January~March, 1955).

향을 보였으며, 노동과 필연성을 한꺼번에 제거하기 위해서 오직 한걸음 더 나아가는 것만 필요하다는 희망을 줄곧 갖고 있었다.[17]

노동을 공론 영역으로 부상시켜 조직화하고 '분업화'[18]하게 한 실질적인 역사발전이 동시에 이 이론의 발전에 강력한 논증을 제공했다는 사실은 분명하다. 그러나 여기서 더욱 중요한 사실—고전경제이론가가 이미 감지했고 마르크스도 초기에 발견하여 분명히 표현했던 사실인데—은 노동생산물이 아무리 무상하고 지속성이 없다 할지라도 노동활동 자체는 역사적 환경에 상관없이 그리고 사적 영역과 공론 영역에서의 지위와 무관하게 '생산성'을 보유한다는 것이다. 노동생산성은 노동의 생산물에 있는 것이 아니라 인간의 '힘'에 있다. 인간의 힘은 자신의 생계와 생존수단을 생산하고 소진하는 것이 아니라 '잉여', 즉 자신의 '재생산'에 필요한 것 이상을 생산할 수 있다. 노동생산성을 설명하는 것이 노동 자체가 아니라 인간 '노동력'(Arbeitskraft)의 잉여이기 때문에 이 용어의 도입은—엥겔스도 올바로 지적했듯이—마르크스의 전체 체계 가운데 가장 독창적이고 혁명적인 요소를 구성한다.[19] 새로운 사물을 기존의 인공세계에 더하는 작업의 생산성과는 달리, 노동력의 생산성은 우연히 물건을 생산하며, 우선 자기 재생산의 수단에 관심을 갖는다. 자신의 재생산이 확보되었을 때에도 노동력은 고갈되지 않

---

17) 마르크스는 평생 이런 희망을 가졌다. 우리는 『독일 이데올로기』에서 이미 그 것을 발견하게 된다. "노동으로부터의 해방이 아니라 노동의 지양이 문제다" (*Gesamtausgabe*, Part I, Vol.3, p.185). 수십 년이 지난 후 『자본론』(*Das Kapital*), 3권 48장에서도 이 희망을 볼 수 있다. "자유의 영역은 노동이 지양되는 곳에서 비로소 시작된다"(*Marx-Engels Gesamtausgabe*, Part II, Zürich, 1933, p.873).

18) 『국부론』, 2권의 서론(I, 241 이하)에서 애덤 스미스는 생산성은 노동 자체보다 노동 분업에 기인한다는 점을 강조한다.

19) 엥겔스가 쓴 마르크스의 「임금, 노동 그리고 자본」의 서론을 보라(*Marx-Engels, Selected Works*, London, 1950, I, 384). 이 책에서 마르크스는 새 용어를 도입했 고 그 의미를 강조했다.

기 때문에 그것은 하나 이상의 생명과정의 재생산을 위해 사용될 수 있다. 그러나 그것은 결코 삶 이외의 어떤 것도 '생산하지' 못한다.[20] 노예사회에서는 폭력을 통해, 마르크스 시대에서는 착취를 통해 몇 사람의 노동이 모든 사람의 삶을 충족시키는 방식으로 노동력은 유통된다.

사회적 관점은 모든 근대인의 관점이었지만 마르크스의 저작에서 가장 정합적이고 위대한 표현을 부여받았다. 이 관점에서 볼 때, 모든 노동은 '생산적'으로 보여야만 했다. 따라서 이전에 어떤 흔적도 남기지 않는 '천한 일'의 수행과 축적할 수 있을 정도로 충분히 내구적인 물건의 생산을 구분하는 것은 타당성을 상실한다. 우리가 전에 보았듯이, 순수하게 사회적인 관점은 인류의 삶의 과정 외에는 아무것도 고려하지 않는 것과 동일하다. 또한 이 관점에 준거한 틀 안에서 모든 것은 소비의 대상으로 전락한다. 삶의 과정의 향유를 유일한 목표로 설정하는 완전히 '사회화된 인류' 안에서 ─불행하게도 이 목표는 마르크스의 이론을 주도하는 비유토피아적 이상인데[21] ─노동과 작업의 구별

─────────────

20) 마르크스는 특히 청년기에 노동의 주된 기능이 '생명의 생산'이라는 점을 항상 강조했다. 이런 점에서 그는 노동을 번식과 동일시했다(『독일 이데올로기』, p.19; 「임금, 노동 그리고 자본」, p.77).

21) 마르크스가 사회주의의 궁극적 목표를 표현하려 할 때, 그는 사회화된 인간 (vergesellschafteter Mensch) 또는 사회적 인류(gesellschaftliche Menschheit) 란 용어를 자주 사용했다(예를 들면 『자본론』, 3권, p.873, 「포이어바흐에 관한 테제」의 열 번째 테제를 보라. "낡은 유물론의 관점은 '시민'사회다. 그러나 새로운 유물론의 관점은 인간적 사회 또는 사회화된 인류다." *Selected Works*, II, 367). 인간적 사회는 개인적 실존과 사회적 실존 사이의 간극을 제거할 때 이루어진다. 그렇게 됨으로써 "가장 개인적 존재로서의 인간이 동시에 사회적 존재가 될 수 있다"(*Jugendschriften*, p.113). 마르크스는 이러한 인간의 사회적 본질을 자주 유적 존재(Gattungswesen)라고 불렀다. 이것은 인간이 곧 종의 구성원으로 존재한다는 것을 의미한다. 마르크스의 유명한 '자기소외'는 무엇보다 유적 존재로부터의 소외다(같은 책, p.89. "자신의 노동생산물, 삶의 활동, 유적 존재로부터의 소외가 야기하는 직접적 결과는 인간에 의한 인간의 소외다"). 꿀벌이 벌집을 만들기 위해 밀랍을 분비하듯이 이상사회는 모든 인간 활동이

은 완전히 사라질 것이다. 모든 작업은 노동이 될 것이다. 왜냐하면 모든 사물은 세계적이고 객관적인 실재로 이해되기보다 노동력의 결과물이자 삶의 과정에 작용하는 기능으로 이해되기 때문이다.[22]

숙련과 비숙련 작업, 정신노동과 신체노동의 구별이 고전 정치경제학이나 마르크스의 저작에서는 큰 역할을 하지 못한다는 것은 흥미롭다. 노동의 생산성과 비교할 때, 이 구별의 중요성은 부차적이다. 세탁과 요리, 건축과 저술활동 등과 같이 모든 활동은 어느 정도의 기술을 필요로 한다. 다시 말해, 숙련과 비숙련의 구분은 활동 자체에 적용되는 것이 아니라 단지 활동을 수행하는 과정에서의 특정한 단계와 특성을 의미한다. 이 구별은 근대의 분업 때문에 중요성을 확보할 수 있었다. 이 분업에서 이전에 어린이나 무경험자에게 할당되던 일도 평생 직업으로 고정되었기 때문이다. 그러나 하나의 활동이 많은 미세한 부분으로 나뉘어 그 각 부분의 전문가가 단지 최소한의 기술만을 가져도 되는 분업은, 마르크스가 제대로 예견했듯이, 숙련노동을 완전히 폐지하는 경향을 가진다. 분업으로 인해 노동시장에서 사고 팔리는 것은 이제 개인의 기술이 아니라 '노동력'이다. 모든 살아 있는 인간은 대략적으로 같은 양의 노동력을 소유한다. 더욱이 비숙련 작업은 용어상 모순되기 때문에 위의 구별은 오로지 노동활동에서만 타당하다. 노동을 주요한 준거틀로 이용하려는 시도는 이미 노동을 위해 노동과 작업의 구별

인간의 '본질'로부터 자연스럽게 이루어지는 상태를 말한다. 산다는 것과 살기 위해 노동한다는 것이 일치하고 그래서 "[노동활동]이 끝나는 곳에서는 삶은 더 이상 [노동자]를 위해 시작되지 않을 것이다"(「임금, 노동 그리고 자본」, p.77).

22) 자본주의 사회에 대한 마르크스의 비판은 본래 자본주의가 모든 대상을 상품으로 변형시킨다는 사실을 겨냥한 것이 아니라 "노동자는 자신의 노동생산물을 마치 낯선 대상물처럼 대한다"는 사실이었다(*Jugendschriften*, p.83). 달리 말하면 세계의 사물들은 일단 인간에 의해 생산된 이후에는 인간의 삶과는 무관해지고, 인간의 삶으로부터 소외된다는 점이었다.

을 포기했음을 의미한다.

　오늘날 더욱 광범위하게 사용되는 범주인 육체노동과 정신노동의 경우는 사정이 매우 다르다. 여기서 육체노동자와 정신노동자를 이어 주는 끈은 노동과정인데, 후자의 노동과정은 정신에 의해 수행되고 전자는 신체의 다른 부분의 사용을 통해 이루어진다. 여기서 두뇌의 활동으로 여겨지는 사유는 생명 자체와 함께 끝이 난다는 점에서 노동과 비슷하지만, 노동보다 덜 '생산적'이다. 노동이 어떤 영속적인 흔적을 남기지 않는다면, 사유는 구체적인 어떤 것도 남기지 않는다. 사유는 혼자만의 힘으로는 어떤 대상으로 물질화하지 못한다. 정신노동자가 그의 사상을 발표하기를 원한다면, 손을 사용해야 하고 다른 노동자처럼 손기술이 있어야만 한다. 달리 말해, 사유와 노동은 다른 두 가지 활동이며 일치하지 않는다. 사상가가 세상에 자신의 사상 '내용'을 알리기를 원한다면, 그는 우선 사유를 멈추고 자신의 사상을 기억해야만 한다. 모든 다른 경우처럼, 여기서 기억은 무형의 사상을 최종적으로 물질화하기 위해 준비하는 과정이다. 기억은 작업과정의 시작이며, 장인이 자신의 작업을 이끌어줄 모델을 고려할 때처럼, 작업과정 중에서 가장 비물질적인 단계다. 이때 작업은 그 자체로 항상 물질적인 것을 필요로 하며 물질적인 것에 의존하여 수행된다. 또한 호모 파베르의 활동인 제작화를 통하여 물질적인 것은 변형되어 세계적인 사물이 된다. 정신적 작업이 가지는 특수한 작업적 특성은 모든 다른 종류의 작업과 마찬가지로 '우리 손의 작업' 덕분에 얻어진다.

　'자유로운' 기술과 '노예적' 기술을 나누는 고대의 구별을 통해 정신노동과 신체노동이라는 근대적 구별을 정당화하는 것은 설득력 있어 보이며 매우 일반적인 일이기도 하다. 그러나 자유로운 기술과 노예적 기술을 구별하는 특징은 '보다 높은 지능'도 아니고, '자유로운 장인'은 머리로 일하고 '천한 상인'은 손으로 일한다는 사실도 아니다. 고대의 기준은 일차적으로 정치적이다. 정치가의 덕인 **프루덴티아**

(*prudentia*), 즉 신중한 판단의 능력을 포함하는 직업이나 건축술, 의술, 농업처럼[23] 공적 연관성(*ad hominum utilitatem*)을 가지는 직업들은[24] 모두 자유로운 직업이다. 모든 거래, 필사자의 거래나 목수의 거래는 완전한 시민에게는 어울리지 않는 '천박한' 일이다. 가장 천박한 자는 우리가 가장 유용하다고 생각하는 자들, 즉 '생선장사, 백정, 요리사, 가금 상인 그리고 어부'들이다.[25] 마지막 세 번째 범주가 남아 있는데, 여기에 속하는 활동은 단순히 노고와 노력 자체만을 필요로 한다(라틴어 *operae*는 단순한 활동으로서, 작품을 가리키는 *opus*와 구별된다). 그리고 이 경우에 "임금을 받는다는 것은 곧 노예 신분임을 나타내는 표시이다."[26]*

신체작업과 정신작업을 구별한 그 기원은 중세까지 거슬러 올라가

---

23) 자유로운 일과 노예의 일에 관해서는 편의상 *De officiis* i, 50~54에 있는 키케로의 논의를 따르도록 하겠다. *prudentia*와 *utilitas* 또는 *utilitas hominum*의 기준은 151과 155 단락에서 기술하고 있다. (밀러Walter Miller가 프루덴티아를 '보다 높은 등급의 지능'으로 Loeb Classical Library 판에서 번역한 것은 내가 보기에는 잘못된 것 같다.)

24) 농업을 자유로운 직업으로 분류하는 것은 로마인의 특별한 태도다. 이것은 우리가 이해하는 것처럼 농업이 특별한 '유용성'을 가져서가 아니라 오히려 나라(*patria*)에 대한 로마인의 생각과 밀접한 연관이 있다. 이들은 로마의 도시뿐만 아니라 로마 영역(*ager Romanus*)도 공론 영역이 성립할 수 있는 장소로 이해한다.

25) 키케로는 단순히 살아감에 대한 이런 유용성을 평균 유용성(*mediocris utilitas*, 단락 151)이라 부르고 자유로운 직업에서 배제한다. 내가 보기에 이 번역은 다음과 같은 점을 놓치고 있는 것 같다. 이것들은 '사회를 위해 어떤 작은 이익도 산출하지 않는 직업'이 아니라 앞서 언급한 것과는 완전히 반대로 '소비재가 가지는 천한 유용성을 초월하는 직업'이다.

26) 로마인들은 *opus*와 *operae*의 차이점은 너무나 뚜렷해서 그것들은 다른 두 형식의 계약을 가진다고 생각했다(*locatio operis*와 *locatio operarum*). 이 중 후자는 중요한 역할을 하지 못한다. 왜냐하면 노동은 노예가 수행하기 때문이다(Edgar Loening, *Handwörterbuch der Staatswissenschaften*, 1890, I, 742 이하를 보라).

* *opus*는 활동의 완성된 결과(작품 또는 저서)를 의미하며, *operae*는 단순한 활동 자체를 뜻한다.

추적할 수 있지만,[27] 그것은 근대적 현상으로서 전혀 다른 두 원인을 가진다. 그러나 이 두 원인은 똑같이 근대의 일반적 분위기의 특징을 보여준다. 근대의 조건에서 모든 직업은 사회에 대한 '유용성'을 증명 해야만 했고 지적인 직업의 유용성은 노동에 대한 근대의 예찬으로 인해 다소 의심스러워졌기 때문에, 지성인들도 자신들을 노동인구로 생각해주기를 희망한 것은 당연했다. 동시에 외견상 이런 발전과는 모순 되게도 이 사회가 어떤 '지적인' 업적을 필요로 하고 존중하는 정도는 로마제국의 쇠퇴기를 제외하고는 역사상 전례가 없을 만큼 높았다. 이 맥락에서 필경사의 '지적' 업무는, 고대에서는 공론 영역의 일이든 사적 영역의 일이든 노예가 수행했고, 따라서 요금이 매겨졌다는 사실을 우리는 기억해야 한다. 로마제국이 관료화되어 황제가 사회적·정치적 으로 부상함으로써 '지적' 서비스의 재평가가 이루어졌다.[28] 지식인이 실제로 '작업자'가 아니라면, 즉 가장 천한 상인에서 가장 훌륭한 기술 자에 이르는 다른 생산자처럼 가능한 한 지속적인 것을 인공세계에 더하는 '작업자'가 아니라면, 그는 아마 애덤 스미스의 '천한 하인'과 가

27) 중세시대에 *opera liberalia*는 지적인 작업 또는 정신적 작업과 동일시되었다(Otto Neurath, "Beiträge zur Geschichte der Opera Servilia", *Archiv für Sozialwissenschaft und Sozialpolitik*, Vol.XLI, 1915, No.2).
28) 왈롱은 디오클레티아누스(Diocletianus)가 다스릴 때 이루어진 이 과정을 다음과 같이 서술한다. "옛날 노예들이 담당했던 기능들은 국가의 상위신분까지 올라갔으나 작위를 받지 못한 사람들에게서도 발견된다. 궁정의 상위직 신하들과 제국의 고관들에게 퍼졌던 황제에 대한 높은 존경심은 모든 등급의 공직에까지 보급되었다. 황제를 섬기는 공공적 봉사는 공직을 선취했다." "덜 노예적인 직무들과 우리가 앞에서 노예 신분의 일에 관해 언급했던 명칭들은 제후와 같은 인물에게서 뿜어져 나오는 찬란함으로 꾸며졌다"(*Histoire de l'esclavage dans l'antiquité*, 1847, III, p.126, p.131). 정신적인 일에 대한 이러한 평가가 있기 이전에, 필사자는 공공건물의 경비원이나 심지어 투기 전사를 경기장으로 안내하는 사람과 동급으로 취급되었다(같은 책, p.171). '지식인들'에 대한 재평가가 관료제 확립과 더불어 이루어졌다는 것은 주목할 가치가 있는 것이다.

장 유사할 것이다. 비록 그의 기능이 삶의 과정을 온전히 유지하고 재생산하기보다 다양하고 거대한 관료제 기계를 유지하는 것일지라도 그렇다. 그런데 관료제라는 기계적 과정은 생물학적 과정만큼이나 빠르고 무자비하게 하인들의 일을 소비하고 생산물을 게걸스럽게 먹어 치운다.[29]

12. 세계의 사물성

고대이론에서의 노동에 대한 경멸이나 근대이론에서의 노동예찬은 모두 노동자의 주관적 태도나 활동에 방향을 맞춘 것으로, 노동자의 고통스러운 노고를 불신하거나 노동생산성을 찬양했다. 이런 접근이 주관적이라는 사실은 쉬운 작업과 힘든 작업을 구분하는 것에서 더욱 명백하게 드러나겠지만, 근대의 가장 위대한 노동이론가로서 이 논의에 일종의 시금석을 제공했던 마르크스에게 노동생산성은 적어도 삶의 과정이 자기 재생산을 위해 제시하는 요구와 비교하여 평가된다는 것을 우리는 알 수 있다. 노동생산성의 근거는 노동력에 내재하는 잠재적 잉여에 있지, 노동이 생산하는 사물의 성질이나 성격에 있지 않다. 마찬가지로 그리스인이 조각가보다 화가에게 더 높은 지위를 부여했던 이유가 조각품보다 그림을 더 높이 평가했기 때문은 아니다.[30] 우리 이

---

29) 애덤 스미스는 "사회에서 가장 존경받는 노동 중 몇 가지는 천한 하인의 노동처럼 어떤 생산적인 가치도 갖지 못한다"라고 말하면서, 이에 속하는 것으로 '육군과 해군' '공무원' 그리고 '성직자, 법률가, 외과의사, 모든 종류의 지식인'과 같은 자유직업 종사자를 들었다. 이들의 작업은 '배우의 미사여구, 웅변가의 열변, 음악가의 음율'처럼 생산되자마자 바로 사라진다(앞의 책, I, p.295, p.296). 애덤 스미스가 현대의 '화이트칼라 직업'을 분류하는 데 별다른 어려움을 겪지 않았으리라는 점은 분명하다.

30) 이와 반대로 어떤 그림도 페이디아스(Phidias)가 올림피아에 세운 제우스의 조상만큼 사랑받지 못했다. 사람들은 그것이 어떤 마력을 가지고 있어 모든 고통

론가들이 완고하게 무시했지만, 우리의 언어가 집요하게 보존한 이 노동과 작업의 구별은 생산물의 세계성, 즉 그것의 지위와 기능 그리고 세계에서의 지속성을 고려하지 않는다면 단순히 정도의 차이가 되어 버린다. 세상에서 '기대수명'이 하루도 채 되지 않는 빵과 여러 세대를 거쳐도 남아 있는 탁자를 구별한 것은 제빵사와 목수를 구별하는 것보다 더 분명하고 결정적이다.

　따라서 3장 도입부에서 주목했던 언어와 이론의 심각한 불일치는 우리가 말하는 세계지향적인 '객관적' 언어와 우리가 세계를 이해하기 위해 사용하는 인간지향적인 주관적 이론의 불일치로 판명된다. 세계의 사물들이─활동적 삶도 이 가운데서 이루어진다─서로 다른 본질을 가지고 전혀 다른 활동에 의해 생산된다는 사실을 가르쳐주는 것은 이론이기보다 언어 또는 이 언어의 기초를 이루는 근본적 경험이다. 세계의 영속성과 지속성을 보장하는 것은 노동생산물이 아니라 세계의 일부로 간주되는 작업생산물이다. 영속성과 지속성 없이 세계는 기능하지 않을 것이다. 지속하는 사물의 세계 안에서만 우리는 생존수단인 소비재를 발견할 수 있다. 우리의 신체가 필요로 하고 신체노동으로 생산되지만 그 자체로는 안정성이 없는 이 사물들은 무한한 소비의 대상이며, 소비되지 않고 사용되고 사용됨으로써 우리에게 익숙해지는 사물계에서 나타나고 사라진다. 이와 같은 (소비적인) 사물들로 인해 세계의 친화성이 생기며, 인간과 사물, 인간과 인간이 교제하는 관습이나 습관도 형성된다. 소비재가 인간의 삶을 위해 존재한다면, 사용물품은 인간의 세계를 위해 존재한다. 사용물품으로부터 소비재는 사물성을 획득한다. 노동활동에게 견고하고 비동사적인 명사를 허용치 않았던 언어도 '우리 손의 작업'이 없다면 우리는 사물이 무엇인지도 모를 가능성이 크다는 것을 암시한다.

과 슬픔을 잊게 해주고 그것을 보지 못한 사람은 세상을 헛산 것이라 믿었다.

끝으로 소비재와 사용물품 모두와 구별되는 행동과 언어의 '생산물들'이 있다. 이것들은 모두 인간관계와 인간사의 구조를 구성한다. 이 생산물들은 그 자체로는 다른 사물과 같은 구체성을 갖지 못하며, 우리가 소비를 위해 생산하는 것보다 덜 지속적이고 더 무상하다. 행동과 언어의 생산물의 실재성은 전적으로 인간의 다원성에 의존하고, 보고 듣는 능력 덕분에 그 존재를 증명할 수 있는 타인의 지속적인 현존에 의존한다. 행동과 언어는 외적으로 인지할 수 있는 인간존재의 표현이다. 행동과 언어가 하는 유일한 활동은 사유 활동이다. 즉 여러 측면에서 외부세계와 관계를 맺지만 외부세계에 반드시 드러나지 않으며, 존재하기 위해 보이고 들리고 사용되고 소비될 필요가 없는 활동이다.

그러나 세계적인 성격에서 행동·언어·사유의 공통점을 보면 그것들이 각각의 작업이나 노동에서 생기는 공통점보다 더 많다. 그것들은 스스로 어떤 것도 '생산'하지 않으며, 삶 자체만큼이나 무상하다. 행동·언어·사유가 세계의 사물이 되려면, 즉 행위·사실·사건 그리고 여러 유형의 사상이나 관념이 되려면 우선 보이고 들리고 기억될 수 있어야만 하고 그다음 사물, 가령 시, 쓰인 페이지, 인쇄된 책, 그림이나 조각, 온갖 종류의 기록과 문서, 기념물로 변형되어야 한다. 말하자면 사물화되어야 하는 것이다. 인간사의 모든 사실세계가 실재하고 계속 존재하기 위해서는 첫째로 보고 듣고 기억하는 타인이 있어야 하고, 둘째로 무형의 것을 유형의 사물로 변형시켜야 한다. 살아 있는 활동으로서의 행동·언어·사유는 기억이 없다면, 그리고 기억을 충족시키기 위해 필요하고 기억을—그리스인들이 말했듯이—모든 예술의 어머니로 만드는 사물화가 없다면 각각의 과정이 끝나는 지점에서 그 실재성을 상실하며, 마치 존재한 적이 없었던 것처럼 사라져버린다. 세계에 머무르기 위해 겪어야 하는 물질화는 언제나 '살아 있는 정신'에서 발생하여 짧은 순간이나마 진정 '살아 있는 정신'으로 존재했던 어떤 것을 '죽은 글자'가 대체하는 대가를 치르고서야 이루어진다. 그것들 자체는 완전히 비세계적인 본질을 가지며, 그래서 다른 본질을 가진 활동의 도움을 필요로 하기 때문에 이런 대가를 치러야 하는 것이다. 행동·언어·사유가 실재성을 갖고 물질화되려면 인공세계의 다른 사물들을 만들어내는 장인의 활동을 필요로 한다.

인간세계의 실재성과 신뢰성은 우선 우리를 둘러싼 사물들이 그것들을 산출한 생산활동보다 더 영속적이고, 잠재적으로 제작자의 삶보다 더 영속적이라는 사실에 기인한다. 인간의 삶은, 그것이 세계를 건설하는 동안 부단한 사물화의 과정에 참여한다. 인공세계를 형성하는 생산된 사물들의 세계성의 정도는 세계 속에서 이 사물들이 얼마나 지속하느냐에 달려 있다.

13. 노동과 삶

모든 구체적인 사물 가운데 수명이 가장 짧은 것은 삶의 과정 자체를 위해 필요한 것들이다. 그것들은 생산되자마자 소비된다. 로크의 말을 빌리면, '인간의 삶에 참으로 유용한' 그리고 '생존의 필연성'에 유용한 '좋은 사물들'은 보통 잠시 동안만 지속되기 때문에 사용하여 소비하지 않는다면 저절로 부패해 없어질 것이다.[31] 세계에서 잠시 머문 후 그것들은 자신들을 생산한 자연과정으로 복귀한다. 이 복귀과정은 동물로서 인간의 생명과정에 흡수되거나 부패함으로써 이루어진다. 인간이 만든 사물세계에서 인간이 만든 모습으로 잠시 동안 머무는 이 사물들은 세계의 어떤 것보다 더 빨리 사라진다. 세계성의 관점에서 이 사물들은 가장 덜 세계적인 동시에 가장 자연적이다. 인간이 만들었지만 이 사물들은 부단히 되풀이되는 자연의 순환운동과 일치하여 오고 가고, 생산되고, 소비된다. 인간 신체를 포함한 모든 생명 유기체의 운

---

31) 로크, 앞의 책, sec. 46.

동도, 자신의 존재에 침투하여 살아 있게 만드는 과정에 저항할 수 있는 한 순환적이다. 삶은 과정이다. 곳곳에서 내구성을 없애고 마모시키고 사라지게 만드는 과정이다. 그렇게 해서 마지막에는 작고 개별적이며 주기적인 생명과정의 결과물인 죽은 물질이 거대한 자연의 순환 속으로 되돌아간다. 이 자연에는 시작도 끝도 없다. 모든 자연적 사물은 변함없고 끝없는 반복 속에서 움직일 뿐이다.

자연과 살아 있는 모든 사물이 강제로 떠밀려 들어가는 자연의 주기적 운동은 우리가 이해하는 의미에서의 탄생도 죽음도 알지 못한다. 인간 존재의 탄생과 죽음은 단순히 자연적 사건이 아니라 세계와 관련되어 있다. 고유하고 대체불가능하며 복제불가능한 실재인 유일한 개인들이 이 세계에 왔다가 이 세계를 떠난다. 탄생과 죽음이 전제하는 것은 부단한 운동 속에 있지 않지만 그 지속성과 상대적 영속성 때문에 나타남과 사라짐을 가능하게 하는 세계다. 이 세계는 여기에 출현한 어떤 개인보다 앞서 존재했고 그가 떠난 후에도 남아 있다. 인간이 태어나는 장소로서 세계, 죽을 때 떠나는 세계가 없다면, 불변의 영원회귀 외에 어떤 것도 존재하지 않을 것이다. 즉 모든 다른 동물 종과 마찬가지로 인간의 죽음 없는 지속성만이 존재할 것이다. 니체처럼, 모든 존재의 최고원리인 '영원회귀'의 긍정에 도달하지 못하는 삶의 철학은 자신이 무엇에 대해 이야기하는지를 알지 못한다.

그러나 '삶'이라는 말이 세계와 관련하여 탄생과 죽음 사이의 시간적 간격을 지시할 때는 완전히 다른 의미를 가진다. 시작과 끝, 즉 세계 안에 나타남과 사라짐이라는 두 근본 사건에 의해 제약받는 삶은 엄격히 직선운동만을 따른다. 그럼에도 불구하고 이 운동은 인간이 다른 생명체와 공유하는, 자연의 주기적 운동을 영원히 유지하는 생물학적 삶의 원동력에 의해 움직인다. 특별히 인간적인 삶의 주요 특징은—그 출현과 소멸이 세계의 사건들을 구성한다—삶 자체가 언제나 사건들로 가득하다는 점이다. 이 사건들은 궁극적으로 이야기가 될 수 있고 전기가 될 수 있다. 단순한 생명(*zōē*)과 구별되는 비오스를 아리스토텔레스는 '일종의 행위'라고 말했다.[32] 앞서 보았듯이 정치에 대한 그리스인의 견해에 따르면 행동과 언어는 밀접하게 연관되는 활동이다. 단일한 사건과 그 원인이 아무리 우연적이라 해도, 이 활동들은 언제나 충분히 정합적인 이야기로 끝난다.

자연의 순환운동이 성장과 부패로 나타나는 곳은 인간세계뿐이다. 정확히 말해 탄생과 죽음처럼 성장과 부패도 자연적 사건이 아니다. 이 것들은 모든 자연이 영구히 움직이는, 멈추지 않고 지치지 않는 순환운동 속에서는 그 어떤 자리도 차지하지 못한다. 인위적 세계로 들어 갈 때에만, 자연과정은 부패와 성장이라는 특징을 가질 수 있다. 우리가 '이 강아지' 또는 '이 나무'처럼 자연의 산물들을 개별적 사물로 생각할 때에만 그것들은 성장하고 부패하기 시작한다. 여기서 개별적 사물로 생각한다는 것은 그것들에게서 '자연적' 환경을 제거하여 우리의 (인위적) 세계로 집어넣는 것을 의미한다. 자연이 우리 신체기능의 순환운동을 통해서 인간의 실존에서 모습을 드러내는 반면, 인위적 세계에서 자연을 느끼는 경우는 인간세계를 지나치게 성장시키기도 하고 부패시키기도 하는 자연의 항상적 위협이 있을 때다. 인간의 생물학적 과정과 세계의 성장 및 부패과정이 가지는 공통적 특징은 양자가 자연의 순환운동의 일부인 까닭에 무한히 반복한다는 것이다. 이 자연과정에 저항해야만 하는 필연성에서 탄생한 모든 인간활동은 스스로 자연의 반복적 순환운동에 구속되고, 그 자체는 시작도 끝도 없다. 대상이 완성된 기존의 사물세계에 보태질 때 끝나는 작업과는 달리, 노동은 늘 똑같은 순환 속에 움직이며, 이 순환은 생명유기체의 생물학적 과정에 의해 규정된다. 노동의 '노고와 고통'은 유기체가 죽어야만 끝이 난다.[33]

---

32) 『정치학』, 1254a7.
33) 1870년대에 이르기까지 노동에 관한 초기 문헌들은 드물지 않게 생명과정의

마르크스가 '인간이 자연과 행하는 신진대사로서' 노동을 정의하고 이 과정에서 "자연의 재료들은 인간의 욕구에 맞는 형태로 변형되어 노동이 스스로 그 주체인 인간과 통합된다"라고 정의했을 때, 그는 자신이 '생리학적으로 말하고' 있으며 노동과 소비는 영원히 반복되는 생물학적 과정의 순환에서 두 단계일 뿐이라는 사실을 분명히 암시하고 있다.[34] 이 순환운동이 유지되기 위해서는 소비가 필요하고, 이때

순환운동과 노동의 밀접한 관계를 강조했다. 그래서 Schulze-Delitzsch는 노동(Die Arbeit)에 관한 강의에서(Leipzig, 1863) '욕구-노력-만족'이라는 주기를 묘사하기 시작한다—"마지막 순가락에서 이미 소화는 시작된다." 그러나 노동문제를 다루는 문헌 중에서 이런 노동활동의 기본적 측면을 강조하고 이론화한 유일한 저자는 나빌(Pierre Naville)이다. 그의 *La vie de travail et ses problèmes*(1945)는 최근 기고문 가운데 가장 흥미롭고 가장 독창적이다. 노동시간을 계산하는 다른 척도와 구별되는 법정 노동시간의 특성을 논의하면서 그는 다음과 같이 말한다. "주요 특징은 그것의 순환적이고 리듬적인 성격이다. 이 성격은 낮(하루)의 자연적·우주론적 정신과 동시에 인간존재가 다른 고등동물과 공동으로 가진 생리 기능의 성격과 결합되어 있다. ……노동이 일차적으로 자연적 리듬과 기능에 결합될 수밖에 없다는 점은 명백하다." 이로부터 노동력의 재생산이 가진 주기적 성격이 도출된다. 이 주기적 성격 때문에 하루 노동시간의 시간단위가 결정된다. 인간의 삶이 종의 삶의 단순한 일부가 아니기 때문에 인간의 삶의 시간적 성격이 하루 노동시간의 주기적 시간 성격과 강한 대조를 보인다는 것은 나빌의 가장 중요한 통찰이다. "생명의 자연적 우월성의 한계는 낮(하루)의 그것처럼 필연성과 자기 재생산가능성에 의해 규정되지 않고 오히려 그 반대로 종의 계열 없이는 재생산할 수 없다는 특성으로 규정된다. 순환은 한 번에 실행되지, 결코 새롭게 이루어지지 않는다"(pp.19~24).

34) 『자본론』, p.201. 이 정식은 마르크스의 저작에서 빈번히 나타나며 항상 글자 그대로 반복된다. 노동은 자연과 인간의 신진대사에 영향을 미치는 자연의 영원한 필연성이다(예를 들어, 『자본론』, Vol.I, Part 1. ch.1, sec.2. 그리고 Modern Library가 편집한 표준 영역본 p.50, p.205는 마르크스의 정확한 의미를 표현하지 못한다). 우리는 거의 동일한 정식을 『자본론』, 3권 p.872에서도 발견한다. 마르크스가 '사회의 생명과정'에 관해 말하는 방식을 보면, 그가 비유적으로 생각하지 않는다는 점은 분명하다.

소비의 수단을 제공하는 활동이 노동이다.[35] 노동이 생산하는 것은 무엇이나 즉각적으로 인간의 생명과정에 투입되며, 삶의 과정을 갱생시키는 이 소비는 신체유지에 필요한 새로운 '노동력'을 생산하거나 재생산한다.[36] 삶의 과정의 절박함, 즉 로크가 말한 '생계유지의 필연성'이란 관점에서 노동하고 소비하는 것은 서로 밀접하게 이어지는 하나의 동일한 운동을 구성한다. 이 운동은 끝나자마자 다시 새로 시작되어야 한다. '생존의 필연성'은 노동과 소비를 모두 지배한다. 노동이 자연이 제공하는 것을 '채취·수집하여 신체와 결합시키는' 활동이라면,[37] 노동은 신체가 영양분을 흡수할 때의 행동을 더욱 능동적으로 행하는

---

35) 마르크스는 노동을 '생산적 소비'라고 불렀다(『자본론』, Modern Library, p.204). 그리고 그는 노동이 생리학적 조건이라는 점을 간과한 적이 없다.

36) 노동자는 우선 생계수단을 생산함으로써 자신의 삶을 재생산한다는 초기의 통찰에, 마르크스의 모든 이론은 결정적으로 의존하고 있다. 초기 저서에서 마르크스는 "인간은 자신의 생계수단을 생산함으로써 자신을 동물과 구별하기 시작한다"라고 생각했다(『독일 이데올로기』, p.10). 이것은 인간을 **노동하는 동물**로 정의한 내용의 핵심이다. 다른 단락에서 이 정의가 인간과 동물을 예리하게 구분하지 못한다는 이유로 그가 만족하지 못했다는 것은 주목할 만하다. "거미는 직조공과 유사한 기능을 행한다. 벌집을 보면 많은 건축가들이 부끄러워진다. 그러나 최악의 건축가와 최고의 벌을 구별하는 것은 건축가는 건축물을 실제로 세우기 전에 건물의 구조를 상상 속에 미리 세운다는 점이다. 노동과정이 끝나는 시점에서 우리는, 노동이 시작될 때 노동자의 상상 속에 이미 존재했던 것을 결과물로 가진다"(『자본론』, Modern Library, p.186). 마르크스는 분명 여기서 노동에 관해서가 아니라 평상시 관심을 가지지 않았던 작업(work)에 관해서 말하고 있다. 중요한 요소인 '상상력'이 그의 노동이론에서 별다른 역할을 하지 못한다는 점이 이에 대한 가장 훌륭한 증거다. 『자본론』 3권에서 마르크스는 직접적 필요를 충족시키고도 남는 잉여노동이 '생산과정의 점진적 확장'에 기여한다고 반복해서 말한다(p.278, p.872). 가끔 주저하기도 하지만, 마르크스는 여전히 "누에가 비단을 생산하는 것과 같은 이유로 밀턴도 실낙원을 썼다고 확신하고 있다(『잉여가치론』 Theories of Surplus Value, London, 1951, p.186).

37) 로크, 앞의 책, secs. 46, 26, 27.

것이다. 노동과 소비는 모두 물질을 파괴하여 게걸스럽게 삼키는 과정이다. 노동을 통해 어떤 물질에 가한 '일'은 결국 그 물질을 파괴하기 위한 준비단계일 뿐이다.

노동활동의 이 파괴적이고 소모적인 측면은 오로지 세계의 관점에서만 그리고 작업과 구별하여 관찰할 때만 드러난다. 작업은 신체와의 결합을 위한 물질을 준비하는 것이 아니라 물질을 원료로 변화시켜 생산품을 만들어낸다. 자연의 관점에서 파괴적인 것은 노동이라기보다 작업이다. 왜냐하면 작업과정은 자연의 손에 있는 물질을 취하지만 신체의 신진대사를 통해 자연에 되돌려주지는 않기 때문이다.

자연운동의 반복적 순환에 구속되어 있으나 '인간 삶의 조건' 자체로 인해[38] 인간을 그렇게 절박하게 강요하지 않는 노동의 두 번째 과제는 성장과 부패의 과정에 대항하는 끝없는 싸움이다. 이 과정을 통해 자연은 지속적으로 인간의 인공세계를 침해하며, 세계의 지속성과 인간의 목적을 위한 유용성을 위협한다. 자연의 과정에 맞서 세계를 보호하고 보존하는 것은 매일 반복되는 단조로운 일과를 필요로 하는 노고들 중 하나다. 노동이 신체가 요구하는 직접적인 명령에 복종하여 본질적으로 평화롭게 이루어지는 자동적인 욕구충족과 구별되는 이 투쟁적 노동은—인간이 직접적으로 자연과 행하는 신진대사보다는 덜 '생산적'이지만—자신이 자연에 맞서 방어하는 세계와 더욱 밀접한 관계를 가진다. 옛날이야기나 신화에서 이 투쟁적 노동은 종종 엄청난 불평등에 대항하는 영웅적 행위의 장엄함을 지니고 있었다. 헤라클레스의 이야기가 그렇다. 헤라클레스가 아우게이아스(Augeias) 왕의 마구간을 청소한 것은 열두 가지 영웅적인 '노동'에 속한다. 강력한 힘과 용기를 필요로 하고 전투정신으로 수행하는 영웅적 행위와 유사한 의미가—labor, travail, arebeit 등과 같이—중세에 사용된 '노동'이란 말에 분명

---

38) 같은 책, sec. 34.

히 함축되어 있다. 그러나 인간 신체가 세계를 유지하고 그 부패를 막기 위해 치르는 일상적 싸움은 영웅적 행위와 같지 않다. 어제 어질러 놓은 것을 매일 다시 정돈하기 위해 필요한 인내는 용기가 아니다. 그리고 이 노력을 고통스럽게 만드는 것은 위험이 아니라 늘 반복해야 하는 지겨움이다. 헤라클레스의 '노동'은 유일하다는 점에서 모든 위대한 행위와 같다. 그러나 불행하게도 한번 수고해서 청소한 후 깨끗하게 남아 있는 곳은 신화 속 아우게이아스 왕의 마구간뿐이다.

14. 노동과 다산성

가장 낮고 미천한 지위에 있던 노동이 인간활동 가운데 최상위의 지위로 갑작스럽고 눈부시게 상승한 것은 로크가 모든 부의 원천이 노동임을 발견했을 때부터다. 애덤 스미스가 노동을 부의 원천으로 주장함으로써 이런 노동의 지위상승은 계속되었고 마르크스의 '노동체계'에 와서 절정에 이르렀다.[39] 이 체계에서 노동은 바로 생산성의 원천이자 인간성의 표현 자체가 되었다. 그러나 이 세 사람 중에서 마르크스만이 노동 자체에 관심을 가졌다. 로크는 사적 소유를 사회의 기초로 제도화하는 데 관심을 가졌고, 애덤 스미스는 방해받지 않는 부의 무한축적과정을 설명하고 확보하기를 원했다. 그러나 이 세 사람 가운데 마르크스만이 가장 강력하고 일관성 있게 노동이 최고의 세계를 건설할 수 있는 인간능력이라고 주장했다. 노동은 실제로 가장 자연적이지만 가장 비세계적인 활동이기 때문에, 이들 모두는, 특히 마르크스는 모순에 빠지게 된다. 이 모순의 가장 간단한 해결책 또는 이 위대한 이론가들

---

39) 이것은 둥크만의 표현이다(Karl Dunkmann, *Soziologie der Arbeit*, 1933, p.71). 그는 마르크스의 위대한 저서의 제목이 오기이며, 노동의 체계(System der Arbeit)로 불리는 편이 더 나을 거라고 말했는데, 이는 옳은 생각이다.

이 이 모순을 의식하지 못했던 가장 명백한 이유는 그들이 노동을 작업과 같은 것으로 생각했기 때문이다. 그래서 노동은 이들에 의해 작업만이 가지는 능력을 부여받았다. 이러한 노동과 작업의 동등화는 언제나 결정적인 불합리성을 낳는다. 그러나 이 불합리성은 소스타인 베블런(Thorstein Veblen)의 다음 문장에서처럼 대개 명백하게 드러나지 않는다. "생산적 노동의 영속적 증거는 이 노동의 물질적 생산물인데, 대개는 어떤 소비품이다."[40] 여기서 노동의 생산성을 강조하기 위해 문장 서두에 사용된 '영속적 증거'는 이 문장을 끝내는 말, 즉 생산물의 '소비'에 의해 즉시 파괴된다. 말하자면 소비는 현상 자체의 사실적 증거에 의해 강요된다고 할 수 있다.

그리하여 로크는 '단기적 물건'(비내구재)만을 생산하는 노동의 명백한 불명예를 없애기 위해 화폐를 도입해야 했다. '손상되지 않고 인간이 보존할 수 있는 견고한 물건'인 화폐는 어려울 때 예기치 않게 나타나서 모든 것을 해결하는 일종의 **기계장치 신**(*deus ex machina*)이다. 이것이 없다면, 삶의 과정에 예속된 노동하는 신체는 결코 소유와 같이 지속적이고 영속적인 것의 근원이 될 수 없다. 노동과정의 활동보다 더 오래 유지되는 '지속적인 사물'은 없기 때문이다. 실제로 인간을 **노동하는 동물**로 정의한 마르크스조차 노동의 생산성은 사물화, 즉 '객관적 사물세계의 건설'과 함께해야만 시작된다는 것을 인정해야 했다.[41] 그

---

40) 이 진기한 표현은 Thorstein Veblen, *The Theory of the Leisure Class* 1917, p.44에 들어 있다.

41) 마르크스는 대상화하다(Vergegenständlichen)라는 용어를 자주 사용하지는 않지만 중요한 문맥에서는 항상 사용한다. *Jugendschrift*, p.88을 보라. "대상적 세계를 실천적으로 산출함으로써, 즉 비유기체적 자연을 만들어냄으로써 인간은 의식을 가진 유적 존재로서 자신을 확증한다. …… '동물'은 직접적인 욕구의 지배를 받으면서 생산하는 반면, 인간은 신체적 욕구가 없어도 생산하며 신체적 욕구로부터 자유로울 때 비로소 진정으로 생산한다." 여기서 각주 36에서 인용한 『자본론』의 구절처럼, 마르크스는 분명 전혀 다른 노동 개념을 도입하

러나 어떠한 노동의 성과도 **노동하는 동물**을 부단한 노동의 반복에서 해방시키지 못하며, 따라서 노동은 '자연이 부과하는 영원한 필연성'으로 머문다.[42] 마르크스가 "노동과정은 생산물에서 끝난다"라고 주장했을 때,[43] 그는 자신이 노동과정을 '자연과 인간의 신진대사'로 정의했다는 사실을 잊고 있다. 이 과정에서 생산물은 신체의 생명과정에 의해 즉시 '결합되고' 소비되고 무화된다.

로크와 애덤 스미스는 노동 자체에 관심이 없었기 때문에 노동의 순수한 특성을 단순히 부적절한 것으로 취급하는 해석이 아니라면 노동과 작업의 원칙적 구분으로 이어질 수도 있는 구분을 허용할 만한 여유를 가지고 있었다. 그래서 애덤 스미스는 소비와 관련된 모든 활동을, 이것이 마치 그 본질이 생산적인 어떤 것의 우연적이고 미미한 특징인 것처럼 '비생산적 노동'이라 부른다. "천한 일과 서비스는 그것을 완수한 순간 사라지고 어떤 흔적이나 가치를 남기지 않는다"[44]라고 애덤 스미스의 서술에 섞여 있는 경멸은 근대의 노동 예찬보다 근대 이전의 의견에 훨씬 더 가깝다. 애덤 스미스와 로크는 모든 종류의 노동이 '모든 것에 가치의 차이를 부여하는' 것은 아니며[45] 가공되는 물질에[46] 아무

고 있다. 즉 그는 작업과 공작에 관해 말하고 있다. 다소 애매하지만 동일한 사물화가 『자본론』에서 언급된다(Vol.I, Part 3, ch.5). "노동은 대상화되고 대상은 가공된다." 이 말에서 대상(Gegenstand)이란 용어로 말장난을 함으로써 실제로 무엇이 과정 속에서 발생하는지가 불분명해졌다. 사물화를 통해 새로운 사물은 생산된다. 그러나 이 과정을 통해 어떤 사물로 변형되는 '대상'은 과정의 관점에서 보면 단지 질료이지 사물은 아니다. (Modern Library가 편집한 영역본 p.201은 독일어 텍스트의 의미를 놓침으로써 애매함을 피하고 있다.)

42) 이것은 마르크스의 저작에서 반복해서 나타나는 정식이다. 예컨대 『자본론』, Modern Library, Vol.I, p.50 그리고 Vol.III, p.873, p.874를 보라.

43) "과정은 생산물에서 사라진다"(『자본론』, Vol.I, Part 3, ch.5).

44) 애덤 스미스, 앞의 책, I, p.295.

45) 로크, 앞의 책, sec.40.

46) 애덤 스미스, 앞의 책, I, 294.

런 가치를 부가하지 않는 활동도 존재한다는 사실을 분명히 알고 있었다. 물론 노동은 인간 자신의 것을 자연에 결합시키기는 하지만 자연이 제공하는 것— '좋은 것'—과 인간이 보태는 것의 관계는 노동생산물과 작업의 생산품에서 정반대가 된다. 소비를 위한 '좋은 것'은 자연성을 잃지 않는다. 탁자에서 나무는 사라지고 없지만, 곡물은 빵에서 결코 사라지지 않는다. 따라서 로크가 '우리 신체의 노동과 우리 손의 작업'이라는 자신의 구별에 별 관심을 갖지 않았다 하더라도 '비내구재'와 '망가지지 않고' 매우 오래 '지속하는' 것들의 구별은 인정해야 했다.[47] 애덤 스미스와 로크는 같은 어려움을 가지고 있었다. 인간의 '생산물'이 '가치 있기' 위해서는 구체적 사물세계에 아주 오랫동안 머물러 있어야 한다는 점이다. 여기서 로크가 가치를 '보존할 수 있어 소유가 될 수 있는 것'으로 정의하든 애덤 스미스가 '충분히 오랫동안 남아 있어서 다른 것과 교환할 수 있는 것'으로 정의하든 이는 중요치 않다.

마르크스의 사상 전체를 시종일관 관통하며 초기의 저작이나 『자본론』 3권에 들어 있는 근본적인 모순들과 비교할 때, 위의 문제들은 사소한 것이다. 노동에 대한 마르크스의 입장, 즉 자신의 중심사상에 대한 태도는 처음부터 끝까지 애매모호하고 이중적이었다.[48] 마르크스

---

47) 앞의 책, secs. 46과 47.

48) Jules Vuillemin의 *L'être et le travail*(1949)은 마르크스 사상의 주된 모순과 애매함을 해결하고자 한다면 어떤 사태가 발생할지를 보여주는 좋은 사례다. 이런 사채는, 현상적인 증거를 무시하고 마르크스의 이론이 마치 추상적 개념들을 끼어 맞추는 복잡한 퍼즐놀이인 것처럼 취급할 때만 발생할 수 있다. 따라서 노동은 '필연성'에서 비롯되지만 "실제로는 자유의 작업을 실현시키며 인간의 능력을 증명한다"(p.15, p.16). 이와 같은 (궤변적인 통속화에 이르는) 시도에 반대하는 입장에서 우리는 작업에 대한 마르크스의 확고한 태도를 기억한다. 카를 카우츠키(Karl Kautsky)는 다음 일화에서 이를 전한다. 1881년 카우츠키는 마르크스에게 전집을 출간할 생각이 있는지를 물었다. 이때 마르크스는 "우선 그 전집이 씌어져야만 합니다"라고 대답했다(Kautsky, *Aus der Frühzeit des Marxismus*, 1935, p.53).

에 따르면 노동은 '자연이 부여한 영원한 필연성'이자 인간활동 중에서 가장 인간적이고 생산적인 활동이기 때문에 혁명의 과제는 노동계급의 해방이 아니라 노동으로부터 인간을 해방시키는 것이다. 노동을 철폐할 때에만 '자유의 영역'이 '필연성의 영역'을 대신할 수 있다. '자유의 영역은 욕구와 외적 유용성에 의해 결정되는 노동이 끝나는 곳에서만', 즉 '직접적인 육체적 욕구의 지배가 끝나는' 곳에서만 시작하기 때문이다.[49] 이처럼 근본적이고 명백한 모순들은 이류 저자들에게서는 거의 나타나지 않지만, 위대한 저자들의 저서에서는 핵심으로 인도한다. 자신의 시야에 나타나는 그대로 현상을 기술하는 데서 성실함과 완벽함을 의심받지 않은 마르크스의 경우에도 그의 저술에서 모든 마르크스전문가가 지적했던 결정적 모순을 '역사가의 과학적 관점과 예언자의 도덕적 관점'[50]의 차이 탓으로 돌릴 수는 없다. 또 긍정적인 것, 즉 선을 생산하기 위해 부정적인 것, 악을 필요로 하는 변증법적 운동으로 책임을 전가할 수도 없다. 마르크스가 사상의 모든 단계에서 인간을 **노동하는 동물**로 정의한 다음, 이 인간을 바로 그의 가장 위대하고 인간적인 힘을 더 이상 필요로 하지 않는 사회로 인도한다는 것은 여전히 사실이다. 우리는 생산적 노예와 비생산적 자유 사이에서 대안을 찾아야 하는 매우 고통스러운 처지에 놓여 있다.

그래서 로크와 그의 추종자들이 자신들의 통찰에도 불구하고 왜 그토록 강하게 노동이 소유와 부, 모든 가치와 인간성 자체의 근원이라 주장했는가 하는 문제가 발생한다. 달리 표현하면 근대에서 엄청난 중요성이 입증된 노동활동에 내재하는 경험은 무엇인가?

---

49) 『자본론』, III, p.873. 『독일 이데올로기』에서 마르크스는 "공산주의 혁명은 노동을 제거한다"라고 p.10에서 말한 후, 몇 페이지 뒤인 p.59에서 "인간은 노동을 통해서만 자신을 동물과 구별한다"라고 말한다.

50) 이 정식은 Edmund Wilson의 *To the Funland Station*(Anchor, 1953)에 있는 것이다. 그런데 이 비판은 마르크스주의 문헌에 나타나는 것과 비슷하다.

역사적으로 17세기 이후의 정치이론가들이 직면했던 현상은 전대미문의 성장과정, 즉 부와 소유, 그리고 소득의 성장과정이었다. 이 점진적 성장을 설명하려고 시도하면서 그들이 관심을 가졌던 것은 당연하게도 진행하는 '과정'이라는 현상이었다. 따라서 과정이라는 개념은 뒤에 우리가 논의할 여러 이유 때문에,[51] 새로운 시대와 이 시대에 발전한 역사과학이나 자연과학의 핵심용어가 되었다. 처음부터 이 과정은 명백한 무한성 때문에 자연적 과정으로 이해되었고, 특수하게는 삶의 과정 자체의 이미지 안에서 이해되었다. "돈이 돈을 번다"라는 근대에서 가장 야만적인 미신과 "권력이 권력을 낳는다"라는 가장 날카로운 정치적 통찰은 삶의 자연적 다산성이라는, 거기에 함축된 은유 덕분에 설득력을 얻는다. 모든 인간 활동 가운데 행위나 작업이 아닌 노동만이 삶 자체와 일치하고 또 의사결정과 인간에게 유의미한 목적과 무관하게 무한히 자동으로 진행된다.

마르크스의 이론 전체가 다산적 삶의 과정의 두 양식인 노동과 생식의 이해에 근거한다는 사실만큼 마르크스 사상의 수준과 현상적 실재의 충실한 서술을 더 잘 말해주는 것은 없을 것이다. 마르크스에게 노동은 개별적 생존을 보장하는 '자신의 삶'의 재생산이고 생식은 종의 생존을 보장하는 '낯선 삶'의 재생산이다.[52] 이런 통찰은 연대기적으로 그의 이론의 확실한 기원이며, 그는 이 통찰 이후에 '추상적 노동'을 살아 있는 유기체의 노동력으로 대체하고 노동잉여를 노동자가 자기 재생산을 위한 수단을 생산한 후에도 그에게 남아 있는 노동력의 총계로 이해함으로써 이론을 더욱 정교하게 다듬었다. 이론의 정교화를 통해 마르크스는 선배 이론가들이나—마르크스는 대부분의 중요한 영감을 이들에게서 얻었다—계승자들 중 어느 누구도 도달하지 못한 심

---

51) 앞의 책, 6장, 42절 아래를 보라.
52) 『독일 이데올로기』, p.10.

층부의 경험에 이를 수 있었다. 마르크스는 근대의 이론인 자신의 이론과 노동의 본질에 대한 통찰을 일치시켰다. 유대교적 전통과 고전적 전통에 따르면 노동의 본질은 출산으로서의 삶과 매우 밀접하게 연관된다. 마찬가지로 새로 발견한 노동생산성의 참된 의미는 마르크스의 저작에서 명백하게 표현된다. 저작에서 그 의미는 생산성과 다산성의 동일화에 근거를 둔다. 그러므로 '좋은 물건들'로 넘쳐나는 사회를 탄생시킨 인류 '생산력'의 놀라운 발전은 "다산하여 번성하라"는 태고의 명령 이외에 어떤 법칙도 따르지 않으며, 그 외의 어떤 필연성에도 예속되지 않는다. 이 명령은 마치 자연의 목소리가 우리에게 말하는 것과도 같다.

노동력의 자연적 과잉에서 발생하는 인간과 자연의 신진대사의 생산성은 우리가 자연의 가계 안 곳곳에서 볼 수 있는 지나친 과다함의 일부다. 노동의 '축복 또는 기쁨'은 모든 피조물과 인간이 살아 있음의 순전한 기쁨을 공유하는 경험 방식이다. 노동은 인간이 이미 정해진 자연의 순환운동 속에 남아 있을 수 있는 유일한 길이며, 마치 낮과 밤, 삶과 죽음이 이어지듯이 아무런 목적 없이 규칙적으로 행복하게 수고와 휴식, 노동과 소비 사이를 왔다 갔다 할 수 있는 유일한 길이다. 수고와 고통의 보상은 자연의 다산성에, 즉 '수고와 고통'을 참고 자기 일을 행하는 자는 자신의 자녀와 손자들이 살게 될 미래에 자연의 일부분으로 남는다는 강한 확신에 있다. 고대 그리스·로마시대의 풍습과는 달리, 삶을 신성한 것으로 여기고 죽음과 노동을 악한 것으로 여기지 않았던[53] 『구약』은 족장들의 이야기를 통해 그들이 죽음에 대해 무관

---

53) 『구약』은 어디에서도 '죄의 값'은 죽음이라고 말하지 않는다. 마찬가지로 저주를 받아 낙원에서 추방된 인간은 그 벌로 노동을 하거나 출산의 고통을 겪는 것이 아니다. 저주로 인해 노동은 가혹해지고 탄생은 슬픔으로 가득 찬 것이 되었을 뿐이다. 「창세기」에 의하면 여성명사 '땅'의 남성형인 이름이 지시하는 것처럼 인간(adam)은 땅(adamah)을 돌보고 지키기 위해 창조되었다(「창세기」 2

심했고 지상에서의 개별적 불멸성과 영혼의 영원성에 대한 보장도 원치 않았으며, '충분히 나이가 들면' 밤과 정적, 영원한 휴식이라는 친숙한 모습으로 그들에게 죽음이 다가왔다는 것을 보여준다.

노동에 내재하는 삶 자체의 축복은 작업에서 발견될 수 없으며 이는 일을 성취할 때 찾아오는 잠깐의 안도감이나 기쁨과 혼동하지 말아야 한다. 노고와 만족이 생존수단의 생산과 소비만큼이나 서로 밀접하게 이어진다는 점은 노동의 축복이다. 그래서 건강한 신체의 기능과 기쁨이 공존하듯이 행복은 과정 자체에 수반된다. 지상의 삶에 내려진 축복을 우리가 일반화하고 통속화한 결과물인 '최대다수의 행복'은 노동하는 인간의 기본적 현실을 하나의 '이상'으로 개념화했다. 이런 행복추구의 권리는 생명권만큼 명백하고 심지어 서로 동일시된다. 그러나 행

장 5절, 15절을 보라). "아담(adam)은 땅(adamah)을 경작하지 않아도 되었다. 그래서 신은 땅(adamah)의 티끌로 아담을 창조했다. ……신은 아담을 데리고 에덴동산으로 가서 경작하고 지키도록 했다"(나는 마틴 부버Martin Buber와 프란츠 로젠츠바이크Franz Rosenzweig의 번역본인 *Die Schrift*, Berlin, n.d를 따르고자 한다). 후에 노동한다는 의미의 히브리어 *leawod*가 된 '경작함'(tilling)이란 단어는 여기에서도 아직 '봉사하다'(to serve)는 뜻을 지니고 있었다. 신의 저주(3장 17~19절)에서는 이 말이 언급되지 않았지만, 그 의미는 분명하다. 인간 창조의 목적인 봉사는 이제 노예의 일(servitude)로 변했다. 현재 이 저주를 사람들은 오해하는데, 그 원인은 그리스적인 사유에 비추어 『구약』을 무의식적으로 해석하기 때문이다. 가톨릭의 저자들은 대체로 이런 잘못을 저지르지 않았다. 예컨대 Jacques Leclercq, *Leçons de droit naturel*, Vol.IV, Part 2, "Travail, Propriété", 1946, p.31을 보라. "노동의 고통은 원죄의 결과다. 타락하지 않은 인간은 그것이 설령 기쁨 속이라 하더라도 노동을 했던 것이다." J. Chr. Nattermann, *Die moderne Arbeit, soziologisch und theologisch betrachtet*, 1953, p.9를 보라. 이 맥락에서 『구약』의 저주와 이와 비슷해 보이는 노동의 가혹성에 대한 헤시오도스의 설명을 비교하는 것도 흥미로운 일이다. 헤시오도스에 따르면 신들은 인간을 벌하기 위해 인간의 눈에 안 보이도록 생명을 감추었다. 그래서 이전에는 들과 나무로부터 여러 과실을 단순히 채집하는 것 외에 어떤 일도 할 필요가 없었던 인간들이 이제 그것들을 찾아나서야 했다. 여기서는 노동의 가혹함뿐만 아니라 노동 자체가 저주로 이해된다.

복은 드물며 결코 지속되지 않고 추구할 수 없는 행운과는 아무런 공통점이 없다. 행운은 왔다가 사라지는 기회와 요행에 의존하기 때문이다. 그러나 많은 사람은 행복을 추구하면서 행운을 좇고, 행운이 찾아왔을 때에도 스스로를 불행하게 만든다. 왜냐하면 행운이 마치 고갈되지 않을 정도로 풍부한 '좋은 물건들'인 것처럼 붙잡아 누리려 하기 때문이다. 고통스러운 소모와 즐거운 재생이라는 정해진 순환을 벗어나서는 어떤 지속적 행복도 없다. 이런 순환의 균형에서 벗어나는 것은 무엇이나—노동으로 기진맥진해도 휴식이 뒤따르지 않아서 비참한 상태가 계속되는 빈곤과 궁핍 또는 너무 부유하여 일할 필요가 없어서 휴식의 자리에 권태가 들어서고 단순히 생리적으로 소비하고 소모하기만 하는 욕구의 수레바퀴가 신체를 죽을 지경에 이를 정도로 망가뜨리는 삶—살아 있음에서 오는 기본적 행복을 황폐화시킨다.

삶의 힘은 다산성이다. 유기체가 자기 재생산을 위해 힘을 다할 때, 그는 소진되지 않는다. 유기체의 '잉여'는 잠재적인 증식에 있다. 마르크스의 일관적인 자연주의는 '노동력'에서 특별히 인간적인 형태의 생명력을 발견한다. 이 힘은 자연처럼 '잉여'를 산출할 수 있다. 마르크스는 오로지 이 과정 자체, 즉 모든 동물 종의 삶처럼 생산과 소비가 늘 균형을 이루는 '사회의 생산력' 과정에만 관심이 있었기 때문에, 삶의 소비과정보다 더 오래 지속되고 그것에 저항하는 세계적 사물이 독립적으로 존재한다는 문제는 그에게는 발생하지 않는다. 종의 삶의 관점에서 모든 활동은 노동에서 공통분모를 발견한다. 유일하게 남겨진 구별기준은 삶의 과정에 투입된 재화의 희소성과 풍부함이다. 모든 것이 소비의 대상이 되었을 때, 노동의 잉여가 그 생산물의 '단기적으로 지속함'이라는 본질을 변화시키지 못한다는 사실은 중요치 않다. 이것은 마르크스가 저서에서 생산적 노동과 비생산적 노동, 숙련노동과 비숙련노동을 구별하는 선배들을 경멸적으로 다루는 태도에서 분명히 드러난다.

마르크스의 선배들이 이 구별에서—작업과 노동의 더욱 근본적인 구별과 동등한—벗어나지 못한 이유는 그들이 '과학적'이지 못해서가 아니라 사유재산이나 국부의 개인적 전유를 가정하고 저술했기 때문이다. 소유의 확립은 단순한 과잉으로는 충분치 않다. 그러므로 노동생산물이 풍부하다고 해서 더 오래 지속되는 것도 아니고 더욱이 '축적하고' 저장한다고 해서 소유가 되는 것도 아니다. 반대로 노동생산물은 전유의 과정에서 사라지기 쉽고 '망가지기 전에' 소비하지 않으면 '쓸모없어지기' 쉽다.

15. 소유의 사적 성격과 부

모든 소유의 철폐로 끝나는 이론이 결정적으로 사적 소유의 이론적 확립을 그 출발점으로 삼아야만 했다는 사실은 첫눈에도 분명 이상해 보일 것이다. 그러나 소유에 대한 근대의 관심에서 나타나는 매우 논쟁적인 측면을 고려한다면 이 이상함은 다소 완화된다. 소유권을 주장하는 것은 공론 영역 및 국가와 명백히 대립된다. 사회주의와 공산주의 이전의 어떤 정치이론도 소유가 없는 사회 건설을 제안한 적이 없기 때문에, 또한 20세기 이전의 어떤 정부도 진지하게 시민의 소유권을 박탈하려는 경향을 보인 적이 없기 때문에, 이 새로운 이론의 내용이 행정부가 침입하려는 소유권을 보호할 필요에 의해 유발되었다고 생각할 수 없다. 중요한 것은 모든 소유이론이 명백히 방어적인 현재와는 달리, 그 당시 경제이론가들은 방어적이기는커녕 정부의 모든 영역에 관해 공공연하게 적대감을 드러냈다는 것이다. 정부는 고작 '필요악'과 '인간본성의 반영',[54] 가장 나쁘게는 그 악이 없다면 건강한 사회의

---

54) 인간본성의 '선하고 생산적인' 측면은 사회를 통해 드러나는 반면, 인간본성의 사악함 때문에 정부가 필요하다는 데 근대의 저자들은 모두 동의한다. 토마스

삶에 기생하는 것으로 여겨졌다.[55] 근대가 그렇게도 열렬히 옹호했던 것은 소유 자체가 아니라 방해받지 않고 보다 많은 소유나 사유를 추구하는 것이었다. 공동세계의 '죽은' 영속성을 상징하는 모든 기관에 대항하여 근대는 삶, 즉 사회의 삶이라는 이름으로 싸웠다.

삶의 자연적 과정이 신체에 자리잡았듯이 노동만큼 더 직접적으로 삶에 속박된 활동도 없다는 것은 의심의 여지가 없다. 로크는 노동이란 빈곤의 자연스럽고도 필수불가결한 결과이지 결코 빈곤제거의 수단이 아니라는 노동의 전통적 설명에 만족할 수 없었다. 또한 그는 소유의 근원을 획득과 정복 또는 공동세계의 원초적 구분을 통해 설명하는 전통에도 만족할 수 없었다.[56] 그가 실제로 관심을 가진 것은 사유였

페인(Thomas Paine)은 다음과 같이 말한다. "사회를 만든 것은 우리의 욕구이며, 정부를 만든 것은 우리의 사악함이다. 전자는 우리의 감정을 통합시킨다는 점에서 긍정적으로 우리 행복을 증진시키며, 후자는 악을 억제한다는 점에서 부정적으로 우리 행복을 증진시킨다. 어떤 상태에서도 사회는 우리에게 복을 주지만, 정부는 가장 좋은 상태라 할지라도 필요악에 지나지 않는다"(*Common Sense*, 1776). 또는 제임스 매디슨(James Madison)은 다음과 같이 말한다. "그러나 정부는 인간본성을 가장 잘 반영한 것이지 그 이외에 무엇이겠는가? 인간이 천사라면 정부는 필요 없을 것이다. 천사가 인간을 지배한다면, 외적이든 내적이든 어떤 통제도 필요 없을 것이다"(*The Fedralist*, Modern Library, p.337).

55) 이것은 애덤 스미스의 관점이다. 예컨대 그는 '정부가 공적으로 낭비를 일삼는 것'을 매우 비난했다. "대부분의 나라는 모든 공적인 세입을 먹고 노는 사람들을 위해 쓰고 있다"(앞의 책, I, p.306).

56) "1690년 이전에 누구도 인간은 자신의 노동이 창출한 소유에 대해 자연적 권리를 가진다는 것을 이해하지 못했다. 1690년 이후 이 사실은 사회과학의 공리가 되었다"(Richard Schlatter, *Private Property: The History of an Idea*, 1951, p.156). 노동과 소유 개념은 서로 배타적이지만, 빈곤의 상황에 상응하는 활동이 노동이라는 점에서 노동과 빈곤은 거의 동일한 부류에 속한다. 그래서 플라톤은 자신의 내부에 있는 동물적 부분을 지배하지 못한다는 이유로 노동하는 노예를 악하다고 주장하면서, 빈곤한 상태에 대해서도 동일한 주장을 했다. 가난한 사람은 '자신이 지배하는 자'가 아니다(*penēs ōn kai heautou mē kratōn*, *Seventh Letter* 351A). 고대의 저자 중 누구도 노동을 부의 원천으로 생각하지

으며, 그가 발견해야 했던 것은 세계를 자기 것으로 만듦에도 불구하고 이 활동의 사적 성격은 의심과 논쟁의 여지가 없는 세계-자기화의 활동이었다.

그 다산성을 포함하여 생명과정이 표출되는 신체기능보다 더 사적인 것은 없을 것이다. '사회화된 인류'조차도 엄격하게 사적인 것으로 존중하는 몇몇 사례들이 바로 삶의 과정 자체가 부과한 '활동들'이라는 사실은 주목할 만하다. 그중에서 노동은 활동이지 단순한 기능이 아니기 때문에 가장 비(非)사적인 것이며, 우리가 숨길 필요가 없다고 느끼는 유일한 것이다. 그러나 노동이 사적인 전유에 대한 설득력 있는 논증이 되기에는—사적인 소유를 지지하는 다른 논증과는 달리—삶의 과정과 너무 밀접하게 연관되어 있다.[57]* 로크는 사적 소유를 우리가 가장 사적으로 소유한 것에 근거하여 정초했다. 즉 자신의 인격, 곧 자기 신체에 대한 소유에 근거한 것이다.[58] '우리 신체의 노동과 우리 손의 작업'은 동일한 것이 되었다. 왜냐하면 이 둘은 '신이 인간에게 공동으로 주었던 것을 사유하는 수단들'을 의미하기 때문이다. 이 수단들, 즉 신체와 입과 손은, '인류에게 공동으로 속한 것'이 아니라 사적 사용을 위해 각자에게 주어진 것이기 때문에 자연적 전유자다.[59]

않았다. 당시의 의견을 단지 요약만 했던 키케로에 의하면 소유는 고대적 의미의 정복이나 승리 또는 법적 분배를 통해 발생한다(*aut vetere occupatione aut victoria aut lege, De officiis* i. 21).

57) 앞의 책, 8절을 보라.

* 통상 소유(property, *Eigentum*)는 법적으로 소유권이 인정된 물건을 말하고, 사유(private property, *Privateigentum*)는 개인의 소유를 의미한다. 아렌트는 소유의 기원이 갖는 활동적 성격을 강조하기 위해 '자기화'(전유, appropriation, *Aneignung*)라는 용어를 사용하고 있다. 자기화는 생명체가 외계에서 섭취한 영양분을 자체 고유의 성분으로 변화시키듯이, 인간이 자신의 신체 노동을 통해 세계를 자기 것으로 만드는 행위다.

58) 같은 책, sec.26.

59) 같은 책, sec. 25.

마르크스가 노동생산성과 증가하는 부의 성장 과정을 설명하기 위해 자연적 힘인 신체의 '노동력'을 도입해야 했던 것처럼, 조금은 덜 명시적이지만 로크도 개인이 사적으로 소유한 세계의 몫을 '공동소유'로부터 울타리를 쳐 갈라놓은 경계선을 강제로 열기 위해서, 사유화의 자연적 근원까지 가서 소유의 문제를 추적해야 했다.[60] 마르크스와 로크의 공통점은 증가하는 부의 과정을 자연적 과정으로, 즉 자기 법칙을 자동으로 따르고 자의적 결정과 목적을 넘어서는 자연적 과정으로 보려 했다는 점이다. 인간활동 중에 이 과정에 포함되어야 하는 것이 있다면, 그것은 오로지 신체의 '활동'이다. 이 활동의 자연적 기능을 우리는 저지하고 싶어도 저지할 수 없다. 이 '활동들'을 억제하는 것은 자연을 파괴하는 것이다. 근대의 모든 시기 동안, 근대가 사적 소유의 제도화에 매달리든 그 제도를 부의 성장의 장애물로 간주하든 부의 축적과정을 저지하고 통제하는 것은 사회의 삶 자체를 파괴하는 기도와 동일시되었다.

근대가 발전하고 인간활동 중에서 가장 사적이었던 노동이 공적으로 변해 자신의 공론 영역을 확립한 사회가 발생하면서, 세계 안의 사적 공간인 소유가 사회적 부의 냉혹한 성장과정을 견딜 수 있을지가 매우 의심스러워졌다. 그런데 재산의 사적 성격, 말하자면 '공동의 것'으로부터의 완전한 독립성은 소유를 사유로 변형시킴으로써 또한 소유를 신체활동의 결과물인 생산물로 간주하여 '공동의 것으로부터 울타리를 쳐서 가른 것'으로 이해함으로써 가장 잘 보장된다. 이런 측면에서 신체는 모든 소유의 정수가 된다. 신체는 나누기를 원해도 결코 그럴 수 없는 유일한 것이기 때문이다. 가장 공동적이지 않고 전혀 의사소통할 수 없는 까닭에 공론 영역의 가시성과 가청성으로부터 가장 안전하게 보호되는 것은 신체 내에서 발생하는 기쁨이나 고통, 신체의 노

---

60) 같은 책, sec. 31.

동이나 소비다. 노예로 살거나 견딜 수 없는 극단적 고통에 처한 인간이 강요당하는 얽매임, 즉 신체적 삶에만 전념해야 하는 상태보다 더 근본적으로 인간을 세계에서 추방하는 것은 없다. 그래서 세계와는 아무런 관계도 맺지 않고 자신의 살아 있음만을 의식하기를 원하는 사람은 누구나 자신의 논거를 위의 경험들에 두어야 한다. 노예노동의 잔인한 고역은 '자연적'인 것이 아니라 인위적인 것이고 노동하는 동물의 자연적 다산성과도 모순되기 때문에―노동하는 동물이 자기 삶을 재생산했을 때에도 그의 힘은 소진되지 않고 그의 시간은 소비되지 않는다―스토아학파와 에피쿠로스학파의 세계 독립성의 기초가 되는 '자연적' 경험은 노동이나 노예적 삶이 아니라 고통이다. 세계로부터의 고립 속에서 도달한, 그리고 자신의 사적인 삶의 테두리 안에서 향유하는 행복은 그 유명한 '고통의 부재'다. 이 정의는 논리적으로 일관된 감각주의의 모든 변형도 동의할 수밖에 없는 것이다. 쾌락주의, 즉 오직 신체의 감각만이 실재라는 교리는 비정치적이며 전적으로 사적 삶의 방식을 가장 급진적으로 구현한 것이다. 이것은 에피쿠로스의 "숨어서 살며 세상사를 염려하지 않는다"(*lathe biōsas kai mē politeuesthai*)를 진정으로 충족시키는 것이다.

일반적으로 고통의 부재는 세계를 경험하기 위한 신체의 조건 이상도 이하도 아니다. 신체가 혼란스러운 상태가 아니거나 혼란으로 인해 내팽개쳐진 상태가 아닌 경우에만 우리의 신체감각은 주어진 것을 받아들인다. 고통의 부재는 대개 고통과 비고통의 짧은 중간 단계에서만 '느껴진다.' 감각주의의 행복 개념에 상응하는 감각은 고통의 부재이기보다 고통에서의 해방이다. 이 감각의 강렬함은 의심의 여지가 없으며, 그것은 고통 자체의 감각에만 견줄 수 있다.[61] 여러 이유에서 인간

---

61) 꽤 가벼운 약물중독이 빈번할 경우, 대개 우리는 약물의 습관성 성분을 중독의 원인이라고 말하지만 오히려 한 번 경험한 쾌감을 반복하고 싶은 욕망 때문에

을 세계로부터 '해방시키기'를 원하는 철학에서 필요한 정신적 노력은 언제나 상상력의 행위다. 이 상상력 속에서 고통의 단순한 부재는 경험되고 '고통으로부터의 해방감'으로 현실화된다.[62]

아무튼 고통과 이에 수반되는 고통으로부터의 해방경험은 세계와는 너무나 무관해서 세계의 어떤 대상에 대한 경험도 포함하지 않는 유일한 감각경험이다. 칼로 베인 고통이나 깃털의 간지럼은 칼이나 깃털의 성질에 관해 아무런 진술도 하지 못하며, 심지어 그것들이 세계에 존재한다는 사실도 증명하지 못한다.[63] 인간의 오감은 세계를 경험하기에

발생한다. 강렬한 환각상태에서 고통을 잊음으로써 이런 쾌감을 얻는다. 이 현상 자체는 고대에서도 잘 알려진 것이었다. 근대의 문헌에서 나의 가정을 지지하는 것은 유일하게 Isak Dinesendml "Converse at Night in Copenhagen"(*Last Tales*, 1957, pp.338 이하)이다. 여기서 그녀는 '고통의 중단'을 세 가지 '완벽한 행복'에 속하는 것으로 간주한다. 플라톤은 이미 '고통으로부터 확실히 벗어났을 때 기쁨이라는 목적에 도달했다고 믿는' 사람들에 반대해서(『국가론』, 585A), 고통과 박탈감이 끝난 뒤에 오는 '복합적인 쾌락'은 수집한 예술품의 향기를 맡거나 기하학적 도형을 관조하는 순수기쁨보다 더 강렬하다고 주장한다. 고통의 단순한 부재는 물론이고 고통에서 벗어났을 때 오는 쾌락이 '순수쾌락'보다 더 강렬하다는 사실을 인정하지 않았을 뿐 아니라 문제 자체를 혼동했던 사람이 쾌락주의자였다는 것은 진지하게 생각해볼 문제이다. 그래서 키케로는 고통의 단순한 부재와 고통의 쾌락에서 오는 쾌락을 혼동했다는 이유로 에피쿠로스를 비난했다(V. Brochard, *Études de philosophie ancienne et de philosophie moderne*, 1912, pp.252 이하를 보라). 루크레티우스는 "자연은 고통에서 자유로운 신체와 근심에서 해방된 마음, 이 두 가지만을 요구한다는 것을 너희는 알지 못하느냐?"라고 외쳤다(Lucretius, *The Nature of the Universe*, Penguin, p.60).

62) 브로샤르는 고대 후기의 철학자, 특히 에피쿠로스를 잘 요약하여 설명하고 있다. 확고한 감각적 행복에 이를 수 있는 가능성은 '영혼이 만들어내는 더 행복한 세계로 탈출할 수 있는' 영혼의 능력에 달려 있다. 상상력의 도움으로 영혼은 육체로 하여금 언젠가 알고 있던 것과 동일한 쾌락을 경험하게 해준다(V. Brochard, 앞의 책, p.278, p.294 이하).

63) 오감이 세계인식의 능력을 갖지 못한다고 주장하는 모든 이론은 시각을 가장 고차적이고 고상한 지위에서 배제하고 그 자리를 가장 사적 감각인 촉각이나

적합하지 못하다는 강력한 불신이 바로 모든 근대철학의 발생 기원인데, 이 철학이 고통이나 간지럼처럼 감각의 정상적 기능을 명백히 방해하는 현상들을 모든 감각경험의 사례로 이용하여, 그것들로부터 '이차적' 성질의 주관성과 심지어 '일차적' 성질의 주관성을 추론하는 매우 이상하고도 불합리한 선택을 했던 까닭을 이 불신이 설명할 수 있다. 우리의 신체가 스스로를 느끼는 것 외에 어떤 지각도 갖지 못한다면, 외부 세계의 실재성은 의심될 수밖에 없을 뿐 아니라 우리는 세계에 대한 어떤 관념도 가질 수 없다. 무세계성의 경험과 고통에서 발생하는

미각으로 대체하는 특징을 가진다. 이를테면 어떤 대상을 지각할 때 신체는 우선 촉각이나 후각을 통해 스스로 느낀다는 것이다. 외부세계의 실재를 부정하는 모든 사상가는 루크레티우스의 다음 말에 동의할 것이다. "신체 감각의 본질을 이루는 것은(사람들이 신성하게 여기는 모든 것에도 불구하고) 촉각뿐이다"(앞의 책, p.72). 그러나 이것만으로 충분치 않다. 신체가 노하지 않은 상태라면 촉각이나 미각은 세계의 실재성을 충분히 알려줄 수 있다. 한 접시의 딸기를 먹을 때 나는 딸기의 맛을 느끼지 맛 자체를 느끼지는 않는다. 또는 갈릴레오의 예를 든다면, '대리석에 먼저 손을 얹고 그다음 살아 있는 사람의 몸에 손을 얹을 때', 나는 대리석과 신체를 의식하지 그것들을 만지는 내 손을 의식하지 않는다. 따라서 갈릴레오가 색깔, 맛, 향기 같은 2차 성질은 각각을 느끼는 신체에서만 존재하는 것의 단순한 이름에 불과하다는 사실을 증명하고자 했을 때, 그는 자신이 제시한 예를 포기하고 깃털에서 느끼는 간지럼의 감각을 도입해야 한다고 했다. 여기서 그는 다음과 같은 결론을 내렸다. "우리가 통상 자연 물체에 부과하는 맛, 냄새, 색깔 등의 성질들은 실제로 존재하지 않는다고 나는 생각한다"(*Il Saggiatore, in Opere*, IV, 333 이하; E.A. Burtt, *Metapysical Foundations of Modern Science*, 1932에서 인용한 번역).

이 논증의 기초는 감각경험인데, 여기서 신체는 자신에게만 의존하고 그래서 마치 정상적으로 움직이는 세계에서 추방된 것처럼 느낀다. 신체가 느끼는 감각경험이 강렬하면 강렬할수록, 이 논증의 설득력은 그만큼 더 커진다. 데카르트도 동일한 논증 방식으로 다음과 같이 말한다. "살갗을 베어내는 칼의 단순운동으로 고통이 생기지만, 우리는 이 운동으로 칼의 운동이나 칼의 모양을 의식하지 못한다. 이러한 고통의 감각이 고통을 일으키는 운동과는 다르며, 마찬가지로 색, 소리, 향기, 맛 같은 감각과도 다르다는 것은 확실하다"(*Principles*, Part 4; Haldane, Rose의 번역, *Philosophical Works*, 1911).

세계 상실의 경험에 엄격히 상응하는 유일한 활동이 노동이다. 이 노동에서 인간 신체는 그 능동성에도 불구하고 자신에게 내팽개쳐져서 오직 자신의 살아 있음에만 전념해야 한다. 자연과의 신진대사에 갇혀서 반복적으로 순환하는 자신의 기능을 초월할 수도, 그로부터 자유로워질 수도 없다. 우리는 앞서 삶의 과정과 연관된 이중의 고통을 언급했다. 즉 언어는 하나의 단어만을 알고 있고, 『성경』에 의하면 인간 삶에 함께 부과된 이 고통은 자기 삶의 재생산과 종족의 재생산을 위한 고통스러운 수고다. 생계와 종족번식의 이런 수고가 소유의 참된 기원이라면, 이 소유의 사적 성격은 신체를 가지거나 고통을 경험하는 것과 같이 더할 나위 없이 사적인 경험만큼이나 무세계적이다.

그러나 이런 사적 성격이 본질적으로 자기화의 관점에서 파악되었다면, 이것은 로크가—그의 개념은 여전히 전근대적 전통에 묶여 있다—이해했던 사적 소유와 같은 것이 아니다. 여기서 기원이 무엇이든 간에 소유는 로크에게는 여전히 '공동의 것으로부터 울타리를 쳐서 막은 것'이었다. 다시 말해 사적인 것은 공론 영역으로부터 감추어져 보호받을 수 있는 세계의 장소였다. 소유는 증가하는 부와 자기화가 공동세계의 존속을 위협했을 때에도 여전히 공동세계와 연관되어 있었다. 소유는 세계 안에서 확실하게 자리를 잡고 있기 때문에 노동과정의 무세계성을 강화시키기보다 완화시키는 역할을 한다. 마찬가지로 노동의 과정적 성격, 즉 삶의 과정 자체가 노동을 촉구하고 추진시킬 때의 잔혹함은 소유의 획득을 통해 억제될 수 있다. 노동자나 직업인의 사회와는 달리, 소유주의 사회에서 인간의 주된 염려와 걱정은 자연의 풍부함이나 삶의 단순한 필연성이 아니라 여전히 세계다.

주된 관심이 소유가 아니라 부의 성장과 축적과정 자체가 된다면, 문제는 완전히 달라진다. 부의 축적과정은 어떤 종의 삶의 과정만큼이나 무한할 수 있다. 바로 이 무한성은, 사적인 개인들이 영원히 살지 못하고 무한한 시간도 갖지 못한다는 불편한 사실 때문에, 도전받고 방해받는다. 제한된 개인의 삶 대신 전체로서 사회의 삶을 거대한 축적과정의 주체로 생각할 경우에만 이 축적과정은 개별적 삶의 기간과 개인의 소유가 부과하던 제한에 구애받지 않고 완전히 자유롭게, 최대속도로 진행될 수 있다. 인간이 더 이상 개별적으로 행동하거나 자기 생존에만 관심을 갖지 않고 '종의 구성원', 즉 마르크스가 말하곤 했던 유적 존재(Gattungswesen)로서 행동할 경우에만 그리고 개별적 삶의 재생산이 인류의 삶의 과정에 흡수될 경우에만, '사회화된 인류'의 집단적 삶의 과정은 그 자체의 '필연성', 즉 개별적 삶의 엄청난 증식과 삶이 요구하는 소비재의 증대라는 이중적 의미에서의 다산성의 자동적 과정을 따를 수 있다.

19세기 진화론(발전론)과 마르크스 노동철학의 일치, 즉 가장 저급한 형태의 유기체로부터 인간동물이 출현했다는 단일 생명과정의 자연적 진화이론과 인류 전체 삶의 과정에 대한 역사적 발전이론의 일치는 분명하다. 마르크스를 '역사학의 다윈'이라 부른 엥겔스는 일찍이 이 일치를 간파했다. 경제학, 역사학, 생물학, 지질학의 다양한 학문 이론의 공통점은 근대 이전에 알려지지 않았던 '과정'개념이다. 자연과학에 의한 과정의 발견이 철학에서의 자기반성의 발견과 일치했기 때문에, 결국 우리 내부의 생물학적 과정이 새로운 과정개념의 모델이 된 것은 당연하다. 자기반성을 통해 얻어지는 경험의 구조 안에서 우리는 우리 신체 내부의 생명과정만을 알 수 있다. 우리가 이 신체과정을 다른 형태로 바꾼다면, 이 과정과 일치하는 활동은 유일하게 노동뿐이다. 그러므로 생산성과 다산성을 동일시하는 근대의 노동철학을 위와 같은 동일화에 근거한 생철학의 다양한 변종들이 계승했다는 것은 거의 불가피한 것 같다.[64] 초기의 노동이론과 후기의 생철학 간의 근본

---

64) 프랑스의 베르그송 제자들은 이 연관성을 희미하게나마 인식했다(Édouard Berth, *Les méfaits des intellectuels*, 1914, ch.1 그리고 George Sorel, *D'Aristote à*

적 차이는 후자가 삶의 과정을 유지하는 데 필수적인 노동활동에 대해 통찰을 하지 못했다는 것이다. 그러나 이런 통찰의 결여는 오히려 실제의 역사발전에 부합하는 결과인 듯하다. 이 발전으로 인해 노동은 이전보다 노력이 불필요해졌고 마침내 자동으로 기능하는 생명과정과 매우 비슷한 것이 되었기 때문이다. 세기 전환기에(니체와 베르그송Heri Bergson과 함께) 노동이 아닌 삶이 '모든 가치의 창조자'로 공언되면서 삶의 과정의 순전한 역동성에 대한 이 예찬은, 노동과 생식처럼 필요에 의해 행하던 활동에 여전히 남아 있던 최소한의 결정권조차 배제해버렸다.

그러나 다산성의 엄청난 증가나 과정의 사회화, 다시 말해 사회나 집단적 인류가 개별적 인간을 대체하여 과정의 주체로 등장하는 것도 삶이 표출되는 신체과정의 경험에서 엄격하고 잔인하기조차 한 사적 특성을 제거할 수 없고 더욱이 노동 자체의 활동에서 제거할 수 없다. 재화의 과잉과 실제로 노동에 투입되는 시간의 단축은 공동세계의 확립으로 귀결되지 않는다. 착취당하는 **노동하는 동물**은 공론 영역으로부터 자신을 숨겨 보호하는 사적 공간을 박탈당했기 때문에 사적일 수 없다. 마르크스는 '사회의 생산력'이 방해받지 않고 발전할 수 있는 조건에서는 공론 영역이 '소멸'되리라고 예견했다. 비록 공론 영역의 소멸을 환영한 것은 정당하지 못하지만, 그의 예견은 정확했다. 마르크스가 **노동하는 동물**로서의 인간이라는 개념을 초지일관 고수하면서 '사회화된 인간'은 노동에서 해방되어 얻은 자유를 엄격히 사적이고 본질적

Marx, 1935를 보라). 마찬가지로 생철학에 속하는 이탈리아 작가 아드리아노 틸게르(Adriano Tilgher)는 새로운 삶 개념과 이미지에서 노동관념이 핵심을 이룬다는 점을 강조한다(앞의 책, 영어판, p.55). 스승과 마찬가지로 베르그송 학파는 노동을 작업 및 제작과 동등한 것으로 만듦으로써 노동을 이상화한다. 하지만 생물학적 삶의 원동력과 베르그송의 **생의 비약**(élan vital)은 매우 유사하다.

으로 무세계적인 활동, 즉 오늘날 우리가 '취미'라 부르는 활동을 하면서 보낼 것이라 예견했을 때, 그의 예견은 역시나 타당했다.[65)

16. 작업도구와 노동분업

우리가 인간노동력의 다산성에서 얻을 수 있는 유일한 이익은 한 사람이나 한 가족보다 훨씬 더 많은 사람을 위한 생활필수품을 획득할 수 있다는 것이다. 불행하게도 이것은 인간에게 이미 주어진 삶의 조건의 본질에 속하는 것 같다. 인간이 자연과 물질을 교환하는 신진대사의 노동생산물은 세계의 부분이 될 만큼 오래가지 않는다. 노동활동 자체는 오로지 삶과 삶을 유지하는 것에만 집착하며, 그래서 무세계성에 이를 정도로 세계를 망각한다. 신체의 필요에 의해 움직이는 **노동하는 동물**은 **호모 파베르**가 최초의 도구인 손을 사용하는 만큼이나 자유롭게 자기 신체를 사용하지는 못한다. 이 점은 플라톤이 노동자나 노예가 필연성에 예속되어 자유로울 수 없고 자기 내부의 '동물적' 부분을 지배할 수도 없는 이유로 제시했던 것이다.[66) '사회화된 인류'를 말할 때 마르크스가 마음에 그렸던 노동자의 대중사회는 인간 종의 무세계적 구성원—이들이 타인의 폭력으로 곤경에 몰린 가정 노예든 자신의 기능을 기꺼이 수행하는 자유인이든—들로 구성된다.

노동하는 동물의 무세계성은 세계의 공공성으로부터의 능동적 탈출

---

65) 공산주의나 사회주의 사회에서는 모든 직업이 곧 취미가 된다고 한다. 거기에는 어떤 화가도 존재하지 않는다. 단지 다른 일을 하면서 그림을 그리고 시간을 보내는 사람이 존재할 뿐이다. 즉 사람들은 "오늘 이것을 하고 내일 저것을 하며, 아침에는 사냥하고 오후에는 낚시 가며 저녁에는 양을 기르고 저녁식사 후에는 토론을 벌인다. 이를 위해 화가나 어부, 목사나 학자가 되지 않지만 그러나 모두 적절히 잘한다"(『독일 이데올로기』, p.22, p.373).

66) 『국가론』, 590C.

과는— '훌륭한 작업'의 활동에 내재하는— 완전히 다르다. 노동하는
동물은 세계로부터 도망가는 것이 아니다. 오히려 그는 자기 신체의 사
적 성격 속에 갇혀서, 즉 누구와 함께할 수도 없고 온전하게 의사소통
도 할 수 없이 필요의 충족에만 사로잡힌 채 세계에서 추방된다. 노예
제와 가정 안으로의 추방이 대체로 근대 이전 모든 노동자의 사회적 조
건이었다는 사실은 일차적으로는 인간의 조건 자체에서 기인한다. 모
든 다른 동물 종에게는 존재의 본질이기도 한 생명이 '삶의 덧없음'에
대한 본성적인 '혐오' 때문에 인간에게는 짐이 되었다.[67] 이른바 '더
고상한 욕구'의 어떤 것도 삶의 기초적 욕구와 동일한 절박함이 없고
필요에 의해 인간에게 강요되는 것도 아니기 때문에, 이 짐은 더 무거
워졌다. 노예제가 삶 자체의 자연적 조건이라고 생각되었기 때문에 그
것은 노동계급의 사회적 조건도 되었다. 모든 삶은 노예다(*Omnis vita
servitium est*).[68]

탄생과 죽음 사이에 놓여 있는 특별히 인간적인 삶의 시간을 압박하
고 소모시키는 생물학적 삶의 짐은 하인을 사용하여 없앨 수 있었다. 고
대 노예의 주요 기능은 사회 전체를 위해 생산하는 것이라기보다 가정
의 소비를 위해 일을 수행하는 것이었다.[69] 노예 노동이 고대사회에서
지대한 역할을 했고 그 낭비성과 비생산성이 문제되지 않았던 이유는
무엇보다 고대 도시국가가 '소비 중심'이었기 때문이다. 이와는 달리
중세의 도시는 주로 생산 중심이었다.[70] 모든 시민의 어깨에서 삶의 짐

---

67) Thorstein Veblen, 앞의 책, p.33.
68) Seneca, *De tranquillitate animae* ii. 3.
69) 이를 잘 분석한 Winston Ashley, *The Theory of Natural Slavery, according to
Aristotle and St. Thomas*, Dissertation, University of Notre Dame, 1941, ch.5를
보라. 그는 정당하게도 이렇게 강조한다. "아리스토텔레스가 노예를 단순히 생
산의 도구로 여기고 언제 어디서나 필수적인 존재로 생각했다고 믿는다면 그
것은 어리석게도 그의 논증의 핵심을 놓치는 것이다. 그는 오히려 소비를 위해
노예가 반드시 존재해야 한다고 강조한다."

을 제거하기 위해 치른 대가는 엄청났지만, 이 대가는 일부의 인간을 고통과 필연성의 암흑 속으로 강제로 내모는 폭력적인 불의만으로 이루어진 것은 결코 아니었다. 이 암흑은 자연적이고 인간의 조건에 내재하는 것이기 때문에 ― 한 집단의 사람들이 우리 모두를 고통과 필연성에 묶어두는 족쇄에서 벗어나려 할 때, 유일하게 인위적인 것은 그들이 사용하는 폭력뿐이다 ― 필연성으로부터 완전히 자유롭기 위해서 치러야 할 대가는 어떤 의미에서는 자신의 생명 자체이거나 아니면 자신의 삶을 노예가 대신하는 삶으로 대체하는 것이다. 노예제의 조건하에서 지상의 왕은 자신의 감각도 남이 대신하게 할 수 있었으며, 헤로도토스가 사용한 그리스 격언처럼 "자신의 노예를 통해 보고 들을 수" 있었다.[71]

가장 기본적 수준에서 삶의 필수재를 확보하기 위한 '수고와 고통' 그리고 그것을 '흡수하는' 기쁨은 생물학적 삶의 순환에서 서로 밀접하게 연관되고, 이 순환의 리듬은 인간 삶을 제약하여 하나의 유일하고 직선적인 운동이 되게 한다. 그래서 노동의 고통과 수고를 완전히 제거하려는 것은 생물학적 삶에서 가장 자연적인 즐거움을 빼앗는 것인 동시에 특별히 인간적인 삶에서 그 생명력을 박탈하는 것이다. 인간의 조건에서 고통과 수고는 삶 자체를 완전히 바꾸지 않고서는 제거할 수 없다. 그것은 오히려 삶의 양식이다. 이 양식에서 우리는 삶을 속박하는 필연성과 더불어 삶 자체를 느낀다. 유한한 인간에게 '신들의 편안한 삶'은 차라리 삶이 없는 삶일 것이다.

---

70) Max Weber, "Agrarverhältnisse im Altertum", in *Gesammelte Aufsätze zur Sozial- und Wirtschaftsgeschichte*, 1924, p.13.

71) Herodotus I, 113. 예를 들면 *eide te dia toutōn and passim*. 이와 유사한 표현을 Plinius의 *Naturalis historia* xxix. 19에서도 찾아볼 수 있다. "우리는 낯선 발로 걷습니다. 우리는 낯선 눈으로 봅니다. 우리는 낯선 기억으로 사람들을 알아보고 인사합니다. 우리는 낯선 노동으로 살아갑니다"(*alienis pedibus ambulamus; alienis oculis agnoscimus; aliena memoria salutamus; aliena vivimus opera*). R.H. Barrow, *Slavery in the Roman Empire*, 1928, p.26에서 인용.

우리에게 삶의 실재성에 대한 신뢰와 세계의 실재성에 대한 신뢰는 같지 않다. 우리는 죽을 운명인 인간 삶의 지속성을 훨씬 능가하는 세계의 지속성과 영속성 때문에 세계의 실재성을 신뢰한다. 만약 누군가가 자신이 죽고 난 후 바로 세계가 종말에 이른다는 사실을 안다면, 세계는 모든 실재성을 상실할 것이다. 이것은 종말론적 예언이 즉시 실현되리라 확신했던 초기 기독교도들의 생각이었다. 반대로 삶의 실재성에 대한 신뢰는 전적으로 삶이 느껴지는 강렬함과 삶을 느끼게 하는 외부의 충격으로부터 확보된다. 이 강렬함은 너무 강하고 그 힘은 너무 근본적이어서 강렬함이 지배하는 곳 어디에서나, 즉 축복 또는 슬픔 속에서는 세계의 다른 현실성은 보이지 않게 된다. 부자의 삶이 자연의 '좋은 것'에 대한 친밀감과 활력을 잃는 반면, 세계의 아름다운 것들에 대한 세련된 감수성을 얻는다는 사실은 자주 지적되었다. 세계 속에서 살아갈 수 있는 인간능력은 늘 삶의 과정 자체를 초월하고 그로부터 스스로 소외되는 능력마저 포함한다. 반면 생명력과 활력은 사람들이 수고와 고통이라는 삶의 짐을 기꺼이 스스로 짊어질 때에만 유지될 수 있다.

노동의 도구가 엄청나게 개선되면서—호모 파베르가 노동하는 동물을 속박에서 해방시키기를 원할 때 그를 돕기 위해 만든 말 못하는 로봇이 그 예다. 이 노동하는 동물은 행위하는 인간이 지배하고 통제했던 말하는 도구(고대의 가정에서 노예들은 말하는 도구*instrumentum vocale*로 불렸다)와는 구별된다—삶의 유지를 위한 노고와 출산의 고통이라는 삶의 이중적 노동은 이전의 어느 시기보다 훨씬 더 쉽고 덜 고통스러워졌다. 물론 이런 도구의 개선이 노동활동에서 강제성을 제거하거나 필요와 필연성에 예속된 존재조건을 인간의 삶에서 제거하지는 못했다. 그러나 '삶이 노예다'라는 사실을 매일 입증해주기 때문에 필연성의 '저주'가 생생한 현실로 남아 있던 노예사회와는 달리, 오늘날의 사회에서 이 조건은 더 이상 분명하게 드러나지 않으며, 따라서 그것을 기억하고 알아차리기가 더 어려워졌다. 여기에 명백한 위험이 있다. 인간은 자신이 필연성에 예속되어 있다는 사실을 의식하지 않고서는 결코 자유로워질 수 없다. 그의 자유는 필연성에서 벗어나고자 하는 시도—결코 완전히 성공할 수는 없지만—를 통해 얻을 수 있기 때문이다. 이런 자유를 향한 강력한 충동이 인간 삶의 '무상함에 대한 혐오'에서 발생할지라도, 이 '무상함'이 너무 쉽게 나타나고 아무런 노력도 요구하지 않으면 않을수록 자유에 대한 충동은 약화된다. 왜냐하면 우리가 거쳐온 산업혁명의 거대한 변화, 우리 앞에 놓인 원자혁명의 보다 큰 변화는 여전히 세계의 변화일 뿐, 지상에서의 인간 삶의 기본조건을 바꾸지는 못할 것이기 때문이다.

노동의 수고를 상당히 경감시키는 도구와 기계 자체는 노동의 산물이 아니라 작업의 산물이다. 그것은 소비의 과정에 속하지는 않지만, 사용물품 세계의 일부다. 이 도구가 어떤 문명에서 이루어지는 노동에 아무리 지대한 역할을 한다 할지라도, 그것은 모든 종류의 작업을 위한 도구가 가진 근본적 중요성을 얻지 못한다. 도구 없이는 어떤 것도 생산할 수 없다. 호모 파베르의 탄생과 인위적 사물세계의 생성은 실제로 도구 및 기계의 발견과 같은 시기에 이루어졌다. 노동의 관점에서 도구는 인간의 힘을 강화하고 배가시켜 거의 인간의 힘을 대체하는 정도까지 이른다. 길들인 동물, 수력, 전기 등의 자연적 힘이나 단순히 물질적 사물이 아닌 것을 인간이 지배하게 된 모든 경우에도 사정은 마찬가지다. 또한 도구는 노동하는 동물의 자연적 생산력을 증대시키고 풍부한 소비재를 공급한다. 그러나 이 모든 변화는 양적 차원이다. 반면 제작된 사물의 질은, 가장 단순한 사용물품에서 예술작품에 이르기까지 적합한 도구의 존재에 전적으로 의존한다.

노동의 수고를 덜어주는 도구의 한계는—한 하인의 봉사를 부엌에 있는 수백 개의 기계장치와 여섯 로봇이 완전히 대신할 수 없다는 사실—본질적인 문제다. 근대에서 도구와 기계의 엄청난 발전이 있기 수천 년 전에 이미 이러한 점이 예견되었는데 이 사실에 대한 기이하고도 놀라운 증거가 있다. 반은 환상적이고 반은 역설적인 분위기로 아리스토텔레스는 우리에게는 이미 오래전에 현실이 된 세상을 상상했다. 즉 "시인이 전하듯이, 다이달로스의 동상과 헤파이스토스의 걸상이 자발적으로 신들의 모임에 걸어들어온 것처럼 모든 도구가 명령에 따라 일을 수행할 수 있다.""베틀의 북이 실을 짤 것이며, 손 없이도 채가 수금을 켤 것이다." 그가 계속해서 말하기를 이는 장인에게 조수가 필요 없다는 의미지만, 가정의 노예가 더 이상 필요 없다는 뜻은 아니다. 노예는 사물을 만들거나 생산하는 도구가 아니라 봉사를 필요로 하는 삶의 도구이기 때문이다.[72] 생산과정은 시간적으로 제한되어 있고 도구의 기능은 생산물이 완성됨으로써 끝난다. 이 끝은 예측할 수 있고 통제할 수 있다. 반면 노동을 필요로 하는 삶의 과정은 끝이 없는 활동이다. 또한 이 과정에 적합한 유일한 '도구'는 영구기관($perpetuum\ mobile$), 즉 시중드는 유기체처럼 살아 있고 '능동적'으로 말하는 도구다. 가사 도구들의 유용성은 도구 자체가 사용되면서 없어지기 때문에, 장인의 도구와 기계로 대체될 수 없다. 장인의 도구는 단순한 사용가치 이상의 것을 생산한다.[73]

좀더 많이 생산하고 단순한 사용이 아닌 다른 어떤 것을 생산하기 위해 고안된 도구와 기계는 노동과정에서는 이차적으로 중요한 반면, 인간의 노동과정에서 또 다른 중요원리인 노동분업에 대해서는 그렇지 않다. 노동분업은 노동과정에서 직접적으로 발생한다. 이를 외견상 비슷한 원리인 전문화로 오인해서는 안 된다. 전문화가 작업과정에 만연해 있기 때문에 대개 그것과 같은 것으로 간주된다. 작업의 전문화와 노동의 분업은 모두 조직화라는 일반원리를 따른다. 조직화 자체는 작업과 노동과는 아무런 상관이 없다. 오히려 그 기원은 엄격히 정치적인

---

72) 아리스토텔레스, 『정치학』, 1253b30~1254a18.
73) Winston Ashley, 앞의 책, ch.5.

삶의 영역에, 즉 함께 행동하고 협력할 수 있는 인간의 능력에 있다. 그 저 단순히 사는 것이 아니라 행위하는 인간의 정치적 조직 안에서만, 작업의 전문화와 노동의 분업화는 발생할 수 있다.

근본적으로 작업의 전문화는 완성된 상품 자체에 의해 유도되는데, 이 상품은 그때까지 축적되고 조직된 기술과는 다른 기술을 요구한다. 이와 달리 노동의 분업은 나누어진 단일노동의 몫이 질적으로 똑같아 야 한다는 사실을 전제로 한다. 이 단일노동을 위해서는 어떤 전문기술 도 필요 없다. 이 노동은 그 자체로 어떤 목적도 없고, 실제로는 순전히 양적인 방식으로 더해진 노동력의 총계만을 나타낸다. 노동의 분업은 두 사람이 그들의 노동력을 함께 사용할 수 있고 "마치 그들이 한 사람 인 것처럼 행동할 수 있다"는 사실에 기반을 둔다.[74] 이 일치는 협업과 는 반대다. 분업의 통일성은 모든 표본 개체들이 서로 대체될 수 있을 정도로 동일하다는 종적 통일성을 의미한다. (똑같이 공유하고 나눌 수 있는 노동력이라는 원리에 따라 노동자를 사회적으로 조직화한 노 동자집단의 형성은 다양한 수공업자들의 조직체와는 정반대되는 것이 다. 이 조직체는 과거의 길드나 회사에서 여러 유형의 근대 무역조합에 까지 이르며, 그 구성원은 서로를 구별하는 기술과 전문화에 의해 결속 된다.) 과정이 분리되면서 생긴 활동들 중 어떤 것도 그 자체가 목적이 아니기 때문에 그것들의 '자연적' 종말은 '분화되지 않은' 노동의 경우 와 똑같다. 생계수단의 단순한 재생산을 의미하는 노동자들의 소비능 력이나 또는 인간 노동력의 고갈. 그러나 이 두 제한 가운데 어떤 것도 최종적이지 않다. 노동력의 고갈은 개별적 삶의 과정의 일부이지 집단 적 삶의 과정의 일부는 아니다. 또한 노동분업의 조건에서 노동과정의

---

74) Viktor von Weisäcker, "Zum Begriff der Arbeit", in Festschrift für Alfred Weber, 1948, p.739를 보라. 이 논문은 부분적으로 살펴볼 만하지만, 불행히도 전체적 으로는 유용하지 못하다. 왜냐하면 바이체커는 병자도 건강하기 위해서 '노동' 을 해야 한다는 정당성이 없는 가정을 세움으로써 애매하게 만들기 때문이다.

주체는 집단적 노동력이지 개인의 노동력은 아니다. 집단적 노동력의 '무한성'은 종의 불멸성과 정확히 상응한다. 종의 삶의 과정은 대체로 구성원의 개별적 생사에 의해 방해받지 않는다.

보다 심각한 문제는 소비능력이 노동과정에 부과한 한계점이다. 왜냐하면 이 한계점은 집단적 노동력이 개별적 노동력을 대체할 때에도 개인에게 반드시 남을 것이기 때문이다. 그러나 '사회화된 인류'에게 부를 축적하는 것의 한계는 없다. 사회화된 인류는 모든 안정적인 부, '쌓고' '저장한' 사물의 소유를, 지출과 소비의 수단인 화폐로 변형시킴으로써 개인적 소유의 한계를 제거하고 사유의 한계도 극복했다. 우리는 이미 부를, 벌어서 소비하는 힘으로 생각하는 사회에 살고 있다. 이 힘은 단지 신체의 이중적 신진대사의 변형일 뿐이다. 그러므로 문제는 어떻게 개인적 소비능력을 무제한적인 부의 축적에 맞출 수 있는가이다.

인류 전체가 풍요의 한계에 도달하려면 아직 요원하기 때문에, 사회가 자신의 다산성의 자연적 한계를 극복할 수 있는 양식은 임시적으로 또 민족적 규모에서만 인식될 수 있다. 거기서 해결책은 매우 단순한 것 같다. 그 해결책은 모든 사용물을 마치 소비재인 것처럼 취급하는 것이다. 그래서 의자나 탁자가 이제 옷만큼 빨리 소비되고 옷은 빵만큼 빨리 해진다. 더욱이 세계의 사물들과 이런 방식으로 관계를 맺는 것은 이 사물들이 생산되는 방식과도 완전히 일치한다. 산업혁명은 모든 장인의 일을 노동으로 대체했다. 그 결과 근대세계의 사물은 사용할 수 있는 '작업의 생산물'이 되는 대신 노동생산물, 즉 소비되어야 할 운명을 타고난 노동생산물이 되었다. 작업에서 생겨난 도구와 기계가 언제나 노동과정에서 사용된 것처럼, 노동과정에 전적으로 적합한 노동분업도 근대 작업과정의 주요 특징이 되었다. 대가의 기량이 요구되던 과거의 엄격한 전문화는 확대된 기계화가 아니라 노동분업으로 대체되었다. 대가의 솜씨는 모델의 디자인과 제작에만 필요했는데, 이 모델의 디자인과 제작도 나중에는 도구와 기계에 의존하는 대량생산 체제로 넘어갔다. 게다가 대량생산은 작업인과 전문화를 노동자와 노동분업으로 대체하지 않고서는 불가능했을 것이다.

도구와 기계는 고통과 수고를 경감시키며, 이를 통해 노동에 내재하는 절박한 필연성이 모든 사람에게 표출되던 종전의 양식도 변화시킨다. 그러나 그것들이 필연성 자체를 변화시키지는 않는다. 오히려 도구와 기계는 우리의 감각이 필연성을 느끼지 못하게 은폐하는 기능을 가지고 있다. 풍부하다고 해서 더 오래가는 것이 아닌 노동생산물의 경우도 이와 비슷하다. 노동분업의 원리를 도입함으로써 작업과정을 변형시킨 근대의 경우는 사정이 매우 다르다. 여기에서는 작업의 본질이 변하며, 작업과정이 소비의 대상을 생산하지 않는데도 불구하고 작업은 노동의 성격을 갖게 된다. 우리가 기계 때문에 자연적 과정의 순환보다 더 빠른 무한한 반복의 리듬 속으로 어쩔 수 없이 들어가게 될지라도—근대 특유의 이 가속화현상으로 인해 우리는 모든 노동의 반복적 성격을 무시하기 쉽다—이 과정은 자체의 반복과 무한성으로 인해 뚜렷한 노동의 특징을 가지게 된다. 이 특징은 노동의 기술에 의해 생산된 사용물품에서 더 분명하게 나타난다. 사용물품들은 너무 풍부해서 소비재로 변한다. 노동과정의 무한성은 매일 되풀이되는 소비의 필요에 의해 보장된다. 무한한 생산이 보장되는 경우는 오직 그 생산품이 사용성격을 잃고 소비의 대상이 될 때다. 달리 표현하면, 사용비율이 극도로 늘어나서 사용과 소비의 객관적 차이, 사용물품의 상대적 지속성과 급속하게 출현하고 소멸하는 소비재의 객관적 차이가 거의 무의미해지는 경우다.

우리 주변의 세계적 사물을 좀더 빠르게 대체하고자 하는 욕구 때문에 우리는 더 이상 그것들을 사용할 수 없고 그 사물 안에 내재하는 지속성을 기대하거나 보존할 수도 없다. 말하자면 집과 가구와 차가 마치 인간과 자연의 무한히 순환하는 신진대사에 재빨리 투입되지 않으면 쓸모없어지는 자연이 '좋은 물건'인 것처럼, 우리는 그것들을 소비해야 하고 소모해야 한다. 이것은 마치 세계의 한복판에서 진행되는 생물학적 과정이자 세계를 둘러싼 순환적 자연과정이라는 이중적 의미의 자연으로부터, 사람의 손으로 만든 구조물인 세계를 보호하고 분리하는 경계선을 우리가 억지로 무너뜨려서 항상 위협받는 세계의 안정성을 자연에 내맡기고 포기하는 것과 마찬가지다.

(인공)세계의 제작자인 **호모 파베르**의 이상, 영속성·안정성·지속성은 **노동하는 동물**의 이상인 풍요함을 위해 희생되었다. 우리는 노동자의 사회에 살고 있다. 노동에 내재된 무상함에도 불구하고 노동만이 우리를 풍요롭게 만들기 때문이다. 그래서 우리는 작업을 노동으로 변화시켰고, 노동을 미세한 부분으로 쪼개어 분업에 적합하게 만들었다. '가장 단순한 실행'이라는 분업의 공통분모는 자연의 일부이자 가장 강력한 자연적 힘인 인간의 노동력으로부터 세계의 안정성과 '비자연적'인 방해물을 제거해버렸다.

17. 소비자의 사회

흔히 우리는 소비자의 사회에 살고 있다고 말한다. 우리가 앞서 살펴보았듯이, 노동과 소비는 삶의 필연성이 인간에게 부과하는 동일한 과정의 두 단계이기 때문에 이 말은 "노동자의 사회에 우리가 살고 있다"의 다른 표현이다. 이 사회는 노동계급의 해방을 통해서가 아니라 노동활동 자체의 해방을 통해 다가왔다. 노동활동의 해방은 노동자의 정치적 해방보다 수 세기 앞서 이루어졌다. 중요한 점은 역사상 처음으로 노동자가 공론 영역에서 동일한 권리를 인정받았다는 사실이 아니라, 우리가 모든 인간활동을 삶의 필수품 확보와 그것을 풍부하게 공급하는 노동활동이라는 공통분모로 평준화시켰다는 사실이다. 우리가 무엇을 하든지, 우리는 '생계를 유지하기' 위해 일한다. 이것이 (근대)사

회가 내린 판결문이다. 특별히 사회에 도전하는 직업을 가진 사람의 수
는 급격히 감소했다. 사회가 인정하는 유일한 예외적 직업은 예술가다.
엄격히 말해 이들은 노동하는 사회에 남겨진 유일한 '작업인'이다. 모
든 진지한 활동을 단순히 생계활동의 지위로 평준화하는 추세는 오늘
날 노동이론에서 명백하게 드러난다. 이 이론들은 거의 똑같이 노동을
유희의 반대로 정의한다. 그 결과, 모든 진지한 활동은 그 결과에 상관
없이 노동으로 불리며, 개인의 삶이나 사회의 삶의 과정을 위해 필요한
것이 아닌 모든 활동은 유희로 전락한다.[75] 이론적 차원에서 노동사회

---

75) 이러한 노동-유희 범주는 얼핏 보기에 너무 일반적이어서 무의미하게 보일지
   모르지만, 다른 측면에서 생각하면 의미가 있다. 이 범주의 근거를 이루는 실
   질적인 대립은 자유와 필연성의 대립이다. 유희를 자유의 원천이라 생각하는
   것이 근대적 사유에 얼마나 그럴듯해 보였는지 살펴보는 것은 참으로 중요하
   다. 이 일반화를 예외로 하더라도, 근대에서 이루어진 노동의 이상화는 대략 다
   음 범주로 분류될 수 있다. (1) 노동은 더 높은 목적을 달성하기 위한 수단이
   다. 이것은 대체로 가톨릭의 입장이다. 이 입장은 현실과 완전히 동떨어지지 않
   는다는 점에서 큰 장점을 가진다. 그래서 노동과 삶, 노동과 고통의 긴밀한 연
   관성이 언급된다. 이 입장의 대표적 인물은 루뱅의 자크 르클레르크(Jacques
   Leclercq)다. 특히 *Leçons de droit naturel*, 1946, Vol.IV. Part 2에 있는 노동과 소
   유에 관한 그의 논의를 참조할 것. (2) 노동은 무언가를 형성하는 행위다. 노동
   은 "주어져 있는 어떤 구조를 더 높은 다른 구조로 변형시킨다." 이것은 오토 리
   프먼(Otto Lipmann)의 유명한 저서인 *Grudrisse der Arbeitswissenschaft*(1926)
   의 중심논지다. (3) 노동의 사회에서 노동은 순수 즐거움이거나 아니면 "여
   가활동만큼이나 만족스러운 활동이 될 수 있다"(Glen W. Cleeton, *Making
   Work Human*, 1949를 보라). 이것은 오늘날 코라도 지니(Corrado Ginirk)의
   Economica Lavorista(1954)에서 채택한 입장이다. 그는 미국을, 노동이 곧 기
   쁨이고 모든 사람이 노동하기를 원하는 '노동하는 사회'(*societa lavorista*)로 간
   주한다. (독일에서 그의 위치를 잘 요약한 것으로는 *Zeitschrift für die gesamte
   Staatswissenschaft*, CIX, 1953과 CX, 1954를 보라.) 이 이론은 보기만큼 새로
   운 것은 아니다. 이 이론을 처음 정식화한 사람은 프란체스코 니티(F. Nitti)
   이다("Le travail humain et ses lois", *Revue internationale de sociologie*, 1895).
   당시 그는 '노동이 고통스럽다는 생각은 생리학적 사실이라기보다 심리학
   적 사실이며', 따라서 모든 사람이 일하는 사회에서는 고통이 사라질 것이라

의 평가를 반복하여 발표함으로써 그 평가를 첨예화하고 극단으로 몰고가는 이 이론들로 인해 예술가의 '작업'조차 사라지게 되었다. 작업은 유희로 분해되고 그 세계적 의미를 상실한다. 노동사회에서 예술가의 유희는 테니스나 취미생활이 개인의 삶에 미치는 기능과 같은 역할을 한다고 생각된다. 노동의 해방은 노동활동을 **활동적 삶**의 다른 활동들과 동등한 것으로 만드는 데 그치지 않고 이 활동을 반박의 여지없는 지배적 활동으로 만들었다. '생계유지'의 관점에서 볼 때, 노동과 무관한 활동은 모두 하나의 '취미'가 된다.[76]

근대인의 이런 자기 해석의 설득력을 없애려면, 이전 시대의 모든 문명이 플라톤의 의견에 동의했다는 사실을 기억하는 것이 좋겠다. 그에 의하면, '돈을 버는 기술'은 의술, 항해, 건축 같은 기술의 실제 내용과 전적으로 무관하다. 여기서 금전적 보상은 단지 부차적으로 뒤따를 뿐이다. 의술의 목표인 건강과 건축술의 목표인 건물의 설립과는 명백히 다른 본질을 가진 '금전적 보상'(*technē mistharnētikē*)을 설명하기 위해, 플라톤은 이 기술들에 동반되는 다른 기술을 하나 더 도입했다. 이 첨가된 기술을 다른 자유직업에 반드시 들어 있는 노동의 요소로 이해

고 주장했다. (4) 마지막으로 노동은 인간이 자연에 맞서 자신의 인간존재를 확인하는 활동이다. 인간은 노동을 통해 자연을 지배한다. 명시적이든 암시적이든 이 가정은 새로운, 특히 프랑스의 인본주의적 노동관의 기초를 이룬다. 이 학파의 가장 저명한 대표는 조르주 프리드만(Georges Friedmann)이다. 이 모든 이론과 학문적 논의를 살펴본 후, 대다수의 노동자들이 "왜 일합니까?"라는 질문을 받을 때 단순히 '살아가기 위해' 또는 '돈 벌기 위해'라고 대답한다는 것을 알았을 때, 오히려 상쾌한 기분이 들었다(Helmut Schelsky, *Arbeitjugend Gestern und Heute*, 1955를 보라. 그의 저서는 편견에 빠지거나 이상화에 치우치지 않았다는 점에서 주목할 만하다).

76) 근대 노동사회에서 취미의 역할은 매우 중요하며 노동-유희 이론에서 경험의 전제가 되는 것 같다. 특히 주목할 것은 마르크스가 이런 발전에 대해서는 알지도 못하면서 노동 없는 유토피아 사회에서 모든 활동이 취미활동과 거의 비슷한 형식으로 수행될 것이라고 예견했다는 점이다.

해서는 안 된다. 그 반대로 이 기술을 통해 전문적 작업인인 '예술가'는 노동의 필연성에서 스스로를 자유롭게 만들 수 있다.[77] 이 기술은, 자신의 노예를 지배하기 위해 권위를 행사하고 강제력을 사용하는 방법을 알아야 했던 가장에게 필요한 기술과 같은 범주에 속한다. 이 기술의 목적은 '생계유지'로부터 자유로워지는 것이고, 다른 기술들의 목적은 이런 기본적 필연성으로부터 훨씬 더 멀리 벗어나 있다.

노동의 해방에 뒤이은 착취와 억압으로부터의 노동계급의 해방은 비폭력의 관점에서 확실히 진보를 의미한다. 그러나 자유의 확대라는 관점에서도 그것이 여전히 진보인지는 확실하지 않다. 고문에서 사용하는 폭력을 제외하고 인간이 사용하는 어떤 폭력도 필연성이 강요하는 자연적 힘에 필적할 수 없다. 이런 이유로 그리스인은 고문을 뜻하는 단어를, 인간의 인간에 대한 지배로서의 폭력을 일컫는 비아(*bia*)로부터가 아니라 아나케(*anagkai*)라 부르는 필연성으로부터 도출했다. 마찬가지 이유로 동양 제국에서도 '누구도 저항할 수 없는 필연성'인 고문은 노예에게만 가해질 수 있었다. 어쨌든 이들은 필연성에 예속된 자들이었다.[78] 패자를 승자의 노예로 만들고 유사 이래 오랫동안 필연성

---

77) 『국가론』, 346. 그러므로 "영리의 기술은, 의술이 질병을 예방하듯이, 빈곤을 예방한다"(『고르기아스』, 478). 그들의 봉사에 대한 보상은 자의적이기 때문에, 이 자유직업가들은 '돈 버는 기술'에도 상당히 능숙해야만 했다.

78) 고대 그리스와 로마의 특징인 이 관습에 대한 근대의 통상적 설명—그 관습의 기원은 '노예는 고문 없이는 진실을 말하지 않는다는 믿음'에서 찾아야만 한다—은 매우 잘못된 것이다(R.H. Barrow, 앞의 책, p.31). 이 믿음은, 그 반대로 고문을 받으면 누구도 거짓말을 꾸며내지 못한다는 것을 의미한다. "사람들은 고통의 외침 속에서 자연의 목소리 자체를 듣는다고 믿었다. 고통이 깊이 파고들면 들수록, 육체와 피의 증거는 더욱더 내밀하고 진실한 것처럼 보였다"(H. Wallon, 앞의 책, I, 325). 거짓말은 그 자체 자유의 요소, 자유로운 창작을 내포한다는 사실을 우리보다 고대가 더 잘 알고 있었다. 고문이라는 '필연성'은 이 자유를 파괴하고 따라서 자유로운 시민에게는 이 필연성을 적용할 수 없다고 그들은 생각했다.

의 문제를 중지시킨 것은 폭력의 기술, 즉 전쟁, 해적질, 극단적인 절대 지배의 기술들이었다.[79] 기독교가 아니라 근대가 노동을 예찬함으로써 이 기술들의 평가절하를 가져왔고 인간사에서 폭력의 사용을 실제로 상당히 줄였다.[80] 노동 및 노동과 자연의 신진대사에 내재하는 필연성의 지위상승은, 인간관계에서 힘을 사용하는 경우처럼 폭력에서 직접 발생하는 활동의 평가절하 또는 모든 작업의 기량처럼 그 자체 안에 폭력의 요소를 감추고 있는 활동의 평가절하와 상당한 관련이 있는 것 같다. 근대가 폭력을 점진적으로 제거한 것은 마치 가장 기초적인 수준에서 자동적으로 필연성이 다시 들어올 수 있는 문을 열어준 것처럼 보인다. 우리의 역사에서, 즉 로마제국의 몰락기에 발생했던 일이 다시 일어나고 있다. 그 당시 노동은 이미 자유계급의 일이 되었지만, "단지 자유인들에게 노예계급의 의무를 부과하기 위해서였다."[81]

---

79) 노예의 그리스 고어인 *douloi*와 *dmōes*는 여전히 전쟁에서 패한 적을 의미한다. 고대노예의 주공급원이었던 전쟁노예의 매매와 전쟁에 관해서는 W.L. Westermann, "Sklaverei", in Pauly-Wissowa를 보라.

80) 오늘날 새로운 전쟁도구나 파괴기술의 발전으로 인해 우리는 이러한 근대의 매우 중요한 경향을 간과하기 쉽다. 사실 19세기는 역사상 가장 평화로운 시기 중 하나였다.

81) H. Wallon, 앞의 책, III, 265. 왈롱은 "모든 사람은 노예다"라는 스토아학파의 일반화가 로마제국의 발전과 관계있음을 아주 잘 보여준다. 로마제국에서 자유는 황제의 지배로 인해 점차 사라졌고, 결국 누구도 자유롭지 못하게 되었으며, 모든 사람은 주인을 가지게 되었다. 이 발전의 전환점은 처음에는 칼리굴라(Caligula), 그다음에는 트라야누스(Trajan)가 *dominus*로 불리기 시작하던 시점이다. *dominus*는 이전에는 가장에게서만 사용되었다. 고대 말기의 이른바 노예의 도덕성 그리고 노예의 삶과 자유인의 삶이 실질적 차이가 없다는 생각은 매우 사실적인 근거를 가지고 있다. 이제 노예는 주인에게 다음과 같이 말할 수 있었다. "누구도 자유롭지 않다. 모든 사람은 주인이 있다." 왈롱에 따르면 "탄광에서 일하도록 선고받은 사람들, 비교적 낮은 등급의 형벌에 처해진 사람들, 예컨대 방앗간, 빵집, 공공역마, 하나의 특정한 협동조합을 구성하는 그 밖의 노역형을 받은 사람들은 동료가 되었다"(p.216). "지금 시민을 지배하는 것은 노예의 권리다. 우리는 노예들에게 적합한 모든 입법을 시민의 인격, 그의 가족

마르크스는 이미 근대의 노동해방이 모두가 자유로운 시대를 이룩하는 데 실패할 뿐만 아니라 그 반대로 인류를 강제로 필연성의 멍에 아래 둘 위험이 있음을 분명하게 알아차렸다. 이때 그는 혁명의 목적이 이미 거의 성취된 노동계급의 해방이 아니라 노동으로부터 인간의 해방이어야 한다고 주장했다. 언뜻 보면 이 목적은 유토피아적이고, 엄격히 말해 이것만이 마르크스의 저작에서 유일한 유토피아적 요소다.[82] 마르크스의 관점에서 노동으로부터의 해방은 필연성으로부터의 해방이고 궁극적으로는 소비로부터의 해방, 즉 인간 삶의 조건인 자연과의 신진대사로부터의 해방이다.[83] 그러나 지난 수십 년 간의 발전, 특히 더 진전된 자동화가 열어놓은 가능성들로 인해 우리는 어제의 유토피아가 내일의 현실이 되지 않을까 의심하게 되었다. 그래서 결국 인간 삶을 구속하는 생물학적 순환의 '수고와 고통'으로는 오직 소비에 필요한 노력만이 남지 않을까 하는 생각이 든다.

　그러나 이 유토피아조차 생명과정에 본질적인 세계의 무상함을 바

이나 재산과 관련된 규약들 사이에서 재발견했다"(p.219, p.220).

82) 마르크스가 말하는 계급 없고 국가 없는 사회는 유토피아가 아니다. 근대의 발전으로 사회 안에서 계급의 차이가 없어지고 정부는 '행정'―엥겔스는 이를 사회주의의 징표로 보았다―으로 대체된다는 사실이 확실한 추세라는 것은 차치하더라도, 마르크스 자신이 아테네의 민주정치에서 이 이상을 인식했다는 것은 분명하다. 물론 공산주의 사회가 아테네와 달리 자유시민의 특권을 모든 사람에게 확대한다는 점은 예외다.

83) 베유(Simone Weil)의 *La condition ouvrière*(1951)는 수많은 문헌 중 편견 없이 또 감정에 치우치지 않고 노동문제를 다룬 유일한 책이라 말해도 지나치지 않다. 그녀는 호메로스의 시구를 공장생활을 내용으로 한 일기의 모토로 삼았다. "너무 내키지 않는 기분, 그러나 잔인한 필연성이 너를 강요하는구나." 노동과 필연성으로부터의 종국적 해방에 대한 희망은 마르크스주의의 유일한 유토피아적 요소인 동시에 마르크스에 의해 고무된 모든 혁명적 노동운동의 실질적 원동력이라고 결론지었다. 그것은 '인민의 아편'이라고도 할 수 있는데, 마르크스는 종교를 그렇게 불렀다.

꾸지 못한다. 영원히 반복하는 생물학적 삶의 순환이 거쳐야만 하는 두 단계, 즉 노동과 소비단계의 비율이 변하여 거의 모든 인간노동력이 소비에 소모될 정도가 될 수 있다. 이에 부수적으로 심각한 사회문제인 여가문제, 즉 소비능력을 온전하게 유지하기 위해 일상의 피로를 풀 수 있는 기회를 어떻게 제공하는가 하는 문제가 발생할 수도 있다.[84]

고통과 노력이 필요 없는 소비는 생물학적 과정의 소모적 성격을 변화시키기보다 더 증가시키고, 마침내 고통과 수고의 족쇄로부터 '해방된' 인류는 전 세계를 '소비하고', 소비하고 싶은 것을 매일 재생산할 수 있을 정도로 자유로워질 것이다. 세계와 그 사물적 성격이 완전히 자동화된 삶의 과정의 무자비한 역동성을 견딜 수만 있다면, 얼마나 많은 사물이 그 사회에서 이루어지는 삶의 과정에서 매일, 매시간 나타났다 사라지는지는 세계에서 별로 중요한 문제가 아닐 것이다. 앞으로 다가올 자동화의 위험은—훨씬 더 개탄스러운—자연적 삶의 기계화와 인공화가 아니라 삶의 인공성에도 불구하고 모든 인간의 생산력이 매우 강렬한 삶의 과정 속에 흡수되어 수고와 노력 없이 자동으로 영원히 반복되는 자연적 순환을 따르게 될지도 모른다는 점이다. 기계의 리듬은 삶의 자연적 리듬을 더 확대하고 강렬하게 만들겠지만, 세계와 연관하여 삶의 주요한 특징을 변화시키기보다 더 치명적으로 만들어서 세

---

84) 이 여가가 오늘날 우리가 생각하는 것과는 달리 고대의 스콜레와 같지 않다는 것은 분명하다. 스콜레는—분명히 드러나든 그렇지 않든 간에—소비현상이 아니었으며, 노동시간에서 절약한 '짬'으로 인해 나타난 것이 아니라, 그 반대로 단순한 생존과 관련된 모든 활동, 노동이나 소비활동을 의식적으로 '자제함'으로써 생겨났다. 근대의 이상인 여가와 구분되는 고대의 스콜레를 판별하는 시금석은 고전주의 시대에도 잘 알려졌고 자주 묘사됐던 그리스인의 삶의 검소함이다. 따라서 그리스인들이 아테네의 부의 축적에 결정적 역할을 한 해상무역을 못마땅해했으며, 헤시오도스를 좇아 플라톤도 도시국가의 새 근거지를 바다와 멀리 떨어진 장소로 선택할 것을 권했다는 사실은 그리스인의 특성을 잘 보여준다.

계의 지속성을 손상시킨다.

거의 한 세기에 걸쳐 천천히 진행된 노동시간의 단축으로 이런 유토피아에 이르기는 매우 어렵다. 더욱이 진보는 너무 과대평가되었다. 왜냐하면 진보는 초기 자본주의 단계에 지배적이던, 착취라는 매우 예외적인 비인간적 조건과 비교하여 평가되었기 때문이다. 만약 우리가 좀더 긴 시기를 고려한다면, 현재 개인이 향유하는 자유시간의 연간 총계는 현대성이 이룩한 놀라운 업적이라기보다 정상상태에 뒤늦게 도달한 것이라 할 수 있다.[85] 다른 측면에서와 마찬가지로 진정한 소비자의 사회라는 유령은 이미 존재하는 현실이 아니라 현 사회의 이상인 까닭에 더 걱정스럽다. 그 이상은 새로운 것이 아니다. 그것은 **활동적 삶의** 궁극적 목표가 부와 풍요와 '최대다수의 행복'을 증대하는 것이라는 고전 정치경제학의 확실한 가정 속에 암시되어 있다. 끝으로 단지 가난하고 빈궁한 사람들의 오랜 꿈과는 다른, 근대사회의 이 이상은 꿈으로 남는 한 매력적이겠지만, 실현되었을 때에는 곧 바보들의 천국이 되어버릴 것이다.

---

85) 중세인들은 1년 중 반 정도만 일했다. 공휴일은 141일이나 되었다(Levasseur, 앞의 책, p.329. 또한 혁명 전 프랑스의 근무일수에 대해서는 Liesse, *Le Travail*, 1899, p.253을 보라). 기하급수적으로 확대된 평일은 노동자들이 새로 도입된 기계와 경쟁해야 했던 산업혁명 초기의 특징이다. 산업혁명 이전 15세기에는 근로시간이 영국에서는 총 11시간에서 12시간이었고, 17세기에는 10시간 정도였다(H. Herkner, "Arbeitseit", in *Handwörterbuch für die Staatswissenschaft*, 1923, I, pp.889 이하). 간단히 말해 "19세기 전반의 노동자들은 그 이전 세기의 가장 빈곤한 계층의 사람들보다 더 열악한 조건에서 살았다"(Édouard Dolléans, *Histoire du travail en France*, 1953). 우리 시대가 달성한 진보의 정도는 일반적으로 과대평가된 것이다. 우리는 매우 '어두운 시대'에 비추어 그 정도를 평가했기 때문이다. 예컨대 오늘날 고도로 문명화된 국가의 기대수명은 기껏해야 고대의 보통 국가의 기대수명과 비슷할 뿐이다. 물론 우리는 이를 확실히 알 수 없지만, 유명한 사람들의 전기에 나타난 사망 연도를 생각하면 이런 의심을 할 수 있다.

다양한 노동운동을 이끈 사람들과 마르크스를 고무시켰던 희망, 즉 여가가 인간을 필연성에서 해방시키고 **노동하는 동물**을 생산적으로 만들 것이라는 희망은 기계론적 철학의 허구에 의존하고 있다. 이 철학은 노동력이 다른 모든 에너지처럼 결코 사라질 수 없으며, 그래서 삶의 노역에 소비되어 고갈되지 않는다면 자동적으로 '보다 높은' 다른 활동을 장려할 것이라 생각한다. 마르크스의 이런 희망을 부추긴 모델은 분명 페리클레스의 아테네다. 마르크스는 페리클레스의 아테네가 장차 노동생산성의 거대한 증가 덕분에 국가를 유지할 노예가 없는 시대가 현실이 될 수 있으리라 생각했다. 마르크스가 죽은 지 100년이 지난 지금 우리는 이런 추리가 오류임을 안다. **노동하는 동물**의 여가시간은 소비에만 소모되고 그에게 남겨진 시간이 많으면 많을수록 그의 탐욕은 더 커지고 더 강해진다. 이 욕구가 더 정교해지면서 소비가 더 이상 필수품에만 국한되지 않고 주로 사치품에 집중된다는 점은 이 사회의 성격을 변화시키기보다 이 사회의 심각한 위험을 은폐한다. 그 위험은 결국 세계의 모든 사물이 소비와 소비를 통한 무화(annihilation)로부터 안전할 수 없을 것이라는 사실이다.

근대세계가 필연성에 거둔 승리는 노동의 해방, 즉 **노동하는 동물**이 공론 영역을 차지할 수 있게 되었다는 사실에서 기인한다. 이것은 그다지 탐탁스럽지는 않지만 사실이다. 그러나 **노동하는 동물**이 공론 영역을 가지는 한, 진정한 공론 영역은 존재할 수 없으며 단지 공개적으로 이루어지는 사적 활동만이 존재할 수 있다. 그 결과는 완곡하게 표현해서 '대중문화'다. 이 문화의 뿌리 깊은 문제는 보편적 불행이다. 이 불행은 한편으로는 노동과 소비의 불안한 균형 때문이고 다른 한편으로는 소모와 재생, 고통과 고통으로부터의 해방이라는 삶의 과정이 완전한 균형을 이루는 곳에서만 성취될 수 있는 것, 즉 행복에 대한 **노동하는 동물**의 집요한 요구 때문이다. 행복에 대한 보편적 요구와 우리 사회의 광범위한 불행은 (이는 동전의 양면일 뿐이다) 만족하며 살 수 있을 만큼의 충분한 노동을 하지 않는 노동사회에서 우리가 살기 시작했다는 가장 설득력 있는 표시다.

우리가 **노동하는 동물**의 이상을 실현하는 과정에 있을지도 모른다는 것을 시사하는, 명백하게 위험한 징후들 중 하나는 우리의 모든 경제가 낭비경제가 되었다는 것이다. 낭비경제에서 사물들은, 만약 과정 자체가 갑작스러운 파멸로 끝나지 않으려면, 그것들이 세계에 나타나는 만큼 빨리 소모되고 폐기되어야 한다. 그러나 만일 이상이 이미 실현되어 우리가 정말 소비자 사회의 구성원이라면, 우리는 더 이상 세계에 사는 것이 아니라 단순히 그 과정에 의해 떠밀려다닐 뿐이다. 사물들은 영원히 순환하는 이 과정 속에서 나타나고 사라지며 자기를 드러내고 없어지지만, 삶의 과정을 세우고 보호할 정도로 오래 지속하지는 못한다.

인간이 지상에 세운 거처이자 지상의 자연이 인간의 손에 넘겨준 물질들로 만들어진 세계는 소비될 사물이 아니라 사용될 사물로 이루어진다. 만약 자연과 지구가 인간적 삶의 조건을 구성한다면, 이때 세계와 세계의 사물은 이 특별한 인간의 삶이 지상에서 편히 지낼 수 있는 조건이 된다. **노동하는 동물**의 눈에 보이는 자연은 모든 '좋은 것들'의 대규모 공급자다. 좋은 것들은 자연의 자녀 모두에게 똑같이 속하는 것이며, 이들은 이 좋은 것을 '자연의 손에서 받아' 노동과 소비 속에서 그것들과 결합한다.[86] 그러나 세계의 건설자인 **호모 파베르**의 눈에 비친 동일한 자연은 그 자체로는 거의 가치 없는 물질들을 공급해줄 뿐이다. 이 물질들은 인간의 작업을 통해 비로소 가치를 갖는다.[87] 자연의 수중에서 사물을 취하며 소비하지 않는다면, 성장하고 부패하는 자연 과정에서 **스스로**를 방어하지 못한다면, **노동하는 동물**은 살아남을 수 없다. 그 지속성으로 인해 사용하거나 세계를 건설하기에 적합해진 사

---

86) 로크, 앞의 책, sec.28.
87) 같은 책, sec.43.

물들 가운데서 편안함을 느끼지 못하는 삶은 결코 인간적인 삶이 될 수 없다. 게다가 이 사물들이 건설하는 세계의 영속성은 삶과 직접적인 대조를 이룬다.

소비자 또는 노동자의 사회에서 삶이 쉬워질수록, 이 사회적 삶을 추진하는 필연성의 충동이 있다는 사실을 자각하기가 더 어려워진다. 필연성의 외적 현상인 고통과 수고가 눈에 띄지 않기 때문에 더더욱 그렇다. 이런 사회의 위험은, 이 사회가 증가하는 다산성의 풍요에 현혹되고 끝없는 과정의 원만한 기능에 사로잡혀 삶이 더 이상 자신의 무상함을 인식할 수 없다는 데 있다. 이 삶의 무상함은 "노동이 끝난 뒤에도 계속 존재하는 어떤 영속적 주체 안에서 삶이 확고하게 자리를 잡고 스스로 실현할 수 없다"는 것이다.[88]

---

88) 애덤 스미스, 앞의 책, I, p.295.

제4장 작업

18. 세계의 지속성

육체노동과 구별되는 우리 손의 작업은─노동하고 노동의 대상과 자신을 '혼합하는' 노동하는 동물과는 달리 호모 파베르는 만들고 말 그대로 "주어진 재료를 가공한다"[1]─무한히 다양한 사물을 제작하며, 이 사물의 총계는 인공세계를 구성한다. 이것들은 대개 사용물건이고 지속성과 '가치'를 지닌다. 전자는 소유의 확립을 위해 로크가 필요로 한 것이고, 후자는 애덤 스미스가 교환시장을 위해 필요로 한 것이다. 이 사용물건은 마르크스가 인간본성의 증거라 믿었던 생산성을 입증한다. 사용물건은 적절히 사용하면 사라지지 않고 세계의 지속성과 견고성을 부여한다. 이런 지속성과 견고성이 없다면 인공세계는 불안정

---

1) *facere*(생산의 의미에서 '어떤 것을 만드는 것')와 관련이 있는 듯한 라틴어 *faber*는 본래 돌이나 나무와 같이 단단한 물질로 작업하는 공작인이나 예술가를 지칭했다. 따라서 *faber*는 같은 의미의 그리스어 *tektōn*의 번역어였다. *tignarii* 뒤에 자주 나타나는 *fabri*는 특별히 건축가나 목수를 의미한다. 나는 호모 파베르라는 표현의 기원이 근대나 중세 후기에 있는 것은 확실하나 언제 어디에서 처음 나타났는지 알 수 없었다. 장 르클레르크(Jean Leclercq, "Vers la société basée sur le travail", *Revue du travail*, Vol.LI, No.3, March, 1950)는 호모 파베르 개념을 다시 회자되도록 만든 사람은 베르그송뿐이라고 주장한다.

해져서 유한한 운명을 가진 인간의 거처가 되지 못한다.

인간이 만든 사물세계의 지속성은 절대적이지 않다. 우리가 소비하지는 못한다 할지라도 이용함으로써 이 세계는 소모된다. 우리의 존재 전체에 스며드는 삶의 과정도 역시 인공세계를 침해한다. 설사 우리가 세계의 사물들을 사용하지 않는다 하더라도 그것들은 결국 부패해져 포괄적인 자연과정으로 되돌아갈 것이다. 그것들은 이 자연과정으로부터 얻어졌고, 이 과정에 대항하여 확립되었다. 만약 그 자체로 남겨지거나 인간세계에서 버려진다면, 의자는 다시 목재가 될 것이고 목재는 썩어서 흙으로 돌아갈 것이다. 이 흙에서 자라난 나무는 잘려져 생산이나 건축의 재료가 되었다. 그러나 이것이 세계의 모든 단일 사물의 피할 수 없는 종말이자 언젠가는 죽을 인간의 생산물임을 나타내는 기호라 할지라도, 그것이 세계 자체의 운명인지는 그다지 확실치 않다. 모든 단일 사물은 이 인위적 세계에 와서 머물다가 여러 세대가 교체되면서 함께 항상 대체될 수 있다. 더욱이 이 대상은 사람들이 사용함으로써 반드시 소모될 운명이지만, 종말은 모든 소비품에 내재하는 파멸과 동일하지 않다. 사용을 통해 소모되는 것은 지속성이다.

사물들에게 그것을 생산하고 사용하는 인간으로부터의 상대적 독자성과 '객관성'을 부여하는 것은 바로 이 지속성이다. 객관성으로 인해 사물들은 적어도 잠시나마 생산자이자 사용자인 인간의 탐욕스러운 욕구와 필요에 '저항하여'[2] 지속할 수 있다. 이런 관점에서 세계의 사물은 인간의 삶을 안정시키는 기능을 하며, 이 사물의 객관성은—동일한 인간은 똑같은 개울에 들어갈 수 없다는 헤라클레이토스의 말과는 모순되지만—인간이 항상 변하는 본질에도 불구하고 같은 의자나 같

---

2) 이것은 라틴어 동사 *obicere*(대립하다, 마주 싸우다)에 함축되어 있다. 우리가 사용하는 '대상'(object)은 이 동사에서 파생되었다. object의 독일어인 Gegenstand도 이 의미를 갖고 있다. 'object'는 문자 그대로의 의미로는 '던져진 것' 또는 '맞은편에 두다'를 의미한다.

은 탁자와 관계함으로써 자신의 동일성을, 즉 자신의 정체성을 확보할 수 있다는 사실에 있다. 달리 말해, 인간의 주관성에 대립하는 것은 손대지 않은 자연의 숭고한 무관심이기보다 인위적 세계의 객관성이다. 자연의 압도적 힘은 오히려 반대로 인간을 강요하여 자신의 생물학적 운동의 순환 속에 돌게 만든다. 이 운동은 자연의 포괄적인 순환운동과 일치한다. 자연이 제공하는 것으로 우리 자신의 세계를 건설하고 이 세계를 자연환경 속에 붙박아 넣음으로써 자연으로부터 스스로를 보호하는 인간만이 자연을 '객관적'인 것으로 생각할 수 있다. 사람과 자연 사이에 세계가 없다면, 영원한 운동만이 존재하며 어떤 객관성도 있을 수 없다.

작업과 노동처럼 사용과 소비가 같지 않다 하더라도, 이것들은 어떤 중요한 영역에서 서로 중첩되기 때문에 한결같이 상이한 두 문제를 동일시하는 여론과 학자층의 의견은 매우 정당한 것처럼 보인다. 소모과정이 사용물건과 소비하는 유기체의 접촉을 통해 발생하는 한, 사용은 소비라는 요소를 포함한다. 육체와 사용될 사물이 더 밀접하게 접근하면 할수록, 소비와 사용의 동일화는 더욱 그럴듯해 보인다. 예컨대 누군가가 사용물건의 본질을 의류의 관점에서 생각한다면, 그는 사용이란 느린 속도의 소비라는 결론을 내리고 싶을 것이다. 이 입장과 반대되는 것은 앞에서도 언급한 적이 있는 다음 생각이다. 파괴가 사용의 부수적 결과임을 피할 수 없더라도, 소비하는 것은 본질적으로 파괴하는 것이다. 매우 낡은 구두와 단순 소비재를 구별하는 것은 구두는 신지 않으면 낡지 않는다는 점이다. 구두는 매우 약하지만 그 자체로 독립성을 갖고 있다. 구두는 이 독립성으로 인해 상당 기간 신는 사람의 기분이 변하더라도 더 오랫동안 존재할 수 있다. 사용하든 안 하든 마음대로 파괴하지 않는다면, 구두는 일정 기간 세계에 남아 있을 것이다.

노동과 작업의 동일시를 찬성하는 논증으로서 비슷하지만 더 유명하고 보다 그럴듯한 예를 제시할 수 있다. 가장 필수적이고 기본적인 인간 노동인 경작은 그 자체를 생산과정으로 변형시키는 완벽한 노동 사례일 수 있다. 그것은 경작이 생물학적 순환과 밀접한 관계를 맺고, 더욱 큰 자연의 순환에 의존하지만 생산물을 남기기 때문이다. 이 생산물은 노동활동보다 더 오래 존재하며 세계의 구체적이고 지속적인 일부분이 된다. 매년 똑같은 일을 함으로써 황무지는 농토로 바뀐다. 정확히 이런 이유 때문에 이 사례는 고대와 근대 노동이론에서 탁월한 역할을 한다. 그러나 (노동과 농사 사이에) 부인할 수 없는 유사성이 있고, 또 농사를 지음으로써 생계의 수단을 확보하는 한편 이 과정에서 세계를 건설할 수 있는 대지를 준비한다는 사실 때문에 오랫동안 농업이 존중받았다 할지라도, 이 경우에도 역시 사용과 소비의 구별은 뚜렷이 남아 있다. 경작지는 정확히 말해 사용물건이 아니다. 사용물건은 그 자체로 지속적이고 영속적이기 위해 일상적으로 돌보고 보존하는 것만을 필요로 한다. 그러나 경작지 유지는 반복적 노동을 필요로 한다. 달리 말해 반복적 노동은 생산된 물건의 존재를 확실하게 보장하는 진정한 사물화를 결코 실현할 수 없다. 경작지가 인간의 세계에 영원히 머물기 위해서는 반복적으로 재생산되어야 한다. 따라서 경작지는 사용물건이 될 수 없다.

19. 사물화

호모 파베르의 작업, 즉 제작은 사물화로 이루어진다. 모든 사물, 심지어 가장 약한 사물에도 내재하는 견고성은 작업이 가해진 재료에서 생긴다. 그러나 이 재료 자체는, 단순히 채집됨으로써 자연을 변화시키지 않고 내버려둘 수 있는 들의 곡식이나 나무의 과실처럼 간단히 주어진 것이 아니다. 재료는 이미 인간 손의 생산물이다. 목재를 얻기 위해 나무를 파괴하는 경우처럼 생명과정을 없애거나 지구의 모태에서 철과 돌과 대리석을 채굴하는 경우처럼 느린 자연 과정을 중단시킴으로써 인간 손은 원래의 자연환경에서 재료들을 떼놓았다. 이런 침해와 폭력의 요소는 모든 제작행위에 존재한다. 인공세계의 창조자인 **호모 파베르**는 언제나 자연의 파괴자였다. 자신의 육체나 가축의 도움으로 생활을 영위하는 **노동하는 동물**은 모든 피조물의 주인이자 지배자일 수도 있지만, 여전히 자연과 지구의 하인으로 남았다. 오직 **호모 파베르**만이 전 지구의 군주이자 지배자처럼 행동한다. 그의 생산성은 창조주인 신의 이미지로 보이고, 그래서 신이 무(*ex nihilo*)에서 창조한다면 인간은 주어진 물질로 창조하는 까닭에, 인간의 생산성은 정의상 프로메테우스의 반란의 결과다. 신이 창조한 자연을 파괴함으로써만 인공세계는 건설될 수 있기 때문이다.[3]

이런 폭력의 경험은 인간의 힘에 대한 가장 기본적인 경험이기 때문에 단순노동에서 경험하는 고통스러운 노고와는 정반대다. 이 경험으로 우리는 자기 확신과 만족을 얻는다. 전 생애에 걸쳐 필요한 자신감

---

3) 인간의 창조성을 이렇게 해석하는 것은 중세의 태도다. 반면 인간을 지구의 지배자로 생각하는 것은 근대적 사고의 특성이다. 이 두 관점은 모두『성경』의 정신과 모순된다.『구약』에 의하면 인간은 모든 살아 있는 피조물의 지배자며(「창세기」1장) 모든 피조물은 인간을 돕기 위해 창조되었다(2장 19절). 그러나『성경』의 어디에도 인간이 지구의 주인이자 지배자라는 말은 없다. 반대로 인간이 에덴동산에 있게 된 것은 그것을 돌보고 보존하기 위해서였다(2장 15절). 루터는 스콜라학파가 고대 그리스·로마와 타협한 것을 의식적으로 거부하면서 인간의 작업과 노동에서 생산과 제작의 모든 요소를 제거하려했다. 이는 매우 주목할 만하다. 루터에 따르면 인간의 노동은 신이 지상에 준 보물을 단지 '발견하는' 것일 뿐이다.『구약』에 따라 루터는 인간이 지구의 지배자가 아니라 근본적으로 지구에 의존하는 존재임을 강조한다. "자세히 말해보아라. 누가 금과 은을 산속에 묻어 우리로 하여금 그것을 발견하게 하는가? 누가 땅속에 그토록 커다란 재물을 묻어 그것이 자라나게 하는가? 인간으로 하여금 노동하게 하는가? 그렇다. 노동은 아마 그것을 발견할 것이다. 그러나 신께서 그것을 그곳에 두셨고 노동이 그것을 발견해야만 한다. ……그러므로 우리는 우리의 노동이 신의 재물을 발견하여 보관하는 것 외엔 아무것도 아니고 어떤 것도 만들어서는 안 된다는 사실을 알게 된다"(*Werke*, ed. Walch, V, 1873).

의 원천도 이런 폭력의 경험이다. 이 자신감, 만족, 자기 확신은 노동과 경작에 수반되는 행복과는 매우 다르며, 잘 조정되고 율동적으로 질서 잡힌 노고로부터 발생한다. 그리고 본질적으로 육체의 율동적 운동에서 느끼는 덧없지만 강렬한 노동 자체의 기쁨과도 완전히 다르다. '노동의 즐거움'에 대한 대부분의 서술이 『성경』이 주장하는 삶과 죽음의 축복에 대한 근대적 반성이 아닌 한, 또 일을 해냈다는 자긍심을 일을 성취했다는 즐거움으로 오해하지 않는 한, 그것은 폭력적인 힘의 행사를 통해 느끼는 의기양양함과 관련된다. 인간은 이런 힘을 통해서 스스로를 요소들의 거대한 힘과 비교하고, 도구의 발명을 통해 자연적 수준을 훨씬 넘어 폭력을 증대시키는 방법을 알게 된다.[4] 견고성은 정직하게 일해서 생계비를 벌었을 때의 기쁨이나 기진맥진함의 결과가 아니라 폭력을 행사한 결과다. 자연에서 얻은 재료 없이 견고성은 불가능하다. 그렇다고 해서 영원히 현존하는 자연으로부터 공짜로 빌리거나 얻을 수 있는 것도 아니다. 그것은 이미 인간 손의 생산물이다.

실제로 제작은 모델의 지도로 이루어지는데, 대상은 이 모델에 따라 만들어진다. 모델은 마음의 눈이 포착하는 이미지이거나, 잠정적인 이미지를 작업이 물질화시킨 상태를 미리 볼 수 있게 하는 청사진이다. 이 두 경우에 제작을 인도하는 것은 제작자 외부에 있고 실제 작업과정에 앞선다. 이것은 노동자의 삶의 절박함이 실제의 노동과정을 앞서는 것과 거의 같은 방식이다. (이런 묘사는 근대 심리학의 발견과 매우 모순된다. 근대 심리학은 거의 만장일치로 배고픔의 고통이 위에 있는 것처럼 마음의 이미지가 우리의 두뇌에 있다고 말한다. 근대과학의 이런 주관화는 근대세계의 보다 급진적인 주관화의 반영일 뿐이다. 근대세

---

4) 예를 들면 헨드리크 데 만(Hendrik de Man)은 『노동의 즐거움을 위한 투쟁』(*Der Kampf um die Arbeitsfreude*, 1927)에서 공작과 제작의 만족감만을 묘사하고 있다. 그런데 이 제목은 잘못되었다.

계에서 대부분의 작업이 노동의 양식으로 수행되기 때문에 작업인은 자신이 설령 원한다고 하더라도 '자신보다는 작품을 위해 일할'[5] 수 없게 된다. 그래서―그 대상의 궁극적 형태에 대해서 그가 전혀 알지 못하는―대상의 생산에 도구적 역할을 한다는 사실에서, 이런 주관화는 정당하다.[6] 이런 상황은 역사적으로 중요하긴 하나 **활동적 삶의** 근본적 표현들을 서술하는 것과 연관성은 없다.) 우리의 관심을 끄는 것은 기쁨, 고통, 소망, 만족과 같은 육체적 감각들―이것들은 매우 '사적'이어서 적절히 말할 수 없고 외부세계에 나타날 수 없으며 그래서 전혀 사물화될 수 없다―을 심적 이미지와 구별하는 분명한 간격이다. 심적 이미지는 아주 쉽고도 자연스럽게 사물화되기 때문에 마음의 눈이 침대의 '관념'을 먼저 가질 경우에만 침대를 만들겠다고 생각할 수 있으며, 실제 사물의 시각적 경험에 의존하지 않고서는 침대를 상상조차 할 수 없다.

활동적 삶의 위계 안에서 제작이 가지는 중요성은, 그 형상을 통해 제작과정을 주도하는 이미지나 모델이 제작에 선행할 뿐만 아니라 제품이 완성된 후에도 사라지지 않는다는 사실이다. 이 모델은 아무런 손상도 입지 않은 채 생산품보다 오래가고 이 모델에 따라 제작은 무한히 계속될 수 있다. 작업에 내재하는 이런 잠재적 복제는 노동의 징표인 반복과 원칙적으로 다르다. 노동의 반복은 생물학적 순환의 강요 때문

---

5) Yves Simon, *Trois leçons sur le travail*(Paris, n.d.). 이런 유형의 이상화는 프랑스의 자유주의 가톨릭 사상이나 좌파 가톨릭 사상에서 빈번히 볼 수 있다(특히 Jean Lacroix, "La notion du travail", *La vie intellectuele*, June, 1952 그리고 Dominican M.D. Chenu, "Pour une théologie du travail", *Esprit*, 1952 and 1955를 보라. "노동자는 자신을 위해서보다 작품을 위해 일한다. 그것은 노동의 활동을 정의하는 형이상학적 너그러움의 법칙이다").

6) 프리드만(*Problèmes humains du machinisme industriel*, 1946, p.211)은 대규모 공장 근로자들이 기계가 생산하는 부품의 정확한 기능이나 이름조차 알지 못한다는 것을 자주 언급한다.

에 발생한다. 육체의 욕구와 필요는 생겼다 없어지고 일정한 간격으로 반복해서 다시 나타난다 할지라도, 결코 상당 기간 지속되지 못한다. 단순 반복과 구별되는 복제는 세계에서 비교적 안정적이고 영속적으로 존재하는 어떤 것을 배가시킨다. 모델과 이미지의 영속성, 즉 제작에 앞서 존재하고 끝난 후에도 머물며 제작을 통해 비로소 존재하게 되는, 모든 사용물건보다 더 오래 지속되는 성질은 플라톤의 영원의 이데아론에 강한 영향을 미쳤다. 플라톤의 사상은 그가 철학적 맥락에서 최초로 사용한 형상(*eidos*) 또는 이데아(*idea*)에서 영감을 받았다는 점에서 생산(*poiēsis*) 또는 제작의 경험에 의존한다. 플라톤은 훨씬 더 '철학적인' 경험을 표현하기 위해 자신의 이론을 사용했지만 자기 말의 신뢰성을 증명하고자 했을 때,[7] 제작의 영역에서 그 사례들을 끌어왔다.

---

7) 플라톤이 이데아라는 단어를 철학용어로 사용했다는 아리스토텔레스의 증언은 『형이상학』(*Metaphysics*), 1권(987b8)에서 발견된다. 이 말의 초기 용법과 플라톤의 가르침에 관해 잘 설명한 책은 Gerard F. Else, "The Terminology of Ideas", *Harvard Studies in Classical Philology*, Vol.XLVII, 1936다. 엘스는 "궁극적이고 완벽한 형태의 이데아론이 무엇인가는 대화편에서는 알 수 없다"라고 주장하는데 이는 옳다. 마찬가지로 우리도 이데아론의 기원을 알지 못한다. 그러나 그것을 알 수 있는 가장 안전한 길은 당시 아테네 언어에서 사용되지 않았지만 플라톤이 놀랍게도 철학용어에 도입했던 단어 자체에 있는 것 같다. eidos와 idea가 눈으로 볼 수 있는 형상이나 모습이고 그것도 살아 있는 피조물의 형상과 관계있다는 것은 분명하다. 이 사실로 미루어볼 때 플라톤이 이데아론을 인식한 것이 기하학적 형식의 영향 때문이라는 말은 다소 문제가 있다. 콘포드(F.M. Conford)의 주 논점(*Plato and Parmenides*, Liberal Arts, pp.69~100)은 플라톤의 이데아론이 소크라테스와 피타고라스학파에서 유래한다는 것이다. 소크라테스는 정의 자체와 선 자체를 정의하려고 했는데, 그것은 감각으로는 인식할 수 없는 것이다. 이런 점에서 이데아론의 기원은 소크라테스에 있다는 것이다. 이데아가 사라질 모든 사물과는 달리 영원하고 독립적인 실존(*chōrismos*)을 가진다는 이데아론은, 육체와 감각과는 동떨어져 의식하고 인식하는 능력인 정신이 독립적 실존을 가진다는 내용을 함축하는데, 이런 점에서 이데아론은 피타고라스학파에서 나왔다고 본다. 콘포드의 이 주장은 내가 보기에 매우 설득력이 있다. 그러나 나의 입장에서는 이 모든 가정에 대한 결정

플라톤의 사상에서 사라질 다수의 사물을 지배하는 영원의 이데아는 그 모델(이데아)이 가지는 영속성과 동일성에서 설득력을 얻는다. 다수의 사라질 대상들은 이 모델에 따라 만들어진다.

생산과정은 전적으로 수단과 목적의 범주에 의해 결정된다. 제작된 사물은 두 가지 의미에서 최종생산물이다. 첫째, 생산과정은 그 생산물에서 종결된다("과정은 생산물에서 사라진다"고 마르크스가 말했던 것처럼). 둘째, 생산과정은 이 목적(생산물)을 생산하기 위한 수단이다. 노동도 소비를 목적으로 생산하지만 소비될 사물로서의 이 목적은 작업이 가지는 세계의 영속성을 갖지 못하기 때문에, 노동과정은 최종생산물이 생산될 때 종결되지 않고 노동력이 고갈되었을 때 끝난다. 반면 생산물 자체는 다시금 생계와 노동력을 재생산하기 위한 수단이 된다. 반대로 작업의 과정에서 끝은 존재한다. 세계에 하나의 독립적 실재로 남을 수 있을 만큼 충분한 지속성을 가진 새로운 사물이 완성되어 인간의 인공세계에 부가될 때 작업과정은 끝난다. 제작의 최종생산물인 사물에 관한 한, 과정은 반복될 필요가 없다. 반복의 충동은 생계수단을 벌기 위한 장인의 필요에서 발생하며, 이 경우 장인의 작업은 그의 노동과 일치하고, 시장에서 복제 요구 때문에 발생한다. 이때 수요

을 유보하고자 한다. 이런 태도는 플라톤의 『국가론』 10권과 관련이 있다. 여기서 플라톤은 자신의 관념(idea)에 따라 침대나 탁자를 만드는 장인의 '일상적 사례'를 통해 이데아론을 설명한다. 덧붙여서 "그것이 이 경우에 또 이와 비슷한 경우에 우리가 말하는 방식이다"라고 말한다. 플라톤에게 *idea*라는 단어는 함축적이며 이 단어를 통해 '소파나 탁자를 만드는 장인은 다른 소파나 탁자를 보고서 만드는 것이 아니라 소파의 이데아를 보고 만든다는 것'을 보여주고자 했다(Kurt von Fritz, *The Constitution of Athens*, 1950, p.34, p.35). 이런 설명 모두가 문제의 핵심에 접근하지 못한다는 사실은 부언할 필요도 없다. 다시 말해 이데아 개념의 근저에 있는 특별한 철학적 경험과 이데아 개념의 뚜렷한 특징, 즉 태양과 같이 현상하는 모든 것을 밝혀주고 빛을 발하게 하는 이데아의 힘, 곧 계몽의 힘을 보여주지 못하고 있다.

를 충족시키려는 장인은 자신의 재능에 돈벌이 기술을 첨가한다. 여기서 중요한 점은 이 두 경우에 과정이 반복되는 이유는 외부에 있으며, 따라서 작업의 반복은 노동하기 위해 먹어야 하고 먹기 위해 노동해야 하는 노동의 내재적 · 본능적 반복과는 다르다는 사실이다.

명확한 시작과 예측가능한 끝을 가진다는 것이 제작의 특징이다. 제작은 이 특징으로만 다른 모든 인간활동과 구분된다. 육체적 생명과정의 순환운동에 매인 노동은 시작도 끝도 없다. 행위에 명확한 시작은 있을지라도 끝은 예상할 수 없다. 작업의 가장 큰 신뢰성은 제작과정이 행위와는 달리 (수단과 목적이) 역전될 수 없다는 사실에 기인한다. 인간 손이 생산한 모든 사물은 인간 손에 의해 파괴될 수 있다. 모든 사용물건은 삶의 과정이 절박하게 필요로 하는 것이 아니기 때문에 제작자보다 더 오래가고 파괴되지 않을 수 있다. 호모 파베르는 주인이자 지배자다. 그가 모든 자연의 지배자이자 스스로를 지배자로 설정하기 때문만이 아니라 그가 자신과 자기 활동의 지배자이기 때문이기도 하다. 이것은 삶의 필연성에 예속된 **노동하는 동물**에게도, 자신의 동료에게 의존하는 행위의 인간에게도 해당되지 않는다. 호모 파베르는 장차 만들 생산물의 이미지를 가지고 혼자서 자유롭게 생산할 수 있고 자신의 손으로 만든 작품에 홀로 맞서서 다시금 그것을 마음대로 파괴할 수 있다.

20. 도구성과 노동하는 동물

가장 원초적 도구인 손에 전적으로 의지하는 **호모 파베르**의 관점에서 인간은, 벤자민 프랭클린(Benjamin Franklin)이 말했듯이 '도구를 만드는 자'다. **노동하는 동물**의 노고를 덜고 노동을 기계화하는 이 도구들은 사물세계의 설립을 위해 고안되고 발명되었다. 도구의 적합성과 정확성은 주관적 필요나 요구보다는 인간이 발명하기를 원하는 '객관적' 목적이 말해준다. 도구와 용구들은 너무나 철저하게 세계의 사물들이기 때문에 모든 문명은 사용하는 도구를 기준으로 분류될 수 있다. 그러나 도구들의 세계적 성격이 노동과정에서 사용될 때보다 더 명백하게 드러날 때는 없다. 노동과정에서 도구들은 노동과 소비과정보다 더 오래 지속될 수 있는 유일한 구체적 사물이다. 삶의 소모적 과정에 예속되어 항상 그 과정에 몰두하는 **노동하는 동물**과는 달리, 세계의 지속성과 안정성은 우선 **노동하는 동물**이 사용하는 도구와 용구에서 드러난다. 노동자의 사회에서 도구는 도구적 성격이나 기능 이상의 것으로 간주된다.

근대사회에서 목적과 수단이 전도되고, 인간은 자신이 만든 기계의 노예가 되어 자신의 욕구와 필요를 위해 도구를 이용하기보다 도구의 요구에 '적응'해야 하는 존재가 되었다는 잦은 불평은 노동의 실제 상황에 원인이 있다. 주로 소비를 위해 생산이 이루어지는 상황에서 **호모 파베르**의 활동에 매우 특징적인 수단과 목적의 구별은 무의미하며, 노동하는 동물에게 도움을 주기 위해 **호모 파베르**가 발명한 도구들은 **노동하는 동물**이 일단 사용하기만 하면 그 도구적 성격을 상실한다. 노동은 삶의 필수적 부분이고 삶을 초월할 수 없다. 그런데 이 삶의 과정에서 노동할 힘을 가지기 위해 살고 소비하는지, 아니면 소비의 수단을 생산하기 위해 노동하는지의 물음처럼 수단과 목적을 전제로 문제를 제기하는 것은 별 도움이 되지 않는다.

수단과 목적을 분명하게 구별하는 능력의 상실을 인간행동의 관점에서 생각해보면, 특정한 최종생산품을 생산하기 위해 필요한 도구의 자유로운 처분과 사용은 이제 노동하는 육체와 도구의 율동적 결합으로 대체되었고, 이때 육체와 도구를 결합하는 힘은 노동의 운동 그 자체라고 말할 수 있다. 작업이 아니라 노동이 최상의 결과를 위해 모든 개별적 운동의 율동적 조정을 필요로 하고, 많은 노동자가 함께 일할 때 개인적 운동의 율동적 조화를 요구한다.[8] 이 운동에서 도구들은 도구적 성격을 상실하고 인간과 용구, 인간과 목적의 분명한 구별이 불분

명해진다. 노동과정과 노동의 양식으로 수행되는 모든 작업과정을 지

8) 운율적 노동요를 수집한 카를 뷔허(Karl Bücher)의 책이 1897년 발간된 이
래(*Arbeit und Rhythmus*, 6th ed., 1924), 학문적 성격을 더 많이 갖춘 책이 여
러 권 출간되었다. 이 연구 중 가장 훌륭한 문헌인 Joseph Schopp, *Das deutsche
Arbeitslied*(1935)는 노동요만 존재할 뿐 작업 때 부르는 노래는 없다는 점
을 강조한다. 장인들의 노래는 사회적인 것이다. 그들은 작업이 끝난 후에 노
래를 불렀다. 물론 작업이 어떤 '자연적' 리듬도 갖지 않는다는 것은 사실이
다. 노동자가 기계로부터 강요받은 '인위적' 리듬에 대해 잦은 불평을 했다
는 기록도 있지만, 모든 노동과정에 내재하는 '자연적' 리듬과 기계의 리듬 사
이에는 뚜렷한 유사성이 있다는 사실도 종종 언급된다. 노동자 본인들은 별
로 불평하지 않았다는 점은 매우 중요하다. 노동자들은 오히려 반복적인 육
체노동에서 느끼는 기쁨을 반복적인 기계작업에서도 느꼈던 것 같다(예를 들
면 Georges Friedmann, *Où va le travail humain?*, 2nd ed., 1953, p.233 그리고
Hendrik de Man, 앞의 책, p.213을 보라). 이 점을 우리는 20세기 초 포드 공장
에서 이루어진 관찰을 통해 확인할 수 있다. '리듬적 노동이 고도의 정신적 노
동'(vergeistigt)이라 믿는 뷔허는 다음과 같이 말한 적이 있다. "리듬을 갖지 못
하는 단조로운 노동만이 소모적이다"(앞의 책, p.443). 기계작업의 속도가 자
발적인 '자연적' 노동속도보다 훨씬 더 빠르고 더 반복적이라는 점은 분명하
지만 율동적으로 수행된다는 사실 때문에, 기계노동과 전근대적 노동은 작업
보다는 상호간에 더 많은 공통점을 가진다. 예를 들면 만은 다음 사실을 잘 알
고 있었다. "뷔허가 찬양한 세계는 창조적인 수공업 작업이라기보다 단순하
고 순수한 노역에 가깝다"(앞의 책, p.244). 노동자들이 반복적 노동을 선호
하는 데 대한 다른 이유를 든다는 사실을 고려하면, 이 모든 이론은 문제가 많
은 것으로 보인다. 노동자들이 반복노동을 선호하는 이유는 그 노동이 기계
적이어서 주의를 기울일 필요가 없고 그래서 일을 하는 동안 다른 생각을 할
수 있기 때문이다(베를린 노동자들이 말한 것처럼, 방심할 수 있는 것이다.
Thielicke and Pentzlin, *Mensch und Arbeit im technischen Zeitalter: Zum Problem
der Rationalisierung*, 1954, pp.35 이하를 보라. 그들은 *Max Planck Institut für
Arbeitspsychologie*의 조사에 의거하여 약 90퍼센트의 노동자들이 단조로운 일
을 선호한다는 사실을 보고하고 있다). 이 설명은 주목할 만하며, 심지어 육체
노동의 장점을 사람들에게 권한 초기 기독교의 입장과도 일치한다. 기독교가
이 입장을 취한 이유는 육체노동은 주의를 별로 요구하지 않기 때문에 어떤 다
른 일보다 관조에 방해가 덜 되기 때문이다(Étienne Delaruelle, "Le travail dans
les règles monastiques occidentales du 4e au 9e siècle", *Journal de psychologie
normale et pathologique*, Vol.XLV, No.1, 1948).

배하는 것은 인간의 목적지향적 노력이나 그가 원하는 생산물이 아니라 과정 자체의 운동이고 과정이 노동자에게 강요하는 리듬이다. 노동도구가 이런 리듬 속으로 빨려 들어가면서 육체와 도구는 똑같이 반복적인 운동을 하게 된다. 다시 말해, **노동하는 동물**이 모든 도구 중에서 일하는 데 가장 적합한 도구인 기계를 사용할 때 육체운동이 도구의 운동을 결정하지 않고 기계운동이 육체운동을 강요하게 된다. 중요한 것은 가장 쉽게, 가장 덜 인위적으로 기계화될 수 있는 것이 노동과정의 리듬이라는 사실이다. 역으로 노동과정은 삶의 과정과 그것이 자연과 행하는 신진대사의 반복적 리듬, 즉 똑같이 자동적으로 진행되는 리듬과 일치한다. **노동하는 동물**은 세계를 건설하기 위해서가 아니라 삶의 과정에서 필요한 노동을 덜기 위해 도구와 기계를 사용하기 때문에, 말 그대로 **노동하는 동물**이 기계의 세계에 살기 시작한 것은 모든 손도구를 기계로 대체한 산업혁명과 노동해방 이후부터다. 기계는 어떤 방식으로든 인간 노동력을 더 우월한 자연의 힘으로 대체했다.

도구와 기계의 근본 차이는, 인간이 기계에 '적응'해야 하는가 아니면 기계가 인간의 '본질'에 조정되어야 하는가라는 문제를 중심으로 이루어진 끝없는 논의에서 가장 명확하게 드러난다. 우리는 제1장에서 이 논의가 무익한 이유를 언급했다. 만약 인간의 조건이 자연적이든 인위적이든 모든 것이 즉각 인간실존의 조건이 된다는 의미를 가지고 있다면, 인간은 기계를 고안한 순간 기계의 환경에 스스로 적응해야 한다. 도구와 용구가 과거에 그랬듯이 기계는 우리 실존의 필수불가결한 조건이 되었다. 그러므로 우리의 관점에서 논의해야 할 것은 차라리 이 적응의 문제가 발생했다는 사실에 있다. 인간이 그가 사용하는 도구에 적응하거나 특별한 적응을 필요로 한다는 사실은 의심의 여지가 없다. 마찬가지로 도구를 자기 손에 맞게 만들어야 하는 것도 당연하다. 그러나 기계의 경우 사정은 완전히 다르다. 생산과정 때마다 손의 하인으로 남는 장인의 도구와는 달리, 기계는 노동자가 자기에게 봉사할 것을 요구하고 노동자가 육체의 자연적 리듬을 자신의 운동에 적용시킬 것을 요구한다. 확실히 이것은 사람 자체가 기계의 하인이 되거나 기계에 적용한다는 것을 뜻하지는 않는다. 그러나 기계로 생산을 계속하는 한, 기계의 과정은 육체의 리듬을 대신한다. 아무리 세련된 도구라 할지라도 손을 지도하거나 대신하지는 못하고 손의 하인으로 남는다. 그러나 아무리 원시적인 기계라 하더라도 그것은 육체의 노동을 지도하고 결국 완전히 대체한다.

역사가 발전하면서 흔해진 일이지만, 기술의 실질적 의미, 즉 도구와 용구가 기계로 대체되었다는 사실의 실질적 의미는 자동화가 출현하는 마지막 단계에서만 분명해진다. 근대가 시작된 이래 근대적 기술의 주요한 발전단계를 간략하게 회고하는 것은 우리의 목적에도 유익할 것이다. 그 첫 단계는 산업혁명을 가져온 증기기관의 발명인데, 인간의 목적을 위한 자연과정의 모방과 자연적 힘의 이용을 특징으로 한다. 증기기관은 옛날의 풍력이나 수력의 사용과 원칙적으로 다르지 않다. 새로운 것은 증기기관의 원리가 아니라 석탄의 발견과 이용이었다.[9] 이 초기단계의 기계도구들은 자연적으로 알려진 과정을 모방한 것이었다. 즉 이 도구들은 여전히 인간 손의 자연적 활동을 모방한 것으로, 손의 활동이 더 강력한 힘을 발휘하도록 도움을 주었다. 그러나 오늘날 우리는 "기계를 고안하는 목적이 조작자나 노동자의 손 운동의 재생산

---

9) 산업혁명을 가능케 한 중요한 물질적 조건 중 하나는 삼림의 고갈과 목재의 대체품인 석탄의 발견이었다. "특정 지점까지 발전한 산업이 더 성장할 수 있었음에도 불구하고 정체했다는 것은 고대 사회의 경제사 연구에서 유명한 수수께끼다." 배로(R.H. Barrow, *Slavery in the Roman Empire*, 1928)가 이 수수께끼의 해결책으로 제시한 것은 매우 흥미로우며, 석탄 같은 연료가 산업혁명과 연관된다는 것을 더욱 확신시켜준다. 그의 주장에 의하면 기계를 산업에 적용하지 못한 유일한 장애요인은 값싸고 질 좋은 연료의 부족이었다. 즉 쉽게 구할 수 있는 석탄이 풍부하게 공급되지 못했다는 점이다.

에 있다는 가정은 피해야 할 가장 큰 함정이다"는 이야기를 듣는다.[10]

다음 단계는 주로 전기 사용으로 특징지어진다. 사실 전기는 여전히 기술발전의 현 단계를 결정한다. 이 단계는 더 이상 옛날 기술공예의 엄청난 발전과 연속이란 관점에서 기술될 수 없다. 모든 도구를 정해진 목적을 달성하기 위한 수단으로 생각하는 한, 호모 파베르의 범주는 이제 이 세계에는 적용될 수 없다. 우리는 이 단계에서 자연이 제공하는 원료를 더 이상 사용하지 않으며, 자연과정을 중단시키거나 방해하거나 모방하지 않기 때문이다. 이렇게 하면서 우리는 우리 자신의 세속적 목적을 위해 자연을 변화시키고 비자연화시켰고, 그 결과 인간세계와 자연은 뚜렷이 구별되는 두 실재로 남아 있었다. 그러나 우리는 오늘날 '창조하기' 시작했다. 즉 우리가 없다면 발생하지도 않았을 우리 자신의 자연적 과정을 사슬에서 풀었고 불가항력적인 자연의 힘으로부터 인간세계를 보호하고 그 힘들을 가능한 인공세계 밖에 두는 대신, 이 힘들을 그 원초적 폭력과 함께 우리 세계 안으로 끌어들였다. 그 결과 제작 개념에 엄청난 혁명이 일어났다. 늘 '일련의 분리된 단계'이던 제조업은 컨베이어 벨트와 일관 작업배치의 과정인 '연속과정'이 되었다.[11]

자동화는 이 발전의 가장 최근 단계로서 정말 "기계화의 전 역사를 밝혀준다."[12] 원자시대와 핵 발견에 토대를 둔 기술이 한층 더 빨리 근

---

10) John Diebold, *Automation: The Advent of the Automatic Factory*, 1952, p.67.

11) 같은 책, p.69.

12) Friedmann, *Problèmes humains du machinisme industriel*, p.168. 사실상 이것은 디볼드(John Diebold)의 저서에서 이끌어낼 수 있는 가장 분명한 결론이다. 일관 작업배치는 '제조를 일련의 지속적 과정으로 개념화한' 결과물이며, 자동화는 일관 작업배치를 기계화한 결과물이다. 산업화의 초기단계에서 이루어진 인간 노동력의 해방에 자동화는 인간 지력의 해방을 첨가했다. 왜냐하면 "인간이 수행하던 통제나 조정 작업을 이제 기계가 대신할 것이기 때문이다"(같은 책, p.140). 노동력의 해방과 지력의 해방은 노동을 해방시켰지만 작업을 해방시킨 것은 아니다. 이 분야를 연구한 거의 모든 저자는 '자긍심이 높은 장인'

대를 종말로 몰고갈 수 있을지라도 자동화가 근대 발전의 정점인 것은 확실하다. 핵기술의 첫 도구인 다양한 유형의 원자폭탄은 적은 양이 폭발하더라도 지구상의 모든 유기체를 파괴할 수 있는데, 이는 발생할 수 있는 변화의 규모가 엄청날 것이라는 충분한 증거다. 여기서는 기본적인 자연 과정을 해방하고 완화하는 것이 문제가 아니다. 지구의 밖, 즉 우주에서만 발생하는 에너지와 힘을 지구상에서 또 일상생활에서 다룬다는 것이 문제다. 어떤 의미에서 이런 일은 오늘날 이미 일어나고 있다. 물론 단지 핵물리학자의 연구실험실에서지만 말이다.[13] 현재의

또는 작업을 수행하는 사람들의 '인간적이고 심리적인 가치'(p.164)를 필사적으로 구원하고자 노력한다. 디볼드나 다른 제자들이 결코 완전히 자동화할 수 없는 수리 작업도 새로운 물건을 제작하거나 생산할 때와 마찬가지의 만족감을 줄 수 있다고 믿는 것처럼, 이 노력은 종종 비의도적인 역설을 수반하기도 한다. 그러나 장인들은 이 설명에 해당되지 않는다. 그들은 자동화가 되기 훨씬 이전에 공장을 떠났기 때문이다. 공장 근로자들은 언제나 노동자였다. 그들이 비록 자긍심을 가질 만한 훌륭한 이유를 가졌다 할지라도 자신들의 작업으로부터는 자긍심을 얻을 수 없었다. 우리가 바라는 것은 단지 이들이 노동이론가들이 제시하는 자긍심이나 만족 같은 사회적 대체물을 수용하지 않으리라는 것이다. 노동이론가들은 지금까지도 실제로 '인간관계'나 '동료 근로자로부터 받는 자긍심'이 작업에 대한 흥미와 만족을 대체할 수 있다고 믿는다(p.164). 결국 자동화는 '노동의 인본주의'라는 새로 유행하는 관점의 불합리한 면을 증명한다는 장점을 가진다. '인본주의'의 동사적 의미와 역사적 의미를 고려하면, '인본주의적 노동'이 용어상 모순된다는 것은 분명하다. ('인간관계'라는 용어의 유행에 대한 훌륭한 비판은 Daniel Bell, *Work and Its Discontents*, 1956, ch.5; R.P. Genelli, "Facteur humain ou facteur social du travail", *Revue française du travail*, Vol.VII, Nos.1~3, January~March, 1952를 보라. 여기서 우리는 '노동의 즐거움'이란 표현은 '소름끼치는 공상'이라는 아주 결정적인 비난을 듣게 된다.)

13) 원자폭탄에 관한 흥미로운 글(*Die Antiquiertheit des Menschen*, 1956)에서 안더스(Günther Anders)는 '실험'이란 용어는 새로운 폭탄의 폭발실험을 포함한 핵실험에 적용할 수 없다는 점을 설득력 있게 주장한다. 실험장소는 엄격히 제한되고 동시에 주변세계와 단절되어야 하는 것이 실험의 특징이지만, 핵의 효과는 너무 엄청나서 '실험실 자체가 지구와 동일한 크기가 되어야만' 할 정도

기술이 자연의 힘을 인공세계로 유입하는 데 근거한다면, 미래 기술의 본질은 우주의 힘을 지구의 자연으로 유입하는 것일 수도 있다. 세계가 시작된 이래 우리가 아는 바와 같이 현재의 기술이 인간세계의 세계성을 변화시킨 만큼이나 또는 그 이상으로 미래의 기술이 자연의 가계 자체를 변형시킬 수 있을지는 그 누구도 모른다.

자연의 힘을 인간세계로 들여옴으로써 세계의 목적성, 즉 대상은 목적이고 도구와 용구는 이 목적을 위해 고안되었다는 사실이 파괴되었다. 인간의 도움 없이도 존재한다는 것은 모든 자연 과정의 특징이다. 자연의 산물들은 자연적이고 '만들어지지' 않았으며 저절로 성장하여 무엇인가가 된다(이것은 우리의 단어 '자연'의 참된 의미다. 우리가 '자연'을 라틴어 어원 *nasci*[태어나다]에서 도출하든 또는 *phyein*[무엇에서 성장하다]에서 유래한 그리스어 *physis*[저절로 나타나다]로까지 거슬러 올라가든) 인간 손의 생산물은 반드시 단계적으로 실현되며 제작과정과 그 결과인 제작된 사물은 완전히 구별된다. 이런 인간 손의 생산물과 달리 자연적 사물의 존재는 그것이 존재하게 된 과정과 분리되기보다 어느 정도 일치한다. 씨앗은 나무를 포함할 뿐 아니라 어떤 의미에서는 나무다. 나무는 그것을 존재하게 하는 성장과정이 멈추면 존재하기를 그친다. 우리가 이 과정을 의도적인 시작과 구체적 종말을 가지는 인간의 목적과 대비하면, 그것은 자동적 성격을 지닌다. 우리는 스스로 움직이고, 자의적이고 목적적 간섭의 영역 밖에 존재하는 운동의 모든 과정을 자동적이라 부른다. 자동화가 주도하는 생산양식에서 제조공정에 대한 생산물의 우선성과 생산물과 제조공정(이것은 단지 목적을 생산하는 수단이다)의 구별은 더 이상 의미가 없고 진부하다.[14] 이전에는 자연과 자연적 우주에 적용될 수 있었던 **호모 파베르**

이기 때문이다(p.260).

14) John Diebold, 앞의 책, p.59, p.60.

와 그의 세계라는 범주(수단과 목적의 범주)는 여기서는 적용되지 못한다. 우연적이지만, 이것이 바로 근대 자동화의 옹호자가 기계적 자연관과 18세기 실천적 공리주의에 확고하게 반대입장을 표방하는 이유다. 이 공리주의는 작업이라는 단선적 목적의식만을 가진 호모 파베르의 특징이었다.

기술의 전반적인 문제, 즉 기계의 도입을 통한 삶과 세계의 변형에 대한 논의는 이상하게도 기계가 인간에게 유익한가 유익하지 않은가라는 문제에만 집중함으로써 빗나갔다. 이 논의의 전제는 모든 도구와 용구가 우선 인간의 삶을 편하게 하고 인간노동을 덜 고통스럽게 하기 위해 고안되었다는 것이다. 여기서 도구들의 유용성은 오로지 인간중심적 의미에서만 이해되고 있다. 그러나 도구와 용구의 목적은 그것이 생산하고자 한 대상과 더 밀접한 관련이 있으며, 도구의 '인간적 가치'는 노동하는 동물의 이용에 제한된다. 달리 말해 도구의 생산자인 호모 파베르는 세계를 건설하기 위해 도구를 발명한 것이지―적어도 일차적으로는 그렇지 않다는 의미에서―인간의 삶의 과정을 돕기 위해서가 아니다. 그러므로 문제는 우리가 기계의 주인인가 노예인가가 아니라 기계가 여전히 세계와 그 사물에 봉사하는가 아니면 반대로 기계와 그 과정의 자동적 운동이 세계와 사물을 지배하고 심지어 파괴하기 시작했는가 하는 것이다.

한 가지는 확실하다. 제조의 연속적인 자동과정은 "인간의 머리가 지도하는 인간의 손이 최적의 효율성을 낳는다"[15]라는 '증명되지 않은 가정'을 배제했을 뿐만 아니라 세계의 사물들은 인간의 고안에 의존하며 유용성이나 미의 인간적 기준에 따라 건설된다는 보다 중요한 가정도 배제했다. 우리는 세계의 기준인 미와 유용성 대신 '기본적 기능'을 여전히 충족시키지만 그 형상은 기계의 작용으로 결정되는 생산

---

15) 같은 책, p.67.

물을 고안하기에 이르렀다. '기본적 기능'이란 물론 인간 삶의 과정의 기능이다. 그 외의 다른 기능은 필수적이지 않기 때문이다. 그러나 생산물 자체는―그 변형들뿐만 아니라 '새로운 생산물로의 완전한 변화'도― 전적으로 기계의 능력에 의존할 것이다.[16]

대상의 생산에 적합한 기계를 고안하는 대신 기계의 작용능력에 맞는 대상을 고안하는 것은 수단과 목적의 관계가 (아직 이 범주가 의미있다면) 정확히 뒤바뀐 경우다. 그러나 일반적으로 공인된 기계의 목적, 즉 인간 노동력의 해방은 이제 부차적이고 낡은 것으로 그리고 잠재적인 '놀라운 효율성의 증대'를 위해서는 부적합하고 제한적인 것으로 생각된다.[17] 자연이 나무를 생산하기 위해 씨를 생산했는지, 아니면 씨를 생산하기 위해 나무를 생산했는지 하는 문제가 늘 의미 없듯이, 오늘날의 상황에서는 기계의 세계를 수단과 목적의 관점에서 서술하는 것도 무의미하게 되었다. 마찬가지로 끝이 없는 자연과정을 인간세계로 끌어들이려 하는 지속적인 과정은, 설령 그것이 인간의 창조물로서의 세계를 파괴할지 모른다 하더라도, 인간이 자신의 인공적 가정을 지상에 건립하고 자연과 인간 사이에 장벽을 세우기 이전에 자연이 제공했던 만큼의 생활필수품을 안정적으로 무한히 인류에게 공급할 수 있을 것이라는 주장은 실현가능성이 매우 높은 이야기다.

노동자의 사회에서 기계의 세계는 실재세계의 대체물이 되었다. 하지만 이 가상세계는 인간세계의 가장 중요한 과제를 충족시키지 못한다. 그 과제란 인간에게 인간 자신보다 더 영속적이고 안정적인 거주지를 제공하는 것이다. 연속적인 제조과정에서 기계의 세계는 도구와 용구 그리고 근대 초기의 기계가 확고하게 소유했던 독립적인 세계성을 상실하고 있다. 기계세계에 자원을 공급했던 자연과정은 기계세계를

---

16) 같은 책, pp.38~45.
17) 같은 책, p.110, p.157.

점차 삶의 과정과 결합시켰다. 그래서 우리가 한때 자유롭게 다루었던 기계장치들은 마치 '거북의 몸에 껍질이 속하듯이 인간육체에 속하는 껍질'인 것처럼 생각되기 시작했다. 이 발전의 유리한 측면에서 볼 때, 기술은 사실상 더 이상 '물질적 힘을 확장하려는 의식적인 인간노력의 산물이 아니라 인간 유기체의 내적 구조가 점점 더 인간의 환경으로 이식되는 인류의 생물학적 발전인 것처럼' 나타난다.[18]

21. 도구성과 호모 파베르

호모 파베르의 용구와 도구들은―도구성의 가장 근본적인 경험은 여기에서 기인한다―모든 작업과 제작을 결정한다. 여기서 목적이 수단을 정당화한다는 것은 사실이다. 그런데 목적은 그 이상의 역할을 한다. 즉 그것은 수단을 생산하고 조직한다. 목적은 원료를 얻기 위해 자연에 행하는 폭력을 정당화한다. 이것은 목재가 나무를 베는 것을 정당화하고 탁자가 목재를 파괴하는 것을 정당화하는 경우와 같다. 최종생산물을 위해 도구는 고안되고 용구는 발명되며, 바로 이 최종생산물이 생산과정 자체를 조직하고 필요한 전문가와 협력의 수단과 보조자의 수 등을 결정한다. 제작과정 동안 모든 것은 원하는 목적에 대한 적합성과 유용성의 관점에서 판단된다.

수단과 목적의 이와 같은 기준은 생산물 자체에 적용된다. 생산물이 생산수단과 관련해서는 목적이자 제작과정의 목적이라 할지라도, 그것이 사용물건으로 머무는 한, 결코 목적이 되지 못한다. 목공의 목적인 의자는 다시 수단이 됨으로써, 즉 지속성 때문에 안락한 생활을 위한 수단으로 사용할 수 있는 사물로서 또는 교환의 수단으로서 그 유용성을 입증할 수 있다. 제작활동에 들어 있는 유용성의 기준이 가지는

---

18) Werner Heisenberg, *Das Naturbild der heutigen Physik*, 1955, p.14, p.15.

문제점은 이 활동의 근거가 되는 수단과 목적의 관계가, 모든 목적이 다른 맥락에서는 다시 수단이 되는 사슬과 같다는 사실이다. 달리 표현하면, 엄격히 공리주의적 세계에서 모든 목적은 반드시 짧게 지속되고 더 나은 어떤 목적을 위한 수단으로 변한다.[19)]

우수한 **호모 파베르**의 철학이라 할 수 있는 일관된 공리주의의 문제점은 이론적으로 유용성과 유의미성의 구별을 이해하지 못하는 내적 무능력이라고 진단할 수 있다. 이 구별을 우리는 언어학적으로 도구적 목적('……하기 위해서')과 내재적 목적('……을 위하여')을 구별함으로써 표현한다. 그러므로 장인의 사회에 스며든 유용성의 이상은—노동자의 사회에서 안락의 이상과 상업사회를 지배하는 영리의 이상처럼—실제로 더 이상 유용성의 문제가 아니라 의미의 문제다. **호모 파베르**가 도구적 목적의 관점에서 모든 것을 판단하고 행하는 것은 유용성을 위해서다. 다른 사회의 이상처럼 유용성의 이상 자체는 더 이상 다른 목적을 위해 필요한 수단으로 생각될 수 없다. 그것은 자신의 사용에 관한 질문을 단순히 무시한다. 고트홀트 레싱(Gotthold Lessing)이 동시대의 공리주의 철학자에게 제기했던 질문, "사용의 사용은 무엇인가?"에 대한 답이 없는 것은 명백하다. 공리주의에서 당혹스러운 것은 목적과 수단의 범주, 즉 유용성의 범주 자체를 정당화하는 원리에 도달하지 못한 채, 수단과 목적의 끝없는 연쇄에 빠진다는 사실이다. '……하기 위해서'의 목적은 '……을 위하여'라는 목적의 내용이 된다. 바꾸어 말하면 의미로서 확립된 유용성이 무의미성을 초래한다.

수단과 목적의 범주 안에서 그리고 사용물건과 유용성의 전체 세계를 지배하는 도구성의 경험에서, 수단과 목적의 연쇄를 끊어서 모든 목적이 결국 수단으로 다시 사용되지 못하게 막을 방법은 없다. 단지 어

---

19) 수단-목적 연쇄의 무한성과 이 무한성에 내재하는 의미 파괴에 관해서는 Nietzsche, *Wille zur Macht*, Aph. 666과 비교하라.

떤 것이 '목적 자체다'라고 선언할 수 있을 뿐이다. 모든 것은 반드시 유용성을 지녀야 하는, 즉 그 밖의 다른 것을 달성하기 위한 도구가 되어야만 하는 호모 파베르의 세계에서, 의미 자체는 오직 최종 목적이나 '목적 자체'로만 나타날 수 있다. 이 '목적 자체'는 실제로 모든 목적에 적용되는 동어반복이거나 용어상 모순된다. 왜냐하면 목적이 달성되면 목적은 목적이기를 그치고 수단의 선택을 지도하고 정당화하며 수단을 생산하고 조직하는 능력을 잃기 때문이다. 목적은 이제 대상들 가운데 하나의 대상이 된다. 즉 그것은 호모 파베르가 목적 추구를 위해 자유롭게 수단을 선택하는, 사물들의 거대한 공장에 보태어질 뿐이다. 반대로 의미가 실현되거나 인간이 그것을 발견하든 또는 의미를 실현하지 못하거나 놓쳐버리든 상관없이 의미는 반드시 영속적이어야 하고 자신의 어떤 성격도 잃어서는 안 된다. 호모 파베르가 단순한 제작자로 머물고 생산활동에서 직접 발생하는 수단과 목적의 범주에서만 생각하는 한, 호모 파베르는 노동하는 동물이 도구성을 이해할 수 없는 것처럼 '의미'를 이해할 수 없다. 호모 파베르가 세계를 건설하기 위해 사용하는 도구들이 노동하는 동물에게는 세계 자체가 되듯이, 실제로 호모 파베르가 얻을 수 없는 이 세계의 유의미성은 그에게는 역설적으로 '목적 자체'가 된다.

엄격히 공리주의적 철학이 무의미성의 딜레마에서 벗어날 수 있는 유일한 길은 사용물건의 객관적 세계로부터 등을 돌려 사용 자체의 주관성으로 되돌아가는 것이다. 인간 자신이 사용자로서 궁극적 목적이 되어 수단과 목적의 무한한 연쇄에 종지부를 찍는 인간중심적인 사회에서만, 유용성은 유의미성의 위험을 획득한다. 그러나 비극적이게도, 호모 파베르는 자신의 활동에서 의미를 충족하는 자신의 마음과 손의 목적이자 최종생산물인 사물들의 세계를 격하하기 시작한다. 만약 사용자인 인간이 '만물의 척도'이자 최고의 목적이라면, 호모 파베르가 거의 '무가치한 물질'로 취급하는 자연뿐만 아니라 '가치 있는' 사물들도 단순한 수단이 되어 내적 '가치'를 잃는다.

호모 파베르의 인간중심적 공리주의를 가장 적극적으로 표현한 것은 "모든 인간은 결코 목적을 위한 수단이 되어서는 안 되며, 모든 인간존 재는 목적 자체다"라는 칸트의 정식이다. 우리가 이미 그 이전에 (예를 들면 누구도 다른 사람의 육체를 소유하거나 그의 육체의 힘을 사용할 수 없다는 로크의 주장에서) 수단과 목적의 관점에 매이지 않는 사유 를 반드시 정치 영역에 포함시켜야 한다는 치명적 결론을 인식했던 이 론을 발견한다 하더라도, 호모 파베르가 사회의 기준을 지배하는 곳에 서는 늘 볼 수 있는 상식적인 상투어로부터 완전히 자유로워진 것은 유 일하게 근대 초기단계의 칸트철학에서다. 물론 그 이유는 칸트가 동시 대의 공리주의 교리를 정식화하고 개념화하려 한 것이 아니라 반대로 수단과 목적의 범주를 적절한 자리로 옮기고 정치적 실천의 영역에서 그 범주의 사용을 막으려 했기 때문이다. 그러나 그의 정식은 공리주의 적 사유에서 기원한다. '사용을 위해' 존재하지 않는 유일한 대상이자 '어떤 이해관계 없이도 기쁨'을 느끼는 예술작품을 대하는 인간의 태 도에 대한 역설적인 해석도 공리주의적 사유에 그 기원이 있다.[20] 왜냐 하면 인간을 '지고의 목적'으로 확립하는 이 정식은 인간이 "할 수 있 다면 모든 자연을 지배하라"[21], 즉 자연과 세계를 단순히 수단으로 격 하시켜 그 독자적 위엄을 박탈하는 것을 허용하기 때문이다. '목적 자 체'로의 역설적인 전환이 없었다면 칸트조차 공리주의적 난관을 해결 할 수 없었을 것이고, 의미의 문제와 관련하여 호모 파베르의 맹목성을 치유할 수 없었을 것이다. 이런 공리주의의 난관은, 모든 제작이 도구 성을 통해 세계를 건설한다 할지라도 이 세계를 존재하게 한 기준이 세

---

20) 칸트의 용어는 '아무런 이해관계 없이 마음에 듦'이다(*Kritik der Urteilskraft*, Cassirer, V.272).

21) 같은 책, p.515.

계를 확립한 후에도 계속 지배한다면, 사용된 원료만큼이나 이 세계가 무가치해진다는 사실에서 발생한다.

인간이 제작자인 한, 그는 모든 것을 도구화하며, 그의 도구화는 모든 사물이 수단으로 전락한다는 것을, 즉 내재적이고 독자적인 가치를 상실한다는 것을 의미한다. 그래서 결국 제작의 대상, 즉 인간의 도움 없이 존재하고 인간세계와 독립하여 존재하는 '지구 자체와 모든 자연의 힘'은 '작업으로부터 발생하는 사물화를 제공하지 못하기 때문에 그들의 가치'를 상실한다.[22] 고대 그리스인이 기술공예의 전체 영역, 즉 도구를 가지고 작업하며 자신을 위해서가 아니라 그 밖의 무엇을 생산하기 위해 일하는 영역을 속물적이라 한 것은 바로 세계에 대한 **호모 파베르**의 이런 태도 때문이다, **속물적**(*banausic*)의 가장 적절한 번역은 '교양 없는'(philistine)이다. 이것은 편의주의의 관점에서 생각하고 행동하는 저속함을 의미한다. 만약 우리가 그리스의 위대한 조각가와 건축가도 그런 평가를 받았다는 사실을 안다면, 이 경멸의 격렬함에 놀라움을 감추지 못할 것이다.

여기서 문제는 목적을 달성하기 위한 수단의 사용을 의미하는 도구성 자체가 아니라, 유용성과 공리성을 확립하는 제작의 경험을 삶과 인간세계의 궁극적 기준으로 일반화하는 태도다. 이 일반화는 호모 파베르의 활동에 내재한다. 제작에 들어 있는 수단-목적의 경험은 생산물이 완성된 후에도 사라지지 않고 그것이 사용물건으로 쓰이게 되는 마지막 목적지까지 연장되기 때문이다. 전 세계와 지구의 도구화, 즉 주어진 모든 것의 무한한 평가절하, 모든 목적이 수단으로 변하는 무의미성의 증가과정, 인간을 모든 사물의 주인과 지배자로 만들어야만 중단

---

22) "땅이나 모든 다른 자연의 힘과 마찬가지로 폭포는 어떤 가치도 없다. 왜냐하면 폭포는 노동이 산출하는 대상화된 무엇을 제시하지 못하기 때문이다"(『자본론』, III, [*Marx-Engels Gesamtausgabe*, abt. II, Zürich, 1933], p.698).

되는 이 과정은 제작과정에서 직접 발생하지는 않는다. 칸트의 정치철학에서 인간이 목적인 것처럼 제작의 관점에서 완성된 생산품도 그 자체 목적이자 자기 존재를 가진 독자적이고 지속적인 실재다. 제작이 주로 사용물건을 제작하는 한에서만 완성된 생산품은 다시 수단이 되며, 삶의 과정이 사물을 취하여 자기 목적을 위해 이용하는 경우에만 제작의 생산적이고 제한적인 도구성은 존재하는 모든 것의 '무한한 도구화'로 변한다.

그리스인들이 세계와 자연을 평가절하하는 태도와 이 태도 속에 들어 있는 인간중심주의─인간은 최고의 존재이고 그 밖의 모든 것은 인간 삶의 필요에 예속된다는 '불합리한' 생각(아리스토텔레스)─를 염려했다는 것은 분명하다. 마찬가지로 모든 일관된 공리주의의 지속성도 경멸했다. 호모 파베르를 인간의 최고 가능성으로 간주하는 것이 어떤 결과를 낳는지를 그리스인들이 의식했다는 것은 플라톤의 프로타고라스에 대한 유명한 논증에서 잘 드러난다. 프로타고라스는 겉보기에 자명한 것처럼 보이는 진술을 하고 있다. "인간은 모든 사용물건 (*chrēmata*)의 척도이자 존재하는 것의 존재의 척도이고 존재하지 않는 것의 비존재의 척도다."[23] (전통과 표준 번역에서 그가 말했다고 하지만, 프로타고라스는 분명히 "인간이 만물의 척도다"라고는 말하지 않았다.) 중요한 점은 플라톤이, 만일 인간이 사용을 위한 모든 사물의 척도가 된다면 인간은 사용자나 도구화하는 자가 되며, 세계와 관계를 맺

---

23) *Theaetetus* 152와 *Cratylus* 385E. 이런 예나 고대의 유명한 다른 속담을 인용하는 경우, 프로타고라스는 항상 다음과 같이 인용된다. "만물의 척도는 인간이다"(*pantōn chrēmaton metron estin anthrōpos*)(Diels, *Fragmente der Vorsokratiker*, 4th ed. 1922, frag. B1을 보라). *chrēmata*는 '모든 것'을 뜻하지 않는다. 오히려 사람이 사용하거나 필요로 하거나 가지고 있는 것이라는 특별한 의미를 가진다. 프로타고라스가 말한 것으로 추측되는 "인간은 만물의 척도다"라는 말은 그리스어로 *anthrōpos metron pantōn*인데, 예컨대 헤라클레이토스의 *polemos patēr pantōn*("투쟁은 만물의 아버지다")라는 말과 일치한다.

는 말하는 자, 행위하는 자, 사유하는 자가 되지 못한다는 것을 즉시 알아차렸다는 것이다. 모든 것을 목적의 수단으로 생각하는 것이 ― 모든 나무를 잠재적 목재로 생각하듯이 ― 사용자이자 도구화하는 자인 인간의 본질에 속한다면, 이것은 틀림없이 결국 인간은 ― 인간에 의존해야만 존재하는 ― 사물의 척도일 뿐만 아니라 문자 그대로 존재하는 모든 것의 척도가 된다는 것을 의미한다.

플라톤의 이 해석에서 프로타고라스는 사실상 칸트의 철학을 선취한 것처럼 보인다. 왜냐하면 인간이 만물의 척도라면, 인간은 수단-목적 관계의 외부에 있는 유일한 존재이고 자기 이외의 모든 것을 수단으로 사용할 수 있는 유일한 목적 자체일 것이기 때문이다. 플라톤은 사용물건을 생산하고 자연의 모든 사물을 잠재적 사용물건으로 취급할 수 있는 가능성이 인간의 욕구와 재능만큼 무한하다는 것을 잘 알고 있었다. 호모 파베르의 기준이 이 세계의 건설에 필수적이었던 것처럼 완성된 세계도 지배하도록 허용된다면, 호모 파베르는 결국 모든 것을 마음대로 사용하고, 존재하는 모든 것을 단순히 자신의 수단으로만 생각할 것이다. 호모 파베르는 모든 것이 마치 *chrēmata*의 부류, 즉 사용물건에 속한다고 판단할 것이다. 그래서 플라톤의 예에 따르면, 바람은 더이상 자연의 힘으로 이해되지 않고 오로지 따뜻함과 시원함에 대한 인간욕구와 관련해서만 생각될 것이다 ― 이는 객관적으로 주어져 있는 것으로서 바람의 존재를 인간이 경험할 수 없게 되었음을 의미한다. 말년에 『법률』에서 한 번 더 프로타고라스의 주장을 회상한 플라톤은 이런 결과들 때문에 거의 역설적인 정식으로 대답한다. 욕구와 재능 때문에 모든 것을 사용하기를 원하고 그래서 모든 사물에서 그 내재적 가치를 박탈하는 인간이 척도가 아니라, "단순한 사용물건의 경우도 그 척도는 신이다."[24]

---

24) 『법률』, 716D는 프로타고라스의 격언을 원문대로 인용하는데, 단지 '인간'

22. 교환시장

마르크스는 놀라운 역사 감각을 증명하는 많은 주석 가운데 한 곳에서, 정치적 동물이라는 인간에 대한 정의가 고대의 특징이라면 프랭클린이 내린 인간에 대한 정의, 즉 도구제작자는 '양키기질', 즉 근대의 특징이라고 말했다.[25] 고대가 호모 파베르의 배제에 열중했던 것처럼 근대는 정치적 인간, 즉 행위하고 토론하는 인간을 공론 영역에서 배제하는 데 열중했다는 사실에서 마르크스의 말이 참임을 알 수 있다. 노동자와 무산계급의 배제가 그들이 해방되던 19세기에도 당연하지 않았듯이, 이 두 경우의 어떤 배제도 당연하지 않았다. 물론 근대도 정치 영역이 항상 정부의 행정을 통해 인간본성의 생산적·사회적 측면을 보호하고자 하는 '사회'의 단순한 기능이 아니고 반드시 그런 기능이 될 필요도 없다는 것을 의식하고 있다. 그러나 근대는 법과 질서의 강제를 넘어서는 모든 것을 '쓸데없는 잡담' 또는 '헛된 명예욕'으로 간주한다. 사회에 내재하는 자연적인 생산성이라는 주장의 근거가 되는 인간능력은 분명 호모 파베르의 생산성이다. 반면 고대도 폴리스의 시민도 아니고 공화국도 아니지만 공론 영역의 내용을 확립하고 결정하던 인간 공동체의 유형들을 잘 알고 있었다. 이곳에서 보통 사람들의 공적 생활은 '사람들을 위해 생산하는 것', 달리 말해 가정의 노동자인 노예(*oiketēs*)와 구별되는 사람들을 위한 생산자(*dēmiourgos*)가 되는 것에 국한되어 있었다.[26] 이 비정치적 공동체의 특징은 공적 장소인 아

(*anthrōpos*)을 '신'(*ho theos*)으로 바꾸어 쓰고 있다.

25) 『자본론』, Modern Library, p.358, n.3.

26) 중세 초기의 역사, 특히 길드의 역사를 살펴보면, 고대인들이 장인을 전체 국민을 위해 일하는 자로, 노동자를 가정의 거주자로 이해했다는 것이 사실임을 입증하는 증거를 찾을 수 있다. "[길드의] 출현은 산업화의 2단계, 즉 가족체계가 공예가체계 또는 길드체계로 이행한다는 징표다. 가족체계에서는 공예가

고라가 시민들의 회합장소가 아니라 시장이었다는 점이다. 이 시장에서 장인들은 생산품을 내보이고 교환했다. 더욱이 그리스에서 모든 독재자들의 — 매번 좌절되었지만 — 야망은 시민들이 공적인 일에 관심을 갖지 못하게 하고 비생산적인 공론(*agoreuein*)과 정치(*politeuesthai*)로 시간을 허비하지 못하게 하며, 동양의 전제군주제의 바자(*bazaar*)와 비슷한 가게들의 집합소로 아고라를 변형시키는 것이었다. 이 시장과 훗날 중세도시의 상업 및 장인 구역의 특징은 판매를 위한 상품의 전시와 상품생산의 전시가 동시에 이루어졌다는 사실이다. '과시적 소비'가 노동자 사회의 특징이듯이 — 만약 우리가 베블런의 용어를 고쳐서 사용한다면 — '과시적 생산'은 사실 생산자 사회의 특징이다.

노동하는 동물의 사회생활은 무세계적이고 종족집단과 비슷하기 때문에 그들은 공적이고 세계적인 영역을 만들어 거기에 거주할 능력이 없다. 이런 노동하는 동물과는 달리, 호모 파베르는 정치 영역은 아닐지라도 자신의 공론 영역을 충분히 가질 수 있다. 그의 공론 영역은 교환시장이다. 여기서 그는 자기 손의 생산품을 보여줄 수 있고 거기에 합당한 존경을 받을 수 있다. 과시하고자 하는 경향과 매우 밀접한 연관이 있고 마찬가지로 인간에게 고유한 본능은 '교역', 즉 물물교환의 경향이다. 애덤 스미스에 따르면 바로 이것이 인간과 동물을 구별한다.[27] 중요한 것은 세계의 건립자이자 사물의 생산자인 호모 파베르가 생산

라고 부를 만한 계급이 없었다. 가족이나 함께 사는 다른 식구들이 필요로 하는 것은 모두 구성원이 노동해서 스스로 충족했기 때문이다"(W.J. Ashley, *An Introduction to English Economic History and Theory*, 1931, p.76). 중세 독어에서 Störer(도붓장사)는 그리스어 *dêmiourgos*와 동의어다. "그리스어 *dêmiourgos*는 Störer를 의미한다. 그는 여러 사람들에게 일하러 다닌다. 그는 벌이를 찾아 나선다." *Stör*는 민중(*dêmos*)을 의미한다. (Jost Trier, "Arbeit und Gemeinschaft", *Studium Generale*, Vol.III, No.11, November, 1950을 보라.)

27) 덧붙여 그는 다음과 같이 강조한다. "개가 다른 개와 심사숙고하여 공정하게 뼈를 교환하는 것을 누구도 본 적이 없다"(『국부론』, Everyman's, I, 12).

256

품의 교환을 통해서만 타인과 적절한 관계를 맺을 수 있다는 것이다. 이 생산품 자체는 늘 고립 속에서 생산되기 때문이다. 근대 초기에 사회 구성원의 최고 권리로서 요구되던 사적 생활의 보호는 실제로 고립의 보장이었다. 이처럼 고립되지 않고서는 어떤 생산도 이루어질 수 없다. 고립해 있던 장인이 공적으로 자신을 드러내 보이던 장소인 중세시장에 모인 방관자와 구경꾼이 생산자의 '화려한 고립'을 위협한 것은 아니다. 그 구성원들이 보고 판단하고 감탄하는 데만 만족하지 않고 스스로 장인이 되거나 생산과정에 동등하게 참여하도록 허용하는 사회적 영역의 발생이 생산자의 '화려한 고립'을 위협했고, 결국 재능의 탁월함이란 관념도 파괴했다. 타인으로부터의 고립은 존재하게 될 사물의 정신적 이미지인 '관념'과 함께 독거하는 모든 장인에게는 삶의 필수조건이다. 정치적 형식의 지배와는 달리, 이 장인제도는 일차적으로 사물과 물질의 지배이지 사람의 지배는 아니다. 사실상 후자는 장인의 작업활동에서 부차적인 것이다. '도제'와 '주인'이란 두 단어는 본래 동의어로 사용되었다.[28]

장인의 숙련된 작업으로부터 생겨나는 유일한 인간관계는 보조자를 필요로 하는 장인의 욕구나 다른 사람에게 자기 기술을 가르쳐주고자 하는 그의 소망에 기인한다. 그러나 그의 기술과 미숙한 보조의 구별은 어른과 아이의 구별처럼 일시적이다. 장인의 작업활동에 가장 대립적이며 가장 파괴적인 것은 팀 작업이다. 팀 작업은 실제로 노동분업의

---

28) E. Levasseur, *Histoire des classes ouvrières et de l'industrie en France avant 1789*(1900). "대가와 직공이라는 낱말들은 14세기에는 여전히 동의어로 여겨졌다"(p.564, n.2). 반면 "그런데 15세기에 십장은 이를 원하는 모든 이에게 허용되지 않는 칭호가 되었다"(p.572). 본래 "직공이란 낱말은 보통 때에는 일을 하고 물건을 만드는 사람이라면 장인이든 하인이든 누구에게나 붙여졌다"(p.309). 작업장이나 그 밖의 사회생활에서 가게의 소유주인 주인과 노동자는 별 차이가 없었다(p.313; Pierre Brizon, *Histoire du travail et des travailleurs*, 4th ed., 1926을 보라).

변형일 뿐이고 '공정을 구성요소의 단순운동으로 분해해야만' 가능하다.[29] 팀, 즉 다수의 생산 주체는 노동분업의 원리에 따라 작업을 수행하며, 전체를 구성하는 부분들과 같은 통일성을 가지고 있다. 팀 구성원들의 고립을 시도하는 것은 생산 자체에 치명적 타격을 입힌다. 그러나 장인과 도제가 작업에 능동적으로 참여해도 갖지 못하는 것은 이 협력의 형식뿐만이 아니다. 타인과 함께하는 것, 협력하여 실천하고 서로 토론하는 것과 같은 특별히 정치적 형식들은 전적으로 장인 생산성의 영역 밖에 존재한다. 그는 작업을 멈추고 생산품을 완성했을 때에만 고립에서 벗어날 수 있다.

역사적으로 **호모 파베르**의 활동과 관련된 마지막 회합장소인 공론영역은 **호모 파베르**의 생산품이 전시되는 교환시장이다. 근대 초기단계 또는 공장제 자본주의의 시작 시기에 특징적인 상업사회는 '과시적 생산'과 이에 수반하는 열망, 즉 교역과 물물교환의 보편적 가능성에 대한 열망에서 발생했다. 이 사회는 노동과 노동사회의 발생으로 끝이 난다. 노동사회는 과시적 생산과 그 긍지를 '과시적 소비'와 이에 따르는 허영으로 대체했다.

교환시장에서 만나는 사람은 이제 분명 제작자 자신이 아니다. 마르크스가 자주 지적했듯이, 그들은 인격으로서가 아니라 상품과 교환가치의 소유주로서 만난다. 상품의 교환이 주된 공적 활동인 사회에서 노동자는 상품이나 화폐 소유자와 대립하기 때문에 그들도 소유주, 즉 '그들 자신의 노동력의 소유주'가 된다. 이 지점에 이르러서야 인간의 상품화라는 마르크스의 유명한 자기소외가 시작될 수 있다. 이런 인간의 평가절하는 인간을 인격으로서가 아니라 상품의 질에 따라 생산자

---

29) Charles R. Walker and Robert H. Guest, *The Man on the Assembly Line*, 1952, p.10. 핀을 만드는 원리에 대한 애덤 스미스의 유명한 묘사는 노동분업이 어떻게 기계작업을 낳고 동시에 기계작업의 시대가 나왔는가를 분명하게 보여준다.

로서 판단하는 제조업 사회에서 노동이 처한 상황의 특징이다. 반대로 노동의 사회에서 인간을 판단하는 척도는 그들이 수행하는 기능이다. 호모 파베르에게 노동력이 필연적으로 더 고차적인 목적, 즉 사용물건이나 교환대상을 생산하기 위한 수단일 뿐이라면, 노동의 사회는 노동력에 기계만큼 높은 가치를 부여한다. 달리 말하면, 설령 노동의 사회에서 노동력이 어떤 다른 물질이나 재료보다 더 가치 있고 더 높이 평가되는 것처럼 인간 노동력의 가격이 상승한다 할지라도, 이 사회는 겉으로만 더 '인간적'일 뿐이다. 사실상 노동의 사회는 더 '가치 있을 수 있는' 것, 즉 기계의 원활한 기능을 예시할 뿐이다. 기계의 놀라운 힘을 사용하는 공정은 우선 표준화되고 그 후 모든 사물을 소비재로 평가절하한다.

상업사회 또는 격렬한 경쟁욕과 영리욕으로 가득한 근대 초기의 자본주의는 여전히 호모 파베르의 기준에 의해 지배받는다. 호모 파베르가 고립에서 벗어날 때, 그는 상인과 무역인으로 등장하고 이 자격으로 교환시장을 확립한다. 시장을 위해 생산하는, 다시 말해 사용물건이 아닌 교환대상을 생산하는 공장제 수공업 계급의 발생보다 교환시장은 반드시 앞선다. 고립된 장인의 작업으로부터 교환시장을 위한 공장제 수공업에 이르는 과정에서 각각 완성된 최종생산품의 성격은 다소 변하지만 완전히 변하지는 않는다. 어떤 사물이 사물로서 존재할 수 있고 구별되는 실재로서 세계에 지속할 수 있는가를 결정하는 것은 오로지 '지속성'뿐이다. 사물이 지속성으로 인해 사용하기에 적합한 것이 되기보다 미래의 교환을 위해 '미리 저장할 수 있게' 된다 할지라도, 지속성은 여전히 최고 기준으로 남는다.[30]

이것은 사용가치와 교환가치의 구별에서 표출되는 질적 변화다. 여기서 후자와 전자의 관계는 상인과 무역업자가 제작자와 대량 제조업

---

30) 애덤 스미스, 앞의 책, II, p.241.

자와 맺는 관계와 같다. 호모 파베르가 사용물건을 생산하는 한, 그는 고립된 사적 영역 안에서 생산할 뿐만 아니라 오직 사적으로 사용하기 위해 생산한다. 이 대상들은 교환시장의 상품이 될 때, 공론 영역에 그 모습을 드러낸다. '인간의 생각 속에 들어 있는 한 사물의 소유와 다른 사물의 소유를 비교하는 비율의 관념'[31]인 가치는 늘 교환가치를 의미한다는 사실이 자주 언급되었으나 불행히도 그만큼 자주 망각되었다.[32] 모든 것이 그 밖의 어떤 것과 교환될 수 있는 교환시장에서만 모든 사물은, 노동생산물이든 작업의 생산물이든 소비재이든 사용물건이든 육체적 삶에 필요하든 생활의 편리를 위해 필요하든 정신생활에 필요하든, '가치'(values)가 된다. 이 가치는 오로지 공론 영역을 존중함으로써 이루어진다. 사물은 이 영역에서 상품으로 나타나며 어떤 대상에 가치를 부여하는 것은 노동도 생산도 자본도 이윤도 원료도 아니라, 단지 그리고 오로지 공론 영역이다. 이 영역에서 대상은 존중받거나 무시되거나 요구된다. 가치는 어떤 물건이 사적 영역에서는 소유할 수 없지만 공적으로 나타나는 순간 자동으로 획득되는 자질이다. 이 '시장가치'는, 로크가 분명히 지적했듯이, '어떤 사물에 자연적으로 내재하는 가치'와는 무관하다.[33] 이 내재적 가치는 '개별 구매자와 판매자의 의지의 외부에' 존재하는 사물 자체의 객관적 성질이다. "사물 자체에 귀속되는 것 그리고 구매자가 좋아하든 안 좋아하든 존재하는 것, 구매자가 그런 것으로 반드시 인식해야 하는 어떤 것이다."[34] 사물의

---

31) 이것은 이탈리아 경제학자 아베이 갈리아니(Abbey Galiani)의 구별이다. 나는 Hannah R. Sewall, *The Theory of Value before Adam Smith*(1901)로부터 인용한다("Publications of the American Economic Association", 3rd Ser., Vol.II, No.3), p.92.

32) Alfred Marshall, *Principles of Economics*, 1920, I, p.8.

33) "Considerations upon the Lowering of Interest and Raising the Value of Money", *Collected Works*, 1801, II, p.21.

34) W.J. Ashley, 앞의 책, p.140. "중세적 관점과 근대적 관점의 근본적 차이는 우

내재적 가치는 사물 자체가 변할 때에만 바뀔 수 있다. 탁자의 가치는 다리 하나를 부술 때 파괴된다. 반면 상품의 '시장가치'는 '그 상품이 다른 상품에 대해 가지는 비율의 변경'에 의해서만 변한다.[35]

달리 말해 사물·행위·관념과 구별되는 가치는 특별히 인간적인 활동의 산물이 아니라 생산품이 사회구성원들 간에 이루어지는 교환의 가변적 상대성에 빠질 때 존재하게 된다. 마르크스의 정당한 주장처럼 누구도 "고립되어서는 가치를 생산하지 못한다." 그리고 누구도 고립되어서는—마르크스는 아마 이렇게 덧붙일 수도 있었을 텐데—가치에 관심을 가질 수 없다. 사물, 관념, 도덕적 이상들은 "이들의 사회적 관계 안에서만 가치를 가진다."[36]

고전경제학에서의 혼란과[37] 철학이 '가치'(value)라는 용어를 사

리가 가치를 전적으로 주관적인 것으로 파악하고, 이때 가치는 각 개인이 사물에 부여하는 어떤 것이라는 것이다. 그러나 아퀴나스는 가치를 객관적인 것으로 이해했다." 이와 같은 애슐리의 말은 어느 정도만 사실일 뿐이다. 왜냐하면 "중세 학자들이 가장 우선적으로 주장하는 바에 따르면, 가치를 결정하는 것은 사상 자체의 내적 우수성이 아니기 때문이다. 만약 그렇다면, 내적으로 더 우월하다는 이유로 파리가 진주보다 더 가치 있을 것이다"(George O'Brien, *An Essay on Medieval Economic Teaching*, 1920, p.109). 이런 의견의 불일치는 로크의 '가치'(worth)와 '값'(value) 구분을 도입한다면 해결된다. 로크는 worth를 valor naturalis(어떤 사물에 자연적으로 내재하는 가치)라 부르고 value를 pretium(어떤 대상에 매겨진 값)이라 부른다. 물론 이 구분은 가장 원시적인 사회를 제외한 모든 사회에 존재했다. 그러나 근대에 들어와서부터 전자는 점점 후자에게 자리를 내주고 사라지는 추세에 있다. (중세의 학설에 대해서는 Slater, "Value in Theology and Political Economy", *Irish Ecclesiastical Record*, September, 1901을 보라.)

35) 로크, 『정부론』, sec. 22.

36) 『자본론』, III, p.689(*Marx-Engels Gesamtausgabe*, Part II, Zürich, 1933).

37) 리카도(Ricardo)의 가치이론, 특히 절대가치에 대한 그의 맹목적 믿음은 이 혼동의 가장 분명한 사례다. (뮈르달 Gunnar Myrdal의 해석, *The Political Element in the Development of Economic Theory*, 1953, pp.66 이하 그리고 Walter A. Weiskopf, *The Psychology of Economics*, 1955, ch.3은 탁월하다.)

용함으로써 일어난 더 큰 혼란은 여전히 로크에게서도 발견되는 가치 (worth)라는 이전의 단어가 더 과학적으로 보이는 용어인 '사용가치'로 대체되었다는 데 원인이 있다. 마르크스도 이 용어를 수용했는데, 그는 공론 영역을 혐오했던 입장과 일치되게 초지일관 사용가치에서 교환가치로의 변화를 자본주의의 원죄로 생각했다. 상업사회에서는 교환시장이 가장 중요한 공론 영역이고 따라서 모든 것이 교환가치가 되고 상품이 되는데, 상업사회의 악들에 대항해서 마르크스는 사물 자체의 '내재적'이고 객관적인 가치를 다시 선언하지는 않았다. 대신 마르크스는 객관적 가치와 내재적 가치도 모르고 주관적 가치와 사회적으로 결정된 가치도 모르는 소비적인 인간의 삶의 과정에서 사물의 기능을 제시했다. 모든 재화를 노동하는 모든 사람에게 평등하게 분배하는 사회주의에서 구체적인 모든 사물은 삶과 노동력의 재생산과정 안의 한 기능으로 변한다.

그러나 이 언어적 혼동은 우리에게 이야기의 한 면만을 말해준다. 마르크스가 고집스럽게 '사용가치'라는 용어를 고수하려 하고 가치 발생의 객관적 원천—노동·토지·이윤—을 밝히기 위해 많은 시도를 했으나 실패한 이유는 가치의 적절한 영역인 교환시장에는 어떤 '절대적 가치'도 존재하지 않는다는 단순한 사실을 누구도 쉽게 받아들이지 못했기 때문이다. 그러한 가치의 객관적 원천을 찾는 것은 원을 사각형으로 만들려는 시도나 다름없기 때문이다. 집중적 비난의 대상이었던 모든 사물의 평가절하, 즉 모든 내재적 가치의 상실은 사물들이 가치나 상품으로 변형되면서 시작된다. 이 순간부터 사물들은 대신 획득될 수 있는 다른 사물과의 관계에서만 존재한다. 사물은 오직 다른 사물과의 관계에서만 존재한다는 보편적 상대성과 어떤 사물도 항상 변하는 평가인 수요-공급과 무관한 '객관적' 가치를 더 이상 소유하지 못한다는 '내재적 가치의 상실'은 가치 개념 자체 안에 들어 있다.[38] 상업사회에 필수적인 것으로 보이는 이 발전이 불안의 원인이 되고 결국 신과학인 경제학의 주요 문제를 구성하게 된 이유는 상대성 자체 때문이 아니라, 잣대, 척도, 규칙, 기준들을 사용하여 모든 활동을 결정하는 **호모 파베르**가 '절대적' 기준이나 잣대의 상실을 견딜 수 없었기 때문이다. 화폐는 분명 다양한 사물의 공통분모로 기능함으로써 사물들이 서로 교환될 수 있게 만들지만, 자신이 그 가치를 측정하는 사물에 대해서뿐만 아니라 화폐를 다루는 사람에 대해 다른 척도들이 가지는 독립성과 객관성을─모든 사용을 초월하고 모든 조작을 견뎌내는─소유하지 못하기 때문이다.

플라톤은 사물의 제작자인 인간과 인간이 이 사물들을 사용하는 것을 최고의 척도로 설정하려는 프로타고라스의 제안에서 이미 기준과 보편적 규칙의─이것 없이 인간은 어떤 세계도 건립할 수 없다─상실을 간파했다. 이것은 교환시장의 상대성이 장인의 세계와 **호모 파베르**의 경험에서 발생하는 도구성과 얼마나 밀접하게 연관되는지를 보여준다. 교환시장은 단절 없이 일관되게 도구성으로부터 발전했다. 그러나 근대가 가정했듯이 세계와 세계의 모든 사물을 존재하게 한 활동을 유용성으로 위장한 도구성이 독점적으로 지배하는 것과 마찬가지로 완결된 세계도 지배하게 된다면, 인간이 아니라 "신이 모든 사물의 척

---

38) 우리가 위에서 인용한 애슐리의 말이 옳다는 것은 중세에 교환시장이 없었다는 사실로 입증된다. 중세의 학자들은 사물의 값을 결정하는 것은 사물의 가치(worth)이거나 그 사물에 대한 사람들의 객관적 필요성이라고 생각했다. 예컨대 장 뷔리당(Jean Buridan)은 "사물의 가치는 인간의 욕구에 따라 평가된다"라고 말했다. 또한 사람들의 욕구가 너무 다양하고 잘못된 것이 많았기 때문에 '현명한 사람이 내린 판단에 따라 그 가격을 고정시켜야 할 필요성이 더욱 커졌다는 사실'을 제외한다면, '적당한 가격'이란 대개 사람들이 일반적으로 내리는 평가의 결과였다(Gerson, *De contractibus*, I, 9, O'Brien, 앞의 책, pp.104 이하에서 재인용). 교환시장이 없었기 때문에 한 사물의 값이 오직 다른 사물과의 관계나 비율에 의존한다는 사실은 인식하지 못했다. 그래서 가치가 주관적인지 객관적인지가 중요한 것이 아니라 가치가 절대적인 것일 수 있는지, 아니면 사물의 관계만을 지시하는 것인지가 중요했다.

도다"라는 플라톤의 대답은 공허한 도덕적 설교에 불과할 것이다.

23. 세계의 영속성과 예술작품

세계는 안정성이 없다면 결코 인간이 의지할 만한 거처가 되지 못하는데, 이 안정성을 세계에 부여하는 사물 중에는 엄격히 어떤 유용성도 없고 유일하기 때문에 교환될 수도 없는, 그래서 화폐와 같은 공통분모로 동등화시킬 수 없는 것들이 있다. 이것이 교환시장에 나타나면 단지 자의적으로만 값을 매길 수 있다. 더군다나 예술작품을 적절하게 다룬다는 것은 그것을 '사용하는' 것이 아니다. 반대로 예술작품이 세계에서 적절한 장소를 점하려면 평범한 사용물건의 전체 연관성으로부터 분리되어야 하고 또 일상적 삶의 절박함과 욕구로부터도 분리되어야 한다. 물론 예술작품은 다른 사물들보다는 이 일상적 삶의 절박함이나 욕구와 덜 접촉한다. 예술품이 항상 무용했는지 또는 일상의 사용물품이 일상의 필요에 봉사하듯 예술도 이른바 인간의 종교적 욕구에 봉사했는지 하는 문제는 우리의 논의에서 중요하지 않다. 예술의 역사적 기원이 오로지 종교적·신화적 성격을 가질지라도, 예술이 종교와 미신, 신화와의 단절을 이겨내고 영광스럽게 생존하고 있다는 것은 엄연한 사실이다.

예술의 두드러진 영속성 때문에 예술작품은 모든 구체적인 사물들 중에서 가장 세계적인 사물에 속한다. 이들의 지속성은 자연과정이 부패시키는 힘에도 아무런 영향을 받지 않는다. 예술작품은 살아 있는 피조물이 사용하는 물품에 속하지 않기 때문이다. 의자의 목적은 누군가 거기 앉을 때 실현되지만, 예술작품의 경우 내재적 목적의 실현과 거리가 먼 사용은 오히려 예술작품을 파괴할 수 있다. 그래서 예술작품의 지속성은 모든 사물이 존재하기 위해 필요로 하는 지속성보다 한 차원 높은 것이다. 그것은 오랜 세월에 걸쳐 영속성을 획득한다. 죽을 운명의 인간이 거주하고 이용하는 까닭에 절대적일 수 없는 인공세계는 예술작품의 영속성에서 자신의 안정성을 드러낸다. 그 밖의 어떤 곳에서도 사물세계의 순수한 안정성이 이토록 분명하고 명료하게 드러나지 않으며, 따라서 그 밖의 어느 곳에서도 사물세계가 사멸적 존재의 비사멸적 거처로서 장엄하게 현시되는 곳도 없다. 그것은 마치 세계의 안정성이 예술의 영속성 속에서 투명해짐으로써 불멸성의 신호, 즉 영혼이나 삶의 불멸성이 아니라 사멸적인 인간의 손이 이루어낸 불멸적인 것이 구체적인 모습으로 나타나서, 빛을 발하여 볼 수 있고 소리가 있어 들을 수 있으며 말을 하거나 읽을 수 있게 되는 것과 같다.

'거래하고 교환하려는 인간의 성향'이 교환대상의 원천이고 인간의 사용능력이 사용물의 원천이듯이, 예술작품의 직접적 원천은 인간의 사유능력이다. 이것들은 인간의 능력이지 단순히 감정·욕구·필요와 같은 인간의 동물적 속성이 아니다. 그러나 이 능력들은 속성과 관련이 있을 수 있고 또 속성은 흔히 인간능력의 내용을 구성한다. 이런 인간의 속성들은 다른 동물의 속성처럼 인간이 자신의 거처로 지상에 세운 세계와 무관하다. 그런데 만약 이 속성들이 인간의 인위적 환경을 구성한다면, 이것은 세계가 될 수 없다. 다시 말해, 이것은 창조의 산물이기보다 발산의 산물이다. 교환이 적나라한 탐욕을 변형시키고 사용이 필사적으로 갈망하는 필요를 변형시키듯이 감정과 관련하여 사유는 말이 없고 불명료한 감정의 의기소침한 상태를 변화시킨다. 이런 변화를 통해 이 모든 속성은 세계에 들어가기에 적합한 사물로 변형된다. 즉 사물화된다. 각각의 사례에서 본성상 세계개방적이고 의사소통적인 인간의 능력은 자아 안에 갇혀 있는 열정적이고 강렬한 감정을 극복하며 세계 속에서 자아를 해방시킨다.

예술작품의 경우, 사물화는 단순한 변형 이상이다. 사물화는 참된 변형이라 할 수 있는 변신으로서, 이를 통해 마치 모든 것을 재로 만드는 불의 자연과정이 거꾸로 되어 먼지가 불꽃으로 타오르는 것과 같다.[39] 예술작품은 사유의 산물이다. 그러나 이 사실이 예술작품이 사물이 되는 것을 막지 못한다. 물론 사유과정 그 자체가 책, 그림, 조각, 곡(composition) 같은 구체적인 사물을 산출하거나 제작하지는 않는다. 저술하고 그림을 그리고 조각하고 작곡할 때 발생하는 사물화는 이에 선행하는 사유와 관계하기는 하나, 사유를 현실로 만들고 사유의 사물을 제작하는 것은 최초의 도구인 손을 가지고 인공세계의 다른 지속적인 사물을 만드는 것과 같은 장인정신이다.

우리는 앞에서 사유가 구체적인 사물이 되기 위해 필수적인 사물화와 물질화는 항상 삶을 위해 이루어지고 그 대가도 삶 자체임을 언급했다. 구체적인 사물은 언제나 '죽은 문자'다. 즉 '살아 있는 정신'은 그 속에서 생존해야만 한다. 그것은 하나의 죽음이며, 이로부터 사물이 구조될 수 있는 길은 죽은 문자가 자신을 부활시키려는 삶과 접촉하는 것뿐이다. 물론 다시 죽을 운명의 살아 있는 모든 사물도 죽은 것의 부활을 공유한다. 이 죽음이 정도의 차이는 있지만 모든 예술에 들어 있고 인간의 마음이나 두뇌에 있는 사유의 본래 거처와 세계에 있는 사유의 종국적 목적지 사이의 거리를 나타낸다 할지라도, 그것은 예술의 종류에 따라 다르다. 소리와 말을 '재료'로 삼는 까닭에 가장 최소의 '물질화'를 요구하는 음악과 시의 경우, 사물화와 작업경험은 최소의 수준만으로 충분하다. 젊은 시인과 음악 신동은 많은 훈련과 경험 없이도 완숙한 경지에 이를 수 있다. 그러나 이런 현상은 그림, 조각, 건축의 경우 거의 찾아보기 힘들다.

---

39) 이 구절은 예술에 관한 릴케의 시를 참조한 것이다. 릴케는 「마술」이라는 제목의 시에서 이런 변신을 묘사하고 있다. "형용할 수 없는 변신에서/ 그러한 작품이 탄생한다──느껴라! 믿어라!/ 우리는 모두 아파한다, 불꽃이 재가 됨을./ 그러나 예술 속에 먼지는 불꽃으로 타오른다./ 여기에 마술이 있다, 마법의 영역으로 올라간 평범한 말……/ 그것은 사실 보이지 않는 짝을 부르는 수비둘기의 부르짖음"(*Aus Taschen-Büchern und Merk-Blättern*, 1950).

266

언어를 재료로 하는 시는 아마 가장 인간적이면서도 가장 세계적이지 못한 예술이다. 시의 최종생산품은 그것에 영감을 불어넣은 사유와 가장 가까운 거리를 유지한다. 시의 지속성은 압축을 통해 산출되기 때문에 가장 밀도 있게, 집중적으로 말해진 말은 마치 시처럼 보인다. 여기서 회상적인 상기, 즉 음악의 어머니인 므네모쉬네(Mnêmosyne)는 직접 변형되어 기억이 된다. 이런 변형을 달성하는 시인의 수단은 리듬이다. 리듬을 통해 시는 거의 저절로 기억에 새겨진다. 인쇄하거나 손으로 쓰지 않아도 시를 이 세상에 머무르게 하고 지속성을 확보하게 하는 것은 바로 이런 생생한 상기와 시의 밀접성이다. 시의 '질'이 다양한 기준으로 평가된다 하더라도, 시의 '기억가능성'이 시의 지속성을, 즉 인간의 기억에 영원히 자리 잡을 가능성을 결정한다. 사유의 모든 사물 중에서 시는 사유와 가장 가깝다. 시는 다른 예술작품보다 덜 물질적이다. 그러나 시는 살아 있는 말로서 시인과 독자의 회상에 아무리 오래 남는다 할지라도 결국 '만들어지는' 것이다. 즉 글로 쓰여 사물들 가운데 하나의 구체적인 사물로 변형된다. 불멸성에 대한 모든 소망의 원천으로서 상기와 기억의 재능은 소멸하지 않기 위해 자신을 상기해줄 구체적인 사물이 필요하기 때문이다.[40]

---

40) 시를 짓는다는 뜻의 관용구인 'make a poem' 또는 faire des vers는 시인의 활동을 표현하는 말인데, 이미 이런 사물화와 관계가 있다. 독일어 dichten도 마찬가지다. 'dichten'은 라틴어 *dictare*에서 유래했다. '고안해낸 정신적 산물을 쓰거나 쓰기 위해 구술하는 것'(Grimm의 *Wörterbuch*, Kluge/Götze의 *Etymologisches Wörterbuch*, 1951이 보여주듯이 그 단어가 라틴어 *fingere*와 관련이 있고 schaffen의 고어인 *tichen*에서 파생되었다면 우리의 주장은 옳다. 만약 그렇다면 글로 쓰기 이전에 시를 만드는 시인의 활동은 똑같이 '만듦'으로 이해할 수 있다. 그래서 데모크리토스는 '모든 종류의 말을 가지고 우주를 만들었던'(*epeōn kosmon etektēnato pantoiōn*) 호메로스의 시적인 천재성을 찬양했다(Diels, 앞의 책, B21). 시인의 장인적 성격에 대한 강조는 시 예술에 관한 그리스 개념 '찬가의 제작자'(*tektōnen hymnōn*)에 잘 나타난다.

사유와 인식은 같지 않다. 예술작품의 원천인 사유는 모든 위대한 철학에서 변형되거나 변신하지 않고도 분명히 표출된다. 반면 지식을 획득하여 저장하는 인식과정을 가장 잘 드러내는 것은 과학이다. 인식은 실천을 고려하여 결정한 것이든 '쓸데없는 호기심'으로 설정한 것이든 항상 명확한 목표를 가진다. 일단 이 목표가 달성되면 인식과정은 끝난다. 반대로 사유는 목적도 없고 자기 외부의 목표도 없다. 사유는 심지어 결과를 산출하지도 않는다. 호모 파베르의 공리주의 철학뿐만 아니라 행위하는 인간과 과학적 결과를 애호하는 자도 사유가 얼마나 '무용'한지를, 그리고 사유가 영감을 불어넣는 예술작품만큼이나 무용하다는 것을 지적하는 데 싫증 내지 않았다. 더욱이 사유는 이 무용한 생산물에 대한 권리도 주장할 수 없다. 엄밀히 말해 이 생산물들과 위대한 철학적 체계들은 순수 사유의 결과라 할 수 없기 때문이다. 오히려 예술가나 철학자는 자기 작품의 물질적 사물화를 위해 바로 이 사유과정을 중단하고 변형해야 한다. 사유의 능동성은 인생 자체만큼 냉혹하고 반복적이다. 사유가 어떤 의미를 갖는지의 문제는 삶의 의미에 대한 문제만큼 대답할 수 없는 수수께끼다. 사유의 과정은 인간의 실존 전체에 너무나 깊이 침투하여 사유의 시작과 끝은 인생의 시작과 끝과 일치한다. 그러므로 사유가 호모 파베르의 세계적인 생산성을 고무한다 할지라도, 그것은 결코 호모 파베르의 특권이 아니다. 사유가 자신이 호모 파베르의 영감의 원천이라고 주장하기 시작한 것은 호모 파베르가 도를 지나쳐 무용한 것을 생산하는 경우뿐이다. 여기서 무용한 것이란 물질적 · 정신적 욕구, 즉 육체적 필요나 지식에 대한 갈망과 무관한 대상들을 말한다. 이와는 달리 인식은 예술과 정신적 생산과정을 포함한 모든 과정에 속한다. 제작과 비슷하게 인식은 시작과 끝이 있는 과정이다. 이 과정의 유용성은 검증됐다. 즉 이 과정이 결과를 산출하지 못하면 실패한 것이다. 이는 목수가 두 다리의 탁자를 만들었을 때 이 작업활동을 실패했다고 말하는 것과 같다. 과학에서의 인식과정은 기본적으로 제작에서의 인식과정과 다르지 않다. 인식을 통해 산출된 과학의 결과들은 다른 사물들처럼 인간의 세계에 첨가된다.

더 나아가, 우리는 사유와 인식을 논리적 추론과 구별해야 한다. 논리적 추론은 공리적이거나 자명한 진술로부터의 연역이나 개별 사건을 일반규칙 아래 포섭하는 작용에서 명백히 드러나며, 일관된 결론의 연쇄를 끌어내는 기술에서도 분명히 볼 수 있다. 이런 인간의 능력에서 우리는 인간이라는 동물이 자연과의 신진대사에서 발전시킨 노동력과 여러 측면에서 매우 유사한 두뇌력을 마주하게 된다. 두뇌력으로 이루어지는 정신과정을 우리는 대개 지능이라 부른다. 육체의 힘을 측정할 수 있듯이, 이 지능도 지능검사로 측정할 수 있다. 정신적 과정의 법칙들, 즉 논리의 법칙들도 다른 자연법칙과 마찬가지로 발견할 수 있다. 왜냐하면 정신과정은 궁극적으로 인간두뇌의 구조에 근거하며, 이 과정은 건강한 개인에게는 육체의 다른 기능을 지배하는 필연성과 동일한 충동의 힘을 가지기 때문이다. 인간두뇌의 구조상 우리는 2+2=4라는 것을 인정하지 않을 수 없다. 근대가 이해했던 의미에서 인간이 이성적 동물라는 것이 사실이라면, 즉 인간이 우월한 지력을 부여받았다는 점에서 다른 동물과 구별된다면, 인간보다 더 '지능적'인, 그래서 가끔 그것을 발명한 인간에게 공포와 혼란을 불러일으키는 새로 발명된 전자기계는 정말 작은 인간(*homonculi*)인가? 다른 모든 기계처럼 이 기계도 인간의 노동력을 대체하고 개량하는 것이며, 유서 깊은 노동분업의 원칙에 따라 모든 기능은 가장 단순한 구성요소의 운동을 분할했는데 예를 들어 곱셈은 덧셈을 반복하는 것으로 대체했다. 기계의 강력한 힘은 그 속도에서 볼 수 있다. 속도는 인간의 지력보다 훨씬 더 빠르다. 이 우월한 속도 때문에 기계는 덧셈을 빠르게 하기 위해 사용된 전자시대 이전의 기술장치인 곱셈을 필요로 하지 않는다. 거대한 컴퓨터가 증명하듯이 근대가 홉스와 더불어 '결과를 예측함'을 의미하는 합리성이 인간의 최고 능력이자 가장 인간적인 것이라 믿은 것은 잘못이며,

생(生)철학자와 노동철학자인 마르크스, 베르그송, 니체가—이성으로 오해한—이런 유형의 지능 속에서 삶의 과정의 단순한 기능 또는 흄이 말하듯이 단순한 '열정의 노예'를 발견한 것은 옳았다. 명백하게도 두 뇌력과 이것이 추진하는 논리적 과정은 세계를 건설할 수 없으며 삶과 노동, 소비의 충동적 과정만큼이나 무세계적이다.

고전경제학의 뚜렷한 모순 중 하나는 자신의 공리주의적 관점의 일관성에 자부심을 가졌던 이론가들이 흔히 유용성 자체를 잘 알지 못했다는 점이다. 이들은 대체로 작업의 특수한 생산성이 유용성에 달려 있다기보다 지속성을 산출하는 능력에 달려 있음을 잘 알고 있었다. 이 모순 때문에 그들은 전술적으로 공리주의 철학이 실재론이 아니라는 것을 인정했다. 일상적 사물의 지속성이 가장 세계적인 사물인 예술작품이 지닌 영속성을 가장 약하게 반영한 것이라 할지라도, 이러한 성질은—플라톤에게는 불멸성으로 접근해가는 것으로 이해했기 때문에 신적인 것이었는데—모든 사물에 내재한다. 바로 이 성질의 유무로 인해 사물의 모양은 아름다워지거나 추해진다. 물론 일상적인 사용물건은 아름다워야 할 의도로 만들어지지 않았고 그럴 필요도 없다. 그러나 형상이 있어서 볼 수 있는 것은 아름다우면서 동시에 추하거나 또는 그 중간일 수는 없다. 존재하는 모든 것은 보여야 하고 형상을 갖지 않고서는 어떤 것도 보일 수 없다. 그러므로 모든 사물은 어떤 방식으로든 기능적 사용을 초월한다. 사물의 이런 초월성, 즉 그것의 미와 추는 공공적으로 나타나서 보이는 것과 같은 것이다. 마찬가지로 모든 사물은 세계적으로 존재하면서 일단 완성되면 순수한 도구성의 영역을 넘어선다. 물론 추한 탁자가 멋진 탁자와 같은 기능을 수행해도 사물의 우수성을 판정하는 기준은 유용성이 아니라 사물의 당위적 외관에 적합한지 아닌지다. 플라톤의 언어로 말하면, 에이도스 또는 이데아와의 적합성 여부다. 이데아는 정신적 상 또는 내적인 눈만이 볼 수 있는 상으로서 세계의 생성에 앞서고 세계가 파괴된 후에도 살아남는다. 달리 말해 사용물조차 인간의 주관적 필요에 의해서뿐만 아니라 사용물건이 거처를 발견하고 지속하고 사람에게 보이고 이용되는 곳인 세계의 객관적 기준에 의해서 판단된다.

인공적인 사물세계, 즉 **호모 파베르**가 건설한 인간의 세계는 사멸적 인간의 거처가 된다. 이 세계의 안정성이 항상 변화하는 인간의 삶과 행위의 운동을 견뎌내고 더 오래 지속될 수 있는 경우는 오직 이 세계가 소비를 위해 생산된 사물의 기능주의를 초월하고 이용을 위해 생산된 사물의 유용성을 초월할 때다. 비생물학적 의미에서의 삶, 즉 모든 인간이 삶과 죽음 사이에 누리는 생애는 행위와 말에서 스스로 드러난다. '위대한 행위를 하고 위대한 말을 함'은 행위와 말이 지나간 후에도 지속되는 어떤 흔적이나 생산물을 남기지 않는다. 만약 **노동하는 동물**이 자신의 노동을 덜고 고통을 제거하기 위해 **호모 파베르**의 도움을 필요로 하고 사멸적 인간이 지상에 거처를 세우기 위해 **호모 파베르**의 도움을 필요로 한다면, '행위하고 말하는 인간'도 최고의 능력을 가진 **호모 파베르**의 도움을 필요로 한다. 즉 예술가나 시인, 역사가나 기념비 건립자 또는 기록자의 도움을 필요로 한다. 이들의 도움 없이는 행위하는 인간활동의 유일한 산물, 즉 그들이 행하고 말한 이야기는 살아남지 못하기 때문이다. 세계가 늘 존재하는 세계가 되기 위해서는 지상의 거처인 인공적 세계가 행위와 말에 적합한 장소여야만 하고, 삶의 필연성에는 전적으로 무용할 뿐 아니라 세계와 세계의 사물을 생산하는 제작의 다양한 활동들과는 근본적으로 다른 활동들의 장소가 되어야 한다. 우리가 여기서 플라톤과 프로타고라스 중 하나를 선택할 필요는 없다. 만물의 척도가 신인지 인간인지를 결정할 필요도 없다. 확실한 것은 생물학적 삶과 노동의 강제적 필연성은 만물의 척도가 될 수 없고, 마찬가지로 제작과 사용의 실용적 도구주의도 만물의 척도가 될 수 없다는 점이다.

제5장 행위

모든 슬픔은, 말로 옮겨 이야기로 만들거나
그에 관해 이야기한다면 참을 수 있다.
• 아이작 디네센

행위자가 모든 행위에서 우선적으로 의도하는 것은,
자연적 필요에서 행위하든 자유의지에서 행위하든 상관없이
자기 이미지를 드러내는 것이다. 따라서 모든 행위자는 행위하는 한,
그 속에서 기쁨을 얻는다. 존재하는 모든 것은 자신의 존재를 원하고,
행위에서 행위자의 존재는 다소 강렬해지기 때문에,
필연적으로 기쁨이 뒤따른다. 그러므로 자신의 잠재적 자아를
드러내 보이지 못하는 행위는 행위가 아니다.
• 단테

24. 말과 행위 속에서 드러나는 인격

말과 행위의 기본조건인 인간의 다원성은 동등과 차이라는 이중의
성격을 가진다. 만일 사람이 동등하지 않다면 서로를 이해할 수 없고,
이전 세대의 사람들을 이해할 수도 없으며, 미래를 계획하거나 장차 태
어날 사람들에게 필요한 것을 예측할 수 없을 것이다. 한편 사람들이
구별되지 않는다면, 즉 현재 살고 있거나 과거에 살았거나 미래에 살게
될 사람들이 다르지 않다면, 사람은 자신을 이해시키기 위해 말하거나
행위를 할 필요가 없을 것이다. 그래서 직접적이고 동일한 필요와 욕구
를 전달하기 위한 기호나 표식만 있으면 충분할 것이다.

인간의 차이는 다름(otherness)과 같지 않다. 다름은 존재하는 모든
것이 지닌 고유한 **타자성**(*alteritas*)의 기이한 성질로서 중세철학에서

모든 특정한 성질을 초월하는, 존재의 네 가지 기본적이고 보편적인 성격 중 하나를 지칭했다. 다름이 다원성의 중요한 한 측면이라는 것은 사실이다. 그것은 우리가 정의하는 모든 것이 곧 구별인 이유이고, 어떤 것을 그 밖의 것과 구별하지 않고는 그 본질을 말할 수 없는 바로 그 이유다. 가장 추상적 형태의 다름은 비유기체적 대상의 복제에서만 발견되는 반면, 모든 유기체의 삶은 이미 변형과 차이를 보여주며, 심지어 같은 종 사이에서도 그러하다. 그러나 이들 중 오직 인간만이 자신을 (타인과) 구별할 수 있고 이 차이를 표현할 수 있다. 인간만이 갈증과 배고픔, 애정이나 적대감 또는 두려움 같은 단순한 차원을 전달할 뿐만 아니라 동시에 자신을 세계에 전달할 수 있다. 인간이 존재하는 모든 것과 공유하는 다름과, 살아 있는 모든 것과 공유하는 차이는 인간의 유일성이 된다. 인간의 다원성은 유일한 존재들의 역설적인 다원성이다.

말과 행위는 이 유일한 차이를 드러낸다. 사람은 말과 행위를 통해 다른 사람과 자신을 구분한다. 말과 행위는 인간이 물리적 대상이 아니라 인간으로서 서로에게 자신을 드러내는 양식이다. 단순한 육체적 존재와 구별되는 이러한 '출현'은 창발성에 의존한다. 그러나 창발성은 인간이라면 누구든지 억제할 수 없는 것이다. 이것은 **활동적 삶**의 다른 활동에도 적용되지 않으며 행위에서만 고유하다. 사람들은 노동하지 않고도 잘 살 수 있으며, 자신을 위해 다른 사람을 강요하여 노동하게 하면서도 그들 스스로는 세계에 단 하나의 쓸모 있는 품목도 보태지 않고 사물세계를 이용하고 즐길 수 있다. 착취자나 노예 소유주의 삶 또는 거기에 기생하는 삶은 부당한 것이긴 해도 그 사람들이 여전히 인간인 것은 분명하다. 다른 한편 성서적 의미에서 가장 열성적으로 모든 허영과 겉모습을 경멸했던 유일한 삶의 방식인 말과 행위가 없는 삶은, 문자 그대로 세계에 대해서 죽은 삶이다. 더 이상 인간 사이에서 살지 않기 때문에 인간의 삶이 아닌 것이다.

말과 행위를 통해 우리는 인간세계에 참여한다. 참여는 제2의 탄생과 비슷하다. 우리는 탄생에서 신체적으로 현상하는 우리의 본모습을 확인하고 받아들인다. 참여는 노동처럼 필연성에 의해 강요된 것도 아니고 작업의 경우처럼 유용성 때문에 추진된 것도 아니다. 참여는 우리가 함께하기를 원하는 타인의 현존에 의해 자극받는다. 그러나 참여가 타인의 제약을 받지는 않는다. 참여의 충동은 태어나서 세상에 존재하기 시작하는 순간부터 발생하며, 우리 자신의 주도로 새로운 어떤 것을 시작함으로써 이 시작에 대응한다.[1] 가장 일반적 의미에서 행위한다는 것은 '선수를 치다' '시작하다'(그리스어 *archein*은 '시작하다' '이끌다' 그리고 결국 '지배하다'를 가리킨다), '어떤 것을 움직이게 하다'(이것은 라틴어 *agere*의 원래 의미다)를 뜻한다. 사람들은 태어남으로써 새로 온 자, 지각하는 자가 되기 때문에 주도권을 쥐고 행위하게 된다. "하나의 '시작'이 존재한다. 이때 인간은 창조되었고 이 창조 이전에 누구도 없었다"라고 아우구스티누스는 정치철학에서 말했다.[2] 이 시작은 세계의 시작과 같지 않다.[3] 이것은 어떤 것의 시작이 아니라,

---

1) 이런 서술은 심리학과 생물학이 최근 발견한 사실들이 뒷받침한다. 이 학문들은 말과 행위, 자발성과 실천적 목적성 사이의 내적 유사성을 강조한다. Arnold Gehlen, *Der Mensch: Seine Natur und seine Stellung in der Welt*(1955)를 보라. 이 책은 현재의 학문적 성과와 그에 대한 해석을 요약해서 잘 보여주며, 더욱이 매우 가치 있는 통찰을 풍부하게 갖고 있다. 겔렌은 자신의 이론에 도움을 준 연구결과를 내놓은 다른 학자들과 마찬가지로 인간만이 가진 이 능력이 '생물학적 필연성', 즉 생물학적으로 연약하고 적응능력이 부족한 인간 유기체에 필수적인 것이라 믿는다. 이는 다른 문제이고 우리가 지금 관심을 가질 문제는 아니다.

2) 『신국론』 xii. 20.

3) 이 두 가지 시작은 너무나 달라서 아우구스티누스는 다른 말을 사용한다. 즉 인간의 시작을 말할 때는 *initium*을 쓰고 세계의 시작은 *principium*을 쓴다. 이것은 『성경』의 첫 구절(「창세기」 1장 1절)의 표준 번역이다. 『신국론』 xi. 32가 보여주듯이 *principium*은 아우구스티누스에게는 덜 급진적 의미를 가지고 있었

누군가의, 즉 시작하는 사람 자신의 시작이다. 인간의 창조와 함께 시작의 원리도 세상에 존재하게 되었다. 이것은 인간이 창조되었을 때 비로소 자유의 원리도 창조되었다는 것의 다른 표현이다.

이전에 발생한 어떤 것에서도 예상할 수 없는 새로운 것이 시작된다는 것은 시작의 본질에 속하는 성격이다. '사건의 예측불가능성'은 모든 시작과 기원에 내재한다. '우주적 과정'이라는 관점에서 지구의 생성 과정과 동물로부터 인간이 진화하는 과정이 그렇듯이, 비유기체적 물질에서 생명체가 발생하는 것은 개연성이 없는 일이다. 새로운 것은 언제나, 일상적이고 실제적인 모든 목적을 위해 확실성을 제공하는 통계법칙이나 확률의 지배적 가능성과 상반되게 발생한다. 그러므로 새로운 것은 언제나 기적으로 위장해서 나타난다. 인간이 행위할 수 있다는 사실은 예상할 수 없는 것을 그에게 기대할 수 있다는 것과 매우 불가능한 것을 그가 수행할 수도 있다는 것을 의미한다. 이것이 가능한 것은 오직 각각의 인간이 유일하고 그래서 각자의 탄생과 더불어 유일하게 새로운 무엇이 세상에 존재하게 되기 때문이다. 유일한 이 누군가를 고려할 때에만 우리는 "이전에는 거기에 누구도 없었다"라고 말할 수 있다. 시작으로서 행위가 탄생의 사실에 상응하고 태어나는 존재로서의 인간의 조건을 실현한다면, 말은 차이에 상응하여 인간의 조건인 다원성을 실현한다. 즉 동일한 사람들 사이에 별개의 유일한 존재로 살아가는 것이다.

말과 행위는 밀접한 관계에 있다. 근본적이고 특별히 인간적인 행위는 새로 오는 자 모두에게 던져진 질문, "너는 누구인가"에 답해야만 한다. 새로 온 자의 존재를 해명할 수 있는 단서는 그의 행위와 말 속

다. '세계의 시초'란 말에는 이전에 어떤 것도 만들지 않았다는 의미는 없다(왜냐하면 천사는 이미 이전에 만들어졌기 때문이다). 그런데 그는 위에서 인용한 인간을 언급하는 구절에서 명백하게 다음 말을 덧붙인다. "이전에는 거기에 누구도 없었다."

에 들어 있다. 그러나 말과 계시의 친화성은 행위와 계시의 친화성보다 더 강하며,[4] 마찬가지로 대부분의 행위가 말의 방식으로 수행된다 할지라도, 행위와 시작함의 친화성은 말과 시작함의 그것보다 더 강하다. 어쨌든 말을 수반하지 않는 행위는 계시적 성격을 잃을 뿐만 아니라 자신의 주체성도 잃는다. 따라서 행위하는 인간이 아니라 일을 수행하는 로봇은 인간이 여전히 이해하지 못한 무엇인가를 하게 될 것이다. 말 없는 행위는, 행위하는 주체가 없기 때문에 더 이상 행위가 아니다. 행위자는 그가 동시에 말의 화자일 경우에만 행위자일 수 있다. 그가 시작하는 행위는 말로 인간에게 이해된다. 그의 행위가 말이 없는 짐승과 같은 몸짓으로 지각될 수 있다 해도, 그가 행위자로서 자신의 정체성을 얻을 수 있는 말을 통해서만, 즉 현재 행하고 이전에 행했고 장차 의도하는 것을 알려주는 말을 통해서만 행위는 적절한 것이 된다.

인간의 활동 중에 행위만큼 말을 필요로 하는 것은 없다. 행위 이외의 다른 활동에서 말은 부차적 역할만 한다. 즉 말은 의사소통의 수단이거나 말 없이도 수행될 수 있는 어떤 것에 수반된다. 말이 의사소통과 정보의 수단으로서 매우 유용하다는 것은 사실이다. 이때 말은 기호언어로 대체될 수 있다. 오히려 기호언어는 수학이나 다른 학문의 경우 또는 특정 형태의 협동작업에서 의미를 전달하기에 더 유용하고 필수적인 것이다. 따라서 행위하는 인간의 능력, 특히 조화롭게 행위하는 능력은 자기 방어나 이해추구의 목적에 매우 유용할 수 있다. 그러나 하나의 목적을 달성하기 위한 수단으로 행위를 사용하는 것만이 여기서 문제가 된다면, 이 동일한 목적이 무언의 폭력으로 더 쉽게 달성될 수 있다는 것은 분명하다. 따라서 단순히 유용성의 관점에서만 보면 말이 기호언어의 어색한 대체물이듯 행위도 폭력의 대체물로서는 별로

---

4) 이것은 플라톤이 말(*lexis*)은 행위(*praxis*)보다 진리와 더 밀접한 연관이 있다고 말한 이유다.

효과적이지 못하다.

　사람들은 행위하고 말하면서 자신을 보여주고 능동적으로 자신의 고유한 인격적 정체성을 드러내며 인간세계에 자신의 모습을 나타낸다. 반면 그들의 신체적 정체성은 신체 자체의 활동 없이도 신체의 유일한 형태와 목소리를 통해 나타난다. 아무개가 어떤 사람인가 하는 그의 속성, 즉 그가 드러내거나 감출 수 있는 그의 특성, 재능, 능력, 결점과는 달리 아무개가 도대체 누구인가 하는 그의 인격은 그가 말하고 행위하는 모든 것을 통해 드러난다. 완전한 침묵과 수동성에서만 인격은 은폐될 수 있다. 그러나 자신의 성질을 소유하고 처분하는 방식으로 인격을 소유하고 처분할 수 없는 것처럼, 인격은 의도적으로 드러낼 수 없다. 반대로 타인에게는 분명하고 착오 없이 나타나는 인격이 자신에게는 은폐되기 쉽다. 이것은 마치 한 사람과 평생 동행하는 그리스종교의 다이몬(*daimōn*)처럼 뒤에서 어깨너머로 바라보기 때문에 각자가 만나는 사람들만 볼 수 있는 것과 같다.

　말과 행위의 이런 계시적 성질은 사람들이 타인을 위해서나 타인에게 대항해서가 아니라 타인과 함께 존재하는 곳에서만 전면에 나타난다. 즉 순전히 함께함에서 나타난다. 말과 행위로 자신을 드러낼 때 그가 누구인지 아무도 모른다 해도, 그는 자신을 드러내는 모험을 감행해야 한다. 사리사욕이 없어야 하고 완전한 익명성을 유지해야 하는 선행가도 아니고 타인으로부터 자신을 숨겨야 하는 범죄자도 아니므로, 그는 자신을 드러낼 수 있다. 모든 사람을 위해 사는 사람이나 모든 사람에게 대항하며 사는 사람, 두 사람 모두 고독하다. 그들은 인간이 교제하는 영역의 경계선 밖에 위치한다. 그들은 정치적으로 부패나 분열, 정치적 붕괴의 시기에 대개 역사에 등장하는 주변부적 인물들이다. 행위에는 행위와 더불어 행위자를 드러내려는 경향이 있기 때문에, 행위가 완전히 드러나기 위해 필요한 것은 우리가 한때 영광이라 불렀던 빛나는 밝음이다. 이 밝음은 오직 공론 영역에서만 가능하다.

행위에서 행위자가 드러나지 않는다면, 행위는 그 특별한 성격을 잃고 여러 업적 가운데 하나의 업적이 된다. 이때 생산이 사물을 산출하는 수단이듯이, 행위는 목적을 위한 수단이다. 이러한 행위의 수단화는 공동존재가 없어졌을 때, 즉 사람들이 단지 타인을 위해서만 또는 타인에 대항해서만 존재하는 경우에 발생한다. 근대의 전쟁이 그 예다. 여기서 사람들은 적에 대항하여 자기편에 이로운 목표를 달성하기 위해 행위하고 폭력을 수단으로 이용한다. 늘 있어왔던 이런 사례들에서 말은 '단순한 헛말(空論)'이 되고 목적을 위한 수단이 된다. 즉 적을 속이거나 선전으로 사람을 현혹하는 역할을 한다. 여기서 말은 아무것도 드러내지 않는다. 드러냄은 오로지 행위 자체에서만 유래한다. 이런 업적은 다른 모든 업적과 마찬가지로 유일하고 개별적인 '행위자'의 정체성, 즉 그의 인격을 밝힐 수 없다.

이 경우 행위는 단순한 생산활동을 초월하는 성질을 잃는다. 생산활동은 평범한 사용물건의 생산에서 예술작품에 이르기까지 완성된 생산품이 보여주는 만큼의 의미를 가지며, 생산과정의 끝에서 분명하게 볼 수 있는 것 이상을 보여주지 않는다. 이름, 즉 귀속되는 '행위자'가 없는 행위는 무의미한 반면, 예술작품은 우리가 작자를 알든 모르든 완전한 의미를 가진다. 제1차 세계대전 후 건립된 '무명용사' 기념비는 여전히 예찬의 필요성을 증명한다. 즉 그것은 4년간의 대량학살을 통해 모습을 드러낼 '행위자'를 찾을 필요가 있다는 증거다. 이런 바람의 좌절과 전쟁의 주체는 실제로 누구도 아니었다는 야만적 사실에 체념하지 않으려는 의지가 '무명의 사람들'을 위한 기념비를 세우게 했던 것이다. 이들은 전쟁으로 인해 무명용사로 남게 되었고, 기념비로 업적을 박탈당하지는 않았지만 인간의 존엄성을 약탈당했던 사람들이다.[5]

---

5) William Faulkner, *A Fable*(1954)은 명료성과 통찰력에서 제1차 세계대전에 관한 모든 문헌을 능가한다. 그 책의 영웅은 무명용사이기 때문이다.

25. 인간사의 그물망과 그 속에서 나타나는 이야기들

언어와 행위로 분명히 드러나는 인격은, 그것이 아무리 분명하게 보인다 하더라도 말로 명료하게 표현할 수 없다. 우리가 누군가를 누구라고 말하고 싶은 순간 우리의 어휘는 혼란에 빠지고 그가 무엇이라고 말하고 만다. 우리는 우리와 비슷한 타인과 반드시 공유하는 성질들을 애써 묘사하게 된다. 우리는 유형 또는 이 단어의 옛 의미인 '성격'을 묘사하기 시작한다. 그 결과 우리는 그의 특별한 유일성을 놓쳐버린다.

이 좌절감은 익히 알려진 철학적 불가능성, 즉 인간에 대한 정의와 밀접하게 연관된다. 모든 정의는 인간이란 무엇인가에 대한 규정이거나 해석이다. 즉 인간이 다른 유기체와 공유하는 성질의 규정이나 해석이다. 반면 인간의 특별한 차이점은 그가 어떤 종류의 '인격'인가에 대한 규정에서 발견된다. 이 철학적 어려움과는 별도로, 행위와 말의 흐름 속에 드러나는 생생한 인간의 본질을 단어로 구체화하는 것이 불가능하다는 점은, 우선 행위하고 말하는 자로 존재하는 우리 인간사의 전체 영역에 큰 영향을 미친다. 이런 불가능성 때문에 인간사를 처리할 수 있는 능력이 인간에게 원칙적으로 배제된다. 우리는 이름을 붙일 수 있기 때문에 우리의 처분에 맡겨진 사물을 다룰 수 있지만, 이와 달리 인간사를 다루는 일은 우리의 능력 밖에 있다. 중요한 것은 '인격'이 표현되는 방식이 고대 신탁의 믿기 힘든 계시와 같은 방식으로 이루어진다는 점이다. 헤라클레이토스에 따르면, "신탁은 말로 드러나지도 은폐되지도 않고 오직 기호만을 제공한다."[6] 이것은 모든 정치적 문제뿐만 아니라 인간 사이에서 직접적으로 매개하고 안정화하고 견고하게 만드는 사물의 영향 없이 이루어지는 모든 사건이 똑같이 불확실한 성

---

6) *Oute legei oute kryptei alla sēmainei*(Diels, *Fragmente der Vorsokratiker*, 4th ed., 1922, frag. B93).

격을 가지는 근본적 이유다.[7)]

이것은 행위와 행위의 결과로 이루어지는 인간 간의 결합과 교류를 어렵게 만드는 수많은 난관 가운데 첫째 난관이다. 이것은 아마 우리가 다루게 될 것 중에서 가장 근본적인 난관일 것이다. 다시 말해 이 난관은 더 신뢰할 만한 생산활동인 제작이나 관조 또는 인지나 노동과 비교해서 생기는 것이 아니라 자체의 목적을 위해서 행위를 좌절시키는 어떤 것을 의미한다. 중요한 것은 계시적 성격이다. 이런 계시적 성격이 없는 말과 행위는 모든 인간적 연관성을 잃게 된다.

말과 행위는 사람들 사이에서 이루어지고 사람을 지향한다. 말과 행위는 그 내용이 오로지 '대상적'이고 사물세계의 문제에만 관심을 가질 때조차도 주체를 드러내는 능력을 가진다. 물리적으로 사람들 사이에 놓여 있는 사물세계에서 사람들은 움직이며, 구체적이고 객관적이고 세상사적인 그들의 관심도 이 사물세계에서 발생한다. 관심은 문자 그대로의 의미에서 존재-사이(*inter-est*), 즉 사람들 사이에 놓여 있는 어떤 것이며, 따라서 사람들을 서로 이어주고 묶어줄 수 있다. 대부분의 행위와 말은 사람들의 집단만큼 다양한 이 중간영역과 연관된다. 그래서 대부분의 말과 행위는 주체를 알게 할 뿐 아니라 세계의 대상적 실재에 관해 이루어진다. 행위하고 말하는 주체의 현시는 가장 '객관적인' 교제를 포함한 모든 인간관계를 구성하는 요소이기 때문에, 이해관계를 가진 물리적 · 세계적 중간영역은 마치 전혀 다른 중간영역으로 덮여 있는 것처럼 보인다. 그런데 전혀 다른 이 중간영역은 실천행위와

---

7) 소크라테스는 헤라클레이토스와 똑같이 *sēmainein*('기호로 표시하고 가리키다')를 사용하여 그의 *daimonion*을 표현했다(Xenophon, *Memorabilia* i. I. 2, 4). 크세노폰을 신뢰한다면 소크라테스는 그의 *daimonion*을 신탁에 비유했으며, 모든 것이 불확실한 인간사에 대해서만 이 두 단어를 사용해야 하며 모든 것을 예측할 수 있는 예술이나 수공업 영역에서는 사용해서는 안 된다고 주장했다(같은 책, 7~9).

언어행위로 구성되어 있으며, 사람들이 서로 직접 행위하고 말할 때 생성된다. 이 두 번째의 주관적 중간영역은 스스로 물화할 수도 대상화할 수도 없기 때문에 구체적이지 않다. 행위하고 말하는 과정은 결과물과 최종적 생산품을 남길 수 없다. 그러나 이 중간영역은 구체적이지 않지만 우리가 볼 수 있는 사물세계만큼 현실적이다. 이 실재를 우리는 인간관계의 '그물망'이라 부른다. 이 비유는 그 현상의 비구체성을 암시한다.

물론 말이 살아 있는 신체의 존재에 구속되듯이, 그물망은 대상적 사물세계에 묶여 있다. 그러나 그 관계는, 마르크스의 용어를 빌리면, 건물의 정면 또는 유용한 건물과 그 구조에 딸려 있지만 근본적으로 불필요한 상부구조의 관계와는 다르다. 정치학에서 모든 유물론의 실수는—이 유물론은 마르크스가 고안한 것도 아니고 근대에서 유래한 것도 아니며, 근본적으로 우리 정치이론의 역사만큼 오래된 것이다[8]—사람들이 세계적이고 물질적인 대상의 확보에만 관심을 집중할 때에

---

8) 한 가족의 생활이나 여러 가정의 공동생활(*oikiai*)과 구별되는 정치공동체(*poleis*)는 물질적 필연성이 충족되어야 존재할 수 있다는 플라톤이나 아리스토텔레스의 주장만큼이나 정치이론에서 유물론은 오래된 것이다(플라톤에 대해서는 『국가론』, 369를 보라. 여기서 폴리스의 기원은 우리의 욕구와 자족의 결여에 있다고 간주된다. 아리스토텔레스에 대해서는 『정치학』, 1252b293을 보라. 다른 곳에서처럼 여기서도 아리스토텔레스는 플라톤보다 그리스인의 일반적 견해와 더 가깝다. "폴리스는 삶을 위해 생겨났지만, 이후에는 잘 이루어진 삶을 위해 존재한다"). 아리스토텔레스의 개념인 *sympheron*은—나중에 키케로의 *utilitas*에서 다시 보게 되는데—바로 이런 맥락에서 이해해야만 한다. 플라톤과 아리스토텔레스는 일찍이 보댕이 완벽하게 만들었던 이해관계 이론, 즉 왕은 인민을 지배하고 왕은 이해관계가 지배한다는 이론의 선구자다. 근대에서는 마르크스가 단연 두드러지는데, 이는 그의 유물론 때문이 아니다. 그는 증명가능한 유물론적 인간 활동인 노동에 근거해서, 다시 말해 인간 육체와 물질과의 신진대사인 노동에 근거해서 이해관계 이론을 매우 일관되게 제시한 유일한 정치사상가이기 때문이다.

도 그들은 스스로를 반드시 주체로, 또 다른 사람과 구별되는 유일한 인격으로 드러낸다는 사실을 간과한 점이다. 행위가 이런 현시 없이 가능하다 할지라도, 현시가 없다는 것은 인간을 현재의 그가 아닌 어떤 것으로 변형시킨다는 것을 의미한다. 다른 한편 현시가 실재하고 그 자체가 중요하다는 사실을 부인하는 것이 오히려 비현실적이다.

엄격히 말해서 인간사의 영역은 사람들이 함께 사는 곳이면 어디에서나 존재하는 인간관계의 그물망으로 이루어진다. 말을 통한 '인격'의 현시와 행위를 통한 새로운 시작의 출발은 항상 기존의 그물망으로, 행위와 말의 직접적인 결과가 감지되는 그물망으로 귀속된다. 행위와 말은 함께 새로운 과정을 시작하게 된다. 이 과정은 결국 새로 오는 자의 유일무이한 삶의 이야기로 나타나며, 그가 접촉하는 모든 사람의 삶의 이야기에 고유한 방식으로 영향을 미친다. 이미 존재하고 상충하는 수많은 의지와 의도를 가진 이 인간관계의 그물망 때문에 행위는 결코 목적을 달성할 수 없다. 그러나 제작이 구체적인 사물을 생산하는 만큼 당연히 행위가 의도적이든 의도적이지 않든 간에, 이야기를 '산출하는' 것도 행위만을 실재적인 것으로 만드는 이 매개체 때문이다. 이 이야기들은 문서나 작품으로 기록되기도 하고, 사용물건이나 예술작품으로 가시화되기도 하고, 새롭게 이야기되거나 만들어져 모든 종류의 재료가 되기도 한다. 이야기 자체는 생생한 현실성을 가지므로 물화된 사물들과는 전적으로 다르다. 이야기는 그 핵심인 '영웅', 즉 이야기의 주체에 대해서, 인간 손의 생산품이 그 제작자에 관해 말하는 것보다 더 많은 것을 말해준다. 그러나 엄밀한 의미에서 그것은 생산품이 아니다. 모든 삶이 행위와 말을 통해 세계에 참여하면서 삶을 시작할지라도, 어느 누구도 자기 삶의 이야기의 저자이거나 연출자일 수 없다. 달리 말해, 말과 행위의 결과물인 이야기들은 주체를 드러내시만, 이 주체는 저자나 연출자가 아니다. 이야기를 시작한 누군가는 행위자와 고통받는 자의 이중적 의미에서 이야기의 주체일 수는 있으나 이야기의 저자일 수는 없다.

탄생과 죽음 사이의 모든 개별적 삶이 결국 시작과 끝을 가진 하나의 이야기로 말해진다는 사실은, 시작도 끝도 없는 커다란 이야기인 역사의 전정치적(pre-political)·전역사적(pre-historical) 조건이다. 그러나 인간의 삶이 각자 자신의 이야기를 말하고 많은 행위자와 화자가 있는 역사가 궁극적으로는 분명히 실재하는 저자가 없는 인류의 이야기책이 되는 까닭은 양자가 모두 행위의 산물이기 때문이다. 근대의 역사철학을 좌절시켰던 역사 속 미지의 위인은, 역사를 하나의 전체로 간주하고 역사의 주체인 인류가 결코 능동적 주체가 될 수 없는 추상물이라는 것을 발견했을 때 비로소 나타난 것이 아니다. 동일한 미지의 인물은 고대의 정치철학을 처음부터 좌절시켰고 플라톤 이후 철학자들이 인간사의 영역에 보냈던 경멸에 일조했다. 일련의 사건들은 함께 고유한 의미를 지니는 하나의 이야기를 형성하는데, 우리가 어떤 사건에서도 기껏해야 모든 과정을 움직이게 만드는 행위자를 분리할 수 있을 뿐이라는 점은 당혹스럽다. 이 행위자가 이야기의 '영웅'으로, 주체로 남는다 하더라도, 우리는 그를 이야기의 최종 산물의 저자로 지적할 수 없다.

이런 이유로 플라톤은 행위(*praxis*)의 산물인 인간사(*ta tōnanthropon pragmata*)를 진지하게 취급할 필요가 없다고 생각했다. 인간의 행위는 무대 뒤의 보이지 않는 손에 조종되는 인형의 동작과 비슷하며, 인간은 일종의 신의 장난감처럼 여겨진다.[9] 근대의 역사 개념을 알지 못했던 플라톤이 무대 뒤 행위자의 상징을 최초로 고안한 사람이라는 것은 주목할 만하다. 이 조종자는 배우의 등 뒤에서 줄을 당기며, 그 이야기에 책임을 지는 인물이다. 그러나 플라톤의 신은 우리가 지어낸 이야기와 달리 실제 이야기에는 저자가 없다는 사실을 상징할 뿐이다. 이처럼 플라톤은 하느님, '보이지 않는 손', 자연, '세계정신', 계급이해 등의 진

---

9) 『법률』, 803과 644.

정한 선구자다. 이것들을 통해 기독교와 근대의 역사철학자는, 역사는 인간 때문에 존재하지만 분명 인간에 의해 '만들어지지' 않았다는 난제를 해결하려고 했다. (역사의 정치적 본질—역사는 경향과 세력 또는 관념의 이야기라기보다 행위의 이야기다—을 가장 분명하게 보여주는 것은 무대 뒤의 보이지 않는 조종자의 도입이며, 이는 모든 역사철학에서 발견할 수 있다. 이런 이유 때문에 역사철학은 변장한 정치철학이라 말할 수 있다. 마찬가지로, 애덤 스미스가 교환시장에서 경제적 거래를 조정하기 위해 '보이지 않는 손'을 필요로 했다는 단순한 사실에서 알 수 있는 것은 순전히 경제활동 이상의 것이 교환에 포함되어 있고 '경제인'이 시장에 등장할 때 그는 행위하는 존재이지 생산자나 상인만은 아니라는 사실이다.)

　무대 뒤의 보이지 않는 조종자는 정신적 당혹감에서 생겨난 고안품이지 실제로 경험할 수 있는 것은 아니다. 행위가 산출하는 이야기는 이 조종자 때문에 작가가 줄을 당기고 극을 감독하는 허구적 이야기라고 잘못 이해될 수 있다. 모든 예술작품이 그것이 누군가에 의해 만들어졌다는 사실을 분명히 암시하듯이, 허구적 이야기는 작가를 알려준다. 이처럼 작가를 드러낸다는 것은 이야기 성격 그 자체의 문제가 아니라 이야기가 만들어지는 양식의 문제다. 실제 이야기와 허구 이야기의 차이는, 후자는 '만들어지는' 데 비해 전자는 만들어질 수 없다는 점이다. 우리가 살아 있는 한 참여하는 실제 이야기는 만들어지지 않기 때문에 가시적이든 비가시적이든 어떤 작가도 없다. 이야기가 드러내는 유일한 '어떤 사람'은 주인공이다. 유일하고 일회적인 '인격'은 원래 구체적이지 않게 막연하게 표출되지만, 이야기는 그 인격이 행위와 언어를 통해 사후(*ex post facto*) 구체적으로 표출될 수 있는 유일한 매체다. 어떤 사람이 누구였고 누구인지를 알 수 있는 것은 그가 주인공인 이야기를 알 때에만 가능하다. 달리 말해 그의 전기를 알 경우에만 가능하다. 그가 만들거나 남겨놓은 작품을 포함해서 그에 대해 우리가 알 수 있는 것이라고는 그가 지금 어떤 사람인지 그리고 어떤 사람이었는지, 그뿐이다. 소크라테스가 한 줄의 글도, 한 편의 작품도 남기지 않아서 우리가 그에 대해 플라톤과 아리스토텔레스에 대해서보다 더 많이 알지 못한다 할지라도, 우리는 소크라테스가 누구인지는 잘 안다. 왜냐하면 우리는 그의 이야기를 알기 때문이다. 아리스토텔레스의 견해를 잘 알지만, 우리는 그가 누구인지보다는 소크라테스가 누구인지를 더 잘 아는 것이다.

이야기가 드러내는 주인공은 어떤 영웅적 자질도 필요 없다. '영웅'이란 말은 원래 호메로스에서, 트로이의 모험에 참여하여 이야기될 수 있었던 모든 자유인에게 붙여진 이름이었다.[10] 우리가 지금 영웅의 필수 자질로 여기는 용기의 의미는 사실상 기꺼이 행위하고 말하려는 의지에 이미 들어 있다. 용기는 결과로 인한 고통을 감수하려는 자발성과 반드시 또는 우선적으로 관계 있지는 않다. 용기와 대담성은 사적 은신처를 떠나 자기가 누구인가를 보여줄 때, 즉 자아를 열거나 노출할 때 이미 나타난다. 말과 행위, 자유가 가능하기 위해 반드시 필요한 원래의 용기는, 비록 '영웅'이 우연히 겁쟁이로 밝혀진다고 해도 위대하고, 어쩌면 더 위대할지 모른다.

행위와 말의 구체적 내용과 일반적 의미는 예술작품에서 다양한 형태로 물화된다. 예술작품은 행위나 업적을 찬양하거나 변형과 압축을 통해 비범한 사건의 완전한 의미를 보여준다. 그러나 행위자와 화자를 암시적으로 드러내는 것에서 알 수 있는 행위와 말의 독특한 계시적 성격은, 그 과정의 생생한 흐름에 확고히 묶여 있어서 행위와 말은 일종의 반복인 모방을 통해서만 표현되고 '물화'될 수 있다. 아리스토텔레

---

10) 호메로스에서는 탁월성이란 의미가 있지만, 이는 자유로운 사람이라면 누구나 가질 수 있는 능력이다. *hērōs*는 어디에서도 '반신'의 의미로는 나타나지 않는다. '반신'은 아마 고대 영웅들을 신격화하면서 생겨난 것 같다.

스에 따르면 모방 또는 미메시스(*mimēsis*)는 모든 예술의 전제조건이
지만 실제로는 드라마(*drama*, 연극)에만 적합하다. 드라마의 이름 자
체는 ('행위하다'는 뜻의 그리스어 동사 *dran*에서 유래했는데) 연기가
실제로는 행위의 모방임을 알려준다.[11] 그러나 모방의 요소는 배우의
연기 속에 존재할 뿐만 아니라 아리스토텔레스가 바로 지적했듯이, 극
을 쓰고 만드는 데에도 존재한다. 즉 연극이 극장에서 공연되는 경우
에만 완전한 생명을 얻는다는 의미에서 그렇다는 것이다. 이야기의 줄
거리를 재연하는 배우와 웅변가만이─이야기 자체의 완전한 의미라
기보다는─이야기 속에서 자신을 드러내고자 하는 '영웅들'의 완전한
의미를 전달할 수 있다.[12] 그리스 비극의 관점에서 이는 이야기의 직접
적이고 보편적 의미가 코러스에 의해 드러날 수 있다는 것을 의미한다.
코러스는 모방하는 것이 아니며[13] 그들의 논평은 순수시다. 반면 이야
기 행위자의 막연한 정체성은 그들의 행위를 모방함으로써만 전달할
수 있다. 주체의 정체성은 일반화될 수 없고 따라서 물화될 수 없기 때
문이다. 오직 극장에서만 인간 삶의 정치적 영역이 예술로 전환될 수
있다. 마찬가지로 연극은 타인과의 관계 속에 있는 인간이 유일한 주체
가 될 수 있는 예술이다.

---

11) 아리스토텔레스는 *drōntes*('행위하는 사람')가 '모방된다'는 이유로 *drama*라는
  단어를 선택했다고 말한다(『시학』*Poetics*, 1448a28). 이 저작만 두고 생각한다
  면, 아리스토텔레스가 예술에서 '모방'의 모델로 연극을 택했다는 것은 분명하
  다. 그런데 모방 개념이 모든 예술에 적용가능한 것으로 일반화된 것은 이상한
  일이다.

12) 그러므로 아리스토텔레스는 행위의 모방보다 행위자(*prattontes*)의 모방에 대해
  주로 말한다(『시학』, 1448a1 이하, 1448b25, 1449b24). 그러나 그는 이 개념을
  일관되게 사용하지 않는다(1451a29, 1447a28을 참조). 결정적인 사실은 비극
  이 사람들의 성격, 그들의 *poiēs*를 다루는 것이 아니라 그들에게 발생한 사건,
  즉 행위와 삶과 행운과 불행을 다룬다는 점이다(1450a15~18).

13) 코러스가 '덜 모방한다'는 사실은 아리스토텔레스의 위작인 *Problemata*(918
  b28)에서 언급된다.

26. 인간사의 연약성

제작과 달리 행위는 고립되어서는 불가능하다. 고립되는 것은 행위의 능력을 빼앗기는 것이다. 제작이 원료를 공급하는 자연과 완성된 생산품이 자리 잡을 세계를 필요로 하는 만큼, 행위와 말도 주변에 있는 타인을 필요로 한다. 제작은 세상에 둘러싸여 세상과 끊임없이 접촉하면서 이루어진다. 행위와 말은 타인의 행위 및 말의 그물망에 둘러싸여 그것과 끊임없이 접촉하면서 이루어진다. 타인과 떨어져서 자신의 힘을 오직 자신의 존재에서만 구하는 '강한 사람'에 대한 일반적인 믿음은, 우리가 인간사의 영역에서 무엇을 '만들 수' 있다—탁자나 의자를 만들 듯이 제도나 법률을 '만들 수' 있으며 사람을 '더 좋게' 또는 '더 나쁘게' 만들 수 있다—는 환상에서 나오는 단순한 미신이거나[14] 아니면 다른 '재료'를 취급하듯이 인간도 그렇게 다룰 수 있다는 공상적인 희망과 연관되어, 정치적이든 비정치적이든 모든 행위를 의식적으로 포기하는 것이다.[15] 생산의 모든 과정을 위해 개인이 필요로 하는 힘은, 지성적이든 물질적 힘이든 행위가 문제될 때에는 가치 없는 것이 된다. 역사는 동료들의 협력과 도움을 확대할 줄 몰랐던 강하고 우월한 자의

---

14) 플라톤은, 페리클레스는 '시민들을 훌륭하게' 만들지 못했으며, 생애 말기에는 아테네인들이 이전보다 훨씬 나빠졌다는 이유로 그를 비난했다(*Gorgias* 515).

15) 최근의 정치사는 '인간재료'(human material)란 용어가 유해한 은유가 아니라고 주장하는 사례들로 가득 차 있다. 이것은 근대의 과학적 실험이 행해지는 모든 영역, 즉 사회공학, 생화학, 신경외과 등에 적용되는 말이다. 이 영역들은 인간을 마치 물질인 것처럼 취급하고 심지어 변화시키기도 한다. 인간을 이처럼 기계적으로 다루는 것은 근대의 전형적인 태도다. 고대에서도 비슷한 목적을 추구할 때, 사람을 짐승처럼 생각하는 경향이 있었다. 즉 남이 길들이고 돌보아야 할 필요가 있던 사람들을 짐승으로 생각했다. 이러한 고대와 근대의 태도는 살아 있는 유기체로서의 인간이 아니라 인간으로서의 인간을 죽이는 결과를 가져왔다.

무능을 보여주는 사례들로 가득하다. 강자가 실패한 것은 보통 그의 탓이 아니라 대부분의 사람들이 너무 못났기 때문이고 평범한 사람들이 뛰어난 사람에게 불필요한 적개심을 가지기 때문이라고 말한다. 그러나 이런 설명이 사실이라 할지라도 문제의 핵심을 찌르지는 못한다.

여기서 중요한 것이 무엇인지 보여주기 위해, 우리는 그리스어와 라틴어가 근대 언어와는 달리 완전히 다르지만 서로 연관된 두 단어를 가졌다는 점을 기억하는 것이 좋겠다. 이 두 단어는 '행위하다'라는 동사를 지시한다. 그리스어 두 동사 *archein*('시작하다' '지도하다' '지배하다')과 *prattein*('이루다' '달성하다' '완성하다')에 상응하는 라틴어 동사는 *agere*('움직이게 하다' '지도하다')와 *gerere*(원래 의미는 '낳다')이다.[16] 여기서 각각의 행위는 두 부분으로, 즉 한 사람에 의한 시작과 다수가 참여하여 일을 '실행하고' '완성하며' '완전히 이루어낸' 업적으로 나뉘는 것 같다. 이 단어들은 비슷한 방식으로 서로 관계될 뿐만 아니라 그 용법의 역사도 매우 비슷하다. 이 두 경우, 본래 행위의 두 번째 부분인 행위의 성취만을 가리키던 단어는 — *prattein*과 *gerere* — 행위 일반을 뜻하는 단어가 되었다. 반면 행위의 시작을 지시하던 단어는 적어도 정치적인 언어에서는 매우 특수한 의미를 가지게 되었다. *archein*이 특수하게 사용될 경우, 그것은 주로 '지배하다'와 '지도하다'를 의미하게 되었고 *agere*는 '움직이게 하다'보다는 '지도하다'를 의미하게 되었다.

그래서 호메로스의 경우처럼 왕 중의 왕(*primus inter pares*)인 시작하는 자와 지도자의 역할은 통치자의 역할로 변했다. 행위가 가진 원래의 상호의존성, 즉 시작하는 자와 지도자는 타인의 도움에 의존한다는 것과 스스로 행위할 수 있는 기회를 얻기 위해 동료들이 그에게 의존한

---

16) *archein*과 *prattein*에 대해서는 특별히 호메로스가 사용하는 용법을 보라(C. Capelle, *Wörterbuch des Homeros und der Homeriden*, 1889 참조).

다는 것은 두 개의 전혀 다른 기능으로 분리되었다. 즉 통치자의 특권인 명령하는 기능과 신하의 의무인 명령을 수행하는 기능으로 나뉘었다. 시작하는 자가 함께할 타인을 발견하기 이전의 출발지점에서는 혼자 주도하면서 고립되듯이, 통치자도 자신의 힘 때문에 혼자이며 타인에게서 고립된다. 그러나 시작하는 자와 지도자는 그가 새로운 일을 주도하거나 그가 위험에 처했을 때 자신의 힘을 보여줄 뿐 실제 업적에서는 보여주지 않는다. 통치자의 경우, 그는 실제로 다수가 이룩한 업적을 자기 것이라 주장한다. 이것은 통치자가 아니고 왕이었던 아가멤논에게 허용되지 않았던 것이다. 통치자는 그들 다수의 도움 없이는 아무 것도 이루지 못했을 것이 분명함에도 이런 주장을 통해 이들의 힘을 독점한다. 그래서 특별한 힘의 환상이 생기고 이로 인해 혼자이기 때문에 강력하다는 강자의 오류가 생겨난다.

행위자는 언제나 행위하는 다른 존재들 사이에서 그리고 그들과의 관계 속에서 움직이기 때문에, 그는 단순한 '실행자'일 뿐만 아니라 동시에 고통받는 자다. 행하고 고통받는 것은 동전의 양면과 같다. 하나의 행위로 시작되는 이야기는 그 행위에 잇따르는 행동과 수고로 구성된다. 그 결과는 무한하다. 왜냐하면 행위가 어떤 특정한 장소에서 발생하는 것이 아니라 할지라도, 그것은 모든 반작용이 연쇄작용이 되고 모든 과정이 새로운 과정의 원인이 되는 끝없는 그물망의 매개체에 영향을 미치기 때문이다. 행위는 스스로 행위할 수 있는 존재에 작용하기 때문에, 응답이 아닌 반작용은 언제나 새로운 행위가 되어 그 자체와 다른 행위에도 영향을 미친다. 그래서 사람들 간의 행위와 반작용은 폐쇄된 원 속에서 진행되는 것도 아니고 양편에만 한정되는 것도 아니다. 이 무제한성은 좁은 의미로 파악된 정치적 행위만의 특성이 아니다. 만약 인간 상호관계의 무한성이 관계를 맺는 사람들의 다수성에 기인할 뿐이고 또 행위를 파악가능한 환경의 제한적 구조 안에 국한함으로써 이 무한성에서 벗어날 수 있다고 생각한다면, 그것은 정치적 행위를 좁게 이해하는 것이다. 매우 제한된 환경에서 행해진 가장 사소한 행동도 똑같은 무제한성의 씨앗을 품고 있다. 하나의 행위, 가끔은 한마디 말이 모든 사람들을 변화시키기에 충분하기 때문이다.

더욱이 행위는 구체적 내용이 무엇이든 늘 관계를 확립시키며, 따라서 모든 제한을 풀고 모든 경계를 없애려는 내적 경향을 가진다.[17] 제한과 경계선은 인간사의 영역 안에 존재한다. 그러나 그것은 결코 새로운 세대가 끼어들기 위해 감행하는 무자비한 공격을 견뎌낼 정도로 믿을 만한 구조를 제공하지 못한다. 인간의 제도와 법률의 연약성은, 또 일반적으로 인간의 공동생활에 속하는 모든 문제의 연약성은 탄생이라는 인간의 조건에서 발생하며, 인간본성의 연약성과는 무관하다. 사적 소유를 감싸고 각 가정의 경계를 보호하는 울타리, 즉 사람의 신체적 동일성을 가능하게 하고 보호하는 땅의 경계선과 인간의 정치적 실존을 가능하게 하고 보호하는 법률은 인간사의 안정을 위해 매우 중요하다. 왜냐하면 제한하고 보호하는 원리들은 인간사의 영역 자체 안에서 진행되는 활동에서 나오지 않기 때문이다. 영토의 경계(국경)가 정치체제 외부의 행위에 대한 믿을 만한 방패막이 아닌 것처럼, 법률도 정치체제 안에서 발생하는 행위에 대한 안전한 방패막이 될 수 없다. 행위의 무제한성은 관계를 확립하는 놀라운 능력, 즉 그것의 특별한 생산성의 다른 측면일 뿐이다. 한계 안에 머무른다는 것, 즉 고대의 절제의 덕이 우수한 정치적 덕의 하나로 여겨진 이유는 바로 이 때문이다.

---

17) 법률보다 법의 정신에 고무된 행위에 관심을 가졌던 몽테스키외가 법률을 각자 다른 사람들 사이에 존재하는 관계(*rapports*)로 정의했다는 것은 매우 흥미롭다(『법의 정신』, Book I, ch.1; Book XXVI, ch.1). 법률을 항상 경계선과 한계라는 관점에서 정의해왔다는 점을 고려하면, 그의 정의는 매우 놀라운 것이다. 몽테스키외가 법률을 그렇게 정의한 까닭은 그가 '정부의 본질'이라 부른 것—공화제인가 군주제인가 하는—보다 "정부가 따라야 할 원리나 정부를 움직이는 인간의 정열에 더 많은 관심을 가졌기 때문이다"(Book III, ch.1).

마찬가지로 정치적 유혹은 우리가 믿고 싶은 권력에 대한 의지가 아니라 오만이다(행위의 잠재성을 충분히 경험한 그리스인들은 이 사실을 잘 알고 있었다).

그러나 모든 정치체제에서 발견되는 다양한 제한과 경계선이 행위의 내재적 무제한성으로부터의 피난처를 제공한다 해도, 행위의 두 번째 성격, 즉 행위에 내재하는 예측불가능성을 상쇄시키는 데에는 완전히 무기력하다. 이것은 특정한 행동의 모든 논리적 결과들을 예견할 수 없는 무능력의 문제가 아니다. 어떤 경우에는 컴퓨터가 미래를 더 잘 예견할 수 있다. 이 문제는 행위의 결과로 시작하여 행위가 끝나자마자 확립되는 이야기에서 직접 발생한다. 이어지는 이야기의 성격과 내용이 무엇이든 또 그것이 사적 생활의 이야기든 공적 생활의 이야기든 아니면 다수가 연관되든 소수가 연관되든, 이야기의 완전한 의미는 이야기가 끝났을 때에만 알 수 있다는 것이 문제다. 장인이 미리 생각한 이미지나 모델의 인도로 완성된 생산품이 평가받는 제작과 달리, 행위의 과정과 함께 모든 역사과정을 밝히는 빛은 역사의 종점에서만 나타나고 대개는 모든 참여자가 죽었을 때 빛난다. 행위는 이야기꾼에게만 완전히 드러난다. 행위에 참여한 사람보다 모든 것을 더 잘 아는 역사가의 회고에서만 완전히 드러난다. 행위자 자신이 직접 보고하는 모든 이야기는 아주 드물게는 의도나 목적, 동기를 잘 서술하지만, 역사가의 수중에서 그것은 단지 유용한 자료가 될 뿐이고, 의미나 진실성에서 결코 그의 이야기에 견줄 것이 못 된다. 이야기꾼이 이야기하는 것을 행위자 본인은 당연히 모른다. 적어도 그가 행위 중에 있거나 행위의 결과에 몰두하는 한, 행위자에게 그의 행위의 의미는 뒤따르는 이야기에 있지 않기 때문이다. 설령 이야기가 행위의 필수적인 결과물이라 할지라도 이야기를 인지하고 '만드는' 자는 행위자가 아니라 이야기꾼이다.

27. 그리스인의 해결책

이 같은 결과의 예측불가능성은 행위와 말의 계시적 성격과 밀접하게 연관된다. 즉 사람들은 자기가 누구인지 알지도 못하고 또 자신이 드러내는 자가 누구인지를 미리 헤아릴 수 없으면서 말과 행위 속에서 자신을 드러낸다. 그 누구도 죽기 전에는 에우다이몬(*eudaimōn*, 행복한 사람)이라고 불릴 수 없다는 2500년간의 진부한 반복 후에 고대의 속담이 우리가 여전히 그 본래 의미를 들을 수 있다면, 문제의 정곡을 찌르는 것 같을 것이다. 로마에서는 이미 격언이 되어 진부해졌지만, 라틴어 번역조차 이 의미를 전하지 못한다. 비록 성인이 죽은 뒤 오랜 시간이 지나야 시복하는 가톨릭교회의 관행이 이 때문에 생겼다 하더라도 말이다. 에우다이모니아(*eudaimonia*)는 행복도 지복도 뜻하지 않기 때문에 번역할 수 없고 설명도 할 수 없다. 그것은 문자 그대로 일생 동안 사람과 동행하는 다이몬의 안녕과 비슷한 것을 의미한다. 그것은 개별적 정체성을 가지지만 타인에게만 나타나고 보인다.[18] 일시적 기분인 행복이나 삶의 특정 시기에 찾아오기는 하나 다른 사람에게는 없을 수도 있는 행운과는 달리, 삶 자체와 비슷한 에우다이모니아는 변화에 예속되지 않고 변화를 주지도 않는 존재의 지속적 상태다. 에우다이몬하다는 것과 에우다이몬해왔다는 것은 아리스토텔레스에 의하면 같은 것이다. 마찬가지로 '잘 산다'(*eu dzēn*)는 것과 '잘 살아왔다'는 것도

---

18) *daimōn*과 *eudaimonia*의 이런 해석에 대해서는 소포클레스의 *Oedipus Rex* 1186 이하를 보라. 특히 다음 구절을 참조할 것. ("왜냐하면 사람은 현상으로부터 포착하고, 그 현상 속에서 왜곡하는 것보다 더 많은 *eudaimonia*를 지닐 수 [있기] 때문입니다"*Tis gar, tis anēr pleon/ tas eudaimonias pherei/ ē tosouton hoson dokein/ kai doxant' apoklinai*). 이 불가피한 왜곡에 반대하여 코러스는 더 나은 지식을 주장한다. 즉 다른 사람들은 자신들이 오이디푸스의 *daimōn*을 하나의 전범으로 '가졌다'는 것을 안다. 자신의 *daimōn*을 보지 못한다는 것은 사멸적 인간의 비참함이다.

삶이 지속하는 한, 같은 것이다. 이것들은, 다른 시기에 동일한 사람의 두 가지 전혀 다른 속성을 가리키는 배움과 배워왔음처럼, 사람의 자질을 변화시키는 상태나 활동이 아니다.[19)

변하지 않는 사람의 이 정체성이 말과 행위에서 불명료하게 드러난다 할지라도, 그것은 행위자와 화자의 삶의 이야기에서만 형태를 가진 것이 된다. 그러나 이야기 자체는 끝나야만 알 수 있고 실재하는 것으로 파악될 수 있다. 달리 말해 인간의 본질, 즉 인간의 일반적 본질(이 것은 존재하지 않는다)이나 개인의 성질과 결함의 총계가 아닌, 행위 주체의 본질은 생명이 떠나가거나 이야기 외에 아무것도 남기지 않을 때에만 존재할 수 있다. 그러므로 '본질적'이 되기를 목적으로 하거나 의식적으로 '불멸의 명예'를 얻는 이야기나 정체성을 남기는 것을 목적으로 삼는 자는 누구나 생명을 잃을 수 있는 모험을 해야 하고, 아킬 레스처럼 짧은 인생을 선택하여 일찍 죽는 것도 감수해야 한다. 위대한 행위로 목숨을 잃는 자만이 자신의 정체성과 잠재적인 위대성의 확고한 주인으로 머물 수 있다. 그는 자신이 시작했던 것이 만들어낼 수 있는 결과나 지속을 포기하고 죽었기 때문이다. 아킬레스의 이야기에 전범의 중요성을 부여하는 까닭은 그 이야기가 생명을 바쳐야 에우다이모니아를 얻을 수 있다는 것을 보여주기 때문이다. 또 전 생애를 하나의 행위로 압축함으로써 우리에게 우리 자신을 조금씩 밝혀주는 삶의 연속성을 앞서 나감으로써 행위의 이야기와 삶 자체가 동시에 끝나는 경우에만 에우다이모니아를 확신할 수 있다는 것을 보여주기 때문이다. 아킬레스조차 이야기꾼이나 시인이나 역사가에 의존한다. 이들 없이 그가 행한 모든 것은 허사가 된다. 그러나 그는 마치 자신의 삶의 이야기를 공연했을 뿐만 아니라 동시에 '만들었던' 것처럼 이야기꾼의 손으로 그의 행위의 모든 의미가 전해진 유일한 '영웅'이고, 그것도 탁

---

19) 아리스토텔레스, 『형이상학』, 1048 a23이하.

월한 영웅이다.

오늘날 우리가 말하곤 하듯이 이 행위 개념은 분명 매우 개인주의적이다.[20] 이 개념은 다른 요소를 희생하고서라도 스스로를 드러내려는 충동을 강조하기 때문에 예측불가능성이라는 난관의 영향을 비교적 덜 받는다. 그렇기 때문에 이것은 고대 그리스 행위의 전형이 되었다. 이른바 경쟁적(*agonal*) 정신의 형식으로 타인과의 대결에서 자기를 보여주고자 하는 열정에도 영향을 미쳤다. 이 열정은 도시국가 정치 개념의 근간을 이루었다. 강하게 영향을 받았음을 보여주는 두드러진 징후 가운데 하나는 그리스인들이 입법을 정치적 활동으로 간주하지 않았다는 사실이다. 그들의 견해에 따르면 법률 제정자는 도시성벽을 쌓는 자, 즉 정치적 활동이 시작되기 이전에 일을 끝내야 하는 자와 같다. 따라서 그는 다른 장인이나 건축가처럼 취급되었고 해외에서 불려오기도 하고 시민권 없이도 일을 맡길 수 있었다. 반면 **폴리스에서 이루어지는 수많은 활동에 참여하는**(*politeuesthai*) 권리는 오로지 시민에게만 국한되었다. 시민에게 법률은 도시 주변의 성벽처럼 행위의 결과가 아니라 생산의 산물이었다. 사람들이 행동하기 전에 구체적 공간이 확보되어야 하고 어떤 구조가 확립되어야 한다. 여기서 차후의 모든 행위가 비로소 일어날 수 있다. 이때 공간은 폴리스의 공론 영역이고, 그 구조는 법률이다. 입법과 건축은 같은 범주에 속한다.[21] 그러나 구체적인 독립체는 그 자체로 정치의 내용이 아니었다(아테네가 아니라 아테네

---

20) '각자 개인'의 그리스어인 *hekastos*가 *hekas*('멀리 떨어진')에서 파생되었다는 사실은 이 '개인주의'의 근원이 얼마나 오래되었는지를 보여준다.

21) 예컨대 아리스토텔레스의 『니코마코스 윤리학』 1141b25를 보라. 영토와 법률에 대한 태도가 다르다는 것 외에 그리스와 로마는 근본적으로 다르지 않다. 로마에서는 도시의 건설과 도시법률의 확립이 여전히 중요하고 위대한 행위였다. 후대의 모든 업적은 이 행위와 연관성이 있어야 정치적 정당성과 합법성을 획득할 수 있었다.

시민이 폴리스였다).[22] 폴리스와 법률은 우리가 알고 있는 로마식의 애국심 같은 충성을 요구하지 않았다.

플라톤과 아리스토텔레스가 법률제정과 도시건립을 정치적 삶의 최고 지위까지 격상시켰다 하더라도, 그들은 행위와 정치라는 그리스인의 근본적 경험을 확대해 나중에 로마의 정치적 진수가 된 입법과 헌법의 기초를 행위와 정치에 포함시키지 않았다. 반대로 소크라테스학파는 그리스인들이 전정치적(pre-political)이라 생각했던 활동에 집착했다. 그들은 정치와 행위에 반기를 들고자 했기 때문이다. 그들에게 가장 합법적인 정치활동은 입법과 투표로 결정한 것을 시행하는 일이었다. 왜냐하면 이 활동을 하면서 사람들은 '장인처럼 행위했기' 때문이다. 그들 행위의 결과는 구체적 산물이고 그 과정은 분명히 인식할 수 있는 끝이 있었다.[23] 이것은 더 이상 행위가 아니라, 생산이다. 그들은 커다란 신뢰성(인간이 그에 의존하여 누리는 이득) 때문에 생산을 선호했다. 이는 마치 사람들이 무상함과 무제약성, 결과의 예측불가능성을 가진 행위능력을 포기하면 인간사의 연약함과 덧없음을 해결할 수 있다고 말한 것처럼 보인다.

이 해결책으로 인해 인간관계의 핵심이 어떻게 파괴될 수 있는지는 아리스토텔레스가 사적 생활의 영역에서 행위의 사례를 이끌어낸 보기 드문 예에서 가장 잘 드러난다. 그것은 자선가와 수혜자의 관계다. 로마의 특징이 아니라 고대 그리스의 특징이라 할 수 있는 도덕을 배

---

22) M.F. Schachermeyr, "La formation de la cité Grecque", *Diogenes*, No.4, 1953을 보라. 그는 그리스어의 용법과 바빌론의 용법을 비교한다. 바빌론에서 '바빌론 사람들'이라는 개념은 다음과 같이 말할 때에만 쓸 수 있다. 바빌론 도시의 영토 안에 거주하는 사람들.

23) 입법자들은 장인(*cheirotechnoi*)처럼 행동한다. 그들의 행동은 구체적인 결과(*eschaton*)를 가지기 때문이다. 그 결과는 의회에서 통과된 포고령(*psēphisma*)이다(『니코마코스 윤리학』, 1141b29).

제한 솔직한 태도로 아리스토텔레스는 우선 자선가는 수혜자에게 사랑받는 것보다 수혜자를 더 사랑한다고 말한다. 이어 자선가는 생산(*ergon*)을 했고 수혜자는 그의 자비를 단지 감내했기 때문에 이는 자연스러운 일이라 설명한다. 그에 의하면 자선가는 그의 '작업', 즉 그가 '만든' 수혜자의 삶을 사랑한다. 이는 시인이 자신의 시를 사랑하는 것과 같다. 그는 자기 독자에게 작품에 대한 시인의 사랑이 자녀에 대한 어머니의 사랑만큼 열정적이라는 것을 상기시킨다.[24] 이 설명으로 분명하게 알 수 있는 것은 아리스토텔레스가 행위를 생산의 관점에서, 행위의 결과인 인간관계를 '작품'의 관점에서 생각한다는 점이다(그가 행위와 생산의 구별을 매우 강조했음에도 불구하고).[25] 이 해석은 자선가와 수혜자가 행위를 생산의 관점에서 해석하는 데 동의한다고 가정함으로써 배은망덕의 현상을 심리학적으로 설명하는 데 도움이 될지는 모르지만, 그것이 행위 자체와 행위의 결과, 즉 행위가 확립해야 하는 인간관계를 망쳤다는 것을 분명하게 보여준다. 공론 영역에서 입법자의 과제와 역할에 대한 그리스인의 생각이 우리에게 낯설기 때문에 입법자의 예시는 설득력이 부족한 것 같다. 어쨌든 그리스인이 이해하는 입법활동과 같은 생산은, 그 외의 다른 행위를 기대할 수도 없고 가능하지도 않은 조건에서만 행위의 내용이 될 수도 있다. 행위의 진정한 의미, 막연하고 극히 연약한 행위의 의미가 파괴되어야만 행위는 최종 생산물을 산출할 수 있다.

철학이 나타나기 이전에 그리스에서 행위의 연약성을 해결하는 법은 폴리스의 구축이었다. 폴리스는 그리스에서 그것이 생겨나기 이전의 경험 및 인간의 공동생활을 가치 있게 만드는 것(*syzēn*), 즉 '말과 행위의 공유'[26]에 대한 평가로부터 탄생했고 또 그에 기초하고 있었다.

---

24) 같은 책, 1168a13 이하.
25) 같은 책, 1140.

폴리스는 이중 기능을 가지고 있었다. 첫째, 폴리스는 몇 가지 제한에도 불구하고 사람들이 어떤 일을 지속적으로 할 수 있게 해주었는데, 이 일은 예전에는 예외적이고 흔하지 않은 상황에서만 실현할 수 있었고 또 이를 위해서는 가정을 떠나야만 했었다. 폴리스는 '불멸의 명예'를 얻는 기회, 즉 말과 행위로 그가 누구인지를 유일무이한 차이를 통해 보여주는 기회를 배가시키는 곳으로 여겨졌다. 아테네에서 재능과 천부적 자질이 발달하고 동시에 도시국가가 놀라울 정도로 빨리 쇠퇴한 이유—중요한 이유는 아니지만—중 하나는 폴리스의 궁극적 목적이 시종일관 예외적인 것을 일상의 평범한 사건으로 만드는 것이었기 때문이다. 폴리스의 두 번째 기능은 폴리스 이전에 경험한 행위의 위험과 밀접한 관계가 있는데, 그것은 행위와 말의 무상함을 치료하는 것이었다. 행위가 망각되지 않고 실제로 '불멸적'인 것이 될 가능성은 희박했기 때문이다. 호메로스는 시인의 정치적 기능을 알려주는 명백한 사례며, 그는 '모든 그리스인의 교육자'였다. 트로이전쟁 같은 위대한 모험을 불멸화할 시인이 없었다면 몇백 년 후에 망각되었을 것이라는 사실은 영속성을 보장하는 시인이 없다면 인간의 위대성이 어떤 모습으로 남겨질 것인지를 보여주는 좋은 사례가 된다.

여기서 우리는 그리스의 도시국가가 발생하게 된 역사적 원인에 관심이 가지는 않는다. 그리스인들은 폴리스와 폴리스가 존재한 근거(*raison d'être*)에 대해 생각을 분명히 밝히고 있다. 폴리스—페리클레스 추도사의 유명한 말을 신뢰한다면—는 모든 바다와 땅을 모험의 장으로 만든 사람들이 아무런 증언 없이 사라져버리지 않도록 보증하며, 따라서 그들을 칭찬할 줄 아는 호메로스나 그 밖의 사람들이 필요하지 않다는 것을 보증한다. 행위하는 자들은 타인(시인)의 도움 없이도 좋

---

26) 아리스토텔레스는 이렇게 표현한 적이 있다. "공동의 관심사에 관해 논의함"(같은 책, 1126b12).

은 행위와 나쁜 행위의 영원한 기념비를 세울 수 있으며, 현재나 미래에 찬사를 불러일으킬 수 있다.[27] 달리 말해 폴리스의 형식에서 함께하는 인간의 삶은 가장 무상한 인간활동인 행위와 말 그리고 가장 덧없는 인공적 '생산물'인 행위와 이야기들을 사라지지 않도록 보장한다. 도시를 둘러싼 성벽이 물리적으로 보호하고 성상학적으로는 법률이 보증하는─후세들이 알아차리지 못할 정도로 폴리스의 정체성을 바꾸지 않기 위해─폴리스의 조직은 일종의 조직화된 기억이다. 이는 사멸적인 행위자의 실존이 지나가버리지 않도록 유동적인 위대성이 현실성을 잃지 않도록 보증한다. 현실성은 보이고 들림으로써, 일반적으로 말해 동료 청중 앞에 나타남으로써 생긴다. 이 사멸적 행위자들은 폴리스 밖에서는 단지 짧은 기간 동안 실행에 참가할 수 있고, 그래서 그곳에 없었던 사람들에게 소개되기 위해 호메로스와 '그와 같은 일을 하는 다른 사람들'을 필요로 한다.

이런 자기 해석에 따르면 정치 영역은 직접적인 공동 행위에서, 즉 '말과 행위의 공유'에서 발생한다. 그래서 행위는 우리 모두에게 공통적인 세계의 공적 부분과 가장 밀접한 관계를 가질 뿐만 아니라 공론 영역을 구성하는 활동이기도 하다. 그것은 마치 폴리스의 성벽과 법률의 경계선이 기존의 공적 공간의 둘레에 그어지는 것과 같다. 공적 공간은 이와 같이 안정을 도모하는 보호망이 없으면 지속할 수 없고 행위와 말 자체의 순간을 지나서까지 살아남을 수 없다. 역사적으로가 아니라 상징적으로 또는 이론적으로 말하면, 물론 이는 마치 트로이전쟁에서 돌아온 사람들이 자신들의 행위와 고통으로 확보한 행위 공간을 영구적인 것으로 만들어, 흩어져 고립된 농가로 돌아가도 이 공간이 사라지지 않기를 바라는 것과 같다.

엄밀히 말해 폴리스는 지리적 위치를 가진 도시국가가 아니다. 폴리

---

27) Thucydides ii, 41.

스는 사람들이 함께 행위하고 말함으로써 생겨나는 사람들의 조직이다. 폴리스의 참된 공간은, 그들이 어디 있든, 이 목적을 위해 함께 살아가는 사람들 사이에 존재한다. "네가 어디로 가든 너는 폴리스가 될 것이다." 이 유명한 말은 단순히 그리스 식민지화의 모토가 아니다. 행위와 말은 사람들 사이의 공간, 즉 언제 어디서나 자신의 석낭한 위치를 발견하는 공간을 창조할 수 있다는 확신을 표현한다. 폴리스는 가장 폭넓은 의미에서 현상의 공간이다. 이 공간에서 나는 타인에게, 타인은 나에게 나타난다. 사람은 거기에서 다른 유기체나 무기체처럼 그저 존재하는 것이 아니라 뚜렷이 나타난다.

이 공간이 항상 존재하는 것은 아니다. 모든 사람이 행위하고 말할 수 있다 하더라도 그들 대부분은—노예나 외국인 미개인, 근대 이전의 노동자나 장인, 우리 시대의 직업인이나 상인—이 공간에서 살지 않는다. 더욱이 어떤 사람도 늘 이 공간에서 살 수 없다. 이 공간을 박탈당했다는 것은, 인간적이고 정치적으로 말하자면, 현상과 동일한 것인 실재를 박탈당했다는 것을 의미한다. 타인들의 현존과 사람들 모두에게 세계가 현상한다는 것이 세계의 실재성을 보증한다. "모두에게 현상하는 것, 이를 우리는 존재라 부른다."[28] 현상하지 못하는 것은 모두, 매우 친밀해서 전적으로 우리 자신의 것이지만 실재하지 않는 꿈처럼 왔다가 사라져버린다.[29]

28. 권력과 현상의 공간

현상의 공간은 말과 행위의 방식으로 사람들이 함께 사는 곳이면 어

---

28) 아리스토텔레스, 『니코마코스 윤리학』, 1172b36이하.
29) 깨어 있는 모든 사람에게 세계는 하나이고 공동의 것이지만, 잠자는 사람에게는 그만의 세계가 된다는 헤라클레이토스의 말(Diels, 앞의 책, B89)은 방금 인용한 아리스토텔레스의 말과 본질적으로 동일하다.

디서나 존재하고, 따라서 공론 영역의 모든 형식적인 구조와 다양한 형태의 정부, 즉 공론 영역이 조직화될 수 있는 다양한 형식들보다 앞서 존재한다. 이 공간은 우리 손이 하는 작업의 공간과는 달리 이 공간을 존재하게 하는 운동의 현실성을 넘어 존속하는 것이 아니라 사람들이 흩어지면 사라지고―인간의 정치체제가 파괴되는 대재난의 경우처럼―활동 자체가 없어져도 사라진다. 사람들이 모이는 어디에서나 현상의 공간은 잠재적으로 존재하지만, 반드시 또는 영원히 존재하지는 않는다. 문명은 흥하고 망하며, 강력한 제국들이 외적 재난 없이도 쇠퇴하여 사라지는 것은―그 원인은 대개 덜 가시적인 내적 부패였지 외적 '원인들'은 아니었다―공론 영역의 이런 특성에 원인이 있다. 공론 영역은 결국 행위와 말에 의존하기 때문에 결코 잠재적 성격을 완전히 상실하지 않는다. 먼저 정치적 공동체를 손상시키고 그다음 죽이는 것은 권력의 상실이고 최종적으로는 무능력이다. 권력은 폭력의 도구처럼 저장할 수 없고 비상시를 위해 비축할 수도 없다. 권력은 실현될 때에만 존재한다. 권력이 실현되지 않은 곳에서 권력은 없어진다. 역사는 엄청난 물질적 부조차 권력의 상실을 보상할 수 없다는 것을 많은 사례를 통해 보여준다. 말과 행위가 일치하는 곳에서, 말이 공허하지 않고 행위가 야만적이지 않은 곳에서, 말이 의도를 숨기지 않고 행위가 현실을 드러내는 곳에서 권력은 실현된다. 행위가 관계를 침해하거나 파괴하지 않고 그것을 확립하고 새로운 현실을 창조하는 곳에서만 권력은 실현된다.

행위하고 말하는 사람들 사이의 잠재적 현상 공간인 공론 영역을 존재하게 하는 것이 권력이다. 이 단어는 그리스어 **가능태**(*dynamis*)가 동의어고 근대에 다양한 파생어를 가지는 라틴어 **포텐치아**(*potentia*) 또는 독일어 **마흐트**(Macht, 이 단어는 '만들다'는 뜻의 machen이 아니라 '할 수 있다' 또는 '원하다'의 mögen과 möglich의 파생어다)와 비슷한데, 이 단어들은 모두 현상의 '잠재적' 성격을 의미한다. 권력은 늘 잠재적 권력이며, 세력이나 힘처럼 불변하고 측정가능하여 의지할 만한 그런 실재가 아니다.* 힘이 고립된 개인에게서 볼 수 있는 자연적 성질인 반면, 권력은 함께 행위하는 사람들 사이에서 생겨나 그들이 흩어지는 순간 사라진다. 권력은 현실로 나타날 수 있지만 완전히 물질화될 수 없는 모든 가능태와 공유하는 특성으로 인해 놀라울 정도로 물질적 요소와는 무관하고 수(number)와 수단(means)과도 무관하다. 비교적 작지만 잘 조직된 집단이 매우 거대한 제국을 지배할 수 있다. 작고 가난한 나라가 크고 부유한 민족을 이기는 경우는 역사상 흔하다. (다윗과 골리앗의 이야기는 단지 비유적으로 참이다. 소수의 권력은 다수의 권력보다 더 강할 수 있다. 그러나 두 사람 간의 경쟁에서는 권력이 아니라 힘이 결정한다. 영리함, 즉 지력은 근육의 힘만큼 실제로 좋은 결과를 가져온다.) 한편 물질적으로 강한 통치자에 대항하는 인민의 항쟁은, 실제로 매우 우월한 세력 앞에서 폭력 사용을 삼간다 할지라도, 거의 저항할 수 없는 권력을 발생시킬 수 있다. 이를 '수동적 저항'이라 부르는 것은 확실히 역설적 생각이다. 인민의 항쟁은 가장 능동적이고 효과적인 행위 방식이다. 왜냐하면 이 항쟁은 승자나 패자가 있는 전투로 막을 수 없고 오직 대량학살로만 저지할 수 있기 때문이다. 여기에서는 승자조차 패자가 된다. 누구도 죽은 자를 지배할 수 없기 때문이다.

권력의 발생에 유일하게 필요한 물질적 요소는 사람들이 함께 살아간다는 사실이다. 사람들이 가깝게, 함께 살아서 행위의 가능성이 늘 열려 있는 곳에서만 사람들은 권력을 가질 수 있다. 고대의 도시국가를

---

* 아렌트는 권력(power)을 행위와 공론 영역을 가능케 하는 물질적 가능성으로 규정하고, 이를 세력(force)과 힘(strength)과는 구별한다. 권력이 근본적으로 다른 사람과 행위할 수 있는 능력을 뜻한다는 것은 프랑스어 pouvoir에서 잘 나타난다. 행위와 공동체의 관점에서 보면, 권력은 다원성을 토대로 한 행위의 능력을, 힘은 고립된 개인의 자연적-물리적 능력을, 세력은 한 개인이 폭력을 통해 다른 사람에게 미치는 힘을 의미한다.

통해 모든 서구 정치조직의 진형이 된 도시건설은 권력의 가장 중요한 물질적 필수조건이다. 행위의 일시적 순간이 지난 후 사람들을 함께 묶어두는 것은 (오늘날 우리가 '조직화'라 일컫는 것) 그리고 동시에 그들을 함께 머물게 함으로써 삶을 유지하게 하는 것은 권력이다. 무슨 이유에서든 고립되어 함께하는 삶에 참여하지 못하는 자는, 그의 힘이 아무리 강하고 고립의 이유가 아무리 타당하다 할지라도 권력을 잃고 무능해진다.

권력이 단지 함께하는 삶에서 생겨나는 이런 가능성 이상의 것이라면, 즉 다수의 의지와 의도의 일시적이고 불확실한 동의에 의존할 필요 없이 힘처럼 소유하거나 세력처럼 적용할 수 있다면, 아마 인간은 전능해질 수 있을 것이다. 왜냐하면 권력도 행위처럼 무한하기 때문이다. 권력은 힘처럼 인간적인 자연, 즉 인간의 육체적 실존에서 어떤 물리적 한계도 갖지 않는다. 권력의 유일한 한계는 타인의 실존이지만 인간권력은 처음부터 다원성의 조건에 맞춰져 있기 때문에, 이 한계는 우연적인 것이 아니다. 같은 이유로 권력은 줄지 않고 분할될 수 있다. 권력과 권력의 견제 및 균형 간의 상호작용은 더 많은 권력을 발생시키기 쉽다. 적어도 상호작용이 가능하고 교착상태에 빠지지 않는 한, 그러하다. 반대로 힘은 나눌 수 없고 타인의 현존에 의해 견제당하며 균형을 이루기도 하지만, 이 경우 다수의 상호작용은 개인의 힘에 명확한 한계를 부여한다. 힘은 한계 안에 머물고 다수의 잠재적 권력의 지배를 받는다. 사물의 생산에 필수적인 힘과 행위에 필수적인 권력을 동일한 것으로 생각하는 경우는 그것들을 유일신의 신적 속성으로 생각할 경우다. 그러므로 신들의 힘이 인간의 세력보다 아무리 우월하다 해도, 전지전능은 다신교 신들의 속성이 결코 아니다. 반대로, 전지전능에 대한 열망은 늘―그 유토피아적 오만과는 별도로―다원성의 파괴를 함축한다.

인간 삶의 조건에서 권력의 유일한 대안은 권력에 대항해서는 무기력한 힘이 아니라 세력이다. 세력은 한 사람이 홀로 동료에게 발휘하는 것이며, 폭력의 수단을 확보함으로써 한 사람 또는 소수가 그 독점권을 소유할 수 있다. 그러나 폭력이 권력을 파괴할 수는 있지만 권력의 대체물은 될 수 없다. 이로부터 세력과 무권력의 빈번한 정치적 결합이 발생한다. 이것은 무능한 세력들 간의 동맹이다. 이 동맹은 흔히 장엄하고 격렬하지만 매우 헛되고 기념비나 이야기, 역사에 기록될 업적을 거의 남기지 않는다. 역사적 경험과 전통적 이론에서 이 결합은, 설령 이런 식으로 인식되지는 않았다 하더라도, 전제정치다. 이 지배형태에 대한 오랜 두려움은 단지 그 잔인성 때문은 아니다. 잔인성은 일련의 자비로운 참주들과 계몽 군주들이 증명하듯이 전제정치의 필연적 특성이 아니다. 두려움은 오히려 전제정치가 통치자와 피지배자 모두에게 선고하는 무능과 무상함 때문에(그들에게 전제정치를 극복할 힘이 없다는 사실 때문에) 생겨난다.

이와 관련해 더욱 중요한 것은 정부 형태에 진지한 관심을 가졌던 마지막 정치사상가인 몽테스키외의 발견이다. 내가 아는 한, 그 혼자만이 전제정치의 핵심적 특징이 고립에 의존한다는 사실을 발견했다. 전제 군주는 백성들로부터 고립되고, 백성들은 무언의 공포와 의심으로 인해 서로에게서 고립된다. 따라서 전제정치는 정부 형태 중의 하나가 아니며, 중요한 인간의 조건인 동시에 모든 형태의 정치조직의 조건인 다원성, 즉 함께 행위하고 말하는 인간의 조건에 모순된다. 전제정치는 공론 영역의 어느 한 부분만이 아니라 그 전체에서 권력의 발전을 방해한다. 다른 정치체제가 권력을 낳는다면, 전제정치는 무능을 낳는다. 그 때문에 몽테스키외는 정치조직의 이론에서 반드시 전제정치에 특별한 지위를 부여해야 한다고 해석한다. 공론 영역인 현상의 공간에 머물 수 있을 만큼 충분한 권력을 발전시킬 수 없는 유일한 정치체제가 전제정치다. 전제정치는 존재하는 순간 자기 파괴의 세균을 배양시키는 것이다.[30]

그런데 이상하게도 폭력은 힘보다 권력을 더 쉽게 파괴할 수 있다.

전제정치는 함께 행위하고 말하는 능력을 상실한 백성들의 무능을 특징으로 하지만, 반드시 연약함과 무익함의 성격을 갖는 것은 아니다. 반대로 수공업과 예술은, 지배자가 자기 백성을 고립 속에 혼자 살도록 허용할 만큼 '자비로울' 때에는 이 조건에서도 번창할 수 있다. 다른 한편 힘은 개인에게 주어진 자연의 선물인데, 이것을 타인과 공유할 수 없으며, 권력보다는 폭력에 더욱 성공적으로 대항할 수 있다. 예를 들어 싸워서 죽겠다는 영웅적인 결심이나 또는 세계로부터의 도피와 자족을 통해 모든 고통을 감내하고 이기겠다는 스토아적인 자세로 대항할 수 있다. 이 두 경우에 개인과 그의 힘은 손상되지 않고 원래 그대로 남는다. 실질적으로 권력만이 힘을 파괴할 수 있고, 그래서 언제나 다수로 결합된 세력으로부터 위협을 받는다. 권력은 강자를 파멸시키기 위해 약한 자가 함께 연대할 때 비로소 부패하게 된다. 그 이전에는 부패하지 않는다. 홉스에서 니체에 이르기까지 근대가 예찬하기도 하고 비난하기도 한 권력에의 의지는 강자의 특징이 아니며, 오히려 시기와 질투처럼 약자의 악덕에 속한다. 잠재적으로는 약자의 가장 위험한 악덕이다.

전제정치가 권력을 폭력으로 대체하려는, 그러나 언제나 성공하지 못한 시도로 묘사될 수 있다면, 정반대인 폭민정치 또는 우민정치는 힘으로 권력을 대체하려는, 보다 더 가능성 있는 시도로 규정할 수 있다. 권력은 참으로 모든 힘을 파괴할 수 있다. 주요한 공론 영역이 사회인 곳에서는 언제나, 왜곡된 형식의 '공동 행위'―연줄이나 압력 그리고 파벌들의 속임수―를 통해 아무것도 모르고 아무것도 할 수 없는 자들

---

30) 참주정치(tyranny)와 전제정치(despotism)의 차이를 무시하는 몽테스키외의 말에서 잘 드러난다. "전제 정부의 원칙은 늘 부재한다. 그것은 본성적으로 부패해 있기 때문이다. 다른 정부들은 원칙을 침해하는 특정한 사건들 때문에 붕괴하지만, 이 체제는 내부적 결함으로 붕괴하기 때문에 어떤 우연적 요인도 그 원칙이 스스로 부패하는 것을 막지 못한다"(앞의 책, Book. VIII. ch.10).

이 전면에 나서는 위험이 있다는 것을 안다. 가장 창조적인 근대의 예술가, 사상가, 학자 그리고 장인들 몇몇의 특징이라 할 수 있는 폭력에 대한 강렬한 열망은 사회로부터 자신들의 힘을 빼앗긴 자들의 당연한 반응이다.[31]

권력은 공론 영역과 현상의 공간을 보존한다. 그러므로 권력은 인간의 손으로 만들어진 세계의 생명줄이다. 인간의 세계는 말과 행위, 인간사회 관계들의 그물망 그리고 이것들의 산물인 이야기의 무대가 되지 못하면 그 궁극적인 존재의 근거를 갖지 못한다. 사람들이 그에 관해 말하고 거기에 거주하지 않는다면, 세계는 인간의 세계가 아니라 고립된 개인이 제멋대로 대상을 하나 더 보태는 무관한 사물들 더미에 불과할 것이다. 인간이 거주할 세계가 없다면 인간사는 유목민의 방랑만큼이나 유동적이고 무상하며 헛되다. 「전도서」의 음울한 지혜—"헛된 것들의 헛됨, 모든 것이 헛되다. ……태양 아래 새것이 없다. ……이전 것의 어떤 기억도 없도다. 장차 올 사람들과 같이 오게 될 사물들에 대한 어떤 기억도 존재하지 않을 것이다"—는 꼭 특별한 종교적 체험에서 나오는 것이 아니다. 오히려 이 지혜는 인간이 등장하기에 적합한 공간, 즉 행위와 말에 적합한 공간인 세계에 대한 신뢰가 없어지는 곳에서는 불가피한 것이다. 탄생 덕분에 각각의 사람이 할 수 있는 새로운 시작을 세계의 무대에 가져오는 행위가 없다면, "태양 아래 새로운 어떤 것도 존재하지 않는다." 현상하며 빛나는 '새로운 것들'을 일시적이나마 물질화하고 기억시키는 말이 없다면, "어떤 기억도 존재하지 않는다." 인공품의 지속하는 영속성이 없다면 '장차 올 사람들과 함께 오게 될 사물들의 어떤 기억도 존재'할 수 없다. 권력이 없다면, 말

---

31) 권력에의 의지에 대한 니체의 예찬이 얼마만큼 근대 지성들의 이런 경험에 고무되었는지는 다음 말에서 추측할 수 있다. "왜냐하면 자연에 맞서지 못하는 무능력이 아니라 인간에 대항하지 못하는 무능력이 인간실존에 가장 절망적인 쓰라림을 안겨주기 때문이다"(*Wille zur Macht*, No.55).

과 행위를 통해 공적으로 발생하는 현상의 공간은 생생한 말과 행동이 사라지는 만큼 빨리 없어질 것이다.

아마 우리의 역사에서 어떤 것도 권력에 대한 신뢰만큼 단명할 것이 없고 현상의 공간에 동반하는 광채에 대한 플라톤과 기독교가 가진 불신만큼 장수하는 것도 없으며, 마지막으로 근대에서 '권력의 부패'에 대해 확신하는 것만큼 더 일반적인 것도 없다. 투키디데스가 보고하듯이 페리클레스가 한 말은, 사람들은 동시에 동일한 동작으로 자신의 위대성을 발휘하고 절제할 수 있으며 실행 자체는 **가능태**를 발생시키기에 충분하고 그것이 계속 실재하기 위해 **호모 파베르**의 변형적 물화를 필요로 하지 않는다는 것을 확신했다는 점에서 독특하다.[32] 페리클레스의 말이 아테네인들의 내적인 확신과 일치하고 이를 명료하게 표현했다 하더라도, 그가 이 말을 말년에 했다는 것을 아는 사람들은 항상 그 말을 사후의 슬픈 지혜로 여겼다. 행위의 **역동적 권력**(*dynamis*)에 대한 신뢰(따라서 정치에 대한 신뢰)가 얼마 지속되지 못했다 하더라도―최초의 정치철학이 나타났을 때 그것은 끝이 났다―그것이 단순히 존재한다는 사실만으로도 **활동적 삶**의 서열에서 행위를 최고 지위로 끌어올리기에 충분했으며, 말을 인간과 동물을 구분하는 결정적 차이로 이끌어내기에 충분했다. 말과 행위는 오늘날에도 완전히 사라지지 않은 위엄을 정치에 부여했다.

페리클레스의 정식에서 분명하게 드러나는 것 그리고 우연히도 호메로스의 시에서도 마찬가지로 명백한 것은 행위와 말의 가장 깊은 의미가 승리와 패배와 무관하고 최종의 성과에 영향을 받지 않으며, 결과가 좋든 나쁘든 영향을 받지 않는다는 사실이다. 모든 문명인과 마찬가지로 그리스인은 인간의 행동을 '도덕적 기준들'에 따라 판단했는데

---

32) 위에서 언급한 Funeral Oration(n.27)의 문단에서 페리클레스는 폴리스의 권력 (*dynamis*)과 시인의 장인적 실력을 주의 깊게 대조시킨다.

한편으로는 동기와 의도를, 다른 한편으로는 목적과 결과를 고려했다. 이와 달리 행위는 오직 위대성의 기준으로만 판단할 수 있다. 행위는 본질상 일반적으로 받아들여지는 것을 돌파하여 예외적인 것에 이르게 하기 때문이다. 여기에서는 일반적으로, 일상에서 참인 것은 적용되지 않는다. 왜냐하면 존재하는 모든 것은 고유하며 독특(sui generis)하기 때문이다.[33] 투키디데스나 페리클레스는 아테네인들의 명예가 '자신들의 선한 행위와 악한 행위의 영속적인 기념비'를 남겼다는 사실에 있다고 말하면서 일상행동의 정상적 기준과 절연했다는 것을 잘 알았다. 정치의 기술은 사람들에게―데모크리토스의 표현에 따르면―위대하고 빛나는 일(ta megala kai lampra)을 성취하는 방법을 가르치는 것이다. 폴리스가 사람들을 북돋워 예외적인 것을 감행하게 하는 한 모든 일은 안전하다. 폴리스가 사라진다면 모든 것도 상실된다.[34] 동기와 목적은 아무리 순수하고 위대하다 해도 결코 유일한 것은 못 된다. 왜냐하면 그것들은 심리학적 성질처럼 다른 사람들에게도 전형적인 특징이기 때문이다. 그러므로 위대성 또는 개별적 행위의 고유한 의미는 단지 행위의 실행 자체에 있지 그 동기나 결과에 있지는 않다.

생동적인 행위와 말을 인간이 할 수 있는 최대의 업적으로 주장하는 이런 태도는 아리스토텔레스의 에네르게이아(energeia, '현실태')에서 개념화되었다. 이 개념으로 아리스토텔레스는 목적을 추구하지 않고 생산물도 남기지 않지만 실행 자체에서 완전한 의미를 가지는 활동 모두를 지칭했다.[35] 역설적인 '자기 목적'은 이러한 완전한 현실성의 경

---

33) 『시학』에서 아리스토텔레스가 위대함(megethos)을 연극 줄거리의 필수조건으로 생각하는 이유는 연극이 행위의 모방이고 행위는 위대함, 즉 평범한 행위와의 차이로 평가되기 때문이다(1450b25). 우연히도 이것은 부분들의 결합인 배열과 위대함 속에 존재하는 아름다운 것에도 똑같이 적용된다(1450b34 이하).
34) Diels, 앞의 책, 데모크리토스의 단편 B157을 보라.
35) 에네르게이아 개념에 대해서는 『니코마코스 윤리학』, 1094a1~5; 『자연학』,

험으로부터 그 본래적 의미를 획득한다. 왜냐하면 행위와 말의 경우[36] 목적(*telos*)은 추구되는 것이 아니라 오히려 활동 자체에 있다. 그러므로 활동 자체가 엔텔레케이아(*entelecheia*, 현실)가 된다. 그리고 작업은 과정 뒤에 오고 과정을 소멸시키는 것이 아니라 과정 안에 새겨져 있다. 실행이 작업이자 에네르게이아다.[37] 정치철학에서 아리스토텔레스는 정치에서 중요한 것은 인간으로서 **인간의 작업**이라는 것을 잘 알고 있었다.[38] 그가 이 작업을 '잘 사는 것'으로 정의했을 때, 그는 여기서의 '작업'이 생산품이 아니라 단지 순수 현실태에서만 존재한다는 것을 분명히 했다. 이같이 특별한 인간의 업적은 전적으로 수단과 목적의 범주 밖에 위치한다. '인간의 작업'은 목적이 아니다. 왜냐하면 그것을 성취하는 수단—덕(*aretai*)—은 실현되거나 실현되지 않을 수 있는 성질이 아니라 그 자체로 '현실태'이기 때문이다. 달리 말해 목적을 성취하는 수단은 이미 목적으로 존재한다. 이 '목적'은 역으로 다른 관계에서 수단이 될 수 없다. 왜냐하면 이러한 현실태보다 달성해야 할 더 고차적인 것이 존재하지 않기 때문이다.

데모크리토스와 플라톤 이래의 정치철학에서 반복되는 주장, 즉 행위와 말을 순수 현실태로 해석하는 그리스인의 철학 이전의 경험은 마치 부드러운 메아리같이 느껴진다. 정치는 테크네(*technē*)이자 기술에 속하고, '생산품'이 그것을 생산하는 활동 자체와 동일시되는 춤꾼이

201b31; 『영혼론』, 417a16, 431a6을 보라. 가장 빈번하게 사용하는 예는 '보는 것'과 '플루트를 연주하는 것'이다.

36) 아리스토텔레스가 행위나 말보다 관조(*theōria*)와 정신(*nous*)을 '현실태'의 가장 높은 가능성으로 보았다는 것은 우리의 논의에서는 중요하지 않다.

37) 아리스토텔레스의 개념인 에네르게이아와 엔텔레케이아는 밀접하게 서로 연관된다. 완전한 현실태는 자기 자신 이외의 어떤 것도 산출하지 않으며 영향을 주지도 않는다(*energeia ······ synteinei pros tēn entelecheian*). 그리고 완전한 현실은 자신 이외의 어떤 다른 목적을 갖지 않는다(『형이상학』, 1050a22~35를 보라).

38) 『니코마코스 윤리학』, 1097b22.

나 배우의 연기가 그렇듯이 정치가 의료나 항해 같은 활동으로 비유될 수 있다는 말이다. 그러나 오로지 현실태로서 존재하고 따라서 정치영역의 최고활동이 되는 행위와 말에 무슨 일이 일어났는지를 우리가 알려면, 근대사회가 그 초기 단계의 특징이었던 독특하고 완고한 일관성으로 행위와 말에 관해 말했던 것을 들어야만 한다. 애덤 스미스가 '군인·성직자·법률가·의사·오페라 가수'와 같이 본질적으로 실행에 의존하는 모든 직업을 '천한 서비스', 즉 가장 저급하고 비생산적인 '노동'으로 분류했을 때, 행위와 말의 폄하는 이미 암시되어 있었다.[39] 고대인들은 정확히 의술, 플루트 연주, 연극 공연 같은 이 직업들을 가장 고차적이고 위대한 인간활동의 사례로 생각했다.

29. 호모 파베르와 현상 공간

고대가 정치를 평가한 근거는 인간으로서 인간, 즉 다른 사람과 구별되는 차이를 가진 개인이 말과 행위를 통해 스스로를 드러내고 확인하며, 물질적 무용성에도 불구하고 이 활동이 자신의 기념비를 창조하기 때문에 고유한 영속적 성질을 가진다는 확신이다.[40] 따라서 인간이 스스로를 드러내기 위해 필요로 하는 세계 안의 공간인 공론 영역은 그의 손의 생산과 신체의 노동이기보다, 특수한 의미에서 '인간의 작업'이다.

인간이 성취할 수 있는 가장 위대한 것이 자신의 현상과 현실화라는 확신은 자명하지 않다. 이 확신에 대립하는 것은 인간의 생산품이 인간보다 더 오래가고 더 가치 있다는 **호모 파베르**의 확신과 다른 한편으로 생명이 최고 재산이라 믿는 **노동하는 동물**의 확고한 신념이다. 그러므

---

39) 『국부론』, II, 295.
40) 이것은 로마에서는 그렇지 않지만, 그리스의 '덕'(virtue) 개념에서 중요한 특징이다. 덕(*aretē*)이 존재하는 곳에서 망각은 발생할 수 없다(아리스토텔레스, 『니코마코스 윤리학』, 1100b12~17 참조).

로 엄격히 말하면 **호모 파베르**와 **노동하는 동물**은 모두 정치와 무관하며 행위와 말을 게으름, 즉 게으른 말참견이나 한담으로 경멸하는 경향을 보인다. 이 둘은 일반적으로 공적 활동을 더 상위에 있다고 가정된 목적에 유용한가 하는 관점에서 판단한다. 즉 **호모 파베르**의 경우에는 세계를 더 쓸모 있고 더 아름답게 만드는가 하는 관점에서, **노동하는 동물**의 경우에는 삶을 더 편하고 오래 유지할 수 있게 하는가의 관점에서 판단한다. 그러나 이는 그들이 공론 영역이 없어도 자유로울 수 있다는 것을 의미하지는 않는다. 왜냐하면 현상의 공간 없이는, 함께 존재함의 양태인 행위와 말에 의지하지 않고서는 자아, 즉 자기 정체성의 실재성도 또 주변 세계의 실재성도 결코 확립될 수 없기 때문이다. 실재에 대한 인간의 감각은 자기 존재가 순전히 수동적으로 주어져 있다는 것을 반드시 현실적으로 인식할 것을 요구한다. 이는 그들이 그렇게 하지 않으면 늘 고통받을 그 무엇을 변화시키기 위해서가 아니라 보다 명료하게 하고 완전히 존재하게끔 하기 위해서다.[41] 이런 현실화는 순수 현실태로서만 존재하는 이 활동을 통해 이루어지고 진행된다.

세계의 실재성을 가늠할 수 있는 유일한 성격은 세계란 우리 모두에게 공동의 것이라는 점이다. 공동감각(common sense)은 정치적 특성의 서열에서 최고의 지위를 점한다. 왜냐하면 공동감각은 엄격히 개별적인 우리의 오감과 그것들이 지각하는 엄격히 특수한 자료들을 현실에 적합하게 만드는 유일한 감각이기 때문이다. 공동감각 때문에 그외의 다른 지각들이 실재를 드러내며, 이 지각들이 단순히 신경자극이나 신체의 저항감으로 느껴지는 것은 아니라는 점을 알게 된다. 따라서 주어진 공동체에서 공동감각이 현저히 감소하고 미신과 기만이 현저하

---

41) 이것은 제5장 서두에 있는 단테 인용문의 마지막 문장이 가지는 의미다. 라틴어로 쓰인 본래의 이 문장은 뜻이 매우 분명하고 명확하지만 번역하기는 불가능하다(*De monarchia* i, 13).

게 증가한 것은 대개 세계로부터 사람들이 소외된다는 사실의 명확한 징표다.

소외, 현상공간의 위축과 공동감각의 저하는 생산자의 사회보다 노동하는 사회에서 더 극단적인 형태를 띠게 된다. 타인에게 방해받지 않고 타인이 보고 듣지 못하고 확인할 수 없는 고립 속에 있는 **호모 파베르**는 오로지 그가 만드는 생산품과 이 생산품들이 첨가되어 이루는 사물세계와 더불어 존재한다. 이런 방식으로 직접적이지 않지만 **호모 파베르**는 여전히 세계를 형성하고 또 마찬가지로 사물들의 제작자인 타인들과 함께 존재한다. 우리는 장인이 고객을 만나는 장소이자, 개인 각자가 어떤 기여를 하는 한, 이들에게 공론 영역을 제공하는 곳인 교환시장을 이미 언급했다. 그러나 공론 영역으로서 교환시장은 매우 적절하게도 제작활동에 상응하는 반면, 교환 자체는 이미 행위의 영역에 속하고 생산의 단순한 연장이 아니다. 더욱이 음식과 다른 소비수단의 구매가 필연적으로 노동에 따르는 것처럼 그렇게 교환이 자동적 과정의 단순한 기능은 아니다. 경제법칙은 자연법칙과 유사하다는 주장, 즉 경제법칙이 교환의 자유행위를 규제하기 위해 만들어진 것이 아니라 사회 전체의 생산조건의 기능을 한다는 마르크스의 주장은 노동사회에서만 옳다. 노동사회에서 모든 활동은 인간 신체와 자연과의 신진대사로 평준화되며, 소비 이외의 어떤 교환도 존재하지 않는다.

그러나 교환시장에서 만나는 사람들은 우선 인격으로서의 사람들이 아니라 상품의 생산자다. 그들이 보여주는 것은 생산자 자신이 아니며, 더욱이 중세의 '과시적 생산'처럼 생산자의 기술이나 질도 아니다. 그것은 생산품이다. 제작자를 공동의 시장으로 내모는 충동은 사람에 대한 갈망이 아니라 생산품을 얻고자 하는 갈망이다. 이런 시장을 유지하고 존재하게 만드는 힘은 사람들이 서로 행위하고 말할 때 발생하는 잠재 권력이 아니라 결합된 '교환의 힘'(애덤 스미스)이다. 이 힘은 참여자 개개인이 고립 속에서 획득하는 것이다. 마르크스가 상업사회의 비

인간화와 자기소외라는 표현으로 비난했던 것은 이런 개인적 관계의 부재와 일용품에 대한 우선적 관심이었다. 상업사회는 인격으로서 인간을 배제하며, 사람들이 자기 가족이라는 사적 영역 안에서나 친구 간의 친밀함에서만 자신을 드러내도록 요구한다. 그런데 이것은, 정확히 말해, 고대의 사적인 것과 공적인 것의 관계가 완전히 전도된 것이다.

생산자 공동체와 상업사회에 내재하는 인격의 좌절감은 천재 현상에서 가장 잘 드러난다. 르네상스부터 19세기 말에 이르는 근대는 이 천재에게서 최고의 이상을 발견했다. (고대나 중세는 인간의 위대성의 정수로서 창조적 천재를 알지 못했다.) 위대한 예술가들이 놀랍게도 한결같이 '천재들'이라 불리기를 꺼려하면서 장인의 재능을 가진 사람으로 여겨지기를 원하고 동시에 예술과 수공업 사이에 밀접한 관계가 있다고 주장한 것은 오직 우리의 시대, 즉 근대가 시작될 때부터다. 확실히 이 저항은 부분적으로 천재 관념의 비속화와 상업화에 대한 반발이다. 그러나 그것은 또한 보다 최근에 이루어진 노동사회의 발생에서 기인한다. 노동사회에서 생산성이나 창조성은 그 어떤 이상도 아니며, 이 사회는 위대성의 관념이 탄생할 수 있는 경험들도 갖고 있지 않다. 우리의 맥락에서 중요한 것은 장인의 생산품과 구별되는 천재의 작업이 행위와 말에서만 직접적으로 표현되는 차이성과 유일성의 요소들을 포함하고 있다는 점이다. 근대가 각 예술가의 고유한 서명에 집착하고 양식에 전례 없이 민감한 것을 볼 때, 개인의 유일성이 그의 자질의 합을 넘어서는 것과 비슷한 방식으로 예술가들이 자신의 기술과 재능을 초월하는 데서 드러나는 이런 예술가적 특징들에 근대가 몰두한다는 것을 알 수 있다. 예술가의 위대한 작품을 인간 손의 다른 모든 생산품과 구별하는 이런 초월성 때문에, 창조적 천재라는 현상은 사람의 생산품이 그 자신 이상이고 본질적으로 더 위대하다는 **호모 파베르**의 확신을 가장 정당화하는 것처럼 보였다.

그러나 근대가 그렇게도 기꺼이 천재에게 보냈던 우상화나 다름없던 존경도 한 사람이 누구인가 하는 인격의 본질이 결코 그 자신에 의해 물화될 수 없다는 기본적인 사실에는 아무런 변화도 주지 못했다. 인격의 본질이 '객관적으로' 표현될 때—예술작품의 형식이든 일상적 글쓰기에서든—그것은 개인의 자기 정체성을 명백히 하고, 그래서 저 작자를 확인하는 데 도움이 된다. 그러나 우리가 그것을 살아 있는 인격의 거울로 해석하려 한다면, 그것은 그 자체로 침묵하고 우리를 벗어난다. 달리 말하면, 천재의 우상화는 상업사회에 널리 퍼진 다른 신조들처럼 인격비하를 함축하고 있다.

한 개인의 인격이 위대성과 중요성에서 그가 행할 수 있고 생산할 수 있는 어떤 사물도 능가한다고 믿는 것은 인간긍지의 필수불가결한 요소다. "외과의사와 제빵사 그리고 대저택의 하인들은 그들이 행한 것을 기준으로, 심지어 그들이 하려고 의도했던 것을 기준으로 평가받도록 하라. 위대한 사람들은 현재의 자기 모습으로 판단받는다."[42] 통속적 대중만이 스스로를 비하하면서 과거에 행했던 것으로부터 자부심을 얻으려 한다. 이런 비하 때문에 이들은 자기 능력의 '노예나 죄수'가 된다. 순전히 어리석은 허영 이상의 무엇이 자신에게 남아 있다면, 그들은 자신의 노예나 죄수가 되는 것이 자기 이외의 누군가의 노예가 되는 것보다 더 고통스럽고 더 수치스럽다는 것을 아마 알게 될 것이다. 천재의 경우 작품에 대한 창작자의 우월성이 전도되기 때문에 살아 있는 창조자로서 그가 자신의 창작품—비록 창작품이 창조자보다 오래 남는다 하더라도 창조자는 생전에 그것을 완성한다—과 경쟁관계에 있음을 발견하는 것은 그에게는 영광이 아니라 일종의 곤경이다. 진정으로 위대한 재능의 품위를 지킬 수 있는 길은 자신의 짐을 진 사람이

---

42) 나는 여기서 *Seven Gothic Tales*(Modern Library)에 있는 아이작 디네센(Isak Dinesen)의 경이로운 이야기인 "The Dreamers"를 인용하고자 한다. 특히 pp.340 이하를 보라.

적어도 창조성의 원천이 살아 있는 한, 자신이 행한 것에 굴복하지 않는 것이다. 창조성의 원천은 그 사람의 **본질**에서 나오는 것이며, 그 사람이 성취하는 업적과는 무관할 뿐만 아니라 실제 작업과정의 외부에 있기 때문이다. 그럼에도 불구하고 천재의 곤경이 실질적 곤경이라는 사실은 문학을 즐기는 **지식인들**(*literati*)의 경우에 명백하게 나타난다. 여기서 인간과 그의 생산품 사이의 전도된 질서는 사실상 절정에 달한다. 이런 경우에 특히 참을 수 없고 또 지적 우월감보다 훨씬 더 대중적 증오를 불러일으키는 것은 최악의 생산품조차 창작자 자신보다 더 나은 것처럼 보인다는 사실이다. '지성적'인 사람의 특징은 그가 '끔찍한 굴욕'을 당하고도 동요하지 않는다는 점이다. 진정한 예술가나 작가는 이런 굴욕을 당하면서 일하는데, 이 굴욕은 '그가 자기 작품의 아들이 된 느낌'을 갖는다는 데 있으며, 마치 다르게 보이지 않고 '항상 그렇게만 보이는 거울을 들여다보는 것처럼' 자신의 작품 속에서 자신의 모습을 재발견하도록 선고받았다는 데 있다.[43)]

30. 노동운동

타인으로부터의 고립이 필수적 선행조건인 작업활동은 인간이 인간으로서 나타날 수 있는 자발적인 공론 영역을 확립할 수는 없지만, 이런 현상공간과 여러 측면에서 여전히 관련을 맺고 있다. 적어도 작업은 자

---

43) 이 인용문의 출처인 폴 발레리(Paul Valéry)의 아포리즘의 완전한 원문은 다음과 같다. "**창조된 창조자**. 오랜 작업을 막 마친 사람이 그가 결코 원치도 않았고 염두에 두지도 않았던 존재가 마침내 형성되는 것을 바라본다. 그가 그것을 산출했다는 바로 그 이유 때문에 그는 자기 작품의 아들이 되는 것을 느끼고 그에게서 거부할 수 없는 특징들을, 즉 닮음과 여러 괴벽들 그리고 하나의 경계선과 거울을 빌린다는 끔찍한 모욕감을 갖게 된다. 최악은 거울 속에서 자기 자신을 제한적으로 그렇고 그렇게 바라본다는 것이다"(*Tel quel* II, 149).

신이 생산하는 사물들의 유형적 세계와 관련을 맺고 있다. 따라서 작업 활동은 비정치적 방식의 삶이지만, 결코 반(反)정치적 삶은 아니다. 반 정치적인 것은 오히려 노동이다. 인간은 노동하면서 세계와도 타인과 도 함께하지 않으며, 스스로 생존해야 한다는 적나라한 필연성에 직면 하면서 자신의 육체와만 함께한다.[44] 물론 인간은 타인이 있는 곳에서 타인과 함께 산다. 그러나 이 함께함은 다원성을 구별하는 어떤 특징도 갖지 않는다. 이 함께함은 장인의 경우처럼(고유한 인격들의 관계는 고 사하고) 다양한 기술과 직업의 목적적 결합으로 이루어지는 것이 아니 라 종의 표본들의 증식에 근거한다. 표본들은 근본적으로 모두 비슷한 데, 그것은 그들의 특성이 단순히 살아 있는 유기체이기 때문이다.

다수의 개인들이 '마치 한 사람인 것처럼 함께 노동하는' 노동자 무 리의 형태로 사람들을 모으는 것은 노동의 본질에 속한다.[45] 이런 의미 에서 함께함은 다른 어떤 활동보다 노동에 더 깊숙이 스며들어 있다.[46]

---

44) 노동자가 노동자로서 느끼는 외로움은 이 주제를 다루는 문헌들도 대체로 간 과하고 있다. 그 이유는 여러 사회적 조건을 고려할 때 그리고 노동의 조직화 를 위해서는 많은 노동자가 동시에 모여 특정 과업을 수행하고 고립을 불러오 는 모든 장애를 제거하는 것이 요구되기 때문이다. 그러나 알박스는 다음 현상 을 의식한다. "노동자는 노동을 통해 인간과의 관계 속에서 자신을 발견하지 못 하고 물질과의 관계 속에서 자신을 만나게 되는 사람들이다." 그는 이 내재적 인 접촉의 결여를, 그렇게 오랜 세기 동안 노동자 계급 전체가 사회에서 소외당 한 이유로 파악한다(M. Halbwachs, *La classe ouvrière et les niveaux de vie*, 1913, p.118).

45) 독일의 정신과 의사인 바이제커는 노동하는 동안 형성되는 노동자들의 관계를 다음과 같이 묘사한다. 두 사람의 노동자가 마치 한 사람처럼 행동한다는 사실 이 우선 주목할 만하다. 우리는 여기서 두 개인의 동일화 또는 일인화를 본질로 하는 집단형성의 경우를 보고 있다. 두 개인이 융합되어 제3의 인물이 되었다 고도 말할 수 있다. 그러나 이 제3의 인물의 노동규칙도 한 개인의 노동과 다르 지 않다(Viktor von Weizäcker, "Zum Begriff der Arbeit", in *Festschrift für Alfred Weber*, 1948, p.739, p.740).

46) 어원적으로 볼 때, '역사적으로 더 오래된 단계의 인간들에게 노동과 공동체가

그러나 이러한 '노동의 집단적 본질'[47]은 결코 노동자 무리의 각 구성원을 인식가능한 동일한 실재로 확립하지는 못한다. 오히려 반대로 개성과 동일성의 의식을 실제로 버릴 것을 요구한다. 이 이유 때문에 노동에서 파생되는 모든 '가치들'은, 그것들이 삶의 과정에서 기능한다는 점을 제외한다면, 전적으로 '사회적'인 것이며, 함께 먹고 마실 때 얻는 부차적 즐거움과 본질적으로 동일한 것이다. 인간 육체가 자연과 행하는 신진대사에서 발생하는 이 (노동) 활동의 고유한 사교성은 동등성이 아니라 동질성에서 기인한다. 이 관점에서 "본질적으로 철학자는, 맹견이 들개와 다르지 않은 것처럼, 재능과 기질의 차원에서 거리의 짐꾼과 다르지 않다"는 말은 정말 맞다. 마르크스가 격찬하며 인용한 애덤 스미스의 이 말은,[48] 생산자의 기술과 자질을 규명하여 언제나

더 큰 의미가 있는' 이유가 바로 이것인 것 같다(노동과 공동체의 관계에 대해서는 Jost Trier, "Arbeit und Gemeinschaft", *Studium Generale*, Vol.III, No.11, November, 1950).

47) R.P. Genelli, "Facteur humain ou facteur social du travail", *Revue française du travail*, Vol.VII, Nos.1~3, January~March, 1952)를 보라. 그는 '노동문제의 새로운 해결책'은 '노동의 집단성'을 고려하고 노동자를 개별노동자가 아닌 집단의 구성원으로 생각할 때에만 발견할 수 있다고 믿는다. 이 '새로운' 해결책은 근대사회에서 이미 일반화된 것이다.

48) 애덤 스미스, 앞의 책, I, 15 그리고 마르크스, *Das Elend der Philosophie*, Stuttgart, 1885, p.125. 애덤 스미스는 "개인들 사이에서 볼 수 있는 자연적 소질의 차이는 우리가 믿는 것보다 실제로 훨씬 미미하다. ……철학자와 짐꾼의 차이는 근본적으로 집개와 들개의 차이에 불과하다. 양자 사이에 건널 수 없는 심연을 만든 것은 '노동의 분업'이다"라는 사실을 아주 잘 알고 있었다. 마르크스는 '노동분업' 용어를 직업의 전문화와 노동과정 자체의 분화에 무차별적으로 사용한다. 물론 여기서 이 용어는 전자를 의미한다. 직업의 전문화는 구별의 형식이다. 장인이나 전문 직업인은 다른 사람의 도움을 받는다 할지라도 근본적으로 타인과는 고립되어 일을 한다. 그는 생산물을 교환할 때에만 작업인으로서, 다른 사람을 만난다. 노동분업이 제대로 이루어지면, 노동자는 고립되어서는 어떤 일도 이룰 수 없다. 그의 노동은 과제를 분담하여 수행하는 전체 노동자의 노동의 부분일 뿐이다. 그러나 노동자로서 이들 다른 노동자들은 그와

구별의 토대를 마련해주는 교환시장의 사람들보다 소비자 사회의 사람들에게 적합하다.

노동과 소비에 의존하는 사회를 지배하고 또 그 사회의 순응주의에서 표현되는 동질성은 공동노동의 육체적 경험과 밀접하게 연관되어 있다. 이 경험에서 노동의 생물학적 리듬은 노동자 그룹을 결합시켜 각 구성원이 더 이상 개인이 아니라 실제로 모든 타인과 하나라는 느낌을 가질 정도가 되게 한다. 확실히 이것은 노동의 수고와 고통을 경감시킨다. 이것은 함께 행진하는 것이 각 병사의 구보의 수고를 덜어주는 것과 같은 방식이다. 그러므로 노동하는 동물에게 '노동'의 의미와 가치가 전적으로 사회 조건에 의존한다는 것은 확실하다. 다시 말해 그 의미와 가치는, 노동과 소비의 과정이 어느 정도 원만하고 쉽게 기능할 수 있는가 그리고 '적절히 말하자면 직업적. 태도'[49]와 얼마나 무관한가 하는 정도에 의존한다. 문제는 다만 최고의 '사회적 조건들'이 정체성의 상실을 가능하게 하는 조건이라는 점이다. 다수가 하나가 되는 이런 결합은 기본적으로 반정치적이다. 이것은 정치적 또는 상업적 공동체에 우세한 함께함과 정반대의 것이다. 아리스토텔레스의 예를 들면, 정치적 공동체의 함께함은 두 의사 간의 결사체(koinōnia)가 아니다. 의사와 농부 간의 결사체, 즉 '일반적으로 다르고 불평등한 사람들 사이'의 결사체로 이루어진다.[50]

공론 영역에 수반되는 평등은 필수적으로 불평등한 자의 평등이다. 불평등한 자는 어떤 측면에서 그리고 특정한 목적을 위해 '평등해질' 필요가 있다. 계속해서 아리스토텔레스의 예를 들면, 화폐가 의사와 농

다르지 않고 모두 동일하다. 따라서 거리의 짐꾼과 철학자 사이의 '건널 수 없는 심연'은 최근에 발생한 노동분업 때문이 아니라 오래전에 이루어진 직업의 전문화로 인해 발생했다.

49) Alain Touraine, *L'évolution du travail ouvrier aux usines Renault*, 1955, p.177.

50) 『니코마코스 윤리학』, 1133a16.

부의 불평등한 활동을 등등하게 만들기 위해 필요한 외적 요소인 것처럼, 평등하게 하는 요소는 인간의 '본질'로부터 나오는 것이 아니라 외부에서 발생한다. 그러므로 정치적 평등은 모든 인간의 공동운명인 인간의 조건에서 발생하는 죽음 앞의 평등이나 신 앞의 평등 ― 적어도 기독교의 해석에 의하면 우리는 인간본성에 내재하는 죄의 평등성에 직면해 있다 ― 과도 완전히 다르다. 이 두 경우에는 모두 동질성이 지배하기 때문에 평등을 이루도록 조정하는 요소가 필요하지 않다. 그러나 마찬가지로 이런 동질성의 실제 경험, 즉 생과 사의 경험은 고립 속에서뿐만 아니라 극단적 고독에서 발생한다. 여기서는 결사체나 공동체는 고사하고 참된 의사소통도 가능하지 않다. 세계와 공론 영역의 관점에서 생과 사 그리고 동질성을 증명하는 모든 것은 비세계적이고 반정치적이며 참으로 초월적인 경험들이다.

노동하는 동물이 차이를 만들어내지 못하고 그래서 행위와 말을 할수 없는 무능력은 근대에 심각한 노예의 반란이 전혀 없었다는 사실에서 확인할 수 있을 것 같다.[51] 그러나 근대정치에서 발휘한 노동운동의 갑작스럽고도 놀라운 생산적 역할은 매우 뚜렷하다. 1848년의 혁명에서 1956년의 헝가리 혁명에 이르기까지 유럽의 노동계급은, 유일하게 조직되어 국민을 지도하는 계층이었던 덕분에, 근대사에서 가장 칭송받고 전도유망한 한 장을 차지하게 되었다. 그러나 정치적 요구와 경제적 요구 사이의, 정치적 조직체와 노동조합 사이의 선이 매우 흐릿해졌다 하더라도, 이 둘을 혼동해서는 안 된다. 노동계급의 이해를 변호하고 그를 위해 싸우는 노동조합은, 노동계급이 결국 근대사회로 통합되는 데 경제적 보장, 사회적 특권과 정치적 힘에서 엄청난 발전을 누리

---

51) 근대의 혁명은 언제나 모든 사람의 자유와 정의를 요구했으나 "고대의 노예는 결코 양도할 수 없는 모든 인간의 권리로서의 자유를 요구하지 않았고, 연대하여 노예제 자체를 폐지하려는 시도도 하지 않았다"는 사실은 매우 중요하다 (W.L. Westermann, "Sklaverei", in Pauly-Wissowa, Suppl.Ⅵ, p.981).

는 데 기여했다. 노동조합은 사회를 대표하는 정치제도를 개혁함으로 써 사회개혁을 바란다는 점에서 혁명적이지 않다. 노동계급 정당은 거의 대부분 이해관계 정당이었으며, 다른 사회계급을 대표하는 당과 다르지 않았다. 혁명과정 동안 공식적인 정당 강령이나 이데올로기의 지도를 받지 않은 노동자들이 근대의 조건에서 가능한 민주정부에 관해 나름의 생각을 갖고 있었다는 사실이 갑자기 밝혀지던, 드물지만 매우 중요한 순간에만 노동조합과 노동당의 차이가 노출되었다. 달리 말해 이 둘의 경계선은 사회적·경제적인 극단적 요구의 문제가 아니라 오로지 새로운 형태의 정부에 관한 명제다.

전체주의 체제의 발생을 목격한 근대 역사가가 특별히 소비에트 연방의 발전을 다룰 때 너무 쉽게 간과하는 것은 인민대중과 그 지도자들이 전체주의를 통해 매우 파괴적이긴 하지만 신뢰할 만한 새로운 정부 형태를 일시적으로나마 만드는 데 성공했던 것처럼, 이제 100년이 훨씬 지난 인민혁명이 성공하지는 못했지만 또 다른 형태의 정부를 제시했다는 사실이다. 즉 누군가 말하고 싶어 하듯이 존재하기 이전부터 불신을 받았던 유럽대륙의 정당체계를 대체하는 인민의회(people's council)가[52] 그것이다. 노동계급의 두 흐름, 노동조합 운동과 인민의

---

52) 대륙의 정당체계와 영미 정당체계가 정치적 기능이나 실질적인 측면에서 매우 달랐다는 것은 기억해야 할 중요한 사실이다. 유럽에서 일어난 혁명들의 전개과정에서 인민의회의 슬로건은 정당이나 정당의 조직에 능동적 역할을 했던 운동이 내세운 것이 아니라 즉흥적이고 자발적인 반란집단들에게서 나왔다. 그것은 인민들의 자발적인 항거였다. 다양한 이데올로기 신봉자들은 자신들이 설명한 방식으로 인민을 지배하기 위해 혁명을 이용하고자 했지만 이 인민의회를 제대로 이해하지 못했고 달가워하지도 않았다. 러시아 혁명의 결정적 전환점 가운데 하나였던 크론스타트(Kronstadt) 항쟁의 유명한 표어는 '공산주의가 아닌 소비에트'였다. 당시 이 말은 '당 없는 소비에트'를 의미했다.
전체주의 정권이 새로운 형태의 지배체제를 통해 우리에게 제기하는 문제에 대해서는 나의 논문 "Ideology and Terror: A Novel Form of Government", *Review of Politics*(July, 1953)에서 어느 정도 자세히 설명했다. 헝가리 혁명과

정치적 열망은 일치할 수 없었다. 근대사회의 여러 계급 가운데 하나의 계급인 노동계급은 승리에 승리를 더해간 반면, 정치적 노동운동은 정당 강령이나 경제 개혁과는 다른 요구를 제기할 때마다 늘 패배했다. 모든 패배와 겉으로 드러난 모습에도 불구하고 비극적인 헝가리 혁명이 단지 이런 정치적 열정이 죽지 않았다는 것을 세상에 보여주었다면, 그 희생은 헛되지 않다.

노동계급의 정치적 생산성과 노동활동의 분석에서 얻는 현상적 자료 사이의 심각한 불일치는 노동운동의 발전과 실체를 면밀히 조사하면 쉽게 사라진다. 노예노동과 근대 자유노동의 주된 차이점은 노동자가 인격의 자유─노동운동 및 경제적 활동의 자유와 인격적 불가침성─를 소유한다는 점이 아니라, 정치 영역으로의 진출이 그에게 허용되고 그가 시민으로서 완전히 해방되었다는 점이다. 노동의 역사에서 전환점은 투표권의 자격 조건인 소유가 폐지되면서 이루어졌다. 지금까지 자유노동의 지위는 부단히 늘어난 고대 해방노예의 지위와 매우 유사했다. 이들은 자유로웠으며, 국내 거주 외국인의 지위와 흡사했지만 시민은 아니었다. 해방된 노예는 더 이상 노동자가 아니었으며, 따라서 노예제는 아무리 많은 노예가 해방되었다 하더라도 여전히 노동의 사회적 조건이었다. 고대의 노예해방과는 대조적으로 노동활동 자체를 고양시킬 의도로 이루어진 근대의 노동해방은 인격을 가진 개인으로서 노동자가 시민권과 인권을 부여받기 훨씬 전에 달성되었다.

노동자의 실질적 해방이 가져온 중요한 부차적 결과의 하나는 새로운 부문의 인구가 다소 갑작스럽게 공론 영역에 진입하게 되었다는 사실이다. 즉 공적으로 등장했다는 사실이다.[53) 그러나 그들이 공적으로

의회체제에 대한 자세한 분석은 최근 논문 "Totalitarian Imperialism", *Journal of Politics*(February, 1958)에 들어 있다.

53) 로마의 세네카가 보고하는 일화는 사람들이 단순히 공적으로 등장하는 것을 얼마나 위험한 일로 생각했는지를 잘 보여준다. 당시, 노예들에게 공식적으로 제

등장했다고 해서 동시에 사회로의 진입이 허용된 것도 아니었고 또 이 사회를 지배하는 경제활동에서 그들이 주도적 역할을 했던 것도 아니었다. 나아가 그들이 사회적 영역에 흡수되어 공적 무대에서 사라졌던 것도 아니었다. 공적으로 등장한다는 단순한 사실과 인간사의 영역에서 스스로 구별되어 두드러진다는 것이 어떤 중요한 역할을 하는지는, 역사의 무대에 들어선 노동자들이 자신들만의 복장, 즉 상 퀼로트(*sans-culotte*, 짧은 바지를 벗고 긴바지를 입자)를 채택할 필요가 있다고 생각했다는 사실에서 가장 잘 드러난다. 프랑스 혁명 동안 노동자들은 자신들의 이름을 이 복장에서 빌려왔다.[54] 이 복장으로 노동자는 스스로를 구별했으며, 그 구별은 모든 타인들에 대한 구별이었다.

초기 단계의 노동운동의 열정은―자본주의가 완전히 발전하지 않은 모든 나라, 예컨대 동유럽과 이탈리아, 스페인, 심지어 프랑스조차 노동운동은 초기단계였다―사회 전체와의 투쟁에서 발생했다. 노동운동이 비교적 단시간에 또 아주 열악한 상황에서 획득한 거대한 잠재

복을 입혀 자유시민과 즉시 구별할 수 있도록 하자는 제안이 원로원에서 제기되었다. 이 제안은 매우 위험한 것으로 기각되고 말았다. 그렇게 될 경우 노예들은 서로를 알아보고 자신들의 잠재적 힘을 의식할 수 있게 될 것이라는 것이 그 이유였다. 물론 근대의 해석자들은 이 우연한 사건으로부터 당시 노예 수가 엄청났다는 결론을 도출했지만, 이 결론은 매우 잘못된 것임이 입증되었다. 로마인들이 건전한 정치적 감각으로 위험하다고 판단한 것은 노예의 수가 아니라 공적으로 등장한다는 사실 자체였다(Westermann, 앞의 책, p.1000을 보라).

54) A. Soboul("Problèmes de travail en l'an II", *Journal de psychologie normale et pathologique*, Vol.LII, No.1, January~March)은 노동자들이 어떻게 무대에 최초로 등장했는지를 잘 묘사하고 있다. "노동자들은 사회적 기능에 의해서가 아니라 간단히 그들의 복장에 의해 지칭된다. 노동자들은 저고리와 단추로 연결된 바지를 입는다. 이 복장은 과격 공화파 사람들의 특징이 된다. 1793년 4월 10일 프랑스 혁명 의회에 대한 청원서는 과격 공화파에 관해 말하면서 다음과 같이 천명한다. "사람들은 귀족과 좋은 가문 출신의 사람들을 제외한 어떤 시민들의 말도 듣지 않는다. 그러나 사람들은 유산가와 그들을 구분하기 위하여 재산이 없는 사람들의 말을 듣는다."

력은, 이론이 분분함에도 불구하고, 정치무대에서 노동자의 경제적 이익을 보호할 뿐만 아니라 성숙한 정치투쟁을 할 수 있는 유일한 집단이 바로 노동운동이라는 사실로부터 분출되었다. 달리 말해 노동운동이 공적 무대에 나타났을 때, 그것은 사람들이 사회의 구성원으로서가 아니라 인간으로서 말하고 행위하는 유일한 조직이었다.

모든 가능성을 따져볼 때, 현재 거의 끝나가고 있는 노동운동의 이런 정치적 역할과 혁명적 역할에서 중요한 점은 구성원들의 경제활동은 부수적이고 또 이 운동의 매력은 노동계급에 결코 제한되지 않았다는 점이다. 노동운동은 적어도 자신의 계급 안에서 새로운 정치 기준을 가진 새 공론 영역의 건설에 일시적으로 성공한 것처럼 보이지만, 이런 시도를 하게 된 근본 원인은 노동이 아니라―노동활동 자체도 아니고 삶의 필연성에 대항하는 유토피아적 반란도 아니다―불의와 위선이었다. 이 불의와 위선은 계급사회가 대중사회로 변형되고 주급이나 일급이 연봉제로 대체되면서 점차 사라졌다.

오늘날 노동자는 사회 밖에 있지 않다. 그들은 사회의 구성원이고 모든 사람과 마찬가지로 직업인이다. 노동운동의 정치적 의미는 이제 다른 이익집단과 같다. 거의 100년 동안 노동자가 국민 전체를―우리가 사회나 인구와 구별되는 실질적 정치 조직체를 민중(le peuple)으로 이해한다면[55]―대표하던 시대는 지나갔다. (헝가리 혁명에서 노동자들은 나머지 국민과 결코 다르지 않았다. 1848년에서 1918년까지 노동자 계급이 독점했던 것이―당이 아니라 위원회에 기반을 둔 의회제도 이념―이제는 모든 국민이 한결같이 요구하는 것이 되었다.) 시작부터 그 내용과 목적이 불명료했던 노동운동은 대표성을 잃었고 따라서

---

55) 18세기 말에 널리 통용되는 민중은 본래 어떤 소유도 갖지 못한 사람을 지칭했다. 앞에서 언급했듯이, 그처럼 극도로 빈궁한 계급들은 근대 이전에 존재하지 않았다.

가장 발전한 서구경제에서처럼 노동계급이 경제적·사회적 권력을 갖게 되어 사회의 핵심이 된 곳 어디에서나, 또는 러시아와 심지어 전체주의가 아닌 곳에서 발생했던, 즉 모든 인구를 노동자사회로 편입시키는 데 '성공했던' 곳에서도 노동운동은 즉각 그 정치적 역할을 상실했다. 교환시장조차 폐지된 상황에서, 근대의 두드러진 특징이었던 공론영역의 소멸은 완결에 이르렀는데, 이는 당연한 일이다.

31. 행위를 생산으로 대체한 전통적 시도

초기에는 구체적 생산품과 보여줄 수 있는 이윤에 관심을 가지다가 이후에는 원만한 기능과 사회성에 사로잡혔던 근대가 특별히 행위와 말과, 일반적으로는 정치의 무용성을 비난한 최초의 시대는 아니다.[56] 행위의 세 좌절―결과의 예측불가능성, 과정의 환원불가능성 그리고 저자의 익명성―로 인한 분노는 기록된 역사만큼이나 오래되었다. 사유하는 인간과 행위하는 인간은 행위자들이 다수라는 사실에서 오는 우연성과 도덕적 무책임을 인간사의 영역이 피해갈 수 있다는 희망을 가지고 행위의 대체물을 발견하려는 유혹을 느껴왔다. 우리의 역사를 통해 제시된 해결책들이 매우 일률적이라는 사실은 이 문제가 근본적으로 단순하다는 것을 증명한다. 일반적으로 말해, 그 해결책이란 모두 타인에게서 고립된 인간이 처음부터 끝까지 자기 행위의 주인이 되는 활동에서, 행위의 불행에서 벗어날 수 있는 도피처를 구하는 것이다. 행위를 생산으로 대체하려는 이 시도는 '민주주의'에 반대하는 논증에서 분명하게 드러난다. 이 논증이 보다 일관되고 보다 확고한 근거를

---

56) 이 문제에 정통한 저자는 역시 애덤 스미스다. 그에게 정부의 유일한 합법적 기능은 '부자를 가난한 자로부터 또는 유산자를 무산자로부터 보호하는 것이다 (앞의 책, II, 198 이하; 인용문에 대해서는 II, 203을 보라).

가질수록 그것은 정치의 본질에 반하는 논증이 된다.

행위의 불행은 모두 인간의 조건인 다원성에서 발생한다. 다원성은 공론 영역인 현상의 공간을 위한 필수조건이다. 그러므로 다원성을 제거하려는 시도는 언제나 공론 영역 자체를 제거하려는 시도와 같다. 다원성의 위험에서 벗어날 수 있는 가장 분명한 구제책은 전제정치나 일인통치다. 이것은 '전체에 대한 일인의 완전한 전제'에서 '자비로운 전제정치'를 거쳐 '다수'가 하나의 집합체를 형성하려 사람들이 '하나 속의 다수'이고 그들 스스로 '군주'가 되는 여러 형태의 '민주제'에 이르기까지 다양하게 변형된다.[57] 플라톤의 해결책인 철인왕은, 행위의 어려움이 마치 인식 문제인 것처럼, 자신의 '지혜'로 행위의 어려움을 해결하는데, 그것은 일인통치의 변형 중의―결코 전제적이지는 않더라도―하나일 뿐이다. 이런 지배형태의 문제점은 그 지배가 잔인하다―대개 그렇지 않지만―는 것이 아니라 너무 작동을 잘 한다는 것이다. 통치술에 능란한 전제군주는 페이시스트라토스처럼 '모든 점에서 친

---

57) 이것은 민주주의에서 발생하는 전제정치에 대한 아리스토텔레스의 해석이다 (『정치학』, 1292a16 이하). 그러나 왕정은 독재적인 지배형식에 속하지 않으며, 일인지배 또는 군주제로도 규정될 수 없다. '참주제'와 '군주제'는 서로 바꿔 쓸 수 있으나, '참주'와 왕은 대립하는 것으로 사용된다(예를 들어, 아리스토텔레스의 『니코마코스 윤리학』, 1160b3; 플라톤의 『국가론』, 576d를 보라). 일반적으로 고대에서 일인지배는 가정사나 전쟁을 위해서만 인정되었다. 『일리아드』의 유명한 구절 "다수의 지배는 선한 것이 아니다. 왕인 한 사람이 지배해야 한다"(ii. 204)는 대체로 군사적 또는 '경제적' 맥락에서 인용된 것이다. (아리스토텔레스는 그의 『형이상학』, 1076a3 이하에서 호메로스의 말을 정치적 공동체의 삶에 은유적으로 적용하는데, 이것은 예외다. 『정치학』, 1292a13에서 그는 호메로스의 구절을 다시 인용한다. 여기서 그는 다수가 '개인으로서가 아니라 집단적으로' 권력을 잡는 것에 반대한다. 이것은 일인지배 또는 참주제가 변형된 형식일 뿐이라고 말한다.) 나중에 폴리아르키아(polyarkhia)라 불릴 다수의 지배는 전쟁 시 명령체계의 혼선을 의미하는 것으로 경멸하는 투로 사용되었다(예를 들어 Thucydides, vi. 72를 보라. Xenophon, *Anabasis*, vi. I. 18 참조).

절하고 온화'할 수도 있다. 그래서 이들의 통치는 고대에서 심지어 '크로노스의 황금시대'[58)와 비교되기도 했다. 전제군주들의 정책은 근대인에게는 매우 '비전제적'이고 자비로운 것처럼 보인다. 특히 코린트의 군주, 페리안드로스가 고대 노예제의 폐지를 시도한 것을 보면 더욱 그러한 것 같다.[59) 그러나 모든 전제정치의 공통점은 공론 영역에서 시민을 추방하는 것 그리고 오로지 '지배자만이 공적인 일에 관여해야 하며' 시민들은 사적인 일에 종사해야 한다는 주장이다.[60) 확실히 이것은 사적인 산업과 근면성의 증진과 같다. 그러나 시민들은 이 정책이 공적인 일에 참여하기 위해 필요한 시간을 빼앗으려는 시도와 다르지 않다는 것을 알 수 있었다. 전제정치의 단기적 이점은 안정성과 안보 그리고 생산성이다. 그러나 설령 재난이 실제로 비교적 먼 미래에 발생한다 할지라도, 이 장점들은 오히려 권력의 필연적 상실에 이르는 길이기 때문에 단기적 장점에 불과하다.

인간사의 취약성에서 탈피하여 평안과 질서를 공고히 하려는 유혹은 실로 너무 컸기 때문에, 플라톤 이래 대부분의 정치철학은 정치에서 완전히 벗어나기 위한 이론적 토대와 실천적 길을 발견하려는 시도로 쉽게 해석될 수 있다. 이 탈출을 보증하는 것은 지배다. 즉 누군가가 명령할 자격을 부여받고 다른 사람이 복종할 의무를 가지는 경우에만 인간들은 법적·정치적으로 함께 살 수 있다는 생각이다. 플라톤과 아리스토텔레스에게서 이미 발견되는 이 진부한 생각, 즉 모든 정치 공동체는 지배자와 피지배자로 이루어진다는 생각은 (지배 형태에 대한 최근의 정의—일인 통치나 전제정치, 소수의 지배 또는 과두정치, 다수의 지배 또는 민주정치—는 역으로 이 가정에 근거한다) 인간에 대한 경

---

58) 아리스토텔레스, *Athenian Constitution*, xvi. 2, 7.

59) Fritz Heichelheim, *Wirtschaftsgeschichte des Altertums*, 1938, I. 258.

60) 아리스토텔레스(*Athenian Constitution*, xv. 5)는 페이시스트라토스의 이런 점을 보고하고 있다.

멀이기보다 행위에 대한 의심에서 생긴 것이며 무책임하거나 전제적인 권력 의지에서 나온 것이 아니라 행위의 대체물을 발견하려는 열망에서 비롯된 것이다.

행위에서 통치로의 탈출에 대해 이론적으로 가장 단순하고 기본적인 견해는 『정치가』에서 찾아볼 수 있다. 여기서 플라톤은 행위의 두 양식인 아르케인(*archein*, '시작')과 프라테인(*prattein*, '성취') 사이의 틈을 열어보이는데, 그리스인은 그것들을 서로 연관된 것으로 이해했다. 플라톤이 본 바에 의하면, 문제는 시작하는 자가 자신이 시작했던 일의 완전한 주인으로 머물고 일을 수행하기 위해 타인의 도움을 필요로 하지 않는다는 사실을 분명히 하는 것이었다. 행위 영역에서 이처럼 고립된 지배권을 성취할 수 있는 것은 다른 사람들이 자발적으로, 즉 동기와 목적을 가지고 일에 참여하기를 기대하지 않고, 다른 사람들로 하여금 자신의 명령을 따르게 만드는 것이다. 이는 한편으로 일을 시작하고 주도한 자가 행위 자체에 깊이 관여하지 않을 때 비로소 가능하다. 따라서 시작하는 것(아르케인)과 행위하는 것(프라테인)은 전혀 다른 두 활동이 될 수 있다. 시작하는 자는 '결코 행위할 필요가 없으며 명령을 실행할 수 있는 자들을 지배하는 지배자'(이 말의 이중적 의미 중 아르케인)가 된다. 이런 상황에서, 정치의 본질은 '시기의 적절성을 고려하여 중대한 문제를 시작하고 지배하는 방법을 아는 것'이다. 행위 자체는 완전히 제거되어 '명령의 단순한 실행'이 된다.[61] 플라톤은 처음으로, 행위를 시작과 성취로 나눈 옛 표현 대신 알지만 행위하지 않는 자와 행위는 하지만 알지 못하는 자를 구분했다. 그래서 무엇을 해야 하는지를 아는 것과 그것을 행하는 것은 전적으로 다른 행위가 되었다.

플라톤이 사유와 행위를 구분하는 선을 지배자와 피지배자를 분리하는 간극과 동일시했다는 점에서 그의 구분이 의존하는 경험은 가정

---

61) 『정치가』(*Stateman*), 305.

의 경험임이 분명하다. 주인 자신이 무엇을 해야 하는지를 알지 못한다면 또 아무것도 모른 채 명령을 실행할 뿐인 노예에게 명령하지 못한다면, 가정에서는 아무 일도 되지 않는다. 여기서 아는 자는 행할 필요가 없으며, 행하는 자는 사상이나 지식이 필요 없다. 플라톤은 자신이 질서 잡힌 가정에서 통용되던 원칙을 폴리스의 행정에 적용하면서 폴리스의 혁명적 변형을 제안했다는 것을 잘 알고 있었다.[62] (플라톤이 가족과 가정을 폐지하기를 원했다고 해석하는 것은 흔한 오해다. 반대로 그는 이 유형의 삶을 확대하여 모든 시민이 한 가족의 구성원이 되게 하려 했다. 달리 말해, 그는 가정공동체에서 사적 성격을 제거하기를 원했다. 이 목적을 위해 그는 가족의 사적 소유와 일부일처제의 폐지를 제안했다.)[63] 그리스인의 이해에 따르면 지배와 피지배, 명령과 복종의 관계는 정의상 주인과 노예의 관계와 동일하며, 따라서 행위의 모든 가능성을 배제한다. 그러므로 공적 문제에서 행위의 규칙은 질서 잡힌 가정의 주인과 노예의 관계에서 얻어야 한다는 플라톤의 주장은 실제로 행위가 인간사에서 어떤 역할도 하지 않아야 한다는 것을 의미한다.

공론 영역에서 자신 외에 모든 사람을 제거하려는 전제 군주의 노력보다 플라톤의 도식이 인간사에 영원한 질서를 구축하는 데 더 많은 가능성을 제시한다는 점은 분명하다. 개별 시민이 부분적으로 공적인 일을 다룬다 할지라도, 그들은 파벌 분쟁이나 내적 불만 없이 한 사람처럼 '행위할' 것이다. 육체적 외모를 제외한다면, 지배를 통해 "다수는

---

62) 대규모의 가정 헌법과 폴리스의 헌법 사이에는 어떤 차이점도 없다는 것이 『정치가』의 중요한 내용이다(259를 보라). 그래서 정치 문제와 '경제' 또는 가정의 문제를 다루는 학문은 동일하다.

63) 이것은 특히 『국가론』, B5권의 구절에 분명히 나타나 있다. 여기서 플라톤은 자신의 자녀, 형제 또는 아버지를 상해하지 못하게 하는 공포가 그의 이상 공화국에서 어떻게 일반적 평화에 기여하는지를 묘사했다. 아내를 공유함으로써 그 누구도 자신의 혈육이 누구인지 알지 못한다(특별히 463C와 465B를 보라).

모든 측면에서 한 사람이 된다."[64] 지배의 개념이 역사적으로 가정과 가족의 영역에서 발생했을지라도 그것은 공적 문제의 조직에 중요한 역할을 해왔으며, 우리에게는 항상 정치와 연관되어 있는 것처럼 보인다. 그러나 이런 사실 때문에 플라톤에게 지배 개념이 훨씬 더 보편적인 범주였다는 것을 간과해서는 안 된다. 그는 이 개념에서 모든 측면의 인간사를 정리하고 판단하는 주요 장치를 발견했다. 이 사실은 도시국가는 '대문자의 인간'(man writ large)으로 생각해야 한다는 주장과 이상국가의 공적 질서를 따르는 영혼의 위계질서의 확립에서 분명히 드러난다. 그뿐만 아니라 매우 일관되게 지배의 원리를 인간이 자기 자신과 맺는 관계에 도입한 데서 더욱 분명하게 드러난다. 플라톤과 서구 귀족주의의 전통에서 자신을 지배하는 능력은 타인 지배의 적합성을 판단할 수 있는 최고의 기준이다. 철인왕이 도시국가에 명령하듯이, 영혼은 신체에 명령하고 이성은 열정에 명령한다. 플라톤에게서, 인간과 관련된 모든 것, 즉 자신에 대한 행위나 타인에 대한 행위에서 이런 독재가 합법성을 가지는 근거는 시작과 지배를 동시에 뜻하는 아르케인의 이중적 의미에 있다. 『법률』의 마지막에서 플라톤이 분명하게 말하고 있듯이, **시작하는 자**(*archē*)만이 **지배**(*archein*)할 자격이 있다는 사상은 그에게 결정적으로 중요하다. 플라톤 사상의 전통에서, 언어적으로도 이미 결정된 시작과 지배의 동일성은 약간 변형되어 모든 시작이 지배권을 위한 합법화로 이해되었다가 결국 시작의 요소는 지배권의 개념에서 완전히 사라진다. 이와 더불어 인간 자유의 가장 기본적이고 신뢰할 만한 해석이 정치철학에서 사라졌다.

지식과 행위의 플라톤적 구별은 무책임한 권력에의 의지를 정당화하는 것 이상이고자 하는 모든 지배 이론의 뿌리로 남아 있다. 지식을 명령 및 지배와 동일시하고 행위를 복종 및 집행과 동일시한 플라톤적

---

64) 『국가론』, 443E.

개념이 정치영역의 모든 기존 경험들과 표현을 압도하고, 플라톤이 자신의 개념을 이끌어낸 경험의 원천이 이미 오래전에 잊혀진 후에도 정치사상의 모든 전통에 대해 여전히 권위를 지킬 수 있었던 것은 순전히 개념의 힘과 철학적 명료화 때문이었다. 깊이와 미의 독특한 플라톤적 결합은—그 중요성으로 인해 그의 사상세계는 수백 년 동안 지속되었다—예외로 하더라도, 그의 저작에서 이 특수한 부분만이 오래 부각된 이유는 그가 작업과 제작의 영역에서 도출해낸 더 설득력 있는 해석을 통해 행위를 지배권으로 대체한 관점을 뒷받침했기 때문이다. 행위의 타당성과 유의미성은 사유와 행위가 분리되는 순간 파괴되기 때문에 행위의 영역에서 매우 낯선 지식과 행위의 구분이 분명 제작에서는 일상적인 경험—자기 철학의 주요 단어인 '이데아'를 제작영역의 경험에서 취했던 플라톤이 최초로 이 사실을 알았음에 틀림없는데—이다. 제작 과정은 두 부분으로, 즉 앞으로 나올 생산품의 이미지나 형상을 지각하는 부분(eidos)과 그다음 수단을 조직해서 실행하는 부분으로 나뉜다.

생산과 제작에 내재하는 견고성을 인간사의 영역에 부여하기 위해 행위를 생산으로 대체하려는 플라톤의 바람은 그의 철학의 핵심을 이루는 이데아론에서 가장 분명하게 드러난다. 정치철학에 관심이 없었을 때(『향연』이나 그 외에), 그는 이데아를 '가장 빛나는 것' (ekphanestaton), 따라서 아름다운 것의 변형으로 묘사했다. 『국가론』에서만 이데아는 행동의 기준·척도·규칙으로 변하는데 이 모두는 이 말의 그리스적 의미에서 '선' 이념의 변형이거나 파생물이다. 다시 말해 '무엇인가를 위해 좋은' 또는 적합함의 변형이다.[65] 이데아론을 정치에 적용하기 위해 이 변형은 반드시 일어나야 했고 정치적 목적, 즉 인간사에서 연약성을 제거하려는 목적을 위해서 플라톤은 미가 아니라 선을 최고의 이념으로 선언할 필요가 있다고 생각했던 것이다. 그러나 존재의 참된 본질을 관조하고 인간사의 어두운 동굴을 떠나 광명의 이데아계로 가기를 원하는 철학자에게 선의 이념은 최고 이념이 아니다. 『국가론』에서도 철학자는 여전히 선이 아니라 미를 사랑하는 자로 정의된다. 선은 철인왕의 최고이념이다. 그는 사람들 사이에서 자기 삶을 살아야 하고 이데아계에서 영원히 거주할 수 없기 때문에 인간사의 지배자이기를 원한다. 그가 동료와 함께 살기 위해 다시 인간사의 어두운 동굴로 복귀할 때에만 그는 기준과 규칙으로서의 이데아가 필요하다. 즉 늘 존재하는 모델, 예컨대 침대 일반의 '이데아'를 사용하여 장인이 개별 침대를 만들고 속인들이 이 침대를 판단할 때처럼 그렇게 절대적이고 '객관적'으로 확실하게, 다양한 인간행위와 말을 이 기준과 규칙으로 측정하고 그 아래 포섭하기 위해 이데아가 필요하다.[66]

엄밀히 말해, 이데아론을 정치적 영역에 변형하여 적용할 때 가장 큰 이점은 플라톤의 이상적 지배의 관념에 들어 있는 인격적 요소가 제거된다는 점이다. 플라톤은 가정생활에서 즐겨 예를 드는 비유, 즉 주인─노예 또는 목자─양떼의 비유는 사람의 지배자가, 노예가 주인과

---

65) 『페이드루스』(*Phedrus*, 250)에서 *ekphanestaton*이라는 낱말은 아름다움을 서술하기 위해 사용된다. 『국가론』(518)에서는 선의 이데아가 유사한 낱말 *phanotaton*이라 불린다. 이 두 단어는 *phainesthai*('현상하다'와 '빛나다')에서 파생된 것이다. 두 단어 모두 최상급으로 사용된다. '빛나는 영광'이라는 성질은 분명 선보다 미에 더 적합하다.

66) 예거는 '측량'이라는 최고의 기술이 존재하며, 실천적 지혜(*phronēsis*)에 대한 철학자의 인식이 바로 측량하는 능력이라는 생각은 플라톤 저작 전체에 일관되게 흐르고 있다고 말한다(Werner Jaeger, *Paideia*, 1945, II. 416n.). 그런데 이는 플라톤의 정치철학에서만 타당하다. 그의 정치철학에서 선의 이데아는 미의 이데아를 대체한다. 『국가론』에 나오는 동굴의 비유는 플라톤 정치철학의 핵심이다. 그러나 여기서 제시되는 이데아론을 정치학에 응용한 이데아론으로 이해해야지 순수하게 철학적으로 발전한 본래의 이데아론으로 생각해서는 안 된다. 나는 여기서 이 문제를 논의할 수 없다. 예거가 '가치에 대한 철학자의 인식'을 *phronēsis*로 규정하는 까닭은 이 인식이 비철학적이고 정치적 본질을 가지기 때문이다. 플라톤과 아리스토텔레스는 *phronēsis*라는 말을 철학자의 인식보다 정치가의 통찰로 성격 짓고 있다.

구별되고 양은 목자와 구별되듯이 스스로를 피지배자와 구분하기 위해 유사-신적인 성질을 요구한다는 것을 잘 알고 있었다.[67] 반대로 제작된 대상의 이미지로 공론 영역을 구축하는 것은 장인의 일상적인 우월성이라는 의미만을 가진다. 정치의 기술에서 얻는 이 경험은 다른 기술에서의 경험과 같은데, 여기에서 강제적 요소는 예술가나 장인의 인격에 있는 것이 아니라 그의 예술과 기술이라는 비인격적 대상에 있다. 『국가론』에서 철인왕은 장인이 규칙과 기준들을 적용하듯이 이데아를 사용한다. 그는 조각가가 조상을 만들 듯이 그의 도시를 '만든다.'[68] 플라톤의 마지막 작품에서 이데아는 오로지 실행되기만을 요구하는 법률이 된다.[69]

이 준거틀 안에서, 인간사의 기술에 완전히 숙련된 사람이 제시하는 모델과 일치하는 유토피아적 정치체제가 출현하는 것은 당연했다. 정치조직체를 만들기 위한 청사진을 최초로 고안한 플라톤은 이후의 모든 유토피아 사상을 고무시켰다. 이 유토피아 사상 가운데 그 어떤 것도 역사상 주목받을 만한 역할을 한 적이 없다 하더라도—유토피아적 도식이 실현된 극소수의 경우에도, 그것은 외부환경의 현실뿐만 아니라 그들이 통제할 수 없었던 실제 인간관계의 현실이 가하는 무게로 인

---

67) 『정치가』에서 플라톤은 주로 이런 유추의 수단을 통해 연구를 수행하면서 역설적으로 다음의 결론에 도달한다. 목자가 양떼를 다스리는 것처럼 만류 인간을 지배하기에 적합한 사람을 찾고자 한다면 우리는 '죽을 운명의 인간이 아니라 어떤 신'을 발견하게 된다(275).

68) 『국가론』, 420.

69) 플라톤의 정치이론에서 다음의 발전과정을 주목하는 것은 무척 흥미롭다. 『국가론』에서 그는 전문가와 풋내기의 관계에 따라 지배자와 피지배자를 구분하는 반면, 『정치가』에서는 지식과 행위의 관계로부터 자신의 입장을 결정한다. 『법률』에서 그는 불변적인 법률의 실행이 정치가가 해야 할 사명의 전부이며, 이는 공론 영역의 기능에 필수적이라고 주장한다. 이 발전과정에서 가장 눈에 띄는 것은 정치를 위해 필요한 능력이 점차 축소되었다는 사실이다.

해 즉시 무너졌기 때문에―그것들은 의식적으로든 무의식적으로든 행위 개념을 생산과 제작의 관점에서 해석하는 정치사상의 전통을 보존하고 발전시키는 가장 효과적인 수단에 속했다.

이런 전통의 발전에서 한 가지는 주목할 만한 가치가 있다. 제작은 폭력 없이 가능하지 않으며, 폭력이 생산의 관점에서 행위를 해석하는 생각에 기반한 정치적 도식과 사유에서 항상 중요한 역할을 했다는 것은 사실이다. 그러나 근대에 이르기까지 폭력의 요소는 엄격히 도구적인 것, 즉 자신을 정당화하고 한계를 정해주는 '목적'을 필요로 하는 수단이었다. 근대 이전의 정치사상은 폭력 자체를 예찬한 적이 없다. 일반적으로 관조와 이성이 인간의 최고능력으로 간주되는 한, 폭력을 예찬하는 것은 불가능했다. 이런 전제에서 **활동적 삶**의 표현들인 제작·행위·노동은 부차적이고 도구적인 것이었기 때문이다. 그 결과, 보다 좁은 영역인 정치이론 안에서 지배의 관념과 더불어 발생하는 합법화, 정당한 권위의 문제는 행위 자체를 이해하고 해석하는 것보다 더 중요한 역할을 했다. 인간이 자신이 만든 것만을 알 수 있고 더 고차적인 능력은 생산에 의존하기 때문에 인간은 우선 **호모 파베르**이지 **이성적 동물**이 아니라는 근대의 확신은, 인간사의 영역을 생산의 영역으로 이해했던 모든 해석에 내재된 오래된 폭력적 요소를 폭로했다. 이 요소는 근대의 특징인 일련의 혁명에서 드러난다. 아메리카 혁명을 제외한 모든 혁명은 새 정치체제의 구축에 대한 고대 로마의 열성과 그것을 '생산하는' 유일한 수단으로서의 폭력에 대한 예찬이 결합되었다는 것을 보여준다. '폭력은 신(新)사회를 잉태한 모든 구(舊)사회의 산파'다. 즉 역사와 정치에서 일어나는 모든 변동의 산파라는 마르크스의 경구는 단지 근대인의 확신이며,[70] 신이 자연을 '만들었듯이' 역사는 인간이 '만든다'는 가장 내밀한 믿음을 산출한다.

---

70) 이 인용문은 『자본론』(Modern Library ed., p.824)에 의한 것이다. 마르크스의

행위가 얼마나 지속적이고 성공적으로 생산의 양식으로 변형되어 왔는지는 정치이론 및 정치사상의 모든 전문용어가 쉽게 증명해준다. 이 전문용어는 실제로 수단과 목적의 범주를 사용하지 않거나 도구성의 관점에서 사유하지 않고서는 이 문제를 논의하는 것조차 거의 불가능하게 만든다. 아마 더욱 확실한 증거는 모든 근대언어의 일반적인 속담이 만장일치로 우리에게 "목적을 원하는 자는 수단도 원해야 한다"라거나 "희생 없이는 목적을 이룰 수 없다"라고 충고한다는 사실이다. 수단이 효과적이라면 모든 수단은 목적으로 정의된 어떤 것을 추구하기 위해 허용될 수 있고 정당화될 수 있다는 것을 강제로 인정하게 하는 일련의 사상은 치명적인 결과를 불러오는데, 우리는 아마 이 사실을 완전히 자각한 첫세대인 것 같다. 그러나 이런 치명적인 사상의 조류를 벗어나기 위해서는 "모든 수단이 허용될 수 있는 것은 아니다" 또는 "어떤 상황에서는 수단이 목적보다 더 중요하다" 같은 유보 조건을 덧붙이는 것만으로는 충분치 않다. 이 유보 조건들은 위의 충고가 증명하듯이 거의 인정할 수 없는 도덕체계를 당연시하거나, 그 조건들이 사용하는 언어나 비유 때문에 아무런 힘도 갖지 못한다. 왜냐하면 모든 수단을 정당화하지 못하는 목적에 대한 진술은 역설이고 하나의 목적을 정의하는 것은 바로 수단의 정당화이기 때문이다. 역설은 늘 이해할 수 없는 어떤 것을 암시하고 이를 해결하지도 못하며, 따라서 설득력이 없다. 우리가 정치의 영역이 목적과 수단의 영역이라고 믿는 한, 우리는 누군가가 인식된 목적의 실현을 위해 모든 수단을 사용하는 것을 막을 수 없다.

행위를 생산으로 대체하고, '더 높은' 목적—고대에서 일반적으로

다른 구절을 살펴보면, 그가 이 말을 사회적 또는 경제적 힘의 표출에만 국한하지 않는다는 것을 알 수 있다. 예컨대 "실제 역사에서 정복과 노예화, 강탈, 살인, 간단히 말해 폭력이 큰 역할을 했다는 것은 주지의 사실이다"(같은 책, p.785).

선한 사람을 악한 지배로부터 보호하는 것과 특수하게는 철학자의 안전을 도모하는 것,[71] 중세에는 영혼의 구원, 근대에는 사회의 생산성과 진보—을 달성하기 위해 정치를 수단으로 폄하시킨 것은 정치철학의 전통만큼이나 오래된 것이다. 사실 근대만이 인간을 **호모 파베르**로, 즉 도구생산가와 사물의 생산자로 정의했다. 이를 통해 근대는 전통이 모든 제작의 영역에 보냈던 뿌리깊은 경멸과 의심을 극복할 수 있었다. 그러나 행위에 적대적이라고 판명된 이 전통은 아주 은밀하고 효과적으로 생산의 관점에서 행위를 해석해야만 했고, 정치철학에 대한 근대의 회의와 경멸에도 불구하고 근대가 의존할 수 있던 특정한 경향과 유형의 사상을 정치철학에 도입했다. 이런 측면에서 근대는 전통을 바꾸지 못했으며, 오히려 전통을 '편견'으로부터 해방시켰다. 즉 전통으로 하여금 장인의 작업이 인간사의 영역을 구성하는 '쓸데없는' 의견이나 행동보다 더 높은 지위를 차지한다고 드러내놓고 밝히지 못하게 했던 그 편견으로부터 말이다. 장인은 안전한 시민권을 받을 가치가 없다고 생각한 플라톤과 아리스토텔레스가 적어도 제작의 양식으로 정치문제를 취급하고 최초로 정치체제를 지배할 것을 제안했다는 것이 중요하다. 이런 외양상의 모순은, 자연에 대응하고 인공세계를 건설하는 활동에 들어 있는 믿을 만하고 견고한 범주들을 인간관계의 조직에 도입함으로써 인간관계에서 발생하는 위험을 제거하려는 유혹이 얼마나 강했는지 또 인간의 행위능력에 내재하는 문제점이 얼마나 심각한지를 분명하게 암시한다.

---

71) 철학자가 통치하려는 까닭이 그렇지 않을 경우 더 나쁜 사람의 지배를 받을 것이라는 두려움 때문이라는 플라톤의 말을, '선한 사람'이 '악한 사람' 사이에서 더 평화롭게 살 수 있게 만드는 것이 정부의 과제라는 아우구스티누스의 말과 비교하라(*Epistolae*, 153, 6).

32. 행위의 과정적 성격

행위가 도구화되고 정치가 다른 것을 위한 수단으로 전락했다고 해도, 그것은 행위를 없애지도 못했고 행위가 중요한 인간경험의 하나가 되는 것을 막지도 못했으며 인간사의 영역에서 행위를 완전히 파괴하는 데도 성공하지 못했다. 앞에서 우리는 모든 인간생활을 구속하는 고통스러운 노고인 노동이 피상적으로 제거됨으로써 작업이 이 세계에서 노동의 양식으로 수행되고 작업의 산물인 사용물건이 마치 단순 소비재인 것처럼 소비되는 결과가 초래되었음을 살펴보았다. 마찬가지로 불확실성 때문에 행위를 제거하고 인간사를 마치 생산의 산물이거나 산물이 될 수 있는 것처럼 취급함으로써 그 연약성으로부터 인간사를 구원하려는 시도는 행위를 할 수 있는 또 새롭고 즉흥적인 과정 — 인간 없이는 결코 존재할 수 없는 과정 — 을 시작할 수 있는 인간의 능력이 자연을 대하는 태도로 전환되는 결과를 가져왔다. 그런데 근대의 가장 마지막 단계에 이르기까지 인간은 단지 자연의 법칙을 탐구하고 자연으로부터 사물을 생산할 수 있는 자료를 얻었을 뿐이었다. 우리가 행위를 통해 어느 정도까지 자연에 영향을 주었는지를 가장 잘 보여주는 것은 최근 어느 과학자가 한 말이다. 그가 꽤 진지하게 "기초적인 연구는 무엇을 하면서 무엇을 하는지 모르는 것이다"[72]라고 제안했다.

자연에 대한 인간의 영향은 실험으로 시작되었으며 그 출발점에서는 아무런 해를 끼치지 않았다. 실험에서 인간은 자연이 자연스러운 모습으로 기꺼이 산출하는 것을 관찰하고 기록하고 관조하는 것으로 만족하지 못하고 조건을 조작하고 자연과정을 인위적으로 만들기 시작했다. 이때 인간의 개입이 없었다면 잠재된 채 결코 발생하지 않았을

---

72) *New York Times*, December 16, 1957에 보도된 Wernher von Braun과의 인터뷰에서 인용함.

기초과정을 해방시키는 기술이 점차 확대되었고 종국에 이것은 자연을 '만드는' 기술이 되었다. 즉 인간이 없었다면 결코 있을 수 없는, 그리고 우주에서는 흔한 현상일지라도 지구의 자연은 스스로 성취할 수 없는 그런 '자연적' 과정을 창조하는 기술로 변했다. 인간사유의 조건을 자연과정에 부여하여 인위적 유형으로 만드는 실험을 도입하여 우리는 마침내 '태양에서 진행되는 과정을 지구 위에서 반복하는' 방법, 즉 인간이 없었다면 우주에서만 생성될 수 있는 에너지를 지구상의 자연적 과정에서 얻을 수 있는 방법을 알아냈다.

자연과학은 오로지 과정의 과학이 되었고, 마지막 단계에 이르면 돌이킬 수 없고 치료할 수 없는 '불가역 과정'의 과학이 된다는 사실을 통해 우리는, 그 과정을 출발시키기 위해 필요한 두뇌력이 무엇이든 이 발전을 불러올 수 있는 실질적인 인간능력은 '이론적' 능력, 관조나 이성이 아니라 행위하는 능력이라는 사실을 분명히 알게 된다.

행위의 이런 측면은 근대가 인간능력을 엄청나게 확장하고 전례 없는 역사개념과 역사의식을 갖게 하는 데 매우 중요한 역할을 했다. 그런데 이 행위의 측면에서 그 결과를 예측할 수 없는 과정이 시작되었다. 따라서 연약성보다는 불확실성이 인간사의 중요한 성격이 된다. 고대는 행위의 이런 속성에 대해 대체로 관심을 기울이지 않았으며, 고대 철학에서도 이에 대한 적절한 표현을 찾아보기 힘들다. 고대철학이 우리가 사용하는 의미의 역사개념을 모른다는 사실도 이와 연관된다. 근대의 새로운 두 학문, 즉 자연과학과 역사학의 중심 개념은 과정이고 이 개념의 기초를 이루는 실제의 인간경험은 행위다. 우리는 행위할 수 있고 우리 자신의 과정을 시작할 수 있기 때문에, 바로 이 때문에 우리는 자연과 역사를 과정의 체계로 생각할 수 있다. 근대 사유의 이런 성격이 처음으로 전면에 나타난 것은 역사학이다. 역사학은 지암바티스타 비코(Giambattista Vico) 이래 의식적으로 '신과학'임을 표방했으나 자연과학은 몇 세기가 지나서야 놀라운 업적의 결과에 고무되어 역사

과학이 사용하는 것과 매우 비슷한 어휘로 낡은 개념체계를 바꾸었다.

어쨌든 연약성은 특정한 역사적 환경에서만 인간사의 주요 특징으로 나타난다. 그리스인들은 인간사를, 항상 현존하고 영원히 되풀이되는 자연적 사물과 비교하여 평가했다. 그래서 그리스인의 주관심사는 인간을 둘러싸고 있지만 죽을 운명의 인간이 소유하지 못하는 불멸성에 이르고 불멸성의 자격을 갖추는 것이었다. 불멸성에 관심이 없는 사람들에게 인간사의 영역은 완전히 낯설고 심지어 다소 모순적 측면을 보여주는 것처럼 여겨진다. 그것은 특별한 복원력인데, 그 저항력과 지속성은 견고한 사물세계의 안정적인 지속성보다 훨씬 더 우월하다. 인간은 자기 손으로 생산한 것은 무엇이나 파괴할 수 있는 능력을 항상 가지고 있었고 오늘날에는 심지어 인간이 만들지 않은 지구와 자연도 파괴할 수 있는 잠재력을 갖고 있지만, 행위를 통해 시작된 모든 과정을 원상태로 복구하고 통제하는 능력은 여태껏 가진 적이 없었고 앞으로도 결코 갖지 못할 것이다. 인간은 잊어버리고 혼동해서 모든 개별 행위의 책임과 기원을 회피할 수 있을지는 몰라도, 행위하기 이전의 상태로 되돌리거나 행위의 결과를 방지할 수는 없다. 이미 행한 것을 원래 상태로 되돌리지 못하는 인간의 무능력은 모든 행위의 결과를 예견할 수 없고 행위의 동기에 대한 신뢰할 만한 지식을 가질 수 없는 무능력과 거의 동일하다.[73]

생산과정의 힘은 최종생산품에 전적으로 흡수되어 고갈되지만 행위과정의 힘은 하나의 행위에서 소진되지 않는다. 오히려 그 반대로 행위의 결과가 배로 늘어날수록 그 힘은 더욱 증가한다. 인간사의 영역에서 지속되는 것은 이 행위의 과정들이며, 그것들은 인류 자체가 지속되는

---

73) "사람은 출생을 알지 못한다. 사람은 끝을 알지 못한다. ⋯⋯행위의 가치는 인식할 수 없다." 이것은 니체가 한 말이다(*Wille zur Macht*, No.291). 니체가 행위에 대한 철학자의 오랜 의심을 되풀이했을 뿐이라는 사실을 사람들은 거의 알지 못한다.

만큼 무한히 또 물질의 소멸성이나 인간의 사멸성과 상관없이 지속된다. 우리가 모든 행위의 결과와 목적을 확실하게 예상할 수 없는 이유는 행위에는 어떤 목적도 없다는 단순한 사실 때문이다.

행위가 다른 모든 인위적 생산품보다 월등하게 지속력을 가진다는 사실은, 인간이 행위의 환원불가능성과 예측불가능성의 짐을—바로 이것으로부터 행위과정은 원동력을 얻는데—이겨낼 수 있다면 그에게 큰 자랑거리가 될 것이다. 그러나 인간은 그것이 불가능한 일임을 알고 있었다. 행위하는 자는 자신이 무엇을 행하는지 알지 못하고 그가 결코 의도하지 않았고 예상할 수 없는 결과를 초래하는 '죄를 범하며', 그가 시작한 과정은 하나의 행위나 사건에서 완성되지 않는다는 사실을 인간은 알고 있었다. 또한 행위의 의미는 행위나 사건에서 바로 드러나지 않고 오히려 행위하지 않은 역사가가 회고할 때 드러난다는 사실도 알고 있었다. 이 모든 것이 바로 인간이 필사적으로 인간사의 영역을 외면하고 인간의 자유능력을 경멸한 이유다. 자유능력으로 인간관계의 그물망을 만들어내면서 인간은 자기 행위의 저자나 행위자이기보다 희생자나 고통받는 자가 될 정도로 곤란한 처지에 빠지는 것이다. 달리 말해, 그 본질이 자유인 행위능력에서 또 존재하기 위해 인간 이외의 누구에게도 어떤 것에도 의존하지 않는 영역에서 인간은 가장 자유롭지 못하다. 다시 말하면 인간은 삶의 필연성에 예속된 노동이나 주어진 물질에 의존하는 제작에서 더 자유로운 것 같다.

이러한 사고과정은 서양사상의 위대한 전통과 일치한다. 이 전통은 자유가 인간을 유혹하여 필연성에 머물게 한다고 비난하며 자발적으로 새로운 것을 시작한다는 의미를 가진 행위도 경멸한다. 자발적 행위의 결과는 행위자를 얽어매는 관계의 그물망 속으로 사라져버리기 때문이다. 행위자는 자유를 사용하는 순간 자유를 잃는 것처럼 보인다. 행위하지 않는 것이 이런 종류의 자유로부터 구제되는 유일한 길인 듯하다. 즉 인격으로서의 주권과 불가침성을 지킬 수 있는 유일한 수단은 인간사의 모든 영역으로부터 거리를 두는 것인 듯하다. 이 권고가 불러올 비참한 결과를 잠시 접어둔다면(이 권고는 스토아주의에서 인간행동의 일관된 체계로 구체화되었다), 이 권고의 기본 잘못은 주권과 자유를 동일시한 점이다. 정치사상과 철학사상은 이 동일시를 당연하게 생각했다. 만약 주권과 자유가 동일하다면 어떤 인간도 자유로울 수 없다. 왜냐하면 완고한 자기 충족과 자기 지배의 이상인 주권은 다원성의 조건에 모순되기 때문이다. 한 인간이 아니라 다수의 인간이 지구에 거주하는 까닭에 또 플라톤 이래 전통이 주장하듯이 인간의 유한한 힘은 타인의 도움을 필요로 하는 까닭에 어느 누구도 엄밀한 의미에서 주권적 또는 자주적이라고 할 수 없기 때문이다. 비주권(non-sovereignty)의 조건을 극복하고 인격의 불가침성을 확보하기 위해 전통이 제시하는 모든 권고는 결국 다원성의 내재적 '취약성'의 보상으로 귀결된다. 그러나 만약 이 권고를 따라 다원성의 결과를 극복하는 데 성공한다면 그 결과는 자신에 대한 주권적 지배라기보다 모든 타인에 대한 자의적 지배가 될 것이다. 또는 스토아주의처럼 실재세계를 타인들이 존재하지 않는 상상의 세계로 바꾸는 것이 될 것이다.

여기서 문제는 자기 충족의 의미에서의 강함이나 약함이 아니다. 예컨대 다신론의 체계에서 신은 아무리 강하다 할지라도 지고하지 않다. 유일신을 가정할 때에만("유일신은 오로지 혼자이며 영원히 그럴 것이다") 주권과 자유는 같을 수 있다. 이외의 모든 경우에 주권은 현실을 무시한 상상에서만 가능하다. 어떤 사람이 청동 황소(Phaleric Bull) 안에서 산 채로 불태워질 때 에피쿠로스주의는 행복의 환상에 매달리고, 어떤 사람이 노예가 되었을 때 스토아주의는 자유의 환상에 매달리는 경우가 그것이다. 이 두 환상은 상상의 심리학적 힘을 증명한다. 그러나 상상의 힘이 발휘되는 경우는, 사람들이 행복하거나 불행할 수 있고 또 자유인이나 노예로 등장할 수도 있는 이 세계의 실재성을 완전히 제거하여 그들이 자기기만의 쇼에 구경꾼으로도 입장할 수 없는 지경에 이를 때다.

　자유와 주권을 동일시하는 전통의 관점에서 자유를 고찰하면서 자유와 비주권의 동시적 현존, 즉 어떤 것을 새로 시작할 수 있지만 그 결과를 통제하거나 예상할 수 없다는 사실을 인식한다면 우리는 인간존재가 불합리하다는 결론에 도달하지 않을 수 없다.[74] 인간의 현실과 그것이 제공하는 현상적 증거들을 볼 때, 인간의 자유는 부인할 수 없는 사실이기 때문에 인간의 주권이 가능하다고 주장하는 것과 행위자가 자기 행위의 주인으로 머물지 못한다는 이유로 인간의 행위능력을 부정하는 것은 모두 옳지 않다.[75] 여기서 제기되는 질문은 자유와 비주권이 상호배타적이라는 우리의 생각이 현실에 의해 부정되지는 않는지, 달리 표현해서 행위능력이 비주권의 무능력을 극복할 수 있는 가능성을 동시에 제공하는 것은 아닌가 하는 것이다.

---

74) 이 '실존주의자'의 결론은 전통의 개념들과 기준들을 올바르게 해석하지 못해서 나온 것이 아니다. 실제로 이 결론은 전통 안에도 여전히 존재하고 전통적 개념에도 들어 있었다(비록 모종의 반란 정신으로 표출된 것이긴 하지만). 그러므로 이런 저항의 일관된 결과는 '종교적 가치'로의 회귀다. 이런 종교적 가치들이 신뢰할 만한 종교적 경험이나 신앙의 뿌리를 더 이상 가지고 있지 않지만, 근대의 모든 정신적 '가치들'이 교환가치들인 것처럼 폐기된 절망의 '가치들'을 대신하여 이 자리를 차지했다.

75) 인간의 자존심이 살아 있는 한, 인간실존의 징표는 불합리성이라기보다 비극이다. 이에 대한 가장 대표적인 인물은 칸트다. 비록 인간의 행위가 자연법칙의 결정론에 좌우되고 어떤 이성도 절대적 실재의 비밀을 캐내지 못한다 할지라도, 그는 행위의 자발성과 이에 수반하는 실천이성의 능력 그리고 판단력을 여전히 인간의 최고 징표로 간주한다. 칸트는 행위의 결과가 아니라 오로지 순수한 동기에 따라 행위하라고 용기 있게 주장한다. 이로 인해 인간은 인간에 대한 믿음과 인간의 잠재적 위대함을 되찾게 되었다.

33. 환원불가능성과 용서하는 힘

　노동하는 동물이 영원히 반복되는 삶의 과정의 감옥에서 해방되고 노동과 소비의 필연성에 영원히 속박된 상태에서 벗어날 수 있는 길은 만들고 제작하고 생산하는 **호모 파베르**의 능력을 농원하는 것이라는 사실을 우리는 이미 알고 있다. **호모 파베르**는 도구 생산자로서 노동의 수고와 고통을 덜어줄 뿐 아니라 지속되는 세계를 건립한다. 노동으로 유지되는 삶을 구제하는 것은 세계성이다. 그런데 이 세계성 자체는 제작에 의해 유지된다. 더욱이 우리는 **호모 파베르**로서의 인간이 무의미성의 곤경과 '모든 가치의 평가절하'로부터, 즉 목적과 수단의 범주로 규정되는 세계에 타당한 기준을 발견하는 것이 불가능하다는 사실로부터 구제될 수 있는 길은, 제작이 사용물건을 생산하듯이 유의미한 이야기를 산출하는 행위와 말의 상호연관적 능력을 통해서라는 것을 잘 알고 있다. 사유의 곤란함도, 그것이 우리가 지금 고찰하는 문제의 범위를 벗어나지 않는다면, 이 예에 속해야 할 것이다. 왜냐하면 사유 역시 사유활동 자체가 야기하는 곤경에서 '사유 자체'를 구제할 수 없기 때문이다. 이 각각의 경우에 인간을 구제하는 것, 즉 노동하는 동물로서의 인간, **호모 파베르**로서의 인간, 사유자로서의 인간을 구제하는 것은 전혀 다른 종류의 능력이며, 그것은 인간의 외부에 존재하는 것이 아니라 각 활동의 외부에 존재한다. **노동하는 동물**에게 자신이 세계를 인식하고 세계에 거주하는 존재라는 사실은 기적으로 보인다. 마찬가지로 **호모 파베르**의 관점에서 의미가 이 세계에 자리 잡고 있다는 사실은 기적이자 신의 계시와 비슷하다.

　행위와 행위자가 처한 곤경의 경우, 사정은 완전히 다르다. 여기서 행위에 의해 촉발된 과정의 환원불가능성과 예측불가능성은 다른 고차적인 능력으로 치료될 수 없다. 오히려 그것의 치료능력은 행위 자체가 가진 잠재력 중의 하나다. 자신이 무엇을 행했는지 알지 못하고, 알 수 있다 할지라도 행한 것을 되돌릴 수 없는, 무능력한 환원불가능성의 곤경에서 벗어나게 하는 것은 용서하는 능력이다. 미래의 불확실성인 예측불가능성의 치유책은 약속을 하고 그 약속을 지키는 인간의 능력에 내재해 있다. 이 두 능력 가운데 하나인 용서하는 능력은 다모클레스의 칼처럼 모든 새로운 세대에 걸쳐 '죄'값을 치러야 하는 과거의 행위를 구제한다. 그런 점에서 이 두 능력은 동질적이다. 약속을 지키는 능력은 미래라는 불확실성의 바다에 안전한 섬을 세운다. 이 섬이 없다면 인간 사이의 관계에 지속성은 물론이고 연속성조차 없을 것이다.

용서를 받음으로써 우리가 행한 일의 결과로부터 해방되지 못한다면 행위능력은 결코 회복할 수 없는 하나의 유일한 행위로 끝날 것이다. 우리는 영원히 그 결과의 희생자로 머물 것이다. 이것은 마치 마술사의 제자가 주문을 푸는 마술 공식을 모르는 것과 같다. 약속을 이행하지 않는다면, 우리는 정체성을 유지할 수 없다. 우리는 각자의 외로운 마음의 의심과 모순에 사로잡혀, 그 마음의 어둠 속에서 방향을 잃고 방황해야 할 운명에 처할 것이다. 이 어둠을 걷어낼 수 있는 유일한 것은 공론 영역을 덮고 있는 빛이다. 이 빛은 약속을 하고 지키는 사람의 동일성을 보장해주는 타인의 현존으로 빛난다. 따라서 이 두 능력은 타인의 현존과 행위를 의미하는 다원성에 의존한다. 어느 누구도 스스로를 용서할 수 없고, 혼자 한 약속에 구속되어 있다고 생각할 수 없기 때문이다. 고독과 고립 속에서 행하는 약속과 용서는 실재성을 갖지 못하며, 단지 자기 앞에서 행하는 역할에 불과하다.

용서와 약속의 능력은 다원성의 인간의 조건과 매우 일치하기 때문에 정치에서 용서와 약속은 플라톤의 지배 개념에 내재하는 '도덕'의 기준들과 정반대되는 정치적 지도 원리를 확립하는 역할을 한다. 플라톤의 지배권의 정당성은 자기 지배에 있는데, 그 지도 원리를—이는 동시에 타인에 대한 지배를 정당화하고 제한하는 원리다—나와 나 자신 사이에 확립한 관계로부터 이끌어낸다. 그래서 타인과 맺는 관계의 잘못과 옳음은 자신에 대한 태도가 결정하며, 결국 공론 영역은 정신·영혼·육체라는 개인의 능력 사이의 올바른 질서인 '대문자 인간'의 이미지로 이해된다. 다른 한편 용서하고 약속하는 능력에서 추론되는 도덕률은 어느 누구도 혼자서 할 수 없는 경험, 전적으로 타인이 있어야만 할 수 있는 경험에 의존한다. 자기 지배의 양식과 정도가 타인 지배를 정당화하고 결정하듯이 ─자신을 지배하는 방식으로 타인을 지배할 것이다─ 용서받고 약속의 이행을 경험하는 양식과 정도가 자신을 용서하고 자신에게만 한 약속을 지키는 양식과 정도를 결정한다.

행위과정에 들어 있는 거대한 힘과 복원력의 치료는 다원성의 조건에서만 가능하기 때문에, 이 능력을 인간사 이외의 영역에서 사용하는 것은 매우 위험하다. 근대의 자연과학과 기술은 이제 자연과정을 관찰하여 원료를 추출하거나 그 과정을 모방하는 것으로 만족하지 않고 실제로 자연과정에 작용함으로써 이미 행해진 것을 복구할 어떤 치료책도 발견할 수 없는 자연의 영역에까지 환원불가능성과 인간의 예측불가능성을 옮겨놓고 있는 듯하다. 마찬가지로 생산의 양식으로서 또는 수단과 목적의 범주 안에서 행위하는 것은 행위에만 내재하는 자기 치료 가능성을 박탈할 위험성을 가진다. 따라서 이제 우리는 모든 제작에 필수적인 폭력의 수단을 가지고 행해야 할 뿐만 아니라 성공하지 못한 대상을 복구하듯이 파괴를 수단으로 자신이 행한 것을 복구시켜야 한다. 이 시도에서 인간 권력의 위대성이 분명하게 드러난다. 권력의 원천은 행위하는 능력이며, 행위에 내재하는 치료능력을 상실하면 이 권력은 반드시 과잉권력이 되어 인간뿐만 아니라 인간이 삶을 영위하는 데 필수적인 여러 조건을 파괴한다.

인간사의 영역에서 용서의 역할을 발견한 사람은 나사렛 예수다. 그가 종교적 맥락에서 용서의 역할을 발견하고 종교적 언어로 명료화했다는 사실은 엄격한 세속적 의미에서 그것을 진지하게 다루지 못할 이유가 되지 않는다. 매우 선택적이고 명료한 개념화 과정에서 믿을 만한 여러 경험을 배제하는 것은 우리의 정치사상적 전통의 본질에 속한다 (여러 이유에서 그러한데, 여기에서는 그것을 더 이상 해명하지 않을 것이다). 배제된 이 경험들 중에 매우 기본적인 본성의 경험이 있다고 해서 놀랄 필요는 없다. 나사렛 예수의 가르침에서 어떤 측면들은 기독교의 종교적 메시지와 관련이 있다기보다 이스라엘의 공적 권위에 도전하는 데 열중했던 동료들과의 작고 친밀한 공동체의 경험에서 나왔다. 예수의 가르침은 본질이 종교적이라는 이유로 무시되어 왔지만 확실히 전통을 제외한 경험에 속한다. 용서는 행위가 초래하는 필수불가결한 상처의 치유에 반드시 필요하다는 의식의 맹아를 우리는 피정복자를 용서하는 로마인의 원리에서 발견할 수 있으며—그리스인들이 전혀 알지 못하는 지혜다—로마에서 유래된 특별 사면권, 오늘날에도 사형의 경우 거의 모든 서구 국가의 통치자의 특권에 속하는 이 권리에서도 엿볼 수 있다.

현재 맥락에서 중요한 것은 예수가 '서기관과 바리새인'에 대항했을 때 첫째, 용서하는 힘을 신만 가진다는 것은 사실이 아니며[76] 둘째, 인간이 아닌 신이 인간을 통해서 용서한다 할지라도 이 힘은 신으로부터 오는 것이 아니라 반대로 인간이 신에게 용서받을 수 있기를 희망하기 이전에 인간 자신이 이 힘을 서로에게 사용해야 한다고 주장했다는 것이다. 예수의 표현은 훨씬 급진적이다. 복음서는 신이 인간을 용서하기 때문에 '신과 같이' 남을 용서하는 것이 아니라 '진심으로 남을 용서할

---

76) 「누가복음」 5장 21~24절(「마태복음」 9장 4~6절 또는 「마가복음」 12장 7~10 절 참조)에서 예수가 강조한 말이다. 이 구절에서 예수는 "사람의 아들도 땅 위에서 죄를 용서하는 힘을 가지고 있다"는 것을 증명하기 위해 기적을 행한다. 여기서 '땅 위에서'라는 말이 강조된다. 사람들을 놀라게 한 것은 기적을 행한 것보다 '용서하는 힘'이 있다는 주장이었다. 그래서 "예수 둘레에 앉아 있던 사람들은 서로 말하기 시작했다. 죄를 용서해주는 이 사람은 누구인가?"(「누가복음」 7장 49절).

때만' 신도 '그와 같이' 인간을 용서해준다고 가르치고 있다. 용서의 의무를 주장하는 이유는 "자신들이 행하는 것을 인간은 알지 못하기 때문이다."[77] 그러나 용서는 극단적인 범죄나 의도적인 악에는 적용되지 않는다. 만약 거기에도 적용가능하다면, "하루에 일곱 번을 그리고 다시 일곱 번의 죄를 범하고 나는 회개합니다라고 당신에게 말하면 그를 용서하시오"라는 가르침이 불필요하게 될 것이기 때문이다.[78] 범죄와 자의적 악은 드물며 아마도 선의 행위보다 드물 것이다. 예수에 따르면 이것은 하느님이 마지막 심판의 날에 판단하실 것이며—이 심판은 지상의 삶에는 아무런 역할도 하지 못한다—마지막 심판의 특징은 용서가 아니라 공정한 응보(apodounai)다.[79] 그러나 인간은 매일 죄를 범할 수 있으며, 관계의 그물망에서 새로운 관계를 만들려고 하는 한, 항상

---

77) "너희들이 서서 기도할 때 용서하라. ……하늘에 계신 너의 아버지 또한 너의 죄를 용서하신다"(「마태복음」 18장 35절과 「마가복음」 11장 25절). 또는 "만일 네가 그들의 죄를 용서한다면, 하늘에 계신 너의 아버지도 너를 용서할 것이다. 그러나 네가 그들을 용서하지 않는다면, 너의 아버지 또한 너를 용서하지 않을 것이다"(「마태복음」 6장 14~15절). 이 모든 예를 볼 때, 용서하는 힘은 우선 인간의 능력이다. "우리가 우리에게 빚진 자를 용서하듯이" 아버지도 '우리의 빚을' 용서하신다.

78) 「누가복음」 17장 3~4절. 이 텍스트의 세 가지 핵심단어인 *aphienai*, *metanoein*, *hamartanein*이 그리스어 『신약』조차 그 뜻을 완전히 옮겨놓을 수 없는 의미를 지니고 있다는 것은 매우 중요한 사실이다. *aphienai*의 본래 의미는 '용서하다'이기보다 '잊다'와 '놓아주다'다. *metanoein*은 '회개하다'(마음을 바꾸다)를 의미하며 또한 히브리어 *shuv*를 번역하는 데 이용된다는 점에서 심리학적 의미가 있는 '회개'보다 차라리 '되돌아가다' '자신의 길로 되돌아가다'를 의미한다. 마지막으로 *hamartanein*은 '죄를 짓다'는 의미보다 '놓치다' '실패해서 방황하다'는 의미에서 '잘못을 저지름'으로 해석될 수 있다(Heinrich Ebeling, *Griechisch-deutsches Worterbuch zum Neuen Testamente*, 1923을 보라). 내가 표준번역에서 인용한 절은 따라서 다음과 같이 해석될 수 있다. "만약 그가 너에게 잘못을 저지른다면 그리고 너에게 와서 다시 '내가 마음을 고쳐먹었습니다'라고 말한다면 너는 그를 놓아주어라."

79) 「마태복음」 16장 27절.

죄를 짓기 마련이다. 따라서 죄는 항상 용서하여 잊는 것을 필요로 한다. 인간이 알지 못하고 행한 것으로부터 부단히 인간을 해방시켜야만 인간의 삶은 계속 가능할 수 있다.[80] 인간은 행한 것으로부터 서로를 해방시켜줌으로써만 자유로운 주체로 남을 수 있다. 자신의 마음을 변화시켜 다시 시작하겠다는 부단한 의지를 통해서만 인간은 새로운 것을 시작할 위대한 힘을 부여받을 수 있다.

이런 측면에서 용서는 보복의 정반대다. 보복은 죄에 대항하는 반동의 형식으로 이루어진다. 여기서는 처음 잘못된 행위의 결과에서 끝나지 않는다. 모든 사람은 과정에 묶이게 되고 모든 행위에 내재하는 연쇄적인 반동을 허용하게 되며 그것은 무한한 과정이 된다. 보복은 잘못에 대한 자연스럽고 자동적인 반동이고 행위과정의 환원불가능성 때문에 예상하거나 예측할 수 있지만, 이와 대조적으로 용서의 행위는 예견할 수 없다. 용서는 예기치 않은 형식으로 일어나는 유일한 반동이다. 그래서 반동일지라도 행위의 본래적 성격을 갖는다. 달리 말하면, 용서는 단순한 반동이 아니라 반동을 유발하는 행위의 제한을 받지 않고 새롭게, 갑자기 일어난다. 따라서 용서하는 자와 용서받는 자 모두를 그 행위의 결과에서 자유롭게 해준다. 예수의 용서의 가르침에 포함된 자유는 보복으로부터의 자유다. 보복은 가해자와 피해자 모두를, 결코 끝나지 않는 행위과정의 잔인한 자동운동 안에 가둔다.

용서의 정반대는 아니지만 용서 외에 선택가능한 것은 처벌이다. 처벌과 용서는, 간섭하지 않는다면 무한히 계속될 것을 끝내려고 시도한다는 점에서 공통점을 가진다. 그러므로 인간사에서 매우 의미 있는 구

---

80) 이 해석은 「누가복음」 17장 1~5절의 맥락에서 보더라도 정당한 것 같다. 예수는 적어도 지상에서는 용서할 수 없는 '죄악'(*skandala*)을 피할 수 없다는 점을 지적하면서 다음과 같이 말한다. "슬프도다. 연자 맷돌을 목에 걸고 바다에 빠져죽는 것이 차라리 그에게는 더 나을 것이다." 계속해서 '잘못을 저지름'을 용서하라고 가르친다.

조적 요소는 인간은 처벌할 수 없는 것을 용서할 수 없고 용서받을 수 없는 것을 처벌할 수 없다는 사실이다. 이것은 칸트 이래 우리가 '근본악'이라 부르는 죄이지만, 이 죄의 본질에 대해서는 우리조차도, 즉 공적 무대에 드물게 분출되는 근본악을 경험한 우리조차도 알지 못한다. 우리는 그 죄들을 처벌할 수도 용서할 수도 없으며, 따라서 그것들이 인간사의 영역과 인간 힘의 가능성을 초월한다는 사실만을 우리는 알 뿐이다. 근본악들이 나타나는 모든 곳에서 인간사의 영역과 인간 힘의 가능성은 모두 파괴된다. 행위 자체가 인간에게서 모든 힘을 앗아가는 곳에서 우리는 예수와 함께 다음 말을 되풀이할 수 있을 뿐이다. "연자 맷돌을 목에 걸고 바다에 빠져죽는 것이 그에게는 더 나을 것이다."

파괴와 생산의 관계처럼 용서와 행위가 밀접한 관계가 있다는 가장 그럴듯한 논증은, 행해진 것을 원상태로 돌리는 것은 행위 자체와 동일한 계시적 성격을 보여주는 용서의 한 측면에서 나온다. 용서함과 이로 인해 확립되는 관계는 항상 (반드시 개별적이거나 사적이지는 않지만) 인격적 사건이다. 여기서 **행한** 것을 용서하는 것은 그것을 행한 자를 위해서다. 이 사태를 예수도 분명하게 인식했다("그녀의 죄가 많다 할지라도 용서받을 것이다. 왜냐하면 그녀는 많은 사랑을 베풀었기 때문이다. 그러나 사랑을 베풀지 않는 자는 그만큼 용서받지 못하리라"). 이것이 사랑만이 용서하는 힘을 가진다는 통상적인 확신의 이유다. 사랑은 인생사에서 매우 드문 일이라 할지라도[81] 자기를 드러내는 탁월한 힘을 가지고 있으며, 자기가 **누구인가**를 볼 수 있는 탁월한 명료성을 갖고 있다. 왜냐하면 사랑은 총체적 비세계성에 이를 정도로 사랑을 받는 자의 **본질**이 무엇인지 관심을 가지지 않으며 그의 자질과 부족함,

---

81) 사랑은 '로맨스'만큼이나 흔하다는 일반적인 편견은 우리가 사랑을 제일 먼저 시를 통해 배웠기 때문에 생긴 것이다. 그러나 시인들은 우리를 어리석게 만든다. 시인들만이 사랑은 매우 중요한 필수불가결한 경험이라고 생각한다. 이로 인해 그들은 사랑을 보편적인 것으로 잘못 생각한다.

업적과 실패, 실수에도 관심을 가지지 않기 때문이다. 사랑은 그 열정 때문에 우리를 타인과 결합시키거나 분리하는 중간 영역을 파괴한다. 사랑이 지속되는 한, 연인들 사이에 끼어들 수 있는 유일한 중간 영역은 사랑의 산물인 자식이다. 사랑하는 자를 결합시키고 그들이 공동적으로 관계하는 중간 영역인 자식은 그들을 분리시키기도 한다는 점에서 세계의 대변자이기도 하다. 자식은 사랑하는 자들이 기존의 세계에 하나의 새로운 세계를 삽입했다는 것을 의미한다.[82] 사랑하는 자들은 자식을 통해 마치 그들의 사랑으로 인해 떠났던 세계에 다시 복귀하는 듯하다. 새로운 세계성, 즉 정사로 가능한 결과이자 유일하게 가능한 행복한 종말인 이 새로운 세계성은 어떤 의미에서는 사랑의 종말이다. 사랑은 사랑하는 자들을 새로이 사로잡거나 또는 함께할 수 있는 다른 양식으로 변형되어야만 한다. 사랑은 본질상 무세계적이다. 드물기 때문이 아니라 바로 이 무세계성 때문에 사랑은 정치와 무관할 뿐 아니라 반정치적이며, 아마 반정치적인 모든 인간의 힘 중에서 가장 강력할 것이다.

그러므로 누군가를 있는 그대로 완전히 받아들이고 그가 무엇을 하든 항상 기꺼이 용서하는 까닭에 사랑만이 용서의 힘을 가진다면 ─ 기독교가 주장하듯이 ─ 용서는 우리가 고려할 수 없는 것이 된다. 매우 좁은 영역에서 사랑이 관계한다면 인간사의 넓은 영역에서는 존경이 관계한다. 아리스토텔레스의 정치적 우애(*philia politike*)와 비슷하

---

82) 세계를 창조하는 사랑의 능력은 대부분의 창조신화가 근거로 하는 다산성과 다르다. 아래의 신화는 사랑의 경험으로부터 사람의 모습을 이끌어낸다. "하늘은 여전히 지상의 신에게 복종하는 거대한 여신처럼 보입니다. 하늘은 지상의 신과 함께 바람의 신을 낳았지만 지금은 그녀를 떠받치는 바람의 신 때문에 분리되었습니다. 그래서 공기로 이루어진 세계의 공간이 땅과 하늘 사이에 존재하게 되었습니다." H.A. Frankfurt, *The Intellectual Adventure of Ancient Man*, Chicago, 1946, p.18; Mircea Eliade, *Traité d'Histoire des Religions*, Paris, 1953, p.212를 보라.

게 존경은 친밀성이 없고 가까움이 없는 일종의 '우정'이다. 존경은 세계의 공간이 우리들 사이에 놓아둔 거리로부터 누군가에게 관심을 가지는 것이다. 존경은 우리가 감탄하는 자질이나 높이 평가하는 업적과는 무관하다. 그래서 근대에서 존경이 상실되었거나 또는 우리가 감탄하거나 우러러보는 곳에서만 존경할 의무가 있다는 확신은 공적인 삶과 사회적 삶의 탈인격화를 가속화하는 분명한 징후다. 어쨌든 존경은 사람에게만 관련되는 것이기에 존경은 충분히 사람을 위해서 그가 행한 것을 용서하도록 촉구할 수 있다. 그러나 행위와 말로 자신을 드러내는 바로 그 사람이 용서의 주체라는 사실은, 어느 누구도 자신을 용서할 수 없는 가장 근본적인 이유가 된다. 여기서 일반적으로 우리는 말과 행위처럼 타인들에게 의존하지만, 이 타인들에게 우리는 우리 스스로는 지각할 수 없는 차이를 통해 드러난다. 우리가 우리 자신 속에 갇혀서는 결코 자신의 실패나 잘못을 용서할 수 없다. 왜냐하면 용서는 누군가를 위한 용서인데, 바로 누군가(즉 자기 자신)에 대한 경험을 우리는 갖지 못하기 때문이다.

34. 예측불가능성과 약속의 힘

용서는 아마 종교적 맥락에서 또 사랑과의 연관성 속에서 발견되었기 때문에, 공론 영역에서는 비현실적이고 허용될 수 없는 것으로 간주되어 왔다. 이와 달리 약속의 능력에 내재하는 안정화의 힘은 전통이 늘 인식해왔던 것이다. 계약은 지켜야 한다(*pacta sunt servanda*)는 불가침성을 핵심으로 하는 로마의 법적 체계로까지 거슬러 올라갈 수 있다. 또는 우르 출신의 아브라함을 그 발견자로 볼 수 있다. 『성경』이 말하듯이 그 이야기는 모두 신과 약속을 맺으려는 열정적인 동인을 보여준다. 그는 다른 이유에서가 아니라 오로지 광야의 세계에서 상호간의 약속이 가지는 힘을 시험하기 위해 고향을 떠난 듯 보인다. 마침내 신도 그와 약속을 하는 데 동의했다. 어쨌든 로마 이후의 다양한 계약이론은 약속의 힘이 수세기에 걸쳐 정치사상의 핵심을 차지했다는 사실을 증명한다.

약속의 행위를 통해 적어도 부분적으로 제거될 수 있는 예측불가능성은 이중의 본질을 가진다. 예측불가능성은 '인간 마음의 어두움', 즉 오늘의 이 사람이 내일 어떻게 될지 모른다는 인간에 대한 기본적인 불신에서 발생하며, 동시에 모든 사람이 동일한 행위능력을 가지는 동등한 사람의 공동체 안에서는 행위결과 예측불가능성에서 비롯된다. 자기 자신에게 의지하지 못하고 자신에 대한 완전한 믿음도 갖지 못하는 인간의 무능력은 자유를 얻기 위한 대가다. 인간이 자신이 행한 것의 고유한 지배자로 남아 그 결과를 인식하고 미래에 대한 믿음을 가질 수 없다는 것은 인간의 다원성과 실재성 그리고 타인과 함께 세계에 거주하는 기쁨을 위해 치러야 하는 대가다. 세계의 실재성은 현존하는 모든 존재가 서로에게 보장한다.

약속의 능력에는 인간사의 이 이중적 어둠을 극복하는 기능이 있다. 그래서 약속의 능력은 자기 지배와 그에 따른 타인 지배에 의존하는 지배형식의 유일한 대안이 된다. 약속의 능력은 정확히 비주권의 조건에서만 자유의 존재가 주어진다는 것과 일치한다. 계약과 약정에 의존하는 모든 정치체제의 위험이자 장점은 지배와 주권에 의존하는 정치체제와 달리, 인간사의 예측불가능성과 인간의 신뢰불가능성을 그대로 내버려두고 그것들을 단순히 매개체로 사용하여 그 안에 예측가능성의 섬을 만들고 신뢰의 이정표를 세운다는 점이다. 약속이 불확실성의 바다에서 확실성의 섬 같은 성격을 잃게 되면, 다시 말해 미래의 모든 근거를 확보하여 모든 방향에서 안전한 길을 닦는 경우처럼 약속의 능력을 잘못 사용하면, 약속은 구속력을 상실할 것이고 모든 일은 실패할 것이다.

앞에서 우리는 사람들이 함께 모여서 '조화롭게 행위할 때' 권력이 발생하고 흩어질 때 사라진다는 사실을 언급했다. 사람들을 함께 하도록 만드는 힘은, 사람들이 함께 모이는 현상 공간과 이런 공적 공간을 존재하게 만드는 권력과는 구별되는 상호약속 또는 계약의 힘이다. 개별적 인격이라는 독립체든 집단적 민족이라는 독립체든 하나의 고립된 독립체가 주권을 주장할 경우 주권은 늘 겉에서는 그럴싸해 보인다. 주권은 약속을 함으로써 서로를 구속하는 많은 사람에게서 제한된 실재로 여겨진다. 주권은 미래의 예측불가능성에서 비롯되는 제한된 독립성 안에서 존재한다. 그래서 주권의 한계는 약속을 하고 지키는 능력 자체에 내재하는 한계와 동일하다. 공동체의 주권은 다소 마법적으로 사람들을 북돋우는 동일한 의지에 의해서가 아니라, 약속을 타당하고 구속력 있게 하는, 모두가 동의한 목적에 의해 제한되고 유지된다. 이 주권은 어떤 약속에도 구속받지 않고 어떤 목적도 원치 않는 완전히 자유로운 사람들보다 더 우월하다는 매우 확실한 사실에서 가장 잘 드러난다. 우월성은 마치 미래가 현재인 것처럼 그것을 처리할 수 있는 능력에서 비롯된다. 즉 권력이 효력을 미칠 수 있는 차원을 거대하게, 참으로 기적처럼 확대할 수 있다는 데 기인한다. 니체는 도덕적 현상에 대한 비상한 감수성으로, 모든 권력의 원천을 고립된 개인의 권력의지에서 찾는 근대적 편견에도 불구하고, 약속의 능력(그가 '의지의 기억'이라 부르는)에서 인간의 삶을 동물의 삶과 가르는 차이를 발견했다.[83] 지배가 생산과 사물세계의 영역에 해당되듯 주권이 행위와 인간사의 영역에 해당된다면, 이때 주권이 함께 결합한 다수에 의해서만 성

---

83) 니체는 인간 주권과 약속의 능력 사이의 연관성을 ─ 그렇게 명료하지는 않지만 ─ 파악했다. 이를 통해 그는 인간의 자긍심과 양심은 관련이 있다는 독특한 통찰을 하게 된다. 불행하게도 이 두 통찰은 그의 중심개념인 '권력에의 의지'와 아무런 연관성을 가지지 못하고 그 개념에 영향을 미치지도 못했다. 그 때문에 니체 연구가들은 흔히 그의 통찰을 간과했다. 이 통찰들은 『도덕의 계보학』제2편의 첫 번째 두 개의 아포리즘에서 발견할 수 있다.

취될 수 있는 반면 지배는 고립 속에서도 가능하다는 점은 양자의 중요한 차이다.

도덕이 모레스(*mores*)의 총합계 이상인 한, 즉 전통에 의해 공고해지고 동의에 근거해 타당성을 가지며 세월의 흐름에 따라 변하는 관습과 행동기준 이상인 한, 도덕은—적어도 정치적으로는—기꺼이 용서하고 용서받으며 약속을 하고 지킴으로써 행위가 초래하는 수많은 위험을 이겨내는 '선의지'에 의존할 수밖에 없다. 이 도덕적 계명들은 외부로부터, 즉 고차원의 것으로 추정되는 능력으로부터 또는 행위가 미치지 못하는 경험들로부터 행위에 적용되지 않는 유일한 것들이다. 반대로 이 도덕적 계명들은 행위와 말의 양식으로 타인과 함께 살고자 하는 의지에서 직접 발생한다. 그래서 이것들은 새롭고 무한한 과정을 출발시키는 능력에 설치된 통제 메커니즘과 유사하다. 행위와 말이 없거나 탄생성에 대한 명료한 이해가 없을 때, 우리가 생성의 순환 속에 영원히 움직여야 하듯이, 행한 것을 원상회복하고 시작과정을 적어도 부분적으로 통제하는 능력이 우리에게 없다면, 우리는 자동적인 필연성의 희생자가 될 것이다. 필연성은 우리 이전의 자연과학이 자연과정의 두드러진 특징으로 생각한 냉혹한 법칙의 모든 징표를 지니고 있다. 우리가 이미 알고 있듯이, 죽을 운명의 인간에게 자연적 불행은 그 자체로 순환하고 영원할지라도 단지 재앙일 뿐이다. 만약 죽을 운명이 정말 역사과정에서 피할 수 없는 징표라면, 역사에서 이뤄진 모든 것이 운명적으로 파멸의 길을 걷는 것도 사실일 것이다.

그것도 어느 정도 사실이다. 그대로 내버려둔다면 인간사는 탄생과 죽음 사이에서 보내는 삶의 가장 확실하고 유일하게 믿을 만한 법칙인 사멸성의 법칙을 따를 수는 있다. 행위능력은 냉혹한 일상적 삶의 자동적 과정을 중단시킴으로써 이 법칙을 방해한다. 반대로 일상적 삶은 생물학적 삶의 순환과정을 간섭하고 방해한다. 새로운 것을 해석하고 시작하는 능력, 즉 인간이 반드시 죽는다 할지라도 죽기 위해서 태어난 것이 아니라 시작하기 위해서 태어났다는 사실을 상기시키는 행위의 내재적 능력이 없다면, 죽음을 향해 달려가는 인간의 생애는 반드시 인간적인 모든 것을 황폐하게 만들고 파괴할 것이다. 그러나 자연의 관점에서 볼 때 탄생과 죽음 사이의 인간 삶의 직선적 운동은 공통적인 자연규칙인 순환운동을 유일하게 벗어나 있는 것이며, 따라서 세계의 과정을 결정하는 것처럼 보이는 자동적 과정의 관점에서 볼 때, 행위는 기적처럼 보인다. 자연과학의 언어에서 '기적은 정기적으로 발생하는 무한한 비개연성'이다. 사실 행위는 기적을 행하는 인간의 능력이다. 이 능력을 통찰한 나사렛 예수는 독창성과 전례가 없다는 점에서 사유가능성에 대한 소크라테스의 통찰과 비교된다. 그가 용서하는 힘을 기적을 일으키는 보다 더 일반적인 힘과 연계시켰을 때 그리고 이 둘을 같은 차원이자 인간이 도달할 수 있는 것이라고 보았을 때, 그는 틀림없이 행위의 기적적 성격을 매우 잘 알고 있었다.[84]

인간사의 영역인 세계를 정상적이고 '자연적'인 황폐화로부터 구원하는 기적은 결국 다름 아닌 탄생성이다. 존재론적으로 이 탄생성에 인간의 행위능력이 뿌리박고 있다. 달리 말해 기적은 새로운 인간의 탄생과 새로운 시작, 즉 인간이 탄생함으로써 할 수 있는 행위다. 이 능력을 완전히 경험하는 것만이 인간사에 희망과 믿음을 부여할 수 있다. 그러나 고대 그리스는 인간실존의 본질적인 두 특징인 믿음과 희망을 완전히 무시하고 믿음을 가지는 것을 매우 드물고 사소한 덕으로 평가절하했고 희망을 판도라 상자에 들어 있는 악 중의 하나로 간주했다. 이 세

---

84) 주석 77의 인용문을 참조할 것. 예수는 신앙으로 기적을 행하는 이 힘이 인간의 근본이라고 생각했다. 우리는 여기서 이것을 논의하지 않겠다. 지금의 맥락에서 중요한 것은 기적을 행하는 능력을 신적인 능력으로 생각하지 말아야 한다는 점이다. 믿음을 가지면 산을 옮길 수 있고 용서할 수도 있을 것이다. 이것은 모두 기적이다. 예수가 하루에 일곱 번 용서하라고 명령했을 때, 사도들은 "주여 우리의 믿음을 강하게 해주소서"라고 대답했다.

계에서 믿음을 가질 수 있고 이 세계를 위한 희망을 가져도 된다는 사실을 표현하는 가장 웅장하면서도 간결한 말은, 복음서가 '기쁜 소식'을 천명한 몇 마디 말에서 발견할 수 있다. "한 아이가 우리에게 태어났도다."

제6장 활동적 삶과 근대

> 그는 아르키메데스적 점을 발견했지만 자신에게 불리하게 사용했다.
> 그는 오직 이 조건 아래서만 그 점을 발견하도록 허용된 것 같다.
> • 프란츠 카프카

35. 세계소외

근대가 시작하는 문턱에서 나타난 세 가지 커다란 사건은 근대의 성격을 규정한다. 아메리카의 발견과 이에 뒤따른 전 지구의 탐험, 교회와 수도원의 재산을 몰수함으로써 개인 재산의 몰수와 사회적 부의 축적이라는 이중적 과정을 야기한 종교개혁, 망원경의 발명과 우주의 관점에서 지구의 자연을 고려하는 신(新)과학의 발전. 이들은 우리가 프랑스 혁명부터 알고 있는 것과 같은 현대적 사건들로 불릴 수 없다. 그 어떤 사건도 그럴 수 없는 것처럼, 이 사건들도 인과율의 연쇄에 의해 설명할 수는 없다 할지라도, 이 사건들은 여전히 선행 사건들이 존재하고 그 선행자의 이름을 확인할 수 있는 부단한 연속성에서 일어나고 있다. 이 사건들 중 어떤 것도 어둠 속에서 힘을 결집했다고 갑작스럽게 분출하는 지하수가 폭발하듯 독특한 성격을 보여주지 않는다. 이 사건과 연관된 이름들, 갈릴레오 갈릴레이(Galileo Galilei), 마틴 루터(Martin Luther) 그리고 발견의 시대의 위대한 항해가, 탐험가, 모험가들은 여전히 근대 이전의 세계에 속한다. 더욱이 이들 중 누구에게서도 별난 새로움의 파토스, 즉 이전 사람들이 결코 보거나 생각하지 못한 것을 보거나 생각한 17세기 이후의 위대한 저자, 과학자, 철학자의 격렬한 주장을 찾아볼 수도 없다. 심지어 갈릴레이조차도 그러하다.[1] 이들 선구자들은 혁명가가 아니다. 그들의 의도와 동기는 여전히 전통에 뿌리를 둔 것이었다.

들어보지 못한 대륙과 꿈꾸어보지 못한 해양의 발견은 동시대인의 눈에는 틀림없이 가장 장엄한 사건이었을 것이다. 그런데 사회를 가장 많이 동요시켰던 것은 정통 그 자체에 내적으로 도전하고 인간 영혼의 평정을 직접적으로 위협함으로써 서구 기독교의 치유할 수 없는 분열을 야기한 종교개혁이었다. 물론 어느 누구도, 거의 최초로 고안된 순수과학적 도구임에도 불구하고 별을 관찰하는 것 외에는 쓸모없는 새로운 도구가 이미 거대하기 짝이 없는 인간의 도구창고에 보태어졌다는 사실을 주목하지 않았다. 그러나 우리가 자연과정을 측정하는 것처

---

1) 새로운 학문(*scienza nuova*)이라는 용어는 16세기 이탈리아 수학자 니콜로 타르타글리아의 저서에서 처음으로 등장한다. 그는 기하학적 추론을 발사물의 운동에 처음으로 응용했다는 이유로 신과학인 탄도학의 발견자라고 주장했다. (나는 이 정보를 알렉산드로 코이레 교수에게서 얻었다.) 우리 맥락에서 매우 중요한 것은 갈릴레오가 그의 저서 *Sidereus Nuncius*(1610)에서 자기의 발견들이 '절대적으로 새롭다'는 점을 강조했다는 것이다. 그러나 이것은 정치철학이 "나의 저서 『시민론』과 더불어 시작되었다"는 홉스의 주장이나 또는 자기 이전의 어떤 철학자도 철학에 성공하지 못했다는 데카르트의 확신과 크게 다르지 않다. 17세기 이후로 계속해서 절대적 새로움에 대한 주장과 모든 전통의 거부는 일상적인 것이 되어버렸다. 카를 야스퍼스(*Descartes und die Philosophie*, 2nd ed., 1948, pp.61 이하)는 르네상스 철학과 근대과학의 차이점을 강조한다. 르네상스 철학은 독창적인 개성을 주장하려는 강렬한 욕구로 새로움을 특징적으로 요구했다. 근대과학은 '새로운'이라는 단어를 사실의 가치술어로 널리 유포시켰다. 야스퍼스는 동일한 맥락에서 새로움에 대한 주장이 과학과 철학에서의 의미가 얼마나 달랐는지도 제시하고 있다. 데카르트는 과학자들이 새로운 과학적 발견을 내놓듯이 그렇게 자신의 철학을 제시했다. 따라서 데카르트는 그의 '성찰'에 대해서 다음과 같이 적고 있다. "역마차를 탄 여러 명의 사람들이 이전에 오랫동안 찾아 헤맸을 으리으리한 보물을 어떤 통행인이 우연히 발밑에서 발견한 것과 같이 내가 그것을 발견했다. 이 영광을 나는 받을 만한 자격이 없다"(*La recherche de la vérité*, Pléiade ed., p.669).

럼 역사의 추진력을 측정할 수 있다면, 본래 가장 미미한 충격에 불과했던, 우주의 발견을 향한 인간의 조심스런 첫걸음의 중요성과 속도가 부단히 증가하여 마침내 지구 그 자체에서만 마지막 한계를 발견했던 지구표면의 확장뿐만 아니라 여전히 외견상 무한해 보이는 경제적 축적과정의 의미를 무색하게 만들었다는 사실을 알 수 있을 것이다.

그러나 이것들은 단지 추측일 뿐이다. 실제로 지구의 발견, 대륙의 지도화, 대양의 해도화는 여러 세기를 걸쳐 지금 겨우 종결되기 시작했다. 인간은 이제야 유한한 거주 공간을 완전히 소유하게 되었으며, 이전의 모든 세대에게는 매력적이면서도 두렵게 여겨졌던 무한한 열린 지평들을 결집시켜 하나의 지구체가 되게 했다. 인간은 이 지구의 장엄한 윤곽과 자세한 표면을 손바닥 보듯이 알게 되었다. 지구상에서 이용 가능한 공간이 광대하다는 사실을 발견한 그때부터 그 유명한 지구의 축소가 시작되었고, 근대의 결과로 생겨난 것이지만 결코 근대세계와 동일시할 수 없는 우리의 세계에 이르러 모든 인간은 자기 나라의 거주자인 것과 같이 세계의 거주자가 되었다. 사람들은 지금 전 지구적인 연속적 전체에서 살고 있다. 여기서는 가장 완전하게 연속적인 부분들의 인접성에 내재하는 거리의 관념조차 속도의 노도 앞에 굴복한다. 속도가 공간을 정복했다. 다른 두 장소에 한 신체가 동시에 존재할 수 없다는 뛰어넘지 못하는 경계가 이 정복의 과정에 한계를 설정한다 할지라도, 이 과정은 거리를 무의미한 것으로 만든다. 왜냐하면 지구상의 어떤 지점에 도달하기 위해 인간 삶의 중요한 부분을 차지하는 몇 년, 몇 달 또는 몇 주가 필요하지 않기 때문이다.

이 축소 과정은 확실히 근대 초기의 탐험가와 세계일주 여행자의 목적에서는 가장 낯선 것이었을지도 모른다. 이들은 지구를 계속해서 확장시켰지 하나의 공으로 축소시키지는 않았다. 그리고 그들이 이 거리의 부름에 복종했을 때도, 거리를 폐지하려는 의도는 없었다. 우리가 역사를 지혜롭게 돌이켜보면, 다음의 사실은 분명해진다. 즉 측정할 수 있는 것이라면 어느 것도 광대한 것으로 남아 있을 수 없으며, 모든 측량은 일정 거리의 부분들을 결합시켜, 전에는 거리가 지배했던 곳에 밀접함을 확립한다는 것이다. 그래서 근대 초기단계의 지도와 항해도는 모든 지구상의 공간을 작게 만들어 바로 손에 닿게 하는 기술의 발명을 촉진했다. 철도, 증기선박, 비행기를 통한 공간의 축소와 거리의 단축이 있기 전에 무한히 커지거나 좀더 효과적인 축소가 있었다. 이것은 숫자와 기호 그리고 모형을 통해 지구상의 물리적 거리를 신체가 감각하거나 이성이 이해하는 정도의 규모로 축소할 수 있는 인간정신의 측량능력을 통해 이루어졌다. 지구를 일주하여, 인간의 거주영역의 범위를 날과 시간으로 표시하는 방법을 알기도 전에 우리는 이미 지구를 손으로 만지고, 눈앞에서 소용돌이치는 삶의 공간으로 만들었던 것이다.

우리가 앞으로 알게 될 것이지만, 우리의 맥락에서 더 중요한 것은 이 문제의 다른 측면이다. 우리가 연루된 모든 일과 관심사에서 벗어나서 주변의 모든 것으로부터 거리를 취할 때만 인간의 측정이 제대로 기능할 수 있다는 것은 인간의 측량능력이 가진 본질이다. 세계 또는 지구라는 환경과 인간 사이의 거리가 넓으면 넓을수록 인간은 더 잘 측량하고 측정할 수 있으며, 인간에게 남겨지는 세계나 지구에 구속되는 공간은 점점 없어질 것이다. 지구가 결정적으로 축소된 것은 비행기 발명, 즉 지구 표면으로부터 떠날 수 있는 도구를 발명한 결과다. 이 사실이 상징적으로 말해주는 것은 인간이 지구로부터 더욱더 멀어지고, 따라서 인간이 자신의 지구적 거주환경으로부터 결정적으로 소외되는 희생을 치르고서만 지상에서의 모든 거리 축소가 이루어질 수 있다는 일반적 현상이다.

전적으로 다른 사건인 종교개혁은 종국에 가서는 우리를 이와 유사한 소외 현상과 직면하게 만든다. 이것을 베버는 '세계 내적 금욕주의'로 명명하고 새로운 자본주의 정신에서 가장 내밀한 원천으로 파악했다. 이것은 역사로 하여금 영혼, 악마 그리고 **시대정신**(*Zeistgeists*)을 믿지 않을 수 없게 하는 많은 우연의 일치 중 하나다. 매우 충격적이고 곤혹스러운 것은 극단적 차이가 있는 것 사이의 유사성이다. 왜냐하면 이런 세계 내적 소외는 의도나 내용의 차원에서 지구의 발견과 소유과정에 내재하는 지구로부터의 소외와는 아무런 관계가 없기 때문이다. 더욱이 막스 베버가 그의 유명한 에세이에서 역사적 사실성을 증명했던 세계 내적 소외는 기독교 신앙의 내세관을 복원하고자 한 루터와 칼뱅에게서 발생한 새로운 도덕성에서도 마찬가지로 존재한다. 이 소외는 완전히 다른 수준이지만 교회 재산 몰수의 예기치 못한 결과였던 소작농의 재산 몰수에도 똑같이 존재한다. 그리고 세계를 소외시킨 이 재산 몰수는 봉건제가 붕괴된 가장 큰 단일 요소였다.[2] 이 사건이 없었다면 우리의 경제과정은 어떻게 되었을지 생각하는 것은 물론 쓸모없는 일이다. 이 사건의 충격으로 서구는 발전을 가속화했다. 사건으로 말미암아 서구사회에서 모든 소유는 사유의 과정에 의해 파괴되고, 모든 사물이 생산의 과정에 투입되며 세계의 안정선이 부단한 변화에 의해 위태롭게 되는 역사과정에 진입하게 된다. 하지만 역사는 사건들의 이야기일 뿐 그 진행과정을 예측할 수 있는 세력이나 관념의 이야기가 아니라는 것을 상기시켜준다는 점에서 그러한 가정을 해보는 것은 어느 정도 의미가 있다. 그러나 이 생각이 일어난 사건의 실재성을 반대하는 논증으로 사용되거나 일어날 수도 있는 가능성과 대안들을 긍정적으로 언

---

2) 막스 베버는 내세성이 세계로 방향을 돌림으로써 발생한 거대한 힘을 발견했는데, 이 발견의 중요성을 지금 부인하고자 하는 것은 아니다(「프로테스탄트 윤리와 자본주의 정신」 『종교사회학』, 1920, 1권을 보라). 베버는 프로테스탄트의 직업윤리는 수도원 윤리의 몇몇 특징을 이어받은 것이라고 주장한다. 따라서 우리는 프로테스탄트적 삶의 태도의 맹아를 아우구스티누스의 저 유명한 *uti*와 *frui*, 즉 사용은 하지만 향유하지는 못하는 이 세계의 사물과 그 자체 목적으로서 향유되는 도래할 세계의 사물들 사이의 구분에서 발견할 수 있다. 이 세계의 사물에 대한 인간의 지배권 증대는 모두 인간이 세계와 자신 사이에 설정한 거리로부터, 즉 세계소외로부터 발생한다.

급하려 한다면, 그것은 무익하고 심지어 위험하기조차 하다. 왜냐하면 대안의 수는 정의상 무한하고 또한 다르게 진행될 수도 있던 대안들은 사건이 갖고 있는 분명한 예측불가능성의 성격을 갖지 못하여, 대안들은 기껏해야 개연성을 그럴듯하게 서술할 뿐이기 때문이다. 그래서 대안이 아무리 평범한 방식으로 제시된다 할지라도 그 대안들은 순전히 환상으로 머문다.

수세기에 걸쳐서 방해받지 않고 발전해온 이 과정의 추진력을 평가절하하지 않고 제대로 이해하려면, 이른바 전후 독일의 '경제적 기적'을 반성해보는 것이 좋겠다. 이것은 구시대적 기준에서만 기적이라 할 수 있다. 독일의 사례는 근대적 조건에서 국민의 사유재산 몰수, 대상들의 파괴 그리고 도시의 황폐화가 사회를 단순히 복구했을 뿐만 아니라 빠르고 효율적인 부의 축적과정을 근본적으로 촉진했다는 사실을 여실히 보여준다. 물론 이 경우의 유일한 조건은 해당 국가가 이 파괴에 대해 향상된 생산력으로 대응할 수 있을 만큼 충분히 근대적이어야 한다는 점이다. 독일에서는 완전한 파괴가, 오늘날 우리가 살고 있는 낭비 경제의 징표라고 할 수 있는 세계사물을 가차 없이 평가절하하는 것을 대신했다. 결과는 거의 동일하다. 전후 독일이 보여주는 것처럼 급속히 발전하는 번영은 물질적 재화의 풍부함이나 안정적인 어떤 것에 기반을 둔 것이 아니라 생산과 소비의 과정 자체에 기반한다. 근대의 조건에서 파멸을 야기하는 것은 파괴가 아니라 보존이다. 왜냐하면 보존된 대상이 지니는 바로 그 지속성은 생산과정에 가장 큰 방해요소이기 때문이다. 이 과정이 장악한 곳 어디에서나 남겨진 유일한 불변성은 지속적인 속도의 증대다.[3]

---

3) 독일이 전후 복구를 그토록 빨리 이뤄낸 이유로 가장 빈번히 제시되는 것, 즉 독일이 국방예산의 짐을 질 필요가 없었기 때문이라는 주장은 아래의 두 가지 이유에서 설득력이 없다. 첫째, 독일은 여러 해 동안 점령비용을 지불해야만 했다. 이 비용은 그 총액이 전체 국방예산과 거의 같았다. 둘째, 무기생산은 다른

우리는 앞에서 부나 점유와는 구별되는 소유가 공동세계에서 사적으로 소유한 몫을 가리킨다는 것을 살펴보았다. 따라서 소유는 인간의 세계성을 위한 가장 기본적인 정치적 조건이다. 같은 이유에서 재산 몰수와 세계소외는 동시에 발생한다. 그리고 근대는 극중의 모든 배우가 의도하는 것과는 매우 상반되게도 특정계층의 인구를 세계로부터 소외시키면서 시작되었다. 우리는 근대의 이런 소외가 핵심적 중요성을 가진다는 것을 간과하는 경향이 있다. 왜냐하면 우리는 대개 근대의 세속적 성격을 강조하여 세속성을 세계성과 동일시하기 때문이다. 그러나 구체적인 역사적 사건으로서 세속화는 단지 교회와 국가, 종교와 정치의 분리를 의미한다. 그리고 종교적 관점에서 세속화는 초기 기독교의 태도인 '카이사르의 것은 카이사르에게, 하느님의 것은 하느님에게'로의 복귀를 의미하며, 신앙과 초월성의 상실이나 이 세계의 사물에 대한 새롭고도 강한 관심을 의미하는 것은 아니다.

근대 신앙의 상실은 종교적 기원을 가지고 있지 않으며 근대의 2대 종교운동인 종교개혁과 반종교개혁으로 거슬러 올라가지도 않는다. 그 상실의 범위도 결코 종교적 영역에만 한정되지 않는다. 더욱이 근대가 초월성과 사후세계에 대한 믿음의 갑작스러운, 더 이상 설명불가능한 상실과 함께 시작했다는 점을 우리가 인정한다 하더라도 이런 신앙의 상실이 사람들로 하여금 이 세계에 더욱 충실하게 만들지는 않았다. 이와는 반대로 역사는 오히려 근대인이 세계를 지향하기보다는 자기 자신에 의존한다는 점을 분명하게 보여준다. 데카르트 이후 근대철학의 가장 집요한 흐름이자 철학에 가장 독창적 기여를 한 것 중 하나

국가의 경제에서는 전후 번영의 가장 큰 단일요소였다. 더욱이 내가 주장하고자 하는 것은 일반적이지만 꽤 불가사의한 현상, 즉 번영은 파괴수단의 '무용한' 생산, 즉 무언가를 파괴하는 데 사용함으로써 소비되거나 아니면—이것이 좀더 일반적인 경우인데—곧 낡은 것이 되어버리기 때문에 파괴되는 재화들의 생산과 밀접한 연관이 있다는 사실을 통해 똑같이 예증해보일 수 있다.

는 영혼, 인격 또는 일반적 인간과 구별되는 것으로서의 자아에 대한 배타적 관심이며, 세계와 다른 인간존재와의 모든 경험을 인간과 그 자신 간의 경험으로 환원하려는 시도다. 자본주의의 기원을 발견한 베버의 위대성은 철저하게 세속적인 거대한 활동이 세계에 대한 염려나 향유 없이도 가능하며, 이 활동의 가장 깊은 동기는 오히려 자아에 대한 근심과 염려라는 사실을 증명한 데 있다. 마르크스가 생각한 자기소외가 아니라 세계소외가 근대의 징표가 되었다.[4]

세계 안에서 자신의 장소를 박탈당하고 적나라한 생존위기에 내맡겨졌다는 의미의 사유재산 몰수는 부의 본원적 축적을 창출했으며 동

---

4) 청년 마르크스의 저작에는, 자본주의 경제에서 세계소외가 갖는 함의들을 마르크스가 전적으로 의식하지 못한 것은 아니라는 사실을 보여주는 몇 가지 징후들이 있다. 1842년 초기 논문 「목재절도법에 관한 논쟁」(*Marx-Engels Gesamtausgabe*, Berlin, 1932, Part 1, Vol.I, pp.266 이하)에서 마르크스는 절도방지 법률을 비판하고 있다. 마르크스가 제시한 비판의 근거는 우선 소유주와 도둑을 형식적으로만 대립시키는 것은 '인간적 필요'는 해명하지 않은 채―목재를 사용하는 도둑은 그것을 파는 소유주보다 더 절박하게 목재를 필요로 한다―목재 사용자와 목재 판매자를 동등하게 취급함으로써 사람들을 비인간화시킨다는 것이고, 둘째, 그럼으로써 목재 자체도 본성을 박탈당한다는 것이다. 인간을 오로지 대상-소유주로만 파악하는 법률은 사물을 재산으로서만, 재산을 사용-대상이 아닌 교환대상으로만 간주한다. 사물들이 교환대상이 될 때 그 본질을 상실한다는 사실을 마르크스는 아리스토텔레스에게서 암시받았던 것 같다. 아리스토텔레스는 설령 구두가 사용하거나 교환하기 위해 필요하다 할지라도, 구두를 교환한다면 이것은 구두의 본질에 반하는 것이라고 말한다(『정치학』, 1257a8). (내가 보기에 아리스토텔레스가 마르크스 사상에 미친 영향은 헤겔철학만큼이나 결정적인 것 같다.) 하지만 이러한 우연적 사항들은 존재의 극단적 주관주의에 확고히 뿌리박고 있는 그의 저서에서 사소한 역할만을 한다. 사람들이 인간존재로서 생산에 종사하는 마르크스의 이상사회에서는 세계소외가 이전의 사회보다 훨씬 뚜렷이 존재한다. 왜냐하면 여기서 사람들은 자신의 개성, 고유성을 대상화할 수 있고 자신의 참된 존재를 확정하고 실현할 수 있기 때문이다. "우리의 생산은 우리의 존재가 반사되는 거울일 것이다"("Aus den Exzerptheften", 1844~45, in *Gesamtausgabe*, Part 1, Vol.III, p.546, p.547).

시에 부가 노동의 착취를 통해 자본으로 변형될 수 있는 기본조건이 었다. 이것들은 공동으로 자본주의 경제의 발생조건을 구성한다. 탈소유화로 시작된 자본주의의 발전이 인간생산성의 거대한 증대를 초래할 것이라는 것은 산업혁명 수세기 전, 그 시작에서부터 분명했다. 문자 그대로 그날그날 빌어먹고 사는 새로운 노동계급은 삶의 필연성이 강요하는 절박함에 직접적으로 노출되었을 뿐만 아니라[5] 동시에 삶의 과정 자체에서 직접 발생하지 않는 모든 염려와 근심으로부터도 소외되었다. 역사상 최초로 자유로운 노동계급이 초기단계에서 해방되었던 것은 '노동력' 곧 생물학적 과정의 순수한 자연적 풍요에 내재하던 힘이었다. 이 힘은 모든 자연의 힘—노동력에 버금가는 출산력—과 유사하게 노쇠함을 상쇄하기 위해 젊음을 재생하고도 남는 풍부한 잉여를 공급해준다. 근대 초기의 발전이 과거의 유사 사건과 다른 점은 탈소유화와 부의 축적이 단순히 새로운 소유로 이어지거나 부의 새로운 분배를 야기한 것이 아니라 오히려 더 많은 탈소유화와 더 큰 생산성 그리고 더 많은 전유(專有)를 창출하기 위한 과정으로 재투입되었다는 점이다.

달리 말하면, 자연적 과정인 노동력의 해방은 사회의 특정계급에 제한되지 않았으며 전유는 욕구와 욕망이 충족된 후에도 끝나지 않았다. 따라서 자본축적은 근대 이전의 부유한 제국들로부터 우리가 잘 알고 있는 경제침체에 이르지 않고 오히려 사회 전반으로 확산되어 꾸준히 부의 증가 흐름을 주도한다. 그러나 마르크스가 '사회의 삶의 과정'이라고 불렀던 이 과정과 그 과정이 부를 생산하는 능력은 자연과정의 생식력과 비교할 수 있다. 자연과정에서는 한 남자와 한 여자의 창조만으

---

5) 이것은 물론 지금의 조건과는 현저히 다르다. 오늘날 일용직 노동자는 이미 주급 임금노동자가 되었다. 아마 멀지 않은 장래에 연봉제가 이 초기 조건들을 완전히 대체할 것이다.

로도 임의의 숫자의 인간을 번식하여 생산하기에 충분하지만, 사회의 삶의 과정은 그것을 발생시킨 세계소외의 원리에 여전히 구속된다. 모든 세계의 사물, 즉 생산과정의 모든 최종생산물이 항상 점점 더 빠른 속도로 이 과정에 재투입되는 한, 그리고 세계의 지속성과 안정성이 간섭하지 않는 한 축적과정은 계속될 수 있다. 달리 말하면 부의 축적과정, 삶의 과정에 자극받고 역으로 인간생활에 자극을 주는 그 과정은 세계와 (인간의) 세계성의 희생 위에서만 가능하다.

이 소외의 첫 단계 특징은 잔인함이다. 점차로 증가하는 '노동빈곤자'에게 소외는 비참함과 물질적 빈곤을 의미한다. 이들은 착취로 인해 가족과 소유의 이중적 보호, 다시 말해 세계에서 가족 소유의 몫을 박탈당했다. 가족과 소유는 근대에 이르기까지 개별적 삶 과정과 이것의 필연성에 예속된 노동활동의 거처였다. 종전의 가족을 대신하여 사회가 새로운 삶의 과정의 주체가 되었을 때, 소외는 두 번째 단계에 이른다. 가족구성원이 이전에 제공해주던 보호의 역할을 이제 사회계급의 구성원이 대신하게 되었다. 그래서 사회적 연대성은 가족단위체를 지배하던 초기 자연적 유대성의 가장 효과적인 대체물이 되었다. 전체로서의 사회, 즉 삶의 과정의 '집단적 주체'는 결코 무형의 실체, 즉 고전 경제학이 필요로 했던 '공산주의적 허구'로 남아 있지 않는다. 가족단위가 사적으로 소유한 세계의 몫인 소유와 동일시되었던 것처럼, 사회는 집단적 소유의 구체적 재산인 민족국가의 영토와 동일시되었다. 20세기에 쇠퇴할 때까지, 무산계급에게서 박탈했던 사적으로 소유한 가정에 대한 대체물을 모든 계급에게 제공한 것이 민족국가다.

특별히 중부 유럽인에게서 유래하는 유기체적인 민족주의 이론들은 민족과 그 구성원의 관계를 가족과 가족구성원과의 관계와 동일시한다. 사회가 가족의 대체물이 되었기 때문에 '혈연과 지연'이 구성원의 관계를 지배하리라 여겨진 것이다. 인구의 동질성과 주어진 영토에 뿌리박고 있다는 것이 모든 민족국가의 전제조건이다. 그러나 이러한 발전이 잔인함과 비참함을 확실히 완화시켰던 반면, 착취와 세계소외의 과정에는 거의 영향을 미치지 못했다. 왜냐하면 집단적 소유는 엄격히 말해서 용어상 모순되기 때문이다.

유럽의 민족국가 체계가 쇠퇴하고 지구가 경제적·지리적으로 축소됨으로써 번영과 침체가 세계적 현상이 되었고 지금까지 추상적 관념이자 인문주의자들만의 지도 원리였던 인류가 실제로 존재하고 실재로 변형되어 가장 먼 거리에 있는 인류의 구성원들을 만나는 시간은 몇 세대 전의 민족 구성원이 필요로 했던 시간보다 적게 걸리게 되었다. 이러한 현상들은 이 발전이 마지막 단계에 접어들었음을 알리는 표시다. 가족과 소유를 계급 구성원과 민족의 영토가 대체했듯이, 인류는 이제 민족으로 결합된 사회를 대체하기 시작한다. 그리고 지구는 국가 영토를 대체한다. 그러나 미래가 무엇을 초래하든 탈소유화에 의해 시작되고 부의 지속적인 증대를 특징으로 하는 세계소외의 과정은 그것이 자체의 내재적 법칙을 따를 경우, 보다 극단적인 규모를 가지게 될 것이다. 인간은 자기 나라의 시민이지 세계의 시민이 될 수는 없다. 그리고 가족과 가계의 구성원들이 사적 소유를 지니는 것처럼 사회적 인간이 집단적으로 소유할 수 없다. 사회의 등장으로 인해 공론 영역과 사적 영역은 동시에 몰락했다. 공적 세계의 잠식은 결정적으로 고독한 대중을 낳았으며, 근대의 이데올로기적 대중운동이 무세계적인 성향을 가지는 위험을 야기했다. 이러한 공적 세계의 잠식은 세계에서 사적으로 소유한 몫이 구체적으로 더 많이 상실되면서 시작되었다.

36. 아르키메데스적 점의 발견

"구유에서 아기가 태어났기 때문에, 그렇게 위대한 일이 아무런 소동 없이 일어날 수 있었는지 의심스럽다." 이것은 앨프리드 화이트헤드(Alfred Whitehead)가 갈릴레오와 '근대세계'의 단계에서 이루어진 망원경의 발견을 소개하면서 사용한 말이다.[6] 이 말은 전혀 과장이 아니다. 구유에서 탄생, 이것은 고대의 종말이기보다 전혀 기대하지 않았고 예상할 수도 없었던, 그래서 어떤 희망이나 두려움 속에서도 예견할 수 없었던 새로운 것의 시작을 의미한다. 이 탄생과 마찬가지로 근본적으로 그리고 영원히 인간의 지각능력 밖에 있는 것들을 인간이 지각할 수 있도록 만들어진 도구를 통해 우주를 처음으로 엿본 이 사건도 전적으로 새로운 세계의 문을 열었고 훨씬 더 커다란 소동을 일으키면서 근대의 도래를 알린 다른 사건들의 진행을 결정했다. 수적으로 작고 정치적으로도 중요하지 않은 지식인들— 천문학자, 철학자 그리고 신학자—을 제외하고 망원경은 큰 흥분을 불러일으키지 못했다. 오히려 낙하하는 물체의 법칙들에 대한 갈릴레오의 극적인 증명에 공공의 관심이 쏠렸다. 이 증명은 근대 자연과학 초기에 이루어졌다. (나중에 뉴턴이 보편적 중력의 법칙—천문학과 물리학의 근대적 결합을 보여주는 가장 장엄한 사례 중의 하나이다—으로 변형시키지 않았다면, 갈릴레오의 법칙들은 천체물리학에 이르는 신과학을 주도하지 못했을 것이다.) 새로운 세계관이 고대나 중세의 세계관 그리고 직접적 경험에 대한 르네상스인들의 뜨거운 갈망과 근본적으로 다른 점은 이 세계관이 지상의 물체낙하와 천체의 운동에 동일한 종류의 외적인 힘이 작용한다는 사실을 가정했다는 점이다.

더욱이 갈릴레오의 발견의 참신성은 선행자와 후임자와의 밀접한 연관성 때문에 그 빛을 잃었다. 쿠자누스(Nicolaus Cusanus)나 브루노(Giordano Bruno)의 철학적 사변보다는 코페르니쿠스(Nicolaus Corpernicus)나 케플러(Johannes Kepler)와 같이 수학으로 훈련된 천문학자의 상상력은 태곳적부터 주장되어왔던 지구중심적인 세계관에 도전했다. 땅과 하늘의 이분법을 제거한 최초의 사람은 갈릴레오가 아

---

6) A.N. Whitehead, *Science and the Modern World*, Pelican, 1926, p.12.

니라 철학자들이었다. 이들은 지구를 '고상한 별들의 반열'에 끌어올렸으며, 영원하고 무한한 우주에서의 거처로 여겼다.[7] 그리고 천문학자들은 모든 감각경험에 반하여 태양이 지구 둘레를 도는 것이 아니라 지구가 태양의 둘레를 회전한다는 사실을 주장하기 위해 굳이 망원경을 필요로 하지 않았던 것 같다. 역사가가 뒤늦게 깨닫고 이 시작들을 돌이켜본다면 그는 프톨레마이오스 천동설의 체계를 부정하기 위한 경험적 확인이 도무지 필요하지 않다고 결론짓고 싶을 것이다. 필요한 것은 오히려 자연의 단순성이라는 고대 및 중세의 원리 — 그것이 모든 감각경험의 거부를 초래했다 할지라도 — 와 코페르니쿠스의 상상력, 즉 그를 지구에서 들어 올려 마치 태양의 거주자처럼 지구를 내려다 보는 것을 가능하게 했던 상상력의 위대한 대담성을 따를 수 있는 사변적 용기였다. 그리고 코페르니쿠스의 발견에 앞서 '아르키데메스의 전회'가 르네상스 시대 이래 유행했었다는 점을 생각할 때 역사가는 자신의 결론이 정당하다고 느낄 것이다. 레오나르도 다빈치가 아르키메데스에 대해 열정적으로 연구했고 갈릴레오가 다빈치의 제자로 불릴 수 있었다는 것은 많은 의미를 함축하고 있다.[8]

그러나 철학자의 사변이나 천문학자의 상상은 지금까지 하나의 사건도 이루어내지 못했다. 갈릴레오가 망원경을 발견하기 이전에 브루노의 철학은 지식인들 사이에서 별 관심을 끌지 못했다. 그리고 그들이 코페르니쿠스의 혁명을 실제로 확인해보지 않았다면 신학자나 "모든 지각 있는 사람들도 여전히 그것이 통제되지 못하는 상상의 야만적인 호소라고 말했을 것이다."[9] 관념의 영역에서는 개인의 자질이라 할 수

---

7) 나는 여기서, 「17세기의 혁명」이라는 논문으로 철학과 과학적 사상이 상호밀접한 역사를, 최근 들어 가장 훌륭하게 설명하고 있는 알렉산더 코레의 입장을 따른다(*From the Closed World to the Infinite Universe*, 1957, pp.43 이하).

8) P.M. Schuhl, *Machinisme et philosophie*, 1947, p.28, p.29.

9) E.A. Burtt, *Metaphysical Foundations of Modern Science*, Anchor, p.38(코레, 앞

있는 독창성과 깊이만이 존재한다. 그러나 절대적이고 객관적인 새로움은 존재하지 않는다. 관념은 생겼다 사라지며, 영속성을 가지거나 심지어는 그 자체의 불멸성도 가진다. 이 불멸성은 관념에 내재하는 계몽의 힘 덕택이다. 이 힘은 세월 또는 역사와 독립적으로 존재하고 지속한다. 더욱이 사건과는 달리 관념은 결코 전례가 없지 않다. 지동설에 관한 경험적으로 확인되지 않았던 사변은 경험에 토대를 두지 않고 실제 세계에서 아무런 결과도 없었다면, 근대 원자이론과 마찬가지로 전례 없는 새로운 것은 아니었을 것이다.[10] 전에는 누구도 하지 못했으나 갈릴레오만이 인간으로 하여금 망원경을 사용하여 우주의 비밀을 '감각적 지각의 확실성을 갖고' 인지할 수 있게 했다.[11] 다시 말해서 그는 영원히 파악할 수 없거나, 아니면 기껏해야 불확실한 사변이나 상상력에만 열려 있던 것을 신체적 감관을 가진 지구구속적인 창조물의 범위 안으로 끌어들였다.

가톨릭교회는 코페르니쿠스의 체계와 갈릴레오가 발견한 사실의 차이점을 아주 분명하게 이해했다. 교회는 부동의 태양과 움직이는 지구라는 갈릴레오 이전 이론에, 천문학자들이 그것을 수학적 목적에 편리한 가설로 사용하는 한, 이의를 제기하지 않았다. 그러나 벨라민 추기

의 책, p.55를 참조할 것. 그는 브루노의 영향이 "저 위대한 갈릴레오의 망원경 발견이 있고 나서야 비로소" 감지되기 시작했다고 말했다).

10) '하늘은 정지해 있지만 지구는 자신의 축을 따라 돌면서 기울어진 궤도로 회전한다고 가정함으로써 현상을 구제한' 최초의 사람은 기원전 3세기 사모스의 아리스타르코스였다. 그리고 물질의 원자구조를 처음으로 인식한 사람은 기원전 5세기 압데라의 데모크리토스였다. 그리스인의 물리적 세계관을 근대과학의 관점에서 가장 잘 설명하고 있는 책은 S. Sambursky의 *The Physical World of the Greeks*(1956)이다.

11) 갈릴레오 자신도 이 점을 강조했다. "누구나 감각지각의 확실성으로 달의 표면은 결코 부드럽거나 잘 닦여진 것은 아니라는 사실을 알 수 있다"(코레, 앞의 책, p.89에서 인용).

경이 갈릴레오에게 지적했듯이, "가설이 현상에 적합하다는 것을 증명하는 것이 곧 지구 운동의 실재성을 증명하는 것은 아니다."[12] 이 말이 얼마나 적절한지는 갈릴레오의 발견이 확증된 후 학계를 지배하던 분위기가 갑작스럽게 변화한 것에서 직접적으로 알 수 있다. 그때 이후로 무한한 우주에 관해 생각했던 브루노의 열정, 태양은 '우주에서 가장 우수한 천체이자 그 본질이 순수한 빛'이며 따라서 '신과 축복받은 천사들'에게 가장 적합한 거주지라고 생각하면서 태양을 연구했던 케플러의 열렬한 환희,[13] 별이 총총한 하늘에서 지구는 드디어 고향을 찾았다고 하던 니콜라우스 쿠자누스의 좀더 진지한 만족감 등을 찾아볼 수 없다는 사실이 눈에 띈다. 갈릴레오는 그의 선임자들을 '확증함'으로써, 이전에는 영감에 의한 사변이었던 것을 증명할 수 있는 사실로 확립했다. 이 실재에 대한 철학의 직접적 반응은 환희가 아니라 데카르트적 회의였다. 이 회의와 함께 근대철학―니체가 그렇게 불렀듯이 '의심의 학파'―은 확립되었고 결국 "끝없는 절망이라는 확고한 토대 위에서만 영혼의 안식처는 안전하게 구축될 수 있다"라는 확신으로 끝이 났다.[14]

예수 탄생의 결과들과 마찬가지로 이 사건의 결과들은 여러 세기 동안 모순적이고 미확정적인 것으로 남아 있었다. 오늘날에도 사건 자체와 사건의 직접적 결과 사이의 갈등은 결코 해결되지 않았다. 자연과학

---

12) 루터파의 신학자인 뉘른베르크의 Osiander도 이와 비슷한 입장을 취했다. 그는 코페르니쿠스의 유작인 『천체의 회전에 관하여』(On the Revolutions of Celestial Bodies, 1546)의 서문에서 다음과 같이 쓰고 있다. "이 책의 가설은 반드시 옳은 것이 아니며 심지어 개연적으로도 참이 아닐 수 있다. 중요한 것은 단 한 가지다. 그 가설들은 계산을 통해서 우리가 관찰하는 현상과 일치하는 결과들을 낳아야만 한다." 이 두 인용은 Philipp Frank, "Philosophical Uses of Science", *Bulletin of Atomic Scientists*, Vol.XIII, No.4(April, 1957)에서 취한 것이다.

13) E.A. Burtt, 앞의 책, p.58.

14) Bertrand Russell, "A Free Man's Worship", in *Mysticism and Logic*, 1918, p.46.

의 발생 덕분에 인간의 지식과 힘은 엄청나게 증대되었다. 근대가 시작하기 직전의 유럽인들은 기원전 3세기의 아르키메데스보다 더 많이 알지 못했다. 반면 20세기의 첫 50년 동안 우리는 문자로 역사가 기술된 이래로 수 세기에 걸쳐 목격한 것보다 더 중요한 발견을 목격했다. 하지만 이와 같은 현상은 마찬가지로 명백하게 인간의 절망을 심화한다. 더 구체적으로 말하자면 광범위한 사람들에게 확산된 특히 근대적인 허무주의에 책임이 있다는 비난을 면할 수 없다. 이러한 현상의 가장 중요한 측면은 이 절망과 허무주의가 과학자들을―근거가 확실한 과학자들의 낙관주의는 19세기에도 여전히, 마찬가지로 정당한 시인과 사상가의 염세주의에 저항해오고 있었지만―이제 더 이상 그대로 내버려두지 않았다는 것이다. 갈릴레오와 더불어 시작된 근대의 천체 물리학적 세계관과 실재를 드러내는 인간의 감각능력에 대한 세계관의 문제 제기는 우리에게 하나의 우주를 남겨주었는데, 우리는 이 우주에 대해 그것이 우리의 측정도구에 특정한 방식으로 영향을 준다는 사실밖에 알지 못한다는 것이다. 그리고 아서 에딩턴(Arthur Eddington)의 말에 의하면 "우주와 측정도구와의 유사성 정도는 전화번호와 가입자의 유사성 정도와 같다."[15] 달리 말하면, 우리는 객관적 성질 대신에 도구를 발견하며, 베르너 하이젠베르크(Werner Karl HeisenBerg)가 말했듯이 자연이나 우주 대신에 인간 그 자신을 조우하게 된다.[16]

---

15) J.W.N. Sullivan, *Limitations of Science*, Mentor, p.141에서 재인용.
16) 독일의 물리학자 베르너 하이젠베르크는 최근에 출판한 여러 저서에서 이러한 생각을 피력했다. 예를 들면, "우리가 근대의 자연과학이 처한 상황에서 출발하여 움직이는 토대로 나아가고자 시도한다면, 우리는 역사의 흐름에서 처음으로 지구 위의 인간이 이제 단지 자기 자신만을 마주하고 있으며, 어떤 의미에서 우리는 이제까지도 항상 우리 자신만을 만나왔다는 느낌을 갖게 된다"(*Das Naturbild der heutigen Physik*, 1955, p.17, p.18). 하이젠베르크가 말하고자 하는 요점은 관찰된 객체가 관찰하는 주체로부터 독립하여 존재하지 않는다는 것이다. "자연의 어떤 측면들이 규정되고, 우리가 관찰을 통해 어떤 것을 지워

우리 논의의 맥락에서 중요한 것은 동일한 사건에 절망과 승리가 모두 내재한다는 사실이다. 이것을 역사적 관점에서 본다면, 갈릴레오의 발견은 마치 최악의 두려움과 가장 오만한 인간 사변의 희망, 즉 우리에게 현실을 전달하는 기관인 감각이 우리를 배반할 수도 있다는 고대인의 두려움과 세계를 옮기기 위해 지구 밖의 한 점을 원했던 아르키메데스의 희망이 이제 완전히 실현될 수도 있다는 것을 보여준 것 같다. 또 이 희망은 우리가 실재성을 상실했을 경우에만 인정할 수 있고 그 두려움은 초월적 힘의 획득이라는 보상이 주어질 때만 완성될 수 있다는 것을 보여주는 것 같다. 오늘날 우리가 물리학에서 무엇을 행하든지 간에, 특히 태양에서만 진행되는 에너지 과정을 방출하거나 시험관에서 우주진화의 과정을 가르치려고 시도하든, 망원경의 도움으로 우주 공간을 가로질러 2억 또는 6억 광년의 한계에 도전하거나 지구의 자연에는 알려져 있지 않은 에너지를 생산하고 통제하는 기계를 만들고자 하든, 원자 가속기에서 빛의 속도에 접근하는 속도를 얻고자 하거나 자연에서 발견할 수 없는 요소들을 생산하고 우주의 방사선을 이용하여 만들어낸 방사능 입자를 지상에 뿌리든, 우리는 항상 자연을 지구 밖 우주의 한 점의 관점에서 다룬다. 아르키메데스가 서 있기를 원했던 곳에 실제로 서지 못하고, 인간의 조건 때문에 여전히 지구에 구속되어 있는 우리는 마치 외부, 즉 아르키메데스적 점으로부터 지구를 마음대로 할 수 있는 양, 지상에서 그리고 지상의 자연 안에서 행동하는 방식을 발견했다. 그리고 자연의 생명과정을 위태롭게 하는 모험을 감수하면서 우리는 지구를 자연계에는 낯선 우주의 힘에 노출시켰다.

  이런 성취들을 누구도 예견하지 못했고 또 최근의 이론들은 근대의 첫 세기에 정식화된 이론들과 모순되었지만, 이 발전 자체가 가능했

버리는지는 관찰의 방식에 의해 결정된다"(*Wandlungen in den Grundlagen der Naturwissenschaft*, 1949, p.67).

던 것은 땅과 하늘의 이분법이 없어지고 우주의 통합이 이루어져서 그때 이래로 지구상의 자연에서 발생하는 모든 것을 단순히 지상의 사건으로 보지 않았기 때문이다. 모든 사건은─이 말의 가장 완전한 의미에서─보편타당한 법칙에 지배받는 것으로 간주되었다. 이 법칙이란 인간의 감각경험을 넘어서 타당하며(가장 정교한 도구의 도움으로 이루어진 감각경험들도 넘어서서 타당한), 인간이 기억할 수 있는 범위를 넘어서도 그리고 지상에서의 인류 출현과 상관없이 여전히 타당하며 심지어 유기체나 지구 자체가 생성되지 않았어도 타당한 법칙을 말한다. 새로운 천체물리학의 모든 법칙은 아르키메데스적 점의 관점에서 만들어졌다. 이 점은 아마도 지구로부터 훨씬 더 멀리 떨어져 있으며 아르키메데스나 갈릴레오가 생각했던 것보다도 더 강력한 힘을 지구에 가하고 있다.

오늘날 과학자들이 지구가 태양을 돈다는 가정이나 태양이 지구를 회전한다는 가정은 동등한 타당성을 가지며, 이 두 가정은 관찰된 현상과 일치하고 차이는 단지 준거점 선택의 차이일 뿐이라고 지적할 때, 이것은 벨라민 추기경이나 코페르니쿠스 입장으로의 복귀를 의미하지 않는다. 이 입장의 천문학자들은 단순히 가설만을 취급했다. 차라리 그것이 의미하는 것은 우리가 아르키메데스적 점을 지구로부터 한 걸음 더 멀리 옮겨, 지구나 태양 모두 보편적 체계의 중심이 될 수 없고 우주 속의 한 점이 되게 했다는 사실이다. 우리는 더 이상 태양에 구속되어 있다고 느끼지 않으며 우주에서 자유롭게 이동하고 구체적 목적에 따라 편리하면 어디서나 그 준거점을 선택할 수 있다. 근대과학이 실제로 성취한 업적을 볼 때, 초기의 태양 중심적 체계에서 고정된 중심이 없는 체계로의 변화가 지구 중심적 세계관에서 태양 중심적 세계관으로의 최초의 이동만큼 중요하다는 것은 명백하다. 오늘날이 되어서야 비로소 우리는 우리 자신을 '우주적' 존재로 확립했다. 즉 우리는 본질과 본성적으로 지구상의 존재인 것이 아니라 단지 살아 있다는 조건 때문에 지상적 존재이며 따라서 단순히 사변을 통해서가 아닌 이성의 힘에 의해 실제로 이 조건을 극복할 수 있는 피조물이다. 무중심적 세계관은 "제한된 지금의 순간에 모든 물질은 동시에 실재한다"는 사실을 부정하며 시·공간에 현상하는 존재가 절대적 실재성을 가진다는 사실조차도 부정하는 아인슈타인의 상대성 이론에서 개념화되었다.[17] 이러한 무중심적 세계관이 태양 중심적 세계관을 대체하면서 자동적으로 발생한 일반적 이론들에 의하면, 파랑은 '보는 눈과의 관계'에 지나지 않으며 무게는 단지 '상호가속도의 관계'일 뿐이다.[18] 근대 상대주의의 아버지는 아인슈타인이 아니라 갈릴레오와 뉴턴인 것이다.

근대를 선도했던 것은, 단순성과 조화 그리고 미에 대한 천문학자의 오래된 소망, 곧 코페르니쿠스로 하여금 천체의 궤도를 지구가 아니라 태양에서 관찰하도록 해주었던 소망이 아니며, 또한 중세 스콜라학파의 합리주의에 반기를 든 르네상스가 새롭게 지각한 지구와 세계에 대한 사랑도 아니었다. 반대로 세계에 대한 이 사랑은 근대에서 승리한 세계소외의 첫 희생물이 되었다. 즉 '행성을 바라보면서 태양에 서 있는 남성적인 인간'[19]의 코페르니쿠스적 이미지는 단순한 이미지나 제스처 이상으로, 실제로는 지구상에 머물면서도 우주의 관점에서 사유하는 인간의 놀라운 능력을 암시하는 것이었으며 더 나아가 우주의 법칙을 지상행위의 지도원리로서 이용하는 놀라운 인간의 능력을 암시하는 발견이었다. 근대 자연과학 발전의 밑바탕에 깔려 있는 지구소

---

17) A.N. Whitehead, 앞의 책, p.120.

18) 에른스트 카시러(Ernst Cassirer)는 초기 저서인 『아인슈타인의 상대성 이론』(*Einstein's Theory of Relativity*, Dover Publications, 1953)에서 19세기 과학과 20세기 과학 사이의 연속성을 매우 강조했다.

19) 야콥 브로노브스키(J. Bronowski)는 「과학과 인간가치」라는 논문에서 은유가 위대한 과학자들의 정신에 얼마나 큰 역할을 했는지 지적했다(*Nation*, December 29, 1956을 보라).

외와 비교해볼 때, 지구 전체의 발견에 내재하는 지상적 근접성의 폐지와 전유 및 부의 축적이라는 이중과정에서 산출된 세계소외는 사소한 의미만을 가질 뿐이다.

세계소외가 근대사회의 방향과 발전을 규정했다면, 지구소외는 근대과학의 기호가 되었다. 지구소외의 기호 아래 물리학과 자연과학 등의 모든 과학은 자신의 가장 내밀한 내용을 너무나 근본적으로 변화시킨 까닭에 사람들은 근대 이전에 과학과 유사한 것이 도대체 존재했던가 하고 의심할 정도다. 이것은 신과학의 가장 중요한 정신적 도구인 근대 대수학의 발전에서 가장 분명하게 드러난다. 대수학으로서 수학은 "공간성의 속박으로부터 자유로워지는 데 성공했다."[20] 즉 기하학으로부터의 분리다. 기하학은 그 이름이 의미하듯이 지구의 측량과 측정에 의존한다. 근대 수학은 인간을 지구에 묶인 경험의 한계로부터 해방시켰으며 인식능력을 유한성의 속박으로부터 해방시켰다.

여기서 중요한 것은 근대 초기에 사람들이 플라톤처럼 우주의 수학적 구조를 믿었다는 사실도 아니고 한 세대 후의 데카르트처럼 확실한 지식은 오로지 정신이 자신의 형식과 규칙에 따를 때만 가능하다는 것을 믿었다는 사실도 아니다. 오히려 완전히 비플라톤적으로 기하학을 대수학적으로 다루었다는 것이 중요하다. 이것은 지상의 감각자료와 운동을 수학의 기호로 환원하려는 근대의 이상을 보여준다. 이러한 비공간적 기호언어가 없었다면, 뉴턴은 천문학과 물리학을 하나의 단일 학문으로 결합할 수 없었을 것이다. 달리 표현하면, 중력의 법칙을 공식화할 수 없었을 것이다. 이 법칙에서는 천체의 운동과 지상의 물체 운동에는 동일한 등식이 적용된다. 이미 급속한 발전을 한 근대 수학이, 기껏해야 부정의 개념으로 사유되었고 따라서 정신의 한계로 간주되었던 차원들과 개념들을 기호로써 파악할 수 있는, 놀라운 인간의 능

---

20) E.A. Burtt, 앞의 책, p.44.

력을 발견했다는 것은 분명한 사실이었다. 이러한 차원들과 개념들은 그 광대함 때문에 하찮은 시간 동안 지속되고, 그리 중요치 않은 우주의 한구석에 매여 있는 인간, 즉 사멸적 존재의 정신을 초월하는 것으로 여겨졌다. 그러나 마음의 눈으로도 '볼 수' 없는 실재를 생각하는 가능성보다 더 중요한 것은 모든 과학의 도구보다 훨씬 새롭고 중요한 정신적 도구인 수학이 '실험'으로 자연을 탐구하고 접근하는 전혀 새로운 양식의 길을 열어놓았다는 사실이다. 실험을 통해 인간은 지구에 묶인 경험의 족쇄로부터 새롭게 획득한 자신의 자유를 실현했다. 다시 말하면 자연현상을 주어진 대로 관찰하기보다 자연을 자신의 정신조건 아래, 즉 자연을 우주의 천체물리학적 관점 또는 자연 외부의 우주의 관점에서 획득한 조건 아래 두었다.

이런 이유 때문에 수학은 근대의 주도적 학문이 되었다. 그러나 수학의 상승은 플라톤과 아무런 관련이 없다. 그는 수학이 모든 학문 중에서 철학 다음으로 가장 고상한 학문이라고 생각했으며, 철학은 수학적 세계의 이데아적 형상에 익숙한 사람에게만 허용되어야 한다고 생각했다. 왜냐하면 수학(즉 기하학)은 플라톤에게는 이데아의 세계에 이르는 적절한 안내자였기 때문이었다. 이데아의 세계에서는 단순 이미지(*eidōla*)와 그림자들, 즉 사라질 질료들은 더 이상 영원한 존재의 출현을 방해하지 못하며, 이 영원한 존재의 현상은 이곳에서 인간의 감각과 사멸성으로부터 순화될 뿐만 아니라 질료의 소멸성으로부터도 순화되어 구제되고 안전해진다(*Sōzein ta phainomena*). 그러나 수학과 이데아의 형상들은 지성의 산물이 아니라 감각자료가 감각기관에 주어지듯이 정신의 눈에 주어진 것이다. 신체적 시각과 훈련받지 않은 많은 사람의 정신에 감춰진 것을 지각하도록 훈련받은 사람들은 참된 존재 또는 참되게 현상하는 존재를 지각했다. 현대성의 발생과 더불어 수학은 단순히 그 내용을 확장하거나 무한한 것에 도달하여, 끝없이 성장하고 확장하는 우주의 광활성에 적용할 수 있게 된 것이 아니라 오히려 현상에 관심을 갖지 않게 되었다. 수학은 이제 더 이상 철학, 즉 존재를 그것의 참된 현상에서 탐구하는 학문의 시작이 아니며, 그 대신 인간정신의 구조를 탐구하는 '과학'이 되었다.

데카르트의 분석적 기하학이 공간과 연장, 곧 자연과 세계의 연장 실체(*res extensa*)를 다루고 "그것들의 관계는 아무리 복잡하더라도 기하학적 공식으로 반드시 표현할 수 있다"고 했을 때, 수학은 인간 이외의 모든 것을 인간의 정신구조와 동일한 유형으로 환원하고 번역하는 데 성공했다. 더욱이 이와 같은 분석적 기하학이 "역으로 수적 진리는 공간적으로 완전히 제시될 수 있다"는 것을 증명했을 때, 물리학은 자신의 완성을 위해 수학의 원리 외에 다른 원리가 필요하지 않은 학문으로 발전했다. 인간은 이 물리학에서 움직이거나 외부 공간으로 모험을 할 수 있었고 또 그곳에서는 자신 외에 어떤 것도 만나지 않으리라는 것을, 또 자기 안에 내재하는 유형들로 환원될 수 없는 것은 어떤 것도 만날 수 없으리라는 것을 확신할 수 있었다.[21]

이제 현상들은 수학적 질서로 환원될 수 있는 한에서만 구제될 수 있다. 수학의 기능은 감각적으로 주어진 자료에서 나타나는 이상적 척도를 정신에 제시함으로써 진정한 존재의 계시를 위해 인간의 정신을 준비시키지 않고 오히려 이 자료를 인간정신의 척도로 환원시킨다. 충분한 거리가 주어져서 밀착되지 않는다면, 인간정신은 다양한 다수의 구체적 사물을 자기의 유형과 기호와 일치시켜 관찰할 수 있고 다룰 수 있다. 이것들은 더 이상 정신의 눈에 드러나는 이데아의 형상이 아니라, 신체의 눈과 정신의 눈을 현상에서 제거한 결과물이며, 거리에 내재하는 힘을 통해 모든 현상을 수적 관계로 환원시킨 결과물이다.

이렇게 멀리 떨어진 조건에서 사물의 집합은 모두 단순한 다수로 변형되며, 모든 다수는 아무리 무질서하고 비정합적이며 뒤섞여 있

---

21) 같은 책, p.106.

다 하더라도 수학의 곡선과 동일한 타당성과 중요성을 가지는 유형과 배치형태에 맞아떨어진다. 수학적 곡선은 고트프리트 라이프니츠(Gottfried Leibniz)가 말했듯이 종이 위에 무작위로 찍힌 점 사이에서 항상 발견할 수 있다. "몇몇 대상을 포함하는 우주를 어떤 종류의 수학적 그물망으로 짤 수 있다는 것을 보여줄 수 있다면, 우주를 수학적으로 다룰 수 있다는 것은 철학적으로 그리 중요하지 않게 된다."[22] 그것은 자연에 내재하는 아름다운 질서를 증명하는 것이 아니며 또한 인간 정신이 인식에서 감각을 능가하는 능력을 지녔거나 진리의 인식기관으로 적합하다는 확증을 제공하는 것도 아니다.

보편수학(普遍數學)으로의 과학의 근대적 환원(*reductio scientiae ad mathematicam*)은 감각이 가까운 영역에서 목격했던 자연의 증거를 파기했다. 이것은 라이프니츠가 마구잡이로 얻은 지식과 점으로 뒤덮인 종이의 무질서한 본질을 파기했던 방식과 같다. 의심, 분노, 절망은 아르키메데스적 점이 결코 게으른 사변의 헛된 꿈이 아니라는 것을 발견할 때 가장 먼저 떠오르는 느낌이자 정신적으로 가장 오래 지속되는 발견의 결과물이다. 동시에 그것들은 자신의 눈으로 이 점들이 종이 위에 어떻게 임의적으로 그리고 예측할 수 없게 던져지는지를 지켜보면서, 그의 감각과 판단력이 자기를 배신했고 그가 본 것은 '그것의 방향이 언제나 균일하게 하나의 규칙으로만 정의되는 기하학적 선'의 전개였다는 것을 인정하지 않을 수 없는 사람의 무기력한 분노와 다르지 않다.[23]

---

22) B. Russell(Sullivan, 앞의 책, p.144에서 재인용). 그리고 전통과학의 방법인 분류와 근대과학의 방법인 측량에 대한 화이트헤드의 구별을 살펴보라. 전자는 객관적인 실재를 따른다. 이 객관적 실재의 원칙은 자연의 상이성에 토대를 둔다. 후자는 전적으로 주관적이고 객관적 특징과는 무관하며, 주어진 다수의 객체들 외에 다른 것을 요구하지 않는다.

23) Leibniz, 『형이상학 서설』(*Discours de métaphysique*), 6권.

37. 보편과학 대 자연과학

코페르니쿠스의 혁명과 아르키메데스적 점의 발견이 지닌 참된 의미는 여러 세대와 몇 세기가 지나서야 비로소 명백히 드러났다. 우리 역시 과학과 기술에 의해 철저하게 결정된 세계에서 살게 된 것은 몇 십 년도 되지 않았다. 이 세계의 객관적 진리와 실용적 노하우는 지상의 '자연'법칙과 구분되는 우주의 보편법칙에서 얻어지며, 준거점을 지구 밖에서 선택함으로써 얻어지는 지식은 지상의 자연과 인공세계에도 적용된다. 우리 이전 사람들과 우리 사이에는 깊은 심연이 존재한다. 이전의 사람들은 지구가 태양을 공전하고 지구나 태양 모두 우주의 중심이 아니라는 사실을 알았으며, 인간은 자신의 고향과 창조과정에서의 특권적 지위를 모두 상실했다고 결론지었다. 그러나 지금의 우리는 여전히 지구에 묶인 피조물로서 자연과의 신진대사에 의존하는 존재이고 아마도 영원히 그럴 것이다. 이런 존재인 우리는 우주적 기원과 우주적 차원을 가진 과정을 만들어낼 수 있는 수단을 발견했다. 근대와 우리가 지금 살고 있는 이 세계 사이의 경계선을 찾으려고 하면, 진정한 의미에서의 '보편'과학과 자연과학의 차이에서 그것을 발견하게 될 것이다. 자연과학은 자연을 우주의 관점에서 바라보고 자연을 완전히 지배하고자 한다. 이와 달리 보편과학은 자연파괴와 함께 자연에 대한 인간의 지배를 종식시킬 수 있는 위험이 명백한데도 우주의 과정을 자연 안으로 끌어들였다.

이 순간 우리가 가장 명심해야 할 것은 인간의 파괴력이 엄청나게 증가했고, 그래서 지구상의 모든 유기체를 파괴할 수 있으며, 언젠가는 지구 자체도 파괴할 수 있다는 사실이다. 이에 못지않게 두렵고 받아들이기 힘든 것은 파괴력에 상응하는 창조적 힘이다. 우리는 자연에서는 결코 발견할 수 없는 새로운 요소를 생산할 수 있고, 질량과 에너지의 관계 또 그것의 내적인 동일성에 관해 사유할 수 있으며, 실제로 질량을 에너지로, 방사선을 물질로 변형시킬 수 있다. 동시에 우리는 지구 주변의 공간에 인위적인 별, 즉 창조한 별들을 위성의 형식으로 거주시키기 시작했다. 우리는 머지않아 과거에 가장 위대하고 심오하며 신성한 자연의 비밀로 여겨진 것을 실행할 수 있을 것이고, 기적과도 같은 생명을 창조할 수 있게 될 것이다. 나는 과거의 모든 시대가 신적 행위의 독점적 특권으로 생각했던 것을 인간이 실제로 행한다는 사실을 지적하기 위해 '창조하다'라는 단어를 조심스럽게 사용하고자 한다.

이것을 불경스러운 생각이다. 그러나 이 생각이 동서양의 철학과 신학의 모든 전통적 준거틀에서 볼 때 아무리 불경스럽다 해도, 지금 우리가 하고 있고, 하려는 것보다 더 불경스럽지는 않다. 설령 아르키메데스가 지구 밖의 점에 이르는 방법을 몰랐다 할지라도, 그가 잘 이해했던 것을 우리가 이해하는 순간, 이 생각은 불경스러운 성격을 잃는다. 다시 말해 우리가 지구와 자연과 인간의 진화를 어떻게 설명하든 간에, 지구와 자연은 지구를 초월하는 '우주'의 어떤 힘에 의해 존재하게 되었고 이 힘의 작용을 이해하려면 같은 위치를 차지할 수 있는 누군가가 그 힘을 모방할 수 있을 정도가 되어야 한다는 것을 이해하는 순간 말이다. 우리는 지구 밖 우주에 있다고 가정한 위치 때문에 지구에서는 발생하지 않는 과정, 즉 이미 생긴 안정적인 물질에 아무런 작용을 하지 않지만 물질을 생성시키는 데 결정적인 역할을 하는 과정들을 만들어낼 수 있었다. 지구물리학이 아닌 천체물리학이, '자연'과학이 아닌 '보편'과학이 지구와 자연의 마지막 비밀을 밝혀낼 수 있다는 것이 이 사태의 본질이다. 우주의 관점에서 지구는 단지 하나의 특수한 사례이자 그 자체로 이해될 수 있다. 마찬가지로 우주의 관점에서 물질과 에너지는 분명하게 구별될 수 없고 '동일한 기본 물질의 서로 다른 형태'일 뿐이다.[24]

---

24) 나는 베르너 하이젠베르크가 "Elementarteile der Materie", *Vom Atom zum*

'보편적'이라는 단어는 이미 갈릴레오에게서, 더 분명하게는 뉴턴 이래 아주 특별한 의미를 가지기 시작했다. 그것은 "우리의 태양계를 넘어서도 타당하다"는 것을 뜻한다. 이와 비슷한 일이 철학에서 유래하는 다른 단어에게, 즉 '절대시간' '절대공간' '절대운동' 또는 '절대속도' 등의 용법으로 쓰이는 '절대적'이라는 말에도 일어났다. 이 용법들에서 '절대적'이라는 단어는 우주에서 실제로 나타나는 시간, 공간, 운동, 속도를 의미하는데, 지구에 묶인 시간, 공간, 운동, 속도는 그에 비하면 '상대적'이다. 지상에서 일어나는 모든 것은 우주에 대한 지구의 관련성이 모든 판정의 준거점이 되기 때문에 상대적이 된다.

철학적으로 볼 때, 자신의 위치를 바꾸지 않고도 우주의 보편적 관점을 취할 수 있는 인간의 능력은 인간의 기원이 우주라는 것을 가장 잘 암시하는 듯하다. 인간이 이 세상에서 살아도 이 세상에 속하지 않고 속할 수 없다고 이야기하는 신학은 이제 필요하지 않은 것 같다. 또한 보편적인 것에 대한 철학자들의 오랜 열정은, 인간이 지구의 조건에서 살지만 동시에 외부의 점에서 지구를 생각하고 지구에서 행할 수 있는 때가 온다는 것을 최초로 암시한 것으로, 마치 자신들 혼자만 이런 불길한 예감을 가진 것처럼 간주될 수 있을 것이다. (인간은 '우주의' 절대적 관점에서, 철학자들이 가능하지 않다고 생각한 것을 行할 수 있는 반면, 그는 동시에 보편적이고 절대적 관점에서 **사유**할 수 있는 능력을 잃어버림으로써 전통철학의 기준이나 이상을 실현하고 동시에 파괴한다는 것이 유일한 문제이고 또 현재 문제인 것처럼 보인다. 땅과 하늘의 오랜 이분법 대신 우리는 인간과 우주, 이해하는 정신의 능력과 참된 이해 없이 발견할 수 있고 다룰 수 있는 보편적 법칙이라는 새로운 이분법을 가진다.) 아직은 확실치 않은 미래의 보상과 부담이 무엇이든, 한 가지는 확실하다. 그것들이 기성종교의 어휘와 은유적 내용에

Weltsystem(1954)에서 제시한 제안을 따른다.

심각하게, 심지어 극단적으로 영향을 미친다 할지라도, 신앙의 영역인 미지의 세계를 제거하거나 없애지는 못할 것이다.

신과학, 아르키메데스적 점의 과학이 그 잠재성을 완전히 발전시키는 데 여러 세기와 세대를 필요로 했고, 세계를 변화시키고 인간 삶의 새로운 조건을 확립하는 데도 대략 200년이 걸렸다. 하지만 인간의 정신은 1세기도 채 안 되어 수십 년 만에 갈릴레오의 발견과 방법, 가정으로부터 모종의 결론을 끌어냈다. 인간의 정신은 수십 년 만에 인간의 세계가 수세기 동안 변한 만큼 근본적으로 변했다. 물론 이 변화가 근대적인 단체들 가운데 가장 이질적인 단체, 즉 과학자 단체와 문인 단체(혁명 없이, 신념을 같이하지 않는 사람들의 명예를 존중하면서도 신념과 갈등의 변화를 이겨낸 유일한 단체)에 국한될지라도,[25] 이 단체는 훈련받아 절제된 상상력의 힘으로 여러 측면에서 근대인의 정신의 근본적 변화를 예고했다. 이 변화는 우리 시대에 들어서 비로소 정치적으로 증명될 수 있는 실재가 되었다.[26] 데카르트가 근대철학의 아

---

25) Bronowski, 앞의 책.
26) 영국 학술원의 설립과 그 초기 역사는 상당히 시사적이다. 설립 당시 학사원의 구성원들은 왕이 제시한 기준 외의 문제들에 대해서는 관여하지 않는다는 동의를 해야 했다. 특별히 정치적이거나 종교적인 분쟁에 대해서는 참여가 금지되었다. 혹자는 근대과학의 이상인 '객관성'이 여기서 비롯된다고 결론짓고 싶을 것이다. 이것은 곧 그 이상의 기원이 학문에 있기보다 정치에 있다는 것을 암시한다. 더욱이 과학자들이 처음부터 하나의 단체를 결성하기를 원했다는 사실은 주목할 만하다. 또한 학사원 내부에서 수행된 연구들이 밖에서 수행된 것보다 훨씬 더 중요한 것으로 드러났다는 사실은 조직화를 원한 그들이 옳았음을 증명했다. 정치를 단념한 학자들의 조직이든 정치가들의 조직이든, 조직은 늘 하나의 정치제도다. 사람들이 스스로 조직하는 곳에서, 그들은 행위하고 권력을 획득하고자 한다. 그 목적이 사회에 영향력을 행사하여 구성원들의 사회적 지위를 보장받는 것이든, 아니면 대부분의 자연과학 연구소가 그랬고 지금도 그러하듯이 협력하여 자연을 정복하는 것이든, 공동연구는 순수 학문이 아니다. 화이트헤드가 언젠가 말했듯이 "과학의 시대가 조직의 시대로 발전한 것은 우연이 아니며, 조직화된 사상은 조직적 행위의 토대다." 이것은 사상이

버지라면 갈릴레오는 근대과학의 시조다. 17세기 이후에, 근대철학의 발전 때문에, 과학과 철학이 이전보다 훨씬 근본적으로 결별했지만,[27] ─ 뉴턴은 자신의 업적을 '경험철학'으로 생각하고 '천문학자와 철학자'의 반성을 위해 자신이 발견한 것을 제공한 마지막 인물이다.[28] 마찬가지로 칸트도 일종의 천문학자이자 자연과학자이면서 철학사인 마지막 인물이었다.[29] ─ 근대철학은 이전의 어느 철학보다 그 발생과 발전과정에서 특수한 과학적 발견의 덕을 보았다. 오래전에 폐기된 과학적 세계관의 맞수였던 철학이 오늘날에도 여전히 쓸모 있는 까닭은 철학의 본질, 즉 진정한 철학이 이루어지는 곳에서는 항상 예술작품과 같은 영속성과 지속성을 가진다는 철학의 본질 때문만이 아니다. 여러 세기 동안 소수만이 접근할 수 있었던 진리였지만 이제 모든 사람에게 현실이 된 세계의 최종적인 진화와 밀접한 관련이 있기 때문이다.

근대인의 세계소외가 현대철학의 주관주의 ─ 데카르트와 홉스, 영국 감각주의, 경험주의, 실용주의에서 독일 관념론과 유물론, 최근의 현상학적 실존주의와 논리적 또는 인식론적 실증주의에 이르기까지 ─ 와 정확하게 일치한다는 사실을 간과하는 것은 어리석은 일이다. 그러나 마찬가지로 어리석은 것은, 철학자의 정신을 오랜 형이상학적

행위의 토대로 작용해서가 아니라 오히려 '사상의 조직체'인 근대과학이 행위의 요소를 사유 속에 도입했기 때문이다(*The Aims of Education, Mentor*, p.106, p.107을 보라).

27) 카를 야스퍼스는 데카르트 철학에 대한 탁월한 해석에서 데카르트의 '과학적' 이상은 어리석은 면이 있고, 그는 근대의 과학정신을 제대로 이해하지 못했을 뿐만 아니라 구체적 증거 없이 무비판적으로 이론을 수용하는 경향이 있었다고 주장한다. 그의 무비판적 수용에 대해서는 이미 스피노자도 놀라움을 금치 못했다(앞의 책, 특히 pp.50 이하와 pp.93 이하).

28) 뉴턴, 『자연철학의 수학적 원리』(*Mathematical Principles of Natural Philosophy*), 모트(Motte) 옮김, 1803, 2권, p.314를 보라.

29) 칸트의 초기 저서에는 *Allgemeine Naturgeschichte und Theorie des Himmels*가 있다.

질문에서 다양한 자기반성들―감각이나 인지 기관의 자기반성, 의식의 자기반성, 심리학적 과정과 논리적 과정으로의 자기반성―로 돌리게 만든 것이 관념들이 자동적으로 발전해서 자라난 힘이라고 믿는 것이다. 또는 같은 접근법이 약간 변형된 형태인데, 철학만이라도 전통을 고수했다면 우리 세계는 달라졌을 거라고 믿는 것도 마찬가지로 어리석다. 앞에서 말했듯이 관념이나 사건은 세계를 변화시키지 못한다. (하나의 관념으로서 태양 중심적 체계는 피타고라스학파의 사색만큼 오래되었고 우리의 역사에서 신플라톤적 전통만큼이나 지속적이지만 세계나 인간의 정신을 변화시키지 못했다.) 근대에서 가장 중요한 사건의 장본인은 데카르트가 아니라 갈릴레오다. 데카르트 본인도 이를 잘 알고 있었다. 그가 갈릴레오의 재판과 자기주장의 철회를 들었을 때, 그는 그 순간 자신의 모든 논문을 불태우고 싶었다. 왜냐하면 "지구의 운동이 거짓이라면 내 철학의 모든 토대는 거짓이기 때문이다."[30] 그러나 데카르트와 철학자들은 이 사건을 비타협적인 사상의 수준으로 끌어올렸기 때문에 더할 나위 없이 정확하게 그 사건의 거대한 충격을 기록했다. 그들은 적어도 부분적으로는 인간의 새로운 관점에 내재하는 문제점들을 예상했다. 그러나 과학자들은 너무 바빠서 그 문제들을 씨름할 여유가 없었다. 우리의 시대에 이르러 과학자들의 연구과정에서 문제점들이 드러나기 시작했고 동시에 그들의 탐구를 방해하기 시작했다. 그 이후 출발부터 염세주의가 지배적이었던 근대철학의 분위기와 최근까지 매우 낙관적이었던 과학 분위기 사이의 심각한 불일치는 해소되었다. 이제 과학과 철학 모두에게 명랑함은 남아 있지 않은 것 같다.

---

30) 데카르트가 메르센 신부에게 보낸 1633년 11월의 편지를 보라.

38. 데카르트적 회의의 발생

근대철학은 데카르트의 회의할 수 있는 모든 것을 회의하라(*de omnibus dubitandum est*)라는 명제, 곧 회의와 더불어 시작되었다. 회의는 사유의 기만과 감각의 오류를 막는 정신의 내재적 통제가 아니고 인간과 시대의 도덕과 선입견에 반대하는 회의주의도 아니다. 더욱이 과학적 탐구와 철학적 사변의 비판적 방법도 아니다. 데카르트적 회의는 범위가 매우 넓고 내용도 매우 근본적이기 때문에 구체적 내용을 통해 규정될 수 없다. 회의가 근대철학과 사상에서 차지하는 위치는 존재하는 모든 것에 대한 놀라움, 즉 그리스어 타우마차인(*thaumazein*)이 과거 모든 세기 동안 철학과 사상에서 차지했던 핵심적 위치와 같다. 데카르트는 근대의 회의를 최초로 개념화했다. 회의는 데카르트 이후 모든 사상을 움직이는 자명하지만 보이지 않는 동인, 즉 모든 사유가 중심으로 삼았던 비가시적인 축이 되었다. 플라톤과 아리스토텔레스에서 근대의 개념적 철학에 이르기까지 그 위대하고 가장 진정한 대표자들에게 철학이 놀라움의 표현이었다면 데카르트 이후의 근대철학은 회의의 표현과 결과들로 이루어져 있다.

근본적이고 보편적 의미에서 데카르트적 회의는 원래 새로운 현실에 대한 응답이었다. 정치적으로 큰 비중을 갖지 못했던 소수의 학자와 식자층만이 현실을 제한적으로 인식했다고 해서, 이 현실이 덜 사실적인 것은 아니었다. 철학자들은 갈릴레오의 발견이 감각의 증거에 반기를 드는 것이 아니고 또 '감각에 그런 폭행을 감행한 것은' 아리스타르코스와 코페르니쿠스와 마찬가지로 결코 이성이 아니라는 사실을 곧바로 이해했다. 이성이 감각에 폭행을 감행한 경우 사람들은 단지 자신의 능력들 중에서 선택하여, 생득적 이성을 '쉽게 믿는 여왕'으로 만들면 된다.[31] 물리적 세계관을 변화시킨 것은 실제로 이성이 아니라 사람이 만든 도구인 망원경이었다. 새로운 지식은 관조나 관찰, 사색을 통해서가 아니라 만들고 제작하는 **호모 파베르**의 능동적 개입 때문에 발생했다. 달리 말하면, 인간은 자신이 신체와 정신의 눈으로 본 것을 신뢰할 경우에 현실과 진리는 인간의 감각기관과 이성에 드러난다고 믿음으로써 기만당해왔던 것이다. 감각적 진리와 이성적 진리, 감각기관의 열등한 진리능력과 이성의 우월한 진리능력 간의 오랜 대립은 이 도전으로 인해 희미해졌다. 즉 진리나 현실은 주어져 있지 않고 존재하는 그대로 현상하지 않으며, 현상에 대한 간섭, 즉 현상의 제거만이 참된 지식에 대한 희망을 가져다줄 수 있다는 명백한 암시 때문에 이 대립은 점차 사라졌다.

이성과 이성에 대한 믿음은 (환상일 수도 있는) 개별적인 지각에 의존하지 않고, 전체로서의 지각 작용─여섯 번째의 최고 감각인 공동감각에 의해 서로 결합되고 통제되는─덕분에 인간이 주변 환경에 적응할 수 있다는 확실한 가정에 무척 의존한다는 사실을 우리는 지금에서야 비로소 알게 되었다. 인간의 눈이 여러 세대의 사람들로 하여금 태양이 지구를 돈다고 믿게 할 정도로 인간을 속일 수 있다면, 정신의 눈이라는 은유는 더 이상 가능하지 않다. 암묵적으로 사용되든 아니면 직설적으로 감각의 대립이라는 의미로 사용되든, 이 은유는 신체의 시력에 대한 근본적인 신뢰에 토대를 둔다. 존재와 현상이 영원히 분리되고 마르크스가 말했듯이 이 분리가 모든 근대과학의 기본적 가정이라면, 믿을 수 있는 것은 아무것도 없다. 우리는 모든 것을 의심해야 한다. 현재 계기판의 눈금 표시가 정신과 감각을 상대로 승리한 것처럼 보인다는 사실만 제외한다면, 이 사태는 마치 감각에 대한 정신의 승리는 정신의 패배로 끝난다는 데모크리토스의 초기 예언이 실현된 상황처럼

---

31) 갈릴레오는 이 말로 코페르니쿠스와 아리스타르코스에 대한 경탄을 표현한다. 이 두 사람의 이성은 "자신들의 감각을 강탈하여 감각이 있음에도 불구하고 이성을 자신들이 쉽사리 믿는 여왕으로 만들었기 때문이다"(*Dialogues concerning the Two Great Systems of the World*, trans. Salusbury, 1661, p.301).

보인다.[32]

데카르트적 회의의 두드러진 특징은 그 보편성이다. 어떤 사상이나 경험도 회의를 비켜갈 수 없다. 회의의 진정한 차원을 가장 정직하게 탐구했던 사람은 쇠렌 키르케고르(Søren Kierkegaard)다. 그는 이성이 아닌 회의에서 단숨에 믿음으로 도약하여, 근대 종교의 심장부에 대한 회의를 실행했다.[33] 회의의 보편성은 감각의 증거로부터 이성의 증거를 거쳐 신앙의 증거로까지 확산된다. 회의의 존재 이유는 결국 자명성의 파괴이기 때문이다. 모든 사유는 늘 그 자체로 명백한, 즉 사상가뿐만 아니라 모든 사람에게 자명한 것에서 출발했다. 데카르트적 회의는 단순히 인간 오성(五性)이 모든 진리에 접근할 수 없고 인간의 시력이 모든 것을 볼 수 없다는 사실을 의심하는 것이 아니다. 오히려 시력이 실재를 증명하지 못하듯이 오성의 지력도 진리를 증명하지 못한다는 사실을 의심한다. 이 회의는 우선 진리가 도대체 존재하는지에 대해 의심한다. 이 과정에서 지각이나 이성 또는 신적 계시의 믿음에 근거하는 전통적 진리 개념이 두 가지 가정에 의존하고 있다는 것을 발견한다. 즉 참으로 존재하는 것은 저절로 현상하고 인간능력은 충분히 그것을 받아들일 수 있다는 가정이 그것이다.[34] 진리가 자기를 스스로 계시

---

32) 데모크리토스는 "희거나 검은 또는 쓰거나 달콤한 것이 실제로 존재하지 않는다"고 말한 후 다음과 같이 덧붙인다. "우매한 정신아, 너는 감각으로부터 논증을 이끌어내는구나. 그렇게 해서 그들을 패배시키기를 원하는가? 너의 승리는 곧 너의 패배다"(Diels, *Fragmente der Vorsokratiker*, 4th ed., 1922, frag. B125).

33) *Johannes Climacus oder De omnibus dubitandum est*를 보라. 이것은 키르케고르의 초기 원고 중 하나이며, 지금도 여전히 데카르트적 회의에 대한 가장 심오한 해석으로 간주된다. 여기서 키르케고르는 어떻게 헤겔에게서 데카르트를 배우고, 나아가 자신의 철학적 연구를 데카르트의 저작과 함께 시작하지 못한 것을 후회하게 되었는지 정신적 자서전 형식으로 서술하고 있다. 네덜란드어판 *Collected Works*(Copenhagen, 1909, Vol.IV)에 실린 이 작은 논문은 독일어판 (Darmstadt, 1948)으로도 출판되었다.

한다는 것은 이교도와 고대 유대인, 기독교와 세속철학의 공통된 신조였다. 이것이 바로 새로운 근대철학이 매우 격렬하게, 거의 증오에 가까운 격한 감정으로 전통과 단절하고 르네상스의 열성적인 고대 부흥과 재발견을 무시한 이유다.

새로운 발견들로 인해 세계와 우주에 대한 인간의 확신은 존재와 현상의 명백한 분리에서 알 수 있는 것 이상으로 큰 상처를 입었다. 데카르트적 회의가 얼마나 가혹했는지는 바로 이 사실을 이해할 때에만 완전히 알 수 있다. 여기서 존재와 현상의 관계는 전통적인 회의주의에서처럼, 즉 현상은 인간이 영원히 알 수 없는 참된 존재를 단지 숨기거나 은폐한다고 생각하는 전통적 회의주의에서처럼 그렇게 정적이지 않다. 존재는 매우 능동적이고 힘이 있다. 존재는 자신의 현상들을, 이 현상들이 착각이라는 사실을 제외하면, 창조한다. 인간의 감각이 지각하는 것은 무엇이나 보이지 않는 비밀스러운 힘에 의해 산출된 것이다. 동물이 덫에 걸리거나 도둑이 자신의 의지나 의도와 달리 잡히는 경우처럼, 어떤 기묘한 장치나 도구를 통해 이 힘의 작용을 발견하는 것이

---

34) 전통적 진리 개념에서 감각에 대한 확신과 이성에 대한 확신은 밀접한 연관이 있다. 이 연관성을 파스칼은 분명히 인식했다. 그에 의하면 "진리의 두 가지 원리인 이성과 감각은 각자 진실성이 결여되어 있을 뿐만 아니라 둘 다 서로를 오용한다. 감각은 그릇된 겉모습으로 이성을 속인다. 감각이 이성에게 행하는 속임수를 감각은 제 차례가 되면 당하게 된다. 이 속임수가 반격을 가하는 것이다. 영혼의 정념들은 감각을 혼란시켜서 그릇된 인상을 만든다. 감각은 속이고 또 서로 다투어 속임을 당한다"(*Pensées*, Pléiades ed., 1950, No.92, p.849). 내세에 대한 기독교의 가르침을 불신하기보다 믿는 것이 인간에게 보다 안전하다는 유명한 파스칼의 도박은 이성과 감각의 진리가 신적 계시의 진리와 밀접한 연관이 있음을 보여주는 충분한 증거다. 데카르트와 마찬가지로 파스칼에게도 신은 숨겨진 신(*un Deiu cache*)이다(같은 책, No.366, p.923). 신은 자신을 계시하지 않는다. 그러나 그의 존재와 선함은 인간 삶이 꿈이 아니며(데카르트의 악몽은 파스칼에게도 일어난다. 같은 책, No.380, p.928) 인간의 인식도 신의 기만이 아님을 보증하는 유일한 가설이다.

아니라 포착한다면, 엄청난 힘을 가진 존재가 드러내는 것은 환상이고 존재의 현상에서 이끌어낸 결론도 기만에 불과하다는 것이 존재의 본질임이 드러날 것이다.

데카르트 철학은 두 가지 악몽으로 괴로워한다. 악몽은 어떤 의미에서는 근대 전체의 악몽이 되었다. 그것은 이 시대가 데카르트 철학의 영향을 깊이 받았기 때문이 아니라, 근대 세계관의 참된 의미를 이해하면 알 수 있듯이 악몽의 출현은 피할 수 없는 것이었기 때문이다. 이 악몽은 매우 단순하고 널리 알려져 있다. 그중 하나는 실재, 즉 세계와 인간의 현실을 의심한다. 우리가 감각이나 공동감각 또는 이성을 신뢰할 수 없다면, 당연히 우리가 현실이라 간주하는 모든 것은 꿈에 불과하다. 다른 악몽은 인간의 일반적 조건, 즉 새로운 발견 그리고 감각과 이성의 신뢰불가능성이 드러내는 인간의 조건과 연관된다. 이 상황에서 신이 우주의 지배자라는 사실보다 오히려 악령, 기만하는 신(*Dieu tropeur*)이 자의적으로 악의를 가지고 인간을 배반한다는 것이 사실에 더 가깝다. 악령의 가장 악마적 성격은, 진리가 무엇인지 알지만 동시에 어떤 진리에도 이를 수 없고 어떤 것도 확신할 수 없는 기능을 가진 피조물을 창조했다는 데 있다.

실제로 이 마지막 문제, 즉 확실성의 문제는 근대 도덕성의 전체적인 발전에 결정적 역할을 했다. 물론 근대가 잃은 것은 진리나 현실 또는 신앙에 대한 능력이 아니고 더욱이 감각과 이성의 증거를 반드시 수용하는 태도도 아니다. 근대가 잃은 것은 이런 능력이 이전에 갖고 있던 확실성이다. 종교가 잃은 것은 구원이나 사후세계에 대한 믿음이 아니라 구원에 대한 확신(*certitudo salutis*)이었다. 이런 일은 가톨릭교회의 몰락으로 전통에 묶인 마지막 제도를 제거했던 모든 개신교 국가에서 일어났다. 이 제도는 그 권위가 도전받지 않았던 모든 곳에서 현대성의 충격과 다수의 신자들 사이의 완충지대 역할을 했다. 확실성 상실의 즉각적인 결과는 마치 오랫동안 집행유예를 선고받은 것 같은 이 삶에서 선한 일을 하려는 새로운 열성이었다.[35] 그래서 결국 진리가 확실성을 상실한 것은 진실성을 향한 전례 없는 새로운 열성으로 귀결된다. 마치 인간은 진리와 객관적 실재의 존재—분명 인간의 거짓말보다 오래가고 그래서 그의 모든 거짓말을 물리칠—를 확신하는 동안에만 거짓말쟁이가 될 수 있는 여유가 있는 듯 말이다.[36] 근대의 첫 세기에 발생한 도덕적 기준의 근본적 변화에 영감을 준 것은 가장 중요한 집단이었던 신과학자들의 필요와 이상이었다. 근대의 주요한 덕, 즉 성공, 근면, 진실 등은 동시에 근대과학에서 가장 중요한 덕이었다.[37]

지식인 사회와 왕립아카데미는 도덕적으로 영향력 있는 중심 세력이었다. 과학자들은 실험과 도구로 자연을 가두었고 그 비밀을 강제로 알아낼 수 있는 수단과 방법을 찾기 위해 이를 조직했다. 한 사람으로 안 되는, 그래서 인류 최고의 정신들이 집단적으로 노력해야만 해결가능한 이 거대한 과제는 행동의 규칙과 새로운 판단의 기준들을 결정했다. 예전에는 진리가 일종의 '이론' 안에 있다고 여겨졌다. 여기서 이론은 그리스인들 이후 자신 앞에 열려 있는 현실에 관심을 가지고 그것을 받아들였던 관찰자의 관조적 시선을 의미했다. 이 이론의 자리를 성공의 문제가 차지했고 그래서 이론의 검증은 곧 '실천적' 문제가 되었다.

---

35) 막스 베버는 구체적으로 몇 가지 실수를 했지만, 이 문제들은 오늘날 거의 바로 잡혔다. 그럼에도 불구하고 베버는 여전히 근대의 문제를 그 중대성에 걸맞게 깊이 있고 적절하게 제기한 유일한 역사가며, 따라서 작업과 노동의 평가를 전도시킨 것은 단순히 신앙의 상실이 아니라 **구원에 대한 확신의 상실**이라는 것을 알고 있었다. 우리 논의의 맥락에서 근대가 도래함으로써 상실된 유일한 확실성은 바로 구원의 확실성인 것 같다.

36) 조로아스터교를 제외하고 주요 종교들 중 어느 것도 거짓말을 중대한 죄에 포함시키지 않았다는 사실은 매우 놀랍다. 거짓말하지 말라는 계율은 어디에도 없었으며(물론 "네 이웃에 대해 거짓 증언을 하지 말라"는 계율은 다른 문제에 속한다) 나아가 청교도 이전에는 누구도 거짓말을 중대한 범죄로 생각하지 않았다.

37) 이것은 위에 인용한 Bronowski 논문의 핵심이다.

이론의 실질적인 효력 여부는 중요치 않았다. 그러나 이제 이론은 가설이 되었고, 가설은 성공할 때에만 진리가 된다. 그러나 극히 중요한 기준으로 간주되는 성공은 특수한 과학적 발견을 수반할 수도 있고 수반하지 않을 수도 있는 기술적 발전이나 실천적 고려와는 무관했다. 성공이라는 기준은 적용가능성과 달리 근대과학의 진보와 본질에 내재한다. 여기서 성공은 부르주아 사회에서 변질된 공허한 우상이 아니다. 성공은, 과학에서 항상 그래왔지만, 압도적인 역경을 이겨내는 인간 독창성의 진정한 승리였다.

보편적 회의의 데카르트적 해결 또는 내적으로 연관된 두 악몽, 즉 모든 것은 꿈이고 어떤 실재도 존재하지 않으며 신이 아닌 악령이 세계를 지배하고 인간을 조롱한다는 악몽으로부터의 구원은, 방법과 내용의 차원에서 보면 진리에서 진실성으로, 실재에서 신뢰성으로 전환하는 것과 비슷하다. "우리의 정신이 사물이나 진리의 척도가 아닐지라도 우리가 긍정하고 부정하는 것의 척도인 것은 확실하다"라는 데카르트의 확신은[38] 과학자들이 분명하게 알지 못했던 것, 즉 진리가 존재하지 않더라도 인간은 진실할 수 있고, 신뢰할 만한 확실성이 없더라도 인간은 신뢰할 만하다는 태도와 유사하다. 구원이 있다면 그것은 인간 자신 속에 있어야 하고, 회의함으로써 발생하는 문제에 대한 해결책이 있다면 그것은 회의로부터 나와야 한다. 모든 것이 의심스럽더라도 적어도 회의한다는 것 자체는 확실하고 실재적이다. 우리의 감각과 이성에 주어지는 실재와 진리가 어떠하든지 간에, "누구도 자신이 의심한다는 것을 의심할 수 없으며 그가 의심하는지 하지 않는지 자체는 불확실하지 않다."[39] 데카르트의 유명한 *cogito ergo sum*("나는 생각한다,

---

38) 헨리 모어(Henry More)에게 보낸 데카르트의 편지(Koyré, 앞의 책, p.117에서 재인용).

39) 데카르트는 대화록 *La recherche de la vérité par la lumière naturelle*에서 전문적인 형식 없이 자신의 근본적인 성찰을 기록하고 있는데, 회의의 중요한 위치는

그러므로 나는 존재한다")은 사유 자체의 자기 확실성으로부터 나온 것이 아니라—이 경우 사유가 인간에게서 새로운 권위와 의미를 획득할 수 있을지 모르지만—*dubito ergo sum*("나는 회의한다, 그러므로 나는 존재한다")의 단순한 일반화였다.[40] 달리 말하면, 어떤 것을 회의할 때 나는 내 의식 속에서 회의하는 과정을 지속적으로 의식한다라는 단순히 논리적인 확실성으로부터 데카르트는 인간정신에서 진행되는 이 과정들이 그 자체 확실성을 가지고 또 자기반성의 탐구 대상이 될 수 있다고 결론지었다.

39. 자기반성과 공동감각의 상실

자기반성은 자신의 신체나 영혼의 상태에 관한 인간정신의 반성이

다른 어느 저서에서보다 여기서 명확하게 드러난다. 데카르트의 입장을 지지하는 대화록의 인물 Eudoxe는 이렇게 설명한다. "당신들은 감각기관을 통해 당신들에게 의식되지 않는 모든 사물을 이성을 가지고 회의할 수 있다. 그러나 당신들은 당신들의 회의를 회의하고 또 당신들이 회의하는 것인지 아닌지 불확실하게 있을 수 있는가? ⋯⋯당신들이 바로 회의하는 자이며, 이로써 당신들이 더 이상 회의할 수 없다는 것은 확실하다"(Pléiade ed., p.680).

40) "나는 회의한다, 고로 나는 존재한다. 이 말은 다음의 말과 같다. 나는 생각한다, 고로 나는 존재한다"(같은 책, p.687). 데카르트에게 사유는 오직 파생적 성격만을 가지고 있다. "내가 회의한다는 사실을 회의할 수 없다는 것이 확실하기 때문에 내가 생각한다는 것도 마찬가지로 확실하다. 회의한다는 것이 과연 확실한 양식의 생각한다는 것과 다른 것인가?"(같은 책, p.686). 이 철학의 근본사상은 나의 존재가 없으면 사유할 수 없을 것이라는 것을 의미하지 않는다. "우리는 존재 없이는 회의하지 않을 것이다. 그것이 우리가 획득할 수 있는 제일의 확실한 의식이다"(*Principes*, Pléiade ed., Part I, sec.7). 물론 논증 자체가 새롭지는 않다. 예컨대 이 논증은 아우구스티누스의 「자유의지론」(*De libero arbitrio*, 3장)에서 거의 한마디 한마디 그대로 발견되지만, 이 논증이 '기만한 신'의 가능성에 대항하는 유일한 확실성이라는 함의는 없으며 또 일반적으로 철학체계의 전제로 사용되지도 않는다.

아니라 자기 자신에 대한 의식의 인지적 관심이다. (그리고 자기반성은 언제나 *cogito me cogitare*를 의미하는 데카르트의 *cogitatio*의 본질이다.) 그런데 자기반성은 반드시 확실성을 산출해야 한다. 여기서는 정신이 스스로를 산출하는 것 외에 어떤 것에도 연루되지 않기 때문이다. 생산품의 생산자 외에 어느 누구도 여기에 개입하지 못하며, 인간은 자신 외의 어떤 것이나 어느 누구와도 직면하거나 만나지 않는다. 자연과학과 물리학이 인간이 자신 이외의 어떤 것을 만나고, 인식하고 파악할 수 있는지를 궁금해하기 훨씬 전에 근대철학은 인간이 자기반성을 통해 오로지 자신에게만 관심을 가진다는 사실을 확신했다. 데카르트는 새로운 자기반성의 방법이 보장하는 확실성은 '나는 존재한다'의 확실성이라고 믿었다.[41] 달리 말하면 인간은 자기 안에 자신의 확실성, 자기 존재의 확실성을 가지고 다닌다. 의식의 순수한 기능이 감각기관과 이성에 주어지는 세계의 실재성을 보장할 수 없다 할지라도 그것은 감각과 추론의 실재성, 즉 정신에 진행되는 과정의 실재성을 의심의 여지 없이 확인해준다. 지각과 추론은 신체에서 진행되는 생물학적 과정과 다르지 않고, 이 과정들을 의식하는 사람은 누구나 그것이 작용하는 하나의 실재임을 확신할 수 있다. 꿈꾸는 것은 꿈꾸는 자와 하나의 꿈을 전제하기 때문에 실재적이며, 그렇다면 의식의 세계도 실재적이다. 문제는 신체과정에 대한 의식에서 자신의 신체를 포함한 모든 신체의 실제 형태를 추론할 수 없는 것처럼, 자신이 지각한다는 사실을 지각하고 지각된 대상이 감각의 일부가 되어도, 즉 감각에 대한 단순한 의식에서 형태, 형식, 색깔, 위치를 가진 실재로 나아가는 것은 불가능하다. 우리

---

41) 니체가 지적한 것처럼 *cogito ergo sum*은 논리적 오류를 포함하고 있으며, 그것은 다음과 같이 읽어야 한다. *cogito, ergo cogitationes sunt*, 그러므로 *cogito*에서 표현되는 의식은 내가 존재함을 증명하지 못하고 단지 의식의 존재만을 증명한다. 이 주장은 다른 문제이고 우리의 관심사는 아니다(Nietzsche, *Wille zur Macht*, No.484).

에게 보이는 나무는 시각의 실재적 대상이며, 마찬가지로 꿈이 지속되는 한 꿈속의 나무는 꿈꾸는 자에게 충분히 실재적이다. 그러나 이 중 어느 것도 실재의 나무가 될 수 없다.

이런 어려움 때문에 데카르트와 라이프니츠는 신의 존재가 아닌 신의 선함을 증명해야 했다. 데카르트는 세계를 지배하고 인간을 조롱하는 악령이 결코 존재하지 않는다는 사실을 논증했고, 라이프니츠는 인간을 포함한 이 세계는 가능한 모든 세계 중에 최상의 세계임을 논증했다. 라이프니츠 이후 변신론(變神論)이라고 알려진 근대적인 정당화는 최고 존재의 실존을 의심하지 않고 반대로 당연시하며, 단지 『성경』이 말하는 신의 계시나 인간과 세계에 대한 신의 의도에 대해서만 의문시할 뿐이다. 즉 인간과 세계의 관계를 의문시한다. 사람들이 감각과 이성이 실재와 진리를 산출하거나 보증하지 못한다고 확신하게 되면 자연이나 『성경』에 존재한다고 말하는 계시는 정당화를 필요로 한다. 이는 당연한 일이다. 그런데 신의 선함에 대한 회의, 즉 기만하는 신의 관념은 새로운 세계관의 형성과정에서 겪게 된 기만당하는 경험에서 직접 발생했다. 이 경험이 견디기 힘든 까닭은 기만은 치료될 수 없고 매일 반복되기 때문이다. 우리가 태양중심적 세계관에 대해 아무리 잘 알고 있어도 태양이 매일 지구를 회전하면서 정해진 곳에 떴다가 진다는 사실을 변경시킬 수 없다. 망원경을 발견하지 않았다면 사람들은 영원히 기만당했을 것이라고 생각하게 된 지금에 이르러서야 비로소 신의 뜻은 불가사의한 것이 되었다. 인간은 우주에 대해 알면 알수록 인간이 창조된 의도와 목적을 더 이해할 수 없었다. 그러므로 신정론(神正論)이 내세우는 신의 선함은 엄밀히 말해 기계장치 신이다. 데카르트 철학에서는 오로지 이 불가해한 선으로 인해 실재가 구제되며(정신*res cogitans*과 연장*res extensa*의 공존), 마찬가지로 라이프니츠의 철학에서 인간과 세계 사이의 예정조화를 가능하게 한다.[42]

데카르트의 자기반성의 탁월성, 따라서 그의 철학이 근대의 정신적 발전에 매우 중요한 역할을 한 이유는 두 가지로 제시된다. 첫째, 그는 세계의 모든 대상을 의식의 흐름과 과정으로 환원하는 수단으로서 비실재의 악몽을 사용했다. 자기반성을 통해 의식이 발견하는 '보이는 나무'는 더 이상 보고 만질 수 있는 나무가 아니다. 즉 그 자체로 동일한 형상을 가진 변경불가능한 실재가 아닌 것이다. 단순히 기억하거나 상상할 때의 사물처럼 의식의 대상이 된 실재는 이제 의식과정의 한 부분이 된다. 즉 사람들이 영원히 움직이는 흐름이라고 생각하는 의식의 한 부분이 된다. 우리의 마음이 물질을 에너지로, 객체를 원자과정의 소용돌이로 해체하기 위해 객관적 실재를 정신의 주관적 상태로, 더 나아가 정신의 주관적 과정으로 환원시키는 이 방식보다 더 큰 역할을 한 것은 없을 것이다. 데카르트 철학이 근대에서 중요한 역할을 한 둘째 이유는 보편적 회의로부터 확실성을 확보하는 데카르트의 방법이 새로운 물리학이 도출해낸 결론과 정확하게 일치했기 때문이다. 즉 인간은 주어져 있는 은폐된 진리는 알 수 없지만 적어도 자신이 만든 것은 알 수 있다. 이는 가장 일반적이고, 또 가장 널리 수용된 근대의 태도다. 3세기에 걸쳐 한 세대씩 차례차례 점점 더 가속화된 속도로 발전과 발견을 이룩할 수 있었던 것은 근대의 기초가 되었던 회의가 아니라, 인간은 자신이 만든 것만을 인식할 수 있다는 근대의 확신 때문이었다.

---

42) 기계신으로서의 신, 보편적 회의를 극복할 수 있는 유일한 해결책으로서 신의 이 특성은 특히 데카르트의 『성찰』(*Méditations*)에서 분명히 알 수 있다. 세 번째 성찰에서, 데카르트는 이렇게 말한다. 회의의 원인을 제거하기 위해 "나는 신이 존재하는지를 조사해야 한다. 만약 신이 존재한다는 것을 발견하면, 나는 또한 그 신이 기만적일 수 있는지를 조사해야 한다. 왜냐하면 이 두 진리에 대한 의식이 없다면 나는 어떤 사물에 대한 확실성도 가질 수 없기 때문이다." 그리고 그는 다섯 번째 성찰의 끝부분에서 다음과 같이 결론을 내린다. "그래서 나는 모든 지식의 확실성과 진리가 오직 진정한 신의 인식에 달려 있다는 사실을 분명히 안다. 그러므로 내가 신을 인식하기 이전에는 다른 어떤 사물에 대해서도 완전한 지식을 획득할 수 없다"(Pléiade ed., p.177, p.208).

데카르트적 이성은 '정신은 자신 안에서 생산한, 어떤 의미에서는 자기 안에 가지고 있는 것만을 알 수 있다는 애매한 가정'에 전적으로 근거하고 있다.[43] 따라서 데카르트적 이성은 수학적 인식을 최고의 이상으로 설정한다. 정신 외부에서 주어지는 관념적 형상에 대한 인식이 아니라 정신이 산출하는 형상들에 대한 인식이 최고의 인식인 것이다. 이처럼 정신은 대상이 있는 특수한 경우에도 대상에 의한 감각기관의 자극이 아니라 오로지 자신만을 필요로 한다. 이 이론은 화이트헤드의 말처럼 '공동감각이 후퇴한 결과인 것'은 확실하다.[44] 공동감각은 원래 시력이 세계를 볼 수 있게 하듯이 사적인 감각들을 공동세계에도 적합하게 만들던 감각이었는데, 그것이 이제 세계와 아무런 관계도 없는 내적인 능력이 되었다. 이 감각이 여전히 공동적이라 불리는 이유는 단순히 모든 사람이 공통으로 가지는 것이기 때문이다. 그런데 사람들이 공통으로 가지는 것은 세계가 아니라 자신들의 정신구조다. 엄격히 말해 이 구조도 그들이 공통으로 가질 수 있는 것은 아니다. 추론의 능력은 모든 사람에게 똑같이 발생할 수 있을 뿐이다.[45] 그래서 2+2는 얼마인가의 물음에 대해 우리는 모두 똑같이 4라고 대답한다. 바로 이것이 공동감각 추론의 전형적 사례다.

홉스와 마찬가지로 데카르트에게 이성은 '결과를 계산함', 즉 추론하고 결론을 이끌어내는 능력이다. 달리 말해 이는 인간이 언제라도 어떤 과정을 자신 안에서 일어날 수 있게 하는 능력이다. 이런 인간의 정신은 ─ 수학의 영역에서 예를 들자면 ─ '2+2=4'라는 두 항을 자명한

---

43) A.N. Whitehead, *The Concept of Nature*, Ann Arbor ed., p.32.
44) 같은 책, p.43. 데카르트에게 공동감각이 없다는 점을 최초로 비판하고 논평한 이는 비코였다(*De nostri temporis studiorum ratione*, 3장).
45) 공동감각이 내적 감각으로 변형된 것은 근대 전체의 특징이다. 고어인 공동감각(Gemeinsinn)과 이 말을 대신하는 최근의 표현인 상식(gesunder Menschenverstand) 사이의 차이점에서 이 변형을 읽어낼 수 있다.

일치 속에서 균형을 이루는 등식으로 생각하지 않고, 무한대에 이르는 덧셈의 과정을 발생시키기 위해 이 등식을 2와 2가 4가 되는 과정의 표현으로 이해한다. 근대는 이 능력을 공동감각의 추론이라 부른다. 이 추론은 정신이 자신과 놀이를 하는 것이다. 이 놀이는 정신이 모든 실재성을 상실하고 오로지 자기 자신만을 '인식'할 때 발생한다. 이 놀이의 결과는 억지로 이끌어낸 강요된 '진리'다. 왜냐하면 인간의 정신구조는 신체구조처럼 다른 인간의 정신구조와 다르지 않다고 생각하기 때문이다. 그 차이가 무엇이든 그것은 마력처럼 확인하거나 측량할 수 있는 정신력의 차이다. 여기서 인간을 **이성적 동물**로 규정하는 고대의 정의는 소름끼칠 정도로 정확하다. 인간은 동물적 오감으로 인해 모든 인간이 공동으로 가지는 세계에 적합한 감각을 가지게 되는데, 이 감각을 박탈당한 인간은 단지 추론할 수 있는 동물, 즉 '결과를 계산할 수 있는' 동물에 불과하다.

아르키메데스적 점의 발견에 들어 있는 곤란함은 지구에 묶인 피조물이 지구 밖의 점을 발견했다는 것인데, 이것은 지금도 여전히 문제다. 인간은 자신의 보편적 세계관을 실제 환경에 적용하고자 하는 순간, 자신이 다른 세계이자 혼란된 세계에 살고 있음을 발견했다. 이 난관에 대한 데카르트의 해결은 아르키메데스적 점을 인간 안으로 옮기고,[46] 인간의 정신 자체를 궁극적인 준거점으로 채택하는 것이었다. 인간의 정신은 자신의 산물인 수학적 정식들의 틀 안에서 스스로 실재와 확실성을 확신한다. 여기서 그 유명한 **보편수학으로의** 과학의 근대적 **환원**은 감각에 주어진 것을 수학적 등식의 체계로 대체하는 것을 허용하는데, 이 체계에서는 모든 실재의 관계들이 인위적 기호 사이의 논리

---

46) 아르키메데스적 점을 인간 안으로 옮기는 것은 데카르트가 의식적으로 한 일이다. "보편적 의심에 입각하여, 즉 고정적이고 움직이지 않는 관점에 입각하여 나는 신(神), 우리 자신 그리고 세계 속에 실존하는 모든 사물의 의식을 추론할 작정이다"(*Recherche le la vérité*, p.680).

적 관계로 환원된다. 근대과학이 스스로 관찰하고 싶은 현상과 대상을 '생산하는 과제'를 완수할 수 있었던 것은 바로 이와 같은 대체 덕분이다.[47] 근대과학은 신이나 악령조차 '2+2=4'라는 사실을 바꿀 수 없다고 생각한다.

40. 사유와 근대의 세계관

데카르트는 아르키메데스적 점을 인간의 정신 안으로 옮겼다. 이로 인해 인간은 어디를 가든 이 점을 가지고 다닐 수 있었고, 따라서 주어진 실재로부터―지구의 거주자로 존재해야 하는 인간의 조건으로부터―완전히 자유로워질 수 있었다. 아르키메데스적 점의 이동은 보편적 회의의 과정에서 생겨났고 또 회의를 없앨 수 있다고 여겨졌지만, 그것 역시 보편적 회의를 극복하지는 못했다.[48] 어쨌든 우리는 오늘날 엄청난 성공을 거두고 있는 과학자들이 근대 초기부터 철학자를 괴롭혀온 동일한 악몽에 시달리고 있음을 발견한다. 이 악몽은 다름 아닌 질량과 에너지의 등식 같은 수학의 등식은―원래 이 등식들은 오로지 현상을 설명하고자 하는 의도에서 생겨났고 따라서 다르게 설명될 수도 있는 관찰이 가능한 사실과도 일치했다. 마찬가지로 프톨레마이오스와 코페르니쿠스의 체계도 원래 단순성과 조화에서만 달랐을 뿐이다―질량이 에너지로 그리고 에너지가 질량으로 실제로 전환될 수 있

---

47) Frank, 앞의 책. 그는 과학을 '우리가 원하는, 관찰가능한 현상을 생산해내는 작업'으로 정의한다.

48) 에른스트 카시러의 희망, 즉 '회의는 이를 능가하는 회의를 통해 극복되고' 상대성 이론은 '인간정신의 지구적인 잔재', 즉 '공간과 시간을 경험적으로 측량하는 방식'(앞의 책, p.382, p.389)에 들어 있는 의인관(anthropomorphism)으로부터 인간정신을 자유롭게 만들 것이라는 희망은 이루어지지 못했다. 반대로 과학적 진술의 타당성은 의심받지 않았지만 과학적 자료들의 이해가능성에 대한 회의는 지난 10여 년 동안 증폭되었다.

게 한다. 이로써 모든 등식에 함축되어 있는 '전환'은 현실 안의 실제적 전환가능성과 일치한다는 사실로 표현된다. 또한 이 악몽은 비(比)유클리드(non-Euclidean) 수학 체계가 아인슈타인의 이론에서 놀랄 만한 타당성을 확보하기 이전에 아무런 경험적 의미나 적용가능성이 없었는데도 발견되었다는 불가사의한 현상에서도 드러난다. "그러한 적용가능성이 모든 것, 심지어 가장 거리가 먼 순수수학의 구조에도 열려 있어야 한다"는 피할 수 없는 결론을 고려하면, 이 악몽은 우리를 더 곤란하게 한다.[49]

전 우주 아니 경우에 따라서 아주 다른 몇몇 우주들이 별안간 생겨나서 인간정신이 짜놓은 모든 유형을 실제로 '입증'한다면, 인간은 당분간 '순수수학과 물리학의 예정조화',[50] 즉 정신과 물질, 인간과 우주 사이의 예정조화를 재확인했다는 기쁨을 누릴 것이다. 그러나 수학적으로 미리 인식된 이 세계가 꿈의 세계이고 꿈속에서 보는 것은 모두 인간이 만든 것으로서 꿈이 계속되는 한에서만 실재성을 가진다는 의심은 피할 수 없다. 무한히 작은 원자에서 발생하는 사건들이 무한히 큰 천체계의 법칙과 규칙성을 따른다는 사실을 발견하게 될 때 의심은 더욱 커질 것이다.[51] 이를 통해 우리가 알 수 있는 것은 천문학의 관점에

---

49) 같은 책, p.443.

50) Hermann Minkowki, "Raum und Zeit", in Lorentz, Einstein, and Minkowski, *Das Relativitätsprinzip*, 1913; Cassirer, 앞의 책, p.419에서 인용.

51) 이 의심은 또 다른 일치, 즉 논리와 실재의 일치를 덧붙인다 해도 완화되지 않는다. 전자가 "물질의 감각 성질을 설명할 수 있다 하더라도 그것들이 이 감각 성질을 가질 수 없다는 것은 논리적으로 명백하다. 이 경우 이 성질의 원인에 대한 물음은 단순히 한 단계 앞으로 옮겨졌을 뿐 해결된 것은 아니기 때문이다"(Heisenberg, *Wandlungen in den Grundlagen der Naturwissenschaft*, p.66). 우리가 의심을 하는 이유는, 과학자는 '시간이 지나면서' 이 논리적 필연성을 의식하게 될 때에만 '물질'이 어떤 성질도 갖지 않고 따라서 더 이상 물질이라 부를 수 없다는 사실을 발견하기 때문이다.

서 자연을 탐구하면 천체계를 갖게 될 것이고 지구의 관점에서 천체를 탐구하면 지구 중심의 지구계를 갖게 될 것이라는 점이다.

존재의 궁극적인 비밀을―우리의 물리적 세계관에 따르면 너무나 비밀스러워 절대 나타나지는 않지만 매우 강력한 힘을 가지고 있어 모든 현상을 산출한다―밝히기 위해 도구의 도움을 받으면서까지 모든 감각적 경험을 넘어 현상을 초월하려고 시도할 때면 언제나, 우리는 동일한 유형이 미시계나 거시계를 지배하여 도구를 통한 판독도 같다는 사실을 발견한다. 여기서도 우리는 잠시 동안 우주의 통일성을 재발견했다는 기쁨을 누리지만 곧 우리가 발견한 것이 거시계나 미시계와는 아무런 상관이 없고 단지 우리 자신의 정신유형만을 다룬 것이 아닌가 하는 의심을 하게 된다. 인간의 정신은 도구를 고안했을 뿐만 아니라 자신이 설정한 조건 아래서 자연에 대한 실험을 행했다. 칸트의 표현을 빌리자면 자연에 자신의 법칙을 부과했던 것이다. 이 경우에 우리는 마치 우리를 기만하고 지식의 욕구를 좌절시키고 우리에게 속하지 않는 것을 탐구할 때면 늘 정신 자체의 유형만을 만나게 하는 악령의 손 안에 사로잡혀 있는 것 같다.

데카르트적 회의는 논리적으로 가장 그럴듯하며 연대기적으로 갈릴레오의 발견이 낳은 가장 직접적인 결과다. 그런데 회의는 아르키메데스적 점을 인간 자신 안으로 옮기는 천재적인 기지로 인해 적어도 자연과학의 영역에서는 수세기 동안 완화되었다. 그러나 지식이라는 목적을 위해 감각을 완전히 포기하게 만들었던 물리학의 수학화는 그 마지막 단계에 이르러 예기치 못한 것이지만 매우 그럴듯한 결과를 초래했다. 즉 인간이 자연에게 제기했던 모든 물음은 수학적 양식으로 그 답이 주어졌다. 그런데 수학의 유형에는 어떤 모델도 일치하지 않았다. 왜냐하면 모델은 우리의 감각경험에 따라 만들어져야 하기 때문이다.[52] 바로 이 지점에서 인간의 조건에 들어 있는 사고와 감각경험의 연관성은 마치 복수를 하는 것처럼 보인다. 기술이 근대과학의 가장 추상적 개념인 '진리'를 증명한다 할지라도, 이것은 단지 인간이 늘 자기 정신의 결과물만을 적용한다는 사실을 증명하는 것에 지나지 않는다. 즉 자연현상을 설명하기 위해 어떤 체계를 이용하든 인간은 늘 생산과 행위를 이끄는 원리로서만 그 체계를 채택할 수 있을 뿐이다. 이 가능성은 산술적 진리들이 공간적 관계들로 완전히 번역될 수 있다는 것이 증명되었던 근대 수학의 초기부터 잠재해 있었다. 그러므로 혼란을 겪고 있는 현재의 과학이 자연에 주어져 있는 '진정한 질서'를 다룬다는 것을 '증명하기' 위해 기술적 성취를 내세운다면,[53] 그것은 다음과 같이 정식화될 수 있는 순환의 오류에 빠진 것처럼 보인다. 과학자는 실험하기 위해 가설을 세운 다음, 이 실험을 이용하여 그 가설을 검증한다. 이 모든 과정에서 그들이 가설적 자연을 취급하고 있다는 것은 분명하다.[54]

---

52) 에르빈 슈뢰딩거(Erwin Schrödinger)는 "정신의 눈으로 점점 작아지는 거리를 그리고 점점 짧아지는 시간 속에 침투해 들어갈 때 우리는 주변 환경에서 관찰하는 것과는 완전히 다르게 자연이 움직인다"는 사실을 발견한다고 했다. 그래서 거시적 경험을 따라 만들어진 모델 중 어떤 것도 '참'일 수 없다(*Science and Humanism*, 1952, p.25).

53) Heisenberg, *Wandlungen in den Grundlagen*, p.64.

54) 막스 플랑크(Max Planck)의 진술은 이를 가장 적절하게 설명한다. 이는 시몬 베유의 저명한 논문에 인용되어 있다('Emil Novis'라는 가명으로 *Cahiers du Sud*, December, 1942에 "Réflexions à propos de la théorie des quanta"로 출판되었다). 이것을 프랑스어로 번역하면 다음과 같다. "한 가설의 창조자는 실천적으로 무한한 가능성들을 사용할 수 있다. 그는 사용하는 도구들의 기능에 묶여 있지 않듯이, 감각기관의 기능에도 거의 묶여 있지 않다. 우리는 그가 자신의 상상대로 일종의 기하학을 창조했다고도 말할 수 있다. ……왜냐하면 그 수단들이 결코 가설을 직접 정할 수도 약화시킬 수도 없기 때문이다. 이 수단들은 오직 그 결과가 어느 정도 일치되게 나타날 수 있도록 할 수 있을 뿐이다." 시몬 베유는 이 위기에서 위태로워진 것은 과학보다 '한없이 더 귀중한 것', 즉 진리 개념이라는 사실을 길게 서술한다. 그러나 그녀는 이 사태에서 최대의 난점이 바로 이 가설들이 '제 일을 해낸다'는 부정할 수 없는 사실에서 나온다는 점을 보지 못하고 있다. (내가 별로 알려지지 않은 이 논문을 참조할 수 있었던 것은

달리 말해 실험의 세계는 항상 인공적 현실이 될 수 있는 것처럼 보인다. 실험은 만들고 행위하는 인간의 능력을 증대시키고, 심지어 세계를 이전의 세대가 꿈이나 환상 속에서만 감히 상상했던 것을 훨씬 넘어서는 세계를 창조하는 능력을 증대시킬지 모르지만, 이 인공 현실은 불행히도 인간을 한 번 더—지금은 더욱더 강력하게—정신의 감옥 속으로, 즉 자신이 만든 구체적 한계 속으로 몰아넣는다. 이전의 모든 세대가 할 수 있었던 것, 즉 자신에게 속하지 않는 실재를 경험하는 순간, 그는 자연과 우주가 '그로부터 도망간다'는 사실을 알게 된다. 그는 실험을 통해 확인된 자연의 작용에 따라 예측되는 우주, 우리가 기술적으로 현실화할 수 있는 원리에 따라 구성된 우주가 어떤 방식으로도 재현될 수 없다는 사실을 발견하게 된다. 여기서 새로운 점은 우리가 이미지를 만들어낼 수 없는 사물들—이 '사물들'은 항상 존재했는데, 가령 '영혼'이 거기에 속한다—이 존재한다는 것이 아니라, 어떤 이미지도 만들 수 없는 비물질적인 것을 평가할 때 그 준거점으로 삼는 물질적 사물, 즉 우리가 보고 표상하는 물질적 사물들도 마찬가지로 '재현될 수 없다'는 점이다. 감각적으로 주어진 세계가 사라짐으로써 초월적 세계도 사라졌으며, 동시에 물질적 세계를 개념과 사유를 통해 초월할 수 있는 가능성도 사라졌다. 그러므로 새로운 우주가 "실천적으로 접근불가능할 뿐만 아니라 사유불가능하다는 것은 놀랄 일이 아니다. 왜냐하면 우리가 어떻게 생각하든 이것은 잘못된 것이며 단순히 '삼각의 원' 정도로 무의미한 것이 아니라 '날개 달린 사자' 이상으로 무의미하기 때문이다."[55]

데카르트의 보편적 회의는 이제 자연과학의 중심까지 영향을 미쳤다. 근대의 물리학적 우주가 표상될 수 없을 뿐만 아니라—이는 자

<hr />

이전에 나의 학생이었던 베벌리 워즈우드Beverly Woodward 덕분이다.)
55) Schrödinger, 앞의 책, p.26.

연과 존재가 인간의 감각에는 드러나지 않는다는 가정에서만 자명하다—순수이성의 추리로도 알 수 없고 사유할 수 없다고 판명되면, 인간이 자기 정신 안으로 도피하는 것은 불가능하기 때문이다.

41. 관조와 행위의 전도

근대의 발견이 낳은 가장 중요한 정신적 결과이자 아르키메데스적 점의 발견과 이와 병행하는 데카르트적 회의가 낳은 결과는 **관조적 삶과 활동적 삶**의 위계가 바뀐 일이다. 위계의 전도는 앞의 두 사건에 바로 뒤이어 일어났기 때문에 피할 수 없었다.

관조적 삶과 활동적 삶의 위계를 뒤바꾸고자 하는 열망이 얼마나 강렬했는지를 이해하려면 무엇보다 먼저 지금 우리가 가진 편견을 없애야 한다. 우리는 과학의 실천적 응용가능성 때문에 인간의 조건을 개선하여 지상에서의 삶을 보다 윤택하게 만들려는 실용적인 열망으로 인해 근대과학이 발전했다고 생각한다. 근대의 테크놀로지가 인간이 노동의 고통을 줄이고 인공세계를 건립하려는 이중의 목적을 위해 고안한 도구의 발전에 기인하는 것이 아니라, 무용한 지식에 대한 비실천적인 탐구에 기원을 둔다는 것은 역사적 기록으로도 알 수 있다. 따라서 최초의 근대적 도구 중의 하나인 시계는 실생활을 위해서가 아니라 오로지 자연실험을 행하기 위한 고도의 '이론적' 목적 때문에 발명되었다. 이 발명품이 실생활에 유용하다는 사실이 분명해지자 곧 인간 삶의 전체 리듬과 외관을 변화시켰다. 그러나 발명가의 관점에서 이것은 우연히 발생한 결과물이다. 만약 우리가 인간의 실천적 본능에만 전적으로 의존해야 한다면, 어떤 테크놀로지도 생겨나지 않았을 것이다. 비록 오늘날 기존의 기술발명품들이 자동적으로 특정 수준까지 개선될 수 있는 동력을 갖고 있다 하더라도, 인간이 일차적으로 실용적 존재라는 확신만을 고집한다면 기술적 조건을 가진 우리 세계는 더 발전하기는

커녕 존속하지도 못할 것이다.

어쨌든 관조와 행위의 전도를 가져온 인간의 근본적 경험은, 그것이 무엇이든, 지식에 대한 인간의 갈망이 인간 손의 재주를 신뢰한 후에만 진정될 수 있었다는 것이다. 진리와 지식이 더 이상 중요하지 않다는 것이 아니라 여기서는 관조가 아닌 '행위'를 통해서만 진리와 지식이 획득될 수 있다는 사실이 중요하다. 인간 손의 작품인 망원경 같은 도구는 마침내 자연의 비밀을, 나아가 우주의 비밀을 강제로 밝혀냈다. 새로운 능동적 탐구의 결과물이 나온 이후 활동을 신뢰하고 **관조**나 관찰을 불신하는 이유들은 더욱 강력한 설득력을 얻게 됐다. 존재와 현상이 분리되고 진리가 관찰자의 정신적 눈에 현상하지도, 스스로를 드러내지도 않게 된 이후 기만적 현상의 배후에 있는 진리를 사냥해야만 할 필요성이 생겨났다. 지식의 획득과 진리의 탐구에서 수동적으로 관찰하거나 관조하는 것은 믿지 못할 것이 되었다. 확실성을 확보하기 위해서는 **확실하게** 해야만 했고, 알기 위해서는 행해야만 했다. 지식의 확실성은 이중의 조건이 충족될 때에만 도달된다. 첫째, 지식은 우리가 스스로 행한 것에만 관계한다. 그래서 우리가 정신이 스스로 만든 어떤 실체를 다루는 곳에서 수학적 지식은 지식의 이상이 되었다. 둘째, 지식은 더 많은 활동을 통해서만 검증될 수 있다는 본질을 가진다.

그 이후 과학과 철학의 진리는 분리되었다. 과학의 진리는 영원할 필요도 없고 심지어 인간이 이성적으로 이해할 수 있거나 거기에 적합할 필요도 없다. 여러 세대의 과학자들이 지나간 후에야 인간정신은 이런 근대성의 함의를 직시할 수 있을 정도로 대담해졌다. 자연과 우주는 신적 조물주의 피조물이고 또 인간정신이 자신이 만들지 않은 것을 이해할 수 없다면, 인간이 자연에 관해 알 수 있다고 기대할 수도 없다. 그러나 그는 천재적인 능력으로 자연과정을 발견하고 모방할 수 있을지도 모른다. 그렇다고 인간이 이 과정을 이해하게 된다는 의미는 아니다. 그 과정들은 인간이 이해할 수 없는 것이어야 한다. 초이성적 신의 계시나 난해한 철학적 진리 중 어떤 것도 근대과학의 결과물만큼 인간의 이성을 그렇게 놀라울 정도로 공격한 것은 없다. 우리는 화이트헤드와 더불어 이렇게 말할 수 있다. "하늘은 겉으로는 무의미한 것처럼 보이는 것이 내일 진리로 증명되지 못할 거라는 것을 안다."[56]

17세기에 일어난 변화는 실제로 관조와 행위의 전통적 질서가 단순히 전도되었다는 사실이 암시하는 것보다 훨씬 더 급진적이었다. 엄밀히 말해, 이 전도는 단지 사유와 행위의 관계에만 해당될 뿐이다. 반면 진리를 바라본다는 원래 의미에서의 관조는 완전히 제거되었다. 사유와 관조는 같지 않기 때문이다. 전통적으로 사유는 진리의 관조에 이르는 가장 직접적이고 중요한 길로 생각되었다. 플라톤 이래, 아마 소크라테스 이후 사유한다는 것은 자기 자신과 말하는 내적 대화로 이해되었다(플라톤의 대화편에서 볼 수 있는 나와 나 자신*eme emauto*이라는 관용구를 기억하라). 이 내면적 대화가 비록 외적으로 드러나지 않고 모든 다른 활동을 완전히 중단할 것을 요구한다 할지라도, 이 대화는 그 자체로 고도의 능동적 상태로 구성되어 있다. 대화의 외적 비(非)능동성은 완전한 정지인 수동성과는—그 속에서 진리가 인간에게 계시된다—전적으로 별개의 것이다. 만약 중세 스콜라학파가 철학을 신학의 시녀로 생각했다면, 이것은 플라톤과 아리스토텔레스에게도 상당한 설득력을 가질 수 있다. 다른 맥락이기는 하지만 이 둘은 대화하는 사유의 과정을, 사유와 말을 넘어서 있는 진리를 관조할 수 있도록 영혼을 준비하고 정신을 인도하는 길이라고 생각했다. 진리는 플라톤이 주장하듯이 *arrhēton*, 즉 말로 전달될 수 없는 것이며,[57] 아리스토텔레스에게는 말로 할 수 없는 것이다.[58]

---

56) Whitehead, 앞의 책, 1926, p.116.
57) *Seventh Letter* 341c. "왜냐하면 진리는 우리가 알고 있는 다른 것처럼 결코 말로는 표현할 수 없기 때문입니다"(*rhēton gar oudamōs estin hōs alla mathēmata*).
58) 특히 『니코마코스 윤리학』, 1142a25 이하와 1143a36 이하를 보라. 현재의 영어

근대에 일어난 이 전도로 인해 행위가 마치 관조를 수행하는 궁극적 의미인 양 인간이 행할 수 있는 최고 상태인 관조의 지위로 승격된 것은 아니다. 물론 당시까지 모든 **활동적 삶**은 **관조적 삶**을 어느 정도 가능하게 하느냐에 따라 정당화되고 판단되었다. 근대의 전도는 오로지 사유에만 관심을 가진다. 그 이후, 중세철학에서는 신적 진리를 관조하기 위한 시녀였고 고대철학에서는 존재의 진리를 관조하기 위한 시녀였던 사유가 이제 행위의 시녀가 된다. 관조 자체는 완전히 무의미해졌다.

이 전도의 급진성은 종종 이와 동일시되는, 플라톤 이래 서양사상사를 지배해온 또 다른 전도로 인해 약화된다. 그리스 역사에 비추어 플라톤의 『국가론』의 동굴의 비유를 읽은 사람은 누구나 플라톤이 철학자에게 요구했던 전향, 즉 *periagōgē*가 실제로는 호메로스적 세계질서의 전복이었다는 것을 즉시 간파할 것이다. 호메로스의 하데스와 같은 사후의 삶이 아니라 지상의 일상적 삶이 '동굴'에서의 삶으로 설정되어 있다. 영혼이 신체의 그림자가 아니라 신체가 영혼의 그림자다. 호메로스가 사후 하데스의 생명 없는 실존을 유령 같은 움직임처럼 무의미한 것으로 보았다면, 이제 인간실존의 동굴을 떠나지 않아서 밝은 하늘 아래 영원한 이데아를 보지 못하는 사람들의 덧없는 행위는 무의미한 것으로 간주된다.[59]

지금의 맥락에서 나의 유일한 관심은 플라톤에 기반을 둔 철학과 정치사상의 전통이 하나의 전도와 더불어 시작되었다는 사실이고 또 이

번역은 그 의미를 왜곡하고 있다. 왜냐하면 *logos*를 '이성' 또는 '논증'으로 번역했기 때문이다.

[59] 동굴의 비유에서 플라톤이 *eidōlon*과 *skia*를 특별히 사용하는 것을 볼 때, 우리는 비유 전체를 호메로스에 대한 응답이자 호메로스 세계의 전도로 읽을 수 있다. 이 단어들은 호메로스가 오디세이에서 하데스를 묘사할 때 쓴 핵심단어이기 때문이다.

근원적 전도가 위대하고 독창적인 철학의 영향을 받지 못하면 서양철학이 늘 빠져들던 사유의 유형을 광범위하게 지배했다는 사실이다. 그 이후 강단철학은 관념론과 유물론, 초월론과 내재론, 실재론과 유명론, 쾌락주의와 금욕주의 등의 끊임없는 역전으로 점철되었다. 여기서 중요한 것은 모든 체계의 전도가능성이다. 이 체계들은 전도를 요청하는 역사적 사건이나 구조적 요소들의 변동 없이도 어느 순간이나 '위의 것이 아래로' 또는 '아래의 것이 위로' 뒤바뀔 수 있었다. 개념들 자체는 다양한 체계의 질서 어디에 놓이든 동일하다. 플라톤이 한때 이 구조적 요소와 개념들을 전도가능한 것으로 만드는 데 성공한 이후, 지성사 내부에서 전도가 발생할 때는 오로지 순수 지성적 경험, 즉 개념적 사유 자체의 틀 안에서의 경험 외에는 어떤 것도 필요 없었다. 이 전도들은 이미 고대 말 철학의 학파와 더불어 시작되어 서양 전통의 일부로 남게 되었다. 마르크스가 헤겔의 변증법을 전도시키고 니체가 초감각적인 것과 초자연적인 것에 대항하여 감각적이고 자연적인 것을 재평가한 것처럼 저 유명한 위계 안에서의 근대적 전도를 지배한 것도 동일한 전통이고 한 쌍의 반대명제를 가지고 벌이는 동일한 지성 게임이다.

여기서 우리가 다루는 전도는 갈릴레오의 발견이 낳은 정신적 결과다. 비록 이 전도가 전통적 전도의 관점에서 해석되고 그래서 서양 관념의 역사에 필수적인 것으로 간주된다 할지라도, 그것은 전혀 다른 성질의 것이다. 객관적 진리가 인간에게 주어진 것이 아니고 인간은 스스로 만든 것만 인식할 수 있다는 확신은 회의주의의 결과가 아니라 증명 가능한 발견의 결과다. 그러므로 이 확신으로 인해 사람들은 포기하지 않고 몇 배로 더 활동적이 되거나 아니면 절망하게 된다. 근대철학은 자기반성을 통해 의식이 내관(inner sense)이라는 사실을 발견했다. 즉 인간은 이 내관을 가지고 자신의 감각을 발견하고 그것이 실재를 보증하는 유일한 것임을 알게 된다. 근대철학의 세계 상실은 세계와 이 세계를 공유하는 타인에 대한 철학자의 오랜 회의와 단순히 정도의 차이만 나는 것이 아니다. 철학자들은 이제 기만적이고 사라져 없어질 이 세계로부터 영원한 진리의 세계로 눈을 돌리지 않고 그 반대로 두 세계 모두로부터 등을 돌려 자기 자신 안으로 들어간다. 내적 자아의 영역에서 그가 발견하는 것은 영원히 보유하고 관조할 수 있는 이미지가 아니라 항상 움직이는 감각 지각들이고 부단히 움직이는 정신의 활동이다. 17세기 이후 철학은 자기 성찰이라는 초미의 노력을 기울여 감각과 정신의 과정을 관찰했고, 이를 통해 거의 반박할 수 없는 최상의 것을 제시했다. 이 측면에서 대부분의 근대철학은 실로 인지이론이자 심리학이다. 블레즈 파스칼(Blaise Pascal), 키르케고르, 니체처럼 데카르트의 자기반성의 방법이 가진 가능성을 완전히 실현한 소수의 예를 보고 사람들은 철학자들이 자기 자아를 가지고 실험해왔고, 그것도 과학자들의 자연 실험보다 더 대담하게 실험해왔다고 말하고 싶을 것이다.

우리가 근대의 모든 시기 내내 드러난 철학자의 용기를 감탄하고 그들의 특별한 천재성을 존경한다 할지라도, 이전 시대에 비해 그들의 영향력과 비중이 감소했다는 것은 이제 부인할 수 없는 사실이다. 철학이 조연이나 그 아래의 역할을 맡았던 것은 중세가 아니라 근대의 사유에서였다. 데카르트가 갈릴레오의 발견 위에 자신의 철학을 구축한 이후, 철학은 늘 과학자와 이들의 놀라운 발견에 한걸음 뒤떨어져 있도록 저주받은 것처럼 보인다. 철학은 자연과학의 원리를 사후의 사실로부터 발견하고 이를 인간지식의 본질에 관한 총체적 해석에 끼워 맞추려고 부단히 노력해왔다. 그러나 과학자들은 철학을 필요로 하지 않았다. 적어도 우리 시대에 이르기까지 과학자들은 '우아한 처녀 앞에 사랑을 불태울' 사람은 고사하고 시녀도 필요치 않다고 생각했다(칸트). 철학자들은 인식론자가 되어 모든 과학이론을 걱정했다. 이는 과학자에게 필요 없는 일이었다. 철학자들은 헤겔이 그렇게 되기를 바랐던 것처럼 시대정신의 기관, 즉 당대의 일반적 분위기를 개념적으로 명료하게 표현하는 대변인이 되었다. 이 두 예에서 철학자가 자연을 생각하든 역사를 바라보든, 그들은 그들 없이도 일어날 수 있는 것을 이해하고 동시에 그것과 타협하고자 노력했다. 철학은 분명 어떤 다른 영역보다 현대성으로부터 고통을 받았다. 철학에게 고통을 준 것이 자동으로 발생하여 예기치 않게 전례 없는 존경을 받은 활동인지, 아니면 전통적 진리의 상실, 즉 우리의 모든 전통의 근거를 이루는 진리 개념의 상실인지는 말하기 어렵다.

42. 활동적 삶 내에서의 전도와 호모 파베르의 승리

활동적 삶 내의 활동 가운데 이전에 관조가 차지하던 지위로 제일 먼저 상승한 것은 만들고 제작하는 활동이었다. 즉 **호모 파베르**가 특권을 갖게 되었다. 근대의 혁명을 주도했던 것은 도구와 도구를 만드는 자로서의 인간이었기 때문에 이는 너무나 당연한 일이었다. 그때 이후로 모든 과학적 진보는 이전보다 더욱 세련된 새로운 도구의 제작과 가장 밀접한 연관을 갖게 되었다. 예를 들어 갈릴레오의 무거운 물체의 낙하 실험은 실험을 통해 진리를 찾고자 하는 사람이면 역사상 어떤 순간에서나 행할 수 있는 것이지만, 19세기 말 앨버트 마이컬슨(Albert Michelson)의 간섭계 실험은 단순히 그의 '실험적 천재성'에서 비롯된 것이 아니라 '테크놀로지의 전반적 진보를 필요로 하는 것'이었으며 따라서 '그 이전에는 행해질 수 없던 실험'이었다.[60]

지식을 획득하는 데 **호모 파베르**가 준 도움과 도구류 덕택으로 이들 활동들은 이전에 인간능력의 위계에서 차지하던 하찮은 위치에서 부상했다. 더 중요한 것은 실험 자체에 존재하는 생산과 제작의 요소였다. 실험은 관찰해야 할 현상을 스스로 생산하며 그래서 애초부터 인간의 생산능력에 의존한다. 실험을 이용하여 지식을 획득하는 것은 이미 인

---

60) Whitehead, 앞의 책, p.116, p.117.

간은 스스로 만든 것만을 알 수 있다는 확신의 결과다. 왜냐하면 이 확신은 인간이 만들 수 없는 것들은 이것들을 존재하게 한 과정을 모방하거나 이해함으로써 알 수 있다는 것을 의미하기 때문이다. 과학사에서 오래된 물음인 사물의 '본질' 또는 '이유'의 물음이 사물이 존재하게 된 '방법'이라는 새로운 물음으로 강조점이 이동한 것은 이러한 확신이 낳은 직접적 결론이다. 그리고 그 대답은 실험을 통해서만 발견할 수 있다. 실험은 자연과정을 인간 자신이 마치 자연의 대상들을 만드는 것처럼 반복한다. 근대 초기에는 그 어떤 책임 있는 과학자도 인간이 자연을 실제로 '만들' 수 있다고 꿈꾸지 않았지만, 그럼에도 불구하고 과학자는 처음부터 제작자의 관점에서 자연에 접근했다. 그리고 이것은 기술적으로 응용할 수 있다는 실천적인 목적 때문이 아니라 오로지 그렇지 않으면 획득할 수 없는 지식의 확실성을 위한 '이론적' 목적 때문이었다. "나에게 재료를 주십시오. 그러면 나는 그것으로 세계를 건설하겠습니다. 나에게 재료를 주십시오. 그러면 세계가 어떻게 그것으로부터 발전했는지를 보여주겠습니다."[61] 칸트의 이 말은 만든다는 것과 안다는 것의 근대적 결합을 압축적으로 보여준다. 지식이 생산의 양식으로 이루어진 이 몇 세기는 마치 현대인에게 그가 알고 싶은 것을 만들기 위한 준비교육을 시키는 견습 기간으로서 필요했던 것 같다.

초기부터 근대의 최고 이상이자 심지어 우상이 되었던 생산성과 창조성은 건설자이자 제작자인 **호모 파베르**가 본래 갖고 있던 기준이다. 그러나 이런 능력에 관한 근대적 견해에서 눈에 띄는, 보다 중요한 또 다른 요소가 있다. 근대에는 '본질'과 '이유'에서 '방법'으로 강조점이 이동했는데, 이것은 이제 사물이나 영원한 운동이 아니라 과정이 지식

---

61) "Gebet mir Materie, ich will eine Welt daraus bauen! das ist, gebet mir Materie, ich will euch yeigen, wie eine Welt daraus entstehen soll"(칸트의 『일반적 자연사와 하늘의 이론』*Allgemeine Naturgeschichte und Theorie des Himmels*의 서문을 보라).

의 실질적 대상이 되어야 하며 따라서 과학의 대상은 더 이상 자연이나 우주가 아니라 역사, 즉 자연이나 생명 또는 우주가 존재하게 된 역사여야 한다는 점이다. 근대에 전례 없던 역사적 의식이 발전하고 역사 개념이 근대철학을 지배하기 오래전에 여러 자연과학들은 이미 역사학으로 발전했으며 19세기에 이르러 오래된 학문인 물리학과 화학, 농물학과 식물학에 새로운 자연과학인 지질학(지구의 역사), 생물학(생명의 역사), 인류학(인간 삶의 역사) 그리고 일반적으로 말해서 자연의 역사 등이 가세했다. 이 모든 예에서 역사학의 핵심개념인 발전은 마찬가지로 물리학의 핵심개념이 되었다. 자연은 인간의 천재성, 즉 호모 파베르의 천재성이 실험을 통해 반복하고 다시 만들 수 있는 과정을 통해서만 알려질 수 있기 때문에, 자연은 이제 과정이 되었다.[62] 그래서 모든 자연적 사물들의 의미는 오로지 전체 과정에서 행하는 그들의 기능으로부터 주어졌다. 이제 우리는 존재 개념이 있던 자리에서 과정 개념을 발견한다. 그리고 존재의 자연은 현상하여 자신을 드러내는 반면, 과정의 자연은 볼 수 없는 것으로 남아 있거나 그 실존이 오로지 현재하는 어떤 현상을 통해서만 추론될 수 있다. 이 과정은 본래 '생산물 속에서 사라지는' 제작의 과정이며, 모든 대상이 실제로 존재하기 위해서는 필연적으로 생산과정이 선행해야 한다는 사실을 알았던 호모 파베르의 경험에 그 근거를 두고 있다.

그런데 이러한 생산과정의 강조나 모든 사물을 제작과정의 결과로 간주하는 태도가 호모 파베르와 그의 경험 영역에 뚜렷한 특징이지만, 근대가 생산물 그 자체에 대한 모든 관심을 버리고 오로지 그 과정만을

---

62) '자연은 과정'이며, 따라서 '감각으로 알 수 있는 근본 사실은 사건'이며 자연과학은 발생(occurrences, happenings), 사건(event)만을 다루지 사물은 다루지 않으며 "발생하는 것(happennings)을 제외하면 아무것도 존재하지 않는다"(Whitehead, *The Concept of Nature*, p.53, p.15, p.66)는 말은 근대 자연과학의 모든 분야가 수용하는 공리다.

강조한 것은 매우 새로운 것이다. 이것은 실제로 **호모 파베르**와는 반대로 생산과정을 단지 목적을 위한 수단으로 간주하는 도구 제작자의 정신을 능가하는 것이다. 이제 **호모 파베르**의 관점에서 수단인 생산과정 또는 발전은 완성된 생산물인 목적보다 더 중요하게 생각된다. 이렇게 강조점이 이동한 이유는 명백하다. 과학자는 오로지 알기 위해서 만들었지 사물을 생산하기 위해서 만들지 않았다. 그러므로 생산물은 단지 부차적 산물이다. 오늘날조차도 진정한 과학자들은 그들이 행하는 것의 기술적 적용가능성은 단순히 그들 연구의 부산물이라는 데 모두 동의한다.

수단과 목적이 뒤바뀌는 이 전도의 완전한 의미는 탁월한 **호모 파베르**의 세계관인 기계적 세계관이 지배할 때는 드러나지 않았다. 이 관점은 자연과 신의 관계, 시계와 시계 제조자 관계의 그 유명한 유비에서 가장 그럴듯한 이론을 발견한다. 우리의 맥락에서 중요한 것은 18세기의 신 관념이 **호모 파베르**의 이미지를 통해 형성되었다는 사실이 아니라 여기서 자연과정의 성격은 여전히 한계를 가진다는 점이다. 모든 자연적 사물들이 자신을 생성시킨 과정 속으로 다시 빠져 들어간다 하더라도 전체로서의 자연 자체는 아직 어떤 과정도 아니었으며 조물주라는 신의 다소 안정적인 최종생산물이었다. 시계와 시계 제조자의 이미지는 너무나도 적절한 유비다. 왜냐하면 그 이미지는 자연과정의 성격을 시계운동의 이미지로 이해하고, 동시에 여전히 손상되지 않은 자연 대상의 성격을 시계 자체와 시계 제조자의 이미지로 이해하고 있기 때문이다.

이 시점에서 중요한 것은 다음과 같은 사실을 기억하는 것이다. 근대는 특별히 진리를 수용하는 인간의 능력을 의심하고 주어진 것을 불신하며 그리하여 인간의식 내에 안다는 것과 생산한다는 것이 일치하는 영역이 존재한다는 희망에 고무되어 새롭게 생산과 자기반성을 확신했다는 점이다. 그런데 이러한 확신은 지구 바깥의 우주에서 아르키메데스적 점을 발견함에 따라 직접적으로 발생한 결과가 아니다. 그러한 회의와 새로운 확신은 오히려 발견하는 자의 자기 발견이 낳은 필연적 결과다. 그는 자신을 지구에 묶여 있는 피조물이며 여전히 그렇게 머무를 존재라고 생각했다. 근대정신과 철학적 반성의 이와 같은 밀접한 관계는 **호모 파베르**의 승리가 자연과학에서의 새로운 방법의 적용과 실험 및 과학적 탐구의 수학화에 제한될 수 없었다는 사실을 함축한다. 데카르트적 회의로부터 이끌어낼 수 있는 가장 믿을 만한 결과 중 하나는 근대는 자연을 이해하거나 인간이 생산하지 않은 것을 알려는 시도를 포기하고 대신에 오로지 인간에 의해서만 존재하게 되는 사물에만 관심을 가졌다는 것이다. 사실 비코가 자연과학에서 역사학으로 관심을 돌린 것도 바로 이와 같은 논증으로 설명할 수 있다. 그는 인간이 확실한 지식을 얻을 수 있는 유일한 영역이 역사라고 생각했다. 왜냐하면 역사학은 오로지 인간 활동의 산물만을 다루기 때문이다.[63] 근대가 역사와 역사의식을 발견할 수 있도록 했던 가장 큰 충동 중의 하나는 인간의 위대성, 그의 행동 그리고 고통에 대한 새로운 열성이나, 인간존재

---

63) 비코(앞의 책, 4장)는 자연과학에 등을 돌린 이유를 분명하게 말한다. 자연에 대한 참된 지식은 불가능하다. 왜냐하면 인간이 아닌 신이 자연을 만들었기 때문이다. 인간이 기하학을 아는 만큼 확실하게 신은 자연을 알 수 있다. "우리는 기하학을 증명할 수 있다. 왜냐하면 우리가 만들었기 때문이다. 만약 우리가 만들었다면 물리적인 것도 증명할 수 있다"(*Geometrica demonstrmus quia facimus; si physica demonstrare possemus, faceremus*). Scienza Nuova(1725)의 제1판이 나오기 50년 전에 쓰인 이 작은 논문은 여러 측면에서 흥미롭다. 비코는 현존하는 모든 과학을 비판하지만, 자신의 새로운 과학인 역사학을 위해 비판한 것은 아니었다. 그가 권유한 것은 도덕과 정치학의 연구였다. 그는 이 학문들이 무시되는 것을 부당하다고 생각했다. 신이 자연을 만들었듯이 역사는 인간이 만들었다는 생각을 그가 하게 된 것은 훨씬 나중의 일임은 틀림없다. 이런 전기적 발전이 비록 18세기에는 극히 예외였지만, 대략 100여 년 후에는 거의 규칙이 된다. 새로운 정치철학이 필요할 때면 근대는 언제나 그 대신에 역사철학을 수용했다.

의 의미는 인류의 이야기에서 발견할 수 있다는 믿음이 아니라, 인간이 만든 대상에만 적합하다고 생각되었던 인간이성에 대한 절망이었다.

근대의 역사 발견보다는 앞서지만 그 동인에서 이와 밀접한 관련이 있는 것은 새로운 정치철학을 서술하려는 17세기의 시도들이다. 이들은 차라리 '국부'(commonwealth) 또는 국가라고 불리는 인공 동물을 만들기' 위한 수단과 도구를 발명하려는 시도들이라고 할 수 있다.[64] 데카르트와 마찬가지로 홉스에게도 "최고의 동인은 회의였다."[65] 그리고 '신이 세계를 만들고 지배하듯이' 인간도 자신의 세계를 만들고 지배할 수 있도록 하는 '인간의 기술'을 확립하기 위해 채택한 방법도 마찬가지로 자기반성, 즉 '자기를 독해하는 것'이었다. 왜냐하면 이 자기 독해를 통해 인간은 '어떤 사람의 생각과 열정은 다른 사람의 그것과 유사하다는 것'을 알 수 있기 때문이다. 여기서도 인간의 '기술 작품'[66] 중 가장 인간적인 것을 만들고 판단하는 기준과 규칙은 인간의 바깥에 있지 않으며, 감각이나 정신을 통해 지각되는 세계의 실재에서 인간이 공유하는 어떤 것도 아니다. 그것들은 차라리 인간의 내부에 숨겨져 있으며 오로지 자기반성에 의해서만 드러난다. 그래서 그것들의 타당성은 '정념의 대상은 동일하지 않지만', 정념 자체는 인류의 모든 구성원에게 동일하다는 가정에 의존한다. 여기서 우리는 다시 인간 신체에 적용된 정념의 운동을 설명하고 있는 시계의 이미지를 발견한다. 국부, 즉 인간의 창조물인 '인공적 인간'의 확립은 '시계처럼 스프링과 바퀴로 저절로 움직이는 자동체'의 구축에 다름 아니다.

달리 말하면, 자연의 사물을 존재하게 했던 '제작' 과정을 인공적 조건 아래서 모방하려는 시도인 실험을 통해 자연과학을 지배했던 과정

---

64) 홉스의 『리바이어던』, 서론을 보라.

65) 마이클 오크숏(Michael Oakeshott)이 『리바이어던』을 위해 쓴 탁월한 서론 Blackwell's Political Texts, p.xiv를 보라.

66) 같은 책, p.lxiv.

은 인간사 영역의 행동원리로서도 기능하며, 더 잘 기능한다. 자기반성을 통해 정념에서 발견된 내적 삶의 과정은 '거대한 리바이어던'이던 '인공적 인간'이 '자동적' 삶을 창조할 때 기준과 규칙으로 작용했다. 자기반성에 의해 산출된 결과물들, 즉 확실한 지식을 제공하는 유일한 방법은 운동의 본성 속에 들어 있다. 오직 감각의 대상들만이 존재하고, 있는 그대로 남아 있고, 지속하고, 선행하며 생존한다. 즉 그것들은 감각작용의 활동이다. 정념의 대상들만이 정념의 욕망을 달성했음에도 불구하고 소멸되지 않고 영속한다. 사유함 그 자체가 아니라 사상의 대상들만이 운동과 소멸의 가능성을 넘는다. 그러므로 사물을 존재하게 하는 모델과 형상, 즉 관념이 아니라 과정이 근대 **호모 파베르**의 생산과 제작활동의 지표가 되었다.

홉스는 제작과 계산이라는 새로운 개념을 정치철학에 도입하고자 했다. 아니 그는 새롭게 발견한 생산의 소질을 인간사의 영역에 적용하고자 했다. 이러한 홉스의 시도는 가장 큰 중요성을 가진다. 자신의 수단인 이성과 정념에 대해 적대적이었던 근대의 합리주의는 자신을 대표할 보다 명료하고 강력한 영역을 결코 찾지 못했다. 그런데 새로운 철학을 처음으로 필요로 했던 것은 정확히 인간사의 영역이었다. 왜냐하면 이 철학은 그 본질상 실재를 이해할 수도 심지어는 믿지도 못했기 때문이다. 만들려고 하는 것만이 장차 실재할 수 있다는 생각은 제작의 영역에서 전적으로 옳고 정당하다. 그런데 이 생각은 전적으로 예상할 수 없는 것만이 발생하는 사건들의 실제 과정 때문에 언제나 무시되었다. 생산의 양식으로 행위하고 '결과를 계산함'의 양식으로 추론한다는 것은 예상할 수 없는 것, 즉 사건 자체를 배제한다는 것을 의미한다. 왜냐하면 '발생할 가능성이 전혀 없는 것'을 기대한다는 것은 비이성적이고 불합리한 것이기 때문이다. 그러나 '전적으로 비개연적인 것이 정기적으로 발생하는' 인간사의 영역 내에서 사건은 실재의 그물망 자체를 구성하기 때문에 사건을 계산하지 않는 것, 즉 누구도 안전하게

416

계산할 수 없는 것을 계산하지 않는다는 것은 매우 비현실적이다. 근대 정치철학의 첫째가는 대표자는 여전히 홉스인데, 이 철학은 근대 합리주의는 비현실적이며 근대 실재론은 비합리적이라는 곤란 때문에 침몰한다. 이는 달리 말하면 현실과 인간이성이 분리되었다는 것을 말한다. 정신과 현실을 화해시키려는 헤겔의 거대한 기획, 즉 근대의 모든 역사이론의 최고 관심사였던 이 화해는 근대의 이성이 현실이라는 암초에 좌초되었다는 통찰에서 출발하고 있다.

가장 세계적인 인간활동인 작업과 사물화, 사물의 생산과 세계의 건설에까지 근대의 세계소외가 확장될 정도로 급진적이었다는 사실은 관조와 행위, 사고와 행동의 전도가 시사하는 것 이상으로 근대의 태도와 가치평가를 전통의 그것과 예리하게 갈라놓는다. 관조와의 단절은 제작자인 인간을 이전의 관조자가 차지했던 위치로 상승시킴으로써 완성된 것이 아니라 과정의 개념을 제작에 도입함으로써 완성되었다. 이와 같은 사실과 비교해볼 때, 제작이 이제 **활동적 삶** 내에서 정치적 행위의 지위를 차지하게 됨으로써 그 위계가 현저히 새롭게 재조정되었다는 사실은 별로 중요하지 않다. 앞에서 우리가 살펴보았듯이 이러한 위계질서는 일반적으로는 정치에 대한, 특수하게는 행위에 대한 철학자의 뿌리 깊은 불신으로 인해 정치철학 초기에서부터 명시적이진 않다 하더라도 사실상 이미 폐기되었다.

이 문제는 다소 혼란스러워 보인다. 왜냐하면 그리스 정치철학은 폴리스에 저항하는 입장으로 변했을 때조차도 여전히 **폴리스**가 설정한 질서를 따르기 때문이다. 그러나 자신의 철학적인 저서에서(이것들은 그들의 가장 내밀한 사상을 알고자 하는 사람은 반드시 참조해야만 하는 저작이다) 플라톤과 아리스토텔레스는 작업을 선호하는 방향으로 작업과 행위의 관계를 전도시키고자 한다. 아리스토텔레스는『형이상학』에서 인식의 상이한 종류를 논하면서 **추론지**(*dianoia*)와 **실천학**(*epistēmē praktikē*)을 가장 낮은 서열에 위치시키고, 오히려 **제작학**

(*epistēmē poiētikē*)을 이들 위에 둔다. 그리고 테오리아(*theōria*), 즉 진리의 관조를 최고의 서열에 둔다.[67] 철학을 이렇게 두둔한 것은 정치에 고무되고 행위를 의심해서가 아니라 철학적으로 훨씬 더 강력한 이유가 있었기 때문이다. 즉 관조(*theōria*)와 제작(*poiēsis*)은 내적 친화성을 가지며 관조와 행위와의 관계와는 달리 서로 명확한 대립적 관계에 있지 않기 때문이다. 적어도 그리스 철학에서 관조와 제작은 결정적인 유사점을 가진다. 즉 장인의 작업이 '형상'(idea)에 의해 인도되는 한에서 관조는 제작에 내재하는 요소로 여겨진다. 이때 형상은 제작과정이 시작되기 전과 과정이 끝난 후에 여전히 장인이 가지는 모델이다. 형상은 우선 장인에게 무엇을 만들 것인지를 말해주고 그다음에는 완성된 생산물을 판단할 수 있도록 해준다.

역사적으로 소크라테스학파가 최초로 묘사한 이러한 관조는 적어도 이중적 원천을 가진다. 첫째, 그것은 타우마차인, 즉 존재의 기적에 대한 놀라움으로부터 모든 철학이 시작된다는 플라톤의 유명한 주장과 분명하고도 일관된 관계를 가진다.[68] 이 플라톤의 주장은 어떤 경험의 직접적 결과인데, 아마도 소크라테스가 그의 제자들에게 심어준 가장 두드러진 인상은 다음과 같은 것들일 것이다. 그것은 거듭해서 자신의 사상에 압도되어 몇 시간 동안이나 완전한 부동의 상태로 침잠해 들어간 한 사람의 모습이었다. 이러한 놀라움은 본질적으로 말할 수 없는 것, 즉 그것의 내용은 말로 옮길 수 없다는 것도 분명해 보인다. 이것은

---

67) 『형이상학』, 1025b25 이하, 1064a17 이하.

68) 플라톤, 『테아이테토스』, 155를 보라. "놀라움은 철학자가 가장 잘 견딜 수 있는 것이다. 왜냐하면 이것 외에 철학의 다른 시작은 없기 때문이다." 아리스토텔레스는 『형이상학』 서두에서(982b12 이하) 거의 축어적으로 플라톤의 말을 반복하고 있다. "사람들이 철학함을 지금 시작하거나 시작할 수 있었던 것은 놀라움 때문이다." 아리스토텔레스는 실제로 이 놀라움을 전적으로 다른 방식으로 사용한다. 그에게 철학함을 불러일으키는 충동은 실제로는 '무지에서 벗어나고자 하는' 소망에서 온다.

'놀라움'을 철학의 시작으로 생각한 플라톤과 아리스토텔레스가 많은 결정적 차이에도 불구하고 똑같이 말할 수 없음의 상태인 관조를 철학의 끝으로 간주하는 이유를 설명해준다. 사실상 테오리아는 타우마차인의 다른 말일 뿐이다. 철학자가 궁극적으로 도달하고자 하는 진리의 관조는 그가 시작했던 놀라움의 철학적 정화로서, 이 역시 말이 필요 없는 놀라움의 상태다.

그런데 이 문제는 플라톤의 이데아론, 그 내용과 용어 및 예증들에서 가장 명료하게 드러나는 다른 측면을 갖고 있다. 이 예들은 내적인 눈으로 모델의 형상을 보고 이것에 따라 대상물을 제작하는 장인의 경험에 기초한다. 플라톤은 장인이 모방만 할 수 있지 결코 창조할 수 없는 이 모델은 인간의 생산물이 아니라 인간에게 주어진 것이라고 생각한다. 이것은 일정 정도의 영속성과 탁월성을 가지지만, 인간 손의 작업을 통해 물질화되는 과정에서 그 영속성과 탁월성이 실현되기보다 오히려 망가진다는 것이다.

관조의 대상이었을 때는 영속성을 가졌던 그 무언가의 탁월성이 작업에 의해, 사라져가는 불완전한 것으로 만들어지고 망가진다. 그래서 작업과 제작을 지도하는 모델, 즉 플라톤의 이데아에 대한 적절한 태도는 존재하는 그대로 내버려두어 정신의 내적인 눈에 현상하도록 하는 것이다. 인간이 자신의 작업능력을 단념하고 아무것도 행하지 않는다면 이데아를 볼 수 있고 그 영원성에 참여할 수 있다. 이러한 측면에서 관조는 인간이 존재의 기적에 직면하여 빠져드는 놀라움의 상태와 매우 다르다. 관조는 모든 작업과 행위와 분리되었을 때조차도 작업과정의 한 부분이자 동시에 그것으로 남는다. 관조에서 모델을 보는 것은 시간적으로 연장되며 본다는 것 자체가 즐거움이 된다. 여기서 모델은 더 이상 어떤 행동을 지도하지 않는다.

전통철학에서는 이 두 번째의 관조가 지배적인 것이 되었다. 그래서 말없이 놀라운 상태에서 단지 몰입에 의한 부차적이고 비의도적 결과물이었던 부동은 이제 관조적 삶의 조건이자 현저한 특징이 된다. 인간을 압도하여 움직임이 없는 부동의 상태로 던져넣은 것은 놀라움이 아니다. 관조의 상태는 제작활동을 의식적으로 중단함으로써 도달된다. 관조의 기쁨에 대해 말해주는 중세의 자료들을 읽어보면 철학자들은 다음의 사실을 믿고 싶어 한다. 즉 신의 부름에 귀 기울여 작업을 중단하고, 아름다운 것과 영원한 것은 만들 수 없다는 사실을 깨달을 때만 가장 위대한 소망인 영속성과 불멸성에 대한 소망이 실현될 수 있다는 사실을 호모 파베르가 최종적으로 알게 되었다는 것이다. 플라톤의 철학에서 철학의 시작이자 끝인 무언의 놀라움과 영원에 대한 철학자의 사랑, 영속성 및 불멸성에 대한 장인의 소망은 상호침투하여 거의 구분할 수 없다. 그러나 철학자의 무언의 놀라움은 소수의 사람에게만 허용된 경험인 데 반하여 다수가 알고 있는 장인의 관조적 일별은 일차적으로 호모 파베르의 경험으로부터 파생된 관조에 무게가 실리도록 만든다. 이러한 의미의 관조는 플라톤에게도 이미 매우 중요했다. 그는 인간의 일반 경험에 더욱 가깝다는 이유로 자신의 사례들을 제작의 영역에서 이끌어냈다. 그리고 중세 기독교 세계처럼 모든 사람에게 관조와 명상이 요구되던 곳에서도 이 의미의 관조는 매우 중요했다.

따라서 관조와 관조적 삶의 개념과 실천을 형성한 것은 철학자와 무언의 철학적 경이가 아니라 위장한 호모 파베르였다. 호모 파베르의 임무는 자연에 폭력을 가하여 인간을 위한 영속적인 거처를 마련하는 것이었다. 그런데 이제 호모 파베르는 모든 인간활동과 더불어 폭력을 단념하고 사물을 있는 그대로 내버려두며 불멸적이고 영속적인 것과 더불어 사는 관조적 삶에서 자신의 거처를 발견하도록 설득되었다. 호모 파베르는 자신의 경험으로부터 관조와 부분적인 관조의 기쁨을 알았기 때문에 이렇게 태도를 변화하도록 설득될 수 있었다. 그는 마음을 완전히 바꿀 필요가 없다. 진정한 페리아고게(*periagōgē*), 즉 근본적으로 전환할 필요가 없다. 그가 해야만 하는 것은 자신의 팔을 내리고 형상을 바라보는 행위를 무한히 지속하는 것이 전부다. 그리고 이제 **호모 파베르**는 이것의 탁월성과 미를 사물화하고자 한다면 단지 망가질 뿐이라는 것을 안다.

따라서 모든 종류의 활동에 대한 관조의 우선성에 대항하여 이미 확립되어 있는 관조와 제작의 서열을 단지 뒤엎기만 했다면, 근대는 여전히 전통의 틀 안에 머물고 있을 것이다. 그런데 이 틀은 제작 그 자체를 이해해서 강조점이 완전히 달라지자 강제로 열렸다. 강조점은 이제 생산을 이끄는 영속적 모델과 생산물로부터 제작과정으로, '사물의 본질은 무엇이고 어떤 종류의 사물이 생산되어야 하는가?'의 물음으로부터 '이 사물은 어떻게, 그리고 어떤 수단과 과정을 통해 존재하게 되고 재생산될 수 있는가?'의 물음으로 이동했다. 이것이 함축하는 의미는 두 가지다. 한편으로 관조는 이제 더 이상 진리를 산출한다고 믿어지지 않으며, 다른 한편으로 관조는 **활동적 삶** 자체에서 가졌던 지위도 상실한 까닭에 일상적 인간경험의 영역 안에 위치하게 되었다.

43. 호모 파베르의 패배와 행복의 원리

근대를 낳았던 사건들만을 고려하고 자명한 진리라는 강력한 힘으로 17세기의 위대한 정신에 충격을 주었던 갈릴레오의 발견에 직접적으로 영향받은 결과만을 반성해본다면, 관조와 제작의 전도 또는 의미 있는 인간능력의 범위에서 관조를 제거하는 것은 거의 당연한 것이다. 마찬가지로 이러한 전도가 행위자인 인간이나 **노동하는 동물**로서의 인간보다는 **호모 파베르**, 즉 제조업자와 **호모 파베르**를 최고의 인간으로 고양시켰다는 것도 사실이다.

그리고 더군다나 근대 초기부터 현재에 이르기까지 근대의 현저한 특징들 가운데서 우리는 **호모 파베르**의 전형적인 태도를 발견한다. 세계의 도구화, 인공물을 만드는 제작자의 도구와 생산성에 대한 확신,

모든 영역에서 수단-목적 범주의 신뢰, 모든 문제는 해결가능하고 인간의 동기들은 유용성의 원리에로 환원될 수 있다는 확신, 주어진 모든 것을 원료로 취급하고 자연 전체를 '좋아하든 싫어하든 우리가 다시 깁기를 원하는 것은 무엇이든 잘라낼 수 있는 광활한 옷감'으로 간주하는 주권,[69] 지능과 창조성의 균등화, 즉 '인공물의 제작, 특히 도구를 만들어내고 이것들의 제작을 무한히 다양하게 할 수 있는 도구의 제작을 위한 첫 단계'로 간주될 수 없는 모든 사상에 대한 경멸,[70] 그리고 제작과 행위의 동일시를 당연히 여기는 것이 그것이다.

이러한 정신적 태도의 여러 갈래를 쫓아간다면 우리는 길을 너무 벗어나게 된다. 그 태도들은 자연과학에서 쉽게 발견할 수 있기 때문에 그렇게 할 필요가 없다. 자연과학은 순수 이론적 노력을 '단순한 무질서', 즉 '자연의 원시적 다양성'[71]으로부터 질서를 창조하려는 욕구에서 발생하는 것으로 이해한다. 따라서 생산될 사물의 유형에 대한 호모 파베르의 편애는 조화와 단순성이라는 이전 관념을 대체한다. 이것

---

69) Henri Bergson, *Évolution créatrice*, 1948, p.157. 베르그송이 근대철학에서 차지하는 위치를 분석하는 것은 길을 너무 벗어나는 것이다. 그러나 호모 사피엔스보다 호모 파베르가 우월하며 제작은 인간지능의 원천이고 삶은 지능에 대립되는 것임을 강조하는 그의 주장은 큰 의미가 있다. 베르그송의 철학은, 제작이 사고에 상대적으로 우선한다는 근대 초기의 확신이 다른 모든 것에 대한 삶의 절대적 우선성이라는 최근의 확신에 의해 어떻게 대체되고 무화되었는지를 보여주는 한 연구 사례로 해석될 수 있다. 베르그송이 프랑스 노동이론의 시작에 결정적인 영향력을 발휘할 수 있었던 것도 그가 이 요소들을 결합시키고 있었기 때문이다. Édouard Berth와 Georges Sorel의 초기 저서와 Adriano Tilgher의 *Homo faber*(1929)도 그 용어들을 모두 베르그송에 주로 의존하고 있다. 그리고 쥘 비예맹(Jules Vuillemin)이 오늘날 모든 프랑스 저자들처럼 일차적으로는 헤겔의 관점에서 사유한다 할지라도 그의 *L'Être et travail*(1949)은 여전히 베르그송의 용어를 따르고 있다.

70) 베르그송, 앞의 책, p.140.

71) Bronowski, 앞의 책.

은 고전경제학에서도 발견할 수 있다. 고전경제학에서 생산성은 최고의 기준이며 비생산적 활동에 대한 편견이 너무 강해서 마르크스조차 작업과 제작의 관점에서 비생산적인 노동활동을 잘못 해석해야만 노동자의 정의에 대한 변호를 정당화할 수 있었다. 물론 이것은 현대철학의 실용주의적 조류에서 가장 분명하게 나타난다. 이 조류는 데카르트적 세계소외를 특징으로 가질 뿐만 아니라 17세기 이후의 영국철학과 18세기의 프랑스철학이 모두 한결같이 인간의 동기와 행위를 설명하는 모든 문을 여는 열쇠로서 유용성의 원리를 채택했다는 의견의 일치를 특징으로 가진다. 일반적으로 말하자면, "인간은 만물의 척도다"라는 호모 파베르의 가장 오래된 확신은 사람들이 보편적으로 수용하는 일상적인 것으로 그 지위가 상승되었다.

설명을 필요로 하는 것은 근대가 호모 파베르를 존경한다는 점이 아니라 이 존경으로 인해 활동적 삶의 위계질서 내에서 노동이 너무나 빨리 최고 지위로 상승했다는 점이다. 이 두 번째의 활동적 삶 안에서 이뤄진 위계의 전도는 일반적으로 관조와 행위의 전도, 특수하게는 행위와 제작의 전도에 비해 더 점진적으로 일어났으며 덜 극적이었다. 노동의 지위상승에 앞서 호모 파베르의 전통적인 정신적 태도에서의 일탈과 변화들이 일어나는데, 이것들은 근대에 매우 특징적일 뿐만 아니라 근대의 발전을 주도했던 사건들의 본성 속에 실제로 내재하고 있다. 호모 파베르의 사고방식을 변화시킨 것은 바로 과정의 개념이 근대에서 차지하는 중심적 위치다. 호모 파베르가 관련된 근대에서 그 강조점이 '본질'에서 '방법'으로, 사물 자체에서 사물의 제작과정으로 이동했다는 사실은 결코 축복만은 아니다. 이로 인해 제작자이자 세계 건설자로서 인간은 고정되고 영속적인 기준과 척도를 박탈당했다. 근대 이전에 이것들은 인간행위의 지표이자 판단의 기준으로서 인간에게 봉사했다. 사용가치에 대한 교환가치의 승리와 더불어 먼저 모든 가치의 교환가능성, 다음에는 상대화, 최종적으로 탈가치화의 원리가 도입된 것은 적어도 일차적으로는 상업사회의 발전만으로 이루어진 것은 아니다. 근대 과학의 발전과 이에 따른 근대철학의 출현으로 형성된 근대인의 정신적 태도에서 중요한 것은 사람들은 이제 인간 자신을 초인간적이며 모든 것을 포괄하는 두 과정인 자연과 역사의 부분으로 생각하기 시작했다는 점이다. 그런데 이 두 과정은 이전에는 어떠한 내재적 **목적**(*telos*)이나 미리 결정된 이상에 도달하여 끝나는 일이 없는 무한한 과정으로 생각되었다.

달리 말하면, 위대한 현대성의 혁명으로부터 탄생한 **호모 파베르**는 무한히 크거나 작은 것 모두를 측정할 수 있는 도구를 고안해냄으로써 경이로운 천재성을 확보했지만, 제작과정에 선행하며 이후에도 지속되거나 제작활동과 관련해서 신뢰하고 의지할 만한 절대적인 것을 형성하는 불변의 척도들은 박탈당했다. 의미 있는 인간능력의 영역에서 관조를 제거함으로써 **활동적 삶**의 활동들에서 제작이 가장 많은 것을 상실했다. 어느 정도는 과정의 연속성을 끊는다고 할 수 있는 행위나 신진대사의 과정인 생물학적 삶을 따르는 노동과 달리 제작은 과정을 단지 목적을 위한 수단으로만 경험하며 따라서 이차적이고 파생적인 것으로 여긴다. 더욱이 근대의 세계소외와 자연을 정복하는 전능한 장치로의 자기반성의 상승을 통하여 가장 많은 것을 상실한 것은 세계 건설과 세계 사물의 생산을 주도하던 인간능력인 제작의 능력이다.

호모 파베르의 세계관의 정수인 유용성의 원리가 불충분하다고 판명되어 재빨리 '최대다수의 최대행복'의 원리로 대체되었다는 사실만큼 **호모 파베르**가 자기 권리를 주장하는 데 궁극적으로 실패했다는 것을 가장 분명하게 말해주는 것은 없다.[72] 이러한 원리의 대체가 발생했을

---

72) *An Introdution to the Principles of Morals and Legislation*(1789)에 있는 벤담의 정식은 "Joseph Pristley에게서 암시를 받았으며 Beccaria의 *la massima felicità divisa nel maggior numero*(Laurence J. Lafleur가 쓴 Hafner판 서론)와 매우 유사하다." Élie Halévy(*The Growth of Philosophic Radicalism*, Beacon Press, 1955)에

때, 인간은 자신이 만든 것만을 알 수 있다는 이 시대의 확신은─이 확신은 얼른 보기에 **호모 파베르**의 완전한 승리를 나타내는 전조처럼 보였다─더 현대적인 과정의 원리에 의해 완전히 지배되고 종국에는 파괴된다는 점이 명백해졌다. 그런데 이 과정 원리의 개념과 범주는 **호모 파베르**의 필요와 이상과는 전혀 맞지 않았다. 그 준거점이 물질을 사용하여 사물을 만드는 인간이라 할지라도 유용성의 원리는 여전히 사람들을 둘러싸고 그 속에서 사람들이 움직이는 사용-대상의 세계를 전제하기 때문이다. 사람과 세계의 이 관계가 더 이상 안전하지 못하다면, 즉 세계사물이 더 이상 그들의 유용성에서 고려되지 않고 단순히 이것들을 산출하는 생산과정의 부산물로 여겨진다면 그래서 생산과정의 최종생산물이 더 이상 참된 목적이 아니며 생산된 사물이 미리 결정된 사용에 의거해서가 아니라 다른 것을 생산하는 데 이용됨에 따라서 가치가 매겨진다면, 이때 다음과 같은 반박이 분명히 제기될 것이다. 즉 "생산물의 가치는 단지 이차적이며, 어떤 일차적 가치도 포함하지 않는 세계는 역시 어떤 이차적 가치도 가질 수 없다"는 반박이 가능하다.[73] **호모 파베르**의 제한된 준거틀 내에서 생산물의 가치가 근본적으로 상실된 것은, **호모 파베르**가 자신을 사물을 만드는 자나 우연히 도

의하면 베카리아(Beccaria)와 벤담은 모두 Helvétius의 *De l'esprit*에 빚지고 있다.

73) Lafleur, 앞의 책, p.xi. 벤담 자신도 그의 저서 최근판에 덧붙인 주석에서 공리주의 철학이 불만족스럽다고 말했다. "유용성이라는 말은 행복과 지복이라는 말이 그러하듯 쾌락과 고통의 관념을 제대로 지시하지 못한다." 그의 주된 반박은 유용성은 측정될 수 없으며, 따라서 "숫자로 계산하지 못한다"는 점이다. 숫자로 계산하지 못한다면 '옳고 그름의 기준 형성'은 불가능하다. 벤담은 유용성 개념을 사용 관념과 분리함으로써 유용성의 원리로부터 자신의 행복의 원리를 이끌어낸다(1장 세 번째 단락을 보라). 이 분리는 공리주의 역사에서 하나의 전환점을 이룬다. 왜냐하면 유용성의 원리는 벤담 이전에는 일차적으로 자아에 관련된 것이 사실이지만, 사용 대상들의 독자적 세계에 대한 모든 관련을 유용성의 관념에서 철저히 제거하고 공리주의를 진정한 '보편적 이기주의'로 변형시킨 것은 오직 벤담뿐이기 때문이다(Halévy).

구를 발명하는 세계 건설자로 정의하지 않고 일차적으로 도구 제작자, 우연히 사물을 생산하는 '특별히 도구를 위해 도구를 만드는 자'로 생각하자마자 자동적으로 발생했다. 유용성의 원리를 이러한 맥락에서 적용한다면, 그 원리는 이제 대상의 사용을 지시하는 것이 아니라 생산과정과 관계 맺게 된다. 이제 생산성을 자극하고 고통과 수고를 덜어주는 것이 유용한 것이다. 달리 말하면, 궁극적 척도는 유용성이나 대상의 사용이 아니라 '행복'이다. 여기서 행복은 생산이나 사물의 소비에서 경험되는 고통과 쾌락의 총계를 의미한다.

'고통과 쾌락의 계산법'에 관한 제러미 벤담(Jeremy Bentham)의 고안은 수학적 방법을 도덕과학에 도입할 수 있다는 이점과 전적으로 자기반성에 존재하는 원리를 발견했다는 놀라운 매력을 결합시켰다. 쾌락에서 고통을 뺀 총계를 의미하는 벤담의 '행복'은 감각을 지각하지만 세계대상과는 무관한 내적 감각과 같으며 자신의 활동만을 의식하는 데카르트적 의식과도 같다. 더욱이 모든 사람이 공통적으로 가지는 것은 세계가 아니라 그들 본성의 동일함이며 이 동일함은 고통과 쾌락 계산법의 동일성과 고통과 쾌락에 의한 영향의 동일성에서 알 수 있다는 벤담의 기본적 가정은 근대 초기의 철학자에게서 직접적으로 이끌어낸 것이다. 이들 초기 철학자들을 '쾌락주의'라고 부르는 것은 표면적으로만 근대의 헤도니즘(hedonism)과 연관 있는 고대 후기 에피쿠로스주의를 그렇게 부르는 것보다 훨씬 더 잘못된 것이다. 모든 헤도니즘의 원리는 쾌락이 아니라 고통의 회피다. 벤담과 대비되는 철학자 흄은 쾌락을 모든 인간행위의 궁극적 목적으로 만들고자 하는 사람은 쾌락이 아닌 고통이, 욕망이 아닌 공포가 자신의 참된 지표임을 어쩔 수 없이 인정하게 된다는 사실을 명확히 알고 있었다. "만약 당신이 누군가에게 왜 건강을 원하는지 그 이유를 묻는다면 그는 즉시 아픈 것은 고통스러우니까라고 대답할 것이다. 여기서 당신이 질문을 더 밀고 나아가 고통을 왜 싫어하는지 묻는다면 그는 어떤 대답도 할 수 없을 것이다. 고통의 회피는 궁극적 목적이며, 어떤 다른 대상에 의해 결코 지시될 수 없다."[74] 이러한 지시가 불가능한 이유는 고통만이 모든 대상과 완전히 무관하며 고통을 겪고 있는 사람은 진정으로 자신 이외의 어떤 것도 감각할 수 없기 때문이다. 이에 반해 쾌락은 자신을 즐기는 것이 아니라 자기 이외의 무언가를 즐긴다. 고통은 자기반성이 발견할 수 있는 유일한 내적 감각이다. 이 내적 감각은 경험대상이 전혀 아니라는 점에서 가장 자명한 확실성을 갖는 논리적 추론과 수학적 추론에 견줄 수 있다.

쾌락주의의 궁극적 토대가 고통의 경험에 근거한다는 것이 고대의 쾌락주의와 그 근대적 변형들에 대해 타당하다 할지라도 근대에 와서는 전적으로 다르고 훨씬 더 강한 중요성을 요구한다. 왜냐하면 고통에 빠져들게 하고 이 고통으로부터 탈출하기 위해서 인간을 자신 안으로 밀어 넣은 것이 고대에서는 세계였지만 근대에서는 결코 세계가 아니었기 때문이다. 어떤 상황에서는 고통과 쾌락 모두가 세계에 대해 여전히 상당한 의미를 가지고 있었다. 스토아철학에서 에피쿠로스주의를 거쳐 쾌락주의와 냉소주의에 이르는 이 모든 변형에서 고대의 세계소외는 세계에 대한 깊은 불신으로 인해 고무되었고, 세계에 연루되어 겪는 고통으로부터 자아가 자신 이외의 어떤 존재에도 노출되지 않는 안전한 곳인 내적 영역 안으로 탈출하고자 하는 강렬한 충동에 의해 촉진되었다. 이들과 짝을 이루는 근대의 유파인 청교도주의, 감각주의, 벤담의 쾌락주의는 고대와는 반대로 인간에 대한 깊은 불신으로 인해 고무되었다. 그리고 인간감각이 실재를 지각하는 데 부적합하며 인간이성의 진리를 인식하는 데도 부적합하다는 의심과 인간은 본질상 결핍의 존재이자 심지어는 박탈을 당한 존재라는 확신에 의해서도 촉진되었다.

---

74) Halévy, 앞의 책, p.13에서 인용.

이 박탈이 물론 원죄의 관점에서 해석되긴 했어도 그 기원이나 내용에 있어 기독교나 성서적인 의미의 박탈은 아니다. 그리고 청교도들이 인간의 부패를 비난하고 공리주의자들이 뻔뻔스럽게 항상 악으로 알려진 것들을 덕으로 부를 때 이 박탈이 더 유해하고 불쾌한 것인지는 말하기 어렵다. 고대인들은 고통에서 벗어났다고 상상하거나 매우 고통스러운 상황에서 이전의 행복을 기억함으로써 자신이 행복하다고 확신했다. 이와 달리 행복이나 구원에 대한 일종의 환상과 같은 수학적 확실성에 이르기 위하여 근대인들은 쾌락의 계산법을, 청교도들은 공덕과 죄에 대한 도덕적 장부를 필요로 했다. (물론 이러한 도덕의 산술학은 고대 후기의 철학 학파를 지배하던 정신에게는 아주 낯선 것이었다. 더욱이 이 정신은 자신에게 부여된 훈련의 엄격함과 이에 따른 성격의 고상함만 반성하면 되었다. 그래서 이러한 점은 고대의 스토아학파와 에피쿠로스학파에 의해 형성된 사람들에게는 매우 분명해서 쾌락주의에 대한 이 학파들의 해석과 근대의 쾌락주의, 청교도주의, 감각주의 해석 사이의 간극은 분명히 인식될 수 있을 정도다. 이러한 차이와 견주어볼 때, 근대의 성격이 여전히 편협하고 광신적인 독선에 의해 만들어진 것인지 아니면 오히려 무한히 다양한 헛된 불행을 무릅쓰고 자기중심적이고 자기탐닉적인 이기주의를 산출하게 되었는지는 거의 무관한 문제다.) "자연은 인간을 고통과 쾌락이라는 두 주권자 지배 아래 두었다"[75]는 의심스러운 발견과 '아주 쉽게 측정될 수 있는 감정을

---

75) 이것은 물론 *Principles of Morals and Legislation*의 첫 번째 문장이다. 이 유명한 문장은 엘베시우스에게서 단어 그대로 옮긴 것이다(Halévy, 앞의 책, p.26). 자크 알레비는 현재 통용되고 있는 사상이 거의 모든 측면에서 동일한 정식으로 표현되는 경향이 있다고 말하는데 이것은 옳다. 우연적이긴 하지만 이 사실을 통해 우리는 여기서 다루고 있는 저자들이 철학자가 아님을 알 수 있다. 특정한 사상이 특정 시기에 아무리 크게 유행했다 하더라도 서로 사상을 원용하지 않고서는 두 철학자가 동시에 동일한 정식에 결코 이르지 못한다.

인간영혼 속에서'[76) 고립시킴으로써 도덕을 엄밀한 학문으로 확립하고자 하는 불합리한 생각 외에 어떤 것도 연루되지 않았을 때 '최대행복의 원리'가 영어권 세계에서 지성적 승리를 달성했을 것이라고 생각하는 것도 매우 불확실한 일이다.

18세기와 19세기 초에 도덕 문제를 논의하는 데 일반화되었던 이기주의의 신성함과 강한 확산력을 가진 자기 이익의 힘에 관한, 별 흥미롭지 못한 유형들 뒤에서 우리는 고통-쾌락 계산법이 제공하던 그 어떤 것보다 훨씬 강력한 새로운 원리를 형성하는 또 다른 준거점을 발견하게 되는데 그것은 바로 삶의 원리다. 18세기와 19세기의 모든 체계에서 고통과 쾌락, 공포와 희망이 성취하려고 생각했던 것은 행복이 아니라 개인의 삶의 증진이었으며 나아가 인류의 생존 보장이었다. 근대의 이기주의가 행복이라 불리는 쾌락에 대한 잔인한 탐색이라면, 이기주의도 모든 쾌락주의 체계를 논증하는 데서 필수불가결한 논증의 요소, 즉 자살의 급진적 정당화를 가져야만 할 것이다. 이 요소의 결여는 우리가 실제로 여기서 다루는 것이 매우 저속하고 근본적이지 못한 형태의 생철학임을 암시한다. 최후의 수단으로써 항상 삶 자체가 그 밖의 모든 것의 준거점 역할을 하는 최고 기준이 된다. 그리고 비록 삶이 최고선이라 할지라도 개인의 이해관계와 인류의 이해관계는 언제나 개인의 삶 또는 종의 삶과 동일시된다.

겉보기에 매우 좋은 조건인데도 **호모 파베르**가 자기주장을 하는 데 결정적으로 실패했다는 사실은 전통적 기본 신념들에 대한 또 다른—철학적으로 매우 적실성을 갖는—수정에 의해 예증될 수 있다. 인과율에 대한 흄의 근본적 비판은 흔히 근대철학의 기원으로 여겨진다. 이 비판으로 인해 나중에 진화의 원리가 선택되는 길이 마련되었다. 존재하는 모든 것은 반드시 원인을 가지며 이 원인은 그것의 가장 완전한

---

76) 같은 책, p.15.

결과보다 더 완전하다는 두 가지 핵심적인 공리를 가지는 인과율은 제작의 영역에 속하는 경험들에 전적으로 의존하고 있다. 제작의 영역에서 제작자는 그 생산물보다 우월하다. 이러한 맥락에서 볼 때 근대 지성사의 전환점은 유기체 생명의 발전—여기서는 원숭이와 같은 저급한 존재의 진화가 더 고차원의 존재인 인간이 출현하게 된 원인이 될 수 있다—이미지가, 원인이기 때문에 모든 시계들에 대해 우월할 수밖에 없는 시계 제작공의 이미지를 대체했을 때 도래했다.

이러한 변화에는 기계적 세계관을 부정하는 것 이상의 의미가 함축되어 있다. 갈릴레오의 발견으로부터 이끌어낸 두 가지 방법, 즉 자기반성의 방법과 실험 및 제작의 방법 사이의 갈등은 18세기에는 잠복해 있었고 자기반성의 방법은 다소 뒤늦게 승리를 할 운명이었다. 왜냐하면 자기반성이 전적으로 텅 빈 자기의식 이외의 어떤 것을 산출할 수 있다고 한다면, 그 유형의 유일한 대상물은 생물학적 과정이다. 자기관찰을 통해 접근할 수 있는 이 생물학적 과정은 동시에 인간과 자연의 신진대사 과정이기 때문에 자기반성은 마치 더 이상 실재하지 않는 의식의 가지들에서 사라질 필요가 없으며 인간 내에서, 즉 그의 정신이 아니라 신체 내에서 자신을 외부세계와 연결해줄 충분한 물질을 발견한다. 사유하는 존재(res cogitans)로서의 인간과 연장(res extensae)으로서의 세계와의 데카르트적 대립에서 치유 불가능하며 의식에 내재하는 주체와 대상 간의 분열은 살아 있는 유기체에서는 전적으로 사라진다. 유기체의 생존은 전적으로 생체 내 합성, 즉 외부물질의 소비에 의존한다. 유물론의 19세기 해석판인 자연주의는 데카르트 철학의 난점을 해결하고 동시에 철학과 과학 사이의 골 깊은 격차를 메울 수 있는 길을 생명에서 찾았다.[77]

---

77) 근대 생철학의 가장 위대한 대표자로는 마르크스, 니체, 베르그송이 있다. 이들은 모두 삶과 존재를 동일시한다는 점에서 생철학자다. 이들은 자기반성에 의

44. 최고선으로서의 삶

순전히 일관성만을 유지하려고 한다면 우리는 근대의 삶 개념을 스스로 자초한 혼란에 빠진 근대철학으로부터 이끌어내고 싶을 것이다. 그러나 이러한 태도는 이념의 발전이라는 관점에서 볼 때 매우 중요한 근대의 문제들을 기만하는 것이자 동시에 심각한 편견을 갖고 보는 것이다. 호모 파베르의 패배는 일차적으로 물리학의 천문학으로의 변형, 자연과학의 '보편'과학으로의 변형이라는 관점에서 설명가능하다. 그런데 여기서 설명되지 않은 채 여전히 남아 있는 문제가 있다. 호모 파베르의 패배는 왜 **노동하는 동물**의 승리로 끝났는가. 활동적 삶의 상승과 더불어 정확히 노동활동이 인간능력의 서열에서 최고의 지위로 상승하게 된 이유는 무엇인가. 달리 말하자면 다양한 인간의 조건과 능력 내에서 삶이 다른 모든 요소를 지배하게 된 이유는 무엇인가.

근대에서 삶이 궁극적인 준거점이자 근대사회의 최고선이 된 이유

존하여 이처럼 똑같은 결론에 이른다. 그리고 삶은 실제로 인간이 단순히 자기 자신을 들여다보기만 하면 알 수 있는 유일한 '존재'다. 이들이 근대 초기의 철학자들과 다른 점은 삶이 의식보다 더욱 능동적이고 생산적이라고 생각했다는 점이다. 그런데 초기의 철학자들은 여전히 관조나 예전의 진리 이념과 밀접한 관계를 맺고 있었다. 근대철학의 마지막 단계로서 생철학은 가장 적절하게 철학에 대한 철학자의 반론으로서 묘사될 수 있다. 이 반란은 키르케고르에서 시작되어 실존주의에서 끝났다. 얼핏 보면 이들은 행위를 강조하고 관조를 반대하는 것처럼 보인다. 그러나 더 자세히 살펴보면 이들 중 어느 누구도 행위 자체에 실질적 관심을 갖지 않는다. 우리는 여기서 키르케고르와 의식 내부로 방향이 돌려진 비세속적인 그의 행위를 제외시킬 수 있다. 니체와 베르그송은 제작의 관점에서 행위를 기술한다. 즉 지혜로운 인간(*homo sapiens*)이 아니라 제작하는 인간(*homo faber*)의 관점에서 행위를 기술한다. 마찬가지로 마르크스도 행위를 제작의 관점에서 생각하며 노동을 작업의 관점에서 기술한다. 그러나 이들의 궁극적 준거점은 작업, 세계성이 아니며 행위는 더더욱 아니다. 그것은 삶이자 삶의 다산성이다.

는 이러한 근대의 전도가 기독교 사회의 구조 내에서 이루어졌기 때문이다. 생명의 신성함에 대한 기독교 사회의 기초적 믿음은 세속화와 기독교 신앙의 일반적 쇠퇴에도 불구하고 온전하게 남아 있었을 뿐만 아니라 이 사건들에 의해 전혀 흔들리지도 않았다. 달리 말하면 근대의 전도는 고대세계로 기독교의 침투를 가능케 했던 역사상 가장 중요한 전도를 뒤따르면서도 그것에 아무런 도전도 하지 않았다. 따라서 근대적 전도는 어떤 교리적 내용이나 믿음보다 정치적으로 가장 큰 영향력을 발휘해왔으며 역사적으로도 가장 오랫동안 지속해오고 있다. 왜냐하면 개별적 인간생명의 불멸성에 대한 기독교의 '기쁜 소식'은 인간과 세계의 고대적 관계를 전도시켰고 가장 가멸적인 인간생명을 당시 우주가 차지하고 있던 불멸성의 지위로 끌어올렸다.

역사적으로 볼 때, 고대세계에서 기독교의 승리가 대체로 이 전도에 기인한다는 것은 단순한 추측을 넘어서는 근거 있는 주장이다. 자신의 세계가 파멸할 운명에 처해 있다고 생각한 사람들은 이 전도로 인해 희망을 가졌다. 왜냐하면 기독교의 새로운 소식은 결코 그들이 이전에는 갖지 못했던 불멸성을 약속해주었기 때문이다. 세계의 불멸성에 대한 열망으로부터 가장 큰 영감을 얻었던 정치적 활동은 이제 필연성에 예속된 저급한 수준의 활동으로 추락했다. 즉 한편으로는 인간이 죄의 대가로 치러야 하는 결과들을 치유하고 다른 한편으로는 지상의 삶에서 필요한 정당한 이해와 욕구들을 충족시켜야 하는 필연성에 예속되었던 것이다. 이제 불멸성에 대한 열망은 허영과 동일시되었다. 세계는 인간보다 더 빨리 사라지는 까닭에 세계로부터 인간이 부여받았던 명예는 환상일 뿐이었다. 그리고 생명 그 자체가 불멸한 까닭에 세계의 불멸성을 추구한다는 것도 무의미한 것이었다.

이전에 정치적 조직체의 '생명'이 가지던 지위는 이제 개별적 인간생명이 차지하게 되었다. 생명은 영원히 지속하기 때문에 "죽음은 죄의 삯이다"라는 바울의 진술은 "죽음은 영원히 지속할 수 있도록 건설된 공동체가 범한 죄의 값이다"라고 말한 키케로를 떠올린다.[78] 초기 기독교인들, 예를 들어 나중에 결국 로마 시민이 되었던 바울 같은 이는 의식적으로 로마의 모델에 따라 자신들의 불멸성 개념을 형성했으며 정치적 조직체의 정치적 삶을 개인의 삶으로 대체했다. 정치적 조직체는 단지 정치적 죄로 인해 박탈될 수 있는 잠재적 불멸성만을 소유한다. 이와 마찬가지로 개인의 생명은 아담의 타락으로 인해 본래 보장받았던 불멸성을 잃어버렸다. 그러나 이제 예수로 인해 잠재적으로 영속하는 새로운 생명이라는 불멸성을 다시 획득했다. 하지만 이 생명은 개인이 저지른 죄의 대가인 두 번째 죽음으로 인해 다시 상실할 수도 있다.

기독교가 생명의 신성함을 강조하는 것은 유대 전통의 한 부분이며 이것은 고대인들의 태도와 현저한 대조를 이룬다. 삶이 노동과 출산을 통해 인간에게 부여하는 고통에 대한 이교도의 경멸, 신들의 '편안한 삶'을 시기하는 그림, 원하지 않은 아이를 내다버림, 건강하지 못한 삶은 살 가치가 없다는 확신(예를 들어 건강을 회복시켜줄 수도 없으면서 치료를 해서 생명을 연장시키는 의사는 자신의 사명을 잘못 파악한 것으로 여겨졌다),[79] 자살은 삶의 굴레에서 탈출할 수 있는 고상한 행동이라는 믿음. 그런데 우리는 다음과 같은 사실을 기억할 필요가 있다. 즉 십계명은 우리의 사고방식으로는 가장 심각하고 최악의 범죄인 살인에 대해서는 아무 강조도 하지 않은 채 다른 일련의 죄 중 하나로 열거하고 있다는 사실이다. 더욱이 이를 통하여 우리가 알 수 있는 것은 다른 어떤 이교도의 형벌체계보다 우리 시대의 법률체계와 가

---

78) 키케로의 발언: *Civittatibus autem mors ipsa poena est ……debet enim constituta sic esse civitas ut aeterna sit*(*De re publica* iii. 23). 토대가 굳건한 정치조직은 불멸한다는 고대의 확신에 대해서는 플라톤, 『법률』, 713을 보라. 여기서 새로운 폴리스의 건설자는 인간 속에 있는 불멸적 부분을 모방한다고 생각되었다 (*hoson en hēmin athanasias enest*).

79) 플라톤, 『국가론』, 405c를 보라.

장 유사한 유대 법률이 결코 생명보존을 그 토대로 삼지 않았다는 점이다. 유대의 법전이 고대 이교도와 모든 기독교의 법률체계 또는 기독교 이후의 법률체계 사이에 위치한다는 사실은 유대교의 교리로부터 설명할 수 있다. 유대교는 민족의 잠재적 불멸성을 강조한다. 이 불멸성은 이교도의 세계 불멸성과 다르며 기독교가 주장하는 개체적 생명의 불멸성과도 다르다. 세상에 태어남으로써 자신의 고유한 삶을 시작하는 인격체로서의 인간에게 기독교는 불멸성을 부여했다. 이로 인해 내세성이 명백히 증가하고 동시에 지상에서의 삶의 중요성도 매우 증가하는 결과가 초래되었다. 중요한 것은—이단이나 그노시스파에 영향을 받은 견해들을 예외로 한다면—기독교는 더 이상 삶이 어떤 최종적 목적을 갖지는 못하지만 여전히 구체적 시작은 가진다고 항상 주장한다는 사실이다. 지상에서의 삶은 영원한 삶의 첫 번째 단계이자 가장 비참한 단계다. 지상의 삶도 여전히 삶이다. 죽음으로써 끝나는 이러한 지상의 삶이 없다면, 영원한 삶도 있을 수 없다. 바로 이 때문에 개체적 생명의 불멸성이 서양의 핵심교리가 되었을 때, 즉 기독교가 발생했을 때에만 지상의 삶도 인간의 최고선이 될 수 있었다.

생명의 신성함을 강조하는 기독교는 **활동적 삶** 내부의 고대적 구별과 명료한 표현을 균등화시켰다. 기독교는 노동·작업·행위가 현세의 필연성에 똑같이 예속되는 것이라고 보았다. 그래서 기독교는 고대인과는 달리 노동활동, 즉 생물학적 과정 자체를 유지하기 위해 필요한 모든 활동을 경멸하지 않았다. 고대의 노예는 오로지 삶의 필연성에만 봉사하고 나아가 어떤 값을 치르더라도 살아 있기만을 원한 까닭에 주인의 강제에 내맡겨졌다. 그런데 이들에 대한 경멸이 기독교의 영역 내에서는 더 이상 존속할 수 없었다. 플라톤은 자살을 하지 못하고 주인에게 몸을 내맡겼다는 이유로 노예를 경멸했지만 이제 사람들은 더 이상 노예를 경멸할 수 없었다. 왜냐하면 어떤 상황에 처해서도 살아남은 것이 신성한 의무가 되고 자살은 살인보다 더 나쁜 것으로 여겨졌기 때문이다. 따라서 살인자가 아니라 스스로 자신의 삶을 끝낸 자에게는 기독교 장례를 치르지 않았다.

그러나 근대의 어떤 해석자들이 기독교의 문헌들에서 읽어내려 했던 것과는 반대로, 『신약』이나 근대 이전의 다른 기독교 저자들이 노동을 예찬했다는 이야기는 어디서도 발견할 수 없다. '노동의 사도'라고 불리는 바울도 전혀 그렇지 않았다.[80] 이러한 주장의 근거가 되었던 몇몇 구절은 일하지 않으면서 '다른 사람의 빵을 먹는' 사람들에게 말해졌으며 또한 노동을 고통에서 벗어나는 좋은 수단이라고 권고하고 있다. 즉 엄격히 사적인 삶의 일반적 규정들을 강화하고 동시에 정치적 활동에 대해서는 경고하고 있다.[81] 이후의 기독교 철학, 특히 토마스 아퀴나스에 의해 노동은 살아갈 다른 수단을 전혀 갖지 못한 사람들의 의무가 되었다. 이 의무는 자신을 부양하는 것을 말하며 노동활동을 의미하는 것은 아니다. 만일 구걸을 해서 살아갈 수 있다면 그래도 괜찮다는 말이다. 근대가 노동을 찬양했다는 편견을 갖지 않고 문헌들을 읽으면, 누구나 다음과 같은 사실에 놀라게 될 것이다. 즉 교부들은 원죄로 인한 형벌이 노동임을 정당화할 수 있는 명백한 기회들을 거의 이용하지 않았다는 점이다. 그래서 아퀴나스는 이러한 물음을 탐구할 때

---

80) 도미니크 수도사 알로(Allo)의 *Le Travail d'après St. Paul*(1914). 근대의 노동 예찬이 기독교에 그 기원이 있다고 주장하는 사람들은 다음과 같다. 프랑스의 Étienne Borne와 François Henry, *Le travail et l'homme*, 1937; 독일의 Karl Müller, *Die Arbeit: Nach moral-philosophischen Grundsätzen des heiligen Thomas von Aquino*, 1912. 보다 최근에는 루뱅 출신의 Jacques Leclercq가 네 번째 저서인 *Leçons de droit naturel*에 노동철학에 큰 도움이 되는 매우 가치 있고 흥미로운 논고를 *Travail, propriété*(1946)라는 제목으로 기고했다. 그는 여기서 노동이 기독교에 근원이 있다는 잘못된 해석을 바로잡았다. "기독교는 노동의 평가를 변화시키지 않았다." 그리고 아퀴나스의 저작에서도 "노동의 개념은 간혹 강력한 것으로 보이지 않는다"(p.61, p.62).
81) 「데살로니가전서」 4장 9~12절; 「데살로니가후서」 3장 8~12절을 보라.

『성경』보다는 오히려 거리낌 없이 아리스토텔레스를 따르며 "생존을 위한 필연성만이 신체 노동을 강요한다"라고 주장한다.[82] 아퀴나스에 게 노동은 인간 종의 생존을 유지시키는 자연의 길이다. 이러한 사실로 부터 그는 자신의 생계를 위해 모든 사람이 땀 흘려 일해야 하는 것은 아니며 오히려 노동은 생계문제를 해결하고 의무를 다하기 위해 마지 막으로 선택하는 필사적인 수단이라고 결론지었다.[83] 게으름에서 발 생하는 위험을 방지하는 수단으로 노동을 이용하는 것은 기독교가 새 롭게 발견한 것이 아니라 이미 로마인의 일반적 태도였다. 기독교가 육 체의 고행을 빈번히 이용한다는 점은 노동활동의 성격에 대한 고대의 확신과 완전히 일치한다. 그 고행에서 노동은, 특별히 수도원의 노동은 가끔씩은 자기 고문과 같은 처벌의 역할을 하기도 했다.[84]

생명의 신성함과 어떤 경우에도 살아 있어야 한다는 의무를 강조하 는 기독교가 긍정적인 노동철학을 결코 발전시키지 못했던 이유는 모

---

82) *Summa contra Gentiles* iii. 135; *Sola enim necessitas victus cogit manibus operari*.

83) 아퀴나스, 『신학대전』 ii. 2. 187. 3, 5.

84) 수도원의 규칙, 특히 베네딕트의 **노동계율**(*ora et labora*)은 게으른 육체가 여 러 가지 탐닉에 빠지지 않도록 하는 수단으로 노동을 추천한다. 이른바 아우구 스티누스의 계율(*Epistolae*, 211)에서도 노동은 죄의 형벌이 아니라 자연의 법 칙으로 여겨진다. 아우구스티누스는 *opera*와 *labor*를 동의어로 보고 모두 *otium* 의 반대어로 사용한다. 그는 육체노동을 다음의 세 가지 이유를 들어 권고한 다. 첫째, 노동은 나태해지려는 유혹을 물리치는 데 도움이 된다. 둘째, 수도승 들은 노동을 함으로써 가난한 자에 대한 이웃사랑의 의무를 다할 수 있다. 셋 째, 노동은 다른 일들, 예를 들면 물건을 사고파는 일처럼 지나치게 정신을 쓰 는 일이 아니기 때문에 관조에 도움이 된다. 수도원에서의 노동 역할에 대해 서는 Étienne Delaruelle, "Le travail dans les règles monastique occidentales du 4e au 9e siècle", *Journal de psychologie normale et pathologique*, Vol.XLI, No.1, 1948을 비교해보라. 이러한 공식적인 견해들 이외에 매우 특징적인 것은 Port-Royal 수녀원의 독신자들은 실질적인 처벌의 수단을 찾을 때 곧장 노동을 생 각했다(Lucien Fèbre, "Travail: Évolution d'un mot et d'une idée", *Journal de psychologie normale et pathologique*, Vol.XLI, No.1, 1948).

든 인간활동에 앞서 관조적 삶을 최우선시했기 때문이다. "관조적 삶은 활동적 삶보다 단적으로 우월하다." 그리고 행위의 삶의 가치가 무엇이든 간에 관조에 헌신하는 삶의 가치들이 "보다 효과적이고 강력하다."[85] 이러한 확신은 사실 나사렛 예수의 설교에서는 발견할 수 없다. 그래서 이 확신이 그리스 철학에 그 원인이 있다는 것은 분명하다. 그런데 중세철학이 복음서의 정신에 가까이 있는 것은 사실이지만 이 복음서에도 노동을 예찬하는 이유를 발견할 수 없다.[86] 나사렛 예수가 설교에서 권면하는 유일한 활동은 행위다. 그리고 그가 강조하는 유일한 인간능력은 '기적을 행하는' 능력이다.

그 이유가 무엇이든 간에, 근대는 최고선이 세계가 아니라 삶이라는 가정에서 지속적으로 작용해왔다. 전통적 개념과 신념을 가장 대담하고도 급진적으로 수정하고 비판했던 근대는 그럼에도 불구하고 기독교가 죽어가는 고대세계 안에 끌어들였던 이러한 근본적 전도에는 결코 도전하지 않았다. 현대성의 사상가들이 전통을 공격할 때 얼마나 분명하고 의식적이었는지는 몰라도, 그 밖의 모든 것에 대한 삶의 최우선성은 이들에게는 '자명한 진리'였다. 모든 근대를 뒤로 하고 노동의 사회가 직업인의 사회로 대체된 현재의 우리 세계에도 이것은 여전히 진리로 남아 있다. 삶이 아니라 세계가 인간의 최고선으로 여겨졌던

---

85) 아퀴나스, 『신학대전』 ii. 2. 182. 1, 2. 아퀴나스는 관조적 삶이 절대적 우선성을 가진다는 주장을 통해서 아우구스티누스와 결정적으로 다른 점을 보여준다. 아퀴나스는 '사람들에게 도움이 된다는 이유로 진리의 탐구나 발견에 힘쓸 것을 권고한다'(『신국론』 xix.19). 그러나 이러한 차이점은 그리스 철학에 영향을 입은 기독교 사상가와 로마 철학에 영향을 받은 기독교 사상가 사이의 차이일 뿐이다.

86) 복음서는 지상에서의 소유가 악이라는 점에만 관심이 있지 노동 또는 노동자의 예찬에 관심이 있는 것은 아니다(특히 「마태복음」 6장 19~32절, 19장 21~24절; 「마가복음」 4장 19절; 「누가복음」 6장 20~34절, 18장 22~25절; 「사도행전」 4장 32~35절을 보라).

1,700년 전에 아르키메데스적 점의 발견이 이뤄졌더라면, 이 점의 발견 이후의 발전이 전혀 다른 방향을 취했을 것이라는 생각은 꽤 해볼 만한 것이다. 하지만 그렇다고 해서 지금 우리가 여전히 기독교 세계에 살고 있다는 결론이 도출되는 것은 아니다. 왜냐하면 오늘날 중요한 것은 생명의 불멸성이 아니라, 삶이 최고선이라는 사실이기 때문이다. 이 가정은 기독교에 뿌리를 두고 있지만 기독교 신앙에서 단지 중요한 주변을 형성할 뿐이다. 더욱이 우리가 기독교의 세세한 도그마를 무시하고 단지 신앙을 중요시하는 일반적 태도만을 고려하더라도 근대의 본질인 의심과 불신의 정신은 기독교 정신에는 가장 해로운 것이었다. 데카르트적 회의는 종교적 믿음의 영역에서 가장 난폭하고 치명적인 방식으로 그 효율성을 입증해보였다. 이것은 가장 위대한 현대성의 종교 사상가인 파스칼과 키르케고르에 의해 실행되었다. (기독교 신앙을 근저에서 흔들어놓은 것은 18세기의 무신론이나 19세기의 유물론이 아니었다. 이들의 논증은 흔히 조야하고 대부분 쉽게 반박할 수 있는 것이었다. 오히려 진실한 신앙인이 구원에 대해 의심을 할 때 기독교의 근본적 동요가 일어났다. 이들의 눈에 기독교의 전통적 내용과 약속은 '터무니없는' 것으로 보였다.)

우리가 아르키메데스적 점이 기독교 발생 이전에 발견되었을 때 무슨 일이 일어났을지 알 수 없듯이 이 사건으로 위대한 르네상스의 각성이 방해받지 않았다면 기독교의 운명이 어떻게 되었을지를 확신할 입장에 있지 않다. 갈릴레오 이전에 모든 길은 여전히 열려 있었다. 우리가 레오나르도 다빈치를 되돌아 생각해본다면 어떤 경우에라도 기술 혁명이 인간성의 발전을 추월했음을 쉽게 상상할 수 있다. 기술혁명으로 인간의 가장 오래되고 집요한 꿈을 실현할 비행기가 발명되었지만 우주에는 다다를 수 없었다. 그리고 지구의 단일화는 성취되었지만 물질을 에너지로 변형하거나 미시 우주의 탐사는 이루어지지 않았다. 우리가 확신할 수 있는 유일한 것은, 행위와 관조의 전도가 이전의 삶과 세계의 전도와 일치한다는 것이 근대가 발전한 것의 출발점이 되었다는 사실이다. 활동적 삶은 관조적 삶 내에서 자신의 준거점을 상실할 때에만 완전한 의미에서의 행위의 삶이 된다. 그리고 행위의 삶이 자신의 유일한 준거점인 삶에 구속되어 있다는 이유 때문에 노동을 통한 인간과 자연의 신진대사인 삶 자체는 능동적으로 될 수 있고 자신의 완전한 다산성을 펼쳐 보일 수 있다.

45. 노동하는 동물의 승리

노동하는 동물의 승리는 세속화의 과정, 즉 데카르트적 회의의 필연적 결과인 근대의 신앙의 상실이 없었다면 결코 완성되지 못했을 것이다. 이 회의로 말미암아 개체의 생명은 그 불멸성을 박탈당했거나 적어도 불멸성에 대한 확신을 상실했다. 고대와 마찬가지로 이제 개인의 생명은 사멸적이 되었다. 그리고 세계는 기독교 시대보다 더 안정적이지 못하고 더 영속적이지 못해서 더 의지할 수 없는 것이 되었다. 도래한 세계에 대한 확실성을 상실하자 근대인은 이 세계가 아니라 자신에게 내던져졌다. 근대인은 세계가 잠재적으로 불멸할 수 있다고 믿기는커녕 심지어 그것이 실재한다는 것조차 믿지 않았다. 점진적으로 진보하는 과학에 대한 무비판적이고 외견상 성가시지 않은 낙관주의의 입장에서 세계가 실재한다고 가정하는 한, 근대인은 자신을 지구로부터 훨씬 더 먼 곳으로 떼어놓았다. 기독교의 내세성도 이만큼 인간을 멀리 옮겨놓은 적은 없었다. '세속적'이라는 말이 지금의 용법에서 무엇을 의미하든지 간에 역사적으로 볼 때, 이 말을 세계성과 동일한 것으로 볼 수는 없다. 어쨌든 근대인은 내세를 상실했을 때 이 세계를 얻지 못했다. 근대인은 엄격히 말하자면 생명을 얻지 못했다. 그는 자신에게로 내던져졌고 폐쇄된 자기반성의 내부로 내던져졌다. 여기서 그가 경험할 수 있는 최고의 것은 계산하는 정신의 텅 빈 과정이며 자기 자신과 행하는 정신의 작용이다. 이 정신에 남겨진 유일한 내용은 탐욕과 욕망, 즉 신체의 무감각적인 충동이다. 근대인은 이 충동을 열정으로 오해했으며 '추론'할 수 없고 계산할 수 없다는 이유로 '비이성적인 것'으로 간주했다. 고대의 정치조직체와 중세 개인의 삶처럼 지금 잠재적으로 불멸할 수 있는 유일한 것은 삶 그 자체, 즉 인간 종의 잠재직으로 영속하는 삶의 과정이다.

우리는 앞에서 사회가 발생하자 결국 종의 삶이 자기주장을 한다는 사실을 살펴보았다. 근대 초기는 개인의 '이기적' 삶을 주장했고, 근대 후기는 '사회적' 삶과 '사회화된 인간'을 강조했다. 이러한 전환은 마르크스가 인간이 행위한다면 그것은 모두 자기 이해관계 때문이라는 고전경제학의 조야한 생각을 변형시켰을 때 일어났다. 마르크스는 세력들의 이해관계가 사회의 계급들을 지도하고 고무시키며 이들 간의 갈등을 통해서 사회 전체가 움직인다고 주장했다. 사회화된 인류는 오직 한 가지 이해관계만이 존재하는 사회의 상태다. 그리고 이 이해관계의 주체는 단일 인간이나 복수의 인간이 아닌 복수의 계급 또는 인류다. 이제 행위의 마지막 흔적, 즉 자기 이해관계 속에 함축되어 있던 동기마저도 사라졌다는 것은 중요한 사실이다. 이제 남겨진 것은 '자연적 힘', 즉 모든 인간과 인간의 활동이 똑같이 예속되어 있는 삶의 과정 자체의 힘이다("사고과정 자체도 자연의 과정이다").[87] 이 과정이 어떤 목적을 가진다면 그 유일한 목적은 인간이라는 동물 종의 생존이다. 개인의 삶을 종의 삶과 연결하는 데 인간의 보다 고차적인 능력 중 그 어떤 것도 더 이상 필요치 않았다. 개인의 삶은 삶 과정의 한 부분이 되었다. 그리고 노동한다는 것, 즉 자신의 삶과 가족의 삶을 보장하는 것 이외는 아무것도 필요치 않게 되었다. 삶과 자연의 신진대사에 필요 없는 것은 잉여이거나 아니면 단지 인간을 다른 동물 종과 구별시키는 특

---

87) 마르크스가 쿠겔만(Kugelmann)에게 보낸 1868년 7월의 편지에서.

성이라는 점에서만 정당화되었다. 그래서 밀턴(John Milton)은 누에가 비단을 생산하는 것과 동일한 이유와 충동으로『실락원』을 저술했다고 생각되었다.

근대세계와 이전 세계를 비교해보면, 이 발전으로 인해 얼마나 많은 인간경험이 상실되었는지 알 수 있다. 관조만이 전적으로 무의미한 인간경험으로 변한 것은 아니다. 사고 자체도 '결과를 계산하는 것'이 됨으로써 두뇌의 한 기능으로 변했다. 그 결과 인간보다 훨씬 더 이런 기능을 잘 수행하는 전자 도구들이 고안되었다. 행위는 곧장 생산과 제작의 관점에서 이해되었고 지금도 여전히 이 관점에서만 이해된다. 삶과는 본래적으로 무관하고 세계성을 가진다는 이유로, 제작은 이제 노동의 다른 형식으로 간주되었고, 더 복잡하지만 그러나 그렇게 신비스럽지 않은 삶 과정의 한 기능으로 간주되었던 것이다.

반면에 우리는 인간활동의 영역에서 노동을 제거하는 것이 더 이상 유토피아로 간주될 수 없을 정도로 삶의 노고와 고통을 완화시키는 길을 발견하여 그 천재성을 입증해보였다. 왜냐하면 지금도 노동은 장차 살게 될 세계에서 행할 것이나 생각할 것을 나타내는 너무나 당당하고 야심찬 단어이기 때문이다. 노동하는 사회 또는 직업인 사회의 마지막 단계는 그 구성원들에게 단순한 자동적 기능만을 요구한다. 이는 마치 개인의 삶이 실제로 종의 총체적 삶의 과정에 포섭되어 있으며, 또 개인에게 필요한 유일한 능동적 결정은 여전히 개별적으로 지각되는 삶의 고통인 개체성을 포기하고, 멍하고 '평온한' 기능적 형태의 행동을 순순히 받아들이는 것과 같다. 근대의 행태주의 이론은 이것이 틀린 것이 아니라 참이며 실제로 근대사회의 어떤 분명한 추세를 가장 잘 개념화한다는 점에서 우리에게는 문젯거리다. 또한 전례가 없고 전도양양한 인간활동의 분출과 더불어 시작된 근대가 역사상 유례가 없을 정도로 가장 무감각하고 무기력한 수동성의 상태에서 끝날 수 있다는 것도 매우 가능성이 있다.

그런데 인간이—다윈 이래로 진화해왔다고 믿는—동물 종으로 퇴보하려 한다는 심각한 위험을 나타내는 신호들이 있다. 다시 한 번 아르키메데스적 점의 발견으로 되돌아가—카프카는 그렇게 하지 말라고 경고했지만—이 점을 인간 자신과 인간이 지구상에 행하고 있는 것에 적용한다면, 다음과 같은 사실이 분명해질 것이다. 충분히 멀리 떨어진 우주의 유리한 지점에서 바라볼 때 인간의 모든 활동은 어떤 활동으로서가 아니라 과정으로 나타난다. 최근에 과학자들이 말한 것처럼 근대의 자동화는 생물학적 돌연변이의 과정으로 나타난다. 이 과정에서 인간 신체는 점차 강철 껍질로 덮이기 시작한다. 우주의 관찰자에게 이 돌연변이는 미생물에서 진행되고 있는 돌연변이가 그렇듯이 별로 신비한 것이 아니다. 우리는 항생제로 이 미생물에 대항해왔고 그것들은 우리에게 저항하기 위하여 신비스럽게도 새로운 변종을 발전시켜왔다. 우리에게 불리하도록 아르키메데스적 점을 사용한 것이 얼마나 골이 깊은지는 오늘날 과학사상을 지배하는 은유를 통해서 알 수 있다. 원자의 경우에 모든 입자를 원하는 대로 움직일 수 있을 만큼 자유롭다. 그리고 이 운동을 지배하는 법칙들은, 인간행위를 지배하고 다수로 하여금 반드시 그렇게 해야 한다는 식으로 행동하게 하는 통계법칙과 동일하다. 이것은 사회학자들이 주장하는 것이다. 그런데 여기서 개별 입자들이 그 선택에 있어서 얼마나 '자유로운지'는 문제되지 않는다. 그러면 과학자들이 우리에게 원자의 '생명'에 대해 말해주는 이유는 무엇인가. 달리 말하면 무한히 작은 입자의 움직임이 우리가 볼 수 있는 태양계와 그 유형상 비슷하며 나아가 인간사회의 삶과 행동과 비슷한 이유는 무엇인가. 물론 그 이유는, 설령 정밀한 도구를 통해 지각할 수 있다 하더라도 너무 멀리 떨어져 있어서 우리가 경험할 수 없는 영역인 무한히 작고 무한히 큰 세계로부터 떨어진 만큼이나 인간실존으로부터 멀리 떨어져 있듯이 우리가 이 사회에서 행동하면서 살기 때문이다.

이것은 근대인이 자신의 능력을 상실했거나 상실한 지점에 이르렀다는 것을 말하고자 하는 것은 아니다. 사회학·심리학·인류학이 우리에게 '사회적 동물'에 관해 무슨 말을 하든지 간에 인간은 만들고 제작하고 건축하는 일을 고집한다. 물론 이들의 능력은 점점 더 예술가의 능력으로 제한되고, 그래서 이 능력에서 얻어지는 세계성의 경험은 점점 더 일상적인 인간경험의 영역에서 빠져나가버렸다.[88]

마찬가지로, 적어도 과정들을 야기한다는 의미에서 행위의 능력은 그것이 설령 과학자들의 배타적 특권이 되었다 하더라도 우리에게 여전히 남아 있다. 과학자들은 자연과 인간세계 사이에 예전부터 존재하던 보호의 경계선을 없앨 정도로 인간사의 영역을 확장시켰다. 보이지 않는 조용한 실험실 안에서 수세기 동안 행해진 업적들을 살펴보면, 이들 과학자의 행동은 이른바 정치가들의 외교나 행정활동보다 정치적 의미가 더 크며 그 가치면에서도 더 새롭다는 것이 결국에는 분명해질 것이다. 공적 여론이 가장 실천적이지 않고 가장 정치적이지 않은 사회구성원이라고 매도했던 사람들이, 행위하는 방법과 조화롭게 행위하는 방법을 알고 있는 유일한 사람들로 판명이 난다는 사실은 역설적이지 않을 수 없다. 자연을 정복하기 위해 17세기에 건립하여 자신들의 도덕적 기준과 신사도를 발전시켰던 초기의 기관들은 근대의 모든 영고성쇠의 와중에서도 살아남아 역사상 가장 강력한 영향력을 행사하는 집단이 되었다. 그러나 과학자들의 행위는 우주의 관점에서 자연에 작용을 가하지 인간관계의 망에는 관계하지 않기 때문에, 행위가 본

---

88) 예술가들의 이 내재적 세계성은 '비대상적 예술'이 사물의 재현을 대체할지라도 변하지 않는다. '비대상성'을 주관성으로 잘못 생각하는 것은 예술가들이 아니라 알은체하기 좋아하는 사람들의 특성이다. 화가나 조각가, 시인, 음악가 그 누구든 간에 예술가는 세계사물을 생산한다. 그리고 그의 사물화는 매우 문제성 많고 전적으로 비예술적인 표현 방식과 아무런 관계가 없다. 용어상 모순인 것은 '추상적 예술'이 아니라 '표현주의'다.

래 가지는 계시적 성격과 이야기를 산출하고 역사적 사건이 되는 능력을 갖지 못한다. 이러한 행위의 능력과 계시적 성격은 인간실존에 의미를 부여하여 빛을 발하게 하는 원천들이다. 이렇게 실존적으로 매우 중요한 측면에서 행위는 특권을 부여받은 소수 사람들의 경험이 되었다. 행위의 의미가 무엇인지를 여전히 알고 있는 이들은 예술가보다 훨씬 적었다. 이들의 경험은 세계에 대한 사랑과 참된 경험보다 훨씬 고귀한 것이다.

마지막으로 사유는—근대 이전과 근대의 전통을 추적하면서 우리는 **활동적 삶**을 다시 고찰해보았는데 이때 사유는 생략했다—정치적으로 자유로운 곳에서 사는 사람들에게 언제나 가능하며 또 실제로 이루어진다. 그러나 상아탑에 있는 사상가들의 그 유명한 독립성에 대해 통상 말하는 것과는 반대로, 불행히도 인간의 어떤 다른 능력도 사유만큼 취약하지는 않다. 실제로 전제정치에서는 사유하는 것보다 행위하는 것이 훨씬 더 쉽다. 사람들은 삶의 경험을 통해서 사유는 오로지 소수에게만 알려진다고 생각하는데, 이것은 아마 잘못된 판단일 것이다. 이 소수가 우리 시대에 그보다 더 줄지는 않았다고 믿는 것이 그리 억측은 아닐 것이다. 이러한 믿음은 미래세계에는 중요하지 않거나 제한적으로만 중요할 것이다. 그러나 인간의 미래에서는 중요하다. 왜냐하면 **활동적 삶** 안의 여러 활동을 관찰하고 측정하는 데 오직 활동하는 존재의 경험과 활동성의 정도만을 적용했다면, 사유가 모든 활동을 능가한다는 결론을 얻었을 것이기 때문이다. 이러한 문제에 있어 사유의 경험을 한 사람은 누구든지 카토(Cato)*가 다음과 같이 말한 것이 얼마나 옳았는지 알게 될 것이다. "사람은 그가 아무것도 행하지 않을 때보다 더 활동적인 적이 없으며, 그가 혼자 있을 때보다 더 외롭지 않은 적은 없다."

* 마르쿠스 포르키우스 카토(Marcus Porcius Cato, 기원전 234~149). 대카토(Cato the Elder)라고 불리며 지방의 평민계급 출신으로 농사를 짓던 중 로마의 유력한 귀족가문 발레리우스가의 발탁에 의해 중앙 정계에 진출하여 출세한 인물이다. 학설이 풍부하고 변성이 뛰어난 그는 그리스어를 이해하고 그리스 문화에 대한 교양도 얻었지만 동시에 그리스 문화의 유입이 로마인 본래의 실질 강건함을 해친다는 이유로 그리스에 대한 혐오도 강했다. 그리스 문명의 정신이 유입되는 것에 반대하여 철학, 문학, 미술 등을 배제해야 한다고 주장했지만, 건축양식은 도입하여 여러 건축물을 세웠다. 그는 소수의 엘리트에 의한 과두 체제를 옹호한 공화정주의자며 그의 변설은 유머러스한 것으로 유명하다. 카토라는 이름은 특히 키케로의 전기에 의해 유명하게 되었다. 이에 관해서는 M.T. Cicero, *Cato der Ältere, lateinisch und deutsch*, hrsg v. M. Faltner, Zürich/Düsseldorf, 1993을 참조할 것.

용어해설

공론 영역(The public realm, Der öffentliche Raum) 말과 행위를 통해 다른 사람들과 함께 공유하고 또 산출하는 공간을 의미한다. 공론 영역은 한편으로 공중 앞에 나타나는 모든 것은 누구나 볼 수 있고 들을 수 있는 '공공성'(publicity)을 특징으로 하고, 다른 한편으로는 사람들의 말과 행위를 통해 비로소 드러나는 '현상' 또는 '출현'(appearance)의 공간이기도 하다. 이런 점에서 이 개념은 종종 '공론장'(公論場)으로 번역되기도 한다. 그러나 사적 영역과 공론 영역의 구별은 고대 그리스에서 뚜렷이 구별되는 실체로서 존재한 '가정'과 '정치적 영역'의 구별에 상응하기 때문에 '사적인 것'과 '공적인 것'의 경계 개념으로서 이해할 때는 '영역'(領域)으로 옮기는 것이 적절하다. 이 경우 공론 영역은 '자유의 영역'이다.

관조적 삶(*vita contemplativa*) 진리 탐구를 유일하게 자유로운 활동으로 해석하는 철학적 삶을 의미한다. 아리스토텔레스의 개념 '비오스 테오레티코스'(*bios thēorētikos*)의 번역어로서 '관조'와 '명상' 자체를 목적으로 하는 철학자의 삶의 방식이다. 아렌트에 의하면 세상사를 정치적 관점에서 바라보는 방식과 철학적 관점에서 바라보는 방식의 대립은 소크라테스의 재판, 즉 철학자와 폴리스의 갈등에서 비롯되었다. 전통적으로 관조적 삶은 활동적 삶에 대해 우위를 차지해왔으며, 이는 결국 한편으로는 활동적 삶의 세 가지 근본활동인 노동·작업·행위를 명료하게 구별하지 못하게 만들었고 다른 한편으로는 정치적 행위와 자유의 연관관계를 올바로 파악하지 못하게 했다.

권력(power, Macht) 권력은 사람들이 말과 행위를 통해 나타나는 정치적 현상의 공간, 즉 공론 영역을 존재하게 하는 것이다. "권력은 사람들이 함께 행위할 때 그들 사이에서 갑자기 생겨나서 사람들이 흩어지는 순간 사라진다." 정치적 행위의 관점에서 규정된 권력은 한편으로 무엇인가를 새롭게 시작하는 행위의 능력처럼 자발적이고 예측불가능하며, 다른 한편으로는 예속과 복종보다는 합의에 근거하기 때문에 비위계적이다. 이런 점에서 권력은 개인이 소유할 수 있는 '힘'(strength) 그리고 도구화될 수 있는 '세력'(force) 및 '폭력'(violence)과 구별된다. 권력과 폭력의 구별은 세 가지다. 첫째, 권력은 도구화되거나 물질화될 수 없는데 폭력은 도구적이고 물질적이다. 둘째, 공론 영역에서 발생하는 권력은 언어행위를 전제하는데 폭력은 말의 가능성을 억압한다. 셋째, 권력은 협력행위(action in concert)를 추구하는데 폭력은 고립을 선호한다.

노동(labour, Arbeiten)　인간의 생물학적 삶에 상응하는 활동. 인간의 개체보존과 종족보존처럼 생존의 필연성을 충족하기 위해 인간에게 부과된 활동의 표현이 노동이다. 그러므로 우리가 지상에서 생물학적 존재로 살아가기 위해서는 노동을 할 수밖에 없다. 노동의 특징은 두 가지다. 하나는 인간의 생명과정도 자연의 순환운동의 한 부분인 까닭에 무한히 반복한다는 것이며, 다른 하나는 죽어야만 끝나는 '노고와 고통'과 결합되어 있다는 점이다.

노동하는 동물(*animal laborans*)　인간은 이성을 가진 존재라는 라틴어 용어 '이성적 동물'(*animal rationale*)에 대비되는 용어로서 인간은 생물학적 필연성에 구속되어 있기 때문에 노동을 할 수밖에 없다는 사실을 뜻한다. 사람은 노동하는 동안에는 다른 사람과 구별되는 개체이기보다는 인류라는 종의 일원일 뿐이다. 그러므로 정치적 관점에서 해석하면 생존이라는 이해관계만을 가진 사회의 구성원들은 노동의 단순한 기능만을 수행하는 동물의 종으로 퇴보할 가능성이 크다.

불멸성(immortality, Unsterblichkeit)　시간 안에서 영속하고 지상의 이 세계에서 죽지 않는 삶을 의미한다. 영원성(eternity, Ewigkeit)이 시간을 초월하는 것으로서 신의 특성으로 이해된다면, 불멸성은 시간 안에서 영원히 지속되는 것을 가리킨다. 죽을 수밖에 없는 인간의 관점에서 보면 영원히 되풀이되는 '자연'과 죽지 않는 고대 그리스의 올림피아 신들이 불멸의 존재로 여겨졌다. 아렌트는 시간 안에서 어느 정도 영속적으로 존재하는 것, 즉 불멸성을 추구하는 것을 인간의 고유한 조건과 능력으로 파악한다.

사멸성(mortality, Mortalität)　사멸성(死滅性)은 인간이 생물학적 존재로서 죽을 수밖에 없는 존재라는 사실을 의미한다. 탄생과 죽음이 인간실존의 조건인 것처럼 탄생성과 짝을 이루는 사멸성은 인간행위의 전제조건이 된다. 죽음을 예견할 수 있는 능력을 통해 인간은 자신의 진정한 자아를 획득할 수 있다고 본 하이데거처럼 아렌트는 인간이 죽을 수밖에 없는 유한한 존재라는 사실을 철저하게 인식할 때 비로소 어느 정도 영속적으로 존재하는 것을 창조하는 행위를 할 수 있다고 본다. 그러므로 사멸성은 인간을 생물학적인 순환운동으로부터 해방시켜주고 동시에 탄생과 죽음 사이의 직선적 운동을 통해 개별적인 삶의 이야기를 만들 수 있는 전제조건이다. 인간이 반드시 죽는다 할지라도 죽기 위해서 태어난 것이 아니라 시작하기 위해서 태어났다는 사실을 상기시켜주는 것이 바로 사멸성이다.

사적 영역(The private realm) 생물학적 욕구와 필요가 충족되는 필연성의 영역을 의미한다. 사적 영역은 남자의 노동과 여자의 출산을 통한 삶의 유지가 주목적인 가정의 영역과 일치한다. 정치적 관점에서 해석된 사적 영역은 두 가지 특징을 갖고 있다. 한편으로 가장이 다스리는 가정은 자유의 영역이 아니다. 가정은 불평등의 영역이며, 가장의 통치방식은 전제적이다. 다른 한편으로 가정은 정치적 영역으로 들어갈 수 있는 힘이 '박탈된' 영역이다. 아렌트는 '사적'(私的, private)이라는 용어가 본래 '결핍' 및 '박탈'을 뜻하는 낱말, privative에서 유래한다는 점에 착안한다. 사적 영역은 타인이 보고 들음으로써 생기는 현실성, 타인과의 객관적 관계, 삶보다 더 영속적인 것을 성취할 수 있는 가능성이 박탈된 영역이다.

세계성(worldliness, Weltlichkeit) 한편으로는 사람들에 의해 만들어진 인공물의 상대적 객관성과 지속성을, 그리고 다른 한편으로는 이 인공세계에 대한 우리의 의존성을 뜻한다. 기념비·건축·도시처럼 인위적인 사물세계는 죽을 수밖에 없는 인간의 거처이기 때문에 '세계성'은 지상에서 살아가는 인간의 근본조건이다.

세계소외(world alienation, Weltentfremdung) 우리가 살고 있는 세계로부터 분리되어 행위의 가능성을 박탈당한 상태를 의미한다. 개인들이 사회적 계급으로 인해 자신이 생산한 생산물로부터 분리되고 오히려 이들로부터 지배를 받게 되어 결국 본래 실현해야 할 자기 자신으로부터 멀어진다는 마르크스의 '자기소외'(Selbstentfremdung)와 유사하지만, 아렌트의 세계소외는 세계 내에서 자신의 장소를 박탈당한 상태를 뜻한다. 아렌트에 의하면 소유는 우리가 세계 안에 자신의 터전을 마련할 수 있는 기초이기 때문에 자본주의 발전과 더불어 발생한 탈소유화는 임금노동자의 탈소유화를 통해 세계소외를 야기한다.

인간의 조건(human condition) 인간이 지구 위에서 실존하는 데 필요한 근본조건을 의미한다. 인간이 지구로부터 탈출하여 화성과 같은 다른 행성에서 살게 되면 전혀 다른 조건에서 살아야만 하는 것처럼 아렌트는 이 개념으로 인간은 근본적으로 "조건에 의해 제한된 존재"(conditioned beings, bedingte Wesen)라는 사실을 강조한다. 전통철학이 "나는 무엇인가?"라는 물음으로 인간을 다른 동물과 구별해주는 '인간본성'(human nature)을 알고자 했다면, 아렌트는 '인간의 조건'이라는 개념으로 "나는 누구인가?"라는 물음에 답하고자 한다. 그러므로 인간의 조건은 우리의 삶과 지속적인 관계를 가지는 실존조건이다.

작업(work, Herstellen) 인간의 비자연적 세계성에 상응하는 활동. 작업은 글자 그대로 주어진 자연을 변형하여 인간에게 필요한 인공적인 사물들을 만들고 제작하는 활동이다. 장인과 예술가의 작품처럼 작업의 산물인 인공세계는 인간의 유한한 삶을 초월하여 비교적 오랫동안 영속하는 특징을 갖고 있다.

지구소외(earth alienation, Erdentfremdung) 지구상에 일어나는 모든 일을 객관적으로 지각하고 분석하기 위하여 모든 현상을 가설적으로 설정한 보편적 관점으로 환원하는 과학적 태도와 현상을 뜻한다. 충분히 긴 지렛대와 그것을 놓은 '지구 밖의 한 점'만 있으면 지구라도 들어올릴 수 있다고 주장한 아르키메데스의 관점을 계승하는 현대 과학은 결과적으로 지구소외를 야기한다. 인간의 조건 때문에 여전히 지구에 구속되어 있으면서도 마치 외부의 아르키메데스적 점으로부터 지구를 마음대로 할 수 있는 것처럼 세계를 수학적으로 다루면, 우리는 지구의 구체적 조건으로부터 소외될 수밖에 없다.

탄생성(natality, Natalität) 아렌트가 "정치적 사상의 핵심적 범주"로 명명한 것으로서 사실적으로는 모든 인간의 삶이 탄생과 함께 시작한다는 것을 의미한다. 그러나 정치적 범주로서 탄생성은 어떤 것을 새로이 시작할 능력을 뜻한다. 아렌트에게 어떤 것을 새롭게 시작한다는 것은 바로 행위의 능력이기 때문에 탄생성은 자유로운 행위의 존재론적 근거로 서술된다. 탄생성은 자유의 원리다. 왜냐하면 사람들은 태어남으로써 새로 온 자, 시작하는 자가 되고 주도권을 쥐고 행위할 수 있기 때문이다. 여기서 '주도권'으로 옮긴 영어 낱말 '이니셔티브'(initiative)는 그리스어 '아르케인'(*archein*)과 라틴어 '이니티움'(*initium*)과의 연관관계에서 "무엇인가를 새롭게 시작할 수 있는 능력"을 의미하기 때문에

'창발성'(創發性)의 뜻으로 이해된다.

행위(action, Handeln) '보편적 인간'(Man)이 아닌 '복수의 인간들'(men)이 지구상에 살며 세계에 거주한다는 사실에 상응하는 활동으로서 사물이나 물질의 매개 없이 사람들 사이에서 직접적으로 이루어진다. 행위는 정치적 삶의 필요조건인 '다원성'(plurality)에 부합하기 때문에 행위는 곧 정치적 행위다. 이런 점에서 아렌트의 '행위'는 이와 유사한 다른 사회학적 범주들, 즉 '행동'(behaviour), '역할 수행'(role-playing), '업무 수행'(doing a job) 등과 구별된다. 사람들이 함께 사는 곳이면 어디에서나 존재하는 인간관계의 그물망 속에서 말을 통해 자신을 드러내고 행위를 통해 새롭게 시작함으로써 인간세계에 참여하는 활동이 바로 '행위'다.

호모 파베르(*homo faber*) 도구를 만드는 제작인. 현생인류를 포함하는 종(種)의 학명으로 사용되는 '호모 사피엔스'(*homo sapiens*, 지혜로운 인간)와 대비되는 용어로서 인간을 다른 동물과 구별하는 특징으로서 '제작'에 주목한다. 제작은 세계에 하나의 독립적 실재로 남을 수 있을 만큼 충분한 지속성을 가진 전혀 새로운 사물의 창조를 의미하기 때문에 호모 파베르는 스스로를 자연에 대한 지배자로 이해한다. 인간이 호모 파베르인 한, 그는 모든 것을 사물화하고 도구화하는 경향이 있다.

활동적 삶(*vita activa*) 인간이 지상에서 살아가기 위해서는 묶일 수밖에 없는 세 가지 기본조건에 부합하는 '노동' '작업' '행위'를 포괄하는 '실천적 삶'을 의미한다. 노동은 탄생과 죽음의 생물학적 조건에 상응하고, 작업은 인공세계의 의존성에 부합하고, 행위는 다른 사람들과 함께 살 수밖에 없는 다원성에 부합한다. 여기서 중요한 것은 아렌트가 활동적 삶으로 표현되는 인간사를 정치적 관점에서 해석한다는 점이다. 고대 그리스에서 활동적 삶은 자유를 실현하는 '정치적 삶'(*bios politikos*)만을 의미했다. 아리스토텔레스에 의하면 정치적 행위만이 진정한 실천이다. 그러나 고대 도시국가 폴리스의 몰락과 더불어 활동적 삶이란 용어는 본래의 고유한 정치적 의미를 상실하게 되었다. 이는 한편으로 활동적 삶의 위계를 변화시켜 행위를 노동과 작업 같은 필연적 활동으로 축소시켰으며, 다른 한편으로 '관조적 삶'(*vita contemplativa*)만이 유일하게 자유로운 삶의 방식으로 이해되는 결과를 초래했다.

한나 아렌트 연보

1902년	한나 아렌트의 부모인 파울 아렌트와 마르타 콘이 결혼했다. 이들은 이후 10여 년간 사회민주주의 잡지를 후원했다.
1906년	하노버 교외에 있는 린덴에서 한나 아렌트가 출생했다.
1910년	아버지의 병이 악화되어 아버지의 고향 쾨니히스베르크로 이사했다. 아렌트는 유치원에 다니기 시작했다.
1913년	3월에는 할아버지 막스 아렌트가, 10월에는 아버지 파울 아렌트가 돌아가셨다.
1916년	아렌트는 심한 열병을 앓아 학교를 자주 결석했다.
1918년	아렌트의 어머니 마르타는 정치적 상황에 관심이 있었으며 집을 사회민주주의의 회합장소로 제공했다.
1919년	아렌트는 어머니와 함께 로자 룩셈부르크의 열렬한 지지자가 되어 시위에 참여했다.
1920년	어머니 마르타가 마틴 비어발트와 재혼했다. 재혼 후에도 어머니 마르타는 사회민주주의자와 교제를 지속했다. 아렌트도 이들과 함께 토론을 나누었으며, 이때 평생에 걸쳐 우정을 나누게 된 안네 멘델스존을 만났다.
1923년	젊은 교사와의 마찰로 루이제슐레(Luiseschule)에서 퇴학당했다. 마르타는 아렌트를 베를린으로 보내 대학입학자격시험을 준비하도록 주선했다. 베를린 대학에서 아렌트는 그리스어와 라틴어 수업 그리고 과르디니의 기독교 신학을 들었다.

1924년 아돌프 포스텔만을 가정교사로 등록하여 외부학생 자격으로 아비투어를 신청했다. 파울 아렌트의 이복누이가 베풀어준 경제적 도움과 가정교사의 지도, 그리고 여섯 달 동안 온종일 공부하는 강도 높은 시험준비를 통해 봄에 루이제슐레의 동급학생들보다 1년이나 빠르게 아비투어를 얻었다. 가을 학기부터 마르부르크에서『존재와 시간』을 집필하고 있던 하이데거의 강의와 세미나에 참여하여 많은 영감과 사유의 열정을 얻게 되었다. 여기에서 당시 하이데거의 조교였던 유대인 철학자 한스 요나스를 만났다.

1925년 후설에게서 박사학위를 받은 후 하이데거의 강의를 들으러 마르부르크에 온 귄터 슈테른을 봄학기 세미나에서 처음 만났다. 하이데거의 주선으로 프라이부르크의 후설에게로 가서 한 학기를 공부했다. 안네 멘델스존의 소개로 라헬 바른하겐의 서간을 읽기 시작했다.

1926년 하이데거의 주선으로 당시 하이델베르크의 철학과장이었던 카를 야스퍼스에게 가서 박사학위를 지도받았다. 이때 야스퍼스는 그의 주저『철학』3부작을 준비 중이었다.

1929년 「아우구스티누스에 나타난 사랑의 개념」으로 박사학위를 받았다. 9월에 부모와 증인으로 친구 두 명만 참석한 가운데 귄터 슈테른과 결혼식을 올렸다.

1930년 『프랑크푸르트 신문』에 「아우구스티누스와 프로테스탄티즘」을 기고했다. 슈테른의 교수자격논문 초고가 완성되자 함께 프랑크푸르트에 가서 카를 만하임과 폴 틸리히의 세미나와 강의에 적극적으로 참여했다.

1933년 가을에 나치 독일을 탈출하여 파리로 건너갔다. 이때부터 1951년 미국 시민권을 획득할 때까지 18년간 국적 없는 생활을 했다.

1934년 슈테른의 소개로 브레히트와 발터 베냐민을 만났으며 레이몽 아롱의 소개로 헤겔연구의 권위자인 알렉산더 코제브의 세미나에 참석했다. 유대난민의 팔레스타인 이주를 돕는 시온주의 단체에서 처음으로 일자리를 얻었다. 이때부터 그녀는 대학과 연관된 삶을 떠나 실천적 삶, 즉 시온주의 운동에 적극적으로 참여했다.

1935년 생애 처음으로 팔레스타인을 방문했다.

1936년 봄에 발터 베냐민, 하인리히 블뤼허 등과 모임을 만들어 유대인 문제를 활발히 토론했다. 6월에 슈테른이 뉴욕으로 떠나면서 그와의 실제적인 관계가 끝나게 되었다.

1936~37년 반유대주의 단체들이 프랑스 전역에 우후죽순처럼 생겨났다. 국제 시온주의자 여성기구의 모임에서 프랑스와 독일의 반유대주의 운동에 대해 강연했다.

1937년 슈테른과 법적으로 이혼했다.

1938년 오스트리아 난민구호단체에서 일하기 시작했다.

1939년 3월에 블뤼허와 함께 파리에 아파트를 얻어 어머니 마르타 아렌트 비어발트를 모셔와 생활했다. 여름에 프랑스와 독일 사이에 전쟁이 시작되었고 블뤼허는 프랑스 군대를 지원하는 사역에 소집되었다.

1940년 1월에 블뤼허가 파리로 돌아오자 시당국의 허가를 받아 결혼식을 올렸다. 5월에 프랑스 당국의 포고령에 의해 아렌트와 블뤼허는 각각 독일 난민의 수용소 구르로 보내졌다. 나치의 파리 점령이 시작되던 6월에 아렌트는 석방허가증을 발급받고 거의 같은 시기에 석방된 블뤼허와 재회했다.

1941년 1월에 남부 프랑스의 마르세유와 스페인을 거쳐 리스본에서 뉴욕행 배를 탔다. 3월에 뉴욕에 도착하자마자 베냐민의 원고를 아도르노에게 전했으며, 아렌트와 블뤼허는 뉴욕에 거처를 마련했다. 5월에 어머니 마르타의 비자가 발급되었으며 7월에 미국에서 생활하기 위해 매사추세츠에서 두 달간 어학코스를 밟았다. 유대계 역사학자 살로 바론의 추천으로 『유대인 사회연구』에 「드레퓌스사건에서 오늘날 프랑스까지」를 기고했다. 이 논문을 계기로 학술세계에 발을 들여놓게 되었다. 9월에 유대계 독일 난민에게 우호적이었던 독일어 일간지 『아우프바우』의 칼럼니스트가 되었다.

1943년 1~2월에 나치의 유대인 인종청소라는, 믿기지 않는 보도를 접하고 『전체주의의 기원』을 구상했다.

1944~46년 잡지 『유대인 사회연구』(*Jewish Social Studies*)의 연구책임자로 임명되었다. '유럽 유대인 문화재건설을 위한 위원회'의 프로젝트에 참여하여 유럽을 여행했다. 제2차 세계대전 당시 독일, 이탈리아, 일본 세 주축국의 점령지에서 유대문화의 보고들에 대한 예비적 리스트를 작성했다. 이로부터 전체주의 정권의 구조를 통찰하고 『전체주

의의 기원』을 집필했다.

1945년 9월에 『파르티잔 리뷰』의 독일 특파원인 라스키를 통해 아렌트의 생사를 확인한 야스퍼스가 한스 요나스의 소식을 함께 편지로 보내왔다. 이후 야스퍼스가 죽을 때까지 우정의 서신을 계속 주고받았다.

1947~48년 뉴욕에 본부를 둔 쇼큰 북스(Schocken Books)의 책임 편집자가 되었다. 또한 『파르티잔 리뷰』『유대인 프런티어』『코멘터리』 등에 원고를 실으면서 뉴욕의 지식인들과 친분을 갖게 되었다.

1948년 6월에 쇼큰 북스를 떠났다. 7월에 『파르티잔 리뷰』에 「강제수용소」를 기고했다. 같은 달에 영국에 살고 있던 에바 비어발트를 방문한 어머니 마르타가 심한 천식으로 사망했다. 야스퍼스가 디 반들룽(Die Wandlung) 시리즈의 한 권으로 아렌트의 『여섯 개의 에세이』를 슈프링거에서 출판했다.

1949년 전쟁이 끝나고 유럽을 처음으로 방문하기 직전에 『전체주의의 기원』을 끝냈으며 스위스 바젤에 있던 스승 야스퍼스를 찾아가 재회했다.

1951년 미국 시민권을 얻게 되었다.

1952년 블뤼허가 바드 칼리지의 교수로 임명되었으며 아렌트는 유럽 여행길에 올랐다. 첫 기착지인 뮈니치에 들러 과르디니를 만났고 하이델베르크로 가서 "이데올로기와 테러"에 대해 강연했다. 마르크스주의 연구를 하며 대부분의 시간을 도서관에서 보냈다. 도중에 구겐하임 재단의 연구지원금 수상소식을 들었다. 여름이 끝날 무렵 미국으로 돌아와 '새로운 정치학'의 탐구에 들어갔다.

1953년 3월에 「과거 공산주의」를 『코먼윌』에 기고했다. 프린스턴 대학의 초청으로 강의했다.

1954년 미국정치학회에서 「최근 유럽철학에 나타난 정치학에 대한 관심」으로 강연했다.

1955년 버클리에 전임강사로 임용되어 구겐하임 재단의 연구지원작업 '새로운 정치학'에 대한 보충연구를 계속했으며 한 학기 후 버클리를 떠났다.

1956년 3월에 시카고 대학의 초청을 받아 노동·작업·행위에 대해 강의했다. 봄에 시카고 대학에서 『인간의 조건』 초고로 강의했다. 가을에

메리 맥카티와 함께 네덜란드를 방문한 후 바젤에 있는 야스퍼스와 만났다.「원자폭탄과 인류의 미래」로 독일서적상협회로부터 평화상을 수상한 야스퍼스의 초청으로 시상식에서 연설을 했다. 『인간의 조건』을 시카고 대학에서 출판했으며『전체주의의 기원』 2판에 1956년 헝가리혁명에 관한 장을 덧붙였다.

1959년 『혁명에 관하여』를 예비적 형식으로 프린스턴 대학에서 강의했다. 레싱 상을 수상했다. 여성으로서는 처음으로 프린스턴 대학의 정교수 자격으로 다시 초청받았다. 흑백통합정책으로 인해 아칸소주 리틀록의 센트럴 하이스쿨에서 발생한 사건소식을 듣고 '사회적 차별과 정치적 평등'을 주제로 한「리틀 락 지역에 대한 성찰」을『디센트』지에 발표했다. 이 글은 미국 지성계에 논쟁을 불러일으켰다.

1960년 여름에『뉴요커』지의 편집자에게 나치전범 루돌프 아이히만의 재판과정을 특별 취재하겠다고 제안했다.

1961년 웨슬리언 대학에서 가을학기 동안『혁명에 관하여』의 초고로 강의했다. 블뤼허가 동맥파열로 쓰러졌다.『과거와 미래 사이』를 바이킹사에서 출판했으며 블뤼허와 함께 예루살렘으로 건너가 아이히만의 재판과정을 취재하여 보도했다. 야스퍼스와 블루멘펠트와 재판의 쟁점들에 대해 편지로 많은 의견을 나누었다. 5개의 논문으로 보도된 '예루살렘의 아이히만'은 엄청난 반향과 논쟁을 불러일으켰다.

1962년 택시로 귀가하던 중 교통사고를 당했는데 이때 심장 근육이 손상되었다.

1963년 『예루살렘의 아이히만』과『혁명에 관하여』가 뉴욕의 바이킹사에서 출판되었다. 이 저서들로 인해 아렌트에게 유대인의 정체성을 형성시켰던 또 하나의 스승 블루멘펠트와 평생 이어졌던 관계가 끊어졌는데 3월 21일 이스라엘의 한 병원에서 그가 죽을 때까지 관계를 회복하지 못했고 아렌트는 심한 충격에 빠져들었다. 봄에 유대지성계에 파문을 일으킨 아이히만 보도가 미국의 학계와 언론계 등 광범위한 영역에서 첨예한 논쟁으로 번졌다. 이 논쟁은 1967년 중동전쟁이 일어날 때까지 계속되었다. 여름에 그리스, 이탈리아, 남부 프랑스를 거쳐 아렌트 부부의 첫 고향인 파리에 머물다가 돌아왔다. 『혁명에 관하여』의 개정판이 나왔으며 가을에는 시카고 대학의 교수로 부임했다.

1965년   가을에 코넬 대학에서 강의하는 동안 준비한 에세이『진리와 정치』를 다음 해 미국정치학회에서 발표했다.

1966년   봄에『예루살렘의 아이히만』이 이스라엘에서 출판되었다.

1967년   12월 촘스키, 오브라이언, 로웰과 함께 '폭력의 합법성'이라는 주제로 열린 토론회에 참석했다. 시카고 대학을 떠나 뉴스쿨 포 소셜 리서치로 갔다. 독일 아카데미로부터 프로이트 상을 수상했다.

1968년   여름에『폭력에 관하여』의 초고를 마친 뒤『정신의 삶』의 집필을 구상했다. 친구 베냐민을 위해 자신이 서문을 쓴 베냐민 선집『문예비평과 이론』을 편집했다.

1969년   아메리카 아카데미의 '에머슨 소로' 메달을 받았다. 야스퍼스가 86세의 나이로 죽었다.

1970년   『폭력에 관하여』가 출판되었으며 10월 31일에 남편 블뤼허가 죽었다. 그의 죽음 이후에도 그녀는 정치적 영역에 관한 관심을 잃지 않으면서 '사유의 공간'으로 물러나『정신의 삶』제1부 '사유'를 집필하기 시작했다.

1971년   『뉴욕타임스』 북리뷰에 미 국방성 서류를 분석한 긴 논문「공화국의 위기: 정치의 거짓말」을 기고했다.

1972년   뉴스쿨에서「의지의 역사」를 강의하면서『정신의 삶』제2부인 '의지'를 쓰기 시작했다. 10월에 요크 대학에서 '한나 아렌트의 저작에 관한 회견'이 열렸다. 저명한 정치이론가인 리하르트 베른슈타인과 에른스트 블로흐 등 네 명이 발표를 하고 아렌트와 함께 토론을 벌였다.

1973년   다트머스, 포드한, 프린스턴 대학에서 명예학위를 받았으며 봄에 스코틀랜드의 에버딘 대학으로부터 기퍼드 강의를 제안받았다. 기퍼드 강의는 1888년 이래로 막스 뮐러, 로이스, 제임스, 베르그송, 화이트헤드, 듀이, 질송, 마르셀 등이 거쳐간 것으로 이 강의에 초청받는 것은 대단히 명예로운 것이었다. 뉴스쿨에서 그리스 정치이론을 강의했다.

1974년   뉴욕에서 일주일간 배심원을 지냈다. 동료 배심원들의 공명정대함을 목격하고서『정신의 삶』제3부 '판단'의 의미를 법정에서 찾을 수 있으리라 확신했다.

1975년　3월에 공적 연설로서는 생애 마지막으로 보스턴 홀 포럼의 200주년 기념강연을 했다. 유럽문명화에 기여한 자에게 덴마크 정부가 수여하는 소니그(Sonnig) 상을 받기 위해 코펜하겐으로 갔다. 미국인으로서 그리고 여성으로서는 처음으로 처칠, 슈바이처, 러셀, 카를 바르트, 올리비에 등과 함께 소니그 상을 수상했다. 기퍼드 강의를 1976년 봄까지 미룬 채, 『정신의 삶』의 '의지'와 '판단'에 각각 포함시키기 위해 하이데거 비판과 칸트 연구에 몰두했다. 12월 4일 친구들을 접대하는 도중에 심장마비로 세상을 뜨게 되었다.

1978년　메리 맥카티에 의해 『정신의 삶』이 '판단'이 빠진 미완성의 책으로 출판되었다.

지울 수 없는 인간의 조건은 지구다

• 개정판을 내면서

우리 인간에게 가장 '인간적인 것'은 도대체 무엇인가? 그리고 이 인간적인 것을 억압하고 그 실현을 방해하는 것은 무엇인가? 20세기의 가장 독창적이고 가장 영향력 있는 정치 사상가인 아렌트의 책을 읽다 보면 이 질문이 머리를 떠나지 않는다. 이 물음은 다양한 주제를 다룬 아렌트의 글과 책을 관통하는 사상적 실마리다. 아렌트에게 가장 인간적인 것은 두말할 나위도 없이 다른 사람들과 함께 무엇인가를 새롭게 시작할 수 있는 정치적 능력이다. 모든 사람이 새롭게 시작할 수 있는 자유가 바로 정치의 본질이라면, 정치와 자유의 가능성을 억압하는 것은 바로 우리에게서 가장 인간적인 것을 박탈하는 것이다.

오늘날 우리는 이러한 정치의 실종을 목도하고 있다. 이미 오래전부터 지성인들이 냉소적으로 입에 올렸던 '정치철학의 죽음'은 이미 현실이 된 것처럼 보인다. 다른 사람들로부터, 그리고 그들과 함께 거주하고 만들어가는 '이 세계'로부터 우리를 소외시키는 현대사회의 경향들은 더욱더 강화되고 있다. 전 세계가 경쟁이 지배하는 하나의 단일 시장으로 통합되면 될수록, 생존을 추구하는 사적 영역과 자유를 실현하는 공론 영역의 구별은 더욱더 흐릿해진다. 정치의 가능성마저 파괴하려고 했던 전체주의가 끝난 지금도 여전히 자유와 정치는 위협받고 있는 것이다.

그러나 이러한 위협이 아무리 무시무시할지라도, 우리는 인간을 인간답게 만드는 유일한 '인간의 조건'에서 벗어날 수는 없다. 아렌트가 말하는 것처럼 "지구가 가장 핵심적인 인간의 조건"이라면, 우리는 생물학적으로 살아남기 위해 '노동'을 해야 하고 이 지상에 무엇인가 영속적인 것을 남기기 위해 '작업'을 해야 하며 또 우리의 삶을 더 좋은 삶으로 만들기 위해 무엇인가를 다른 사람들과 함께 시작하는 '행위'를 해야 한다. 아렌트의 『인간의 조건』은 이러한 근본 사실을 철저하게 사유함으로써 자유의 행위가 어떻게 가능한지를 보여준다.

물론 이러한 '인간의 조건'마저 극복하려는 21세기 첨단과학과 기술의 노력과 위력을 보면, 아렌트의 사상은 시대착오적인 것으로 보일 수도 있다. 인공지능과 자동기계의 출현은 우리를 노동의 속박에서 벗어나게 할 것처럼 보이고, 유전과학과 생명공학은 생식의 고통에서 벗어나게 할 기세로 발전하고 있다. 어디 그뿐인가. 우리가 언젠가는 지구라는 감옥에서 탈출할 수 있다는 생각은 더 이상 유토피아적 환상으로만 여겨지지 않는다. 아렌트의 말을 빌리면, 우리는 "자신의 실존에 대한 인간의 반란에 사로잡혀 있는 것처럼 보인다."

그렇다면 우리는 우리의 삶과 미래를 이제 정치가 아닌 과학과 기술에 온전히 맡겨야 하는 것인가? '더 좋은 삶'을 위해 더 이상 다른 사람들과 대화를 나눠야 할 필요가 없는 것인가? 아렌트가 정확하게 지적한 것처럼 우리가 이제는 "말이 힘을 잃은 세계 속으로 진입하게 되었다는 사실"은 21세기를 살아가는 우리에게 가장 강력한 경고일지도 모른다.

오늘날 우리로 하여금 말을 못하게 만드는 것은 도대체 무엇인가? 이런 질문에 여전히 관심이 있다면 아렌트의 이 명제는 여전히 희망이 될 수 있다. "말의 적실성이 위태로운 곳이라면 어디에서나 문제들은 당연히 정치적이 된다." 그렇다면 우리가 활동을 할 때 우리가 진정 무엇을 행하는지를 성찰해봐야 하지 않을까? 이 책이 여러 조건에 의해 제한을 받으면서도 자유를 실현하고자 하는 사람들에게 사유의 동반자가 되기를 기대해본다.

이 책은 영어판 *The Human Condition*(Chicago, 1958)을 번역한 초판을 토대로 했지만 *The Human Condition*(Chicago, The University of Chicago Press, 1998) 제2판을 새롭게 완역했음을 밝혀둔다. 제2판의 텍스트는 제1판과 동일하지만 마가렛 캐노번의 「개정판 서문」과 2018년 대니엘 앨런의 「개정판 서문」이 함께 실려 있다. 개념을 명료하게 전달하고 가독성을 높이기 위해 아렌트 자신이 감수한 독일어판 *Vita activa. Vom tätigen Leben*(München, 1967)을 전체적으로 대조하여 문장표현을 갈무리했다. 아렌트가 사용하는 개념과 용어들은 대부분 문맥 속에서 이해되기는 하지만, 독자의 이해를 돕기 위해 「용어해설」을 첨가하였다.

그동안 이 책의 초판을 읽고 많은 관심을 보여주신 독자들에게, 특히 이 책을 처음부터 끝까지 읽고 어색하거나 잘못된 부분을 지적하고 수정을 제안해주신 익명의 독자에게 감사의 말씀을 전한다. 처음부터 전체 원고를 꼼꼼히 교정했을 뿐만 아니라 애정 어린 비판과 대화로 개정판을 내도록 독려해준 아내 박미애에게 고마운 마음을 전한다. 끝으로 개정판이 나올 수 있도록 온갖 노력을 아끼지 않은 한길사 편집부, 특히 원보름 선생과 백은숙 선생에게 심심한 감사를 표한다.

2017년 2월 동탄에서
이진우

찾아보기

지은이 한나 아렌트

아렌트(Hannah Arendt, 1906~75)는 독일 하노버에서 태어나
아버지의 고향 쾨니히스베르크에서 유년 시절을 보냈다.
아렌트는 평생을 자신이 유대인이라는 의식 속에서 살았는데,
이 의식은 아렌트가 자신의 철학을 모색하는 데 중요한 배경이 된다.
학창 시절 하이데거의 철학에 매료된 아렌트는 마르부르크 대학에 진학해
그의 밑에서 공부하게 되지만 최종적으로는 하이델베르크의 야스퍼스에게서
「아우구스티누스에 나타난 사랑의 개념」이란 논문으로 박사학위를 받았다.
자신이 유대인이라는 의식은 학문뿐만 아니라 행위에도 영향을 미쳤다.
1933년 파리로 망명한 후 시온주의자들과 함께 활동하기도 했으며,
1941년 피레네 산맥을 넘어 뉴욕에 와서도 유대인을 위한 활동을 계속했다.
1946년부터 1948년까지 뉴욕 한 출판사의 책임편집자로 있으면서,
1963년부터 시카고 대학 교수가 될 때까지 자유집필가로
『전체주의의 기원』(1951), 『인간의 조건』(1958), 『과거와 미래 사이』(1961),
『혁명론』(1963) 등 많은 글을 발표했다. 특히 나치 전범 '아돌프 아이히만'의
재판과정을 묘사한 『예루살렘의 아이히만』에서 '악의 평범성'이라는
개념을 발전시켜 지성계에 반향을 일으켰다.
1970년부터 아렌트는 『인간의 조건』에서 남겨놓았던
사유, 의지, 판단의 정신적 활동을 체계적으로 서술하기 시작한다.
그러나 3부작의 마지막 부분인 '판단' 부분을 구상하고 집필하던
1975년 12월 4일, 심장마비로 사망했다.
아렌트의 철학은 자신이 유대인으로서 가지는 타자적 실존에서 출발해
신체적 활동과 정신적 활동의 양축으로 구성된 인간의 실존조건에 대한
사유로 점철된다. 그러나 철학자 아렌트는 현실과 괴리된 이념을 좇기보다는
현실 속에서 실현될 수 있는 이념을 추구했다는 점에서
제2의 로자 룩셈부르크로 평가할 만하다.

옮긴이 이진우

이진우(李鎭雨)는 연세대학교 독문과를 졸업하고
계명대학교 철학과 교수 및 동대학 총장, 니체전집 편집위원,
한국 니체학회 회장, 한국철학회 회장, 포스코교육재단 이사장,
포스텍 인문사회학부장 등을 역임했다.
현재 포스텍 인문사회학부 교수로 재직 중이다.
지은 책으로는 한길사에서 펴낸 『이성정치와 문화민주주의』를 비롯해
『니체의 인생강의』 『니체. 실험적 사유와 극단의 사상』
『니체의 차라투스트라를 찾아서』 『테크노인문학』 『프라이버시의 철학』,
『도덕의 담론』 『이성은 죽었는가』 『한국 인문학의 서양 콤플렉스』
『지상으로 내려온 철학』 『탈현대의 사회철학』 등이 있다.
옮긴 책으로는 한길사에서 펴낸 『전체주의의 기원』(한나 아렌트),
『인간농장을 위한 규칙』(페터 슬로터다이크)과
이외에도 『책임의 원칙』(한스 요나스), 『현대성의 철학적 담론』(위르겐 하버마스),
『덕의 상실』(알레스데어 매킨타이어), 『냉소적 이성 비판』(페터 슬로터다이크),
『공산당 선언』(마르크스·엥겔스), 『비극의 탄생·반시대적 고찰』(니체) 등이 있다.

인간의 조건

지은이 한나 아렌트
옮긴이 이진우
펴낸이 김언호

펴낸곳 (주)도서출판 한길사
등록 1976년 12월 24일 제74호
주소 10881 경기도 파주시 광인사길 37
홈페이지 www.hangilsa.co.kr
전자우편 hangilsa@hangilsa.co.kr
전화 031-955-2000~3 **팩스** 031-955-2005

부사장 박관순 **총괄이사** 김서영 **관리이사** 곽명호
영업이사 이경호 **경영이사** 김관영 **편집주간** 백은숙
편집 박희진 노유연 김지수 최현경 강성욱 이한민 김영길
마케팅 정아린 **관리** 이주환 문주상 이희문 원선아 이진아
디자인 창포 031-955-2097 **인쇄** 예림 **제본** 경일제책사

제1판 제1쇄 2015년 11월 27일
제1판 제22쇄 2016년 5월 20일
개정판 제1쇄 2017년 2월 28일
개정판 제6쇄 2019년 5월 30일
제2개정판 제1쇄 2019년 11월 5일
제2개정판 제4쇄 2022년 1월 28일

값 27,000원
ISBN 978-89-356-6482-5 94080
ISBN 978-89-356-6427-6 (세트)

● 잘못 만들어진 책은 구입하신 서점에서 바꿔드립니다.
● 이 도서의 국립중앙도서관 출판시도서목록(CIP)은 서지정보유통지원시스템 홈페이지(seoji.nl.go.kr)와
국가자료공동목록시스템(www.nl.go.kr/kolisnet)에서 이용하실 수 있습니다.
(CIP제어번호: CIP2019043446)

한길그레이트북스 인류의 위대한 지적 유산을 집대성한다